KB074839

자본주의의 적은
자본주의

인류 탄생에서 미래 우주시대까지,
거대한 역사로 읽는 인간 욕망과 부의 흐름

CAPITALISM AGAINST CAPITALISM

자본주의의 적은 자본주의

곽수종 지음

연합인포맥스북스

차례

들어가면서

어느 무더운 여름날 오후, 광화문에서 어떤 분을 만나고 있었다. 미국과 중국, 한국 경제의 문제점 그리고 여러 가지 사회적 현상과 과거 유럽사와 근대 미국사에 대한 통찰을 듣던 중, 문득 이런 질문이 떠올랐다. '경제에 정의가 있는가?' '정의란 무엇인가?'에 대한 또 다른 고담준론이었다. 물론 대학 시절에 존 롤스John Rawls의《정의론A Theory of Justice》원서를 큰돈을 주고 산 적이 있다. 그 책은 지금 어느 짐 포장박스에 담겨 있는지 모르겠다. 몇 해 전이었나? 연세대 노천광장에서 마이클 샌델Michael Sandel 교수의 '정의란 무엇인가?' 강의가 있었다. 수많은 관중이 운집했다. 지혜에 대한 갈증이었을까? 그가 얘기한 정의란 무엇이었을까? 쉽지 않은 화두다.

우연찮게 본 한 TV 방송에 재레드 다이아몬드Jared Diamond가 나와서《총 균 쇠》에 대해 이야기한다. 기원전 9000년에 빙하기가 끝나고 인류는 문명의 시기로 접어든다고 설명한다. 그 시대 이후 인

자본주의의 적은 자본주의

간은 '불균형'을 알게 되었다고 한다. 사실상 당시 세계는 불균형했다. 지금도 불균형하다. 서구 선진국과 여타 대륙의 신흥국, 개도국 그리고 문명과 동떨어진 나라, 부족이 존재한다. 지리적·지정학적으로 불균형이라 함은 발전 정도의 불균형이다. 하지만 과거 부탄 국민이 지구상에서 가장 행복한 국가로 평가받았던 것을 두고 정의나 행복은 국가적 부의 크기나 정보와 아무런 상관이 없다는 말도 한다. 그러니 재레드 입장에서의 '불균형'과 사람들 생각 속에 존재하는 가치의 '불균형'은 다르다. 어느 것이 더 중요한 요소일까?

정직하게 답하자면, 현대를 살아가는 우리는 모두 '교육'을 받고 생산을 하며 '잉여'를 창출하는 이상 '부'의 개념을 내재화하고 있으며, '가진 것, 가지려고 하는 것'에 초점을 둔다. 이따금 가진 것을 나누는 것이 '노블레스 오블리주'라며 '나눔'을 강조하지만 종교마저도 '가지려 든다.' 그러니 공자왈 맹자왈은 더 이상 정직한 이야기가 아니다. '정직'하다는 것은 '본능적'이라는 말과 동의어다. 인간은 늘 비교 대상을 갖고 찾는다. 삶에 절대적인 것은 존재하기 어렵다. 하지만 철학과 사상은 우리에게 늘 묻는다. 무엇이 행복한 것인가? 종교도 답을 주지 못한다면, 인간 스스로가 답을 구해 풀어낼 수밖에 없지 않은가?

우리는 수많은 것을 보고, 확인하고, 듣고 또 말하기를 좋아한다. 프리즘을 놓고 햇빛을 투과시키면 수많은 색이 퍼져 나온다. 빛은 파장일까? 입자일까? 아인슈타인Albert Einstein의 상대성이론 가운데 $E=MC^2$이라는 공식이 있다. 시간과 공간의 절대성이 무너진 셈이다. 어떤 물체에 힘을 가하면 그 물체는 운동을 시작한다. 여기서 운동이란 시간과 공간을 배경으로 일어나는 움직임이다. 또한 힘이란 속도와 연관이 깊다. 물리학의 창시자인 뉴턴Isaac Newton이 운동을 설명하면서 중력을 사용했다면 이후 1860년대 맥스웰James Clerk Maxwell을 거치며 전기와 자기의 힘이 계산에 포함되었다. 자연의 물리적 현상을 파헤치는 물리학, 모든 생명 현상을 연구 대상으로 삼는 생화학 등을 통해 과거에는 우주의 거의 모든 현상을 설명할 수 있을 것이라는 기대감이 충만했다. 그러나 그러한 시절에도 과연 우리가 아는 것 혹은 알고자 하는 것을 어느 정도나 정확하게 알고 있는지에 대한 답은 갖지 못했다. 우주 질서를 정확하게 진단하고 분석하기 위해서는 다양한 관련 데이터와 이를 토대로 구축된 우주 물리학의 모든 이론이 보편 타당한 진리임이 받아들여져야 한다. 이쯤 되면, 다시 빛의 특성과 물체가 내는 복사에너지에 대한 이해가 곧 우주 질서의 한 축을 해석해내는 것이라 생각하게 된다. 전자는 앞서 얘기한 아인슈타인의 상대성이론이고 후자는 양자역학이라는 새로운 물리학을 탄생시킨다.

물리학의 간단한 설명을 경제학으로 가져오면 어떨까? 물리학에서의 '빛'을 '가격'이고 '수급'이라고 하면 어떨까? 가격과 수급은 순식간에 결정되기도 하지만 흩어지기도 한다. 복사에너지는 다양한 거시 및 미시 경제 지표로 이해하면 좋겠다. 경제학에는 단순히 중력만이 아니라 전기 및 전자력 그리고 우리가 알지 못하는 형태의 에너지도 작용하고 있다. 흔히들 '효용'이나 '한계', '생산성' 등으로 표현하는데, 이런 지표는 경제변수들의 운동에 따른 파동, 진동 및 '빛'의 흐름에 따른 결과물이다. 경제학에서도 화폐의 유통

자본주의의 적은 자본주의

'속도'라는 단어를 쓴다. 경제에 충격을 주거나 운동을 유발하는 요소로는 정치, 기후변화, 생산혁명 등 다양하다. 물리학에서 '운동'이란 공간상의 위치 변화와 관련된 시간의 변화를 의미한다. 경제학에서 균형가격과 공급량은 시간의 변화에 따라 추세적으로 역동성을 갖는다. 이러한 균형가격과 수급량, 소비자의 최대효용, 기업의 수익 극대화 등이 절대적 공간과 시간의 형태를 띤다면 이는 지구상 어느 국가의 경제에나 모두 적용되는 보편적 개념이 된다. 완전경쟁 시장이든 불완전경쟁 시장이든, 시장이 존재하는 한 어느 시기가 되면 어떤 형태의 균형이 형성되며, 이러한 시간과 공간은 절대시간과 절대공간이 된다. 하지만 아인슈타인의 상대성이론으로 이를 가져가면, 시간과 공간은 절대적이지 않다. 관찰자와 관찰되는 대상 모두에게 상대적이며, 특히 속도가 빨라질수록 각자가 바라보는 운동의 방향, 속도 및 충격의 차이는 커진다. 하지만 빛의 속도가 늘 일정한 상태에서(초속 30만km) 궁극적으로 에너지와 질량 사이에는 등가원칙이 성립한다. 이는 전자의 존재와 후자의 인식 영역이 서로 같다는 것을 입증하는 셈이다. 이것을 종교로 가져가면 신의 존재와 '불생불멸不生不滅'의 원리도 간단히 입증된다. 그렇다면 운동 속도가 늘 일정하다고 가정한 상태의 특수상대성이론이 옳은가, 아니면 운동의 속도가 변하는 물체에 적용하는 일반상대성이론이 옳은가? 이 역시 답을 찾기는 어렵지 않다. 이에 대한 답은 이 책을 읽어가는 과정에서 하나씩 알아가는 숙제로 남겨두자. 결코 묻고 답하는 과정이 무겁지는 않을 것이다. 늘 뿌리와 본질, 근본은 인류의 시초 원시사회 때부터 존재하고 있었다는 가정을 전제로 하기 때문이다.

　애덤 스미스Adam Smith의 《국부론》에 나오는 일화 하나를 소개하자. 우리가 매일 아침이나 저녁에 넉넉한 식사를 할 수 있는 것은 고깃집 주인이나 빵집 주인의 자비로움 덕분이 아니다. 고깃집 주인이나 빵집 주인이 부지런히 아침부터 고기와 빵을 준비하는 이유는 '돈을 벌기 위함'이다. 자신의 이기심을 채우려 하다 보면 자연스럽게 타인의 배고픔이라는 욕망이 해결되어 저절로 이익이 되는 것이 자유시장경제의 기본원리다. 카를 마르크스Karl Marx의 역사발전 법칙은 인류 역사가 공산주의로 귀결된다고 정의한다. 원시시대에서 봉건사회로 그리고 자본주의 사회로 진입하지만, 종국에는 내부 모순에 의해 무너지면서 사회주의로, 나아가 과도적 단계를 거쳐 공산주의로 이행한다고 정의한다. 일견 시대적 관찰을 통한 예리한 분석이라고 할 수 있지만, 농업국가 러시아는 혁명으로 봉건주의 사회에서 사회주의로 직행했다. 자본주의의 모순이 드러나기도 전에 일어난 일이다. 북한의 사회주의 인민공화국도 자본주의의 절정에서 꺾여 형성된 정권이 아니다. 여기서 슈페터Joseph Schumpeter는 기업가 혁신을 얘기한다. 그는 자본주의를 부정하면서도 자본주의가 영원할 것이라 한다. 하나의 이념적 사상체계라 할 수 있는 자본주의가 정치, 경제, 사회, 문화 및 환경 등 무형의 다양한 유기체들의 집합이라 보았기 때문이고, 이러한 생태계의 모습을 자본주의의 위대함이라 정의하기도 했다. 그의 말을 마크르스는 이렇게 표현했다. "자본은 끊임없이 증식한다." 따라서 자본주의에는 정태적 분석보다 동태적 분석이 맞다. 정치와 경제는 따로 떨어져 있지 않

　　　　　　　　　　자본주의의 적은 자본주의

고 밀접하게 관련되어 있다. 근대 민주주의와 자유시장경제가 발전하는 가운데 정치·경제적으로 다양한 현상이 국가를 단위로 소위 '지정학적 경제geoeconomics(혹은 지리경제학, 지경학)'라는 이름으로 펼쳐지기도 한다. 여기서 '국가적 시스템'이 나오게 된다.

칸트Immanuel Kant는 수학과 물리학이 과연 '신', 즉 '정의'의 영역까지 도달할 수 있을까 하는 의문을 가졌다. 헤겔G. W. F. Hegel은 인간의 역사란 칸트가 말하는 순수이성으로 나아가기 위해 진眞, 선善, 미美를 좇는 과정에서 탄생한 발걸음이라고 했다. 프랑스 혁명 당시 합리적인 계몽주의 정신이 비합리적인 봉건질서에 승리할 것이라는 기대를 표현한 것이었다. 계몽주의는 프랑스어로 '뤼미에르Lumières', 즉 '빛을 낸다'는 의미다. 여기서 말하는 '빛'은 '에너지'로서의 '신'이 아니라, 새로운 시대정신을 의미한다. 다른 쪽에서는 이성을 통해 사회의 무지를 타파하고 현실을 개혁하자는 의미라고 말한다. 즉 개인의 인권과 가치를 일깨우는 사상이라고 할 수 있다. 정치적으로 살펴보자면 기존의 사회질서와 관념, 권위에 대한 일체의 반발을 강조한다. 인간은 누구나 태어나면서부터 자유와 평등의 권리를 가졌다는 얘기다. 하지만 계몽주의도 결국 자가당착의 크나큰 오류에 빠져 허우적거렸다. 사상의 본질이 '사람' 그 자체에 있었음에도 불구하고, 지나치게 이상적이고 절대적인 가치만을 강조하면서 '이성의 끝은 존재하는가'에 대한 본질적 물음에도 답을 제시하지 않았다. 경제학을 공부하다 보면 그 범위가 너무나 광범위해서 사실 이성과 감성, 선험과 후험, 논리와 자연과학 등의 수많은 난제에 대한 수만 가지 물음과 답을 구할 길이 없다는 점에 한계를 느낀다. 옳고 그름의 구분, 정반합의 과정이 역사라는 시간과 기록의 공간에 차고 넘치지만, 지구의 나이가 약 45억 년이나 지났다는 데도 아직 우리의 수많은 호기심과 의문에 대한 답을 찾지 못하는 것을 보면, 결국 '정의'란 적어도 3차원의 현실세계에서는 구할 수 없다는 생각이 든다.

여기까지의 이야기를 간단히 정리하면 다음과 같다. 보수와 진보의 가르마는 물리학의 발전에 따라 17세기 후반에서 18세기에 시대사조로 확장된 계몽주의의 출발점에 있었다. 과학이 고대 그리스 철학과도 이별을 고한 시기이다. 유럽의 대항해시대 이후 세계 경제를 지배하던 유럽의 자본주의는 그들의 국가 시스템을 옹호하고 지배 권역을 확장하는 데 필요한 창과 방패를 하나씩 주문하기 시작했을 것이다. 사상과 철학적 관점에서는 종래 고전적 그리스 로마의 플라톤Plato, 아리스토텔레스Aristoteles 및 소크라테스Socrates 와 거리를 두기 시작하면서, 과학에 근거한 진보적 이념은 개인의 삶과 인권을 강조하면서 장자크 루소Jean-Jacques Rousseau, 스피노자Baruch Spinoza, 데이비드 흄David Hume, 존 로크John Locke 등의 수많은 학자가 참여하는 시대적 운동으로 발전했다.

국가 시스템은 '부'를 원했고, '시장'을 개척했으며, 자본과 노동의 부족이 제국주의적 정신을 종교로 미화하고 포장하는 가운데 식민지 쟁탈과 원료 확보를 위한 '전쟁'과 '혁명'이 전 세계를 휩쓰는 시기에 진입한다. 당시 '과학' 특히 물리학의 발전은 시대적 대유행병이었다. 정치, 경제, 사회 및 문화 등 모든 분야에서 근대 물리학과 같은 과학적 분석 방법이 도덕과 윤리 문제에도 적용될 수 있다고 믿었다. 사회과학이 태동하기 시작한 것이다. 예컨대, 데이비드 흄은 가격과 돈의 비축량이 균형을 이루는 경향을 물의 자정작용에 빗대면서 "인간의 이해관계가 도덕적 인력으로 작용한다"고 주장했다. 즉 '개개인의 행동이 모두 모이면 하나의 객관적인 사회 유형을 형성한다'는 뜻이다. '보이지 않는 손'으로 유명한 애덤 스미스의 자유시장경제 이론도 바로 계몽주의적 관점에서 출발한다. 정리하면 고대와 중세의 국가와 경제 시스템은 과학 특히 물리학의 발전에 철학과 사상이 화답하면서 구축되었다. 자연과학이 인간과학과 연결된 것이다.

하지만 이러한 인간과학에 대한 지나친 편향성은 '계급'을 낳았다. 자본과 인간의 가치를 중시한 계몽주의는 숱한 혁명과 국가 시스템의 정체성 변화를 거쳐 산업혁명과 맞물리는 가운데 전체주의 혹은 국가주의로 변질되는 결과를 가져왔다. 인간의 도덕을 얘기했지만, 결론적으로 국가의 지배계급을 위한 소유와 착취의 정당화에 앞장선 부분은 사회과학의 또 다른 한계를 노정했다. 그러는 가운데 20세기 사회과학의 또 다른 분파인 마르크스의 《자본론》을 불러오게 된다. 잠시나마 계몽주의가 정도를 지나쳐 프랑스 혁명에서처럼 인간 개개인의 심성을 무시하고 비인격적으로 타락하는 모습을 보이자, 지나친 이성과 절대적인 가치나 원칙을 거부하면서 인간 본연의 감성만을 강조하는 낭만주의가 나폴레옹Napoléon Bonaparte 군정과 함께 등장하기도 했다. 개인의 정치·경제적 권리뿐 아니라 '공동체의 가치'가 얼마나 소중한지를 돌아보자는 것이다. 칸트와 함께 낭만주의 시원을 이루면서 헤겔에게 큰 영향을 준 철학자로는 요한 고트프리트 폰 헤르더Johann Gottfried von Herder가 대표적이다. 독일의 '사회적 경제Social economies' 개념의 출발이 바로 낭만주의다.

개인의 자유와 평등이 일관되게 실현되어간다는 계몽주의의 낙관적 역사관에 대해 그 한계를 지적한 이가 바로 마르크스다. 그는 모든 인류 사회에서 소수의 지배계급이 경제적 생산수단, 즉 자본과 지대를 소유하고 다수의 피지배계급은 단지 노동만을 생산수단으로 소유한 채 생존을 위해 이를 시장에서 내다 팔아야 하는 상황이 늘 이어져왔다고 본다. 다만 국가 시스템의 시대적 변화에 따라 지배 대 피지배 관계는 귀족과 노예, 영주와 농노, 자본가와 노동자라는 식으로 변해왔을 뿐이라는 것이다. 그의 관점에서 역사의 발전은 지배계급이 피지배계급과의 관계를 설정하는 데 있어 자연계의 자원을 확보하는 방법과 이를 가공하기 위한 분업, 기술 및 제도 등을 변화시켜온 것이라 해석한다. 무지한 민중을 엘리트 지식인이 일깨워서 각자의 지분을 어떻게 제대로 (도덕과 윤리적으로) 챙길 수 있는지, 혹은 챙겨야 하는지 알리는 데에는 애초에 관심이 없었다는 것이다. 그러한 논리는 1990년에 사실상 종말을 고했다. 북한과 중국 등 일부 국가에서 혼합된 형태의 사회주의 경제시스템이 작동하고 있지만, 인류 역사가 하나의 방향으로 절대적 시간과 공간을 따라 변해간다는 생각은 '착시현상'일 가능성이 높다.

21세기 산업 발전에서는 양자역학을 통해 새롭게 업그레이드될 물리학을 필두로 한 과학이 또다시 앞장설 가능성이 높다. 우리는 인공지능AI을 이야기하고, 양자컴퓨팅을 기다리고 있으며, 드론이 공기역학을 확장하며 하늘을 날고 땅을 달릴 그때를 어렵지 않게

자본주의의 적은 자본주의

떠올릴 수 있다. 상상이 아닌 현실 세계의 실질적인 이야기이다. 인류의 수명이 100세를 넘어서고, 로봇이 노동생산성을 대체할 것이며, AR과 VR이 인류의 오감 등을 대체하거나 보완할 것이다. 시간과 공간의 상대성이 더 구체적으로 우리 생활에 스며들 확률이 높아져간다. 화폐와 노동임금 등의 개념도 2011년 앤드루 니콜Andrew Niccol 감독의 영화 〈인타임In time〉에서처럼 진화할 것이다. 인류의 몸을 빌려 작동되는 무형의 에너지가 유형의 물질로 전환되는 시대에는 순간 이동이 가능하다. 23세기 '우주연합체'의 거대 우주선에서 일어나는 다양한 우주탐험의 시대도 1966년 9월 8일 NBC에서 첫 방송을 탔었다. 그리고 그로부터 3년이 지난 1969년 7월 아폴로 11호가 달 착륙에 처음으로 성공했다. "한 개인에겐 작은 발자국, 인류에겐 거대한 발자국"이라는 닐 암스트롱Neil Armstrong의 첫마디는 계몽주의적이었을까, 낭만주의적이었을까, 아니면 사회주의적이었을까? 이렇게 인류는 20세기 말부터 디지털 기술혁명이 쏟아지는 행운을 얻게 된다. 돌에서 청동기, 철기, 석탄에서 석유로 이어지던 문명의 발전은 생산과 기술의 발전과 함께 시간과 공간의 상대성 시대로 진입하는 21세기를 지나고 있다.

'우리는 무엇을 위해서 살아가는가? 무엇을 위해서 싸우는가?' 라는 문제는 원시시대 이후 지구상에 인류가 나타난 때부터 줄곧 일관되게 주입되어왔다. 그리고 우리는 적대적인 사람들에게 반대하는 투쟁의 역사에 내몰렸던 시기를 아직 벗어나지 못했다. 수억 년의 시간이 지난 현대라는 시공적 가치체계 안에서도 고대 이후에 집대성된 서구문명에 대한 이야기는 자유와 민주주의의 발전에 관한 것으로만 채워졌다. 어쩌면 이것이 우리 모두에게 현재 미국에 대한 신격화를 초래한 것은 아닐까? 그래서 미국이 자유와 민주주의의 절대적 권위와 전통을 가지고 있고, 인류 문명사적으로 가장 절대적인 우위에 선 국가와 문명이라고 여기게 된 것 아닐까? 우리가 고전의 역사와 철학, 국가 시스템 등을 이야기하는 가장 큰 목적은 무엇일까? 그것은 현대의 시점에서 뒤돌아보면 미국의 정치, 경제, 기술 등의 발전사가 세상이 나가야 할 방향을 결정했던 위대한 고대 그리스-로마 시대의 논쟁에서부터 중세와 근대 유럽 철학의 정수인 '무엇을 위해서 살아가는가? 무엇을 위해 싸우는가'를 보여주었기 때문이 아닐까? 모든 중요한 문제는 영원히 해결되지 않은 채 남아 있을 수밖에 없는 것일까?

만일 이 질문에 동의한다면, 역사는 중요하지 않고, 사상은 진보하지 않는다는 도그마에 빠져 있는 것이다. 우리가 수많은 문제를 스스로에게 내던지는 이유는 문제의 해답을 오롯이 추구하는 순수함 때문이지, 해결하지 못할 것을 뻔히 아는 문제에 도전하고자 하는 형이상학적이고 위선적인 모습을 고백하기 위해서가 결코 아니다. 하지만 분명한 것은 서구의 역사를 미국식 자유의 역사, 기술의 발전, 산업, 예술, 문학, 정치철학 등으로 환원하고자 함이라면 지극히 특권적이고 보수적이다. 일반적으로 미국 대학에서 서구의 사상, 역사 및 제도 등을 연구하는 그 시작점은 고전이다. 고전 연구에 있어 중요한 본질은 자기 문화규범의 우월성에 대한 무차별적 편견을 강화하거나, 고전에 대한 이해도를 무슨 특권처럼 여기는데 있지 않다. 역사와 규범은 오히려 우리의 진정한 관심사인 사물

자본주의의 적은 자본주의

의 진리를 향해 나아가기 위한 방편이므로 우리는 그것을 넘어서야 한다. 문화적 관련성을 인식하고 전체 유형을 파악하려는 철학적 태도는 우리의 '인격'에 있다. 정신적 삶에 끌리는 사람들은 비즈니스나 경제 관련 이야기에 대해 자주 경멸감을 드러낸다. 하지만 인간이란 어디까지나 육체 속에 정신을 지니고 있으며 '가지고 쓰는 것'은 결코 작은 문제가 아니다. 경제정책은 전체 사회의 부와 빈을 결정하는 것일 수 있다. 사회구성원 모두가 누릴 수 있는 부의 전체 크기와 여러 계층의 사회구성원에게 분배되는 부의 몫을 결정한다. 경제체제란 자유와 지배의 성격을 결정하는 것일 수 있다. 즉 자본주의냐 사회주의냐 하는 경제체제의 성격은 각 사회의 의사결정 방식 그리고 각 사회의 구성원이 누릴 수 있는 자유의 범위를 규정한다. 그러한 자유의 범위가 각기 다른 개인에게 어떻게 분배되고 이해될수 있는지 하는 그 태도가 '인격'이다. 국가로 치면 '국격'인 셈이다.

따라서 이 책의 내용에는 역사를 비롯한 인문학적 교양과 더불어 경제학과 경제사상사에 대한 고민과 상상력이 포함된다. 경제정책과 경제체제의 차이가 낳을 수 있는 서로 다른 결과는 우리의 육체와 정신을 다른 방식으로 제약함으로써 문명의 발전경로를 조건 짓는다. 즉 문명의 발전경로는 이를 결정하는 사람들을 선택하는 우리에게 달려 있다. 따라서 어떤 경제정책과 경제체제가 적합한가 하는 문제에 접근할 때는 단순히 경제적 생산과 분배 효율성을 따지는 데그치지 않고, 인간 존재의 특성에 대한 깊은 인문학적 이해로부터 시작해야 한다.

제1장

자본주의의
미래

고대 원시사회부터 현대 신新금융 자본주의체제에 이르기까지 과학과 산업, 기술의 발전이 어떤 배경을 가지고 인류 문명사에 펼쳐져왔는지, 그 결과 인간의 사상과 철학, 가치와 문화가 어떤 발자취를 남겼으며, 남기려 하는지 등에 대해 다양한 접근법을 통해 살펴보려 한다. 이를 정리하면 다음과 같다.

　　첫째, 고대 원시사회에서부터 무엇보다 '생존'을 위한 인간의 본능 때문에 인류의 문명은 시작되었다. 본능적 욕구는 생산을 통해 기아 문제를 해결하고, 더 나은 생산지 혹은 환경을 찾아 이동하며, 새로운 생산체제를 가진 문화는 그렇지 못한 문화를 마주했을 때 자신이 가지고 있는 더 나은 문화 혹은 문명보다 뒤쳐진 집단에 자신의 것을 강요하거나 혹은 자발적으로 받아들이도록 설득했다. 전자는 전쟁과 식민 제국주의적 행태를 띠었고, 후자는 문명의 동화를 꾀하는 식이었다. 물론 이 두 가지가 한꺼번에 일어나기도 했다.

둘째, 인류 문명 가운데 생산은 도구와 동력기술의 발전 및 발견에 의존해 진화해왔다. 생산은 모든 사회구성원의 생존을 충족하기에 충분한 양 이외에 개인 혹은 사회적 '잉여'를 만들어낸다. 잉여는 개인 또는 사회, 국가의 부를 축적하는 하나의 척도가 된다. 여기서 인간은 '잉여'가 인류의 정치, 경제, 사회, 문화 및 대부분의 체계적 활동에 동기부여로 작용한다는 점을 알아챈다. 초기 공동사냥, 공동생산의 문명에서 남는 부분을 어떻게 처리할지를 놓고 집단 간 이해관계가 달랐을 수는 있지만, 한 집단과 다른 집단이 교환을 하여 서로 필요한 것을 취득할 수 있는 계기가 생겼을 때 인간은 본능적으로 이러한 편리성을 결코 외면할 수 없었을 것이다. 이러한 물물교환 형태의 거래가 빈번하게 발생할 때, 인류는 또 다른 도구를 생각해낸다. 화폐 개념이다. 화폐가 수천 년이 흐른 뒤 자본이라는 새로운 가치체계를 낳을지는 몰랐겠지만, 적어도 법정화폐가 교환, 저장 및 거래 단위의 수단으로서 가치를 지닌다는 데 대한 이해도는 점차 높아졌을 것이다. 인류 문명이 생산도구와 동력기술 등의 발전으로 '잉여'를 얻었다는 점에 주목해야 한다.

셋째, 집단, 사회 및 국가는 '힘'의 논리에 집중한다. 집단의 힘은 군사력과 경제력으로 대변된다. 잉여가 만들어낸 부산물이다. 잉여는 개인과 사회집단이 맺는 첨예한 이해관계의 결정적 변수다. 때로는 경쟁적 개념으로서 뺏고 뺏기는 약탈과 침략의 동기가 되기도 하고, 때로는 협력과 동맹의 계기를 만들어 더 큰 집단사회로 확장하는 동기가 된다. 인류 문명의 진화 과정에서 마주하는 수많은 충돌과 경쟁, 전쟁과 평화의 이야기는 잉여를 나누는 방식의 차이에

자본주의의 적은 자본주의

서 비롯된다. 예컨대, 생산도구의 발전과 동력기술의 진화는 잉여의 차이를 가져오고, 잉여의 차이는 사회와 집단의 힘의 차이를 가져온다. 잉여가 많은 사회나 집단의 힘이 그렇지 못한 사회나 집단의 힘보다 반드시 강하다고 할 수는 없다. 하지만 대개 자신이 가진 잉여라 불리는 '부'와 재산에 대한 애착은 더 큰 국방력과 정치력 및 외교력을 주문한다. 사회적 잉여는 이러한 기관과 조직을 부양하기 위해 사용된다. 경제의 규모가 커지고, 활동 범위와 생산품의 범위가 확장되면서, 부에 대한 밀도가 지정학적으로 또는 지역 내 구성원들의 일정한 배경 차이로 편차를 보이기 시작한다. 생산물과 가치 분배에 대한 신분차별과 기득권이 자연발생되는 현상에 대해 초기 인류는 어떤 생각을 했을까? 차별이 자연스럽게 형성되도록 내버려두었을까, 아니면 이러한 사회경제적 시스템을 제도로 공고하게 함으로써 '차별화'에 대한 가치와 생각을 자연스럽게 받아들이게 했을까? 여기에는 잉여와 사유재산에 대한 정확하지는 않지만 어느 정도는 어렴풋한 개념과 생각이 싹트는 계기가 있었을 것이다. 물론 이마저도 본능적인 결정이다. 한 집단이 더 많이 생산했다면 그것은 당연히 그 집단의 것이지, 결코 다른 집단과 공유할 수 있는 것은 아니기 때문이다. 물의 흐름을 두고 다투었을 것이고, 더 좋은 땅을 차지하기 위해 서로 부딪혔을 것이다. 지배와 피지배, 소유와 집단 소유, 잉여와 교환, 잉여와 사회제도의 발전 등은 모두 하나의 순환적 연결고리를 갖는다. 잉여에 이어서 '소유'의 개념에 대한 정리가 필요했을 시기에 인류에게는 어떤 문명사적 변화가 생겼을까?

넷째, 코딩coding과 빅데이터 문명은 고대에도 존재했다. 예컨대 동굴 벽에 동물 그림을 그리고 사냥한 동물 수를 그들만의 표식으로 그려넣었다. 동족은 이를 이해했지만 다른 종족은 이런 표식이 낯설었을 것이다. 각자의 알고리즘이 나타내는 다양한 표기 형식과 의미는 지금 우리가 아날로그 시대에서 디지털로 넘어가며 경험하는 세대 간 단절 혹은 중첩되는 다양한 기호의 변화와 크게 다르지 않다. 여러 지역에 흩어져 있던 인류가 하나의 문명으로 규모가 커지기까지 생산, 이동, 동화, 잉여, 소유 그리고 '힘'에 대한 개념 정의가 경험적으로 전해져 내려왔을 것이다. 이러한 경험은 문자의 발명으로 기록문화로 정착되고, 종이가 발명되면서 좀 더 오래 보관할 수 있게 되면서 인류는 기록을 통해 다양한 문명적 발전을 도모할 수 있게 되었다. 흩어져 있던 몇몇 개인이 모여 같은 생각을 공유할 때 사회적, 심리적 변화는 어떤 모습으로 나타났을까? 어떻게 각 집단 구성원의 의견이 하나의 공감대로 묶일 수 있었을까? 힘에 의한 지배, 무속 혹은 종교적 강요, 절대적 권력, 정치적(원시시대에는 정치 개념이 없었을 테지만) 권력과 종교의 합종연횡, 소통과 설득, 논쟁과 표결? 이 모든 방법이 다 동원되지는 않았을까? 생물학에서는 일련의 '생리적 필요성'이 잘 인정되지만, 인간에게 심리적 필요성이라는 병렬 세트가 존재하는지 여부에 대해서는 심리학 분야에서도 아직 논란이 있다. 아동심리학이 본격적으로 발달한 지 고작 200년밖에 안 되었다고 한다. 인류의 DNA 연구(생물학의 생리적 연구)가 시작된 것도 그리 오래전은 아니다. 화학물질인 DNA는 1869년에 처음 발견되었다. DNA가 유전적 특성에서 어떤 역할을 하는지는 1943년에 와서야 입증되었다. 이전까지 인류의 심리학과 사회학, 경제학과 정치학 등의 사회과학 학문은 '말'이었고, 이를 문자로 기록한 '기록물'이었다. 인류의 말과 생각으로 일으킨 '호기심'은 창작과 창의력을 기반으로 인간의 본능적 욕구(생산, 생존, 잉여, 소유, 힘 등)를 일으켰고, 이를 실천하기 위한 선과 악의 이항분포를 통해 인류 문명사의 흐름이 정리되었다.

　다섯째, 호기심과 창작, 창의력은 추론의 전개 방식에 차이를 가져왔다. 이견이 있는 국가와 집단을 설득할 때는 귀납법보다 연역법이 훨씬 더 효율적이고 생산적이다. 의사결정 과정이 신속하게 이루어진다. 만일 결론에 해당하는 전제와 가정에 이견이 생기면, 여기서 다양한 가정과 전제 조건을 새롭게 정리하고 선제적 결론의 정당성에 더 강한 의미를 부여한다. 귀납법을 따르면 전제와 가정의 다양성으로 인해 결론을 제대로 내릴 수 없는 경우가 생긴다. 결론에 이르기도 전에 다양한 이론이 경쟁과 분쟁으로 확대될 수 있다. 의사결정의 신속성은 유목민의 DNA에 내장된 속성이다. 이들은 도구의 발달, 생산의 발전, 잉여의 확대 등으로 분배 정의와 공정성 등의 사회적 가치와 이해관계가 복잡해질 때 다양한 제도와 규칙이 합리적이고, 투명하며, 누구나 동의할 수 있다는 결론을 만들어내는 과정으로 연역법적 접근법을 선택했다. 무수한 판례와 사례가 참고자료로 빅데이터의 저장소에 보관되었다. 미국이 2차 세계대전 참전을 결정한 것은 유럽의 동맹들이 고난에 빠졌기 때문이 아니라, 일본의 진주만 기습 때문이었다. 이에 비해 자연과학의 추론 과정은 다르다. 자연과학은 귀납적 방식을 따랐다. 먼저 보고 관찰한 다음, 관찰된 동작과 원리가 일반적인 법칙으로 설명될 수 있는지 진단했다. 사회 혹은 국가 간에 보편적 법칙이 있는지에 대한 결론인 사회적 제도와 규칙이 연역법을 따랐다는 것은 결국 '힘'의 원리다. 나의 것을 상대방에게 강요하지만 그것이 강요로 비치는 게 아니라, 선진화된 문명이 그렇지 못한 문명에 새로운 질서 혹은 자신의 제도와 규칙을 보고 배우며 적용하게끔 한다는 뜻이다. 그럴 때 후진국과 개도국이 부를 더 모으고 국가와 국민의 생활 수준이 정량적으로 높아져간다는 것을 입증할 수 있기 때문이다. 물론 반드시 모든 경우가 그렇지는 않지만. 사회과학의 발달, 즉 정치, 경제, 철학과 사상, 가치에 대한 일반적 이해의 확대와 확장은 '힘'에 의존해왔음을 의미한다. '힘'은 여러 가지 형식을 빌려 제도화된다. 그 가운데 하나가 '교육'이다. 교육의 수준 등이 오늘날 각 개인의 부와 가치 축적의 중요한 척도가 되는 배경인 이유가 여기에 있다. 교육제도가 언제부터 본격적으로 산업화와 밀접한 상관성을 지니게 되었는지를 살펴보면 쉽게 동의할 수 있다. 빅토리아 여왕Queen Victoria 시대(1837~1901)다.

여섯째, 신은 죽었다. 중세 이후 르네상스 시대를 거치면서 인류는 종교가 강제한(능동적이든 수동적이든) 겉옷을 던져버리기 시작한다. '신은 죽었다'는 선언도 거리낌 없이 했다. 경제와 정치의 연결고리는 더욱더 단단해지기 시작했다. 신이 보장하던 왕의 신분을 많은 사람이 의심하기 시작했고, 유럽이 치러야 했던 수많은 종교 전쟁의 후유증은 인간을 위한 평화와 사랑을 이야기하던 종교의 모순을 정당히 방어할 수가 없었다. 갑작스러운 동풍이 몰아치고, 질

자본주의의 적은 자본주의

병이 유럽에 휘몰아쳤으며, 신은 이 모두를 외면한 듯 보였다. 신의 존재가 왕과 귀족을 위한 보호막이라는 생각에 자본가들이 가장 먼저 이의를 제기했다. 비록 잔 다르크Jeanne d'Arc가 신의 계시를 받고 백년전쟁의 한 부분을 승리로 이끌며 프랑스에서 영국을 축출하는 데 성공했지만, 역사는 하나의 사건에 초점을 두지 않는다. 종교가 인간에게 약속했던 자유와 진리에 대한 믿음에 균열이 서서히 드러나기 시작했다. 종교 간 전쟁이 치열하게 벌어지는 가운데서도 인간은 이윤을 좇았던 게 분명하다. 물자를 나르고 서로 다른 문명의 차이를 견주면서, 전쟁의 옳고 그름을 떠나 순전히 자본의 축적이 실질적이라고 합리화했다. 충분히 타당한 생각이다. 오랜 종교전쟁의 여파로 인한 농업경제에서 상업경제로의 이전, 종교에 대한 회의감, 신성로마제국의 성립에서 멸망에 이르는 유럽의 역사적 배경 등에서 비롯된 새로운 근대의 시작은 과학과 기술 발전의 단초가 되었다. 17세기 뉴턴의 《프린키피아》는 신 중심에서 인간 중심으로 세상에 대전환을 일으켜버렸다. 상업자본가는 '부'를 축적하는 데 있어 연합세력으로 정치권력을 택했다. 상업자본가 가운데 일부는 거상으로서 정치권력과 가까워지면서 대부분 중산층으로 신분 상승과 변화를 거듭한다. 종교는 왕과 절대군주가 아니라, 자신들에게 부를 줄 수 있는 자본가와 더 밀착하는 데 주저하지 않았다. 식민지 쟁탈과 제국주의적 명분 구축에 중세의 종교보다 더 세속적이고 적극적으로 앞장서기를 망설이지 않았다. 과학, 기술 및 물리학 등 자연과학이 발전하면서 인류의 문명은 신의 영역을 들여다보기 시작했다. 무속과 토테미즘을 비롯해 자연에 대한 신비로움이 종교적 오라aura로 형이상학화되었던 과거의 모든 논리도 일순간 자본과 정치, 권력과 기득권의 이해관계 같은 세속적 논리에 복종하는 듯 보였다.

일곱째, 지구 안과 밖 세상에 대한 궁금증이 커지면서 과학과 기술이 발전했다. 시장의 확대, 원자재의 다양화, 산업조직의 다변화, 자본과 노동의 변화, 상품의 질적 변화 등은 과학과 기술의 발전, 즉 혁신 덕분이다. 인류는 '생산'을 통해 '잉여'를 만들었고, 잉여의 가치를 '부'라는 축적의 개념으로 전환한 뒤, '부'는 다시 노동과 달리 '자본'이라는 고상한 단어로 정의되었다. 이것이 슘페터가 말한 '창조적 파괴'의 또 다른 정의이자 본질이다. 이 같은 가치사슬의 고리는 과학과 기술, 철학과 사상이라는 줄을 통해 매듭지어졌다. 매듭의 종류는 교육과 사회제도, 규칙 등으로 나뉘고 이러한 큰 매듭은 민주주의와 사회주의, 자유시장 경제제도와 사회주의 계획경제로 구분되어 이념 논쟁으로 형이상학화되었다. 하지만 이는 결코 형이상학이 아니다. 형이하학적이며, 물질적이며 이해관계적이다. 가치의 높고 낮음, 있고 없음은 절대적이지 않으며 상대적인 것으로 인간의 본능에 익숙한 방식으로 이어져왔다. 힘 있는 것은 곧 부가 큰 것이고, 부가 크다는 것은 곧 잉여와 생산이 상대적으로 많고 크다는 것이다. 이러한 가치사슬의 발전이 미래 어느 시점에 한계적 상황에 부딪힌다면, 인류는 또 다른 가치를 만들어낼까? 그러지 않고서는 존재의 이유가 없는 것일까? 인류는 이제 지구-우주의 사슬을 새롭게 만들고, 또 다른 미래에는 우주-우주의 사슬 구조를 만들어갈 셈이다. 그 과정에서 인류는 다양한 정량적·정성적 과제

자본주의의 적은 자본주의

를 만날 것이다. 그 과제는 어떻게, 누가, 왜 풀어야 할까? 그 해답을 가진 나라, 사람, 집단이 곧 패권을 차지할 것이다.

여덟째, 자본의 잉여 재확대 구조가 노동과 지대의 가치창출 체계와 속도를 추월한다. 철학, 과학, 산업, 기술 그리고 잉여자본이 축적되고 잉여자본이 철학, 과학, 산업 및 기술에 지속적으로 재투자할 때 자본가는 노동자에 대해 경쟁력 우위를 갖는다. 자본가와 노동자의 대립구도는 결국 인간의 본질적 탐욕에 대한 경쟁이다. 자본가는 이미 종교개혁과 정치제도의 민주적 체제의 준완성으로 인해 시스템적으로 합법적이고 투명하게 국가와 정부 그리고 그가 고용하는 노동자로부터 자신들의 탐욕을 허가받은 상태다. 기업가 정신으로 다양한 산업과 기술을 창조하기 위해 철학적 논리를 개발하고 자본의 재투자와 축적에 대한 합리화를 구축하며, 상품, 조직, 재료, 공정기술 등의 혁신으로 지속적인 성장 가능성에 대한 도전을 쉬지 않는다. 이들이 본능적으로 노동을 경멸하거나 지대에 대한 불합리한 가치 설정을 주도하지는 않는다. 사회와 국가의 발전이라는 명분이 노동시장에서 비교우위를 갖도록 도울 따름이다. 자본은 노동보다 유연성 측면에서 우월하다. 이동의 속도가 빠르고 별다른 직업훈련이 필요치 않다. 하지만 이러한 상대성이 결국 자본가와 노동자 사이에 틈을 벌리는 원인이 되고, 정치와 사회적 질서 유지 차원의 제도와 규칙이 기울어진 운동장을 만들어낼 때 대중은 혁명과 개혁으로 균형감을 요구한다. 기업가 정신은 잉여자본을 축적하고 개인의 부를 축적하는 데 집중하는 것을 옹호하지 않는다. '정신'이라는 단어는 인간의 자유와 평등, 시장에서의 공정과 공평, 정치에 있어 정의와 가치의 개념을 포함한다. 인류의 생존 목적은 단순히 20년의 생명을 100세로 늘리는 데 있지 않다. 21세기를 지나면서 인류는 어떻게 그 삶을 채워갈 것인가의 문제에 더욱 집중하기 시작했다. 삶의 질은 정부와 국가가 책임진다. 정치적 이념이 일반적으로 진보와 보수로 양분된다고 해도, 그 목적은 결코 다르지 않다. 지구-우주의 시대를 열 때, 과연 인류 보편적인 가치가 어느 정도라도 정립이 될지에 대한 문제는 지구-지구의 시대를 살아온 인류에게 철학과 가치 측면에서 커다란 도전이 될 것이다. 자본주의 자유시장 경제체제와 사회주의 중앙계획 경제체제 사이의 틈은 더욱 좁혀질 것이고, 결국 인간의 생존, 인간의 지속적인 생명력에 대한 중요성 등으로 인해 정치적 이념에 따른 이분법적 수사학은 머지않아 사라질 전망이다.

아홉째, 거시와 미시는 서로 충돌하지 않는다. 거시적 질서를 알아야 미시적 질서의 작고 미세한 움직임을 이해할 수 있다. 그 반대도 옳다. 거시를 알아도 미시를 알 수 없고, 미시를 알아도 거시를 알 수 없다. 거시나 미시 그 어느 것도 지구의 질서나 인간의 삶과 운명, 천체의 운행 원리를 완전히 설명할 수 없다. 따라서 보완적이지도 대체적이지도 않다. 미국과 중국이 갈등하고 충돌한다는 표현이나 전망은 정확하지 않으며 결코 맞을 수 없다. 거시적 갈등 구조의 미시적 구조는 화합이고 협력이다. 미국과 중국 모두 자국의 이득을 조금이라도 더 차지하려는 몸부림은 정당하다. 미중 간에 무력 충돌이 가능하다는 시나리오도 있지만, 이미 양국은 그럴 경우 둘 다 회복 불가능한 치명적 내외상을 입으리라는 점을 안다. 승자

자본주의의 적은 자본주의

는 패권국이 되고 패자는 영원히 복구 불가능한 나락으로 떨어질 가능성이 크다. 그러지 않으면 거시 질서구조가 깨어지고 흩어져야 하기 때문이다. 아울러 갈등 구조를 자세히 들여다보면, 병원균(중국) 침입에 대항해서 항체를 만들기 위한 투쟁의 과정(미국)이 아니라 거시적으로 우주의 생체리듬을 정상적으로 복원하기 위한 자연계의 법칙만이 존재할 뿐이다. 미국을 비롯한 세계의 어느 기업도 중국이라는 거대시장을 그대로 내버려둔 채 관망만 하지 않을 것이다. 중국도 이 점을 너무 잘 알고 있다. 중산층이 늘어나는 중국은 미래 소비시장으로서 지구-지구 비즈니스에서 마지막 남은 보루라고 생각할 수 있다. 인도, 인도네시아 및 베트남 등 신흥 개발국의 잠재력도 중요하지만, 이들 국가에서 새로운 산업과 중산층이 증가하기를 기다리고만 있을 순 없다. 당장 최고로 매력적인 중국이라는 시장을 그대로 내버려둘 수는 없다. 생명이 있는, 특히 이익과 소득의 증가를 추구하는 기업이나 사람이라면 누구나 중국 경제의 성장을 반가워할 수밖에 없다. 다만 중국 경제가 세계 경제 속에서 패권국으로 거듭나는 데는 결정적인 단점이 하나 있다. 중국 경제는 자본의 잉여와 노동의 상대적 비교열위에 따른 국가와 정부의 역할에 대한 이해가 부족하다. 그들의 DNA 속에는 자본주의 자유시장 경제체제에서 기업가 정신이 어떠한 철학과 가치를 가져야 하는지에 대한 지도가 없으며, 중세 이후 그 철학적 명분과 논리체계 구축이 부족했다. 국가와 정부의 역할이 여기에 있다. 중국은 1949년 이후 이러한 가치를 철저하게 무너뜨려왔고, 이를 복원하려 해도 중국 공산당의 자기모순을 어떻게 극복하고, 대중의 가치와 인식체계와 함께 어떻게 연착륙할 것인가의 문제가 남는다. 과학과 산업 및 기술 발전이 기업의 상품과 서비스 개발을 통해 가치를 창출하고 부를 축적하는 근간이 된다는 논리를 받아들이고 이해해야 하며, 제도와 교육 등의 사회적 생활 프레임 속에 자연스럽게 녹아들어야 한다. 인간의 경제활동에 가장 기본적인 충분조건, 즉 자본과 노동의 잉여가 만들어내는 사유재산을 인정하고, 사유재산의 분배와 축적에 대한 가치를 정의롭고 공평하게 실천할 수 있는 제도와 규칙을 제정해야 한다. 중국도 그러한 제도와 규칙의 기본 원리를 가지고 있는 철학과 사상, 이론과 명분으로 스스로를 채워야 한다. 하지만 이런 과정이 시대 변화를 따라 연착륙하기까지는 다양한 난제가 길을 가로막고 있고, 이러한 점에서 미래 미중 간의 경쟁과 협력은 불확실하다. 서양의 자연과학은 확률적 통계학이다. 동양의 주역과 같은 학문도 확률적 통계학이다. 전자는 빅데이터로 기록에 남지만, 후자는 한번 지나면 시간 속에 모든 것이 삭제된다. 다음 날에는 또 다른 주역 궤가 만들어진다. 자연 생태계는 수없이 자기복제를 비롯한 유전변이를 일으킨다. 아무도 이를 통제하거나, 정확히 관찰하고 예측할 수 없다. 인간의 순수한 본능에 수많은 문제를 일으키는 무형적 감성 역시 다양하고 복잡한 자기복제와 돌연변이 과정을 거친다. 인간은 욕망과 야망의 덩어리를 호모에렉투스 이후 지금까지 잊지 않고 지녀왔고 이는 변이와 창조적 파괴를 서슴지 않는다.

마지막으로, 자연과학과 사회과학의 근본 원리는 같다. 자연과학과 사회과학의 연결고리 중 하나가 서양에서는 물리학이다. 사회과학이 발전해야 자연과학이 보여주는 생태계 원리를 인간도 이해할 수 있다. 고대 그리스-로마 철학의 뿌리는 인간이었다. 한편 자연과학이 발달해야 인간이 왜 겸손해야 하는지를 안다. 인간은 단지 자연(거대 우주)의 한 모퉁이 끝자락에 걸쳐 있기 때문이다. 인간 행동의 심리와 운동 법칙은 자연 생태계 내에 있는 생물의 그것과 다르지 않다. 식물이 광합성을 하며 생명을 유지하는 과정은 인류가 생존을 위해 펼치는 다양한 활동의 가장 원시적 본질 혹은 본능적 구조를 대변한다. 생존원리는 비교적 단순하다. 영양이 공급되어야 한다. 생명체가 생명을 유지하는 원리는 주어진 환경에 적응하는 데 있다. 하지만 인간은 '생각'을 한다. 주어진 환경에 단순하게 적응하면서도 문명이라는 새로운 변화를 이루어내려는 노력을 끊임없이 지속한다. 고대 그리스-로마 철학자들은 그러한 '생각하는 힘'을 통해 우주에 생존하는 다른 모든 생명체와 달리 '인간은 왜, 무엇 때문에 존재하는가'에 대한 질문을 시작했다. 이 같은 근본적 질문이 형이상학적 철학과 같은 난해한 논리학으로 전환 또는 치환되었을 뿐이다. 인간은 다른 동식물 등과 달리 '지능'이라는 인지적 능력으로 생각하고 분석하며, 질문하고 답을 찾아가는 복잡한 과정을 문명이라는 개념으로 진화 발전시켰다. 왜 그랬을까? 단순히 주어진 그대로의 환경과 생명의 질서를 받아들이면 그만일 것을 왜 스스로 어려운 숙제를 내고, 지극히 단순한 논리를 복잡한 철학과 사상학으로 더 깊이 들여다보려고 했을까?

지능은 인간이 후천적 이성적 판단을 포함한 일체의 유무형적 가치체계 혹은 인식과 의식의 체계를 통해 구축한 일반적인 혹은

특수한 지적 능력이다. 기계도 지능을 갖는다. 기계와 인간의 차이
라면 단지 이러한 빅데이터를 인식하고 의식하는 체계와 반응에 이
성과 감성이 존재하는가 하는 것뿐이다. 감성과 이성이 결합할 때
인간은 '지혜'를 갖는다. 하지만 기계는 감성이 없다. 인간에게만
감성과 이성적 의식이 존재한다. 따라서 기계는 인간이 갖는 '지혜'
를 갖지 못한다. 하지만 여기에도 한계가 있다. 인간이 추구하는 궁
극적 가치, 곧 평화, 자비, 사랑, 행복 혹은 여타 형이상학적 가치는
결국 그것이 인간이 닿을 수 없는 한계임을 자인하는 것이다. 인간
은 그 지극한 가치를 어떠한 이유로 실천하고 드러낼 수 없었다. 그
것은 인류 역사에서 신의 영역으로 치환되어왔었다. 사회과학은 형
이상학이 형이하학보다 우수하고 가치 있다고 믿기도 했었고, 인간
은 사회과학의 진화와 발전을 위해 그 자신이 가지고 있는 단 하나
의 생명을 희생하기도 했었다. 하지만 인간의 지능이 발달하고 수
없이 다양한 경험을 축적하면서 인간은 그 자신의 생명이 가장 중
요한 '선善'이라는 생각에 이르게 된다. 그것이 '인권'이고 '인간 존
엄'이었다. 이것이 단지 '상식' 그 이상도 이하도 아니라는 점을 이
해하는 순간, 종교는 인간을 지배하기보다 인간과 동행하는 가치체
계의 동반자로서 도덕과 윤리라는 연필과 지우개로 존재한다. 인간
이 가장 두려워하고 경계해야 할 것은 그 스스로가 무엇인가를 만
들어 그것의 노예가 되려는 어리석음이다. 인간이 우주 생물 중 가
장 우수한 동물이라는 자긍심은 소수의 천재가 이루어낸 자연과학
의 발전을 통해 오늘날 산업과 기술이라는 파생상품으로 다시 치환
되고 있다. 자연과학의 기본원리는 앞에서도 밝힌 바와 같이 미시

와 거시적 사회과학 이론과 다르지 않다. 물리, 화학, 생물 및 생리 의학 등을 토대로 자연 생태계의 원리를 해석, 분석 및 판단하듯 인간의 행동과 심리도 이 틀에서 크게 벗어나지 않는다. 자본이 노동보다 힘이 세지면, 생태계의 보존 법칙에 따라 노동이 혁명이나 개혁을 통해 불공정, 불평등을 바로잡으려 한다. 반대로 노동이 자본보다 힘이 세지면, 자본이 더 이상 노동을 필요로 하지 않음으로써 균형을 잡아간다. 한 제국이 버텨낸 1,000년이라는 시간은 자연과학과 사회과학의 발전이 빚어낸 '생태계 균형'의 결과물이다. 정치, 경제, 사회 및 문화 등 인간이 만들어내는 다양한 가치체계와 그 산물은 식물이 생존을 위해 이산화탄소와 산소를 들이켜고 내뱉는 광합성과 결코 다르지 않다. 단지 그러한 장면과 모습을 시시각각, 형형색색, 주관객관 등의 상대성 원리로 관측하고 경험하고 해석한다는 차이가 있을 뿐이다. 따라서 경제는 하나의 사회과학으로서 자리 잡고 있기는 하지만, 이를 이해하기 위해서는 사회과학과 자연과학의 기본 및 응용 원리를 이해할 수 있어야 한다. 총, 균, 쇠가 전쟁, 질병, 기술로 해석되는 방식과 다르지 않다.

인간의 수명이 늘고 인구수가 증가한 배경에는 문명의 발전과 함께 진화한 의식주가 있었다. 이 책에서 말하는 문명의 시작은 이러한 내용을 의도한 것이다. 문자와 언어의 발명 이후 인류는 급속한 문명 진화의 시기를 경험한다. 경험과 지식의 축적은 사회집단의 생활 수준과 밀도를 높이고 범위를 넓혀갔다. 사람마다 다른 능력은 다양한 직업군을 만들었고, 규모의 확대는 지배와 피지배 계급, 지배 계급 안에서의 또 다른 계급체계를 만들었을 것이다. 동물

무리에도 우두머리가 있듯, 인간이 사회집단을 형성하면서부터 거기에서는 적대적 군사 권력이 정치 권력으로 진화하기 시작했을 것이다. 계급 혹은 계층의 분파와 진화는 인간 사회의 진화 과정에서 발생하는 필연적인 결과물이다. 인간이 극복할 수 없었던 '자연'의 알 듯 모를 듯한 '진리'는 오롯이 '신'의 영역이었다. 신이 그렇게 위대하고 원초적이었다면, 태초부터 우주에 창조적 가치를 만들어낸 인간을 닮은, 혹은 인간과 같은 존재였다면 왜 굳이 인류가 수많은 문자, 다양한 민족, 각기 다른 생존과 환경 법칙을 갖게 되었을 때 나타났을까? 창세기부터 우리 앞에 나타났었더라면 과연 지금 우리가 안고 있는 인간의 한계와 도덕적이고 윤리적인 일탈을 막을 수 있었을까?

종교의 원초적 시작인 무속신앙은 전설을 통해 전해지면서 마침내 '종교'라는 문명의 파생물 가운데 하나로 자리 잡았다. 그리고 지극히 인간적이고 세속적이지만 마치 세속을 초월한 듯 위장한 모습으로 '제정일치'와 같은 정치 권력과의 타협 시기도 거쳤다. 인간은 그저 '물음표'의 한 부분을 우주를 초월한 존재로 신격화하면서 자신이 만들어낸 종교의 노예가 되기로 작정한 것은 아닐까?

법, 규칙, 제도와 '습쩝'은 사회집단의 계급체계를 오히려 더욱 공고히 했다. 굳이 자본주의의 시작 이후에 계급이 시작되었다고 생각하는 사람은 없다. 원시사회에도 계급은 존재했다. 왜 생겼을까? 초기엔 힘의 차이였을 것이고, 후기로 갈수록 새로운 기술과 의식주의 발전에 따른 '가진 자'와 '못 자진 자'의 차이에서 계급은 시작될 수밖에 없었다. 하지만 우리는 왜 흔히 이야기하는 '계급'이라는 것이 마치 자본주의가 만들어낸 괴물인 듯 여기는 카를 마르크스의 유물론적 계급이론에 집착하게 되었을까? 만물의 영장이라는 인간, 생각하는 인간, 감성과 이성의 지혜를 가진 인간이라면서 인간은 왜 고대와 중세를 거쳐 근대 초기에 이르기까지 스스로를 신분의 계급, 자산의 계급, 권력의 계급 등 숱한 계급의 계층layers을 만들어 그 안에 속박된 존재로 살고자 했을까? 어째서 그러한 속박과 굴레를 떨쳐버리려는 노력을 마치 엄청난 정치 사회적 혁명인 듯 인식하면서 종교와 정치 권력의 억압에 눈을 뜬 '르네상스'와 '인본주의'를 이야기하고, 근현대사에 들어오면서 '민주주의'라는 또 다른 정치 사회적 미사여구에 정신 줄을 놓아버렸을까? 여전히 종교는 일반 사람들의 평등보다 사랑보다 자비보다 우위에 군림하고 있지는 않은가? 정치든 경제든 그것을 아무리 민주적이고 자유시장경제의 원리에 입각한 합법적이고 정의로운 힘이라 부른다 해도, 결국은 힘의 '토큰token'이 그 사람의 정치·경제·사회적 지위를 대변한다고 우리 모두 인정하고 있지 않은가? 자본주의는 자유시장경제에서 벌어지는 완전경쟁을 지향하는 인본주의적 경제질서라고 하지만, 그것의 본질과 실상은 점차 심화되는 양극화에 있다는 점에서 우리가 중요한 무엇인가를 놓치고 있다는 생각은 들지 않는가?

1.1장 질풍노도의 시대, 동풍과 서풍

한때 동풍의 영향은 엄청났다. 광풍이었다. 서구의 모든 문명을 휩쓸고 지나갔다. 어제의 적이 오늘의 동지가 되는 게 전쟁이다. 사람의 이동은 곡식, 가축, 질병과 같은 유형의 물질과 함께 문화, 의식, 가치, 철학과 사상과 같은 형이상학적 문명도 이동시킨다. 침략국에서 승자의 문화를 강요할 수도 있지만, 패자의 문화가 우월하면 그 문화를 받아들이기도 한다. 문명은 높은 수준에서 낮은 수준으로 흐른다. 물의 흐름과 같다. 절대 낮은 문명에서 높은 문명으로 흐를 수 없다. 질병은 그 반대다. 기술은 예외적으로 가끔 낮은 문명에 높은 문명보다 더 깊은 기술이 있을 때도 있다. 몽골의 유럽 원정과 중국 점령은 13세기 중반부터 14세기 중반에 이르는 약 1세기 동안 이루어졌다.

중국 본토를 중심으로 동아시아 전역을 거의 지배한 몽골족의 왕국(1271~1368)은 그렇게 역사의 뒤안길로 사라졌다. 극복할 수

자본주의의 적은 자본주의

없는 극한상황에 몰리면 인간은 신을 찾는다. 하지만 이때 인간은 신을 찾지 않았다. 인간 스스로를 찾았다. 5세기 로마제국의 몰락과 함께 중세가 시작되었는데 5세기 이후 약 1,000년의 시간은 유럽 야만시대라고 볼 수 있다. 고대 그리스-로마 철학의 붕괴로 인간성이 사라지고 크고 작은 수많은 전쟁과 질병에 당시 유럽인은 지칠 대로 지쳤을 것이다. 인류의 마지막 시대로 이해했을 것이다. 흑사병이 어느 정도 가라앉자 인간의 생존본능이 작동하기 시작한다. 그들이 가지고 있던 문화적 자존심을 다시 일으켜 세워야 한다는 의지가 고대의 부흥을 통해 이 야만시대를 극복하려는 변화의 의지로 거듭난다.

르네상스, 즉 '문예부흥' 운동이다. 이는 14세기 후반부터 15세기 전반에 걸쳐 이탈리아에서 시작되었다. 2010년 12월 튀니지의 재스민 혁명이 스마트폰 동영상이 전파되면서 삽시간에 일어났듯이 새로운 문명의 발전은 빠르게 전파된다. 프랑스, 독일, 영국 등 서유럽 지역에 르네상스가 전파되면서 국가별로 특색 있는 문화가 다시 중세 유럽문화로 싹을 틔우기 시작한다. 이는 근대 유럽문화 태동의 기반이 된다. 고대를 문화의 절정기로 보는 시각은 일면 타당해 보이지만, 인류가 문자를 발명하고 난 이후 문화 발전이 급속한 팽창을 시작했다. 그동안 묶여 있던 사상 토론과 논쟁, 교육, 거래 등의 다양한 기록이 마침내 봇물 터지듯 넘쳐났기 때문이다. 그러나 문화 절정기는 아직 오지 않았고, (결론적이긴 하지만) 인류가 새로운 우주시대를 개척할 때도 그때는 아니다. 절정기는 늘 이상향의 꿈과 희망 속에서 새롭게 자라기 때문이다.

반면, 중세를 인간의 창조성이 철저히 무시된 '암흑시대'라고 보는 시각에도 쉽게 동의할 수 없다. 인간의 지적·창조적 힘을 다시 부흥시키려는 신념은 어느 정도 종교에 대한 의문에서 시작되었고, 종교와 결탁한 봉건 영주와 군주를 봉기와 혁명으로 무너뜨렸다. 르네상스를 이끈 또 다른 하나는 과학과 철학의 발전이었다. 과학과 철학은 대개 전쟁과 질병 등 인류가 수난을 겪은 이후 발전했다. 그리고 이러한 문명의 발전은 또 다른 전쟁과 질병을 앞장세우는 악순환을 반복한다. 흔히 르네상스 직전까지의 세계사를 '야만의 시대' 혹은 '인간성 말살의 시대'라고 부르지만 21세기 현재 우리가 살아가는 모습을 두고 '거룩하다'고 할 수 있을지는 의문이다. 14세기에서 16세기에 걸쳐 펼쳐진 유럽의 르네상스 이후 16~17세기 동안 유럽은 또 다른 전쟁의 시기였다. 이 기간에 전쟁은 르네상스 운동의 여파로 두 가지 형태로 전개된다. 하나는 종교전쟁으로서 교황과 영주 그리고 상인들 간의 전쟁이고, 다른 하나는 국가에 의한 전쟁이었다. 영국과 프랑스가 백년전쟁(1337~1453)을 지속하면서 유럽 국가는 국가와 군의 역할과 관계성에 새로운 의미를 부여하기 시작했다. 즉 왕은 자신의 이해관계에 따라 군을 상비군 체제로 유지할 필요성을 느꼈고, 그러려면 절대적인 재원 조달이 필요했다. 유럽 전쟁의 전술방식이 바뀌면서 신무기인 화약과 대포를 구입하기 위한 막대한 자본이 필요해졌고, 이후 전쟁은 군주 개인의 부와 밀접하게 연관되기 시작했다. 재원은 어디에서 나왔을까? 국내에서 세금을 거두었겠지만, 그것으로는 충분하지 않았다. 이는 당연히 식민지 전쟁으로 이어진다. 앞서 설명한 대로 근대를 산업

자본주의의 적은 자본주의

혁명이 시작된 18세기 이후부터라고 정의하면, 근대의 시작은 산업혁명 이후 원자재 조달과 시장개척을 위한 제국주의 전쟁이 그 단초였다.

고대 석기시대의 전쟁을 단순히 인류 이동과 관련한 의식주 영역의 확대, 문명의 점진적 태동과 진화라는 연장선상에서 이해할 수 있다면, 청동기 이후에 인류가 경험하기 시작한 전쟁과 질병은 '탐욕'과 '야망'에서 비롯되었음을 부정할 수 없다. 왕은 전쟁에 농노와 일반 서민을 동원하기 위해 노동력과 재원을 세금으로 징수하기 시작했고, 왕과 종교가 기득권으로 자리 잡았던 중세 전全 기간에 인류는 자신의 생명과 왕의 생명이 지극히 다르다는 것을 인정하도록 종교적으로나 정치적으로 강요받을 수밖에 없었다. 근대문화의 선구적 사회운동으로서 르네상스를 이해해야 하는 이유가 바로 여기에 있다. 무조건적으로 동원되고 착취당하는 인간의 노동과 그 결과물에 대해 보다 적극적인 궁금증이 생겼고, 그 문제를 해결하려는 움직임이 시작된 것이다. 마침내 인간성의 해방과 인간의 재발견 그리고 합리적인 사유와 생활 태도의 길을 열어준 것이 바로 르네상스였다. 어쩌면 우리는 아직도 중세 이후 르네상스에 대한 향수를 간직하고 있을지도 모른다. 오늘날 야만의 시대, 인간성 억압의 시대를 벗어났다고 말할 수 있을까? 어쩌면 민주주의와 자유시장 경제체제를 덮어쓴 겉모습만 그럴 따름이고, 아직도 왕이 '대통령'으로, 귀족이 '국회의원'과 '재벌과 졸부'로 그 겉옷만 바꿔 입거나 가발을 뒤집어쓰고 다니며 대다수 국민과 시민을 기망하고 우롱하고 있는 것은 아닐까? 군대도 아닌 사회와 직장에서 우리는 왜 불편하고 정의롭지도 않은 듯 보이는 '계급'이라는 계층을 우리 스스로 만들어내고 이를 당연한 듯 받아들이고 있을까?

정치와 경제적 이해관계 다툼이 벌어지는 동안 종교개혁이라는 상대적으로 큰 변화를 얻어맞은 이후 종교는 사실상 국가와 국가, 국가와 국민 사이의 이해관계 다툼에서 한 발 뺄 수밖에 없었다. 오히려 왕가와 귀족 등 기득권의 눈치를 보면서 권력 생존을 위한 작은 몸부림만 쳤을 뿐이다. 1517년 종교개혁 이후 이들이 나설 수 있는 자리는 결국 식민지 전쟁뿐이었다. 17세기 이후 전쟁은 국가가 주도했다.

전쟁은 완전한 국가에 의한 전쟁이며 점차 군인의 전유물이 되었다. 무인의 시대가 된 것이다. 절대군주들은 전쟁을 이끌 수 있는 경제력을 확보하기 위해 중상주의重商主義, mercantilism를 내세우는 동시에 신대륙 무역을 둘러싸고 치열하게 경쟁했다. 왕의 측근이 종전의 정치 귀족에서 경제적 상인으로 대체되었고, 정치와 종교의 일치체제에서 정치와 경제가 몸을 합치는 정경일치 체제로 전환된다.

애덤 스미스가 1776년에 출간한 《국부론》에서 기존의 경제정책과 경제이론을 비판하기 위해 사용하면서 널리 쓰이기 시작한 '중상주의'라는 이론체계는 경제사상사 측면에서 자유로운 무역과 시장경제를 강조하는 고전경제학(고전학파)이 등장하기 전까지 유럽 국가들의 경제정책을 뒷받침했다. 결국 '중상주의'의 기본 철학과 애덤 스미스의 고전학파 경제학이 강조하는 '보이지 않는 손'의 의미는 크게 다르지 않다. 상인들의 경제활동과 무역거래는 그 누구에게도 아무런 간섭을 받지 말아야 한다는 것이다. 국가는 개인과 기업으로부터 세금을 거둬들이면 된다. 가격과 수급량은 시장에서 최적 균형을 통해 결정된다.

애덤 스미스의 이론을 계승, 발전시켰다는 평가를 받는 데이비드 리카도David Ricardo는 1817년《정치경제학과 과세의 원리에 대하여》에서 비교우위론(애덤 스미스의 절대우위론을 한 단계 업그레이드)을 이야기하며 국제무역에서 국가별로 비교우위에 있는 재화와 서비스를 거래하면 거래 참여국의 부가 증가한다는 국제경제학 이론을 소개했다. 중상주의는 어떤 특정한 학설이나 사상을 의미하지 않는다. 다만 자본주의의 발달 정도에 따라 다양한 생각과 주장을 대내외적으로 폭넓게 포함한다. 만일 동인도회사와 같이 무역을 통해 국왕에게 세금을 많이 내는 회사가 있으면 상업자본의 이해관계가 중요해지고, 무기 제작이나 조선 등 산업자본의 이익이 중요해지면 왕권은 그들의 이해관계를 대변한다. 결국 중상주의란 15세기 후반 대항해시대가 시작된 뒤 18세기 후반 시민혁명과 산업혁명을 거쳐 영국과 같은 선진 자본주의 국가에서 자유무역정책이 실행되기 전까지 나타난 경제정책과 경제이론을 말한다. 비록 시대가 일부 중첩되기는 하지만, 산업자본이 되었건 상업자본이 되었건 자본세력은 국왕의 정치권력과 종교권력을 통해 자신의 이해관계를 강력하게 주장할 수 있게 되었다. 이로써 불평등 무역거래는 중세와 근대의 전환기에 일어난 국가 간 갈등의 단초가 되었고, 상인들은 전쟁 기업가로 동인도회사와 같은 무역회사를 내세워 신대륙 무역과 식민지 무역의 무대를 점령하기 시작했다.

4세기와 13세기에 걸쳐 불었던 동풍보다 거칠고 사나운 서풍이

불기 시작한 것이다. 인간을 되찾자는 운동을 했지만 르네상스 운동
은 자본과의 경쟁에서 결국 패했다. 자본의 힘은 그만큼 거셌다. 중
상주의는 이윤이 생산 과정이 아니라 유통 과정에서 발생한다고 생
각했다. 모든 나라에서 통용되는 금이나 은 같은 귀금속을 부의 기본
으로 보았다. 경제학자들은 인본주의적 무역거래를 주장하지 않았
다. 낮은 임금을 받으며 생산하는 다양한 제품의 불매운동을 벌이거
나 기후환경을 파괴하는 제품의 소비를 막자는 운동은 없었다.

　자본주의의 본질은 '부富'를 늘려야 한다는 것이었다. 초기에는
국가였지만 점차 상인 자본으로 논리적 합리화가 체계화되었다. 오
늘날 우리의 다양한 조세정책과 관세정책, 무역과 자본의 이동에
대한 기본논리가 어디에 뿌리를 두고 있는지 정확히 이해해야 한
다. 동풍에서는 자본과의 거래에 대한 큰 이해관계가 적어도 표면
적으로는 드러나지 않았다. 하지만 서풍에는 엄청난 파괴와 인간
의 본질적 탐욕이 그대로 녹아들어 있다. 자본은 처음에는 종교라
는 거대권력의 뒤편에 서 있었다. 그러나 종교가 자신을 돌봐줄 권
력을 잃었을 때 전쟁이라는 충돌에 필요한 자본을 지원함으로써
왕, 군인과 공동의 이해관계를 맺게 되었다. 바야흐로 자본은 그 자
신이 힘을 키우기 위해 왕, 군인 혹은 종교까지도 필요에 따라 취사
선택할 만큼 힘을 갖게 되었다. 모두가 자본의 노예가 된 것이다.

　중세 말부터 근대 초기까지 모든 전쟁의 시작과 끝에는 '국부'라
는 명분 속에 감추어진 상인과 자본가 계급의 축재를 위한 이해관
계가 있었다. 1890년 미국에서 셔먼 반독점법Sherman Antitrust Act이 의
회를 통과했을 때 그 전후 배경과 전개 과정을 보면 알 수 있다. 록

펠러John Rockefeller와 카네기Andrew Carnegie 등이 자발적으로 반독점법에 따랐을 것으로 생각하면 오판이다. 듀폰du Pont과 루스벨트Roosevelt 가문을 이상적인 철학자 집안이라고 생각한다면 역사를 다시 한번 보라고 권하고 싶다. 미국과 중국의 갈등을 경쟁이라는 순화된 용어로 설명하는 것이 두 나라의 갈등 종식과 세계 경제에 도움이 될까? 어쩌면 각국은 자신의 일방적인 입장에서 편향된 언어를 사용할 뿐이다. 중국 입장에서는 도전이고 갈등의 단초는 미국이 제공했다. 미국 입장에서는 그 반대다. 이처럼 '자본'은 철저히 자기중심적이다. '자본주의'는 자본을 절대적 권력과 부의 척도로 믿는다는 뜻이다. 더 토를 단다면, 그다음은 위선이고 가식이다.

무역이론은 그 뿌리가 식민지 쟁탈전에 있다. 각국 정부는 금·은의 유출량보다 유입량이 많은 유리한 무역수지를 형성하기 위해 국민경제에 적극적으로 개입하는 정책을 펼친다. 여기서 누가 더 많은 금과 은을 보유할 것인가? 당연히 '힘' 있는 국가와 정부다. 그렇다면 그 힘은 무엇을 의미하는가? 국가 혹은 정부의 수출정책(주요 수출산업과 기업에는 보조금과 면세 등의 혜택이 주어진다), 원재료 조달의 안정성과 지속성 보장, 국내 산업 보호·육성 정책, 국민을 행복하게 하는 사회경제적 정책, 과학과 기술 발전을 위한 지원, 항해술, 군함과 병력의 규모와 질을 의미한다.

1651년 영국과 영국의 식민지를 향한 모든 물품의 운송을 영국 국적의 선박으로 제한하는 항해조례Navigation Acts를 반포한 올리버 크롬웰Oliver Cromwell이나 루이 14세Louis XIV의 재무장관이었던 장 바티스트 콜베르Jean-Baptiste Colbert 등의 정책은 이러한 중상주의 경제

정책의 특징을 잘 보여준다. 중세를 지나 근대 경제학은 이와 같은 무역 지향적 경제성장 국가들의 기득권 유지 및 확장을 위해 이해 관계를 대변하며 발전해왔다고 정의하면 어떨까? 물론 그 과정에서 인류의 행복과 부가 문명적으로 진화하고 진보한 것은 사실이다. 고대 인간의 이동이 식량과 생존 문제에 대한 해법을 찾기 위한 단순한 이유였다면 중세 이후 인간의 이동은 더 많은 자본과 부를 축적하기 위한 경쟁의 단초가 되었다. 그 결과 질병과 전쟁이 빈번하게 발생했다. 하지만 시대적 변화에 따라 질병에 대한 백신과 치료제가 나오고 다양한 의술로 인간의 생명이 연장되면서 국가와 기업, 자본가와 상인은 '국부'라는 이름으로 자국민과 식민지 국민에게 이중적 잣대를 들이대며 '부'의 상대성을 강조했을 법하다.

인간은 도덕적이지 않다. 윤리적이지도 않다. 종교는 정치와 자본의 힘 앞에 무력하게 굴복했고, 지극히 인간적인 본능과의 경쟁에서 패배했다. 모세가 시나이산(시내산)에서 십계명을 들고 방금 애굽(이집트)에서 탈출한 이스라엘 백성에게 신이 내려준 열 가지 계명을 지키며 살라 했을 때, 이미 그들은 하나님과의 약속을 잊은 지 오래였다. 인간은 그러했다. 신의 종교와 인간의 철학은 타협하기 시작한다. 종교와 철학이 쉬운 교과서로 인간에게 교육되면서 칸트의 '순수이성'은 잠시 그 방향을 찾는 듯 보였다. 인간의 감성은 본능적이지만 이성은 후천적이다. 국가와 사회 공동체에서 하나의 공감대적 원칙과 원리로 교육받은 도덕과 윤리는 동양에서도 공자, 맹자, 한비자, 노자, 장자 등 수많은 철인에 의해 군주와 일반 대중에 전달되었지만, 중국의 수많은 국가 가운데 '도(덕)'의 정치를 한 곳은 단연코 어디에도 없었다. 한나라와 당나라 시대를 제외하고, 중국 역사에서 문명과 문화를 세계에 자랑할 수 있던 왕조는 없었다. '중화사상'은 어쩌면 중국이 주장할 수 있는 가장 본질적 자기합리화일 뿐이다.

인류의 눈을 번쩍 뜨이게 한 또 다른 혁명이 일어난다. 근대 과학혁명이다. '신의 반대말은 과학이다'라고 정의하면 지나친 논리 비약일지 모르겠다. 오직 신만이 거주하고 이해할 수 있었던 우주 천체에 부여된 질서의 지극히 작은 모서리 정도일 뿐이지만, 인간은 드디어 신의 영역에 대한 비밀 열쇠를 하나 획득했다. 근대 물리학, 화학 및 생물학, 생리학 등의 급속한 발전은 인간의 수명을 늘렸다. 인간의 수명만 는다면 문제지만, 생산의 규모와 제품의 범위, 서비스의 질과 밀도가 동시에 성장·발전하면 국가와 정부는 국민으로부터 더 많은 세금을 거둬들이는 만큼 그에 정비례해서 행복과 인권에 대한 요구도 더 많이 받게 된다. 주변 국가도 다양한 문명 및 문화의 침투 때문에 지정학적인 힘의 균형에 민감하지 않을 수 없다. 고대 원시시대부터 구석기는 신석기로, 신석기는 청동 및 철기 시대로 진화해왔다.

인간의 수명이 20세에서 50세, 60세까지 지속적으로 증가하고 수많은 전쟁 및 질병과 사투를 벌이면서 진화를 거듭한 결과, 이러한 진화와 진보가 어떤 연유로 이루어져왔는지 드디어 판도라의 상자가 하나씩 열리기 시작했다. 그리고 그러한 진화가 자본과 교육, 특히 국가와 정부를 유지하기 위해 절대적으로 필요했던 세력의 수요에 따라 더욱더 논리정연한 학문적 체계로 자리 잡기 시작했을 무렵, 인간이 맞이한 과학혁명은 거대한 변화의 '시그널signal'이었다. 문제는 이러한 시그널을 모두가 다 읽어내지 못한다는 점이다. 설사 일부가 읽어낸다 해도 그중에서 이 변화의 시점에 무엇을 해야 할지 통찰할 수 있는 사람은 극소수다.

근대 이후 증기기관이 발명되고, 석탄과 석유 등 새로운 동력이 만들어졌으며 내연기관이 발달했다. 그리고 그 뒤를 이어 유럽제국과 열강의 산업 발전과 중상주의적 무역거래에 대한 원재료 시장, 상품 판매 시장, 기축통화 질서의 정립, 자본 축적과 노동력 수급의 지속 가능성 등 사회경제 및 정치경제적 문제와 해법 역시 몇 번의 업그레이드 단계(과정)를 거친다. 경제학은 이러한 문제를 대공황, 대불황 등의 용어로 설명한다. 그리고 이 난제를 극복할 해법을 제시했다고 생각될 때 이를 경제학 이론으로 삼았다. 고전학파, 신고전학파, 케인스 경제학, 마르크스의 사회주의 경제학 등이 그렇다. 거시경제학 이론은 다시 물리학에서 많은 도움을 받는다.

미시경제학의 출발은 물리학의 발전에 힘입은 바 크다. 근대 과학이론에 잠시 빗대어보면, 뉴턴, 아인슈타인의 천체물리학과 일반 물리학 이론은 거시경제학이고, 원자핵을 구성하는 양성자와 중성자 같은 미립자를 다루는 이론은 미시경제학에 해당한다. 후자의 미시경제이론을 모르고서는 거시경제이론을 제대로 설명하거나 예측할 수 없다는 사실은 우리에게 큰 과제다. 경제학이 매번 예측에 실패하는 가장 결정적 이유다. 쿼크가 어느 방향으로 뛸지는 모른다. 하지만 우주에는 일정한 질서체계가 있다. 그렇다면 거시와 미시는 상호 독립적인 세계(변수)인가? 간단히 설명하면 그렇지 않

자본주의의 적은 자본주의

다. $E=MC^2$이나 $F=ma$ 및 질량보존의 법칙 등이 그렇다.

17세기에 자연철학이 일어나면서 수학을 통해 자연이 움직이는 원리를 추정 및 예측하고자 했다. 대표적인 인물로 흔히 갈릴레오 갈릴레이Galileo Galilei를 이야기한다. 갈릴레이는 1609년에 자신이 발명한 망원경을 이용해 목성의 위성을 관측하고, 메디치가Medici family의 수학자, 철학자 등용에 응시하기 위해 1610년에 이 결과를 담은《별에서 온 메신저Sidereus Nuncius》를 출판한다. 그 결과 아리스토텔레스 전통을 지지하던 철학자들과 많은 청중 앞에서 논쟁을 벌였고, 이는 이후 데카르트René Descartes 학파와 운동철학(자연법칙에 따라 움직인다는 기계론적 시각과 자신의 고유한 힘에 의해 움직인다는 물활론hylozoism에 대한 구체적 설명)이 등장하는 계기가 되었다.[1] 1662년 피에르 드 페르마Pierre de Fermat가 빛의 경로를 설명하는 페르마의 원리를 이론화한 이후 근대 물리학계에 새로운 빛이 내리쬐기 시작했다. 데카르트와 아이작 뉴턴은 17세기와 18세기 근대 물리학의 토대를 만들었다. 18세기와 19세기에는 레온하르트 오일러Leonhard Euler, 다니엘 베르누이Daniel Bernoulli, 조제프 루이 라그랑주Joseph-Louis Lagrange, 피에르 시몽 라플라스Pierre-Simon Laplace 등 여러 수학자가 역학체계를 이론화했다. 페르마의 원리를 응용하여 라그랑주 역학이 탄생했고, 이 원리는 현대적으로 해석 및 입증되어 일반상대성이론의 아인슈타인-힐베르트 작용Einstein-Hilbert action이나 양자장론Quantum field theory의 라그랑주 밀도 같은 모습으로 여전히 핵심적인 역할을 하고 있다.[2] 위에서 설명한 물리학자들의 이름은 경제학 교과서에도 자주 등장한다.

19세기 이후 현대 물리학은 전자기학에서 시작되었다. 쿨롱의 법칙Coulomb's law,[3] 1799년 최초의 전지인 볼타 전지Voltaic cell, 외르스테드Hans Christian Ørsted의 전류와 자기장의 상관성 발견, 앙페르André Marie Ampère의 회로 법칙 등이 소개되었다. 전기라는 새로운 동력이 급속하게 소개되면서 19세기 이후 전류와 자기, 전자기 유도 법칙이 실험을 통해 입증된 이론을 바탕으로 산업에 적용되기 시작했다. 아인슈타인과 플랑크Max Planck의 양자가설,[4] 닐스 보어Niels Bohr의 원자론,[5] 하이젠베르크Werner Heisenberg의 불확정성 원리[6] 등 19세기 후반에서 20세기 초에는 원자 단위보다 더 작은 미립자 연구가 더욱 활성화되었다. 특히 양자역학이 수학 공식화된 이후로, 하이젠베르크의 불확정성 원리는 수학적 구조를 통해 더욱 근본적인 양자역학 원리와 그 물리적 원리가 유도되는 성질의 것으로 알려졌다.[7]

19세기 첨단 분석기법의 정밀도가 높아지면서 물리학에서는 물질의 근본적인 성질과 운동과 에너지의 보편법칙에 대한 더 많은 정의가 만들어졌다. 음향학, 지구물리학, 천체물리학, 공기역학, 플라스마 물리학, 저온물리학, 고체물리학 등의 분야에서는 광학, 유체역학, 전자기학, 역학 등의 분야와 통합된 연구가 지속적으로 이루어지고 있다. 마침내 20세기에 들어와 물리학은 전기, 항공우주, 재료공학 등의 분야와 공동연구를 하기 시작했다. 2차 세계대전의 결과로 물리학자의 수는 급격히 증가했고 최근 십수 년 동안 물리학은 이전 어느 때보다 더 세계적인 범위로 연구가 진행되고 있다. 현대 물리학은 본질적 혹은 파생적 범위에서 자본과 정치, 군사력과 국가의 부 축적을 위한 도구 또는 수단에 불과하지는 않은지에 대한 질문도 고민해봐야 한다. 보는 사람의 시각에 따라 자본주의와 자유민주주의의 잣대를 가져다 댈 수도 있고, 사회주의 혹은 종속경제이론으로 양을 음으로 바꾸고 음을 양으로도 볼 수 있기 때문이다.

이제 여러 가지 해석 시나리오가 가능한 가운데 근현대사적 정치와 자본의 연결고리를 간단히 살펴보기로 하겠다. 고대부터 현대까지 그리고 미래를 향한 인류의 새로운 도전, 정치와 자본의 결합이 어떤 형태의 우주 세계를 창조할지 짐작해볼 수 있다. 여기에는 당연히 다음과 같은 조건 혹은 가정이 필요하다. 첫째, 새로운 과학의 발전이 인류의 미래 우주시대를 선도할 기초를 구축할 것이다. 우주 천체물리학, 양자역학의 지속적인 발전과 함께 새로운 동력 에너지원이 발견되고 발명되며, 우주공학 등에서 파생된 새로운 기술과 산업이 등장하는 등 실제로 우리가 상상할 수 없는 새로운 분야가 소개될 것이다. 둘째, 이를 통해 자본과 시장질서에 대한 철학적이고 사상적인 지지가 형성되면서 새로운 정치질서와 자본에 대한 합리적이며 지극히 상식적인 개념이 결국 미래 교육 프로그램과 연결될 것이다. 시대적으로 볼 때 논리와 이론의 발전 없이, 자연과학과 그로 인한 산업발전 및 부의 축적은 단지 그 자체만으로는 미래의 경제활동에서 인간이 추구하는 목적으로 당연하게 합리화될 수 없다. 즉 AI에 대한 지적 재산권을 두고 가수나 작가가 저작권을 주장하듯이, 데이터 제공업체, 데이터를 수집 및 분류하는 알고리즘 프로그래머, 자기학습 프로그램을 유지 및 개선하는 알고리즘 프로그래머 등등이 모두 권리를 주장하고 나설 수 있다.

셋째, 국가와 정부, 기업과 가계의 기능과 역할에 대한 새로운 정의와 분업화가 요구될 수 있다. 양극단으로 해석하면, 소수의 정치 및 경제 권력이 일반 국민과 가계를 대상으로 '지대'를 수탈하는 0.1 대 99.9의 정치 및 경제 구조가 생겨날 수 있다. 소수의 정치 경제 권력은 미래 우주시대에 대한 사전적 정보를 용이하게 입수할 수 있고, 새로운 법과 규제를 만드는 데 있어 이해관계가 일치할 가능성이 높다. 이 논리를 국가로 확대하면, 일부 극소수의 선진국이 미래 코스모시대의 정치 및 경제·사회 구조의 표준과 룰을 세팅한다는 의미다. 이 시대에도 민중봉기나 혁명이 일어날 수 있을까? 역사는 "그렇다"라고 말하지만 〈터미네이터〉의 스카이넷은 "우리가 허락하지 않는다"라고 대답할 것이다. 그리고 영화 〈인 타임〉에서처럼 체제 부적응자의 생명 시간을 자동으로 축소할 것이다. 우주시대를 개척하는 데 있어 인류는 미국식과 영국식 가운데 어느 것을 택할까?

〈표 1〉 물리학사 연표[8]

인명	생애	주요저서 및 업적
데모크리토스	기원전 460년~기원전 380년	고대 원자론 제창
아리스토텔레스	기원전 384년~기원전 322년	《의술청진법》, 《자연학》, 형식 논리학 수립
아르키메데스	기원전 287년~기원전 212년	《부체에 관하여》
프톨레마이오스	83년~168년	《알마게스트》, 《지리학》, 《아포텔레스마티가》
코페르니쿠스	1473년 2월 19일~1543년 5월 24일	《천구의 회전에 관하여》(1543)
갈릴레이	1564년 2월 15일~1642년 1월 8일	《두 주된 세계 체계에 관한 대화》(1632)
데카르트	1596년 3월 31일~1650년 2월 11일	《제1 철학에 관한 성찰》(1641)
페르마	1601년 8월 17일~1665년 1월 12일	페르마의 원리 발견

자본주의의 적은 자본주의

보일	1627년 1월 25일~1691년 12월 30일	보일의 법칙 발견(1662)
훅	1635년 7월 18일~1703년 3월 3일	훅 법칙 발견, 《마이크로그라피아》(1665)
뉴턴	1643년 1월 4일~1727년 3월 31일	《프린키피아》(1687)
베르누이	1700년 2월 9일~1782년 3월 17일	《유동체 역학》(1738)
캐번디시	1731년 10월 10일~1810년 2월 24일	캐번디시의 실험(1789)
와트	1736년 1월 19일~1819년 8월 25일	증기기관 개량
쿨롱	1736년 6월 14일~1806년 8월 23일	쿨롱의 법칙
라부아지에	1743년 8월 26일~1794년 5월 8일	화학반응에서 질량보존의 법칙 확립
볼타	1745년 2월 18일~1827년 3월 5일	볼타 전지 발명(1800)
샤를	1746년 11월 12일~1823년 4월 7일	샤를의 법칙(1787)
돌턴	1766년 9월 6일~1844년 7월 27일	원자설(1803)
아보가드로	1776년 8월 9일~1856년 7월 9일	아보가드로의 법칙(1811)
영	1773년 6월 13일~1829년 5월 10일	자연철학 강의, 파동설(1807)
앙페르	1775년 1월 20일~1836년 6월 10일	앙페르 회로 법칙
게이뤼삭	1778년 12월 6일~1850년 5월 9일	게이뤼삭의 법칙(1805)
프라운호퍼	1787년 3월 6일~1826년 6월 7일	프라운호퍼 선 발견(1814)
옴	1789년 3월 16일~1854년 7월 6일	옴의 법칙
프레넬	1788년 5월 10일~1827년 7월 14일	프레넬 렌즈
패러데이	1791년 9월 22일~1867년 8월 25일	《전기에 관한 실험연구, 제1·2권》(1839, 1844)
도플러	1803년 11월 29일~1853년 3월 17일	도플러 효과(1842)
줄	1818년 12월 24일~1889년 10월 11일	줄의 법칙(1840)
헬름홀츠	1821년 8월 31일~1894년 9월 8일	헬름홀츠 방정식
발머	1825년 5월 1일~1898년 3월 12일	발머 계열의 발견
맥스웰	1831년 6월 13일~1879년 11월 5일	《전기와 자기에 관한 논문》(1873)
뢴트겐	1845년 3월 27일~1923년 2월 10일	X선 발견(1888)
헤르츠	1857년 2월 22일~1894년 1월 1일	광전효과 발견
피에르 퀴리	1859년 5월 15일~1906년 4월 19일	방사능, 라듐 연구
빈	1864년 1월 13일~1928년 8월 30일	빈의 변위 법칙
마리 퀴리	1867년 11월 7일~1934년 7월 4일	방사능, 라듐 연구
밀리컨	1868년 3월 22일~1953년 12월 19일	우주선에 관한 연구
러더퍼드	1871년 8월 30일~1937년 10월 19일	러더퍼드 원자 모형
아인슈타인	1879년 3월 14일~1955년 4월 18일	상대성이론, 브라운 운동, 광전효과

보어	1885년 10월 7일~1962년 11월 18일	코펜하겐 해석, 보어 모형
슈뢰딩거	1887년 8월 12일~1961년 1월 4일	슈뢰딩거 방정식, 슈뢰딩거의 고양이
채드윅	1891년 10월 20일~1974년 7월 24일	중성자 발견
로런스	1901년 8월 8일~1958년 8월 27일	사이클로트론 발명
하이젠베르크	1901년 12월 5일~1976년 2월 1일	불확정성 원리

자료: https://ko.wikipedia.org/wiki/%EB%AC%BC%EB%A6%AC%ED%95%99%EC%9D%98_%EC%97%AD%EC%82%AC

1.2장 안정화 시대

정치자본주의 모델[9]

또다시 동풍이 불어닥칠 가능성은 없을까? 중국이 21세기 내에 패권을 쟁취할 가능성은 어느 정도일까? 링컨Araham Lincoln의 우상이며 '1850년의 타협The 1850 Compromise'를 주도하여 남북전쟁 발발을 10년 지연시킨 '대 타협가' 헨리 클레이Henry Clay는 모든 법, 모든 정부, 모든 사회는 양보, 공손함, 우의, 예의의 원칙에 기반한다고 했다. 자신을 모든 인류보다 우월하다고 생각하는 사람, 자신은 인간의 약점, 허약함, 모자람, 부족한 점이 없다고 생각하는 사람은 원한다면 "나는 결코 타협하지 않을 거야"라고 말하게 내버려둬야 한다. 하지만 우리 대다수가 그렇듯 원초적인 단점이 있는 사람은 타협을 결코 경멸해서는 안 된다. 이론적 낙관론자는 사물의 원리를 캐낼 수 있다는 믿음으로 자칫 지식과 지혜에 만병통치의 능력이 있다고 믿는다. 소크라테스에게 '오류'는 '악' 그 자체였다.

　영국 정치학자 마이클 오크숏Michael Oakeshot이 정의한 정치적 속성은 실로 적나라하다. "정치를 할 때 인간은 끝도 없고 깊이도 알 수 없는 망망대해를 항해한다. 쉴 항구도, 닻을 내릴 수 있는 바다도, 출발점도, 정해진 행선지도 없다. 오직 가라앉지 않도록 균형을 잡는 것이 목표다. 바다는 친구가 되기도 하고 적이 되기도 한다. 항해술이라고는 전통적인 행동 방식의 유산을 이용해 어려운 상황이 올 때마다 유리한 것으로 만들어보고자 노력하는 것뿐이다"라며 정치의 속성을 일갈했다. 수많은 철학자와 정치학자가 정치에 대해 말한 바 있지만, 정치의 정확한 정의는 광활한 우주의 질서와 같아서 쉬우면서도 어렵다. 하지만 교육이라는 관점, 역사를 통해 정치가 쌓아 올린 수많은 빅데이터 속에 감춰진 교훈의 집합체를 한 줄로 요약하라면, "교육(정치)이란 잠시 긴박한 현실에서 벗어나 인류가 자신을 이해하기 위해 영원토록 이어오고 있는 대화의 내용을 들어보라고 초대받은 것이다" 정도로 정리할 수 있을 것이다.

　천붕지해天崩地解의 시대에 조선사람은 정치적·국제정치적·사상적 정체성을 재정립해야만 했다. 명나라가 사라진 후 조선의 체제는 어떻게 진화할지, 적국인 청이 대륙을 차지한 상황에서 어떤 외교와 안보 정책을 수립할지, 문명의 척도였던 주자성리학이 중원에서 사라진 후 무엇을 문명의 기준으로 삼을지, 이 모든 것을 다시 설정해야 했다. 송시열의 기축봉사己丑封事, 효종과 송시열의 북벌론, 현종 대에 조선을 뒤흔든 예송·사문난적 논쟁 등이 그 결과였다. 예송논쟁은 명청 교체기에 조선이 새로운 정체성을 구축하는

　　　　　　　　　　　　　　　　자본주의의 적은 자본주의

과정에서 벌어진 정치·안보·이념 논쟁이었다. 명이 사라지고 청이 등장한 상황에서 조선의 정통성은 어디에서 찾을지, 명이 사라졌다 해도 조선의 정통성을 명에서 찾고자 한다면 청과의 관계는 어떻게 설정할지, 조선이 과연 독자적으로 문명의 중심이 될 수 있는지 등 조선 정체성의 핵심 문제를 둘러싼 논쟁이 예송논쟁이었다.

소중화 사상을 구축하면서 청을 상국으로 섬기면서도 내심 명의 문명을 이어받은 조선이 우월하다고 자부하면서 청나라를 북인, 오랑캐의 나라로 경멸한다. 청에 바치는 조공 연행사燕行使를 제외하고는 청과의 일체 교류를 단절한다. 쇄국정책의 시작이었고, 이렇게 형성된 조선 후기의 자아관, 국가관 그리고 세계관은 조선 말의 위정척사파에 의해 답습된다. 동아시아는 원명, 명청 교체기에 버금가는 또 한 번의 난세로 빠져들고 있었다. 세계 문명의 축이 동양에서 서양으로, 동아시아의 문명과 무력의 축이 중국에서 일본으로 바뀌고 있었다. 명청 교체기에 형성된 친중위정척사 사상과 쇄국정책으로는 넘을 수 없는 파고였다. 조선의 정치사는 국가와 국민을 부강하게 만드는 것이 목적이 아니었다. 단지 중국의 왕권(정권) 교체기에 무엇이 공자의 가르침이고 맹자가 일러준 명분 있는 '(도)덕'의 정치인가를 놓고 당파 간에 치열한 지성적 다툼을 벌였을 뿐이다. 왕권시대에(실제로는 왕을 꼭두각시로 두고 당파 간의 다툼으로 이어진 조선 역사라 해도 틀린 말은 아닐 듯하다) 왕과 귀족은 어쩌면 단 한 번도 국민 모두가 새로운 부를 창조하고 축적함으로써 공자와 맹자, 부처가 이야기한 도와 자비를 뛰어넘는 신개념의 국가론을 받아들일 생각을 하지 않았을 것이다. 또한 혁명으로 군주제가 무너지고 자본가, 신진사대부, 상인과 양민의 세상이 창조될 것으로도(어쩌면 이런 생각을 했다는 사실만으로도 머리를 풀고 북쪽이나 임금이 계신 곳을 향해 역모를 꾸몄다며 석고대죄를 할 판일 듯하다) 단 한 번도 생각한 적 없었을 것이다.

조선 근대사에서 정치는 좋게 보면 명청 교체기에 과연 청을 명과 같은 중원의 패권국가로 인정해야 할지, 아니면 수년 혹은 수십 년 이후 패망할 만주족 오랑캐가 세운, 우리 인조대왕께 병자호란과 삼전도의 삼궤구고두례三跪九叩頭禮 굴욕을 준 치욕적인 역사에 대적할지 등에 대한 파벌적 논쟁에 지나지 않았다. 그것을 예라 하였고, 도덕이고 명에 대한 충성이라 하였다. 지금으로 치면 미국 동맹에 대한 예를 지키고 신하국으로서 충성을 다하는 것이 우리의 살길이라고 믿는 것과 같다. 또 다른 측면에서 보자면 조선의 근대정치는 거대한 세계질서 변화에 전혀 미동조차 하지 않았던 자칭 '참 군자'다운 모습으로 외교관계를 고집스럽게 닫은 쇄국 그 이상도 이하도 아니었다. 이러한 조선에는 어떤 자본주의적 파편이 떨어지거나 차입될 가능성이 전무한 셈이었다.

결국 개혁과 개방은 외압에 의해 굴욕적인 방식으로 이루어졌다. 그 세력이 지금도 자신들이 조선의 개국과 근대화, 산업화에 결정적인 도움을 줬다는 궤변을 할 수 있도록 한 배경은 무엇일까? 일본이 배우고 받아들인 정치자본주의 모델은 영국식 자본주의다. 16세기 근대 정치철학의 아버지라 불리는 니콜로 마키아벨리Niccolò Machiavelli는 이렇게 말했다. "시민적 군주가 된다 함은 새로운 법률을 제정하고 새로운 질서를 확립하는 것이니만큼 군주는 민중을 자기편으로 해야 한다. 그러나 군주는 내외의 적으로부터 자기와 국

자본주의의 적은 자본주의

가를 지키기 위해서 힘을 갖추는 교묘한 지혜가 필요하다. 악덕에 의하지 않고는 지위를 보존하기 어렵다면 군주는 악덕의 오명을 쓸 것을 두려워해서는 안 된다. 특히 군사 면에서는 시민군을 편성해야 하며, 결코 용병에 의지해서는 안 된다." 마키아벨리는 정치가 도덕에서 멀리 떨어져 있는 그대로를 조망하고, 정치의 냉혹한 원리를 추구하는 것이 정치적 당위성이라 규정했다.[10]

미국식 모델

미국은 안보를 보장하고, 세계 어디든 화물 수송을 가능케 하고, 세계시장을 조성하는 데 그치지 않고 우주로 인류를 선도해나갈 원대한 꿈을 멈추지 않고 있다. 또한 기축통화국으로서 누구도 대신하지 못하는 역할을 지속하려 한다. 막강한 군사력으로 세계를 순찰하는 책무와 마찬가지로 기축통화를 유지하는 일도 아무나 못 한다. 다음과 같은 엄격한 조건을 충족해야 한다. 첫째, 엄청난 통화량이 필요하다. 이는 중국도 가능한 일이다. 둘째, 경제 규모에 비해 대외무역이 차지하는 비율이 미미해서 화폐가치의 통상적 등락이 국내 경제를 지나치게 교란하지 않아야 한다. 중국 경제는 이런 구조적 전환에 적어도 또 다른 50년 이상의 시간이 필요하다. 또한 시간이 주어진다고 해서 이런 구조가 가능하리라는 보장은 할 수 없다. 셋째, 기축통화국은 자국 화폐가치 조정이나 조작 등 화폐시장 개입을 자주 하지 않아야 한다. 중국은 위안화와 연계된 금리, 재정 및 조세, 소비, 투자 등의 경제정책을 펼치면서 미국과 서구 유럽이 지난 1,000년의 세월 동안 구축해온 다양한 사회과학적 실험 데이터와 결과를 무조건적으로 자국 경제에 적용할 수 없다. 사상, 가치 및 철학 등 사회과학의 발전 역사가 자연과학과 산업 및 기술 발전을 선도 혹은 뒷받침해온 서구의 그것과 다르거나 존재하지 않기 때문이다. 넷째, 패권국이 되려면 다른 나라 마음대로 자국 통화가 국내시장을 드나들도록 기꺼이 내버려둬야 한다. 그렇다고 중국의 잠재력이 전무하다는 최종적 판단을 하는 것은 아니다. 적어도 그만한 역사, 실험, 가치 판단의 철학이 필요하다는 뜻이다. 그리고 다른 나라가 중국을 따를 수 있는, 따라야 하는 논리와 명분을 제공해야 하며 그럼으로써 국부가 증가할 것이라는 가능성이 실질적으로 '보이지 않는 손'에 의해 인정되어야 한다.

세계를 통치하는 방법론은 크게 두 가지 모델로 정리된다. 먼저 미국 모델이다. 미국 모델은 '빠짐없이 내 편으로 만들어라'이다. 하지만 모두를 미국이 주도하는 세계 체제에 합류하게 만들 만한 매력은 쉽게 얻어지지 않는다. 다음의 몇 가지 회유책이 필요하다. 첫째, 모두에게 물리적 안보를 보장한다. 신뢰를 얻어야 하기 때문이다. 둘째, 모든 나라의 해상수송 및 교통안전을 보장한다. 셋째, 무제한 시장 접근을 허용한다. 실제로 위 세 가지 유인책은 결국 미국이 자기 추종세력을 확대하고자 만든 전략적 '뇌물'이다. 물론 그 뇌물을 덥석 받은 국가의 경제는 달콤한 맛에 결국 당뇨병이 걸리는 줄도 모르고 당분에 취해 방관하다가 결국엔 건강을 잃고, 미국에 생명을 맡긴다는 각서를 쓸 수밖에 없는 지경에 이르기도 한다.

자본주의의 적은 자본주의

중국이 급속한 현대화와 글로벌 패권 장악력이라는 두 마리 토끼를 모두 잡는 데 이용한 수단 중 하나는 헐값의 '차관'이다. 문제는 헐값의 차관으로 중국 민간 금융계가 사달이 날 수 있다는 점이다. 정부가 나선 부분도 있겠지만, 중국의 민간 부문에 대한 집중 융자와 이를 통한 해외 산업, 특히 일대일로One Road One Belt 프로젝트 진행에는 그림자 융자Shadow lending, 불법 헤지펀드나 크라우드소싱crowd sourcing처럼 개인 신용카드에 대출을 해주는 P2P 같은 관행도 있을 수 있기 때문이다. 이 덕분에 30년 만에 붕괴 직전 농경사회에서 세계 2위 경제대국으로 올라설 수 있었겠지만, 중국 GDP는 2000년 이후 4.5배 확대된 반면, 중국의 대내외 융자는 24배나 늘어 중국 경제의 심각한 버블붕괴를 초래할 잠재적 지연뇌관이 되었다. 미국의 외교협회Council on Foreign Relations에 따르면 2023년 10월 현재 총 147개국에 글로벌 GDP의 40%에 해당하는 규모의 차관 및 저리 대출금을 지원했으며, 글로벌 경기 둔화가 지속되고 아프리카 및 남미 저개발국가의 성장동력이 사그라질 때 이 모든 대출금은 부실차관으로 전환되어 중국 경제에 커다란 압박요인이 될 것이 분명하다. 중국 국가부채는 2023년 10월 말 현재 총 경제 규모의 3.8배 이상으로, 64조 1,000억 위안(약 1,379억 달러) 이상이다. 지난 2023년 10월 25일 로이터통신은 중국 국가인민대표대회 상임위원회가 5일간의 회의 끝에 추가로 약 1조 위안의 국가부채 발행을 승인할 예정이라고 보도한 바 있다.

〈이코노미스트Economist〉는 현재 신규 융자액의 4분의 3은 이전에 발행된 융자에 대한 이자를 갚는 용도로 사용되고 있다고 추정한다. 따라서 중국은 비용은 점점 더 많이 쓰는 반면 창출하는 가치는 점점 줄어들고 있다는 의미가 된다. 세계 주요 기관은 중국의 그림자 금융과 비구이위안碧桂園이나 헝다恒大그룹 같은 부동산 개발업체의 부실 문제에 초점을 맞추고 있지만, 사실 그보다 더 심각한 문제는 앞서 언급한 일대일로 프로젝트에서 발생한 대외 대출 부실 가능성이다. '묻지 마' 경제 확대개발 모델의 결과는 두 가지다. 첫째, 묻지 마 투자가 주도하는 거품경제가 정부와 민간의 부정과 부실 대출로 이어진다는 것이고 둘째, 이 거품은 반드시 붕괴된다는 점이다. 이미 1995년 일본의 부동산 거품붕괴로 경제성장이 멈추는 '잃어버린 30년'이 발생했다는 사실, 미국 부동산 시장과 신용평가사가 결탁해 가계자산과 월가 금융기관의 투자금 각 3조여 달러를 공중에 날린 2008년 서브프라임 사태가 있었기 때문이다.

오토노머스 리서치Autonomous Research는 중국이 안고 있는 상환불능 부채규모를 약 8.5조 달러로 추정한다. 2007~2009년 미 금융위기 당시 채무자의 채무불이행으로 압류된 서브프라임 대출의 총 가치는 대략 6~7조 달러로 추정됐었다. 중국 부채의 대부분은 단기 부채로, 2008년 미국의 서브프라임 금융위기와 1990년대 말 인도네시아 위기보다 더 급속도로 경착륙할 가능성이 크다. 중국 융자는 농업과 주거 등 인프라 투자에 집중되어 있다. 보호주의 무역 정책으로 인해 시장 접근이 1990년대 이후 세계 경제보다 용이하지 않은 상황에서, 중국이 원자재 생산과 소비재 제조와 판매의 모든 가치사슬을 독식하겠다는 것은 다른 길을 시도하는 데 관심이 없어서가 아니라 그 방법밖에는 없기 때문이다.

자본주의의 적은 자본주의

남중국해에서 열심히 인공섬을 건설하고 안보적 차원에서 말라카 해협 항로를 적극적으로 지키겠다고 하지만, 이 또한 실익이 없다. 호르무즈 해협은 미국의 이해관계와 밀접하게 연관되어 있고, 인도의 안다만 제도에 대한 미국과 인도의 공동대응 전략은 중국 대외전략의 한계를 그대로 노정할 뿐이다. 자본을 들이붓는 경제모델을 채택하는 가운데 현재 미국 주도의 글로벌 질서체제에서 상품을 바깥으로 배출하는 것이 불가능해지면, 중국 경제는 대내외적인 도전에 그대로 노출될 수밖에 없다. 그 결과는 중국의 사회적 결속력에 대한 내부 혼란 혹은 중국 공산당의 결정적 해체가 될 가능성이 크다. 청나라 시절 1차와 2차에 걸친 아편전쟁으로 겪은 트라우마의 재현이다.

지금까지 중국이 적응해온 '글로벌 질서'는 20세기 중반 이후 미국이 구도를 그리고 서유럽 국가가 이에 순응해온 결과다. 중국이 세계 원자재를 있는 대로 집어삼키고 그 결과로 토해낸 상품을 세계의 목구멍에 최대한 많이 쑤셔 넣는 체제를 기반으로 해왔다. 이는 미국이 다른 추종 국가들에 보여주었던 외교전략과는 다르다.

중국에는 뇌물이 아니라 회유책을 사용했다. 미국은 달러 기축통화를 유지하고, 세계 안보를 보장하며, 세계 어디든 화물을 운송할 수 있게 하고, 세계시장을 조성하는 데 그치지 않고 미래 우주세계를 개척하고, 세계 기축통화국의 역할(즉 글로벌 금리정책과 재정정책을 통해 미국이 영원히 소비시장으로서 힘을 갖되 그 힘을 유지하기 위해 추종세력은 절대 반란이나 다른 생각을 해서는 안 된다)을 함으로써 누구도 자신을 대신할 수 없도록 하고자 한다.

기술과 비교우위 산업처럼 어떤 것은 일부분 양보할 수 있지만, 기축통화는 절대 포기할 수 없다는 점을 중국이 인정해야 한다는 것이다. 따라서 미국은 엄청난 통화량을 세계 경제에 공급할 권리와 의무가 있으며, 이를 통해 취하는 모든 이익은 미국 국민의 소비 수입과 대외안보 강화를 위해 집행될 것이다. 글로벌 질서 유지 차원의 공공의 이익을 위한 지출인 셈이다. 특히, 앞서 지적한 바대로 미국의 GDP에서 대외무역이 차지하는 비중은 미미하므로, 달러화 가치의 통상적인 등락이 국내경제를 지나치게 교란해서는 안 된다는 점을 강조한다. 즉 신뢰가 핵심 열쇠다. 패권국으로서 자국 통화가 다른 나라들 마음대로 국내시장을 드나들도록 내버려둘 수 있어야 한다. 적어도 이 선을 넘지 않거나, 이 규칙을 준수할 의향이 있음을 명확히 할 때 미국은 글로벌 질서체제에서 형식적으로나마 중국의 G2로서의 위상을 인정해줄 수 있다는 것이다. 따라서 이는 뇌물이 아니라 회유책이다.

중국은 이러한 회유책을 받아들일 수밖에 없을 것인가? 아마 그럴 것이다. 왜냐하면 첫째, 논리와 명분론에서 철학, 사상 및 가치 체계의 정립이 부족하다. 중국 경제학, 경영학, 사회학과 심리학이 없다. 모든 물리, 화학, 생물 및 생리학은 서구에서 개발하고 발견, 발명했다. 중국 문명이 서양 문명에 비해 후진적이라는 의미가 아니다. 지난 1,000년의 세월 속에 중국과 일본, 한국이 놓친 것은 단순히 과학과 기술, 철학과 사상 그리고 종교 등의 선형적 구조물 구축이 아니다. 그러기에는 자본과 기술, 과학과 산업 분야의 호환성, 연계성, 순환성에 대한 이해가 부족하다는 점이다. 미래 우주로 나

자본주의의 적은 자본주의

가는 진입 초기에 중국이 과연 이 모든 것을 한꺼번에 해결할 수 있을까? 신뢰를 얻고, 기축통화로 위안화가 가치체계에 확고하게 뿌리내리게 할 수 있을까? 단지 물건을 만들고 파는 것을 넘어 세계 경제의 수입시장 역할을 할 수 있을까? 즉 통화정책과 재정정책, 그 외 정치외교 등 다양한 자연 및 사회과학의 본류를 차지하고 창조할 수 있을까? 우주로의 게임에서는 이 모든 것이 다 중요하지는 않으니 어느 정도 중요한 핵심열쇠 기술과 산업, 과학과 철학만 있으면 가능할까?

이와 같은 무수한 질문에 대한 답은 물론이고 구체적이고 실질적인 해법과 실행, 경험과 지혜를 보여줘야 한다. 그러기에는 시간이 중국 편은 아닌 듯하다. 지난 1,000년의 세월 동안 미국과 서구 유럽이 보여준 이 모든 리더의 모습에 한꺼번에 빅뱅을 일으킬 수 있는 결정적인 그 무엇이 중국에 없다면, 자칫 크고 작은 몸부림으로 서구가 짜놓은 그물망에 자기 몸을 더 칭칭 감아버리는 실수를 할지도 모른다. 동풍이 분다고 예측하기 어려운 이유는 일기예보에 유용하게 사용되는 도플러 시스템Doppler system을 중국에서 만들지 않고 서구에서 만든 것을 들여왔기 때문이다. 데이터를 구축하고 분석하고 판단하는 경로는 미국과 서구 체계의 것이다.

영국식 모델

두 번째는 영국 모델이다. 오랜 역사가 있는 만큼 미국 모델보다 훨씬 덜 복잡하다. 세계가 준수해야 할 정해진 규칙이 없다. 내 편이 되는 나라에 두둑한 뇌물을 먹이지 않는다. 국가 간에 촉진해야 할 무역도 없다. 다른 나라를 항시 군사적으로 보호해야 할 필요도 없다. 약소국의 독립을 보장할 필요도 없다. 단순하게 세계를 정복하기만 하면 된다. 영국식 모델은 다음과 같은 전략을 따른다. 첫째, 천하무적의 전략적 입지를 활용한다. 자연은 영국에 중견급 국가 정도가 될 역량만 부여했다. 육군에 들어가는 군사비를 절약했고 1,000년 이상 중단 없이 국체가 지속됐다. 케인스의 거시경제학도 여기서 시작됐다. 과연 채권을 무한대로 발행할 수 있을까? 가능하다. 실력만 있다면.

가끔 실력을 의심받기도 하지만, 그때그때 좋은 친구를 만나면 된다. 따라서 외교전략이 중요하다. 그렇지만 그 외교전략이라는 것은 정교함과는 거리가 멀다. 마음대로 하는 것이기 때문이다. 산업혁명 이후 영국은 자본주의와 정치권력의 배분과 같은 여러 가지 실험을 할 여유가 생겼다. 그 결과 민주주의가 부상했다. 해군은 신속히 이동할 수 있고 상대방을 기습적으로 공격할 수 있다. 빛의 속도로 해병대, 대포를 배치해서 속전속결로 임무를 완수하고 장비를 회수해 사라지는 전략을 쓴다. '치고 빠지는 전략', 약탈하고 교역하고 상대방을 초토화하고, 후원할 상대를 선택하는 역량 덕분에 영국은 유럽 최강국으로 등극했다. 아편전쟁의 승리에서도 해군력과 해병대의 역할이 컸다. 이해관계에 따라 주변 유럽 강대국을 친구로 받아들여 적절히 활용했다. 이에 비해 중국은 운신의 폭이 제한된 대륙 국가다. 국경을 접하고 있는 열네 개 국가와 그다지 우호적인 관계가 아니다. 언제든지 중국 내부에 균열이 발생하면 이들 자치구 내의 세력 혹은 다른 국가의 사주를 받은 세력에 의해 중국 정치사회가 붕괴될 수 있다. 이는 중국이 지닌 전략적 문제의 시작에 불과하다.

둘째, 막강하고 유연한 해군력이 있다. 영국이 자본주의 초창기에 실행한 실험이 성공한 이유는 무역의 대부분을 국가가 아니라 민간이 주도했기 때문이다. 그 덕에 경제성장, 자본축적, 세수확대 이상의 성과를 올렸다. 필요에 의해 개발된 해군 관련 기법이 영국의 기업가 계층이 일을 처리하는 방식에 응용되었다. 기업은 외교적 혹은 군사적으로 압축된 기술과 지식을 활용했다. 강, 철도, 도로를 통해 교역이 어떻게 작동하는지 직접 터득한 실용적인 지식으로 무장한 선원들은 인사, 물류, 기간시설의 관점에서 적의 내부 교역을 교란하거나 동맹의 교역을 보호하는 데 기술을 자유자재로 적용했다. 반면에 중국은 이런 기술이 전무하다. 전략적 유연성이 무엇을 말하는지 이해하지 못한다. 한 번도 해외 점령군을 배치하거나 제국주의적 침략전쟁을 전개한 적이 없다. 국지적 국경전은 있었다.

더구나 중국 해군의 전략적 한계는 명확하다. 먼저 물통에 갇힌 물고기 신세다. 해상 실전경험이 일천하고 작전 범위도 넓지 않으며, 제1도련선 안쪽 해역이라는 제한된 작전 환경에서만 경험을 쌓았다. 중국 선박은 표적이 되기 쉽다. 비용 불균형의 문제로(니미츠 항모의 비용은 100억 달러로, F16의 350대 값) 1도련선 밖을 나올 수가 없다. 역내 함대를 침몰시키는 대역접근저지Mass area denial 작전이 큰 성공을 거두면 상황이 더 악화될 수밖에 없는 구조다. 해군의 승전보만으로는 불충분하다. 1도련선 내 대부분 지역을 예속시켜 중국의 접근권을 구축하고 유지할 수 있어야 한다. 그럼에도 3도련선까지 전략적 목표를 설정했다. 전략적 설정이야 중국 마음대로 할 수 있다. 하지만 2050년 중국의 국방비가 미국의 국방비를 초과한다 해도 미국이 과연 겁을 먹고 하와이 선까지 후퇴할까?

셋째, 대대적인 기술적 우위를 활용한다. 영국이 지난 2차 세계대전 직전까지 보였던 글로벌 전략의 패턴은 기술적 우위를 통한 시장 점거였다. 그리고 어느 정도 지정학적 세가 불리하다 판단되면 뒤돌아보지 않고 철수하는 방식을 택했다. 영국뿐 아니라 프랑스, 독일, 네덜란드도 이 같은 방식을 채택했었다. 이스라엘-팔레스타인 분쟁은 원초적으로 영국의 이 같은 치고 빠지기 전략 때문에 시작됐다. 상품 유통으로 소득을 올리지 못하면 부가가치 상품을 유통해야 한다. 어느 정도 지배국가의 부를 취했다고 생각했을 때, 해당 국가의 국민의식은 조금씩 저항의 싹을 틔우기 시작했다. 영국은 미련 없이 철수했다.

이에 비해 중국은 세계적인 기술을 선도하는 국가는 아니다. '패스트 팔로어fast follower'다. 선진기술을 습득하면서 경제를 발전시킬 수 있는 한계는 분명히 존재한다. 더구나 패스트 팔로어 전략을 통해 축적한 부를 토대로 새로운 기술을 창조할 수 있을까? 여기에는 다양한 답변이 나온다. 모든 문제는 만능열쇠 하나로 풀리지 않는다. 수많은 키 체인을 가지고 순번을 정한 다음 하나씩 문을 열어가야 한다. 문은 과학, 기술, 산업, 경제정책, 철학, 인문 등 셀 수 없이

자본주의의 적은 자본주의

많다. 어느 것 하나 독립채산제가 아니다. 중국이 과연 공산당 일당 독재체제하에서 이러한 일사불란한 움직임을 보일 수 있을까? 더구나 대상 시장은 이제 지구가 아니라 우주다. 어쩌면 더 강력한 의사결정권과 하나의 목소리를 통해 진격할 수도 있다. 하지만 그 결과 얻어지는 부와 가치의 분배는 중국 국민이 생각하는 정의 조건에 합당해야 한다. 그럴 수 있을까?

거대한 변화의 시대

21세기 들어 지금까지 시대 변화는 거칠다. 파도의 높이가 매우 큰 폭으로 움직인다. 이 파도는 바람이 만든다. 거대한 변화를 일으키는 바람은 크게 다음 세 가지 기류를 일으킨다. 첫째, 과학이 발전하고 산업과 기술이 i4.0Industry 4.0을 지나 i5.0 시대를 열고, 둘째, 지구-지구 비즈니스에서 지구-우주 비즈니스의 창출을 위한 인프라 산업의 투자가 이루어진다. 그리고 셋째, 미래 경제학이 출현한다. 중국과 인도 경제가 발전과 성장의 정상적 궤도에 진입할 경우 경제와 경영, 산업과 기술에 대한 우리의 이해는 새롭게 정의될 수 있다. 이 세 가지 기류를 메가트렌드라고 정의하자. 메가트렌드는 세계를 형성하는 장기적이고 대규모적인 요소로, 여러 수준에서 사회를 형성하는 복잡한 인자들의 역학관계는 새로운 생태계를 만들어낸다. 메가트렌드를 따라가면 특정 지역의 현재 상황이 보이고 지식과 이해를 더 많이 얻을 뿐 아니라, 전 세계적인 미래의 트렌드와 발전을 예측할 수 있다. 예컨대 오늘과 미래에 매우 중요한 세계적인 메가트렌드는 i4.0이다. 이 밖에도 기후환경 변화와 초고령화 등을 이야기할 수 있다. 이 책에서는 이 모든 변수를 일관되게 설명하는데, 이것들이 서로 이어져 있다는 점에 주목해야 한다.

예컨대, 인구 고령화와 기술의 저렴한 가격은 기업이 생산성 향상을 위한 자동화에 더 많은 투자를 하도록 할 것이다. 자동화 투자가 증가하면 기술 기업, 로봇공학 및 자동화 기업 그리고 관련 산업의 주식투자 기회 등이 늘어날 것이다. 더불어 생산성 향상으로 기업의 수익성이 향상될 수 있다. 그러나 동시에 자동화는 일부 직업을 대체할 수 있으며, 이로 인해 일자리 감소와 노동시장의 변화가 발생할 수 있다. 이러한 요소를 고려해 기업과 개인은 미래 투자 및 사업 포트폴리오를 다양화하고 리스크를 관리하는 것이 중요해진다. 또한 자동화 기술 분야에서의 혁신과 발전을 지속적으로 관찰하며 투자 결정을 내릴 필요가 있다. 기업 입장에서는 이 같은 사업 포트폴리오가 주식 가치에 반영될 수 있고, 개인에게는 투자 수익의 증감을 불러올 수 있다. 미래 신성장 산업의 발전과 전개 과정은 팬데믹 이후 경기 인플레이션 과정을 지난 이후 몇십 년 동안 계속해서 새로운 산업과 기술을 소개할 것이며, 이러한 변화에 대응하기 위한 새로운 생산 및 소비 같은 미시적 시스템은 물론이고 통화와 재정 정책과 같은 거시적 시스템도 새로 구축되어야 함을 의미한다.

예를 들면, 이미 이러한 거대한 변화의 시작은 일론 머스크Elon Musk의 스페이스X SpaceX 사업으로 시작됐으며, 정부 주도의 거시적

자본주의의 적은 자본주의

우주 사업은 '아르테미스Artemis'라는 다국적 우주개발 프로젝트로 진행되고 있다. 특히 새로운 우주 세계에 호기심이 많은 국가를 중심으로 향후 아르테미스 프로젝트에는 더 많은 나라가 참여할 것으로 예상된다. 미래 시장의 예측 불확실성과 불가능성 등에는 어떻게 대응해나갈 것인가? 메가트렌드는 경제성장 및 이자율 주기, 인플레이션 트렌드 및 시장 변동성을 초월하는 지속적인 성장의 잠재력을 제공할 것으로 보인다. 우리의 삶과 세상을 변화시키는 미래 메가트렌드를 다음과 같이 정리해본다.

① 모건 스탠리가 뽑은 팬데믹 이후 단기 메가트렌드

지금까지의 내용을 토대로 보통 저자들은 어떻게 경제 서적을 쓸까? 대부분은 미래 경제전망에 따른 투자전략 분야의 책을 많이 집필한다. 여기서도 이와 관련해 간단히 예를 들어보겠지만, 본래의 경제를 이해하고 좀 더 안전하고 긍정적인 투자를 하기 위해 이 책에서 설명하는 내용 정도는 투자자가 반드시 알고 있어야 한다. 그래야 소문에 휘둘리지 않고 나름의 판단과 투자전략을 세울 수 있다. 그 차이를 간단히 설명하기 위해 잠시 투자 관점에서 그 내용이 어떨지를 잠시 설명하겠다. AI를 이용해 답을 얻어보았다.

챗GPTChat GPT에 미국 주요 투자은행인 모건 스탠리Morgan Stanley가 생각하는 팬데믹 이후 미국 사회경제의 단기 메가트렌드에 대해 물었다. AI의 답은 다음과 같았다.

첫째, 전자상거래 및 소매 브랜드 부문에 대한 투자가 증가한다. 밀레니얼과 Z세대[11]가 자유롭게 지출하는 경향이 높아질 것으로 예상되기 때문이다. 전자상거래에 익숙한 신세대는 자신들의 소비 선호도와 가치를 충족하는 브랜드를 선택하며 편의성, 지속 가능성 및 강력한 온라인 존재감을 제공하는 브랜드에 대한 소비 수요를 늘릴 것으로 보인다.

둘째, 주택 건설업 분야 투자가 늘어날 전망이다. 높은 수익을 예상하고 밀레니얼과 Z세대가 주택시장에 점점 더 진입함으로써 주택 수요가 증가해 부동산산업의 성장을 도모할 것이다.

셋째, 반도체 산업에 대한 투자는 지속될 전망이다. 기술적 진보와 더불어 정부의 정책 지원 등은 반도체 산업의 지속 가능한 성장을 촉진할 수 있다. 밀레니얼과 Z세대 모두 스마트폰부터 사물인터넷IoT 디바이스까지 전자제품 수요를 증가시킬 가능성이 높기 때문이다. 미국의 반도체 산업은 디지털 기술이 확장되는 시장을 대상으로 업그레이드될 수 있다.

넷째, 기후환경에 대한 관심이 높아지면서 농업기술 및 수자원 인프라에 대한 투자가 늘어날 전망이다. 식품과 물 부족에 대한 우려는 이제 중요한 글로벌 문제다. 농업기술AgTech에 대한 투자는 식품 생산 효율성과 지속 가능성 향상에 도움이 될 수 있고, 마찬가지로 수자원 인프라에 대한 투자는 신뢰할 수 있는 깨끗한 물 사용과 접근 보장에 중요하다. 다만 기후 및 환경 부문은 밀레니얼과 Z세대가 이 문제에 관심을 갖고 해결책을 찾을 때 투자가 늘어날 수 있다.

팬데믹 이후 소비 및 투자 트렌드를 묻는 질문에 AI는 미국 인구 구조의 변화와 함께 세대별 소비 패턴, 가처분소득(수입)의 변화, 세대별 선호 산업 및 관심 분야에 대한 투자 가능성을 고려해 답을 했

자본주의의 적은 자본주의

다. 이 내용을 토대로 좀 더 단기적인 미래 트렌드 산업과 투자에 대해 살펴보자. 미국의 사례를 글로벌한 사회경제적 트렌드로 일반화하기에는 다소 무리가 있다 해도, 세계 경제의 중심인 미국 사회의 인구구조 변화가 미래 산업 발전과 어떠한 연관성이 있는지 살펴보는 것은 나름 의미가 있다.[12] 밀레니얼과 Z세대는 현재 미국 성인 세대 중에서 가장 큰 그룹이며, 가정을 꾸리고 수입이 크게 늘어나는 세대다.[13]

아울러 첫째, 이들 세대는 전자상거래 원주민으로, 초기 팬데믹 봉쇄 기간은 그들의 온라인 쇼핑 선호도를 더욱 강화했다. 이들의 수입과 소비력이 증가함에 따라 전자상거래 분야와 강력한 디지털 기업은 물류업체와 소셜미디어 플랫폼 기업과 함께 매출 증대를 기대할 수 있을 것으로 보인다. 특히 35~44세와 45~54세 소비자가 의류에 가장 많이 지출하는 경향이 있는 것을 보면, 향후 몇 년 동안 밀레니얼 소비자에게 인기 있는 의류 브랜드의 매출 및 수익 증가를 긍정적으로 기대할 수 있을 것으로 보인다. 그렇기에 밀레니얼 소비자가 관심을 기울이는 의류 브랜드 기업과 온라인 쇼핑 및 물류 기업의 매출과 주가는 비록 가파르지는 않아도 꾸준한 상승세를 이어갈 것이며 해당 기업은 안정적인 투자처가 될 것으로 충분히 예상할 수 있다.

둘째, 밀레니얼과 Z세대의 주택수요가 상당 기간 미국 주택시장에서 성장동력을 제공할 것으로 예상된다. 2008년 금융위기 이후 가구 형성률은 수십 년 동안 최저점에 머물렀다가 2015년부터 반전하기 시작하였으며, 밀레니얼들이 앞으로 몇 년 동안 결혼하고 가족을 구성한 뒤에는 Z세대가 흐름을 이어갈 것으로 보인다. 이러한 추세는 건설 부문이 주춤하면서 공급에 여유가 없어진 지금 같은 때에 긍정적인 소식이라 하겠다. 다만, 상업용 부동산 및 주택 임대사업 부문의 건설업자는 공급 부족의 기간 뒤에도 재택근무 확산 등 팬데믹 이후 근무 환경이 바뀌면서 몇 가지 다양한 변화를 겪을 것으로 보인다. 투자자에게는 주택 포트폴리오를 늘리는 좋은 기회가 될 수 있지만, 단기간 내 큰 수익을 기대하기보다 중장기 채권투자 형태의 포트폴리오를 구성하는 것이 바람직하다.

셋째, 미래 반도체 산업에 대한 평가는 긍정적이다. 이제는 메모리용이든 비메모리용이든 반도체가 과거의 트랜지스터 진공관처럼 모든 산업에 들어가지 않는 곳이 없을 것으로 보인다. 하지만 진공관 시대도 끝이 있지 않았는가? 단기 미래의 반도체 산업을 검토해보면 다음과 같다. 반도체는 다른 여러 기술을 구축하는 기초다. 무기도 된다. 모든 무기체계에 기본적으로 들어가는 중요 부품이다. 현재 핸드폰, 자동차 및 스마트 가전제품과 같은 일상 기술 운영에 도움을 주는 표준화된 칩에 대한 거대한 수요가 있지만, 지구-우주시대에는 또 다른 수요가 급증할 수도 있다. 데이터 집약적인 응용프로그램(예: 새로운 형태의 AI)의 급격한 증가로 더 높은 수준의 프로세서에 대한 미래 수요가 상당할 수밖에 없다.

미국이 2022년 이후 본격적으로 반도체 산업에 대한 전략적 중요성을 강조하면서 국가 공공정책 지원을 강화한 것은 반도체 산업의 미래에 매우 주요한 메시지라고 하겠다. 팬데믹 초기에 경험한 세계적 반도체 공급사슬의 붕괴로 인해, 재고 부족 현상을 방지하고 지속적으로 증가하는 지정학적 우려에 대비해 정부 정책 결정자와 기업은 미국에서의 반도체 생산을 '본국 회귀화reshoring'하기 위해 노력하고 있다. 예를 들어, 미국경쟁법안America Competes Act은 국내 반도체 생산과 연구를 위해 520억 달러를 할당받았다. 이러한 노력에서 이득을 누리는 주요 수혜자에는 미국 반도체 제조업체, 미국 반도체 공급망에 기여하는 기업 및 국내 반도체 산업 확대에 필요한 인프라를 지원하는 업체(운송 및 트럭 공급업체, 산업용 부동산 기업 등)가 포함될 것이다.

또한, 2023년 4월 현재 필라델피아 반도체 지수를 측정하는 미국 반도체 주식의 주가수익비율Price Earning Ratio, PER은 21.4를 보이고 있는데, 최근 가격 추세에 비해 다소 비싸다고 볼 수 있는 가격대다. 하지만 반도체 관련 주식은 향후 다른 업종에 비해 안정적이며 지속적인 상대적 강세를 보여줄 것이다. 예컨대 2022년 10월 주식시장 급락 이후 단 4개월 사이에 40.4% 상승했다는 사실을 보면 반도체 산업의 중장기적 성장 가능성에 큰 의문을 가질 필요가 없다. 다만 반도체 생산과 관련하여 어느 국가, 어느 기업이 가격경쟁 등에서 결정적인 프레임을 가질지에 대해서는 향후 10년간 치열한 경쟁이 펼쳐질 것으로 예상된다.

넷째, AI가 언급한 미래 단기투자 유망 산업으로 기후환경과 관련해 곡물 및 식수 시장에 대한 기대를 품어볼 수 있다. 인구감소 문제는 한국과 중국, 일본의 경우가 심각할 따름이지, 실제 세계인구는 앞으로 25년 동안 약 20% 증가하여 100억 명에 이를 것으로 보인다. 특히 개발도상국의 중산층 증가로 인해 현재보다 50% 더 많은 곡물 생산이 필요할 것으로 예상된다. 동시에 기후변화로 밀, 쌀, 옥수수 및 대두 등의 주요 농작물 생산에 부정적인 영향이 있을 것으로 보인다. 식품 생산량을 늘리고 깨끗한 물에 대한 수급체계를 향상하기 위한 혁신적인 솔루션은 인구 증가에 따른 생필품의 수급 목표를 충족하는 데 지속 가능한 방식으로 도움을 줄 수 있다.

예컨대, '정밀 농업Precision agriculutre'은 향후 빅데이터, 드론, 센서 및 자동화를 사용해 농장 효율성과 생산성을 최적화함으로써 단위 면적당 더 높은 수확을 얻는 동시에 물은 더 적게 사용할 수 있다. 농업은 물에 대한 수요가 가장 높은 산업이기 때문에 더 효율적으로 용수를 사용해서 곡물을 생산하면 더 많은 물을 음용할 수 있을 것이다. 깨끗한 마실 물의 필요성은 이미 심각한 수준이라고 한다. 2030년까지 글로벌 담수 수요와 공급 사이의 격차는 40%나 벌어질 것으로 보인다. 이 격차를 좁히기 위해, 다음 몇 년 동안 글로벌 수도 시설을 확장, 개선하여 물을 더 잘 처리·운송 및 절약하기 위해 1.4조 달러가 투자될 것으로 전망된다.[14] 최근 기술 혁신은 글로벌 물 수요를 관리하는 데 도움을 주고 있다. 예를 들어, 스마트 미터링 시스템은 공공시설에서의 물 요금 청구방식을 개선하여 물을 절약하고 정확하게 가격을 매길 수 있도록 도와준다. 스마트 미터링은 도시가스 및 전력 사용에 따른 요금 청구 체계도 개선한다.

2020년에는 염분 제거 프로세스를 통해 해수를 담수화해 식수로 사용한 양이 전 세계 담수 수요의 약 1% 정도를 차지했다. 그러나 기술 개발과 함께 새로운 프로젝트가 가동되면 해수 담수화 시장은 2030년까지 연간 약 9% 성장할 것으로 예상된다. S&P 글로벌 워터 인덱스S&P Global Water Index에서 이와 관련한 주식은 2022년 10월 이후 조용히 22.1%의 상승을 보이며 상대적으로 강한 성과를 보이고 있다. 장기적으로, 물의 기본적 필요성과 그 공급에 대한 제약 조건은 물 인프라 및 농업기술에 대한 상당한 투자를 촉진하고, 관련 주식의 추가 상승을 이끌 것으로 추측할 수 있다.

이 부분에 대한 해석을 여기서 멈추면 이는 지구-지구 비즈니스에 한정된 향후 용수 및 식수에 대한 수급환경과 투자, 수익구조의 전망에 국한된다. 하지만 이를 지구-우주 비즈니스로 연결하면 막대한 규모의 연구와 투자가 적용될 수밖에 없다는 점에서 물은 공기와 함께 우주-우주로 비즈니스를 확대할 때 반드시 풀어내야 할 필요충분 조건의 과제다.

이제 좀 더 구체적이지만 다분히 공상적인 상상의 미래 세계에서의 산업, 기술 및 과학의 발전과 이에 따른 경제발전 전망에 대해 요약해보도록 한다. 이에 앞서 미래 경제학은 다음과 같은 간단한 세 가지 조건에 의해 지금과는 판이한 사회과학 학문으로서 자리를 새롭게 구축할 것이다. 첫째, AI의 발전으로 인해 정부, 기업 및 가계는 매우 정교하고 예측 가능한 미래 경제전망 데이터를 구축, 활용하게 될 것이다. 따라서 지금과 같은 경제 분석, 경기 예측 및 경제철학 체계는 지속할 수 없다. 다분히 기계적이며, 디지털적이고, 계량화된 분석과 투자체계가 도입될 것이다. '경제학자의 예측은 틀린다' 혹은 '예측은 틀리기 위해 하는 것이다'라는 식의 경제학자에 대한 자조 섞인 평가는 줄어들거나 사라질 수 있다. 즉 경제학이라는 학문 자체가 사라질 수도 있다는 의미다. 보다 기술적이고 기교적이며 빅데이터 의존적인 사회과학이 탄생할 것이다.

둘째, 데이터량이 엄청나게 축적됨으로써 데이터 분석에 의한 경험론적 경제학이 이론적 경제학의 설명 범위를 능가할 것이다. 인간이 기계 의존적인 삶을 살게 될 경우, 인간의 본능적이고 기본적인 사고체계는 무시되고 여러 형태의 AI가 일러주는 대로 단순하게 따라갈 뿐이기 때문에, 인간의 가장 기본적인 감각만(예컨대 시각, 청각, 후각, 미각 등) 인간이 소유할 뿐 나머지는 기계가 판단하는 세상으로 전환될 가능성이 크다. 자본의 축적과 운용, 투자 판단과 기대수익 등에 적용되는 원칙 대부분은 하나의 알고리즘 상품으로 판매되거나, 대용량 데이터를 획득해 남들보다 좀 더 나은 계량모델이 탑재된 기기를 운용하는 자에게 부가 쏠릴 것이다. 경제학이 다룰 수 있는 부분은 이처럼 부의 분배와 관련된 자본의 크기, 범위 및 밀도 혹은 개인정보 활용 등과 관련된 법제화와 정부의 관리 감독 기능 정도에 따라 달라질 것이다. 따라서 경제학은 철학의 범주로 회귀할 가능성이 크다.

셋째, 지구-지구 비즈니스 환경이 지구-우주 비즈니스 환경으로 확대될 경우, 경제학이 모으고 분석하려는 데이터에서 지구-우주 환경의 상관관계 지수는 우주 경제학의 중요한 바로미터가 될 것이다. 우주개발, 우주 투자, 우주 환경, 우주 조세 등 모든 제도의 창작과 운용 방식이 과연 지구의 그것과 정비례하거나 상관관계가 100%이리라고 볼 수 없다. 결국 지구-우주 경제는 또 다른 경제학의 태동을 의미한다. 다만, 앞서 지적한 바대로 초기 지구-우주 경제학은 철학적 개념 정의에 집중하면서 경험론적 수급, 분배, 투자 및 환경이론으로 확대될 것이다.

예컨대 2006년경 한 방송에서 필자가 얘기했던 '인터넷 화폐'는 2008년 암호화폐로 현실화되었다. 마찬가지로, 미래 우주 화폐는 지구 화폐와는 용도가 180도 다를 것이며 새로운 금리 및 재정 정책의 수단이 될 것이 분명하다. 이러한 변화는 급속한 과정으로 일어나지는 않는다. 가랑비에 옷 젖듯이 서서히 인간의 생존본능, 자아에 대한 인식과 의식의 확대 혹은 축소 등의 과정에서 이동과 동화현상이 나타날 것이다. 새로운 환경으로의 인류 이동과 동화에는 식량, 공기, 물 등의 가장 생존 필수적인 환경 조건이 100% 충족되어야 한다. 아니면, 인간이 밥을 먹지 않거나 물을 마시지 않아도 되는 생태적 조건으로 물질대사metabolism가 진화해야 한다. 그것도 불가능하지는 않을 듯하다. 그럼으로써 파생될 수많은 질병과 우주 노출에 따른 병원균의 침범에 대응하기 위해 새로운 면역체계가 어떻게 다시 진화해 시스템을 구축할지는 미래 인류의 과제다.

② 미래 기술 발전의 주요 분야

기술 분야에서의 변화는 과학과 산업의 발전을 토대로 항상 빠르게 이루어진다. 한때 '초격차' 개념이 유행했던 배경이다. 맥킨지McKinsey Company에 따르면, 2019년 말에 전자상거래 분야에서 10년치 성장이 3개월 안에 압축적으로 이뤄질 만큼 기술 발전이 빨라졌다고 한다. 분명한 것은 향후 10년간 모든 사회·경제·과학 및 기술 분야는 이전 100년 동안 이룬 것보다 더 많은 기술적 진보를 경험하게 될 것이다. 어떤 변화든 그것이 어떠한 파급효과를 불러일으킬지 전혀 예측할 수 없다는 불확실성은 불안함을 불러올 수 있다. 발전에 맞춰 나아갈 수 있을지도 불안함을 초래한다.

여기에서도 우리 열망에 더 적합하고 덜 적합한 변화를 알아내고 구분하는 것이 중요하다. 10대 기술의 변화가 21세기 인류 문명 사회와 후기 산업사회의 거대 변화를 야기할 동인 중 몇 가지라고 정리하면 좋겠다. 대부분의 투자자와 기술 전문가의 관심을 받고 있지만 한계는 있다. 첫째, 지구-우주 비즈니스와 얼마나 깊이 밀착된 기술인지 이해할 수 있어야 한다. 둘째, 많은 투자자와 자본가의 관심을 받는다는 산업과 업종이란 기본적으로 3~4%의 국채 이자율에 버금가는 안정적이고도 지속 가능한 소득을 창출한다는 의미도 함축되어 있다. 셋째, 이러한 기술은 현대 사회, 즉 가정 및 직장 생활의 변화에서 중요한 역할을 할 가능성이 가장 높다. 이러한 기술 트렌드가 조직 및 직업에 미칠 파급효과를 사전적으로ex-ante 이해하는 것이 앞으로 있을 또 다른 혼란의 가장 나쁜 부작용을 피하기 위한 핵심일 수 있다.

간단히 미래 주요 관심 기술 몇 가지를 요약해보자. 첫째, 무엇보다 기업 관점에서는 프로세스 자동화와 가상현실의 공정 프로세스 참여가 문제다. 향후 몇십 년간 이러한 발전이 일상화되면 현재 작업 활동 중 약 절반 정도가 자동화될 것으로 보인다. 2025년까지 500억 대 이상의 장치가 산업용 사물인터넷Industrial Internet of Things, IIOT에 연결될 경우 로봇, 자동화 기기, 3D 프린팅 등이 매년 약 79.4제타바이트zettabytes15의 데이터를 생성할 것으로 추정된다.

둘째, 미래에는 모든 것이 하나로 집중화되고 연결된다. 집중과 연결에 따른 보안 문제와 블록체인, 암호화폐의 연관성에 대해서는 탈 중앙화와 개인의 콘텐츠 소유를 바탕으로 이루어지는 차세대 인터넷으로 '시멘틱semantic 웹' 혹은 '지능형 앱'이라고 하는 웹3.0을 통해 설명할 수 있다. 아울러 5G와 사물인터넷이 제공하는 빠른 디지털 연결은 경제활동을 해제할 잠재력이 충분하다. 5G는 5~10년 이후 6G로 재확장 연결되어 AR Augmented Reality, 증강현실 및 VR Virtual Reality, 가상현실 세계로의 안내를 담당할 것이다.

기술적인 측면에서 AR과 VR은 다시 MR Mixed Reality, 혼합현실과 XR Extended Reality, 확장현실로 진화될 전망이다. 이후 이러한 확장되고 혼합된 현실은 인류가 저렴한 비용으로 보다 자유롭게 우주여행을 하도록 함으로써, 21세기 이후 미래 지구-우주 비즈니스 확대에 가장 기능적인 동기부여를 담당할 것이다. 이동성, 의료, 제조 및 소매 분야에서 더 빠른 연결을 구현하면 2030년까지 글로벌 GDP를 1.2조 달러에서 2조 달러까지 늘릴 수 있을 것이라고 한다.[16] 5G와 IoT는 다음 10년 동안 가장 주목받는 기술 트렌드다. 만일 인류가 훨씬 더 넓은 네트워크 가용성과 능력을 구동해 모바일 도구, 기계 및 로봇의 무선제어 등으로 제조의 디지털화를 구현하면 에너지 공급의 효율적 배분 및 환자의 원격 모니터링에 이르기까지 다양한 비즈니스 환경에 대한 폭넓은 변화를 촉발할 것이다.

셋째, 자동화, 데이터 관리 및 연결 효율화를 위해 기업은 다양한 자원을 분산 혹은 집중 관리할 필요성이 증가한다. 미국 코네티컷주에 본사를 둔 IT분야의 리서치 기업인 가트너Gartner는 2025년까지 85% 이상의 조직이 클라우드 우선 원칙을 수용할 것이며, 하

〈표 2〉 바이트 크기

SI 접두어		전통적 용법		이진 접두어
기호(이름)	값	기호	값	기호(이름)
KB (킬로바이트)	$1000^1=10^3$	KB	$1024^1=2^{10}$	KiB (키비바이트)
MB (메가바이트)	$1000^2=10^6$	MB	$1024^2=2^{20}$	MiB (메비바이트)
GB (기가바이트)	$1000^3=10^9$	GB	$1024^3=2^{30}$	GiB (기비바이트)
TB (테라바이트)	$1000^4=10^{12}$	TB	$1024^4=2^{40}$	TiB (테비바이트)
PB (페타바이트)	$1000^5=10^{15}$	PB	$1024^5=2^{50}$	PiB (페비바이트)
EB (엑사바이트)	$1000^6=10^{18}$	EB	$1024^6=2^{60}$	EiB (엑스비바이트)
ZB (제타바이트)	$1000^7=10^{21}$	ZB	$1024^7=2^{70}$	ZiB (제비바이트)
YB (요타바이트)	$1000^8=10^{24}$	YB	$1024^8=2^{80}$	YiB (요비바이트)

자료: https://ko.wikipedia.org/wiki/%EC%A0%9C%ED%83%80%EB%B0%94%EC%9D%B4%ED%8A%B8

〈그림 1〉 기술 발전과 산업별 변화 추세

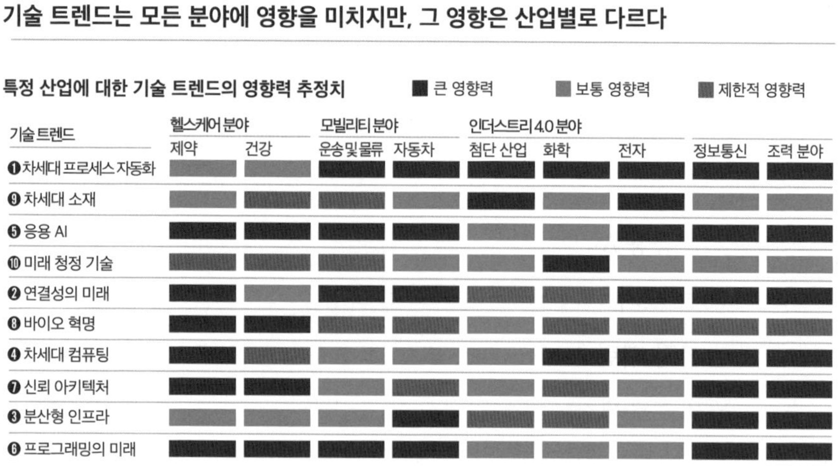

기술 트렌드는 모든 분야에 영향을 미치지만, 그 영향은 산업별로 다르다

특정 산업에 대한 기술 트렌드의 영향력 추정치 ■ 큰 영향력 ■ 보통 영향력 ■ 제한적 영향력

자료: McKinsey Co, Tech trends affect all sectors, but their impact varies by industry. Image. 2021.10.12

자본주의의 적은 자본주의

이브리드 혹은 멀티 클라우드 네이티브 아키텍처와 기술을 사용하지 않으면 디지털 전략을 완전히 실행할 수 없을 것이라고 보고 있다. 이로써 데이터 저장 및 처리가 클라우드를 통해 이루어지면서 이들 자동화 및 컴퓨팅 장치에 빠르게 액세스할 수 있게 된다. 맥킨지의 결론이 아니더라도 이 기술 트렌드는 21세기 후기 산업사회에서 기업의 의사결정 속도와 민첩성을 향상시키고, 복잡성을 줄이며, 비용을 절감하고, 사이버 보안 방어를 강화하는 데 도움이 될 것이다. 한 단어로 정리하자면 기업의 '전략적 유연성 제고'에 가장 큰 기여를 할 전망이다.

넷째, 앞서 설명한 것처럼 차세대 컴퓨팅은 과학과 사회에 수년간 이어져온 문제에 대한 해결책을 찾아내어 전례 없이 기업의 능력을 높일 것이다. 차세대 컴퓨팅 기술의 발전은 양자 AI에서 완전한 자율주행 차량까지 다양한 발전을 포함한다. 차세대 컴퓨팅 기술의 적용에 대비하려면 현재의 양자 암호학에서 차세대 양자 암호학으로 전환되는 기간 중에 금융, 여행, 물류, 글로벌 에너지 및 재료, 고급 산업과 같은 기업 비밀 및 기타 데이터를 기반으로 하는 산업에 대한 분류 및 확인 작업을 서둘러야 한다.

다섯째, 응용 AI 분야 역시 가장 빠르게 발전할 기술 트렌드다. 아직 AI 개발 초기 단계지만, 점차 기술이 정교해지면서 AI 스스로 기계 및 논리적 패턴을 인식하고, 인식한 내용을 기반으로 의사결정을 하고 공정 프로세스에 따라 기계가 작동하도록 교육하는 등 디지털 기술 기반 도구를 더 효율적으로 개발하는 데 도움을 줄 것이다. 온라인 컨설팅 회사인 워크휴먼Workhuman은 2023년 8월, '휴먼 워크플레이스 인덱스Human Workplace Index' 조사를 통해 미국의 풀타임 근로자 1,000명을 대상으로 생성형 AI에 대한 생각을 물어봤다. 설문조사 결과, 응답자의 절반 이상(58.4%)이 생성형 AI가 자신의 일자리에 위협을 가하지 않는다고 생각했다. 아울러 근로자들은 AI가 직장에서 인간의 소통을 향상시키고 확장하는 데 도움이 될 것이라고 믿고 있었으며, 38.5%의 근로자는 AI가 디지털 커뮤니케이션을 더 쉽게 만들어줄 것이라고 응답했다. 향후 AI 기술 발전에 따른 멀티 뷰Multi-view 웨이브가 다가오고 있으며, 이는 강력할 것이라는 점에는 이견이 없을 것이다. 하지만 맥킨지에 따르면 많은 기업이 아직도 AI를 효과적으로 사용할 방법을 찾고 있는 것으로 보인다. AI 기술 발전의 핵심열쇠는 엄청난 규모의 데이터를 축적하고, 축적한 데이터를 이용해 자기학습 기술을 발전시킨 후, 이를 현실 세계와 가상 및 증강 혹은 혼합 및 확장 세계에 적용하는 것이다. 여기에는 작은 오차도 허락되지 않을 만큼의 정교성이 요구된다. 지구-우주 비즈니스의 충분조건이다.

여섯째, 프로그래밍의 미래는 웹 3.0에 대비할 필요성이 있다. 웹 3.0의 시대란 새로운 소프트웨어의 개발을 의미한다. AI의 발달로 복잡한 신경망과 기계학습이 코드를 작성하고 새로운 소프트웨어를 생성할 것이다. 바로 이 부분에서 미중 간의 경쟁은 새로운 국면을 맞이할 전망이다. 현재 사용 가능한 소프트웨어보다 훨씬 더 강력하고 빠르며, AI 능력이 내재된 소프트웨어 응용프로그램을 만들 때 기존 소프트웨어와 코딩 프로세스를 표준화하고 자동화하는 것은 미래 디지털 산업에 있어 가장 민감한 분야가 될 것이기 때

　　　　　　　　　　　　　　　　자본주의의 적은 자본주의

문이다.

일곱째, 2019년 약 85억 개 이상의 데이터 레코드가 침해당했다. 사이버보안의 발전에도 불구하고 범죄자들은 개인, 기업 및 정부 데이터를 빼내기 위해 계속 노력할 것이다. 데이터를 빼내는 선에서 그치지 않고 기존 중앙 및 개인 컴퓨터에 바이러스를 심어놓고 사라지면서 자신들을 추적하지 못하도록 할 수도 있다. 신뢰 아키텍처는 사이버 범죄와의 싸움에 도움이 될 것이다. 여기서 말하는 표준화와 자동화에는 법적인 논리 개발과 대응 방식도 고려 대상에 포함한다. 지금과 같은 법체계로는 지구-우주 비즈니스의 확대는 고사하고 지구-지구 디지털 비즈니스의 확장에도 못 미칠 정도로 기술력과 이해력이 뒤떨어질 수밖에 없다. 이러한 후진적 법체계로는 미래 후기 산업 및 문명사회에서 일어날 수많은 개인, 기업 및 정부 간 이해관계 상충 문제를 해결할 수 없다. 따라서 앞서 설명한 바와 같이 블록체인과 같은 분산원장decentralized ledger 등을 사용해 신뢰 아키텍처를 구축해야 한다.

여덟째, 생물학의 진보가 경제와 우리 삶에 큰 영향을 미칠 것이다. 생명공학의 발전은 인간의 건강, 농업, 소비재, 에너지 및 재료와 같은 다양한 시장 부문에 파급효과를 가져올 것이다. AI, 자동화 및 DNA 서열 분석을 이끌고 있는 바이오 혁명은 유전 치료, 고도의 맞춤형 의약품 및 음식과 운동에 관한 유전학 기반 연구개발 R&D의 표준화와 자동화 지침을 마련할 것이다. 바이오 분야의 새로운 기술 트렌드는 재화시장뿐 아니라 서비스 부문에서도 새로운 시장을 만들 것이다. 하지만 생명공학에서 가장 중요한 이슈는 역시

< 그림 2> 2050년까지 기술 개발 추세의 진행 상황 추정

❶ 한차원 높은 프로세스 자동화 및 가상화	❷ 연결성의 미래	❸ 분산형 인프라	❹ 차세대 컴퓨팅	❺ 응용 AI
2025년까지 현재 업무 활동의 **50%** 자동화 가능	2030년까지 전 세계 인구의 최대 **80%** 5G 커버리지에 도달 가능	2025년까지 기업에서 생성되는 데이터의 **75%** 이상이 엣지[1] 또는 클라우드 컴퓨팅으로 처리 가능	2035년까지 양자컴퓨팅 사용 사례의 잠재 가치가 **1조 달러** 이상으로 확대 가능	모든 디지털 서비스 접점(예: 음성 비서)의 **75%** 이상에서 사용성 향상, 개인화 강화, 전환율 증가 예상
❻ 프로그래밍의 미래	❼ 신뢰 아키텍처	❽ 바이오 혁명	❾ 차세대 소재	❿ 친환경 기술의 미래
소프트웨어 개발 및 분석에 필요한 작업 시간 최대 **30배** 단축	2027년까지 전 세계 GDP의 최대 **10%**가 블록체인과 연관될 가능성	지난 10년간 인간 게놈 시퀀싱 비용 **45배** 절감 달성	2008년과 2018년 사이 특허 수 **10배** 증가	2050년, 전 세계 에너지의 **75%** 이상이 재생 에너지로 생산

주: [1] edge computing, 자율주행 자동차와 같은 기기에서 발생하는 컴퓨팅
자료: McKinsey Co, Tech trends affect all sectors, but their impact varies by industry. Image. 2021.10.12

철학적 가치, 즉 도덕과 윤리적 문제가 될 전망이다. 〈스타트렉Star Trek〉의 한 장면처럼 인간을 한 장소에서 다른 장소로 순간 이동시키려면 인간의 몸속에 있는 엄청난 규모의 세포와 그 세포의 특성까지(10^{28} 세포뿐 아니라 DNA 속성까지) 집적하고 분석, 이동시킬 수 있어야 한다. 법적인 바이오 연구개발의 범위와 규모 및 밀도 등에 대한 선제적 규칙과 규제 제도 정립이 중요한 이유다.

아홉째, 차세대 소재개발 산업이 주목을 받는다. 소재 과학의 발전에는 의약품, 에너지, 교통, 건강, 반도체 및 우주항공 등의 제조업은 물론이고 데이터센터와 같은 여러 부문의 시장을 변형시킬 만한 잠재력이 있다. 맥킨지가 소개한 신소재 분야에는 그래핀graphene이 포함되는데, 이는 카본 원자가 꿀벌의 래티스(벌집의 육각형 구조,

honeycomb lattice configuration) 구조로 배열된 단일층으로, 놀랄 만큼 입자가 얇음에도 불구하고 강철보다 약 200배 강한 신소재다. 매우 효과적인 전도체이며 반도체 성능을 혁신하는 데 있어 중요한 소재로 인지된다. 하드웨어 측면에서 군사용 방탄, 로봇의 피복 등에 사용되는 한편 우주 기계 및 토목 공학 등에서도 충분히 활용될 수 있다. 이러한 신소재 개발을 위해서는 누차 강조하듯이, 자연과학의 기초 분야가 강해야 한다.

'강하다'는 단어는 세 가지 의미를 함축하고 있다. 첫째, 오리진 origin 기술이라는 점, 둘째, 기술, 상품, 원료 및 공정의 혁신에 단초가 된다는 점, 셋째, 새로운 소프트웨어 기술을 개발하고 활용할 수 있도록 하는 가장 근원적인 하드웨어 개발 소재가 된다는 점이다. 아직 접하지 않은 다양한 응용 분야에서 이루어질 훨씬 더 효율적인 차세대 소재의 개발은 다양한 제품 및 서비스의 경제를 창작 및 창조하고 기업과 가계 경제를 재구성할 수 있도록 지원할 전망이다.

마지막으로 재생에너지, 녹색교통, 에너지 효율이 높은 건물 및 지속 가능한 물 소비는 소위 '청정기술 트렌드'의 핵심이다. 청정기술 관련 비용이 감소함에 따라 이 기술은 더 널리 확대되어 사용되고 더 많은 산업에 파급효과를 미칠 것으로 보인다. 이 부분은 지구-우주 비즈니스의 가장 기본적인 인프라 조건이다. 인간은 아직 공기와 물의 지속적이고 안정적인 공급 없이는 생존할 수 없다. 기계적인 청정기술의 발전은 향후 지구-우주 산업 및 문명의 발전에 있어 최소의 비용으로 최대의 효과를 낸다는 요구조건에 합당하다는 의미를 지닌다.

③ 과학과 경제

21세기 경제는 결국 과학이 이끌어내고 동시에 이끌어갈 것이다. 경제학도 제대로 예측하지 못하는 미련한 경제학자가 앞서 제대로 알지도 못하는 양자물리학을 이야기한 것은 그런 이유에서다. 스마트폰의 OS를 몰라도 이용하는 데 문제가 없는데, 굳이 양자와 전자 등의 물리학의 세계를 이해할 필요가 있을까? 고대 그리스-로마 시대를 거쳐 근대 과학의 발전이 20세기 인류 문명의 신기원을 이루어왔듯이, 21세기 초입에 꿈틀대는 새로운 과학의 세계, 특히 물리학의 세계는 또 다른 엄청난 후기 산업사회의 변화를 가져올 것을 의심치 않는다.

과학을 통한 인류의 삶의 패턴 변화가 우연인지, 아니면 원인과 결과를 충분히 설명할 수 있는 논리가 있는지는 모르겠다. 다만 인간은 끝없는 궁금증을 가지고 있고 이것이 이 문제를 어느 정도 해석해줄 수 있지 않을까 생각한다. 분명한 것은 위대한 발견이 대개 그렇듯이, 하나의 답은 수많은 새로운 질문을 만들어낸다. 인류는 끝없는 자기 질문을 통해 자신과 신과의 소통을 지속할 것이다. 이렇게 질문이 꼬리에 꼬리를 물고 이어질 때 과학은 이 궁금증에 대해 일정한 답을 찾고자 할 것이다.

케플러Johannes Kepler가 하늘에서 발견한 행성의 운동법칙과 갈릴레이가 지상에서 발견한 낙하법칙도 그랬다. 과학에서는 궁극적인 원인을 찾기 위한 노력을 멈추지 않으며 쏟아지는 질문을 결코 피하지 않는다. 법칙은 어디에서 나오는가? 자연법칙의 배후에 더 깊은 진리가 있는가? 모든 행성의 타원궤도에서 태양이 항상 초점이라는 특별한 위치를 차지하는 것은 우연의 일치일까, 아니면 자연스러운 우주의 운명론적 당위성일까? 태양은 어떤 방식으로든 행성의 운행에 영향을 준다는 것을 의미하는가? 초자연적인 힘을 통해 그런 영향을 미칠까? 케플러마저 자기의 힘이 행성들을 끌어당긴다고 믿었다. 갈릴레이와 케플러의 연구는 수학 분야에서도 새로운 질문을 낳았다. 갈릴레이의 투사체가 그리는 호는 포물선이다. 아리스토텔레스의 원은 너무 단순하고 순진한 생각이었다.

케플러는 지구 및 다른 행성의 회전운동이 원의 궤도에 맞지 않는 현상을 보이자, '지구가 타원형이구나'라고 추론했다. 이상하게 들릴지 모르지만, 17세기 전반의 과학과 기술은 곡선에 관심을 집중했다. 광학에서는 구부러진 렌즈 모양에 따라 상이 확대되거나 왜곡되거나 흐릿해지는 정도가 결정된다. 오늘날 이는 천문학과 생물학에 혁명을 일으킨 최신 발명인 망원경과 현미경을 설계할 때 중요하게 고려해야 하는 요소다. 데카르트는 흐릿함이 전혀 없는 렌즈를 설계할 수 있을지를 물었다. 곡선에 관한 질문이다. 데카르트의 질문을 풀어보면, '렌즈를 어떤 곡선 모양으로 만들어야 한 점에서 뻗어 나온 광선이나 서로 평행하게 달리는 광선이 렌즈를 통과한 뒤에 똑같은 하나의 점에 수렴할 수 있을까?'이다.

곡선은 운동에 관한 질문을 만들었다. 케플러는 행성이 타원 주위를 돌 때 때로는 머뭇거리면서, 때로는 속도가 빨라지면서 일정하지 않게 움직인다고 보았다. 갈릴레이의 투사체는 포물선 호를 그리는 동안 속도가 계속 변한다. 위로 올라갈 때는 느려지고, 꼭대기에 이르러서는 잠시 멈추었다가 내려올 때에는 빨라진다. 속도가 매 순간 변하는 운동은 어떻게 계량화할 수 있을까? 이렇게 많은 질문이 소용돌이치는 가운데 이슬람과 인도 수학에서 나온 개념이 유럽 수학자들에게 앞으로 나아갈 새 방법을 제시하며 아르키메데스Archimedes를 뛰어넘어 새로운 영역을 개척할 기회를 제공했다. 동양에서 온 개념은 운동과 곡선을 새롭게 바라보는 방식을 낳았고, 갑자기 미분학을 탄생시켰다. 미분학은 이렇게 우리가 아는 곡선에 관한 질문에서 시작되었다.

과학과 질문이라는 점에 대해 추가로 설명해보기로 한다. 앞서 언급한 양자역학의 재요약이다. 경제학의 발전은 향후 과학 특히 물리학과 양자물리학의 발전 과정과 동일선상에서 움직일 것이라는 점을 강조하기 위함이다.

여러 가지 상황이 동시에 존재할 수 있는 상태에서 결국 어느 것이 실제 상황이 될 것인가? 예컨대 2050년 1월 이후 세계 경제의 불확실성을 슈뢰딩거Erwin Schödinger의 고양이 상자로 비유해보는 것이다. 여기엔 긍정과 부정의 모든 상황이 동시에 존재한다. 하지만 우리가 미래 어느 시점에 글로벌 경제 환경으로 실제 접하게 되는 조건은 긍정과 부정 중 하나일 뿐이지, 두 가지가 모두 동시에 존재하는 상황은 생각할 수 없다. 결국 인간이 이를 측정할 수 있을 때에야 그 결과를 결과로 인정할 수 있게 된다. 대부분의 경우 지구의 탄생에서 인류의 출현까지 우주만물의 법칙 속에서 이 결과를 결정해온 것은 자연이었다. 비록 과학이 발전하면서(자연과학과 사회과학 모두) 그 원인과 결과에 대한 부분적 이해를 높이고 있지만, 우리가 우리 문명을 해석할 수 있는 범위와 규모, 밀도는 한정되어 있다.

자본주의의 적은 자본주의

빅뱅 이후의 우주 질서 속에 45억 년이라는 시간 가운데에는 아직도 과학의 발전이 미치지 못하는 영역의 범위, 규모 그리고 밀도가 더 크다고 해야 한다.

우리는 이렇게 인간이 설명하거나 이해할 수 없는 것을 '우연'이라고 정의해왔다. 고대 원시사회에서는 '우연'이 곧 신이었다. 씨족, 부족사회와 국가를 이루었을 때조차 대부분 신기술과 신대륙의 발견은 우연이었다. 따라서 우연이 우리를 지배해왔고, 앞으로도 상당히 오랫동안 우리를 지배할 것으로 보인다. 그런 가운데 우리의 삶은 행운의 게임과 같다. 왜냐하면, 그 누구도 자신의 미래 설계가 사전적으로 가능하다는 생각을 하지 않고 있기 때문이다. 설사 누군가 그런 생각을 할 수 있다 쳐도, 그것은 대부분 인류 역사 속에서 극히 '잘못된 생각'이라는 점이 더욱더 분명해졌을 뿐이다. 150년 전까지만 해도 우연은 환상으로 치부되었다.

하지만 과학은 환상으로 여겨지던 우연에 대해 새로운 시각을 열어주었다. 카오스 이론Chaos theory으로 사소한 우연이 엄청난 크기의 서로 다른 결과를 가져올 수 있다는 점을 알게 되었고, 양자물리학은 정말 극히 작은 입자 세계에서 특별한 의미를 찾아내기 시작했다. 우연은 우리 삶에 매우 중요한, 단순한 원인보다 더 강렬한 설명변수가 되었다. 사회과학적 측면에서 원하든 원치 않든, 우연은 우리가 흔히 얘기하는 '성공'과 어떤 특별한 관계를 전제하지 않는다. 인생이 행운의 게임이고, 따라서 어느 특정인의 성공에 대한 조언은 무용하다는 점을 보이면, 그 자리에 남는 것은 결국 '우연'뿐이다. 방송에서 대화나 강연을 통해 성공한 삶, 자기 성공 경험을 자기계발서로 집필한 사례를 보고 듣는다. 하지만 이러한 사례는 거의 전부 타자에게는 쓸모가 없다. 실패한 인생 혹은 실패할 수 있는 경우의 수가 많은 이에게 성공한 사람의 모험담이 그들의 성공 조건을 충족하는 마지막 퍼즐 조각이 되기는 어렵기 때문이다.

또한 가끔 이런 성공의 글은 자신이 성취한 것을 그 이상으로 부풀리기도 한다. 좋은 말 좋은 글로 포장되어 저자의 의지나 뜻과 다르게 쓰여질 때도 있다. 과장된 말과 글로는 실제 그러한 경험을 하지 않았거나 실패한 많은 사람에게 결코 도움을 줄 수 없다. 성공에 대한 이야기가 비록 거짓말은 아닐 수 있지만 똑같은 생각, 똑같은 환경을 가진 타자 가운데는 실패한 경우가 더 많을 수 있기 때문이다. 성공을 일반화할 수 없다. 더 안타깝게도 우리는 실패한 사람에게는 대개 전략을 묻지 않는다. 실패한 사례는 책으로도 쓰지 않는다. 말로는 '실패는 성공의 어머니'라고 아이들에게 가르치지만 실제로 한 번의 실패가 아이들의 미래를 바꾸기도 한다. 대입 시험이 그렇다.

우리의 호감은 일반적으로 성공한 사람에게로만 향한다. 이를 '생존자 편향의 오류'라고 한다. 2차 세계대전 당시 연합군 비행기 가운데 총알 수십 발을 맞고도 버틴 비행기를 놓고 실제 사람들은 총알이 박히지 않은 동체 부분에 대한 안전성 제고를 고민했다. 이미 총알이 박힌 동체 부분은 더 손보지 않아도 생존에는 문제가 없다는 점을 보여주기 때문이다. 추락하지 않고 엄청난 공격을 버텨낸 전투기와 폭격기의 귀환처럼, 운이 좋은 사람과 운이 좋은 경우의 수에 집중하는 것은 옳지 않다. 역설적으로 실패한 경우의 수를

자본주의의 적은 자본주의

따져보아야 한다. 100세 건강 노인의 경우도 마찬가지일 것 같다. 같은 생활 수준과 환경에도 100세까지 버티지 못하는 노인층도 많다. 비록 오디션 프로그램에서 한 명의 유명가수가 발굴되는 것을 보고 마음속으로 축하는 해주더라도, 실제로 그보다 재능 있는 사람도 많다. 단지 강호의 고수로 남기를 원한다거나 개인의 특정한 상황이나 환경 탓에 일찍이 꿈을 포기한 사람도 많다.

성공한 사람에게 축하는 해주더라도 그들에게 인생 조언을 구할 필요가 있을까? 기성복이 아니라 각자 양복점에서 자신의 체형과 치수에 맞춰 옷을 입는 것이 더 낫지 않을까? 요즘 세상은 '우연'을 무시하고 개인 능력을 성공과 실패로만 구분하고, 실패한 사람에게는 어떠한 이야기도 들으려 하지 않고, 성공담만 들으려 한다. 누구는 실패하고 누구는 성공하기 마련이다. 증시에서도, 경기장에서도, 창업 시장에서도 성공과 실패는 존재하고, 성공은 준비와 노력에 정비례하지 않는다. 그런데 여기서 실패와 성공이라는 결과는 우리가 특정한 가치와 철학의 기준으로 '측정'하거나 '판단'하는 순간에 결정된다. 여기서 측정 혹은 판단이란 무엇일까?

누군가의 특정한 성공만을 강조하면, 나머지 모든 이의 실패는 넘쳐날 수밖에 없다. 이를 '성공 오류'라 정의하자. 즉 실패한 사람은 더 열심히 노력했어야만 했다. 모든 사회가 교육을 통해 성공보다 실패를 열위에 놓거나 죄악시할 때, 이는 종교적 신념처럼 우리 머릿속(철학과 사상, 가치체계)에 부정적인 이미지를 만들어낸다. 한때 경영 분야에는 '실패한 모든 경우의 수를 다시 한번 들여다보라'는 이야기가 있었지만, 우리가 집착하는 것은 '성공 스토리'지 '실패스토리'는 아니다. 경제학 강연을 하거나 방송을 할 때면 늘 듣는 질문 중 하나가 "그렇게 경제를 잘 알고 똑똑하다면 당신은 부자인가?"이다. 그러한 질문의 순수한 의미를 알기에 영어에 "If you are so smart, why aren't you rich?"라는 말이 있다며 조크로 가볍게 넘기곤 한다. 하지만 원래 하고 싶었던 이야기는 "우리가 모두 그렇게 듣고 싶고 알고 싶어 하는 성공의 열쇠는 수많은 실패의 열쇠 꾸러미 속에 감춰져 있다. 그걸 다 이용해서 문을 열어보고 하나를 찾기를 원하는가, 아니면 바로 정답 열쇠가 어느 것인지 알기를 원하는가?"였다.

후자의 대답에 담긴 의미는 여러분도 충분히 이해할 것으로 본다. 다들 실패한 이야기는 들으려 하지 않는다. 그렇다면 성공과 실패를 측정하고 판단하는 기준 혹은 도구는 무엇인가? 원인이 있어야 결론이 있다는 법칙을 따르면 성공한 자와 실패한 자는 반드시 엄밀한 내외적 차이를 보여야 한다. 모두 '성공 오류'의 함정에서 벗어나기 쉽지 않다. 하지만 세상에 '우연'이 존재한다는 사실을 받아들일 수 있다면, 우리의 성공 혹은 실패는 언제든 그 방향이 바뀔 수 있다는 점을 인정해야 한다.

성공과 실패는 언제나 새로운 방향으로 급변할 수 있다는 것을 받아들여야 한다. 따라서 실패에 너그러워져야 한다. 어떤 잘못이든 그게 꼭 우리 탓만은 아니지 않은가? 중고차를 구입한 후 그 차가 침수 차라는 것을 뒤늦게 알았을 때, 회사 내에서 승진에 실패했을 때 등 이 모든 실패는 우리가 그 실패를 초래할 만한 어떤 결정을 내려서 발생한 것이 아니라 그때 '우연'이 우리 편이 아니었을 뿐이다. 사람들은 우연을 알아차리고 가능성을 판단하는 데 미숙하다. 미숙하다기보다 전혀 모르거나 눈치를 채지 못한다. 누가 우리에게 호감이 있는지, 어떤 음식이 맛있는지, 어떤 차가 내 마음에 꼭 드는지 등에 대해서는 귀신같이 알아내지만, 가능성과 통계에 대해서는 명확히 이해하지 못하는 경우가 다반사다. 행운과 우연에 관해서 직감은 늘 벗어나기 마련이다.

사람들은 직관으로 우연과 가능성에 대한 판단을 분명히 구분하지 못한다. 믿을 수 없는 사건이 연이어 발생하면 아무도 쉽게 납득하지 못하기 때문에 그걸 우연이라 할지 혹은 여러 불확실성 가운데 실현된 하나의 사건이라고 불러야 할지 명확하지 않기 때문이다. 직관으로 우연과 가능성의 경계에 대해 해석하기란 그만큼 쉽지 않다. 순전한 우연은 의심스럽게까지 느껴진다. 차라리 숨겨진 원인을 찾으려는 노력은 명시적이고 분명하다. 하지만 세상에서 우리가 경험하는 일은 마치 매번 우연이 그 실현의 원인을 차지하고, 믿을 수 없는 일이 늘 벌어지는 것처럼 보인다. 가능성이 있는 일만 일어날 가능성이 얼마나 될까? 극히 작을 것이다. 그렇다면 가능성이 없는 일이 일어나지 않을 가능성은 어떨까? 이 역시 지극히 낮다.

이 원리를 양자물리학으로 설명하면 다음과 같다. 세상은 아주 작은 입자들로 복잡하게 얽혀 있다. 우주 안의 모든 것은, 그것이 입자든 빛이든 이 우주 안에서 떠돌아다니다 서로 결합하거나 밀어내기를 반복한다. '끌어당기기와 밀어내기', 혹은 '양과 음'의 역학 이야기다. 하지만 우리가 허공이라 정의하는 우주 공간에서의 입자 (알갱이)들은 자신이 오른쪽으로 돌지, 왼쪽으로 돌지, 아니면 위로 올라갈지 밑으로 내려갈지 등을 스스로 선택하지 못한다. 만일 선택한다면, 우리는 그 움직임을 정확히 추적해 미래에 일어날 일의 가능성, 일어나지 않을 가능성 등을 확률과 통계가 아닌 정확한 정량적 지표로 예측할 수 있게 된다.

하지만 가능한 모든 일 가운데 언젠가 일어날 일은 일어날 수밖에 없다. 우연과 관련된 카오스 이론과 관련하여 중요한 교훈이 하나 있다. 시간의 변화에 따라 궤도가 매우 복잡한 형태로 연결된 상태를 선형 혹은 비선형 중 어느 것으로 볼 것인가의 문제를 두고, 우리는 대개 모든 것은 서로 연결되어 있다는 선형논리를 주장하지만 실상 우리는 이들을 끊어서 부분들로 세상을 나누어 보고 이해하는 방식을 취한다. 이런 관찰이 문제가 될 것은 없다. 예컨대 우리나라의 조선소 용접공에게 남미의 날씨는 중요하지 않다. 내가 이 책을 쓰기 위해 사용하는 컴퓨터와 인도의 벵골호랑이는 무관하다. 이처럼 중요한 것 이외의 가정은 모두 합리적 가설로 끊어내고 분리해서 바라볼 수밖에 없다. 하지만 '끊는다'고 해서 우리가 알지 못하는 실제 원인과 결과로 이루어진 촘촘한 망이 변하지는 않는다. 혼돈 이론(카오스 이론)은 지구의 대기, 판 구조론, 경제/인구 현상, 다중성계의 궤도 변화 분석과 예측 등에 자주 응용된다.

이런 민감성의 한 예가 바로 '나비 효과'다. 이는 나비의 날갯짓에 의한 대기의 미소한 변화가 시간이 흐름에 따라 증폭되어 토네이도같이 극적인 상태를 야기할 수 있음을 의미한다. 나비의 날갯짓이라는 계system의 초기 조건에 대한 '작은' 차이가 일련의 사건을 거쳐 토네이도 같은 거시적인 현상을 일으킨다는 의미다. 만약 나

자본주의의 적은 자본주의

비가 날갯짓을 하지 않았다면 계의 위상공간 위의 궤적은 전혀 달랐을 것이다. 색이 다른 염료의 섞임과 공기의 난류현상 등도 혼돈현상의 하나로 자주 인용된다. 만일 화성에 운석이 충돌한다면 우리 지구에 어떤 환경 변화를 가져올까? 우리 삶을 완전히 뒤바꿔놓을 수도 있지만 그렇지 않을 수도 있다. 물리학적인 관점에서 모든 생물의 작은 발걸음과 호흡 그리고 눈 깜박임까지도 인류 역사를 바꿀 수 있다. 더구나 우리가 하는 모든 일과 하지 않는 모든 일이 우리 은하계와 또 다른 은하계의 우주에 영향을 줄 수 있다. 따라서 무슨 일이든 매 순간 결정을 할 때, 그 결정의 파장과 파동은 우주 전체의 미래를 바꾸어놓을 수 있다.

우리의 작은 손짓이 역사의 흐름을 바꾸고, 미세한 호흡이 어쩌면 전체 우주에서 블랙홀이 미치는 영향처럼 세상일의 원인 중 하나가 될 수 있다. 심지어 우리가 이 세상에 더 이상 존재하지 않는 그 순간에도, 꽃 위에서 꿀을 따는 나비는 우리와 같은 힘을 가지고 있다. 우연에 대한 의미를 양자물리학으로 설명해보자. 이는 신비로운 것도 비밀스러운 것도 아니다. 단지 물리학일 뿐이다. 하지만 양자물리학을 접하며 우리가 이해하기 어려운 이유는 주변의 물건이나 볼 수 있는 현상으로 모두를 설명할 수 없다는 점 때문이다. 가장 중요한 이유는 대상들이 여러 상태로 동시에 존재한다는 점이다. 현실에서 볼 수는 없지만 사실이다. 양자물리학을 접해본 적이 있든 없든 누구도 이것을 현실에서 경험하지 못한다. 시도조차 하지 않는다.

그럼에도 우리는 약간의 용기를 내어 '중첩'을 사실로 받아들여야 한다. 원자는 왼쪽으로 가는 동시에 오른쪽으로 갈 수 있다. 온전한 상태를 유지하기도 하지만 한편으로는 붕괴될 수도 있다. 전자의 실체가 어디에 있는지 묻는 것은 의미가 없다. 이 순간에도 우리 몸을 관통하고 지나가는 수많은 전자의 위치를 실제로 알 수 없기 때문이다. 다만 동시에 여러 곳에 머물 뿐이다. 하지만 어디에 머물고 있는지 혹은 어떻게 움직이고 있는지, 온전하게 있는지 붕괴되는지 등에 대한 가능성의 중첩 상태는 세상 다른 것들로부터 어떤 영향도 받지 않을 때 가능하다.

측정이란 무엇인가? 측정이 상태를 변화시키고 자연으로 하여금 확정 짓게 강요한다. 흐릿하게 보이던 것이 명백히 확정된다. 굳게 닫힌 마술사의 상자 속 비둘기를 가정해보자. 상자 뚜껑이 닫힌 상태에서는 기이한 일이 일어난다. 비둘기는 그 안에 존재하지만 상자를 열면, 즉 측정하면 비둘기는 사라진다. 양자물리학을 빌려 말하면, 상자 속에 존재하는 모든 가능성은 파동함수다. 우리가 알 수 있는 건 그게 전부다. 어쩌면 입자 자체도 자신의 위치를 모른다 했으니, 자연은 이런 정보를 준비하지 않는다. 양자 입자는 측정 전에 어디에나 동시에 존재하고 어떤 계산법으로도 예측 불가하다.

양자의 우연성은 측정 순간에 본격적으로 문제가 되어버린다. 동시에 존재하는 상태 가운데 어느 것이 실제 측정 결과가 되어야 하나? 그 결정은 인간이 아니라 자연이 한다. 자연이 경계의 명확한 구분을 내려야 하는 순간이다. 측정에 대해 설명하는 데 슈뢰딩거의 고양이 상자는 좋은 범례이다. 뚜껑을 열든, 레이저를 쏘든, 온도를 재든, 상자 안의 상황을 알아차릴 수 있는 모든 행위가 결국

자본주의의 적은 자본주의

측정이다. 이러한 측정이 이루어지는 순간, 파동함수는 붕괴된다. 양자 중첩상태를 끝내며 우연이지만 결국에는 어떤 특정한 결과를 이끌어낸다. 양자의 우연성은 서로 영향을 미칠 수 없는 대상들조차 결합한다. 아무리 거리가 멀어도 작용하고, 결합은 아주 순간적으로 지체 없이 이루어진다. 아인슈타인은 이를 믿으려 하지 않았다. 마치 두 개의 현실이 존재하는 듯 보이는 게 타당한 설명이기 때문이다. 이러한 과학적 논리를 불교에서는 '불생불멸不生不滅', '색즉시공 공즉시색色卽示空 空卽示色', 혹은 '산은 산이오, 물은 물이로다'와 같은 화두로 설명한다. 우리가 보지 않는 이상('본다'는 의미에 오감을 통한 인지의 의미도 넣는다면) 이 우주 세계에 실제 존재하는 것은 아무것도 없다는 의미와 같다.

원인과 결과에는 예측 가능한 거시의 세계와 우연이 지배하고 예측 불가한 방식으로 입자가 움직이는 미시의 세계가 동시에 존재한다. 여기서 휴 에버렛 3세Hugh Everett III의 '다중우주의 세계'[17] 이론이 제시되었다. 생각해보자. 만일 모든 것이 가능하고, 모든 가능성이 또 다른 평행우주에서는 실제 하나의 현실이라면(《인터스텔라》의 마지막 장면을 연상하면 된다), 우리가 지구상에서 마주하는 혹은 마주할 현실과 미래는 무슨 가치가 있을까? 세상이 예측 가능한 시계 톱니바퀴처럼 돌아가는지, 우주의 근본적 설계도면에 우연히 깃들어 있는지 현재 인류의 과학 수준으로는 전혀 알 수 없다. 세상엔 태풍과 나비가 살아 있으며 죽은 고양이와 산 고양이가 모두 동시에 존재한다. 결국 오늘날 우리가 지구상에 존재하는 것은 엄청난 우연이 축적된 결과다.

한 인간이 존재하기까지 얼토당토않은 수많은 사건이 일어나야 했다. 우주 탄생에서부터 수십억 년, 수백만 년의 우연이 축적되어 일어난 사건이 오늘 우리가 지구상에 존재하는 이유다. 그 시간의 여행을 통해 먼 과거의 원조 조상들은 오늘날의 우리를 만들기 위해 엄청난 경험을 했어야만 했다. 예컨대 끔찍한 전쟁터에서 수십 세기 동안 칼과 화살, 돌, 총알을 피하며 생존해야 했고, 어두운 밤 잠시 전쟁터를 떠나 휴가를 받아 마을에서 쉴 때, 우연히 하룻밤 잔 일들로 오늘날 우리가 실존하는 것이다. 이와 같은 엄청난 우연이 없었다면 우리는 존재할 수 없었다. 이처럼 우리가 살아가는 행운은 기막힌 우연에 달려 있다. 기막힌 우연을 지키고 문명사적 발전이 지속 가능하도록 하기 위해 우리는 지치지 않는 궁금증을 열정적으로 들고 있어야 했다.

달은 왜 다른 모습을 하는가? 왜 애벌레를 먹으면 안 되나? 원인과 이유를 찾기 위해 우리는 늘 질문하기를 꺼리지 않는다. 원인 찾기가 발전의 모티브였다. 원인을 찾는 질문은 가혹했다. 어느 점에 이르면 이러한 사슬에서 벗어나야 한다. 이유를 찾을 수 없을 때는 우연이다. 우연성은 우리 머릿속에 있다. 원인과 결과의 법칙으로 세상의 모든 운행 원리를 설명하기란 불가능하다. 하지만 다채로운 미래 가능성에 희망을 걸어도 좋다. 세상 곳곳에서 날마다 기적이 일어나고 있듯이, 우연의 존재로 우주는 놀라워질 수 있다.

④ 미래 과학의 응용

2100년의 새해가 밝았다. 지구상에서 새해를 보내는 사람들은

자본주의의 적은 자본주의

초음속 비행으로 단 두 시간 만에 파리에서 출발해 뉴욕에 도착했다. 아직은 극히 일부지만, 다른 여행객들은 미국 플로리다에서 우주선을 타고 달의 23개 대도시 중 이미 개발된 랑구레누스 운하구 Langrenus crater에 설립된 달 기지에 내려서 새해를 지구인보다 여덟 시간 빠르게 맞이하고 있다. 이들은 지구를 새해 하루 전에 떠나서 정확히 새해 첫날을 달에서 보낸다. 모든 지구상 방송사는 다원 방송체제로 달과 지구 곳곳의 2100년 첫날 모습을 담고 있다. 방금 뉴욕에 발을 디딘 지구 시민은 러시아워를 피하기 위해 개인 드론이나 드론 셔틀을 이용해 공항에서 20분 만에 각자의 집이나 호텔에 도착한다.

인류의 디지털 기술은 2035~2045년 기간에 6G에서 7G로 전환되었다. 10년을 주기로 네트워크 기술이 업그레이드되면서, 양자 컴퓨팅 기술이 대중화되었다. AI와 데이터 네트워크를 통한 '자가학습self-learning' 시대적 변화에 따라 22세기 후반 이후 인류가 경험하는 세계는 증강현실과 가상현실이 혼재된 모습을 띨 것이다. 2100년 인류가 사용하는 일반화된 네트워크 기술은 'Generation'이라는 의미가 담긴 'G'의 기술 수준이 아니다. 양자컴퓨팅 네트워크로 세포 및 위성 네트워크의 원활한 융합기술이 가능해졌고, 이는 다시 홀로그래픽 기술의 급속한 진화를 이루어냈다. 방송 화면에 나오는 지구와 달 속에 인류는 홀로그램으로 어우러져 가족과 이웃 간의 새해 파티와 기업 회의가 스트리밍된다. 이러한 가상현실이 지금은 허구적일 수 있지만, 곧 다가올 미래의 한 장면이 되리라는 점에는 의문의 여지가 없다. 우리가 생각하고 인지할 수 있는 능력의 한계는 감각과 현실 경험을 통해서만 확인할 수 있다. 나머지는 우리 인류만이 갖는(현재까지 지구 인류 외에 어떤 외계 생물체도 존재하지 않는다는 가정을 전제로 할 때의 이야기다. 물론 2100년에는 외계인의 모습이 구체적으로 나타나고, 지구 인류와 친구가 되든 적이 되든 다양한 접촉과 소통을 할 수 있을 것이다) 상상력과 공상을 가능케 하는 신경세포의 자기학습으로 보여진다.

콜럼버스Christopher Columbus 나 바스쿠 다가마Vasco da Gama 가 지구가 둥글다는 점을 직접 경험을 통해 입증했듯이, 우주가 둥근 구 모양인지, 아니면 물방울이 떨어질 때 보이는 왕관 모양인지, 로켓이 초광속으로 발사될 때 분사구에 나오는 타원형 모양인지에 대한 실증 자료도 더욱 분명하게 나타날 것이다. 그럴 때 뉴턴의 만유인력의 법칙은 대수에 있어 사칙연산의 가장 기본법칙이라는 것을 알게 될 수도 있다. 2100년까지 단 76년이 남았는데 남은 시간 동안 이러한 대 우주의 법칙과 인류의 무한한 꿈을 이룰 수 있다는 가정을 할 수 있는 이유는 무엇일까? 하나는 그 꿈을 이루려는 의지이고, 또 다른 하나는 수많은 실패와 좌절에도 불구하고 인류는 결코 꿈을 포기하지 않는다는 점이다. 이 꿈을 지구 멸망 이전에 인류가 마치 버킷리스트처럼 묵묵히 수행하고 있는 이유는 무엇일까? 동양보다 서양이 주도하는 이유는 무엇일까? 미적분학은 어떻게 시작되었을까? 신의 영역에 무한한 믿음을 갖기보다 끝없이 신의 아이덴티티를 찾고자 하는 인류의 마지막 해답은 무엇이 될까? 과학 발전이 기술과 산업으로 이어지고, 여기에 필요한 시장과 원재료 공급의 사슬 체계에 있어 '희소한 자원의 효율성 제고'라는 관점에서

자본주의의 적은 자본주의

만들어진 경제학은 어떤 역할을 하고 있는가? 경제학을 제대로 이해하면 투자는 성공하는가? 그렇다면 제대로 된 경제학이란 어떤 학문인가? 그렇지 못하다면, 왜 굳이 우리는 경제학을 공부하고 거기 내재된 다양한 철학적 가치체계의 정성적 요소를 굳이 정량화하려 하는가? 시대 변화는 왜 일어나는가? 기술이 인류의 본능을 깨우는가, 아니면 무의식의 본능이 인류에게 무엇이 필요한지 묻고 있는가? 인류는 왜 달을 보면서 그냥 달이 있다고 인정하고 지나치지 못하고 달과 지구가 어떤 관계인지 궁금해했을까?

생존하고 더 나은 생산지나 수렵지를 찾아 이동하면서, 집단이나 사회의 행복을 추구하던 인류가 지능이 있다는 이유 하나만으로 문명을 만들고, 이웃을 시기하거나 파괴하면서 자신의 잇속을 채우고 배를 불리는 목적은 무엇일까? 타자와 분리되어 조용히 인간 본성이 가진 모습을 바라보며 종교가 말하는 '무소유'의 원칙을 지켜나가면 왜 더 괴로운 듯 느껴질까? 잉여가 생기고 난 후 이를 거두어 국가를 만든 후 정부를 운용하기도 하고, 기업이나 자신이 소유하거나 공동으로 소유하는 생산요소에 재투자함으로써 자본을 확충해나가는 동안 인간은 왜 도덕적으로나 윤리적으로 자신을 흔들어댈까? 잉여가 조세라는 제도적 패러다임에 들어왔을 때 왜 우리는 정부가 일을 잘하든 못하든 무턱대고 세금을 내야 하는 것일까? 조세제도의 시작이 국가 기능 효율화에 잉여를 지원하는 것이었다면, 정부가 제대로 역할을 못 하는데 굳이 세금을 내야 하는가? TV 수신료 납부 거부 운동이 비합리적이라 생각하지 않으면서, 세금은 왜 국민의 납세의무로 강제화했을까? 과학이 발전하면서 종교가 독점하고 누렸던 '신비로움'의 껍데기를 한 풀 벗겼을 때 인간은 '신은 죽었다'고 했지만, 이는 결코 인류의 '유레카'는 아니었다. 자본가의 탐욕이 노동자의 탐욕보다 더 크다고 할 수 있는가? 왕은 절대 신권이 아니라는 것이 밝혀진 후에도 인간은 왜 왕을 옹립해서 그들에게 열광하고 세금을 바치며 추앙할까? 한 빌딩의 소유주에게 나이 든 경비원은 왜 달려 나와 인사를 해야 하는가? 기술의 무한대적 발전 가능성은 오직 인간과의 깊은 유대를 통해 가능할 뿐인데 인류는 왜 기술이 인류를 앞설 것으로, 지배할 수도 있을 것으로 보는가? 거시적 안정성은 왜 미시적 안정성을 보장하지 못하는가? 그 역도 왜 성립하지 못하는가? 그 누구도 우주에 대한 일반이론을 만들지 못하고 있다. 꼭 필요한 것인가? 만일 초끈이론이든 어떤 초물리 역학이론에서 11차원의 우주 시공을 알아낸다면, 인류는 11차원에서 생활할 수 있을까? 이해관계가 큰 국가의 경제나 정치가 작은 날갯짓을 할 때 왜 나머지 국가는 태풍을 겪어야 하나? 연결되어 있어서라면, 언제든지 그 고리를 끊으면 되지 않을까? 사회주의 경제이면서 일부 시장 자본주의를 받아들이고 있는 중국 경제는 이번 경제위기를 어떻게 극복할 것인가? 중국의 디지털 기술 수준은 미국에 도전이 될 만큼 위협적인가? 만일 그렇다면, 중국의 구체적인 기술 수준은 과학자의 관점에서 어느 정도 격차를 보이고 있을까?

　미시적인 내용은 이보다 더 세밀하고 감성적일 수 있으며, 동시에 사회 및 심리적 상황까지 모두 포함한 행동과 언어의 유희가 될 수 있다. 하지만 미시적 변화의 관찰은 물리, 생물 혹은 화학 등 자연과학의 영역에 속해 있다. 장 바스티스 조제프 푸리에Jean-Baptiste Joseph Fourier가 1807년 미적분을 이용해 열 흐름의 수수께끼를 풀었다. 한 점의 순간온도를 이웃의 순간온도와 비교하는 연구를 하면서 현대의 '열방정식'이라 불리는 편미분방정식을 발견했다.

갈릴레이는 진자시계를 만들었지만 경도 문제를 해결하는 데 사용해보지도 못했다. 현대적인 회중시계와 손목시계를 낳은 혁신적인 설계는 크리스티안 하위헌스Christian Huygens가 처음 발명했다. 평형바퀴와 나선형 용수철로 시계의 진동을 조절하는 해양 크로노미터chronometer를 발명하면서다. 기계식 시계가 경도 문제를 풀었듯이, 오늘날 GPS Global Positioning System는 원자시계가 지구상의 물체 위치를 몇 미터 오차 범위 내에서 정확하게 알아내는 역할을 한다. 하위헌스의 시계에서 GPS가 나왔다. 그렇다면 갈릴레오의 진자시계는 현대의 눈으로 보면 낮은 버전의 GPS가 된다. 원자시계도 진동 횟수를 센다. 시계추 대신에 세슘 원자의 진동 횟수를 센다. 진동이 아니라 에너지가 측정의 단위이다. 세슘 원자는 초당 91억 9,263만 1,770번 진동한다. 비록 두 시계의 작동 메커니즘은 다르지만, 반복적인 왕복 운동을 활용해 시간을 측정하는 기본원리는 같다. 그리고 시간을 이용해 우리는 자신이 있는 위치를 안다. 휴대전화나 자동차의 GPS를 사용할 때, 해당 장비는 약 3만km 고도에서 지구 주위 궤도를 도는 GPS 인공위성 스물네 대 중 최소 네 대가 보내온 무선신호를 수신한다. 각각의 인공위성에는 원자시계 네 대가 실려 있다. 오차는 10억분의 1초 미만이다. 우리가 들고 있는 수신기에 포착되는 여러 인공위성은 연속적인 신호를 보낸다. 각각의 신호에는 나노초 단위까지 정밀한 타임스탬프가 찍혀 있다. 엄청나게 정확하게 잰 시간은 우리가 GPS에 기대하는 엄청나게 정확한 공간적 거리로 변환된다.

GPS는 아주 정확하게 측정한 시간을 아주 정확하게 측정한 거리로 바꾸고, 위치와 운동을 정확하게 측정한다. GPS는 당초 냉전 기간 동안 미국이 대륙간탄도탄ICBM을 탑재한 핵잠수함의 위치를 정확히 계산하고 전면전이 발생하면 목표지점으로 정확하게 미사일을 발사하기 위해 개발했다. 오늘날 정밀농업, 항공기 이착륙, 자동차의 최단거리 경로를 자동적으로 계산해내는 기술에도 사용된다. GPS는 이제 단순히 위치를 추적하는 시스템 그 이상의 기능과 역할을 한다. 100나노초 이내 오차로 시간 동기화를 해냄으로써, 은행 간 이체와 그 밖의 금융거래에도 유용하게 사용된다. 무선전화와 데이터망을 동기화하는 데도 쓰인다.

사실 GPS와 미적분학의 관계를 좀 더 자세히 설명하는 이유는 GPS가 미적분학의 숨겨진 유용성과 응용성을 보여주는 전형적인 기술이기 때문이다. 맥스웰의 연구를 통해 미적분학은 무선통신을 가능케 하는 전자기파의 존재를 예측했다. 미적분학이 없었다면 무선통신과 GPS는 없었다. 원자시계도 없었다. 세슘 원자의 양자역학적 진동을 계산할 수 있는 방법도 존재할 수 없었다. 사실상 GPS는 미적분학이 조연의 역할을 하지만 아주 중요한 조연이라는 점을 조용히 설명하고 있는 전형적인 예다. 전자공학, 양자물리학, 항공우주공학을 비롯한 많은 분야와 함께 미적분학은 과학적 접근을 안정적으로 유지하는 데 절대 없어서는 안 될 중요한 분야다.

자본주의의 적은 자본주의

⑤ 미래 경제학

일론 머스크에게 물었다. "화성에 인류를 보내서 생활하게 한다? 가능한 일인가?" "가능하다." "커다란 돔에서 지내도록 한다는 말 같은데 환경이 너무 다르지 않은가? 추위를 어떻게 견딜 건가?" "간단하다. 두 가지 방법이 있는데 하나는 빠르게 추위를 해결하는 방법이고, 다른 하나는 서서히 해결하는 방법이다." "빠르게 해결하는 방법부터 물어보자. 어떻게 할 생각인가?" "열핵폭탄Thermonuclear bomb을 얼음이 있는 북극에 투하하면 된다." 화성을 뜨겁게 하면 모든 기후문제가 해결되리라고 생각하면 오산이다. 처음에 인류가 머물 기지를 지을 때는 북극의 빙하가 녹을 때 생겨날 노아의 방주를 고려해 높이를 결정해야 한다. 쓰나미와 자연환경의 수많은 변화를 극복할 수 있는 돔을 짓는 게 우선이다. 이런저런 슈퍼 첨단공학 기술이 개발된다고 해도 가능한 현실이 될지는 상당히 의문스럽다. 수많은 시행착오는 결국 수십만, 수백만의 인류 희생을 의미한다.

금융보험업도 의미가 있을까? 미래 산업의 발전은 미래 경제학의 기본원리를 만들어낸다. 하지만 구체화될 수 있는 기술이나 산업은 아무것도 없다. 현지에서 직접 부딪히지 않고서 하는 '열핵폭탄' 같은 이야기는 어린이가 떠올릴 만한 천진난만한 생각 그 이상도 이하도 아니기 때문이다. 미래 경제학의 일단은 우주 경제학 분야가 될 것이다. 우리가 지구에서 가르치는 거시, 미시, 계량, 농업, 정치, 노동 등의 기존 경제학은 무용한 학문이 될 수도 있다. 우리가 말하는 우주 경제학은 무용 학문이 될 수도 있다. 우주 경제학에 관한 이야기는 지구-지구 비즈니스에서 이루어진 대부분의 거시 및 미시 경제학이 새롭게 정의될 가능성을 전제로 하기 때문이다. 모든 것이 지구의 그것과 다를 수밖에 없다. 화폐가 다를 것이고, 재화와 서비스 가격체계가 다를 것이고, 생산 단가와 수출입 단가의 환율 결정체계도 다를 것이다.

대부분을 지구에서 수입해야 한다면 화성 인류는 지구상에서는 억만장자라 해도 생활비를 대기가 빠듯할 수도 있다. 지구가 화성으로부터 희토류를 공급받는 수입 단가는 기하학적 숫자가 된다. 지구와 화성 간 교역 및 이를 뒷받침하는 금융 관계는 더욱더 복잡하고 어렵다. 파생상품 시장의 규모는 엄청난 거래를 소화해낼 만큼 커야 한다. 버튼 하나 잘못 누르면, 기업 하나가 파산하는 데 그치지 않을 수도 있다. 일론 머스크가 꿈꾸는 화성 시대와 중국 시진핑習近平 총서기의 '중국몽中國夢'은 규모, 범위 및 밀도의 차이가 엄청나다. 분명한 것은 언젠가 인류는 과학과 기술의 시대를 관통하면서 우주시대를 이야기할 것이다. 21세기부터 인류가 준비한 미래가 4,000만 년 전 고대 원시사회 이후 이루어온 문명 발전처럼 점진적 진화로 이루어질지 그렇지 않을지는 모른다. 만약 그렇다면 지구라는 행성을 토대로 재화와 서비스를 개발하고 그러한 공급 및 수요 체계로 구축한 시스템을 근간으로 우주시대를 준비할 텐데, 그 준비가 과연 새로운 시대에 적합하리라는 보장은 없다.

지구-우주 비즈니스는 차원이 다르다. 그렇다고 벌써 이러한 거대한 변화를 두려워할 필요는 없다. 왜냐하면 첫째, 지구에서 웬만한 우주 실험을 하지 않고서는 지구-우주 모델을 실천에 옮기지 못하기 때문이다. 둘째, 지구-우주 비즈니스를 위해 달은 전초기지가 될 것이며, 따라서 인류가 달로 이동을 시작할 때까지는 지구상에서 적어도 1,000년의 시간은 지나야 할 것이다. 인류가 본격적인 문화와 과학의 시대를 1,000년 전에 맞이했다고 본다면 그 시작점에서 최소 2,000년의 시간은 걸릴 것이라 보이기 때문이다. 셋째, 그동안 인류는 지구상에서 우주항공이라는 소위 '허브산업'을 중심으로 다양한 플랫폼 시장과 산업을 개발하고 실험할 것이다. 지구-우주 비즈니스를 위한 플랫폼 시장과 산업은 앞서 살펴본 2024년 이후의 메가트렌드 산업 및 기술과 맞닿아 있다. 로봇, 드론, AI, 양자 컴퓨팅, 우주항공, 바이오 등의 산업은 본격적으로 플랫폼 업로드가 시작될 전망이다.

여기에 필요한 기술과 표준화, 룰 세팅의 헤게모니 hegemony 를 두고 미국과 중국이 마치 경쟁이 아닌 갈등을 하는 듯 보이지만, 사실상 기술적 관점에서는 미국이 중국을 최소 몇십 년은 앞서 있다. ① 중국에는 없고 미국은 분명히 가지고 있는 것이 있다. 철학과 논리, 가치체계와 명분론을 구축한 사회 및 인문과학(이를 경험론적으로 실행에 옮기는 제도가 교육제도이다)의 발전이다. ② 기술 수준에 있어 미국은 NASA The National Aeronautics and Space Administration 라는 연방기구를 가지고 있으며, 스페이스X라는 민간기업 프로젝트도 있다. 창의성, 창작성, 안정성, 합리성 및 감당할 수 있는 비용과 자본의 축적 및 지원 등에서 미국은 중국을 월등히 앞서 있다.

넷째, 미래 산업의 키워드는 '독주' 혹은 '독점'이 아니다. '협력'과 '신동맹' 체제로의 전환이다. 우주항공 산업에 조달되는 비용과 자본의 규모는 지금껏 지구상에서 이루어진 그 어떤 종류의 연구개발보다 규모 및 범위가 크기 때문이다. 한 국가가 모든 것을 독점할 수 없다. 물론 그렇게만 된다면 최고겠지만 불가능하다. 다섯째, 저금리 기조가 이어진 2008년부터 2022년까지 4년간은 스타트업과 벤처기업의 i4.0이 우주항공 분야, 즉 지구-우주 비즈니스의 첫 삽을 뜬 기간이라 보아야 한다. i4.0에서 i8.0까지는 진화와 진보가 더 이루어져야 한다. 웹2.0에서 웹4.0까지 망의 우주화가 이루어져야 한다. 양자 중첩이 인류의 화성 이동을 순간적으로 간편하게 처리할 수 있어야 한다. 우주선으로 이동한다는 것은 비용 면에서 합리적이지 않다. 만일 화성에서 자연적 대재앙 사태가 발생하면 화성인의 화성 철수는 순간적으로 이루어져야 한다.

여섯째, 연관산업의 결제와 자금 지원의 방식이 진화, 진보해 메타버스, NFT, 암호화폐 및 우리가 아직 접하지 못한 양자화폐까지 등장할 수밖에 없다. 이에 연동되는 통화 및 재정 정책 등 거시경제 정책과 기업의 투자 및 자금 분석 등 미시경제는 모두 AI경제부가 총괄하게 될 것이다.

일곱째, 노동과 자본이 첨예하게 갈등하고 대립하는 시기를 반드시 지나야 한다. 인류 문명사의 일기장을 넘겨보면, 노아의 방주나 종교의 설화가 아니고서는 인류가 미래에 일어날 일을 정확히 예측하고 대비한 적은 한 번도 없다. 훈족의 이동, 로마제국의 멸망, 칭기즈칸의 서부개척, 페스트 전염, 종교개혁, 프랑스 혁명, 권리장전, 영불 100년 전쟁, 독불 30년 전쟁, 관동대지진, 1차 세계대전과 2차 세계대전, 구소련의 붕괴, 브레턴우즈 체제Bretton Woods System, BWS의 붕괴, 자유변동환율제도, 체르노빌 원자력발전소 붕괴,

자본주의의 적은 자본주의

후쿠시마 원전과 쓰나미. 결국 인류가 마주한 역사적 사건의 배경은 '우연'이었던 셈이다. 이러한 예측 불가능한 우연을 사전에 대비하고 연습하기 위한 전초기지가 달이 될 것이라는 전제하에 미국주도의 아르테미스 프로젝트에 대해 간단히 살펴본다. 분명히 강조하건대 여기서 논의되는 모든 미래 기술은 우주항공 및 관련 플랫폼 산업으로 성장할 것으로 기대해도 좋다. 이는 1990년 이후 이루어진 디지털 정보통신 산업의 발전이 지금 금융 및 상품 제조 산업에 이르기까지 '미래문명' 발전의 핵심 열쇠 역할을 했다는 데서 알 수 있다.

⑥ 아르테미스 프로젝트[18]

NASA[19]의 아르테미스 프로그램은 그 첫 조치로 우주비행사를 달 표면에 착륙시키고 달에서의 지속적인 생존 및 거주를 목적으로 관련 기술을 개발하는 것을 목표로 했다. 2019년 5월 14일, 이 프로젝트는 '아르테미스'라는 이름을 처음 받게 된다. 이 이름은 그리스 신화에 등장하는 달의 여신 아르테미스에서 유래되었다. 그녀는 아폴로Apollo의 쌍둥이 남매이며, 1969년 7월 20일 처음으로 지구 인류의 자연위성에 비행사를 실어 보낸 아폴로 프로그램의 이름을 따서 명명하였다.

아르테미스 프로그램은 NASA가 달에 인간을 다시 착륙시키기 위해 이미 진행하고 있던 이전의 여러 가지 활동을 통합해 하나의 프로젝트로 변경한 후 붙인 이름이다. 이들 활동은 트럼프Donald Trump 전 대통령의 우주정책 지침서 1Space Policy Directive 1에 따라 수행되었으며, 이 지침서는 달 미션에 중점을 둘 것을 지시하고 있다. 2019년에 부통령인 마이크 펜스Mike Pence는 2024년까지 달의 남극에 인간을 착륙시키는 것을 목표로 하는 야심 찬 프로젝트를 진행하기 위해 단계별 목표를 설정한 바 있다. NASA는 2022년 11월 16일에 동부 표준시로 새벽 1시 47분(그리니치 표준시 06시 47분)에 플로리다의 케네디 우주센터 39B발사대에서 아르테미스 1을 성공적으로 발사했다. 이 미션은 총 25.5일 동안 달 탐사 미션을 수행한 뒤, 2022년 12월 11일에 동부 표준시로 오후 12시 40분에 멕시코 하칼리포니아 연안의 태평양에 성공적으로 착수着水했다.

아르테미스 미션의 가장 야심 찬 목표 중 하나는 달을 화성 미션을 위한 중간 단계로 활용한다는 것이다. 즉 화성 진출을 위한 전초기지로 달을 개발하고자 하는 것이다. 화성에서의 모든 탐사 작업은 로봇이 수행해왔는데 NASA는 이제 2030년대까지 우주비행사를 화성에 보낸다는 목표를 설정하고 있다. 달에서 어떻게 화성 탐사 미션을 준비할 수 있을까? 지구에서 달에 전초기지를 건설하는 것과, 달에서 다시 화성으로 인간을 보내 전격적으로 화성 탐사를 시작한다는 점은 준비와 목적설정에 있어 이전과 확연히 다르고 예측하기 어려운 미션임에 분명하다. 달에서 화성으로 우주선을 보내려면 별도의 NASA 시스템이 가동되어야 한다. 지구와 화성의 공전 궤도 거리가 가장 짧은 때를 예상해서 우주선을 띄우는 방법과 함께 광속운행으로 우주선의 속도를 높이는 방법을 개발해야 한다. 그러기 위해서는 우주선의 무게, 소재 및 그 밖의 다양한 컴퓨팅 기술이 우선적으로 개발되어야 한다.

자본주의의 적은 자본주의

지난 2003년 6월 2일 유럽 최초의 화성 탐사선인 마스 익스프레스Mars Express는 러시아의 소유즈 로켓에 실려 지구를 출발한 뒤, 6개월간 4억 9,100만km를 날아 그해 12월 25일 화성 궤도에 진입한 바 있다. 지구에서 화성까지 인간을 이동시키려면 시간이 얼마나 걸릴까? 몇 가지 이동수단을 비교해보면 다음과 같다. 지구에서 화성까지의 최단 거리가 7,500만km라고 할 때 시속 4km의 걸음걸이로는 2,140년 정도 걸린다. 자동차로 시속 100km로 달린다고 가정하면 86년이 걸리고, 시속 900km로 나는 비행기로 간다면 무려 10년의 세월이 걸린다. 하지만 시속 4만km로 날아가는 로켓으로 간다면 단 78일(1,875시간) 정도 걸리는 것으로 계산된다.

인류의 로켓 기술로 불가능한 것 같지는 않지만, 약 2개월 보름 정도를 로켓에서 생활한 후 화성에 착륙하면 바이오 메타볼리즘Bio metabolism, 생대사능 상태가 어떨지는 의문이다. NASA 우주비행사인 스티븐 스완슨Steven Swanson[20]은 스페이스닷컴Space.com의 매거진 〈하우잇웍스How It Works〉(2020년 11월호)와 인터뷰하며 아르테미스 프로젝트의 진짜 목표는 화성이며, 달을 테스트베드로 사용할 것임을 확인해주었다. 그는 인류의 화성 탐사는 매우 어려운 미션이 될 텐데, 본격적인 화성탐사 프로젝트의 완성에는 거의 3년이 걸릴 것으로 예측했다. 그 이유는 화성에 도착하기까지 7~8개월이 걸리며, 다시 행성이 최단거리로 정렬되기까지 15개월을 기다려야 하기 때문이다. 달을 전초기지 삼아 시험해보는 이유도 시간을 단축하기 위해서다. 만일 달에서 로켓 연료 같은 자료를 수집 혹은 채취해 활용할 수 있다면 탐사 일정이 매우 단축될 수 있기 때문이다.

화성 탐사에 있어 NASA가 가장 공을 들이고 있는 분야는 여성 우주인의 발굴이다. 1969년에서 1972년까지 열두 명의 남성 우주비행사가 달 표면을 걸어 다니며 여섯 차례의 미션을 수행했었다. 이렇게 위험한 임무를 수행하려면 가장 경험 많은 우주비행사가 필요했고 당시에는 적합한 시험비행 경험을 갖춘 여성 우주인이 NASA에 없었다. 오랫동안 우주는 남성 중심 산업으로 여겨졌으며, 1978년에 NASA가 첫 번째 여성 우주비행사를 선발하기 전까지 여성에게는 실제로 어떤 미션도 주어진 바가 없다. 하지만 그 이후 2022년 3월까지 75명의 여성이 우주로 갔으며, 아르테미스 달 착륙은 이런 점에서 시대 변화를 나타내는 시도가 될 것이다.[21] 아르테미스 프로그램의 핵심은 역시 로켓이다. NASA의 새로운 메가 로켓인 스페이스 런치 시스템Space Launch System, SLS과 오리온이 그 역할을 담당할 예정이다. SLS는 코어 스테이지, 상부 스테이지 및 쌍둥이 5단 고체 로켓 부스터로 구성된 98미터(322피트) 높이의 로켓이다. 유인 아르테미스 미션의 경우, 이 로켓은 오리온 우주선을 달로 발사하게 된다. 오리온은 네 명의 우주비행사를 태우도록 설계된 아폴로 조종 모듈보다 큰 우주 캡슐인 셈이다. 2025년까지 아르테미스 계획 일정은 〈표 3〉과 같다.

아르테미스 프로그램을 수행하려면 다수의 구성 요소를 갖추어야 한다. 첫째, 루나 게이트웨이Lunar Orbital Platform-Gateway가 있다. 이는 달 궤도에 설치되는 스테이션으로, 우주에서의 인류 존재를 확장하고 과학 실험을 하고 달 표면 탐사를 하는 플랫폼 역할을 한다. 게이트웨이는 NASA가 개발 중인 거대한 새로운 로켓인 SLS 로켓

자본주의의 적은 자본주의

〈표 3〉 아르테미스 프로젝트 이행 내용 및 목적

2022년 Artemis 1	NASA는 아르테미스 1을 2022년 11월 16일 오전 1시 47분(그리니치 표준시 06시 47분)에 플로리다의 케네디 우주센터 39B 발사장에서 성공적으로 발사했다. 첫 번째 미션이 무인으로 진행되었으며 SLS 로켓의 안전성과 달에 도달하고 달 궤도에서 수행할 수 있는 오리온 캡슐의 능력을 테스트했다. SLS 로켓은 효과 실험 및 기술 데모를 수행하기 위해 열 개의 큐브위성CubeSats을 우주로 발사했다. 오리온 캡슐은 2022년 12월 11일, 약 2,300만km(1,400만 마일) 비행 후 멕시코 하칼리포니아 연안의 태평양 연안에 성공적으로 착수했다.
2024년 Artemis 2	오리온 캡슐은 우주인 네 명을 태우고 지구에서 인류가 지금까지 여행한 거리보다 먼 곳으로 승무원을 데려갈 예정이다. 약 10일 동안의 미션 기간에 승무원은 달을 지나 지구로 돌아오면서 우주선 시스템을 평가할 것이다.
2025년 Artemis 3	남성 및 여성 우주인이 최초로 함께 달 표면에 발을 디딘다. 이전 미션이 성공하면, 우주비행사들은 달로 향하고, 달 착륙선을 사용해 두 명의 인원이 달의 남극 지역에 내릴 예정이다. 약 일주일간 달에 체류할 예정이다.

에 의해 달 궤도로 운반될 예정인데, 네 명의 우주인은 오리온 우주 캡슐로 스테이션에 접근해 30일에서 90일 동안 그곳에 머무른다. 미 정부의 달 진출 프로젝트 중 일부는 민간 항공우주 기업의 확대된 역할을 포함하며, 이는 하드웨어를 개발하고 잠재적으로 달 경제를 촉진하기 위해서다.

NASA는 일론 머스크의 스페이스X 및 제프 베이조스Jeff Bezos의 블루오리진Blue Origin을 포함한 열한 개 미국 기업과 달 표면으로 우주비행사를 운송하는 착륙선을 개발하기 위해 4,550만 달러의 계약을 체결한 바 있다. 스페이스X는 거대한 우주여행용 우주선을 기반으로 아르테미스 3 승무원 착륙선 제공 업체로 선정된 상태다. 스페이스X 이외에도 아홉 개 기업은 달로 로봇 우주선을 보내서 데이터 수집 및 연구를 수행할 계획이다. 일부는 물 등 달 자원을 채굴한다는 목적을 갖고 있으며, 여기서 얻어진 수소와 산소는 로켓 연료로 변환될 수 있다. 우리가 전기자동차에 집중하고 있을 때

수소자동차 기술에 대한 또 다른 실험과 현실화 계획이 펼쳐지고 있으며, 그 계획이 이러한 우주 프로젝트에 포함되어 있다는 점에 주목해야 한다.

아폴로 미션 이후 우주비행사는 여러 차례 우주 유영 혹은 산책을 했지만, 이런 산책은 천체의 표면을 걷는 것은 아니었다. 이번 아르테미스 프로젝트에서 달 표면을 걸을 우주비행사는 업데이트된 우주복을 입을 것이다. 새로운 우주복은 모두 두 가지인데, 하나는 우주선 내에서 입는 발사 및 착륙용이며, 다른 하나는 오리온 캡슐에서 외부로 나갈 때 입는 우주복이다. 이 우주복은 우주비행사의 체형에 맞춰 만들어지고, 이전 버전보다 편안함과 실용성이 향상되었다. 다음은 가장 중요한 로켓 부분이다. 발사용 로켓은 SLS를 통해 설계된 NASA의 신형 로켓으로, 지구 궤도 이상의 인간 우주여행을 위해 디자인되었다. 국제우주정거장International Space Station, ISS으로 향하는 비행사와 비교해 거의 1,000배 더 멀리 여행해야 하므로 앞서 설명했던 속도, 즉 시속 2만 5,000마일(4만km)의 속도에 도달할 수 있게 설계되었다.

초기 아르테미스 달 미션에서 우주비행사들은 달의 남극에 착륙할 것이다. 현재 이 지역은 물과 얼음이 가장 풍부하다고 여겨지며, 이 물을 추출할 수 있다면 인간 탐사 거리를 더 멀리 확장할 수 있다. 물은 인간의 수분원인 동시에 로켓 연료자원 또는 장비의 냉각 시스템과 같은 역할을 할 수 있기 때문이다. 알려진 바에 따르면 남극 착륙지는 달 표면에 12마일(19km)이나 움푹 팬 거대한 섀클턴 분화구Shackleton crater로 결정되었으며, 탐사할 가치가 충분한 것으로

자본주의의 적은 자본주의

〈그림 3〉 아르테미스 2 상상도

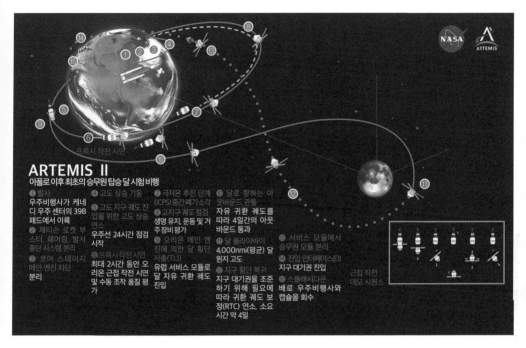

ARTEMIS II
아폴로 이후 최초의 승무원 탑승 달 시험 비행

❶ 발사
우주비행사가 케네디 우주 센터의 39B 패드에서 이륙

❷ 제티슨 로켓 부스터, 페어링, 발사 중단 시스템 분리

❸ 코어 스테이지 메인 엔진 차단 분리

❹ 고도 상승 기동

❺ 고도 지구 궤도 진입을 위한 고도 상승 연소

❻ 프록시작전시연
최대 2시간 동안 오리온 근접 작전 시연 및 수동 조작 품질 평가

❼ 극저온 추진 단계(ICPS)중간폐기소각

❽ 고지구궤도점검
생명 유지, 운동 및 주장비평가

❾ 오리온 메인 엔진에 의한 달 횡단 사출(TLI)
유럽 서비스 모듈로 달 자유 귀환 궤도 진입

❿ 달로 향하는 아웃바운드 관통
자유 귀환 궤도를 따라 4일간의 아웃 바운드 통과

⓫ 달 플라이바이
4,000nmi(평균) 달 원지 고도

⓬ 지구 횡단 복귀
지구 대기권을 조준 하기 위해 필요에 따라 귀환 궤도 보정(RTC) 연소, 소요 시간 약 4일

⓭ 서비스 모듈에서 승무원 모듈 분리

⓮ 잔입 인터페이스(EI)
지구 대기권 진입

⓯ 스플래시다운
배로 우주비행사와 캡슐을 회수

근접 작전 데모 시퀀스

주: 아르테미스 2는 NASA의 우주 탐사 시스템인 오리온 우주선, SLS 로켓 및 플로리다주 케이프 카나버럴의 케네디 우주센터의 지상 시스템을 활용하며 승무원과 함께하는 첫 번째 우주비행이다. 미션 기간 동안 네 명의 우주비행사는 약 10일 동안 심연 우주의 실제 환경에서 우주선의 모든 시스템이 설계된 대로 작동하는지 확인할 것이다. 아르테미스 2 비행 시험 직후 아르테미스 3에서 달에 처음으로 여성과 다음 남성을 착륙시키는 길을 열 것으로 기대된다.
자료: NASA

보인다. 이 분지의 거대한 그림자 부분에는 낮은 온도로 인해 얼음이 있을 것으로 기대된다.

최종적으로 아르테미스 프로젝트의 소요 비용을 알아보겠다. 여러 계획 중 과연 몇 가지가 실현될지는 아직 분명하지 않다. 따라서 추정 비용은 각 프로젝트의 성격과 수정되는 목표에 따라 수시로 수정 보완되고 있다. 총비용은 아직 알려지지 않았다. 참고로 NASA에 따르면 아폴로 프로그램의 예산은 1973년 달러 가치로 총 236억 달러, 현재의 가치로는 1,360억 달러 이상이었고, 아폴로 우주선의 달 착륙 비용은 평균 약 226억 달러였다고 볼 수 있다. 따라서 이보다 큰 아르테미스 프로젝트의 경우 NASA의 지출은 2025년까지 930억 달러에 이를 것으로 예상되며, 각 SLS/오리온 발사에 드는 비용은 41억 달러에 이를 것으로 보인다.

⑦ Capitalism against Capitalism

최근에 필자가 만난 어느 분이 말하기를, 호모 사피엔스가 네안데르탈인을 제치고 인류의 기원이 된 이유는 지능을 지닌 호모 사피엔스가 네안데르탈인을 '속이고 기망'하는 데 성공했기 때문이라고 했다. 인류의 진화론에서 가장 유용한 지능은 결국 '기망과 사기'라는 의미다. 사실일 수도 있겠다. 하지만 서글픈 생각이 든다. 그렇다면 현생 인류의 진화는 거대한 사기와 기망의 프레임을 벗어날 수 없고, 수많은 철학과 사상적 도덕과 윤리 기준은 결국 가진 자 혹은 속이는 자의 허울 좋은 명분일 뿐이다. 그런 명분과 논리, 도덕과 윤리 체계는 기득권자에 의해 일반인에게 드리워진 암묵적인 강제며 세뇌일 수 있다. 암묵적 강제와 세뇌에는 교육제도가 중요한 역할을 한다. 교육을 통해 참가치(어떻게 타자를 완벽하게 속이고 기망할 수 있는가)를 놔둔 채 엉뚱한 가치(정직, 도덕 및 윤리)를 참가치인 것처럼 배우고 그렇게 알고 지낸다는 의미다.

이런 사회구조가 곧 사기이고 기망이다. 신과 인간의 관계도 그

자본주의의 적은 자본주의

런가? 신은 인간보다 모든 면에서 우위에 있다. 특히 도덕과 윤리 가치체계에서 그렇다. 죽은 생명을 다시 일으켜 세우는 기적을 행하기도 하면서, 신은 우리 인간을 끊임없이 설득하고 훈계한다. 신의 뜻 그대로 이 세상의 운영체계가 이루어져왔다면, 푸른 지구는 늘 복되고 행복한 행성이었을까? 4,000만 년 이상이 흐른 지금도 인류 문명사에서 나타난 모든 종교와 신은 인간을 계속해서 설득하고 있다. 푸른 지구의 생태계에서 신이 뜻한 바대로 움직이지 않는 유일한 생명체가 인간이다. 아직 인류보다 우위에 있는 어떤 우주만물의 영장이 나타나지 않았으며, 설사 존재한다 해도 아직 인류와 어떤 교류도 일어난 바가 없다. 따라서 45억 년의 지구 역사 속에서 진화하고 생존해온 인류만이 유일한 만물의 영장이라 할 수 있다.

'부의 이동' 혹은 '돈의 흐름'을 얘기할 때 중요한 한 가지 사실은 고대 원시시대부터 인간이 이동하던 길이 곧 '부의 이동 경로' 혹은 '돈의 흐름'이라는 점이다. 왜 인류는 고대 원시사회부터 한곳에 머무르지 않고 끊임없이 이동했을까? 첫째, 좋은 생활조건과 환경을 찾아나선 것이고, 좋은 생활조건과 환경이란 곧 인간이 생존을 위해 채집할 수 있는 식량이나 수렵할 동물이 많은 지역을 의미한다. 가장 풍족한 식량과 주거환경을 제공하는 장소를 찾아나서는 것은 동물적 생존본능이다. 둘째, 잉여 재화와 서비스는 인간으로 하여금 '거래(혹은 교역)'를 시작하게 했다. 인간은 생산도구의 발전을 통해 의도치 않게 자기가 필요로 하는 것 이상의 상품과 서비스를 생산하기 시작했고, 이 잉여 상품과 서비스의 거래가 각 집단이나 사회에 유리할 수 있다는 생각을 하게 되었다. 생산도구의 발전은 생산물의 이동수단, 여러 가지 측정의 수단과 기준 등 기술적 발전이 동반되었음을 의미한다. 인간이 직립보행을 하기 시작하면서, 그다음으로 빠른 이동수단은 '달리기'라는 것을 알았을 것이다. 야생짐승 중 코끼리, 낙타, 소나 말 같은 일부 짐승을 훈련시켜서 인간의 편의에 따라 활용할 수 있다는 것을 안 이후로는 많은 물건을 나를 수 있게 되었고 밭을 경작할 때 효율이 몇 배나 증가되는 등의 기대 효과를 누렸을 것이다. 이로써 식량 증산과 잉여생산물의 원거리 이동과 거래가 가능해졌을 것이다. 이동과 거래가 빈번해지면서 나타난 다양하고 변화무쌍한 사회경제적 변화는 무엇이었을까?

첫째, 가족 단위에서 씨족, 부족 및 국가 단위로 이동과 동화 과정에서 집단의 규모가 변화했다. 이해공동체라고 할 수 있다. 비슷한 문화적 배경과 인종적 유사성을 가진 이들끼리 씨족에서 부족, 부족에서 국가로 규모와 범위가 크고 넓으며 밀도가 높은 집단을 만들어가는 것은 남극의 펭귄이 추운 겨울에 알을 부화하기 위해 원을 그려 바람을 막고 털로 알을 보호하는 이치와 같다. 숲의 순록이 여름 모기 떼의 습격을 피하기 위해 원을 그리며 빙글빙글 도는 이유와 같다. 생존을 위해서, 자신과 가족을 보호하기 위함이다. 그런데 이러한 서비스는 무료로 이루어지지 않는다. 집단 규모가 커질수록 구성원을 보호하는 조직도 커지고(규모), 국방과 내부 치안을 담당하는 조직의 종류도 다양해지고(범위), 조직이 운영되는 거버넌스 체계의 정밀도도 더욱 강화될(밀도) 수밖에 없었을 것이다. 이는 정치체제의 한 구성 요건이다.

둘째, 그것이 정벌이 되었건 침략이 되었건, 상업적 목적의 거래와 교역이 되었건, 원거리 이동은 수많은 상품과 지식, 과학과 기술, 종교와 문명, 산업과 인류 그 자체의 이동과 동화 작용의 단초가 되었다. 그 가운데 질병과 전쟁이라는 대가는 가장 큰 희생을 요구했다.

셋째, 부국과 빈국의 조건이 하나씩 나타나기 시작했다. 부국은 어떻게 만들어지고, 이후 왜 실패하고 몰락했을까? 지역적으로 생존환경이 더 우수한 곳은 부국이고 그렇지 못한 곳이 빈국이었을까? 거래가 빈번하게 이루어지는 지정학적 위치가 부국이 되기 위한 중요한 열쇠일까? 한때 위대한 지도자와 사회적 이해관계를 명확히 이해하고 이를 자국에 잘 반영할 수 있는 시스템을 갖추었던 집단이나 국가는 왜 몰락하는가? 그렇다면 결국 정치는 경제보다 국가의 존망을 결정짓는 데 더 핵심적인 열쇠이고, 정치 집단보다 정치가 가운데서도 통치자의 역할이 더욱더 중요하다는 의미인가?

넷째, 처음 인류의 이동을 촉발한 트리거trigger는 도구의 발달과 잉여농산물 등이었겠지만, 거래와 교역, 전쟁과 동화 등을 통한 집단과 사회 규모의 확대는 새로운 문명을 창출했을 것이고, 그 가운데 중요한 것이 '화폐'라는 가치 저장, 교환 및 측정의 단위다. '화폐'의 흐름은 곧 '부'의 흐름이다. 화폐를 많이 지닌 개인이나 집단이 부의 개념에서 더 우위에 선다. '부'를 개인이 가질 수 있다는 것은 곧 사유재산을 의미한다. 왕권시대에 사유재산의 허용 범위는 매우 제한적이었다. 나라 전체가 왕의 땅으로 정의되고, 왕의 통치에 큰 도움을 준 참모나 전쟁에서 혁혁한 공을 세운 신하나 귀족에게 왕은 자신의 땅을 나누어 주었다. 일종의 회유책이자 왕이 신하에게 주는 뇌물이기도 했다. 왕이 신으로부터 절대권력을 위임을 받은 시기에는 일반 국민과 상인, 농민은 거의 땅이나 재산을 사유할 수 없었다. 부의 가치와 규모란 곧 국가의 부와 같았지만, 그것이 국민 모두의 국격과 국력을 의미하지는 않는다. 단지 왕실이 가지고 있는 부의 크기만을 의미했다.

다섯째, 부의 크기는 화폐로 측정한다. 더욱 빈번하고 다양해지는 거래와 집단 간 이동과 교류는 초기 물물거래 수준에서 점차 금속 화폐로 바뀐다. 금과 은처럼 귀하고 가치 있는 금속이 가치 저장과 교환 기능을 오랫동안 이어갈 수 있을 때 모두에게 화폐로 인정받는다. 이도 저도 없던 국가는 철을 쓰기도 했다. 태평양에 있는 섬나라 '얍Yap'에서는 돌 가운데 구멍이 난 것은 모두 화폐가 되었다. 인류가 새로운 개념의 풍요와 빈곤을 만들게 된 변화의 근본에는 '화폐'의 창작과 사용이 있었다.

여섯째, 경제 규모와 범위 및 밀도의 변화로 인해 경제, 정치, 사회 및 문화 등 다양한 국가 통치요소 간의 복잡한 얼개에 더욱더 복잡하고 다원화된 '주고받기 식의 망'이 짜지기 시작했다. '부'의 개념은 사유재산이라는 인간 본능을 일깨웠고, 왕과 일부 귀족에게 부가 편중되던 사회와 권력 구조에서 누구나 부를 축적하고 사유할 수 있는 구조로 바뀌어나갔다. 더 나아가 재산의 크기를 확대할 수 있는 자유는 인간의 천부적 권한임을 깨달았다. 이러한 변화는 정치체제의 변화를 야기했다. 왕정에서 공화정, 민주주의, 사회주의 등 다양한 정치 이념과 체제의 변화를 촉발했다. 정치 체제와 이념의 변화는 이와 연동되는 경제체제의 변화를 이끈다.

자본주의의 적은 자본주의

일곱째, 정치, 경제, 사회 및 문화 등 문명의 거대한 변화는 인류의 동물적 본능을 충족하는 데 가장 효율적이고 합리적이며, 정당하고 일관된 목적과 지향점을 가지고 있다. 바로 '행복'이다. 돈(부)이 많은 게 행복한 것이고, 권력을 장악하면 할수록 더 행복하고, 남과 비교해서 내가 가지고 있는 특징이 국가와 사회적으로 한계적 비교우위에 있다는 점이 '평가 기준'으로 인정될 때에도 우리는 행복하다고 한다. 그 차이가 다양하고 다른 규모의 행복 충분조건을 만들어내기 때문이다. 형이상학과 형이하학이 부딪히면 늘 형이상학이 이성적이고 비교우위에 있는 것처럼 보이지만, 인간의 속내는 이러한 형이상학적 가치는 중요하게 여기지 않는다. 겉치레일 뿐이다. 실제 인간이 추구하고 행복감을 느끼는 현실은 형이하학적이라고 치부하는 '돈(부)'의 축적이다. '돈(부)'이 많으면 행복하다. 모든 종교도 '돈'을 좋아한다. 하지만 대놓고 '돈이 좋다'고는 하지 않는다. 못하기 때문이다. "가난한 자들이 하늘에 가까우니 천국이 그들의 것이다"라고 하면 이는 아름답고 고상한 시구일 뿐이다. 실제로 개인이 가진 돈의 양이 성공의 측정 단위이고 행복의 필요충분조건이다. 이 말을 부정하는 어느 누구도 정직한 사람이 아니다.

　　마지막으로, 위와 같은 개인의 행복 조건을 더 많이, 더 오래 충족시킬 수 있는 정치, 경제, 사회 및 문화 체제가 국민으로부터 가장 높은 신뢰를 얻는다. 하지만 1,000년 이상 가는 국가는 아직 지구상에 존재하지 않는다. 영원한 부와 행복의 필요충분조건은 지구 인류 문명의 시작부터 사실 존재하지 않았다. 이 밖에도 인류의 이동과 거래가 빈번하게 발생하면서 나타난 다양한 사회경제적 변화는 그 종류가 수천수만 가지가 넘는다. 이러한 변화는 제도, 문화, 과학과 기술, 종교 등의 변화로 파생되어 이어진다.

다시 인류가 한곳에 머무르지 않고 계속해서 이동한 이유에 대한 이야기를 이어가보자. 셋째, 인류의 이동은 필연적이며 동시에 거기에는 능동 및 수동적인 모든 요인이 포함된다. 인류 본능에 있는 '차이'의 확대는 이동의 본질이 된다. 거시적인 동시에 미시적인 '차이'의 확대는 규모, 범위 및 밀도 관점에서 문명의 다양성을 가져왔다. 여기서 '차이'란 '부'의 차이다. 생산과 도구의 진화 및 발전은 거래와 교역을 창출했으며, 이는 새로운 과학과 기술의 지속적인 발전을 유도했다. 새로운 과학과 기술은 새로운 산업과 노동조건, 자본의 축적을 가져왔으며, 앞서 설명한 슘페터의 창조적 파괴, 즉 혁신의 동기가 되었다. 새로운 원료를 개발해 안정적으로 공급하기 위해 식민지를 개척했고, 제국주의는 권력의 독점과 피지배계급에 대한 착취를 초래했다.

제국주의는 수많은 희생을 강요했으며, 그 와중에 인류는 절대군주의 부를 축적하는 데 오랫동안 이용되었다. 가장 최고 단위의 지능을 가진 '도구와 수단'이라 하겠다. 노동의 가치는 이렇게 자본보다 하위개념으로 역사 속에 기록되어왔다. 이처럼 단 한 사람의 필요로 원정길과 거래를 위한 항해 길에 올랐던 인간은 다양한 모험을 하며 생명을 희생하기도 하고, 생존은 했지만 표류하기도 했다. 그리고 그곳에 동화되어 새로운 문명을 전달하고 정착하기도 했다. 인종과 언어가 다르다 해도 인류는 모두 호랑이나 사자, 코끼리와 코뿔소와는 다른 동물적 생존본능을 지닌다. 생존이라는 최고의 가치를 위해 타협하고 양보할 수 있기 때문이다.

넷째, 인류는 지구–지구 안에서 도돌이표 같은 이동을 하고 있지만, 궁극적으로는 지구–우주, 우주–우주의 이동을 꿈꾸고 있다. 이동은 부와 명예를 가져다주지만, 질병과 전쟁도 유발한다. 우주 개척은 인류가 완전히 새로운 차원의 '이동'을 준비한다는 뜻이다. 마치 운명론과 숙명론처럼 인류의 이동은 미지에 대한 지속적인 호기심을 지극히 인간적인 자본과 부의 개념으로 전환해버린다. 고대 원시사회부터 인류는 씨족장과 부족장이 제사장과 논의해 결정한 방향과 장소로 이동했다. 하지만 미래 인류는 더 이상 종교에 모든 것을 맡길 의사가 없을 것이다. 비록 달에서 본 지구의 아름다운 모습을 두고 아름다운 시를 짓고 소설을 쓰긴 하겠지만, 이는 신에 대한 경의나 경배가 더는 아닐 수 있다. 자본과 축적된 부의 크기를 기준으로 인류 유전자를 우성과 열성으로 비교할 수 있을까? 만일 그렇다면 미대륙을 처음 발견한 콜럼버스 이후 미국으로 이주한 수많은 이민자는 유럽과 세계 각국의 돈 많고 부를 많이 축적한 왕과 자본가, 상인이 주축을 이루었어야 한다.

하지만 지구–지구 비즈니스에서는 굳이 그럴 필요가 없었다. 과학과 기술 발전이 새로운 동력과 이동수단을 개발하지만, 이러한 진화와 진보에 필요한 비용과 수익구조는 지구–지구 내에서 충분히 대량공급을 통해 만들어낼 수 있었기 때문이다. 하지만 지구–우주, 우주–우주 비즈니스는 다를 수 있다. 보다 많은 사람이 부와 자본의 차이에 따라 새로운 삶의 터전을 우주로 옮길 수 있는 무엇인가 획기적인 발명이 뒤따라야 한다. 빌 게이츠Bill Gates가 일론 머스크의 달 기지 경비원이 될 수는 없는 일 아닌가?

다섯째, 부유한 나라에 인접한 가난한 나라 사람이 왜 생명을 걸고 부자 나라로 이동하려 할까? 무엇이 국가의 운명을 부자 나라와 가난한 나라로 갈라놓았을까? 정치적 관점에서 제임스 로빈슨James A. Robinson 하버드대학교 교수는 국가의 경제발전을 지속시킨 요인, 즉 국가의 생존과 생명력을 유지시키는 핵심 열쇠는 "폭넓은 권력 분배가 동반된 포용적 정치제도에 있다"고 정의한다. 과연 부국의 조건은 정치제도에 있을까? 아니면 경제 및 사회의 다른 요인이 영향을 줄까? 한국과 북한, 미국과 멕시코, 북미와 남미 등에서 그러한 답을 찾을 수도 있다. 가난한 나라와 부자 나라의 경계선에 거주하는 서로 다른 국민은 처음에는 그 차이를 알지 못한다. 서로 소통하고 왕래하면서 지낼 뿐이다. 하지만 시간이 지나면서 두 나라 사이엔 반드시 큰 차이가 생긴다. 부국과 가난한 나라는 시간이 갈수록 사회, 경제 및 문화적 간극이 커진다. 범죄와 질병, 공공재 공급에 대한 안정성과 의존성, 교육제도 등 모든 면에서 엄청난 차이가 생긴다. 물이 높은 곳에서 낮은 곳으로 흐르듯, 인간도 이동을 시작한다. 장벽이 있고, 깊은 죽음의 계곡이 있더라도 사람들은 모든 것을 걸고 부자의 나라로 가고자 한다. 왜 그럴까? 미국과 멕시코를 비교해보면 간단하다. 로빈슨 교수의 지적대로 정치제도의 차이에서 이동의 동인이 생긴다. 부정부패한 국가는 경제적 분배가 심각하게 왜곡된다. 부패와 정경유착으로 국가 권력이 소수에 의해 독점될 때 국민의 경제활동 의지는 꺾이고 만다. 무기력해진다.

국민은 국가를 위해 일하는 게 아니다. 극소수 특권층이 그들의 노

자본주의의 적은 자본주의

동을 착취하고 부의 분배를 자신에게 집중시킨다. 결국 경제만으로는 국가 생명력을 지속할 수 없다. 아무리 자원이 풍부해도 투명한 개발과 분배가 이루어지지 않으면 국민에게 있어 경제적 성공이란 결국 소수가 부를 독식하는 형태를 의미할 뿐이다. 따라서 인류의 이동은 부의 격차에 따른 이동이다. 부의 격차를 유발하는 원인으로는 정치제도의 변화, 부정과 부패, 경제시스템의 소수 집중화 등 다양하다.

다음 페이지 〈그림 4〉와 〈그림 5〉의 내용을 정리하면 다음과 같다. 공중과 해양을 통한 교역의 집중도를 지역적으로 보면 대서양을 사이에 두고 미국과 유럽, 태평양을 사이에 두고 미국과 아시아 국가 간에 물자와 사람이 얼마나 빈번하게 이동하는지를 알 수 있다. 하지만 동에서 서로, 남에서 북으로 등의 이동은 부의 집중을 의미한다. 한곳은 원재료의 이동을 나타내고 다른 한쪽은 생산한 재화의 이동을 나타낸다.

이렇게 한번 기울어진 운동장은 결코 쉽게 평평해지지 않는다. 수탈과 착취라는 이념적인 정치 투쟁언어로 표현하면 마치 그 화자는 정의롭고 순수한 자유, 평등 및 박애 정신과 함께 종교 및 철학적 가치를 강조하는 듯 보이지만, 실상은 그렇지 않은 경우도 많다. 정치적 포퓰리즘populism 이다. 결국 자본주의는 소수의 강자가 약자 다수의 노동과 자본을 수탈하고 착취하는 구조를 고착화함으로써 마치 모기가 인간의 피를 빨아먹듯이, 서민들의 취약한 교육·노동·생활 수준에 빨대를 꽂아 그들의 모든 것을 수탈한다는 선동으로 이어지기도 한다. 카를 마르크스도 투자가 없이 생산이 있을 수 없고, 생산 없이 분배는 없다는 점을 잘 알았고《자본론》에서도 이

〈그림 4〉 세계 항공기 운항 밀집 상황

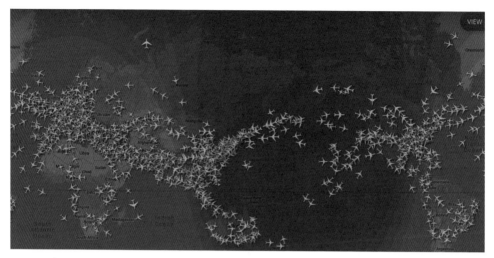

자료: www.marinetraffic.com

〈그림 5〉 글로벌 해양 수송 상황

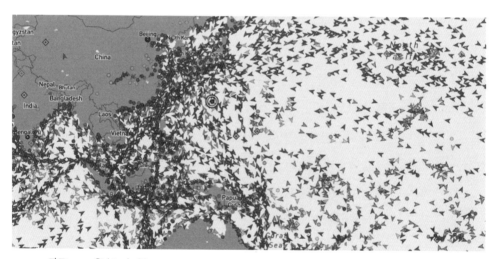

자료: www.flightradar24.com

자본주의의 적은 자본주의

를 명확히 지적했다.

아무리 사회주의가 공산주의의 전단계라고 하지만, 지금의 사회주의 경제체제는 자본주의 시장경제체제보다 열위에 있음을 안다. 인류 문명사에 다양한 경제철학이 등장하고 소멸했지만, 자본주의 시장체제가 가장 오랫동안 생명력을 유지하고 있는 것은 분명하다. 이유가 무엇일까? 첫째, 사유재산을 허용한다. 둘째, 빈곤으로부터의 자유를 경제적 정의로 정의한다. 셋째, 경제의지를 안정적이고 지속적으로 유지하게 함으로써 성장과 발전의 정신적 동력을 지원한다. 넷째, 자유시장 경제체제 혹은 자본주의 시장경제체제는 정치적 민주제도와 함께 인류의 가장 본능적 욕구, 즉 부의 축적과 사용 등에 있어 아직까지는 다른 어떤 체제보다 우위에 있음을 증명한 바 있다. 다섯째, 동양과 서양에서 자유시장 경제체제의 발전과 성장의 차이는 철학의 존재 여부에 달려 있다. 중국이 미국과의 경쟁에서 가장 취약한 점은 미국은 과학, 기술 및 산업 발전의 물질적 진화를 뒷받침할 수 있는 논리와 명제를 철학, 지성 및 사상적 가치로 교육제도 안에 녹여내고 있지만, 동양의 그것은 충분하지 않다는 데 있다.

여섯째, 미래의 비즈니스는 지구-지구 비즈니스에서 지구-우주 비즈니스로 진화 진보할 것이다. 여기서도 필요한 것은 과학, 기술 및 산업 발전과 함께 이를 유지할 수 있는 정성적 및 정량적 분석과 가치체계다. 이를 누가 정립하고 표준화할 것인가에 따라 패권 경쟁의 결과가 최종적으로 나타날 것으로 본다. 2023년 11월 현재 미국과 유럽은 중국에 비해 상당한 수준으로 앞서 있다. 중국이 엄청난 속도로 연구개발에 대한 투자를 늘리고 주요 지적재산권 및 특허등록, 논문 등의 수도 급증하고 있지만 이를 실용화할 수 있는 경제제도와 정치체제의 효율성, 합리성 및 정의성 측면에서는 열위인 것이 사실이다. 중국의 사회과학원과 미국의 연방정부 국립과학재단National Science Foundation이 가지고 있는 파생적 연구 수행 과제와 예산의 차이가 미중 간의 지구-우주 비즈니스 패권 경쟁에서 미국의 우위를 예상하게 한다.

인류는 우주의 빅뱅 이후, 45억 년 전 지구의 발생 이후, 4,000만 년 전 인류의 출현 이후에 가장 먼저 지구환경에 대응해 생존, 이동 그리고 동화했다. 신비로운 것을 보면 '신'을 찾았고, '신'과 정치는 왕이라는 절대권력을 만들어 인류의 삶에 크고 작은 영향을 지속적으로 미쳤다. 질병과 전쟁, 기술 등을 '문명'의 핵심 요소라고 한다면, 이는 부정과 긍정의 면을 모두 포함한다. 문명을 생산, 이동 및 동화로 정의한다면 문자, 과학과 기술, 산업의 발전, 부의 축적, 정치체제의 변화 등은 인류의 이동을 촉발한 긍정적인 요소다.

과학을 통해 새로운 기술을 발명하고 비용을 절감하면서 기업은 수익을 늘렸으며, 늘어난 수익은 자본의 축적으로 연결되었다. 다만 여기서 자본의 집중은 정치, 경제 및 사회 제도의 왜곡과 권력집중, 종교의 타락 등 인류 문명의 어둠과 자리를 함께하고 있다.

지금까지 문명이라는 학문적 용어보다 '부'라는 경제적 정의를 통해 이동의 목적 그리고 당위성을 이야기했다. 인류 문명사는 여태 지구-지구 비즈니스를 활동 무대로 삼았다. 2050년 이후 세계는 본격적인 지구-우주시대의 서막을 마주할 것이다. AI, 로봇, 드론, 바이오, AR/VR/MR, 비메모리 반도체(GPU, TPU 및 NPU 등), 양자컴퓨팅 등의 기술은 우주항공산업을 허브라고 할 때 각각 플랫폼 산업이 된다. 결국 미래 인류 이동의 비용이 지구-지구 비즈니스에서처럼 합리적인 수준으로 낮아지고 일반화될 때까지 지구에서의 과학과 기술 및 산업의 지속적인 성장과 발전은 불가피하다. 이러한 변화를 끊어진 시대 변화로 볼지, 거대한 흐름 속의 미시적 변화로 이해할지는 우리 몫이다. 거시와 미시의 변화를 읽는 데 그치지 않고, 각 플랫폼과 허브 산업의 목적과 목표가 인류의 또 다른 생산, 이동 및 동화에 있다는 점에 주목해야 한다. 미래 인류는 우주로 이동한다.

지구-지구 비즈니스에서는 균형발전이 국가의 경제 부흥과 국민의 경제 의지를 살리는 데 도움이 되었지만, 이제 차원이 다른 비전을 제시해야 한다. 물리학, 화학, 생물학과 수학 등 기초과학이 중요하고, 자본의 소수 집중을 획책하는 자본주의와 정치권력을 막을 수 있도록 체제를 진화시키고 수정해야 한다. 시대 변화를 읽어내지 못하면 국가는 결국 길어야 1,000년 이내에 소멸한다. 국가가 소멸하면 새로운 국가가 생겨날까? 부의 분배 구조 왜곡이 지속되면 미래 우주로의 이동은 실패하고 인류는 지구에 남을 것이다. 지구는 인류가 우주를 지배하는 우주시대의 본부가 아니라 지구 피자를 먹고 싶을 때 가끔 생각나는 추억 어린 식민지가 될 수 있다.

제2장

문명의
태동

✝

　인류는 생존을 위해 다음 세 가지를 반드시 행동으로 옮겼다. 생산production, 이동migration 그리고 동화assimilation다. 이 세 가지 행동은 문명의 충분조건이 되었다. 문명은 문자의 사용을 그 시작점으로 한다. 문명은 과학, 산업 그리고 철학으로 이루어진다. 자연과 사회를 잇는 가장 초보적인 과학의 발전은 숫자에서 출발한다. 숫자의 발전이 기하학으로, 다시 미적분학으로 진화된다. 자연을 연구 대상으로 삼았던 물리학이 발전하면서 사회과학이 발전할 토대가 만들어졌다. 산업 발전은 생산도구의 진화에 뿌리를 둔다. 석기시대는 청동기와 철기 시대로 진화하고, 청동기와 철기를 다루는 불을 사용하는 기술은 그 원료를 초기에는 나무와 풀에서 얻었고 이후 석탄으로, 다시 석유와 원자력 등으로 진화하며 발달했다. 이 과정에서 노동의 생산성과 자본의 부가가치가 자본 축적의 근간을 이룬다. 산업, 과학 그리고 철학의 움직임은 인류 문명의 진화와 시공을 같이한다.

코딩

　초기 인류의 생활 형태를 이해하기 위한 지질학, 선사 고고학 및 역사의 연속성은 매우 직접적이다. 이 세 가지 과학의 결과를 사용하지 않고서는 제대로 상상할 수 없고, 제대로 설명할 수도 없다. 하지만 현대 인류와 고대 인류의 생존 및 생활을 위한 본능에는 결코 큰 차이가 없다. 첫째, 인류는 이동한다. 기후변화 때문에 혹은 사냥과 수렵, 채집을 위해서라도 이동을 한다. 정착 생활은 농경문화가 시작된 신석기시대 이후에 시작될 것이다. 선사시대 인류도 생존과 생산을 위해 이동을 했다. 둘째, 인류는 서로 같은 종족 내에서 혹은 다른 종족과 교류하고 번식하면서 동화된다. 선사시대를 거쳐 씨족과 부족 사회로 '사회'적 발전과 확장을 이어갔다. 인류의 이동은 늘 사회집단의 규모와 범위를 확대하고 밀도를 높이는 결과를 낳았다. '규모의 사회 Society of scale'는 각 사회 조직과 기관 등의 확대로 '범위의 사회 Society of scope'와 '밀도의 사회 Society of density'를 촉발했을 것이다. 인류는 이동을 통해 새로운 지역을 개척하고, 개척에 실패하면 멸종되거나 지배 인류에 편입되어 동화되어버린다. 동화 현상은 계획적이었거나, 자연 발생적이었을 것이다. 셋째, 생존의 기본 요건은 의식주다. 사냥과 채집을 통해 식량을 확보했을 것이고, 기온 변화로부터 몸을 보호하기 위해 입을 것을 만들었을 것이다. 이동과 정착이 반복되었지만, 주거문제도 생존을 위한 기본 요건이 되었을 것이다. 이동할 때 편리한 이동식 주거형태도 갖추고 있지 않았을까? 선사시대, 특히 구석기시대 사람들은 수렵과 채집을 위해 이동 생활을 했으며, 주로 동굴과 야외에서 주거했을 것이다. 구석기시대의 주거 관련 유적은 주로 강이나 하천 가까운 곳에 많이 분포하며, 동굴은 대개 특정 지역에만 존재한다. 구석기시대 인류는 동굴 혹은 야외에 간단한 집을 짓고 살았을 것이다. 구석기인은 불을 발명하여 이용할 줄 알았으므로, 되도록 춥지 않도록 지하에 땅을 파서 집터를 마련하고 그 가운데에 화덕 자리, 즉 노지爐址를 마련하고 돌, 나무, 뼈 등을 이용해 비바람을 막았을 것이다.

구석기시대 경제활동은 어떤 모습이었을까? 생산을 했고 이동을 했으며, 더욱이 동화되는 진화 과정에서 과연 물물교환은 없었을까? 의식주와 관련된 주요 상품은 거래가 없었을까? 시장market은 존재하지 않았을까? 숫자와 교환 개념은 희박했거나 아예 없었다고 생각할 수 있다. 하지만 구석기시대 동굴 벽화에는 기호와 상징적 의미가 추상적으로 표현되어 있다.

반드시 잉여생산이 있어야 의식주 관련 거래가 이루어지는 것은 아니다. 이동과 소통을 통해 지역 내 혹은 지역 간에 상호 필요에 의해 부족한 것은 더 비싸게 값을 받고, 필요 없는 물품은 상대적으로 저렴하게 거래되었을 것이다. 물물교환을 경험하고 인간 지능이 발전하면서 화폐의 필요성도 느꼈을 법하다. 이를 위해 거래 단위가 어느 정도 숫자 개념으로 정리되었을 수도 있다. 인류 진화 과정에서 숫자가 그리스-로마 철학에서만 특별하게 다루어졌다고 정의할 수는 없을 것이다.

고대 그리스, 로마의 역사는 기원전과 기원후의 갈림길에 선 인류 역사의 변곡점이었다. 동서양 철학의 본원적 출발점은 둘 다 '자

〈그림 6〉 구석기시대 동굴 벽화

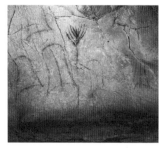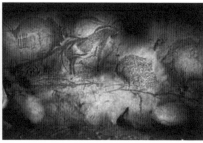

프랑스 마르술라의 구석기시대 동굴 벽화(좌), 북부 스페인의 엘 카스티요에서 발견된 동굴벽화(우)
자료: Le Parc de la Préhistoire de Tarescon-sur-Ariége(좌). http://apuntes.santanderlasalle.es/
arte/prehistoria/franco_%20cantabrica/puente_viesgo.htm(우)

연'이었다. 따라서 고대 원시사회부터 고대국가가 탄생하기 전까지 시장과 거래, 무역 등 정치경제적 활동이 전혀 없었다고 보는 건 설득력이 없어 보인다. 동굴 벽화 속 그림에 나타난 사냥감의 모습은 상상도가 아니다. 사냥할 때 봤던 사냥감의 숫자를 그대로 표현했을 수도 있다. 숫자는 곧 문명의 시작을 알리는 코드code일 수 있다. 숫자와 기호는 언어와 문자가 발명되기 전까지 소통 코드였다. 인류의 지능 발전과 시대 변화는 결국 문명의 이동과 전래 혹은 동화 등을 시사한다. 인류의 빈번한 상호 교류에도 받아들여지지 못한 기호와 코드는 점차 사라졌을 것이다.

위 그림에서 왼쪽 동굴 벽화는 프랑스 마르술라Marsoulas 의 구석기시대 동굴 벽화이다.[22] 오른쪽 동굴 벽화는 북부 스페인의 엘 카스티요El Castillo 에서 발견된 동굴 벽화다. 2013년부터 2014년까지 캐나다 고고학자인 페칭거Genevieve von Petzinger[23]는 프랑스, 스페인, 이탈리아 및 포르투갈의 동굴 52개를 탐사했다. 여기서 그녀는 점,

자본주의의 적은 자본주의

선, 삼각형, 사각형 및 지그재그를 비롯해서 사다리 모양, 손 형태, 지붕이 달린 기둥처럼 좀 더 복잡한 형태의 기호를 발견했다. 어떤 동굴 벽화에서 이들 기호는 큰 그림의 일부로 그려졌지만, 다른 곳에서는 단독으로 존재하기도 한다. 그녀가 유럽 전체에서 공통적으로 발견한 기호는 단 32개뿐이었다. 이는 문명의 진화 정도를 의미한다. 즉 수십만 년 동안 원시 인류 조상은 사용하는 기호에서 근본적으로 일관성을 보였다. 이로써 표식이나 기호가 어떤 의미를 지녔음을 알 수 있다. 마치 현대 추상화처럼 그림 속 동물과 사람의 모습은 각기 어떤 의미를 함축하고 있다.

페칭거 같은 고고학자의 연구 덕분에 전 세계 고대 동굴 벽화에서 발견되는 일정한 기호와 패턴에서 일련의 추세를 발견하고 해석할 수 있게 되었다. 한 지역에서 새로운 기호가 나타나서 얼마 동안 유행한 다음 사라지는 모습도 볼 수 있다. 예를 들어, 다음 페이지 〈그림 7〉에서 손 모양은 구석기시대의 초기에는 상당히 흔하게 나타났지만, 4만 년 전부터 사라지기 시작한다. 문화적 변화가 일어났다는 점을 추정할 수 있다. 가장 이른 시기에 나타난 깃털 모양의 도형은 약 2만 8,000년 전에 프랑스 북부의 그란데 그로토 아르시-쉬르-퀴르Grande Grotte d'Arcy-sur-Cure에서 발견되었고, 점차 유럽 남쪽으로 확산되었다. 결국 손 모양의 도형은 스페인 북부와 심지어 포르투갈까지 도달하고, 이 같은 그림의 전파는 사람들의 이주 및 무역 경로와 밀접한 관련이 있었을 것으로 추정된다. 즉 선사시대 후반기에는 무역도 있었다.

구석기시대 인류는 예술적 혹은 주술적 의미에서 각자의 일상

〈그림 7〉 일관되게 발견되는 그림과 문자

석기시대 유럽의 유물에서 볼 수 있는 기호들은 전 세계 동굴에서도 발견된다.
이러한 유사성은 이 낙서들이 단순한 낙서 이상의 의미를 지니고 있음을 시사한다.

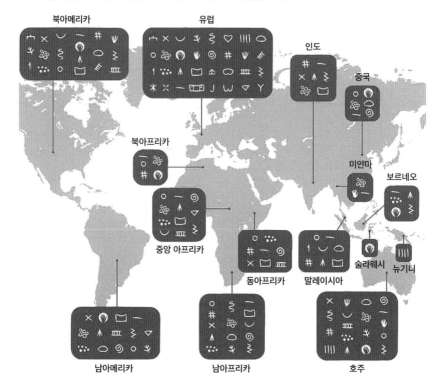

자료: Genevieve von Petzinger Andre Leroi-Gourhan, David Lewis-William, Natalie Natalie Franklin

활동을 일기로 남겨두었을 것이다. 문자 발명 이전에는 각 집단이나 개인이 사냥, 수렵 및 채집 활동에서 얼마만큼의 비중으로 노력했는지를 두고 사냥감이나 수렵, 채집의 결과물을 분배하기 위한 기록물을 남겼을 것이다. 문자 발명 초기에도 인류는 바위와 동굴 등에 벽화를 그렸다. 이는 그림이 문자와 같은 언어적 표현이기도

자본주의의 적은 자본주의

〈그림 8〉 중요한 호미니드(Hominid) 발굴지[24]

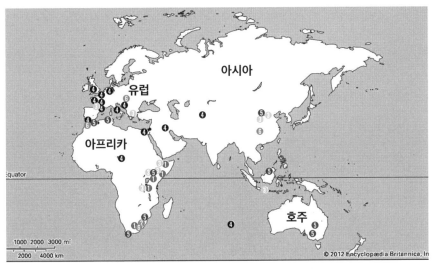

❶ 오스트랄로피테쿠스 ❷ 호모 하빌리스 ❸ 호모 에렉투스 ❹ 호모 사피엔스 네안데르탈렌시스 ❺ 호모 사피엔스 사피엔스 ❻ 확실하게 분류되지 않은 기타 화석의 유적지

자료: Britannica

하지만, 그에 그치지 않고 주술적이고 예술적인 가치도 동시에 가지고 있었음을 시사한다.

석기시대 인류는 유라시아 대륙부터 아프리카 대륙에 이르기까지 광범위한 분포를 보인다. 구석기시대는 인류 선사시대 중 돌 도구의 초기 개발로 특징지어진다. 700만 년 전 최초의 인류인 호모 homo 계열의 오스트랄로피테쿠스가 나타났다. 오스트랄로피테쿠스는 호모 에렉투스로 나뉘었고, 이 둘은 현생 인류에 해당하는 호모 사피엔스, 네안데르탈인, 데니소바인 등과 공존, 공생하는 시기를 거치다가 멸종한 것으로 보인다. 지금도 다양한 인종이 존재하듯이 과거에도 아시아, 아프리카, 유럽 등지에 흩어져 있던 다양한 호모 사피엔스, 네안데르탈인 등 원시 인류가 서로 교류하는 가운데 교배와 번식의 과정을 거쳤을 것이다. 보통 200~330만 년 전 사하라 사막 이남 아프리카에서 이동을 시작한 초기 인류인 호미닌 hominin은 다양한 인류 조상과의 진화 과정을 거쳐 호모 에렉투스와 네안데르탈인의 조상으로 추정되는 호모 하이델베르겐시스Homo heidelbergensis로 진화했을 것으로 본다.

호미닌은 현재 우리 종인 호모 사피엔스보다 한 발 앞선 인류로 추정된다. 호미닌이 아프리카를 떠나 이주하기 시작한 시기는 17~21만 년 전으로 추정된다. 하지만 이들의 이동은 현재 그 추적이 끊긴 것으로 보아 실패한 것으로 판단되며, 유라시아의 호모 사피엔스는 네안데르탈인으로 대체되었다. 이들 간 상호 교류와 번식에 대한 증거는 현생 인류의 DNA에서 찾을 수 있다. 하지만 이 중에 네안데르탈인의 DNA는 4% 미만에 불과하다고 한다.

호모 사피엔스는 선사시대에 생존과 생산을 위한 이동을 많이 도모했지만, 새로운 지역에서 처음 조우하는 또 다른 인류 종들과 조화를 이루며 성공적으로 정착한 사례는 매우 제한적이었다. 초기 인류가 무엇 때문에 이동했을지를 안다면 서로 다른 종의 인류를 마주쳤을 때 그들의 토착 정치, 경제 및 사회적 활동에 어떤 반응을 했을지 짐작할 수 있다. 문명은 늘 우등 문명에서 열등 문명으로 전파되기 때문이다.

생존과 이동

집단과 개인의 생존이 우선시되던 구석기시대는 돌 도끼의 초기 개발로 특징 지을 수 있다. '도구'는 주로 생산, 즉 식량을 생산하기 위해 사용된다. 전쟁에서도 사용되었을 것이다. 구석기시대는 보통 330만 년 전 초기 인류인 호미닌이 가장 초기에 돌 도구를 사용했을 때부터 페르시아기 끝인 기원전 1만 1,650년경까지 이어지는 것으로 본다. 구석기시대에 초기 인류는 소규모 사회로 모여 살거나 흩어져 지내면서 식물을 수집하고, 천렵과 사냥을 통해 생존했다. 돌뿐 아니라 나무와 뼈도 사냥 혹은 농사용 도구로 함께 사용했을 것이다. 이외 다른 유기 물질도 도구로 사용했을 수 있다. 가죽과 식물 섬유는 의류나 주거시설물로 사용했을 것이다. 약 5만 년 전, 선사시대 유물은 두드러지게 다양성을 드러내기 시작했다. 예컨대 아프리카에서는 뼈 유물과 최초의 예술작품이 고고학 연구 과정에서 발견되었다. 남아프리카의 블롬보스 동굴Blombos cave에서는 인류가 낚시를 시작했다는 최초의 증거도 발견되었다.

고고학자들은 지난 5만 년간 조각 도구, 날카로운 칼날, 드릴과 같은 관통 도구 등 다양한 형태의 도구가 사용되었다는 점을 발견했다. 인류는 천공석기穿孔石器 같은 간단한 돌 도구를 사용하면서 호모 류의 초기 인류에서 구석기시대 인류까지 진화했다. 구석기시대 말기에 이르러서 인류는 최초의 예술작품을 생산하고, 매장 및 의식과 같은 종교 또는 정신적 행동에 참여하기 시작했다. 구석기시대에는 따뜻한 기온과 서늘한 기온이 주기적으로 변동하는 빙하

〈표 4〉 선사시대의 세 시대 구분

시대	기간	도구	경제	주거형태	사회	종교
석기시대 (기원전 340만년 ~기원전 2000년)	구석기시대	자연에서 볼 수 있는 수제 도구 및 물건 - 곤봉, 날카로운 돌, 작은 도끼, 손도끼, 긁개, 창, 작살, 바늘, 송곳, 일반적으로 모드 I-IV[1]의 석기도구	사냥과 채집	이동식 생활 - 동굴, 엄니나 뼈 또는 가죽으로 만든 오두막, 주로 강과 호수 옆에 위치	식용식물 채집인 및 사냥꾼 집단 (25~100명)	사후세계에 대한 믿음의 증거는 매장의식과 조상숭배의 출현으로 특징지어지는 초기 구석기시대에 처음 등장. 무당, 사제 및 성소의 종복이 등장
	중석기시대 (후석기시대)	복합 장치에 사용되는 모드 V[2] 도구 - 작살, 활 및 화살, 낚시 용 바구니, 보트와 같은 기타 장치	집중적인 사냥 및 채집, 야생 동물 사냥 및 야생식물의 종자를 가정용으로 이식하고 재배	경제 활동에 적합한 위치에 있는 임시 마을	부족과 집단	
	신석기시대	마제석기, 자족농업과 방어에 유용한 장치 - 끌, 괭이, 쟁기, 멍에, 수확용 낫, 곡물 붓는 도구, 베틀, 토기(도자기) 및 무기	신석기 혁명 - 농업과 목축, 추가적인 채집, 사냥 및 낚시에 사용되는 식물과 동물의 가축화, 전쟁	영구 정착지 - 마을, 성벽이 있는 도시, 토목공사에 따라 그 규모가 다양하다	일부 신석기시대 사회에서 부족과 족장 사회 형성	다신교, 때로는 어머니 여신이 주재하는 샤머니즘
청동기시대 (기원전 3300년~ 기원전 1200년)	구리시대(석회석시대)	구리 도구, 물레	공예, 무역을 포함한 문명	정치적으로 연결된 공동체로 둘러싸인 도심	도시 국가	민족 신, 국교
	청동기시대	청동 도구				
철기시대 (기원전 1200년~기원전 550년)		철 도구	무역과 많은 전문 분야 포함. 종종 세금 부과	도로로 연결된 마을, 대도시 포함	대규모 부족, 왕국, 제국	국가가 승인한 하나 이상의 종교

주: [1,2] 구석기 시대 석기 도구의 발전 모습과 유형은 총 다섯 가지 모형으로 나눈다. 자세한 내용은 https://en.wikipedia.org/wiki/Stone_tool#Mode_I:_The_Oldowan_Industry를 참고하기 바란다.

자료: https://en.wikipedia.org/wiki/Three-age_system#:~:text=The%20three-age%20 system%20is%20the%20periodization%20of%20human,to%20other%20tripartite%20 divisions%20of%20historic%20time%20periods.

자본주의의 적은 자본주의

시대와 해빙기를 거치는 등 일련의 변화를 겪었을 것으로 추정된다. 고고학과 유전학 데이터에 따르면 구석기시대 초기 인류는 밀림보다는 다소 생산성이 높은 초지와 개활지 등에 분산되어 생존했을 것으로 보인다. 인류는 이동하며 기원전 5만 년에서 기원전 4만 년경, 호주에 첫발을 디뎠고, 기원전 4만 5,000년경 유럽에서는 북위 61도에서 살았고, 기원전 3만 년경 일본에 도달했으며 기원전 2만 7,000년경에는 시베리아에서 북극점 지역에도 인간이 살았다고 본다. 이 구석기시대 인간은 지리학적으로 하나의 대륙으로 연결되었던 판게아 시대[25]에 베링해 연안을 건너 아메리카 대륙 전역으로 이동하였을 것으로 추정된다.

문명의 태동: 잉여

인류는 초기에 사냥과 수렵, 채집을 하며 생활했지만 문명은 농경문화가 시작되며 본격화되었을 것이다. 인류가 현재 모습과 같이 진화하면서 본격적인 농경을 시작한 것은 약 1만 년 전 정도로 추정한다. 불은 142만 년 전에 사용했을 것으로 본다. 최초로 도구를 사용한 것은 약 300~400만 년 전이다. 약 1만 년 전부터 문자의 발명과 동시에 다양한 문명이 시작되었다. 문명의 발전은 인류의 생존과 이동, 동화 등의 충분조건을 규모, 범위 및 밀도 면에서 확대했지만, 이전에 경험하지 못한 전쟁과 질병이 야기한 고통을 겪고 과학과 기술 발전이라는 반대급부를 누리기 시작한다. '집단지성'

의 힘으로 간주하기에는 논리적 비약이 있을 수 있으나, 사회와 국가 단위의 이해관계가 개인의 이해관계에 우선하고 개인의 기술 개발과 과학적 업적 등에 '부'가 집중되면서, 인류는 새로운 정치·경제·사회 및 문화적 질서를 갖추게 되었다.

고대와 현대는 결코 분리되지 않았다. 오히려 연속적이다. 인류의 진화는 생물학적으로 다윈Charles Darwin의 진화론(《종의 기원》)에 근거를 둔다. 창조론도 있지만 종교적 문제다. 종교와 철학의 거리는 그다지 멀지 않다. 인간이 자연과학으로 설명하지 못하는 부분은 창조론에 해당한다. 인류가 어디서부터 시작되었는지 자연과학으로는 아직 완벽하게 설명하지 못한다. 동화, 즉 교배와 번식의 과정에서 인류는 자연스럽게 생존경쟁의 시간과 공간 위에 놓인다. 1859년 출간된 다윈의 《종의 기원》에서 설명한 '적자생존適者生存, the Survival of the fittest'은 토머스 맬서스Thomas Malthus가 1798년 익명으로 출판한 경제학 서적 《인구론》에서 아이디어를 얻었다고 한다. 맬서스의 인구론은 '후생厚生'은 '산술급수적arithmetic'으로 증가하지만 '인구'는 '기하급수적geometric'으로 증가한다고 정의한다. 여기서 후생이란 식량이다. 따라서 기하급수적으로 증가하는 인구와 관련된 문제를 해결하지 못하면 결국 사회구성원에게 복리후생을 충분히 제공할 수 없는 사태가 온다는 논리다. 다윈은 《종의 기원》에서 생존경쟁은 모든 생물이 높은 비율로 증식하고자 하는 경쟁 속에서 필연적으로 나타나는 현상이라고 정의한다. 모든 생물은 사는 동안 수많은 알 또는 씨앗을 만들지만 어느 시기에는 멸(滅, 죽어야)한다. 그렇지 않으면 기하급수적 증가 원리에 의해 그 개체수가 순식간에 증가하므로, 어느 나라도 모든 사람을 수용할 수 있는 영토를 확보할 수 없고 그만한 식량을 생산할 수 없게 된다.

맬서스의《인구론》과 다윈의《종의 기원》을 예로 든 이유는 선사시대 이후 '생산'과 '잉여' 문제가 어떻게 현대적으로 해석되었는지를 보여주기 위해서다. 최근 글로벌 경제에서 '인구문제와 출산율 저하 문제'를 이야기하는 이유도 여기에 있다. 맬서스의 인구론에 따른 1970년대 산아제한 운동이 톡톡히 한몫을 한 것이다. 식량생산이 산술급수적이라는 말은 잉여가 없다는 의미다. 생물학 관련 기술과 화학 비료가 발전했음에도 생산한 식량으로 인류를 모두 부양할 수 없다면 기하급수적으로 늘어나는 인간은 큰 위기를 맞이할 수밖에 없다. 스스로 초래한 위기다. 요약하자면, 인류의 기원에서부터 현대에 이르기까지 의식주와 생존 및 잉여 문제는 사회라는 개념이 생기고 국가 체제가 완성되고 종교와 철학이 혼재하면서 좀 더 그 정의定義와 목적이 구체화되고 실제화되었을 뿐이다. 원리와 원칙을 설명하는 논리체계의 정교함과 해석의 정밀함에서 차이가 날 뿐 원천적인 의미는 결국 같다.

석기시대 인류가 생존을 위해 사냥과 수렵, 채집 생활을 유지하고, 이동을 통해 기후변화와 환경에 대응하며 적응하는 가운데, 또 다른 인종과의 교류 및 동화는 불가피하다. 사람이 늘어나면 가장 중요한 문제는 의식주다. 이 문제를 해결하면서 새로운 재료가 나오고 생산성이 증가하면 그만큼 잉여에 따른 변화가 생겨난다. 기후변화로 잉여생산이 불가능해지면 이동을 하거나 소멸할 수밖에 없다. 이처럼 인간 생존의 본질과 생존과 진화에 대한 문제의식은 태초부터 우리와 함께였다. 문자가 없던 선사시대에는 기호와 코딩을 사용했다. 결국 문명은 문자와 숫자를 사용해 기록하면서 시작되었다. 생산과 분배, 거래와 무역 등을 더 이상 기호와 상징만으로 표현할 수 없었기에 문자와 숫자를 통한 기록과 소통 방식이 '필요에 의해' 창조된 것이다.

인구밀도가 높지 않았을 선사시대에는 하나의 대륙에서 여섯 대륙으로 판게아의 이동이 있은 연후라 비록 수백수천 년이 지난 후라고 해도 하나의 언어를 사용했을 가능성이 크다. 고고학적 인구학은 과거 인류의 수명과 건강에 영향을 미치는 정보를 파악하고 고대 인구의 변화를 살펴본다. 고대 인구 규모는 얼마나 되었을까? 이는 생체고고학, 고대 DNA 및 현대 인구 유전학을 기반으로 추정한다. 존 로런스 에인절J. Lawrence Angel[26]에 따르면, 약 400만 년에서 20만 년 전 사이 영유아 사망률을 모두 고려했다고 가정했을 때 아프리카 사바나 지역의 호미니드 평균수명은 20년으로 추정된다. 이는 인구가 세기마다 완전히 교체되었다는 것을 의미한다. 따라서 아프리카의 호미니드 인구가 약 1만 명에서 10만 명 사이로 변동한다면, 평균적으로 약 5만 명 정도였을 것으로 추정한다. 20년이 생애주기고 4만 년 동안 인구가 매세기 5만 명에서 50만 명까지 살았다고 가정하면 약 20억 명에서 200억 명의 호미니드가 이 기간에 지구에 살았을 것으로 추정된다. 한편, 2015년의 연구에 따르면,[27] 마지막 빙하기 기간Last Glacial Maximum, LGM에 아프리카, 유라시아 및 사훌(Sahul, 지금의 호주)에서 인간이 거주 가능한 총 육지 면적은 약 76,959,712.4km^{2}로 추정된다.

루이스 빈포드Lewis R. Binford가 수집한 사냥-채집인 그룹의 평균 인구밀도 데이터에 따르면 1km²당 0.1223명, 중앙값은 1km²당 0.0444명으로 추산되며, LGM 시기의 아프리카와 유라시아의 총인구는 299만 8,820명에서 826만 262명 사이였을 것으로 추정된다. 또한, 현대의 중대형 육식동물과 비슷한 인구밀도를 사용하면 (중앙값은 1km²당 0.0275명, 평균은 1km²당 0.0384명), 아프리카에서 유라시아 지역의 총인구는 212만 명에서 295만 명 사이로 계산된다. 반면, 사훌의 인구밀도는 아프리카-유라시아 지역보다 훨씬 낮았으며, LGM 직전에는 1km²당 0.005명으로 추정된다. 따라서 LGM 시기에 사훌의 인구는 최대 4만 7,000명이었을 것으로 추정되며, 이전 대비 최대 61% 감소했다.[28] 고고학적 증거를 통해[29] LGM 직전에 계산된 인구밀도보다 실제 인구밀도가 더 낮았을 것으로 충분히 추정할 수 있다.[30]

　　문명이 태동하기 위해서는 자연적 환경이 내거는 제약 조건식을 뛰어넘을 수 있어야 한다. 선사시대에는 과학과 산업 그리고 철학 개념이 '자연'이라는 제약 조건식에 철저하게 막혀 있었다. 이를 뛰어넘으려면 '자연'에 대한 '인간' 그 자체에 본질적 의문을 품고 질문을 시작해야 한다. 생명, 인권, 가치 및 계급 등에 이르기까지, 인간이 자연에 순응하면서 살다가 미처 깨닫지 못했거나 표현하지 못했던 '인간다움'이라는 새로운 목적의식이 본격적으로 등장할 때 문명은 시작되었다. 그렇다면 어떻게, 왜 문자를 발명하게 되었을까? 처음 상형문자 형태에서 영어의 알파벳과 중국의 한자 같은 문자가 생겼을까?

자연을 이겨내는 방법은 크게 두 가지다. 순응하거나 극복하는 것이다. 극복한다는 것은 완전한 정복을 의미하지 않는다. 다만 순응의 의미가 수동적이라면 좀 더 능동적 관점을 의미한다. 즉 전자는 자연법칙에 숙달하면서 단순히 받아들이는 것이고, 후자는 과거에는 생각하지 못했던 자연환경의 제약조건을 극복할 방법과 수단을 찾아내는 것이다. 무슨 의미일까? 과거에는 생각하지 못했던 인간 본연의 모습, 인간이 생존을 통해 갖는 혹은 찾고자 하는 목적의식을 새롭게 정의하는 것이다. 선사시대에는 그저 자연 생태계와 주어진 환경에서 생존하는 것이 지상 최고의 숙제였을 것이다. 이에 맞서 '인간다움'을 얻으려 노력한다는 것은 상상조차 할 수 없던 시기다. 비록 부분적인 생산과 이동, 무역거래가 있었다고는 하지만, 자연환경을 뛰어넘는 인간의 본능적 욕구를 스스로 이해하기까지는 상당한 시간이 걸렸을 것이다. 생존을 위한 이동, 생산을 통한 거래와 지역 내·지역 간 무역, 새로운 지역을 탐구하면서 다른 종과 나눈 교류와 동화 등이 상상력을 극대화하는 지능을 개발시키며 정체되었던 인간의 문명이 비로소 새롭게 눈을 뜬 것 아닐까? 즉 집단 간 상대적 '이해관계'라는 새로운 이기적이고 개인적인 계산이 본격적으로 개입된 것은 아닐까? 이 새로운 계산법, 즉 새로운 가치는 인류가 마침내 '잉여'라는 현실적이고 실질적인 개념을 갖게 된 이후에 생겨났다.

선사시대에 잉여 개념을 찾아내고 이해하기란 매우 어려웠을 것이다. 우선 초과생산이 있어야 하고, 인구수와 생산 사이에 불균형이 발생했을 때를 대비한 저장 시설과 방식이 발명되어야 했다. 토

자본주의의 적은 자본주의

기가 만들어지고 웅덩이와 동굴을 이용한 저장이 가능해졌을 때 잉여에 대한 파생적 정치·경제·사회 및 문화 개념이 나타났을 것이다. 우선 '저장'이 가능해야 한다. 사냥에서 잡은 동물을 곧바로 음식과 의복으로 모두 소비하면 잉여 개념은 존재하지 않는다. 사냥감의 수와 수렵 및 채집의 양도 한정될 것이다. 수요와 공급의 법칙이라는 근대 경제학의 기본 개념은 없어도 희귀한 것과 그렇지 않은 것은 교환 비율에서 상당한 차이를 보였을 것이다. 저장이 가능해지고 수급에 불균형이 생기면 다양한 문화적·문명적 도구와 삶의 방식에 변화가 일어날 수밖에 없다.

예컨대, 이렇게 새로운 개념을 정의하기 위해서는 법을 만들어야 한다. 잉여에 따른 재산이라는 개념과 '사유'와 '공유'에 대한 구분도 필요하다. 사회집단의 안위와 개인 재산을 보호하기 위한 장치가 필요해진다. 정치집단을 지원하는 방식은 세금이었다. 법과 제도, 도덕과 윤리, 전쟁과 질병 등을 포함한 인류 문명은 씨족사회, 부족사회를 거쳐 부족국가 그리고 일반적 국가 형태의 사회를 구축해나가는 과정에서 무엇보다 '소유'에 대한 명백한 정의를 근간으로 했다. '법'이라는 새로운 규칙이 사회구성원에게 공유되려면 기록은 필수적이다. 바로 잉여로부터 문명의 진화가 일어난다. 문명 시작 이후 말과 문자의 발전의 혹은 진화가 본격화된다. 말과 문자, 숫자와 기호 등은 문명의 발전과 함께 진화한다. 문자는 필요에 의해 만들어진 인류 최초의 문명 과학이다. 문자와 숫자를 통한 문명적 진화는 과학과 기술 발전의 단초가 된다. 사회의 규모가 커지면서 사회의 범위와 밀도의 진화가 더욱 뚜렷하게 나타난다. 바

〈그림 9〉 고대 인류 이동과 중세(기원후 600년경) 종교의 이동 경로

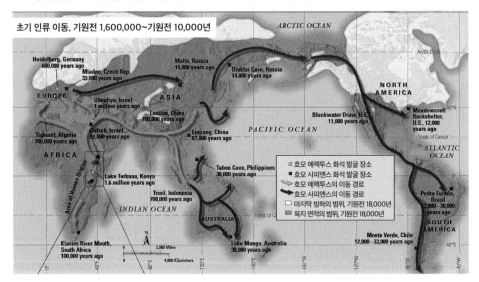

자료: https://www.pinterest.es/pin/189995678005032654/

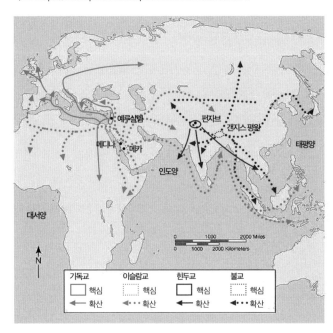

자료: https://www.pinterest.com/pin/407998047476222619/

자본주의의 적은 자본주의

야흐로 문명의 생명력은 인류 문명의 성장과 발전에 촉매제가 된다. 생산과 잉여, 인류의 이동 그리고 동화라는 세 가지 중심축이 작동한 결과다.

문자의 발명과 인류 이동

알파벳의 역사는 기원전 2000년대 레반트Levant[31]에서 사용된 세미트어Semitic[32]의 자음 기록체계로 거슬러 올라간다. 현재 전 세계에서 사용되는 거의 모든 알파벳 문자는 궁극적으로 이 세미트 원형 문자를 기원으로 한다. 알파벳의 기원은 고대 이집트에서 개발된 '원시 시나이 문자Proto-Sinaitic script'[33]와 밀접한 관련이 있다. 이 문자는 이집트에서 세미트어를 사용하는 노동자와 노예의 언어였다. 이들은 이집트어에 사용되는 복잡한 상형문자 체계에 미숙했고, 그들 자신의 가나안어Canaanite languages로 소통하기 위해 이집트 주변에서 흔히 볼 수 있던 상형문자 중 일부를 선택해 소리를 나타냈었다. 이 문자는 고대 이집트 상형문자와 관련된 필기체 문자인 이집트 신관문자hieratic에서 일부 영향을 받은 것으로 알려져 있다. 세미트 알파벳은 1000년대 초기에 중동, 유럽, 북아프리카, 파키스탄 전역에서 사용되는 다양한 글쓰기 시스템의 원조가 되었으며, 이는 주로 고대 남아라비아어, 페니키아어, 고대 히브리어(페니키아어와 밀접한 관련성을 가지며 초기에는 거의 동일한 스크립트였거나 거기서 파생된 것으로 추정) 및 이후의 아람어(Aramaic, 페니키아어에서 파생)를 통해 전해졌다.

〈그림 10〉 페니키아 알파벳과 문자

주: 오른쪽 돌에 새겨진 문자는 원시 시나이 문자의 견본이다. 왼쪽 상단에서 오른쪽 하단으로 이어지는 라인은 'mt l b'lt'로 읽힐 수 있으며 이는 '......여성에게'로 해석된다. 세라비트 엘 카딤 (Serabit el-Khadim)에서 발견된 조각상의 사진과 선형적 알파벳으로 된 표기의 세부사항. 인류학자인 페트리 경(Sir William Matthew Flinders Petrie)이 시나이 반도에서의 발굴 조사를 발표한 <시나이의 연구(Researches in Sinai)>(1906년)의 138번과 139번 판에서 가져왔다.

자료: https://simple.wikipedia.org/wiki/File:Phoenician_alphabet.svg(좌)

https://www.metmuseum.org/exhibitions/listings/2014/assyria-to-iberia/blog/posts/alphabet(우)

일부 학자는 세미트어 형태의 자음 스크립트를 1996년 이후 '압잡abjads'으로 부르며 좁은 의미에서 '진짜 알파벳'과 구별하기도 한다. 진짜 알파벳은 자음과 모음으로 구성되는 반면, 순수한 압잡 스크립트 기호는 오직 자음만을 나타낸다는 점에서 서로 구분된다.[34, 35] 이른바 진짜 알파벳과 구별되는 '압잡'은 모음을 나타내기 위해 발음기호나 일부 기호를 사용하기도 한다. 이런 의미에서, 첫 번째 알파벳은 페니키아어 알파벳에 적용된 그리스 알파벳일 것이다. 하지만 알파벳의 원래 의미를 모음과 자음이 모두 있는 것으로 바꿀 충분한 근거는 아직 부족하다. 현재 가장 널리 사용되는 라틴 알파벳은 에트루리아어와 그리스 알파벳Etruscan and Greek alphabet에서 파생되었으며, 그 자체가 페니키아어에서 파생되었다고 본다(〈그림 10〉

자본주의의 적은 자본주의

왼쪽 참조).

이로써 고대 그리스-로마 시대 동부 지중해 지역인 그리스 아테네, 튀르키예의 이즈미르와 콘스탄티노플(이스탄불), 이집트의 알렉산드리아와 메소포타미아(티그리스강과 유프라테스강 유역) 문명 지역이 번성했음을 충분히 짐작할 수 있다. 고대 인류의 이동과 종교의 전파 경로를 비교해보면 결국 인류의 이동과 과학, 문물, 상품의 거래 그리고 종교의 전달 통로가 문명의 발전과 거의 일치함을 알 수 있다. 앞서 제시한 인류와 종교의 이동 경로 〈그림 9〉는 무려 25만 년의 차이를 보이지만, 문명의 발생과 종교의 이동을 보여주는 가운데 인류 역사가 이동과 문명, 과학과 산업, 종교와 철학이 서로 연결된 하나의 거대한 끈의 작용임을 알 수 있다. 고대 아라비아의 향유가 신라에서 발견되고, 인도 상인이 한반도에 정착한 것도 충분히 이해된다. 중국과 인도의 무역거래와 인적 교류는 너무나 당연하다. 고대에도 이들 두 국가는 너무나 가까운 이웃이었을 것이다. 걸어서 이동했던 인류는 말이나 가축을 타고 육로로 이동했을 것이고, 더 많은 물량을 싣고 더 많은 지역과 안전한 거래를 하기 위해 배를 이용한 항해술이 발전했을 터이고, 이를 위한 지도와 천문학의 발전은 불가피한 사실이 된다. 다 필요에 의해 일어난 문명의 발전 혹은 진화인 동시에 창조 활동이었다.

그렇다면 인간은 언제부터 말을 하기 시작했을까? 즉 문자와 함께 언어의 한 축을 이루는 말은 언제부터 존재했을까? 막스 플랑크(Max Planck Institute for Evolutionary Anthropology)의 연구에 따르면 18만 년 전 아프리카 지역에서 탄생한 인류가 원인류와 달리 음성언어를 사용할 수 있었던 이유는 FOXP2 유전인자를 구성하는 단백질 분자 715개 중 단 두 개가 돌연변이를 일으키면서 인간의 구강 근육을 말을 할 수 있는 구조로 변환시켰기 때문이라고 한다. 이후 10만 년 전부터 당시 같은 언어를 사용하던 인류가 이동하기 시작하면서 다양한 어족이 나타나기 시작했다. 이들의 이동 경로는 앞의 〈그림 9〉의 이동 경로와 거의 일치한다. 참고로 이들의 어족은 크게 우랄어족, 알타이어족, 인도-유럽어족, 아프로아시아어족, 드라비다어족, 니제르-콩고어족 등으로 나뉜다. 인간이 말을 하기 시작하고, 문자를 사용하고, 이동을 하면서 문화의 동화, 부의 이동 등은 문명의 발전과 함께 더욱 다양한 형태를 띠기 시작했다.

종교와 철학

원시시대 무속신앙은 논리학의 발전으로 종교로 진화한다. 논리학의 발전은 철학의 발전과 동행한다. 역사는 종교와 철학에서도 끊어지지 않는다. 철학과 종교는 왜 진화를 거듭했을까? 생활과 생존에 필요한 다양한 이기利器를 개발하고 새로운 연료를 개발하는 활동은 과학의 영역에 속한다. 과학의 발전은 산업, 철학, 정치 및 경제 등 사회과학의 영역으로 확대된다. 풀어내지 못하는 문제에 직면할 때 인류는 '신'을 찾았다. 하지만 신이라는 존재는 종교화되기 이전 지구상에 인류가 존재하면서부터 함께한 존재다. 호모 사피엔스, 호모 에렉투스, 네안데르탈인 등이 돌을 들고 사냥과 수렵,

자본주의의 적은 자본주의

채집을 할 때, 이들이 느꼈을 한계 그리고 미지의 세계에 대한 무한한 경외심 등은 원시적 신앙을 갖게 하거나 무속적 제사 의식을 행하도록 했을 것이다.

과학이 존재하지 않던 시기, 인류는 초자연적 현상을 극복한다는 생각을 추호도 하지 못했다. 순종만이 답이었다. 하지만 인류의 무의식 속에서는 이 한계를 극복하고자 하는 도전정신이 조금씩 나타나기 시작했을 것이다. 불은 신의 영역에서 음식 문화를 이루는 이기로 변화했고, 물의 범람에도 주기가 있음을 알게 되면서 주거 이동이라는 변화가 뒤따랐다. 인류가 자연현상을 이해하고 설명할 수 있게 되면 원시 무속신앙은 두 갈래 길로 갈라진다. 좀 더 세련된 종교적 권력으로서의 진화, 혹은 자연적 소멸 중 하나다. 자연의 제약 조건을 하나씩 극복할 수 있게 되면, 이는 또 다른 문명에 끊임없이 도전하고자 하는 동기를 부여해준다. 이러한 도전이 과학이 된다.

당시 인류는 자연 원리를 완전히 이해하지 못했다. 물론 지금도 크게 다르지 않지만, 원시시대 인류는 자연을 극복한다는 것을 꿈조차 꿀 수 없었다. 단지 순응할 뿐이었다. 무속은 자연스럽게 종교로 진화했다. 이 진화 과정에서 정치권력과는 다른 권력으로서 '제정일치祭政一致' 체계를 구축한다. '신'에 대한 생각과 정의는 '설화'에서 종교라는 초철학적 개념으로 진화했다. 종교도 결국 인류와 함께 진화한 것이다. 동서양의 철학과 종교는 세계를 바라보는 관점과 사고의 방식에서 판이하다. 하지만 사유와 질문을 통해 세상을 이해하고 그 이해를 삶의 정신적 자양분으로 삼아 이행 혹은 실천한다는 역할과 방법에 있어 철학적 사고와 종교는 정확히 일치한다.

　상업과 해상 무역이 번성한 고대 그리스 로마에서는 계산이나 흥정을 위한 수 개념과 설득을 위한 논쟁이 문화의 중심이 되었다. 이는 추론과 증명을 통해 가설을 확정짓는 연역적 사고의 발달로 이어진다. 개인을 전체로부터 독립된 주체로 바라보았기에 '나'를 우선시하는 개인주의가 뿌리내린다. 세계를 있는 그대로 받아들이며 어떻게 살아야 잘 사는 것인지에 주목한 동양철학과 달리 서양철학은 현상 이면에 본질이 숨어 있다고 보았다. 서양철학과 종교적 시각은 만물의 근원이 무엇인지에 주목했다. 그러다가 철학의 이분법적 분화가 이루어졌다. 하나는 종교적 해석이고 또 하나는 철학과 사상적 '사고思考'였다. 즉 동양철학이 대상과의 관계에 집중하고 실천적 관점에서 문제를 바라보았다면, 서양철학은 논리적 추론과 합리적 사고를 바탕으로 객관적 진리를 추구하려 했다.

　기원전 8세기부터 기원전 3세기 사이는 '전환기의 시대'다. 이 시기에 철학자와 사상가가 대거 등장한다. 왜 그랬을까? 산업과 과학이 진일보하고, 생존 방식과 기술이 지속적으로 발전하면서 인간의 삶에 질적 변화가 서서히 꿈틀거리기 시작했기 때문이다. 인류는 풍요와 빈곤의 양극단에 주목한다. 침략과 방어, 가진 자와 갖지 못한 자의 갈등 등 경제적 활동에서 파생된 정치·사회적 문제가 수면 위로 본격적으로 부상하기 시작했다. 거의 동시에 자연에서 인간으로 눈을 돌린 동서양의 철학은 이후 서로 다른 방향으로 전개되었다. 대륙국가인 고대 중국과 해양국가인 고대 그리스의 문화는 각자 서로 다른 지정학적 문화와 문명을 주도해나가기 시작했다.

자본주의의 적은 자본주의

종교는 도덕적이고 윤리적인 기준을 국가 운용원리로 삼아 국가 구성원의 행복을 추구해나가는 초기 정치체제를 구축했다. 구성원과 제왕 사이에서 고통스러운 대결을 피하는 '비경합적 정치'를 시작했다. 여기서 철학적 논리로 도덕과 윤리를 구성하고, 종교로 실천적 강령을 지정했다. 변화하는 시대에 날카로운 개혁을 추구하기 위해서는 고통을 감수할 용기가 필요하다. 청동기와 철기 시대는 바로 이러한 고통을 감수할 용기, 시대의 변화를 주도해보려는 개혁과 비전 제시가 태동하기 직전의 모습을 보여준다.

청동기시대

청동기와 철기 시대의 인류는 문명의 시작과 함께한다. 청동기시대는 약 기원전 3300년부터 기원전 1200년까지 이어지는 역사적 시기로 정의한다. 청동기시대는 1836년에 크리스티안 위르겐센 톰센Christian Jürgensen Thomsen[36]이 제안한 세 가지 중요한 시대 변화 중 두 번째 주요 시기이며, 금속시대Metal Ages의 세 단계 중 두 번째 단계로도 간주된다. 고대 문명이 청동기시대의 일부로 여겨지는 이유는 자체 구리를 제련하고 주석, 비소 또는 다른 금속과 섞어 합금을 만들어 다른 지역에서 청동기 상품을 거래하기 시작했기 때문이다. 청동기는 당시 다른 금속보다 더 단단하고 내구성이 있어 청동기시대 문명이 기술적 우위를 차지할 수 있었다. 여기서 중요한 점은 청동기의 제련과 합금 기술은 ①생산 확대 ②무기와 산업 기술의 발전 ③과학의 시작 등을 뜻하며 그로 인해 ④무역과 거래 ⑤시장에서의 상행위 ⑥기술과 과학의 발전이 발생했다는 것이다. 그리고 이를 뒷받침할 수 있는 ⑦원시적 교육도 발전했을 것으로 추정된다. 사회구조도 단순한 씨족사회에서 부족사회로 진화해, 부족국가의 기반을 만들어갔다. 기술 발전에 이은 교통수단의 발전도 이동을 용이하게 했을 것이다. 이동의 목적이 더 비옥한 영토와 인구 증대였다면 전쟁이 보다 빈번해졌을 것이다.

지구상에서 철은 자연적으로 풍부하지만, 제련에 필요한 높은 온도(1,250°C 또는 2,280°F)와 금속을 다루는 작업의 어려움으로 인해 기원전 2000년 후반까지는 일반적인 사용 기술이 나타나지 않았다. 녹는점이 낮은 주석(231.93°C 또는 449.47°F)과 녹는점이 상대적으로 중간에 위치한 구리(1,085°C 또는 1,985°F)는 기원전 6000년으로 거슬러 올라가서 신석기시대 도기 제작 시설인 '킨kiln, 가마'으로도 충분히 생산할 수 있었다. 킨은 900°C 또는 1,650°F 이상의 온도까지 높일 수 있기 때문이다.

한편, 구리와 주석 광석은 드물어서 서아시아에서는 청동 교역이 시작되기 전인 기원전 3000년 전에는 주석 합금 청동기가 없었다. 또한 청동기시대 문화는 문자와 글쓰기의 발달에서 이전 시대와 차이가 있었다. 고고학적 증거에 따르면 메소포타미아와 이집트 문화는 가장 초기의 실용적인 글쓰기 시스템을 가지고 있었다. 그러나 청동기시대는 기원전 12세기(약 기원전 1200년에서 1150년 사이)에 붕괴Late Bronze Age collapse된다. 동지중해 지역(북아프리카 및 동남 유럽)과 중동을 중심으로 애굽, 동부 리비아, 발칸, 에게해, 안나톨리아 및 코카서스까지 큰 영향을 미쳤던 청동기시대의 붕괴는 많은 문명에 급작스럽고 폭력적인 혼란을 야기했으며, 지역 강대국에 예상치 못한 경제적 하락을 유발하기도 함으로써 마침내 '그리스 어둠 시대Greek Dark Ages'[37]가 시작되는 단초가 되었다.

지금의 중동 지역에서 주요 청동기 문화 지역은 다음과 같다. 기원전 18세기에 아나톨리아 북부의 하투사Hattusa에 건립된 히타이트Hittite 제국이 있다. 기원전 14세기 히타이트 제국은 절정에 있었으며 중앙 아나톨리아, 남서 시리아의 우가리트Ugarit 그리고 북부 메소포타미아까지를 포함하는 광범위한 영역을 지배하고 있었다. 고대 이집트에서 청동기시대는 기원전 3150년경의 원왕조시대Protodynastic period에 시작된다. 이집트 청동기시대 초기인 이집트의 초기 왕조 기간Early Dynastic Period of Egypt은 남부 이집트와 북부 이집트의 통합 직후인 기원전 3100년경에 시작되었다.

엘람Elam은 메소포타미아 동쪽에 위치하며 지금의 이란 이전의 고대 문명이었다. 오래된 엘람기 시대(중세 청동기대)에 엘람은 이란 고원에 위치한 안산Anshan을 중심으로 한 왕국들로 이루어졌으며, 기원전 2000년 중반부터는 후제스타Khuzesta의 수사(Susa, 고대도시의 유적)를 중심으로 발전했다. 엘람 문화는 구티아Gutian 제국 및 특히 그를 계승한 이란 아케메니드 왕조에서 중요한 역할을 했다. 이스라엘족은 기원전 15세기에서 기원전 6세기 사이의 부족 및 왕정 기간 동안 가나안의 일부에 거주했으며, 왕정 붕괴 이후에도 작은 규모로 지역에 남았다. '이스라엘'이라는 이름은 기원전 1209년경, '메르넵타 스텔레Merneptah Stele'[38]의 기록에 처음 등장하며, 이는 청

<그림 11> 청동기시대 말기의 세계

자료: https://indo-european.eu/wp-content/uploads/2019/11/14-bronze-age-late.jpg

자본주의의 적은 자본주의

〈그림 12〉 그리스 청동기시대

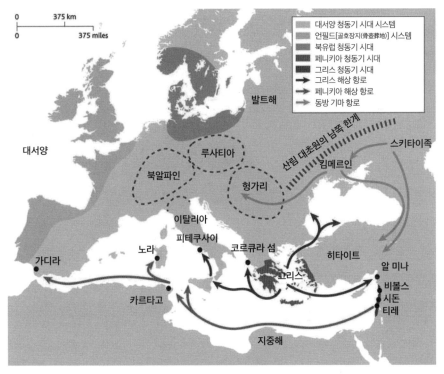

자료: https://www.pinterest.co.kr/pin/32721534766243511/

동기시대의 끝과 철기시대의 시작을 나타낸다.

아람인Arameans은 지금의 현대 시리아에서 기원전 청동기시대와 초기 철기시대에 그 기원을 둔 북서 셈족 출신의 반유목민과 목장을 치던 민족이었다. 대규모 집단이 메소포타미아로 이주하여 원주민 아카드어(Akkadian, 아시리아 및 바빌로니아) 인구와 혼합되었다. 아람인은 단일한 제국을 만들지 않았으며, 전체 중동 지역에 독립적인 왕국으로 나뉘어 있었다. 청동시대 붕괴 이후, 그들의 정치적 영

〈그림 13〉 청동기시대 지중해 지역의 무역거래

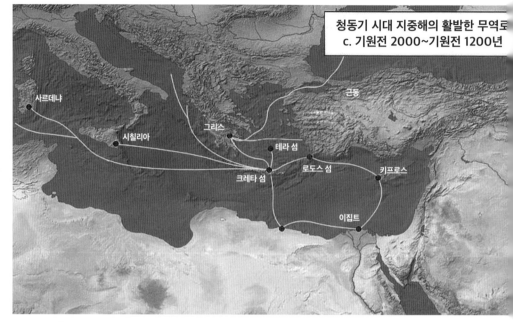

자료: https://www.worldhistory.org/

향력은 다수의 시리아-히타이트(유약한 히타이트 왕국)로 제한되었으며, 기원전 8세기경에 신 아시리아 제국에 완전히 흡수되었다. 메소포타미아의 청동기시대는 기원전 약 3500년에 시작되어 카시트Kassite 시대(기원전 약 1500~기원전 1155)로 막을 내린다.

　중국에서 가장 초기의 청동기 유물은 마자야요 문화 유적Majiayao culture site에서 발견되었다(기원전 3100년에서 기원전 2700년 사이). 중국의 '청동기시대'에 대한 정의는 서유라시아 고고학의 청동기시대에 관한 정의를 따르며, 중국 선사시대에서 '청동기시대'를 경계짓는 데 대해서는 합의나 보편적으로 사용되는 규칙이 없다. 중국의 '초

　　　　　　　　　　　　　　자본주의의 적은 자본주의

기 청동시대'는 때로 상나라시대(기원전 16~기원전 11세기)로 간주되며, '후기 청동시대'는 주나라시대(기원전 11~기원전 3세기, 기원전 5세기부터 '철기시대'로도 불림)로 간주한다.

하지만 중국에서는 '청동기시대'가 본질적으로 끝나지 않았으며 '철기시대'로의 명확한 전환점을 찾을 수 없다는 주장도 있다. 중요한 점은 청동기는 그 이전의 비취와 함께 철이나 돌에 비해 '의식예술'에 적합한 '고상한' 재료로 여겨졌다는 것이다.

한반도에서의 청동기시대는 기원전 1000년에서 기원전 800년 사이에 시작한 것으로 보인다. 초기에는 랴오닝遼寧과 남만주southern Manchuria를 중심으로 발전했으며, 한국 청동기 문화는 의식용 물품을 중심으로 특이한 유형학과 스타일을 보여준다. 청동기시대의 토기문화로 무문토기시대Mumun pottery period는 주로 기원전 850년에서 기원전 550년 사이로 알려져 있으며, 이 시기에는 한반도와 일본 Japanese Archipelago에서 농업이 집중적으로 시작되고 보다 복잡한 사회 혹은 국가체계의 기원이 만들어진 것으로 알려져 있다. 많은 고고학자가 오랫동안 중앙아시아를 '목축 지역'이나 '유목민의 세계'로만 언급했다. 이를 '중앙아시아 공백Central Asian void'이라고 부르며, 이는 농업의 기원에 관한 연구에서 소홀히 여겨진 5,000년 동안의 기간을 뜻한다. 산기슭 지역과 빙하 융기 지역은 청동기시대의 농목민을 지원하며 중앙아시아와 중국 사이에 복잡한 동서무역경로로 개척된 것으로 보인다. 이 경로를 통해 밀과 보리가 중국에 소개되고 수수가 중앙아시아 전역으로 전파되었다. 이 길은 기원전 600년 이후 '비단길The Silk Road'이 된다.

네트워크의 크기, 범위 및 밀도의 확장

청동기시대는 지리적으로 불균등하게 분포된 광석과 금속의 가공기술에 대한 상호의존성으로 사회가 처음으로 불가역적으로 연결된 시대였다. 광석과 금속 가공기술은 생산과 밀접한 관련이 있다. 생산은 ①인구의 이동과 정착 ②인구의 증가 ③도시와 시장의 확대, 즉 수요와 공급의 폭발적 증가로 이어지는 계기가 된다. 이러한 중요 자원은 원거리 무역 노선은 물론 강이나 도로와 같은 일반적 네트워크 및 다양한 사회적 네트워크 구축을 통해 접근할 수 있었다. 이상적인 사회적 네트워크라고 함은 대인관계와 외교적 연합으로 이루어진, 조공과 거래 등 지역별 특산물을 선물하고 교환하는 체계를 말한다. 청동시대의 통신 네트워크는 무엇이었을까? 정치적·상업적 네트워크의 성립과 쇠퇴의 견고한 배경과 원인은 무엇이었을까?

청동기시대는 새로운 문명의 시작이었다. 새로운 형태의 정치, 경제 및 사회적 체계가 구축되었다. 유럽, 아시아, 아프리카와 중동 지역을 연결하는 새로운 지정학적 무역경제가 확대되었다. 네트워크의 변화는 지정학적 역할과 위상을 모두 변형시켰다. 지역 및 국제적 변화 과정에서 밀접하고 동적인 관계가 증가하면서 동시에 사회적 연결성과 이동성이 증가했다. 금속의 분포와 사회적 상호작용의 정규성으로 인해 북유럽이나 대서양, 그리스, 중동과 지중해, 중국과 아시아와 같은 크고 새로운 지역적 문화 지대가 형성되었다. 지역적 특산물, 광물과 자원을 생산 및 거래하고 연결하는 국제적 무역거래는 초기 무기 거래로 특징지어질 수 있다. 장신구와 무기 거래는 지역 문화와 지정학적 정치 형태 또는 주권의 다양성 등을 대변한다. 또한 사회 및 문화적 환경과 체제가 아주 빠른 속도로 전 방위적이고 포괄적으로 변화되고 있음을 의미한다.[39]

원격 자원 및 기술 습득의 필요성으로 인해 청동기시대 사회는 크게 두 가지 형태의 '길'을 만든다. 하나는 해양이고 다른 하나는 대륙이다. 이는 유럽이 고대 이후 해양세력으로 확대되는 배경이 되고, 중국과 아시아는 대륙세력으로 발전하는 배경이 된다. 먼저 유럽은 발트해에서 지중해까지, 대서양에서 흑해까지에 걸친 통신 링크를 구축했다. 청동기 문화와 거래는 유럽과 아시아 및 기타 지역에서 공통적으로 해안·해상 노선, 강, 산길 등의 자연경로와 인공 도로 같은 다양한 물리적 수단 및 이동 동기를 용이케 하는 '망의 네트워크network of networks'를 형성했다.

청동기와 청동기 가공기술은 무기와 장신구부터 점차 도끼와 낫 같은 작업도구, 심지어 농업도구와 같은 삶의 모든 분야에 도입되면서 사회적·정치적 영향을 미쳤다. 모든 공동체가 청동기의 규칙적인 공급에 의존하게 되면서 공급을 연례적으로 보장하는 새로운 사회기관이 설립되었다. 해상과 육지 모두에서 새로운 형태의 운송 수단이 조직되고 상인 및 그들의 안전을 보장하는 정치적 연합이 생기는 등 국제관계 체제도 변화했다. 문서의 필요성은 더욱더 중요하게 느껴졌을 것이다. 공급 중단은 심각하고 장기적인 경제 및 정치적 교란이라는 결과를 의미하므로 피해야 했을 것이다. 따라서 이를 대체할 수 있는 혹은 안정적인 공급을 보장할 수 있는 국가 간

이해공동체 혹은 연합 형태가 등장하게 된다.

블래어 깁슨Blair Gibson(2011)은 최근 비교 연구에서 '정치연합'을 다루었다. 그는 역사를 역산하는 방식으로 셀틱 철기시대 아일랜드, 고대 그리스, 한국 및 이란 등에서의 증거와 태평양 지역의 인류학적 사례를 사용했다.[40] '연합'이란 지리적으로 대규모 종합 주권 국가를 형성하는 과정으로, 아일랜드처럼 독립적 경제주권을 확보하기 위해 서로 다른 주권 국가를 연결하는 방법을 선택할 수도 있었다. 예컨대 바이킹 시대의 연합은 대체로 후자의 범주에 속한다. 한번 성립된 네트워크는 연결된 지역 전역에서 사회적 변화를 촉발하는 문화 교류의 촉매가 되었다. 청동기시대에는 원자재 공급 및 이후의 정교한 무역 상품 공급을 위한 노선이 개설되어 해양과 대륙을 가로지르며 다양한 역할을 맡는 개인들에게 기회를 제공했다. 무역거래에 종사하는 이들은 여행하는 장인, 전사/용병, 외교관 및 탐험가의 역할을 했으며, 단지 '여행 문화'만이 아니라 서로 다른 지역이 연결되는 '세계화된' 세상에 대해 이야기할 수 있게 되었다.

지역 간 네트워크를 유지하는 데 중요한 동기 중 하나는 현대의 무역이론이 말하는 것과 크게 다르지 않다. 즉 특정 지역의 비교 경쟁우위와 관련이 있었다. 지역 혹은 연합의 비교우위는 통신, 수송 및 다양한 원자재 개발 기술 및 노동과 밀접한 관련이 있다. 청동기시대의 이러한 네트워크 발전 형태는 지정학적 역학관계 변화에 중요한 뿌리가 된다. 비록 글과 문자로 기록하지는 못했지만 바야흐로 청동기시대부터 인간의 본능적 경제활동에 대한 모티브motivation와 인센티브incentive가 생겨났을 것이다. 지역마다 필요한 상품을 소

자본주의의 적은 자본주의

비하고 공급하는 '가치사슬'에 속하지 않으면 자신의 정치, 경제 및 사회 체제를 주권국가로서 독립적으로 유지할 수 없었을 것이다.

기원전 15세기에서 기원전 13세기는 사회정치가 집중적으로 발전하고, 연결성 및 장거리 이동이 활발해지는 시기였다. 이러한 이동의 시기에 각 지역 문화 간 관계가 얼마나 복잡했는지에 대한 역사적 물증도 있다. 예를 들어 레반트 지역에서 이집트와 히타이트 도시 간에는 긴장감이 급증하는 가운데서도 통신과 무역이 번창했다. 그리스 해역에서는 이 시기에 미케네 사람들Mycenaeans이 미노안Minoans 문명으로부터 장거리 무역 노선을 인수하고 과도한 소비로 특징 지어진 문화와 경제적 확장을 겪었다.[41]

여러 항구(주로 근동 해안) 도시에서는 상인, 선원, 장인, 외교관 그리고 안전을 제공하는 전사/용병이 모여들었다. 예를 들어, 레반트의 우가리트에는 키프로스, 에게, 이집트, 안나톨리아, 가나안, 아시리아 등지에서 온 외국인들이 일시적이든 영구적이든 거래를 하기 위해 머물렀다.[42] 청동기시대에 '연결된 세계'는 물리적 네트워크가 필요에 의해 자발적으로 조직되고 복제되는 과정과 구조였을 것이다.

신분과 계급, 지배자와 피지배자, 기득권자와 비기득권자 등 사회적 신분 변화도 이에 따른 파생적 변화 가운데 하나로 진화한다. 예컨대 물건을 거래하고 이동할 때 이를 보호해줄 병사나 안전요원의 '전사'로서의 역할이 점점 더 중요해지며, 동시에 이는 잠재적으로 방해요소가 될 수도 있었다. 청동기시대의 교역 활동에서는 서서히 무역독점과 경쟁, 평화유지를 위한 지역 간 연합과 전쟁 등이 나타나기 시작했다. 지역 간 혹은 지역 내 정치·경제·사회 및 정치적 틀은 사실상 청동기시대부터 태동했음을 짐작할 수 있다.[43] 예컨대 기원전 2세기 후반에 지중해 세계를 연결한 무역 네트워크의 복잡성을 확인하면, 역사적 기록이나 증거를 통해 아시아와 중국, 아프리카 등지에 청동기 문화가 존재했음을 알 수 있다.[44]

청동기시대의 변화는 석기시대를 지탱하던 정치, 사회 및 문화적 요소를 단순히 변형하는 데서 끝나지 않았다. 인간 생활에 불필요하거나 비효율적인 모든 것이 일시에 사라졌을 것이다. 이동의 수단과 방법, 목적과 지역 내·지역 간 이해관계가 다양화·다변화되었다. 신분이 생기기 시작했을 것이고, 계급의 차이가 나타나기 시작했을 것이다. 인간의 본능적 욕구가 점차 크게 자라나 싹을 틔우는 시기였다. 이러한 변화의 중심에는 바로 '잉여'를 거래하고 조공 등으로 건넬 수 있었던 '네트워크'의 크기, 범위 및 밀도의 확대가 있었다. 청동기시대에 특히 기원전 16세기 이후로, 거대한 통신 네트워크가 존재해 물리적 지리를 사회적 지리로 변형시켰다. 경제적 및 기술적 혁신이 빠르게 확산되어 '문화적 격차 혹은 불균형'을 완화하고 무역, 교환 및 여행에 있어서 국경을 조금씩 허물기 시작했다.[45]

따라서 첫째, 인류가 경제 및 정치적 상호의존성을 본격적으로 구체화하고 지역 내 혹은 지역 간 상호의존성을 밀도 있는 '체제'로 정착시키기 시작한 시점은 적어도 청동기시대로 거슬러 올라갈 수 있다. 둘째, 고고학적 기록에 따르면 지역 내 중앙과 지방, 서로 다른 지역 간 상인과 전사 사이에 강한 상관관계가 존재하며, 이들 사이

자본주의의 적은 자본주의

의 다양한 소통과 통신의 필요성은 '네트워크' 확장의 단초가 된다. 셋째, 장거리 이동은 중앙 및 지역 주변 지역에 좀 더 큰 영향을 미쳤을 것이다. 이러한 네트워크의 크기, 범위 및 밀도의 변화를 보면 정치적 연합으로 이어질 수밖에 없다는 점을 더욱 확신하게 된다.

철기시대

철기시대는 지역에 따라 기원전 1200년에서 기원전 600년 사이로 정의한다. 철기시대에 유럽, 아시아 및 아프리카의 많은 지역에서 사람들은 철과 강철로 도구와 무기를 만들기 시작했다. 고대 그리스를 포함한 일부 사회는 철기시대의 시작과 함께 문화적으로 흡수, 소멸이 동반되기도 했다. 예컨대 이 시기에 그리스의 미케네 문명과 터키의 히타이트 제국이 붕괴했다. 제국의 붕괴는 기존 청동기시대에 유지되었던 교역과 정치적 연합 등 '네트워크' 질서의 붕괴를 의미한다. 네트워크 질서의 붕괴는 고대 왕국 및 도시의 멸망과 무역 경로의 손실, 인구 이동의 제약과 같은 영향을 미친다.

청동기시대 왕국 붕괴의 원인은 명확하지 않다. 고고학적 증거에 따르면 기원전 1250년부터 기원전 1100년까지의 150년 동안 동지중해 지역에 심각한 가뭄이 연속으로 발생했을 가능성이 크고, 이러한 가뭄이 붕괴의 중요한 요소였을 것으로 추정된다. 지진, 기근, 사회정치적 불안과 유목민족의 침입도 붕괴의 원인이 되었을 것이다. 철기시대 이전에도 철이 간헐적으로 제련되었을 수 있지만, 철은 열등한 금속으로 간주되었을 수 있다. 철은 진화된 청동기 기술로 만들어진 같은 목적의 도구와 무기보다 단단함이나 오랫동안 유지되는 내구성이 부족했을 수 있다. 이후 탄소와 함께 철을 가열하여 훨씬 단단한 금속인 강철을 만드는 방법을 배운 이후로 철은 더욱 널리 사용되었다. 청동기시대에 지금의 튀르키예 위치에 살았던 히타이트인들이 아마도 처음으로 강철을 만든 것으로 추정된다. 역사학계에서는 철기시대의 끝을 약 기원전 550년경으로 본다. 역사의 아버지 헤로도토스Herodotus가 '역사'를 쓰기 시작한 시기다. 지역별로 서유럽과 중유럽에서는 일반적으로 기원전 1세기 로마 정복과 동시에 철기시대가 끝난 것으로 보고 있다.

중앙아시아 지역 철기 문화는 현대 중국 신장新疆 지역에 살던 인도-유럽 출신 사람들인 사카Saka 사이에서 철제 물건이 거래되던 기원전 10세기부터 기원전 7세기 사이에 시작되었다. 중국에서는 중국 청동문자가 기원전 1200년경에 나타나 철이 개발되기 이전인 기원전 9세기에 이미 알려져 있던 것으로 본다. 중국에서는 철기시대를 중국 역사의 한 시기로 사용하지 않는다. 철 금속학은 기원전 6세기 말에 양자강 지역에 도달했고, 창사長沙와 난징南京에서 몇 개의 물건이 발견되었다. 특히 링란嶺南 지역에서 발견된 장례 문화와 관련한 증거는 철의 초기 사용이 기원전 350년경 중후기 전국시대에 속한다는 것을 시사한다.

한반도에는 철기문화가 기원전 4세기에 들어왔다. 당시는 중국 전국시대의 끝이며 서한시대가 시작되기 전이다. 당시 철기 무역을 통해 한반도로 들어왔다고 추정된다. 철 제조는 곧이어 기원전 2세

자본주의의 적은 자본주의

기에 시작되었으며, 1세기에는 남한의 농부들이 철 도구를 사용하게 되었다. 남한 최초의 주조 철도끼는 금강金江 분지에서 발견되었다. 철 생산이 시작된 시기는 기원전 부족국가들이 나타난 시기와 동일하다. 이러한 부족국가는 신라, 백제, 고구려 및 가야와 같은 초기 국가의 전신이었을 것으로 본다.

철기시대가 시작된 때는 인류 문명의 본격적인 확장기며 혁신의 시기다. 생산의 확대는 이동과 무역거래의 확대를 가져왔다. 청동기시대부터 싹을 틔운 정치, 경제, 사회 및 문화적 크기, 범위 및 밀도의 변화는 철기시대 이후 본격적인 문명사적 혁신을 가져온다. 국가를 중심으로 한 지역 연합의 발전이 전쟁과 질병을 일으키고 기술의 발전을 향유하는 방향으로 전개된다. 바야흐로 본격적인 노동과 자본, 제국과 식민지, 지배계급과 피지배계급, 종교와 철학, 과학과 기술이 우주의 빅뱅처럼 팽창하게 된다.

실크로드

'길road' 위로 종교, 철학, 언어, 문명과 문화, 상품, 사람, 도구, 무기, 기술, 균, 식량 등이 이동을 한다. 길은 대륙이라는 땅 위뿐 아니라 땅 밑에도 있다. 땅이 아닌 바다에도 바닷길이 있다. 중국 시진핑의 '일대일로'는 내륙의 길과 바닷길을 말한다. 두 가지 길은 신석기시대 이후 개척되었으며 유라시아 '초원길Steppe Route' 및 '주요 지역 간 연결 경로Main Connecting Routes' 등과 크게 다르지 않다. 인류

〈그림 14〉 실크로드

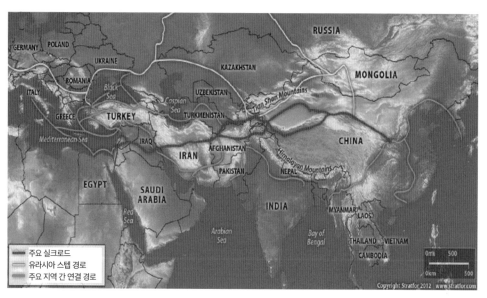

자료: https://geography.name/silk-road

의 시작과 이동, 문명의 발생과 이동, 거래와 연합의 루트는 과거와 현재가 그리 다르지 않고 미래에도 크게 다르지 않을 것이다. 다만 현재의 길에는 과거에 없던 길이 하나 추가되었다. '망'의 길이다. 빛의 속도로 움직인다. '빛'에 대한 과학의 발전이 가져온 결과다. 미래의 '길'에는 하나가 추가된다. '우주 길'이다. '우주 길'은 '빛'의 시공적 개념에 양자이론까지 더해지는 과학의 길이다. 하지만 이들 '길' 위에 실리는 것은 과거와 현재의 그것과 크게 다르지 않다. 유형과 무형, 생물과 무생물, 동물과 식물, 사상과 철학, 신분과 계급, 자본과 노동 등이다. 부의 이동으로 인해 크고 작은 갈등은 물론 협력과 이해관계의 충돌이 없을 수 없다.

자본주의의 적은 자본주의

실크로드는 중국 한나라 시대에 개척된 유럽까지의 실질적인 교역 경로다. 한나라 7대 황제인 무제(중국식 발음 '우')는 기원전 138년에 중앙아시아 문화와 연락을 맺기 위해 황제 사절인 장건(중국식 발음 장치안)을 보냈으며, 그가 여정 끝에 가져온 보고서는 서쪽에 위치한 사람들과 땅에 관해 유용한 정보를 전달했다. 하지만 이보다 훨씬 더 오래전부터 이 경로를 통해 상품 및 서비스는 운송되기 시작했을 것이다. 실크로드 이전에는 '로열 로드Royal Road'라고 하는, 오늘날 이란의 수사에서 지중해 튀르키예의 사르디스Sardis까지 1,600마일 이상이 연결된 '교역의 길'이 있었다. 이 길은 실크로드 개설 약 300년 이전에 아케메네스Achaemenid 제국 시대의 페르시아 군주 다리우스 1세Darius I가 개척했다. 페르시아인은 메소포타미아를 인도 하위 대륙과 연결하는 작은 경로, 그리고 이집트를 통해 북아프리카와 연결되는 경로까지 '로열 로드'를 확장했다. 알렉산더Alexander 대왕은 로열 로드를 통해 페르시아로 영토를 확장했으며, 이 길의 일부는 결국 실크로드에 편입되기도 하였다.

그리스와 중국 간 무역은 기원전 1세기와 2세기에 시작됐다. 로마제국과 쿠샨제국(Kushan Empire, 현재 인도 북부 일부를 지배했던 제국)도 실크로드를 통해 만들어진 무역에서 다양한 교역을 한 것으로 보인다. 고대 그리스어에서는 중국을 '세레스Seres'로 표기했는데 이는 '비단의 땅'을 의미한다. 하지만 '실크로드'라는 용어는 지리학자이자 역사학자인 독일인 페르디난트 폰 리흐트호펜Ferdinand von Richthofen이 1877년에 처음 사용했다. 실크로드는 고비 사막과 파미르 산맥과 같은 세계에서 가장 험한 지형을 거쳐 약 6,437킬로미터

(4,000마일)로 확장되었다.

'실크로드'라는 이름은 중국 비단이 로마제국과 유럽의 다른 무역업자 사이에서 인기를 얻은 데서 유래되었다. 한편 실크로드와 같은 경제벨트를 통해서는 과일과 채소, 가축, 곡물, 가죽과 도구, 종교적 물건, 예술작품, 귀금속과 금속물뿐 아니라 언어, 문화, 종교적 신념, 철학 및 과학과 같은 중요한 요소까지 교류되었다. 중국의 종이와 화약 같은 상품은 서양의 문화와 역사에 큰 영향을 미쳤을 것이다. 종이와 화약 등은 국가 팽창과 지역 간 분쟁이 발생하며 동서간에 가장 많이 거래된 항목 중 하나였다. 종이는 기원전 3세기 중국에서 발명되었으며, 실크로드를 통해 확산되어 기원후 700년경 우즈베키스탄의 사마르칸트Samarkand에 먼저 도착한 후, 시리아와 스페인을 거쳐 당시 이슬람 항구를 통해 유럽으로 전파되었다. 종이의 유럽 전파는 중요한 산업적 변화를 촉발했는데, 여기서는 글로 쓰는 말이 처음으로 대중통신의 주요 수단이 되었다는 점에 주목할 필요가 있다.

이후에 구텐베르크Johannes Gutenberg의 금속활자 개발은 책, 신문 등 다양한 매체의 발전과 함께 뉴스와 정보가 보다 널리 퍼질 수 있게 했다. 문자-종이-기록-정보-뉴스를 통한 새로운 '길'의 개척은 문명의 또 다른 '정형定型'을 가능케 했으며, 수백 년의 시간이 지난 후 원자와 전자-반도체-정보-빛-망은 또 다른 뉴스와 정보의 동시성을 창출함으로써, 고대 이후 인류 문명의 후기 산업혁명을 완성해가는 중이다. 또한 동양의 풍부한 향신료는 서양에서 빠르게 인기를 얻었으며, 유럽 대부분 지역의 요리와 식문화를 변화시켰

자본주의의 적은 자본주의

다. 마찬가지로, 유리 제작 기술은 이슬람 세계에서 중국으로 이동했다. 시간이 흘러 여행 상인의 숙박을 위해 큰 여관인 '카라반세라이caravanserais'가 등장하기도 했다. 이들 상인은 거의 아무도 전체 경로를 완주하지 않았으며, 중간중간 서로 다른 지역을 연결해주는 중개상인과 무역소가 여러 곳에 생겨났다.

기원후 약 600년대 초기에 중국에서 발명된 화약이 실크로드를 따라 유럽으로 수출되어 1300년대에 영국, 프랑스 및 유럽 기타 지역에서 대포용으로 더욱 발전했다. 임진왜란 때 네덜란드 상인들이 일본 무사계급에 판매한 '조총' 역시 유럽 지역에서 화약 사용법을 정교하게 확장해 일구어낸 문명의 무기였을 것이다. 당시 중국에서는 '조총' 같은 개인화기는 만들고 있지 않았다. 화약을 사용할 수 있는 국가는 전쟁에서 명백한 우위를 점했으며, 따라서 화약의 수출은 유럽의 정치사 변혁에 엄청난 영향을 미쳤을 것이다.

새로운 기술과 혁신은 세계를 변화시킨다. 다양한 종교와 아이디어가 상품과 마찬가지로 실크로드를 통해 자유롭게 전파되었고, 이 경로를 따라 많은 도시가 다문화 도시로 성장했다. 질병도 실크로드를 통해 전파되었다. 1340년대 후반에 유럽을 초토화한 흑사병은 아시아에서 실크로드를 따라 전파되었을 가능성이 크다. 중국의 말은 몽골제국이 13세기 초반 유럽까지 신속하게 침략전쟁을 시작할 수 있도록 수송과 전투의 원동력이 되었으며, 중국의 화약은 유럽과 다른 지역에서 전쟁의 본질을 변화시켰다.

몽골의 유럽 침공은 유럽사에 또 다른 대변화를 촉발한다. 11세기부터 14세기까지 이슬람에 빼앗긴 성지 예루살렘을 탈환하겠다는

'십자군 전쟁'과 몽골의 침입, 그리고 흑사병의 확산은 유럽 전체를 흔들어버렸다. 8,000만에서 2억 명 이상의 유럽 인구가 사망했고, 중국에서도 전체 인구의 30% 이상이 희생되었다. 중세 유럽사의 흑역사가 시작된 배경이다. 물론 역사의 한 페이지가 저물면, 또 다른 역사가 태동된다. 르네상스가 절정을 이루면서 유럽에서는 인문학이 발달하고 그와 함께 정치는 대대적으로 휴머니즘을 반영하기 시작했다.

요약

인류의 진화는 생존의 문제에서 출발했다. 의식주의 문제다. 생존 문제를 해결하기 위해 인류는 이동하고 자연과 부딪히면서 경험과 노하우를 배우고 축적한다. 자연에 그대로 노출된 원시시대에는 자연이 곧 신적인 존재였다. 질병이 있어도 신에게 의탁할 수밖에 없는 노릇이었다. 생산량 증가 뒤에는 인류가 가장 먼저 본능적으로 느낀 그 어떤 이유가 있었을 것이다. 당시 기후변화와 자연환경의 변화로 인해 사냥과 수렵 활동만으로는 의식주 문제를 해결하기 어려웠을 것이다. 정착과 채집, 농수산 활동에 대한 필요성이 경험적으로 축적되고, 생산물을 지역 내 혹은 지역 간 거래하면서 인류의 생명은 연장되었고, 생명의 연장은 생산품에 대한 더욱더 큰 수요를 야기했을 것이다.

도구는 생산에 사용되다가 차츰 지역 내, 지역 간 전쟁에 무기로도 사용되었다. 영토의 확장은 사회구성원의 수를 더욱 늘렸고 사

자본주의의 적은 자본주의

람의 수, 즉 인구가 한 지역사회의 특정 집단이 갖는 '힘'의 원천이
었다. 아울러 집단 구성원(국민 수)이 많다는 것은 그만큼 식량을 안
정적으로 확보할 수 있고, 자기 지역에 대한 안위를 지킬 수 있는
강력한 힘을 가졌다는 의미다. 사회가 커질수록 이를 통제하고 다
양한 거래와 사회생활을 규제할 필요성이 대두되었다. 정치체제
의 발전은 곧 구성원의 수와 영토의 크기에 따라 진화했다. 카를 마
르크스는 역사 속 인류 변천 단계를 원시공산사회, 고대노예제, 중
세봉건제, 자본주의, 사회주의, 공산주의 순으로 나누었다. 극히 유
물론적인 관점에서 계급 간의 충돌로 국가체제의 변화를 나눈 것
이다. 이처럼 신분 혹은 계급 간의 갈등은 지배계급과 피지배계급
의 갈등으로 재정의되었으며, 이러한 갈등은 정치·경제 및 사회적
'힘'을 갖는 자와 그렇지 못한 자 간의 갈등과 투쟁의 단초가 된다
고 보았다. 그렇다면 누가 지배계급이 되고, 누가 씨족장, 부족장
혹은 왕이 되었을까?

인간의 생존은 먹고, 자고, 입는 문제에서 출발해 생산의 안정성
과 자연환경과의 조화, 지역 내·지역 간 교류와 협업, 종교적 가치
의 공유 등 점차 복잡해지는 '생활'의 규모와 범위 및 밀도의 문제
를 극복해가는 과정에서 거듭 진화하고 발전해나가는 것을 의미한
다. 여기에 인류의 본질적 생존 문제에 더해 잉여의 필요성, 계급
발전에 따른 '잉여의 분배와 소유' 문제가 정치와 종교 문제로까지
연결되면서 인류가 느끼는 '고통'의 진실에서 문명의 발전이 시작
되었다. 여기서 잉여란 단순한 생산품의 잉여가 아니라, 노동과 자
본이라는 '생산수단', 즉 '생산요소'의 잉여를 포함한다. 잉여는 노

동과 자본 모두에서 발생한다. 문명사 속에서 우리는 다음 몇 가지를 발견할 수 있다.

1. 인류는 시간과 공간의 제약에서 시작되었고, 현대 인류 사회도 '지구'라는 시공간의 제약식 안에서 이루어진다. 21세기 이후 인류에게 주어진 도전은 '지구'를 벗어난 새로운 '길'을 만들어내는 것이다.

2. 인류 문명 발전사의 기본은 의식주의 해결, 생산, 이동과 동화에 있다. 문명의 진화는 '길'을 통해 일어났다. 지역 내 혹은 지역 간 문명의 발전은 형이하학적인 의식주 해결을 위한 도구의 개발, 다양한 식량의 생산과 보존, 이동과 정보의 교환, 교역과 수송, 길의 발견 등을 비롯해 형이상학적인 과학과 철학, 정치, 경제 및 사회적 체제의 구축, 사회의 형성 등에 대한 비전을 누가 먼저 만들어내는가와 밀접한 관련이 있다. 지금도 마찬가지지만 그러한 가치와 철학, 기술과 생산, 이동을 통한 점령과 지배 그리고 동화 과정은 결국 선진문물의 표준화와 룰 세팅 과정과 같기 때문이다. 현대 사회에서도 이러한 기술의 발전과 자본의 이동은 글로벌 표준화와 규제정책을 선점할수 있는 문명이 그렇지 못한 문명을 '보이지 않는 수많은 손'을 통해 지배하거나 관리하는 형태로 구체화된다. 글로벌 질서의 정상적 상황에 불균형이 발생하면, 문명은 이동했다. 문명의 이동이란 '국가 부'의 이동을 의미한다. 국가의 부는 각개인 혹은 사회구성원의 '복잡한 이해관계'의 총합이다.

3. 세계 4대문명의 발상지인 이집트, 메소포타미아, 인더스 및 황하 지역의 문명은 기원전 3500~기원전 2500년에 시작되었다. 이들 유적의 공통적 요소는 다음과 같다. 태양력과 태음력의 사용, 점성술과 신, 수학과 60진법, 농업과 관개시설, 도시와 도로 및 배수시설, 벽돌 주택, 창고와 시장 그리고 국가 건설.[46] 이러한 문명은 '길'을 통해 이동했다. 이러한 이동은 '이해관계'를 촉발했다. 복잡한 이해관계의 목적을 단순히 말하자면 '부'의 흐름이다. 원시시대부터 고대국가와 현대국가 모두를 아울러 '부'의 흐름이란 '노동과 자본'의 잉여와 비용, 부가가치의 생산성 등을 모두 반영하는 '보이지 않는 손'을 통해 나타나는 '가치체계'다.

   다른 이보다 부자가 되고 정치권력을 더 많이 갖고자 하는 욕망은 인간의 본능이다. 가끔은 이러한 본능적 지배, 소유 및 정복의 동기가 '신의 뜻'으로 치환되기도 한다. 하지만 인간의 이동 본능과 목적을 순수하게 나타내보면 부와 권력, 지배와 탐욕의 역사 범위 내에 있다. 원시사회에서부터 고대국가에 이르기까지 이러한 정치체제의 진화는 현대를 사는 우리가 보는 정치외교사와 크게 다르지 않다. 만약 '단순한 것이 가장 정확한 것'이라고 한다면, 고대국가의 이합집산, 침략과 정복 전쟁의 역사가 오히려 더 인간적이라 할 수도 있다.

4. 정치체제는 사회를 운영하는 체제를 말한다. 원시사회는 족장이, 고대국가에서 중세까지는 왕이 사회 혹은 국가를 경영했으니 왕권체제다. 대부분이 그렇지만 '통치'는 그러한 통치

행위를 보장할 수 있는 든든한 담보가 있어야 한다. 고대국가 이후 중세까지는 그 역할을 신이 했다. 원시사회 이후 인간은 신, 즉 자연 그 자체나 그 자연을 다스리고 창조한 존재에 대한 경외심을 인간으로 형상화한 왕을 가장 두려워했다. 하지만 그 왕도 불멸은 아니며, 인간 본능에서 벗어난 절대자가 아님을 깨닫기까지 다시 수천 년 세월의 진화가 이루어졌다. 구석기시대를 거쳐 청동기시대와 철기시대로 문명사적 발전을 거듭하는 동안, 소수의 집단과 무리에서 시작해 씨족, 부족 사회 및 부족국가를 이어 고대국가의 형태를 띠게 되는데 이러한 변화는 문명의 시작 그리고 철기시대와 궤를 같이하는 것으로 볼 수 있다.

국가라는 사회적 형태가 정의되고, 이를 통치하는 정치체제가 갖춰졌다는 것은 석기 및 청동기시대를 거치는 동안 지역 통합이나 연합 및 정복 활동이 어느 정도 안정적 궤도에 진입했다는 의미다. 한편, 당시의 수송 및 교통 기술로 각 지역 내 사회 혹은 초기 국가 형태의 지역사회 단위가 이동할 수 있었던 '거리' 제한은, 그 범위가 다양한 사회구성원의 이해관계를 조화롭게 이어갈 수 있었던 최대한의 인구와 지역적 규모였다고 이해할 수 있다. 고대국가의 기본 형태는 신의 영향력 아래 왕의 권한을 강화하는 형태로 나타난다. 왕의 권력은 정복의 역사 가운데서는 '힘'의 확대에서, 평화의 시대에는 치수治水를 통한 농업혁명에서 비롯된 것으로 보인다.

5. 생산, 이동 및 동화는 문자와 코딩, 과학과 종교, 길 혹은 네트

워크와 망 등으로 불리는 문명의 마차를 타고 다양한 길을 통해 빠르게 이동했다. 이동은 인류의 사회적 규모, 활동의 범위 및 생활 밀도를 확대했다. 고대 산업사회에는 농업과 사냥 등이 중심이었다면, 중세와 근세에는 새로운 산업이 등장한다. 거래를 위한 무역이 일어나고, 무역을 위한 대륙 간 해양 지도, 교통, 수송, 저장 및 항해술의 발전 등이 이어졌다. 과학의 발전이 있었다. 신과 자연의 제약식에 갇혀 있던 의식구조가 무너져내린다. 왕은 이러한 의식변화와 개혁을 두려워했으며, 신을 향한 종교권력도 인간의 세속적 욕구와 탐욕을 더욱 불경시했을 것이다.

하지만 세대, 계층, 지역은 시대 변화에 대한 각기 다른 해석을 토대로 '신 황금길new golden path'을 찾고자 했다. 결국 종교도 자본에 항복했다. 식민지 정복을 위한 제국주의가 나타나고, 선진 기술을 가진 국가는 그렇지 못한 국가를 지배하기 시작한다. 지배의 범위가 종전 중세까지의 범위를 훨씬 뛰어넘는 수준으로 확대되고, 그에 따른 국가와 국민에 대한 정의, 통치이념, 경제활동 가운데 생산과 분배 구조의 변화 등에 관해 수많은 논의가 시작된다. 이러한 논의의 출발점은 '인간' 그 자체였으며, 좀 더 나아가서는 '인간의 이성과 감성에 대한 성찰' 문제로 종교와 철학마저 다루게 된다.

6. 원시사회, 고대사회 속에서 생산과 이동, 동화하는 인간의 본질, 본능적 목적과 이해관계를 충분히 이해할 수 있다면, 복잡한 현대 국가에서 정치적·사회적·경제적 DNA가 결코 변하

지 않았음에 동의한다면, 우리는 현대와 미래 사회를 충분히 예측할 수 있다. 예컨대, 21세기 이후 인류는 지구라는 제한적 시공을 벗어나 새로운 우주 개척의 시대를 시작할 것이다. 초문명의 시기에는 과연 어떤 과학과 기술이 필요할까? 누가 이 새로운 문명을 주도할까? 노동과 자본 중 어느 생산요소가 더 중요해질까? 생산과 분배의 제약식은 어떻게 될까? 화폐가 필요할까? 화폐가 필요 없다면 과연 무엇으로 대체될까? 굳이 화폐까지 갈 필요도 없이, 미래 인류는 호흡을 하기 위해 산소가 반드시 필요할까? 돼지 심장을 이식하는 과학의 발전은 도대체 인간을 더 어떻게 변화시킬 것인가?

7. 원시사회에는 세금이 없었을까? 이동과 교역이 빈번해지기 시작한 고대사회에는 노동과 자본에 대한 기본 개념이 없었을까? 중세시대 신의 권력을 강조하던 종교 아래 숨이 턱 막혀 아무것도 못 하던 인류는 과연 신에게 어떤 도전장을 냈을까? 자본가는 그만큼 악한 존재인가? 근대국가의 형성 과정에서 나타난 식민지 지배와 제국주의적 침탈은 힘의 지배원리에 맞춰 강자는 늘 정의롭고 옳다고 하는가? 현대를 사는 우리는 과연 무엇이 '경제적 정의'라고 생각하는가? 미래에는 인구의 수가 국가의 힘을 대변할 것인가? 돈으로 원시시대처럼 조개껍데기를 사용하면 안 되나? 조개껍데기를 만약에 NFT나 암호화폐로 사용한다면?

자본주의의 적은 자본주의

제3장

정치와
철학

†

　누가 정치를 하는가? 왜 정치가 필요한가? 정치란 무엇인가? 고대 문명 이후 왕과 신은 경제적 분배와 생산의 풍요로움, 교역과 이동, 정벌에 대한 성과를 두고 역사의 기록에 그 이름을 남겼다. 따라서 정치적 정의는 경제적 정의와 분리해서 논할 수 없다. 어떤 정치가 최고, 최선의 정치인가? 국민을 배 불리고, 평화롭게 하면 최고의 정치인가? 그렇다면 왜 그러한 정치가 지속 가능하지 못한가? 동양과 서양의 정치와 경제 정의에 대한 생각은 사뭇 다른 듯 보인다. 고대 그리스와 로마 철학자이자 정치 야망가였던 그들이 보지 못했던 중세 이후의 인간 세상은 철저히 왕 개인의 인간적 본능과 욕구에 정합하는 활동을 정치라 했다.

　신의 영역을 다루는 '지혜로워야 할' 형이상학적 철학도 왕과 권력을 함께 나눔으로써, 종교전쟁과 종교재판에서 인간의 생명을 가볍게 여긴 적이 한두 번이 아니다. 고대 그리스 철학자들은 정치를 정의와 동일시했다. 인간의 모든 본능적 욕구는 '소유'에 있다. 나쁜 것이든 좋은 것이든, 인간은 타자보다 더 많이 갖고자 한다. 그런데 나쁜 것을 가졌어도 더 행복한 것은 왜일까? 교육을 통해 배운 대로 올바른 생각과 올바른 행동을 해도 왜 그러한 지혜로운 자는 결코 지혜롭지 못한가? 정의란 무엇인가?[47]

고대를 지나 중세를 거쳐 근대에 이르는 과정에서 철학은 그리스-로마와 튀르키예, 이집트 그리고 다시 독일로 돌아온다. 인간과 신에 대한 탐구가 가장 활발했던 곳이 독일이었다. 자유와 민주에 대한 가장 큰 변혁도 독일을 중심으로 확산된다. 산업 발전은 철학 및 정치적 발전과 궤를 같이한다. 하늘에서 바라본 가장 성공적인 현대 국가의 완성도는 독일에서 더욱 뚜렷하다. 이후 법과 경제라는 사회과학의 정체성 문제에서도 독일 중심의 대륙법과 헌법의 의미는 남다르다. 하지만 간단히 말하자면, 고대 그리스-로마 철학이 인간 본질을 근원적으로 탐구했다면, 중세는 인간의 정의에 대해 추상적이었으며 좌충우돌하는 혼돈의 시기였고, 근대에 들어오면서 본격적으로 신과 인간은 하나의 동일한 주체라는 사실에 눈을 뜬다. 이런 변화는 사람의 생존본능에 필요한 생산, 이동 및 동화에 혁명적 변화를 이끌었고 그와 함께 인간과 정치제도가 새롭게 정의된다.

원시사회 이후 도구의 발전은 생산의 발전으로 이어졌으며, 이동의 속도가 빨라지고 그 범위 및 규모가 더욱 커졌으며, 그에 따라 이종족 간의 동화 현상도 더욱 빈번하게 일어났을 것으로 추정한다. 이러한 일련의 변화, 즉 자연에 적응하는 생존의 문제를 해결해

자본주의의 적은 자본주의

나가면서 불과 도구의 발견은 인류에게 새로운 지평을 열어주었고, 이를 두고 지능의 발전이라는 생물학적 평가도 할 수 있게 된다. 지능의 발전, 즉 사고와 개혁, 변화에 대한 인류의 갈망은 여전히 궁극적으로 자연에 대한 경외심에서 비롯된다. 그러한 궁금증은 무속에서 서서히 종교라는 좀 더 정리된 개념으로 진화했다. 약 2,500년 전 붓다의 깨달음도 결국 인간 그 자체가 우주요, 신비이며, 태초와 같다는 것을 이야기했다. 오늘날 물리학에서 증명되는 수많은 내용을 붓다는 이미 추상적인 언어로 이야기함으로써 고대 물리학자다운 면모를 보여주었다고 해석할 수도 있다.

하지만 이러한 내용을 접하지 못했던 고대 그리스-로마 철학자들은 인류의 근본적 문제, 즉 자연과 인간 간의 관계에 대해 실험적이고 실존적 의문을 던졌다. 고대 문명은 동서양의 '자연과 인간'에 대한 본질적 질문, 즉 '생존의 의미와 의의'에 대한 질문이었다. 형이상학을 통한 이성의 세계 그리고 감성과 신의 세계는 서로 양극단에 자리한 것으로 이해되지만, 인류는 그럼에도 정치, 경제, 사회 및 문화 등 다양한 영역을 개척해가면서 이 본질적 질문에 대한 해답을 찾고자 한다. 재레드 다이아몬드가 얘기하는 '총, 균, 쇠'는 사람을 중심에 놓고 본 인류 문명사의 발자국이다. '잉여'는 정치도 경제도 사회도 변화시켰다.

이러한 변화의 모습은 '규모, 범위, 밀도' 등 다분히 포괄적인 동시에 추상적이면서 현실적인 내용을 담고 있다. 우리는 이러한 현상을 두고 형이상학이란 철학과 사상 및 종교로서 '신성하거나 고차원적인 것'으로 해석한다. 하지만 그렇지 않다. 양과 음, 상학과

하학은 모든 것을 극단의 내용으로 이해하려 들지만, 하늘과 땅이 동시에 존재하듯이 우주의 원리는 그렇지가 않다. 우주의 원리는 융합과 동화 그리고 빅뱅 등으로 이어지는 그 '흐름' 자체일 것이다. 경제를 이해하는 것도 마찬가지다. 10년 주기설, 30년 주기설 등 수많은 사이클cycle을 이론적으로 설명하려 하지만, 원리는 딱 하나다. '이 세상에 변하지 않는 것은 없다.' 다만 변화의 질서를 찾고자 하는 것은 인류 행동과 심리에 일정한 원리와 질서가 존재하기 때문이다.

고대 그리스-로마 철학을 간단히 짚어보고, 중세를 건너뛰어 곧바로 근대 철학으로 들어가고자 한다. 중세를 빼는 이유는 뒤에서 종교와 철학을 다루면서 좀 더 자세히 살펴보고자 함이다. 종교적으로 '중세'는 황금기였고, 그 황금기는 종교 스스로 종식시켰다. 근대는 비로소 인간이 중심이 되는 시대를 맞이한다. 하지만 '인간' 역시도 자연과 사회법칙에서 중심이 아니라는 사실은 분명하다.

그리스-로마의 정치와 철학

서양 정치는 그리스 정치로부터 시작된다. 고대 그리스인의 세계관은 비극의 세계관이다. 고대 그리스인은 인간의 보편성, 자아실현 능력, 자유, 독립성, 미적 감각 등은 모두 절대적인 윤리적 가치관이지만 동시에 충족할 수는 없다고 생각했다. 다양한 윤리 도덕 기준이 서로 완벽하게 조화될 수 없다고 본 것이다. 이것이 비극

자본주의의 적은 자본주의

의 출발점이다. 양립 불가능한 원칙 가운데 어쩔 수 없이 한쪽을 선택한 주인공에게 도덕적 책임을 묻고 벌을 준다. 이처럼 고대 그리스 정치는 비극적 세계관을 바탕으로 하고 있다. 양립할 수 없지만, 그렇다고 어느 한쪽을 버리거나 포기할 수도 없는 가치 가운데서 하나를 선택하는 행위다. 인간 실존에 대한 냉철한 판단이다.

자유냐 평등이냐, 성장이냐 분배냐, 어느 하나도 포기할 수 없다. 하지만 현실에서는 선택을 하지 않을 수 없다. 그렇다면 어떤 기준으로 선택해야 하는가? 사실상 절대적 기준은 없다. 상황에 따라, 이해관계에 따라, 그러나 인간이 짜낼 수 있는 최상의 논리와 당위에 기반해 선택할 수밖에 없다. 그리고 그러한 선택을 동료 시민을 대상으로 설득해야 한다. 이 과정에서 자신의 선택을 절대적인 것, 영구불변의 원칙, 진리라고 주장할 때 민주주의는 독재로, 비극으로 전락한다. 양립 불가능한 가치관, 윤리관, 당위, 규범의 존재가 인간 사회의 실존적 조건임을 깨달을 때 비로소 정치가 가능해진다. 그리스의 아이스킬로스Aeschylus는 "정치는 인간 사회의 가장 원초적인 정의인 '복수'를 극복하기 위해 발명되었다"라고 했다.

서양에 있어서 정치철학에 관한 최고의 저작으로는 플라톤의 《국가Republic, Politeia》를 꼽을 수 있다. 플라톤이 말하는 '국가'란 이상적인 정치 공동체, 즉 '정의'를 실천하는 공동체다. 그는 정의를 "축복받은 자가 되기 바라는 사람이 그 자체로도, 거기에서 생겨나는 결과 때문에도 좋아할 수밖에 없는 가장 아름답고 고상한 부류의 좋은 것에 속한다"라고 정의했다. "훌륭한 사람들이 통치를 거절할 경우 받게 될 가장 큰 벌은 자기보다 못한 사람들에게 통치를 받는 것이다." 플라톤은 계속 얘기한다. "사람들이 돈 버는 일에 몰두하고 돈벌이를 귀하게 여길수록 미덕은 소홀히 하게 된다. 미덕과 부는 상극이어서 저울 양쪽 접시에 놓인 것처럼 서로 반대 방향으로 움직이기 때문이다." "부에 대한 만족할 줄 모르는 욕망으로 재물 축적에 혈안이 되어 다른 일은 도외시한 것이 과두정의 몰락을 가져왔다. (…) 그러면 좋은 것으로 규정한 것에 대한 만족할 줄 모르는 욕망이 민주정을 무너뜨리지 않겠나?"[48]

플라톤은 아테네의 외항 페이라이에우스Peiraieus에 있는 케팔로스Kephalos의 집에서 소크라테스, 케팔로스, 폴레마르코스Polemarchus 등 일곱 명의 철학자와 대화를 갖는다. 정의롭게 사는 게 불의하게 사는 것보다 더 멋진 삶이라는 데 이들 모두는 동의하지만, 인간의 일상생활에서 이를 실천하기란 쉽지 않다. 정직하지 못하고 정의롭지 못한 사람이 현실에서는 훨씬 더 행복하게 큰 문제 없이 잘사는 것처럼 보이기 때문이다. 사실 이 대화는 위선자와 정의로운 자 가운데 정말 누가 더 행복한지 따져보자는 글라우콘Glaucon의 제안에서 시작된다. 《국가》는 플라톤이 기원전 375년경 소크라테스 등과의 대화를 저술한 것으로, 정의, 정의 있는 도시국가의 질서와 성격, 그리고 정의 있는 사람에 대해 다룬다.

이 대화의 배경에는 펠로폰네소스 전쟁이 있다. 플라톤은 펠로폰네소스 전쟁 시기에 태어나 아테네가 그 전쟁에 패하는 현실을 봤다. 대내적으로는 여러 정변을 목격했고, 크게 기대했던 민주정권 시기에 그가 보기에 '가장 훌륭하고 가장 지혜로우며 가장 정의로운 사람'인 소크라테스가 불경죄로 처형되는 현실을 안타깝게 지

자본주의의 적은 자본주의

켜보면서 플라톤은 누구나 젊은 시절 한창나이에 한 번쯤은 가졌을 정치가의 꿈을 접고 아테네의 암울한 현실을 타파할 근본적인 대책에 몰두한다. 철학자의 길을 선택한 것이다. 현실과 동떨어진 이데아론Idea으로 관념적인 이상주의적 세계에 빠졌다는 오해를 받기도 하지만 그의 중심은 늘 현실에 있었다. 형이상학적인 이론도 결국 현실을 근원적으로 통찰하고 개선하려는 노력의 일환이었다.

이 대화에서 소크라테스는 다양한 아테네 시민과 외국인과 함께 '정의란 무엇인가'와 '왜 정의로운 사람이 불의한 사람보다 더 행복한가'를 논의한다. 그는 당시 고대 그리스 정체체제의 본질을 분석하고 비교하기 위해 가상의 도시들을 제안하는데, 이 중 최고의 도시국가인 칼리폴리스Καλλίπολις, Callipolis에 이르기까지 다양한 도시를 예로 들고 있다. 《국가》에서는 '올바름正義, dikaiosyne이란 무엇인가?', '올바름은 올바른 사람을 이롭게 하는가?' 같은 윤리적 문제를 직접적으로 다룬다. 여기서 '올바름'은 곧 오늘날 우리가 자주 언급하는 '정의'와 동의어다. 소크라테스의 입을 빌려 플라톤이 말하는 '올바름'이란 전체를 구성하는 다양한 부분이 자신의 고유한 기능을 수행하고 다른 부분의 기능에 간섭하지 않을 때 이루어지는 조화로운 것이다. 따라서 '간섭'의 문제는 일정한 국가의 '규범' 혹은 '규칙'을 말하고, '조화로움'은 곧 윤리적 개념이 된다.

인간은 자연스럽게 자신의 욕구와 타인의 욕구 사이에 갈등과 충돌을 경험하고, 이때 무엇이 정의인지에 대한 판단을 잃어버리기 쉽기 때문에 '철학자'와 같은 지혜를 추구하는 자의 '간섭'과 '규범적 윤리학'이 존재해야 한다고 본다. 현실과 자신의 이해관계에 집중하는 시민은 통치자, 생산자 및 군인으로 나뉘고, 이들의 개인적 이성, 욕구 및 저항(혹은 기개)이 중요하다고 보았다. 즉 통치자에게는 지혜, 생산자에게는 절제, 군인에게는 용기가 각각 중요한 덕목이 된다. 이러한 계층 간 구분과 역할체계의 정의는 '국가'에서 제공하는 '교육'으로 이루어진다고 한다.

평화와 전쟁의 시기에 사람들은 다양한 시험과정을 거쳐 자신이 어느 쪽 성향이 더 우세한 사람인지 알게 되며, 이때 그 자신이 속하고자 하는 계층이 정해진다. 각자가 이성과 욕망, 기개 등을 통해 국가가 제공하는 교육으로 규범적인 윤리를 내재화하면 이 같은 신분이 결정될 수 있다고 본 것이다. 하지만 스스로 철학자로서의 주관이 이미 개입된 상태라는 점은 잊어버렸을 수 있다. 모든 사람이 자신의 정확한 한계를 아는 상태에서 최선의 국가 목적(이해관계)을 위해 활동한다고 보기엔 무리다.

따라서 '국가'는 늘 '정의롭다'는 시각은 참이 아닐 수밖에 없다. 만일 이러한 상태가 가능하다면 이는 '귀족정치aristocracy'일 거라고 플라톤은 말한다. 도덕적·지적으로 뛰어난 몇 사람이 국가와 국민을 다스리는 정치체계다. 플라톤은 정치체계로 군주제나 참주제와 같은 1인 통치체제, 다수에 의한 민주정치, 이기적이고 군사적인 야심을 가진 소수가 다스리는 과두제와 금권정치 등을 언급했다. 그는 '지혜'를 갖춘 귀족들에 의한 통치, 즉 귀족정치를 최선의 정치체계로 꼽았다. 참주제·과두제·민주제 등은 '귀족정치'에서 타락한 정치체제로 정의한다. 오직 지혜와 탐욕을 이성적으로 제어할 수 있는 철학자만이 왕과 동격이거나 왕이 될 수 있다는 그의 이론은 '교육'이라는 매개체를 통해 정치체제가 강화되어야 한다고 본다.

경제적 정의와 사회적 평등은 민주주의와 불가분의 관계에 있다. 왜냐하면 국민이 정치에 직접 참여하고 이를 통해서만 자신의 권리를 보장받고 자신이 바라는 삶을 구현할 수 있음을 깨닫는 과정은 실로 지난하기 때문이다. 민주주의는 사회적·경제적 불평등을 원천적으로 없애는 것이 아니라 불평등과 차이 속에서도 한편으로는 특정 계층이나 개인의 이익이 '공화국'의 이익을 파괴하지 않도록 하는 동시에 다른 한편으로는 공정과 정의가 이루어질 수 있는 정치적·공적 영역을 건설하는 것을 목적으로 하기 때문이다. 이런 질서를 유지하려면 시민이 특정한 때나 상황에서만 정치에 관심을 보이는 것이 아니라 늘 적극적으로 정치에 참여해야 한다. 눈앞의 이권을 챙기거나 한풀이를 하는 데 그치는 것이 아니라 공동체 전체의 이익을 고려하는 새로운 차원의 사유가 필요하다. 이는 놀라운 차원의 객관성과 추상성을 요구하는 사고다. 민주주의를 만든다는 것은 어느 개인이나 특정세력이 독점할 수 없는 질서를 건설한다는 뜻이다. 그 질서는 아무도 건드릴 수 없다. 민주주의 건설은 이처럼 민주주의로의 개혁을 추동했던 직접적인 동인이 모두 사라진 후에도 지속될 수 있는 제도를 만드는 과정이다.

왕정과 과두정은 공화정이나 민주정보다 평화롭고 안정적이다. 가부장과 전제군주가 통치하는 세계에서 갈등과 마찰은 용인되지 않는다. 반면 만일 로마 정부가 평화 유지를 목표로 했다면, 로마가 더 위대해질 수 있는 근원을 차단해버림으로써 국가가 더 약해졌을 테고 따라서 소란의 원인을 제거하는 과정에서 로마의 팽창 동력도 제거되었을 것이다. 전자의 경우 안정과 평화는 있을지언정 고대 그리스의 비극이 보여주듯 그 대가는 '복수'의 악순환이다. 반면 아테네의 폴리스나 로마의 원로원은 시끄럽고 소란스러웠지만 그 대가는 자유와 위대함이었다. 옛것을 '적폐', '시대착오적인 것'으로 치부하여 제거하려고 하지 않고 포용함으로써 옛것은 승리한 새 정치제도 속에 자리를 보장받고 새로운 것과 옛것, 새로운 가치관과 과거의 세계관이 '올바른 질서', '정의로운 질서' 속에 융화되도록 해야 한다.

민주적 질서가 무너지면 얼마나 가공할 만큼 무서운 과거로 되돌아가는지를 시민은 결코 잊어서는 안 된다. 문명은 인간이 만든다. 인간은 무에서 시작해서 필요와 필연에 의해 문명을 건설한다. 제어할 수 없는 원한과 복수의 논리, 전통, 감정의 노예가 되는 사회가 아니라 열정적이지만 결코 폭력적이지 않은 토론을 통해 화해를 도출해내는 사회를 지향해야 한다. 그것이 정치다. 시민은 무지할 수 있지만 진실을 파악할 능력이 있으며, 믿을 만한 사람이 사실을 있는 그대로 보여주면 흔쾌히 받아들인다.

플라톤의 이상적 세계를 현실로 옮기는 자가 정의로운 자라면, 정치가 그러해야 한다. 하지만 소피스트Sophist의 입장에서는 이마저도 형이상학적이고 이상적인 설명에 불과하다. 그들은 사람의 본질 자체가 그렇게 고상하지 않다고 보았다. 교육을 통해 사람을 가르치다 보면 각자의 능력과 본능이 조화와 상충을 거쳐 인간으로서 삶에 대한 정의를 제각기 들고 가게 된다는 것이다. 중요한 것은

자본주의의 적은 자본주의

'시대 변화'의 흐름 속에 인간의 욕구와 욕망 역시 변화한다는 것이다. 그러한 변화의 본질은 '인간' 그 자체에 있을 뿐 결코 왕이나 귀족 같은 소수의 권력자 편에 있지 않다. 그렇기에 결국 다수에 의한 다수를 위한 다수의 결정이 그나마 인간의 본능적 욕구와 시대 변화에 가장 적합한 정치체제를 만들어간다고 할 수 있다. 여기서 말하는 '본능적 욕구'와 '시대 변화'에는 경제적 이해관계와 산업과 자본기술에 대한 지속 가능한 진화와 발전이 내재되어 있다는 점을 명확히 해둘 필요가 있다.

우리는 항상 냉소주의 정치가 아닌 희망의 정치를 종용한다. 여기서 희망은 막연한 낙관주의가 아니고 오히려 매우 구체적인 희망이다. 이는 장작불 주위에 둘러앉아 자유의 노래를 부르던 노예들의 희망이기도 하다. 망망대해를 건너기 시작하는 이주민들의 희망이다. 메콩 델타Mekong Delta를 용감하게 순찰하는 젊은 해군 중위의 희망일 수 있으며, 희망이 없어 보이는데도 감히 희망을 품어보는 노동자 아들의 희망이다. 자신을 위한 자리도 있다고 믿는 삐쩍 마르고 콧물이 얼굴을 뒤덮은 웃기는 이름을 가진 아이의 희망이기도 하다. 이러한 '희망'이 '기적'을 낳는다. '희망'이 '기적'으로 변화하기 위해서는 '우리'에게 하나의 공통된 이해관계가 존재해야 한다. '희망'을 품은 대다수 국민에게 존재하는 공감대, '공동체community'로서 공유할 수 있는, 또한 다 같이 함께 '동행'할 수 있는 그 무엇인가가 있어야 한다. 1960년대 이후 한국 경제나 1945년 2차 세계대전 이후 독일 국민에게는 그러한 '희망'이 있었다. 그러한 희망이 기적이 되기 위해서는 또 다른 충분조건이 필요하다. 지도자, 리더의 직관과 비전에 국민적 희망에 불을 당길 수 있는 철학과 가치가 담겨 있어야 한다.

국가와 진리

플라톤의 《국가》에서 소크라테스는 유명한 동굴의 비유를 자세히 설명한다. 인간은 날 때부터 쇠사슬에 묶여 있고 그들이 갇힌 동굴의 벽에 투영되는 꼭두각시 인형의 그림자만 본다. 소크라테스는 사슬에 묶인 사람의 처지가 우리와 같다고 말한다. 하지만 사슬에서 풀려나 비로소 우리가 동굴 밖으로 나올 때 그동안 우리가 본 것은 진아眞我가 아니라 그림자이고 이미지일 뿐이라는 사실을 깨닫는다. 태양 빛이 비추는 주체 그 스스로가 바로 우리라는 것을 깨닫는 것이 곧 '해방'이다.

'해방'은 스스로 체험할 수밖에 없는 과정의 결과다. 플라톤은 《소크라테스의 변명》에서 정치적 의무와 영혼, 사후세계에 대한 소크라테스의 생각을 정리했다. 그의 결론에 따르면 정치와 철학은 '죽는 법'을 배우는 것이다. 내용이 조금 어려워지고 있지만, 사실 정치, 경제, 사회 혹은 역사 등 모든 것에서 하나의 공통된 '참'은 '죽음'에 대한 정의다. 플라톤은 《메논》에서 참된 지식은 기하학적인 증명과 같다고 한다. 무슨 말인가? 기하학적인 증명은 늘 '참'을 찾아낸다. 왜냐하면 기하학 명제의 모든 속성은 참이기 때문이다. 하지만 '워털루 전쟁이나 미중 간의 패권 갈등에 따른 최종 승자는

자본주의의 적은 자본주의

누구일까?'는 '참'을 찾는 질문이 아니다. 사람들은 이처럼 참이 아닌 것(동굴 안 벽에 드리워진 자신들의 그림자)을 두고 '참'이라고 한다.[49]

아리스토텔레스는 그의 스승 플라톤이 주목한 '현상'을 의심하고, 기하학적인 증명처럼 확실한 지식을 얻으려고 하기보다 경험적 사실에 의거한 지식에 집중한다. 물론 그가 집중한 탐구의 대상은 '사물의 본성' 그 자체다. 방법론상 그의 스승이 기하학을 학문체계의 기준으로 삼았다면, 아리스토텔레스는 관찰을 통해 자연과 철학적 탐구에 집중했다. 이로써 생물학이 학문의 전형으로 진화한다. 우주 곧 '천지만물cosmos'이 사람을 비롯한 생물학적 실체를 모두 포함한다는 사실에 그는 놀라움을 금치 못한다. 아리스토텔레스가 말하는 '덕arete, 탁월함'은 무엇일까? 예컨대 '덕스러운 칼'이란 '날이 날카로워서 잘 드는 칼'을 말한다면 '탁월한' 사람이란 어떤 사람일까? 그는 도덕적이며 지적인 '덕'을 설명하고 인간의 훌륭한 삶을 위해 완벽하게 해답을 찾고자 노력한다. 도덕적 삶이 인간의 '완전한 행복'을 추구하는 데 있다면 인간이 도덕적으로 행동하려는 이유, 도덕적인 관습을 익히려는 이유, 영혼을 풍요롭게 하려는 이유가 곧 행복하고자 함에 있다고 할 수 있을까?

아리스토텔레스의 영혼론에서는 식물, 동물 그리고 인간 모두가 영혼을 가지고 있다고 본다. 하지만 식물 단계에서 인간 단계로 올라가면 영혼은 단계마다 전 단계에서는 갖지 못했던 어떤 것을 갖게 된다고 한다. 그럼에도 아리스토텔레스는 인간의 영혼에 대해서 일관된 설명을 할 수 없었고 결국 신의 영역에 굴복할 수밖에 없었다. 이는 중세 이후 기독교 신학자, 유대 및 이슬람 철학자가 여러 가지 방식으로 영혼에 접근하는 계기가 된다. 인간의 참 본성에 대한 논리의 가정과 증명은 마치 물질을 이루는 최소 단위를 찾는 근대 과학의 물리학적 탐구와 같다.

고대 철학의 형이상학적 관점 가운데 하나는 앞서 설명한 바와 같이 자연과학의 '원자론原子論'에 비견된다. 만물에 대한 이론은 원자론으로 연결된다. 하지만 아리스토텔레스는 형상form과 재료(또는 내용, matter)로 구성되는 실체를 설명하기 위해 원자론을 오히려 명확하게 부정했다. 현대의 이론 물리학은 결과적으로 어떤 종류의 물질이든 원자론의 적합성에 의문을 제기한다. 이와 같은 끊임없는 의문은 인간으로 하여금 다시 철학과 같은 형이상학적 학문이 더 많은 지혜의 범위와 규모를 가지고 있다는 쪽으로 옮겨가기도 한다. 하지만 자연과학과 사회과학의 경계선상에서 울려 퍼지는 '아리아'는 늘 그러했듯 시대 변화의 목적과 과정에서 화음을 연속해서 내는 오케스트라와 같은 예술성을 동시에 갖는다.

아이스킬로스 및 에우리피데스Euripides와 더불어 고대 그리스의 3대 비극작가 가운데 한 사람인 소포클레스Sophocles는 '실레노스Silenus의 지혜'에서 가장 좋은 것은 인간이 절대로 가질 수 없다고 전제한다.[50] 절대 가질 수 없는 것, 즉 태어나지 않는 것, 존재하지 않는 것, 무가 되는 것 등은 인간의 손에 좌우되지 않는다. 하지만 "두 번째로 좋은 것은 일찍 죽는 것이다." 니체Friedrich Nietzsche는 호메로스Homeros[51]의 관점에서 "일찍 죽는 것이 가장 나쁘고, 그다음으로 나쁜 것은 죽어야만 한다는 것이다"라고 했다. 이렇게 실레노스의 지혜는 뒤집힌다.

자본주의의 적은 자본주의

아카데미와 헬레니즘의 철학

고대와 중세의 정치철학은 자발적인 자기 통제의 일종인 '(도)덕'을 '교육'함으로써 인간의 열정을 완화하려 했다. '교육의 목적'은 겉은 '(도)덕'이었지만, 실제 속내는 지배계급에 의한 피지배계급의 통치 원리였다. 왕과 귀족이 추구하는 이해관계에 접근할 생각을 아예 하지 못하도록 한 것이다. 그러한 '(도)덕'은 종교 담당이었다. 여기서 우리는 가끔 언급되는 교육에 대한 역사적 배경을 간단히 살펴보고자 한다. '인간의 열정을 완하하려 했다'는 고대 및 중세의 교육기관과 목적에 대한 이해가 필요하기 때문이다.

교육은 기원전 385년, 청년들의 심신을 수양시켜 국정에 공헌할 인물을 배출하려는 목적으로 플라톤이 고대 그리스의 아테네에서 북서쪽에 있는 영웅신 아카데모스Academos의 신역에 세운 아카데미아에서 유래했다. 이곳은 플라톤 철학의 본산으로, 고대 그리스 신화에서 아테네 여신에게 바치는 올리브 나무 정원 내 또는 옆에 위치했으며, 이 정원은 원래 주인인 아카데모스의 이름을 따서 아카데미아로 불렀다. 아카데미아는 인접한 도시국가에서도 존중받았으며 수많은 전쟁 중에도 파괴를 면했다.

철학을 비롯해 수학·음악·천문학 등을 가르쳤고, 동시에 사회에 유익한 인재를 배출하기 위해 웅변술인 수사학을 가르치기도 했다. 아테네가 로마제국의 지배하에 있을 때도 유지되었으나, 529년 동로마 제국의 황제였던 유스티니아누스 1세Justinianus I가 아카데미아에서 가르치는 철학을 이교사상異敎思想으로 지목하면서 폐쇄되었다. 이후 13~14세기 사이에 서유럽의 대학에서 기존의 과목 외에 새로운 학문정신과 학문 분야가 발전했고 이에 발맞춰 새로운 학자 집단이 형성되었다. 귀족이나 왕실의 비호 아래 있던 이 집단을 아카데미라 부르기 시작했다. 이탈리아를 중심으로 15~16세기에 이르러 융성기를 맞이해 대학universitas이라는 명칭이 일반화될 때까지 중등·고등 교육기관을 뜻하는 단어로 쓰였으며 그 외에도 과학·예술 단체를 뜻하기도 했다. 영화 부문에도 '아카데미 상'이 있다는 점에서 오늘날 아카데미가 과학과 예술을 포함하는 폭넓은 의미로 쓰이는 것을 알 수 있다.

엄밀히 보면, 플라톤 시대에는 학교에서 가르칠 만한 특별한 교육 커리큘럼이 없었을 것이다. 오히려 플라톤(그리고 아마도 그의 동료들)이 다른 사람이 연구하고 해결할 문제를 제시하고 문답하는 형식이 차지하는 비중이 컸을 것이다. 강의 내용도 수사학의 대화법 강의가 더 일반적이었을 것이다. 플라톤의《국가》에서 논의된 교육과 밀접하게 관련 있을 것으로 추정되기도 한다. 플라톤의《대화》에서 다루는 철학적 주제뿐 아니라 수학적 문제 풀이도 포함됐을 것으로 추정한다. 예컨대, '어떤 균일하고 정규화된 운동을 가정함으로써 행성 운동과 관련된 겉보기 현상을 구할 수 있는가?'처럼 오늘날 과학적 연구로 간주될 만한 것들에 대한 질문이 포함되어 있었다.

일반적으로 플라톤의 아카데미는 고대 세계에서 정치인이 되고자 하는 사람을 위한 학교로 자주 언급되며 유명한 졸업생을 배출했다. 아카데미의 마지막 장면은 기원전 88년 미트리다테스 전쟁

the First Mithridatic War으로 기록된다. 기원전 86년에 루키우스 코르넬리우스 술라Lucius Cornelius Sulla가 아테네를 포위하고 도시를 정복하면서 아카데미를 폐쇄했다. 당시 아카데미는 '정치적 교육'에 다분히 치중하고 있었거나, 플라톤이 제기한 수많은 질문 가운데 소위 종교적 권위에 도전하는 내용이었을 수도 있다. 어쩌면 아카데미를 유지 발전시키는 데 가장 강력한 충분조건, 즉 국가의 '재정적 지원' 중단이 폐쇄의 결정적 요인이었을 수 있다. 국가가 지원하던 아카데미가 더 이상 교육을 제공할 수 없게 되었다고 해서 교육에 대한 인간의 본능적 욕구마저 폐쇄되지는 않는다. 아테네에는 당초 아카데미와는 역사적 연결성이 전혀 없는 신플라토니스트들에 의해 사적인 교육기관이 설립되었던 것으로 보인다. 사실상 그리스 교육기관인 아카데미는 세속적인 인간이 더욱더 편안하고 안전한 삶을 추구하는 헬레니즘 문화의 기원이 된다.

알렉산더 대왕의 정복 전쟁으로 새로운 도시를 건설하고 문화 전파를 위한 정책을 전개하는 과정에서 그리스는 각 정복지 주민에게 교육과 동화의 기회를 제공하는 인프라가 되었다. 그리스어와 문화는 중동, 중앙아시아, 인도 북부까지 영향을 미쳤으며, 간다라 미술이 그리스 조각의 영향을 받은 것으로 이해되고 있다. 아테네에서 새롭게 성장하던 고대 그리스 철학은 헬레니즘으로 세계에 전파되었고 전보다 훨씬 더 광범위한 학문적 탐구와 그 결과를 낳았다. 아테네와 튀르키예, 그리스 사이에 위치한 작은 로도스 섬 그리고 이집트의 알렉산드리아 등이 동서양 문명이 교차되는 교육의 메카로 부상하게 된다. 짐작하겠지만, 중세의 교육은 고대의 정치적 수사학과 달리 종교적 해석을 좀 더 강화하는 방향으로 학습과 학문을 주도했기 때문에 안티오크Antioch와 같은 중동 지역은 한때 기독교를 그리스어로 전파하는 주요한 거점이 되었다.

헬레니즘 과학은 무엇보다 다양한 제국의 다양한 사상과 철학, 주민들의 생각을 받아들이고, 헬레니즘 시대 왕들의 지원을 받아 발전했다는 점에서 고대 그리스 과학의 발전과는 양상이 달랐다. 이것이 기원전 3세기경 이집트의 알렉산드리아가 지중해 과학의 중심지가 된 배경이며, 이 같은 과학 탐구의 결과로 5세기경 신라와 교역이 이루어졌다는 사실에 주목할 필요가 있다. 초기에는 몰랐겠지만 중세로 이동하는 전환기적 시대에 헬레니즘 과학은 종교적 관점에서 상당한 위협세력이 되었다.

오직 '신'만이 알 수 있는 우주 천체에 대한 신비로운 비밀이 하나씩 밝혀지고 축적됨에 따라 여기에서 찾아낸 일관되고 안정적인 법칙이 속세 인간에게도 하나의 원칙으로 적용되기 시작했을 때, 의식구조를 떠나 인간은 '신'에 대한 경외심에 조금씩 작은 의문을 품기 시작했을 것이다. 특히 미술의 발전은 인간의 세속적 본성에 더욱더 다가가려는 노력을 실천했다. 자치도시 국가였던 '폴리스'가 광대한 영토의 제국 도시에 속하면서 시민의 공적 생활도 크게 변화했다. 철학사상적으로도 '특수성'의 시대에서 '보편성'의 시대로 조금씩 이동하기 시작했다.

헬레니즘 시대 폴리스의 공동체 의식은 '코스모폴리터니즘cosmo-politanism'이라는 보편적 인류 의식과 개인주의 시대정신이 그 바탕이 된다. 이러한 시대적 의식은 보편주의적 스토아학파Stoic School와

자본주의의 적은 자본주의

에피쿠로스학파Epicurus School 의 철학으로 나타났다. 먼저 스토아학파는 키프로스의 제논Zenon 이 만들었다. 스토아학파는 도시국가 중심의 정치적 삶을 강조한 플라톤이나 아리스토텔레스와 달리 개인의 행복과 세계시민적 삶을 중시했다. 거대한 형이상학적 철학체계와 이상주의 요소는 약화되고 현실에서 행복을 추구하기 위한 개인의 지혜와 윤리적 삶을 중요하게 여겼다. 이들에게 철학이란 금욕과 절제를 통해 개인에게 행복을 얻을 힘을 주는 학문이었다. 이를 위해서 자연과 일치된 삶을 추구했다. 인생의 목표인 행복을 위해서는 이성의 길을 따라야 하는데, 특히 부동심의 경지를 강조했다. 교육의 목적은 '윤리학'의 실천이었다. 이들은 형이상학적이며 이성적·계산적·추상적 삶과 윤리보다 삶의 깨달음과 지혜(즉 형이하학적 물음)를 중시했다. 4세기 남짓 그리스·로마의 수많은 지식인이 스토아주의의 영향 아래 있었다.

철학과 종교의 경계선이 뚜렷하지 않던 시기에 헬레니즘 철학은 종교와도 결합한다. 인간의 사상과 철학에 자연과학적 탐구심이 융합될 때 사회는 크게 진화한다. 그리고 그러한 진화의 과정은 현대 물리학의 다양한 실존적 개념의 토대를 이루는 근본적 질문의 틀이 된다. 그 진화의 관점은 순수하게 인간이 주도한다. 인간이 주도하기에 단 하나의 정형화된 답을 늘 '옳은 답'으로 정의하거나 규제하지 않는다. 인간의 자유로운 본성에 근거하기 때문이다. 에피쿠로스학파는 인생관과 삶의 양식을 포괄하는 윤리체계를 주장한다. 자연학에서 에피쿠로스주의는 기계적인 인과관계가 있는 원자론을 강조한다. 원인이 필연적 결과를 낳는 것을 방해하는 원자의 자연발생적 운동 또는 '일탈'을 인정하고 설명한다. 에피쿠로스주의의 윤리학은 소박한 쾌락을 선으로 본다. 최고선과 궁극의 목적을 고통이 없는 몸과 마음의 상태와 동일시하며, 모든 인간관계를 효용의 원리로 환원하고, 모든 욕망의 제한과 덕의 실천, 은둔 생활을 지지한다. 여기서 소박한 쾌락이란 결코 방탕한 생활을 의미하지 않는다. 인간도 원자로 구성된 결합물, 즉 물리적 대상일 뿐이기에 '변화에 대한 불확실성'을 인정한다.

인간의 삶과 죽음도 원자운동으로 해석한다. 즉 삶이란 원자의 집합이 안정된 상태로 동일성을 유지하는 기간이고, 죽음은 복합체를 구성하고 있는 원자가 다시 해체되어 허공으로 돌아가는 상태로 본다. 인간이 죽으면 원자의 구성체인 신체와 정신은 개별 원자로 분해되고 소멸함으로써 사후에는 아무것도 남지 않는다고 본다. 그러니 세계와 마찬가지로 인간도 우연의 산물인 것이다. 소크라테스나 플라톤이 주장한 영혼불멸설은 원자론에서 부정된다. 자연의 목적함수는 환상적 목표일 따름이다. 따라서 신이 세계를 움직이지 않는다. 만일 신이 존재한다면 그의 원자적 일관성이 투명하게 설명되어야 한다. 따라서 모든 존재가 원자의 우연한 결합과 분리에 의해 운동하는데 신이 개입할 여지는 없고, 신은 인간과 완전히 동떨어진 존재다.

결국 신이 인간의 운명을 좌우한다는 믿음으로 인한 두려움의 근거가 사라지게 된다. 근대 종교개혁의 사상적 토대는 이미 헬레니즘 시대 에피쿠로스학파의 원자론에서 언급되고 있다. 그들에게 사물에 대한 인식이 어디에서 출발하는지 물어본다면 어떻게 답을

자본주의의 적은 자본주의

할까? 볼 수 없는 것, 그러한 의미에서 사물이 아닌 것은 인간의 인식을 자극할 수가 없다. 발견할 수 없는 것을 발견하려는 노력은 인식에서 벗어난 무모한 시도다. 개별적·구체적 사물에서 인식이 시작된다는 점에서, 니체의 '신은 죽었다'라는 명제에 대한 근본적인 사상이 된다.

사도 바오로가 두 번째 선교 여행 중에 아테네에서 예수와 부활에 관한 복음을 전할 때 논쟁을 벌인 그리스 철학자들 가운데 바로 이들이 있었다는 이야기도 있다.[52] 아울러 다시 분명히 하건대 그들이 말하는 쾌락은 육체적이거나 일시적인 즐거움을 탐닉하는 결과론적 사실이 아니다. 그들은 인간에게 최고의 기쁨은 정신적이고 지적인 탐구를 통해서 얻어진다고 했다. 그들은 중용을 강조하면서 합리적인 통찰력을 갖고 지나침을 피하는 균형 잡힌 삶을 살아야 한다고 가르쳤다. 결론적으로 종교나 의식도 아무런 의미가 없는 것으로 여겼으며 그 결과 신들도 두려움의 대상으로 생각하지 않았다. 오히려 죽음이나 신에 대한 두려움에서 자유로워질 때 인간은 비로소 고통 없는 평화로운 삶을 살아갈 수 있게 된다. 이를 위해서는 자신의 미래를 결정할 수 있는 '자유의지'를 잘 활용해야만 한다는 것이 그들의 생각이었다.[53]

철학과 국가

하이에크Friedrich Hayek의 《노예의 길》은 정부가 국민을 위해 무엇을 해줄지에 얽매이면, 이는 곧 '노예의 길'로 들어서는 것이라고 말한다. 어느 방향으로든 집착을 버리지 못하면 그 집착의 형태는 '노예의 길'을 따르게 된다. 따라서 그 반대의 경우도 성립한다. 종교에 대한 인간의 집착도 노예의 길을 만드는 방향일 수 있다. 케네디John F. Kennedy의 말처럼, "국가가 여러분을 위해 무엇을 해줄 것인가를 묻지 말고, 여러분이 국가를 위해 무엇을 할 것인가?"를 물어야 한다. 하지만 이러한 물음이 맹목적이고 제국주의적이며 국가주의적 관점에서 국민이 국가를 위해 반드시 무엇인가를 해야 한다는 방향으로 나아간다면 그 역시 올바른 국가와 국민의 역할 정의가 아니다.

대한민국 헌법 1조 1항은 다음과 같다. "대한민국은 민주 공화국이다." 공화국은 왕정이 아니라 국민에게 주권이 있다는 의미고, 민주주의라 함은 1인 혹은 소수에 의한 지배가 아니라 국민에 의한 지배라는 뜻이다. 여기서 '지배'라는 말이 강하게 느껴진다면 '주인'이라는 말이 더 합당하겠다. 모든 국민이 어떠한 차별도 없이 나라와 국가의 주인이 되고 이러한 목적이 공적 영역으로 확산될 때, 정치의 궁극적 가치는 국민과 국가의 지속적인 생명력에 있다. 국민 개개인이 국가라는 하나의 공동체 집단에 '속하는' 이유는 각 개인의 자유로운 삶과 가치 있는 삶을 보장한다는 전제가 있기 때문이다. 물론 여기에서 '속한다'는 의미는 '피지배적인' 개념이 아니라 지극히 '능동적인' 개념이다.

자유는 모든 국민이 삶을 살아가는 과정, 관계를 맺을 때나 인간 스스로 내면의 지적·사회적 지평을 넓혀가는 과정에서 공유하

자본주의의 적은 자본주의

는 가치를 말한다. 자유는 강하고, 미래의 행복을 목표로 한다. 길거리를 지나면서 배고픈 사람이 빵 하나를 먹고 싶을 때 먹을 수 있는 그것이 자유다. 《레미제라블》의 장발장은 빵을 훔쳤다는 죄목으로 총 19년의 옥고를 치른다. 1862년 출간된 빅토르 위고Victor Hugo의 '장발장'은 '자유'를 이야기한다. 1832년 프랑스 6월 봉기의 시대 상황을 대변한다. 프랑스 민중의 비참한 삶을 이야기한다. 민중에 대한 작가의 관심과 사회개혁 의지를 보여주는 사회소설로 분류되기도 하나 한편으로는 인간의 죄와 구원에 대한 실천적인 해법은 무엇인가에 대한 작가의 질문과 해법이기도 하다. 실제로 시민혁명에 동참했다가 정부군의 진압으로 부상을 당한 마리우스를 장발장이 하수도를 통해 피신시키는 장면은 작가의 사회운동에 대한 관심과 지지뿐 아니라 죄와 구원을 향한 실천적 행위와 열망을 보여준다. 미래는 현재의 문제를 풀고자 하는 용감한 사람의 것이며, 자신과 타인에게 '자유'라는 가치를 인정해주는 과정의 시간표다.

종교와 철학은 중세의 이야기다. 정치와 철학의 상관성은 근대 사상사의 기조가 된다. 국가와 경제의 상관성은 근대정치와 철학을 기반으로 한다. 중세까지 인간은 자연과 신에 대한 경외심에 큰 의문을 갖지 않았다. 하지만 중세 이후 과학이 발전하면서 인류가 지금껏 풀지 못했던 우주 천체의 비밀을 조금씩 알아가기 시작했다. 과학의 발전은 자연의 신비에 대해 인간이 가지고 있던 의문에 답을 주었고 인간은 결국 '신'에 대해 실존적 의문을 품을 수밖에 없었다. 원시사회부터 가지고 있었던 자연에 대한 경외심과 그것을 기반으로 했던 정치체제, 종교가 주장하던 사랑과 평화를 가진 절대적 권위의 하나님에 대해 의구심을 품게 된 것이다. 그리고 드디어 과학은 근대 철학의 새로운 지평을 열게 된다.

자유와 민주주의 그리고 평등의 모습과 정의는 미국과 유럽에서 사뭇 다르다. 마르크스와 엥겔스Friedrich Engels는 고대 그리스의 정치와 경제 관계를 뒤집는다. 고대 그리스인은 진정 가치 있는 삶은 경제적 문제가 배제된 '공적 영역'에서 가능하고, 자유는 '폴리스', 즉 '도시국가'에서만 가능하다고 보았다. 반면 마르크스와 엥겔스는 모든 가치는 '노동'에서 나오고 자유는 국가가 소멸될 때 가능해진다고 주장했다. 한나 아렌트Hannah Arendt가 서양 정치사상의 전통이 마르크스에 와서 끝났다고 선언한 이유다. 국가는 철폐되는 것이 아니라 소멸된다. 국가가 진정한 사회 전체의 대표로 수립되기 위해서 행하는 조치, 즉 사회의 이름으로 생산수단을 장악하는 것은 국가로서 행하는 마지막 조치가 될 것이다.

사회관계에 대한 국가의 개입은 각 영역에서 점차 불필요해지고, 국가는 결국 스스로 소멸한다. 인간에 의한 통치는 사물에 의한 행정으로 대체되고 결국 생산 과정의 진행으로 대체된다. 철학자로서 카를 마르크스가 자본주의를 유럽 문명에 대한 가장 큰 위협으로 간주했다면 니체는 '허무주의nihilism'가 유럽 문명을 멸망으로 이끌고 있다고 진단했다. 니체는 비극의 기원을 찾아야 한다고 주장했다. 그는 고대 그리스 철학과 문학 등 문명의 정수를 '비극'에서 찾았다. 그 비극을 떠받치는 것이 '디오니소스적 세계관'이다. 니체가 1872년에 출판한 《비극의 탄생》의 원래 제목은 '그리스 비극의 탄생'이었다.

자본주의의 적은 자본주의

성경 《창세기》에는 인간과 신의 가치체계로 양극단인 '선善'과 '악惡' 두 가지가 나온다. 니체가 끄집어내려 했던 것은 이 '선과 악' 사이/경계에 존재하는 그 무엇이다. 니체는 허무주의의 근원을 소크라테스의 형이상학에서부터 지극히 인간적인 쾌락과 엑스터시에 이르기까지 곳곳에 숨어 있는 인간의 진정한 자아를 찾아낸다. '신'의 영역을 빌려 설명하지 않고, 지극히 인간적이며 형이하학적인 '생각'을 근거로 '철학적 가치'를 추구했다. 이 두 가지가 버무려져 있는 곳, 즉 니체가 '신은 죽었다'고 한 그 묘지는 중세 기독교와 신학이었다. 즉 소크라테스 – 플라톤 – 아우구스티누스Aurelius Augustinus – 토마스 아퀴나스Thomas Aquinas – 중세 기독교 신학으로 이어지는 과정에서, 니체는 유럽 문명이 허무주의적 멸망으로 가고 있다고 판단한다. 유럽 중세 기독교가 몰락했다고 봤기 때문이다. '신은 죽었다'는 유명한 명제는 형이상학적 문제, 즉 '현세에서 내세로 어떻게 나아갈 것인가?'라는 문제에 대해 중세 기독교의 답이 설득력을 잃어버린 상황을 묘사한 것이다.

기독교는 대자연의 원상原像을 얘기한다. 개체화된 인간에게는 너무나 벅찬 공포와 전율의 형상이다. 장엄한 대자연의 파노라마 앞에서 가슴이 터질 듯한 감흥을 느껴본 적이 있을 것이다. 하지만 세계의 원상은 이와 비교할 수 없는 너무나 벅차고 엄청난 형상이다. 대우주가 역사하는 엄청난 굉음, 별이 뿜어내는 강렬한 원초적 빛과 열기 그리고 차원을 가늠할 수 없는 대자연의 미스터리 등 인간이 감당하지 못할 세계가 도처에 산재해 있다. 하지만 이러한 원상 앞에서 삶을 가능케 하려면 일종의 보호막이 필요하다.

니체는 태양의 신 아폴론Apollon을 이러한 보호막으로 해석한다. 아폴론은 '빛을 발하는 자'로서 마음속에 있는 환상세계의 아름다운 가상假像도 지배한다. 가시덩굴에서 장미꽃이 피듯이, 아폴론은 공포와 전율의 원초적 무질서에서 환희에 찬 우주를 창출한다. 따라서 개개의 인간은 아폴론이 조형해주는 가상을 조용히 관조함으로써 폭풍 노도의 바다 한가운데 떠 있는 조각배 안에서도 태연히 앉아 있을 수 있다. 그런데 니체는 아폴론이 조형하는 아름다운 가상이 깨어지지 않으려면 넘어서는 안 될 미묘한 선이 있다고 말한다. 그것은 개체의 한계를 지켜주는 절제와 중용 그리고 예지에 찬 평정이다. 이 선을 넘어 과도함의 상태로 들어가면 개체의 한계는 허물어지고 가상은 사라지고 만다. 예기치 않은 과오와 이탈로 인해 개체의 원리가 깨어질 때 디오니소스적 충동이 솟아난다.

'디오니소스스적인 것'의 마력하에서는 개인과 개인 간의 벽뿐 아니라 인간과 자연 간의 벽 또한 허물어지고 서로 화해하는 대향연이 일어난다. 자연의 가장 내밀한 곳으로부터 공포와 전율이 환희, 희열과 함께 솟아오른다. 제우스Zeus와 인간 세멜레Semele의 몸에서 태어난 디오니소스는 타고난 본성이 세계의 원상과 밀착되어 있다. 이제 인간은 개체들 사이에 놓인 일체의 제한성이 파괴되어 대자연의 도도한 흐름에 동참한다. 인간 스스로가 자연이 되는 것이다. 니체에게 디오니소스는 초인超人이요, '차라투스트라Zarathustra'였다. 차라투스트라는 영겁회귀永劫回歸, 즉 영원한 시간은 원형을 이루고, 그 안에서 우주와 인생이 영원히 되풀이된다고 보았다.

인간의 귀와 눈은 한계가 있다. 너무 큰 소리나 지나치게 밝은 빛

자본주의의 적은 자본주의

은 감당할 수 없다. 인간의 몸은 너무 뜨겁거나 차가운 기운을 견디지 못한다. 마찬가지로 우리는 과도한 기쁨이나 슬픔도 감내하기 어렵다. 기쁨과 슬픔 같은 감정이 지나치면 미칠 지경이 되거나 미쳐버린다. 심하면 죽음에 이르기도 한다. 아폴론의 절제와 중용이 이를 방지해준다. 인도의 붓다도 이와 같은 경계선의 극복을 '중도中道'라 했다. 중도사상의 가장 기본적인 형태는 즐거움과 괴로움, 있음과 없음, 생함과 멸함, 단견과 상견 등 상대적인 양극단에 집착하지 않는 것이다. 따라서 '중도'의 입장에서 세계를 보면 일체의 법은 있는 것도 아니고 없는 것도 아니며, 동시에 있기도 하고 없기도 하다.[54]

니체에게 중도는 그리스 비극으로 묘사된다. 지극히 '아폴론적인 것'과 지극히 '디오니소스적인 것' 간의 투쟁과 화해의 산물이다. 아폴론의 보호막은 우리를 평안하게 지켜주기도 하지만 약동하는 생명력을 앗아가기도 한다. 그리하여 디오니소스는 아폴론의 보호막을 확 찢어버리고 시들어가는 몸체에 매우 위험스럽긴 하지만, 원초적인 생명의 에너지를 쏟아붓는다. 그러니 비극의 궁극적인 본질은 아폴론의 가상을 넘어선 디오니소스에 대한 찬양의 합창, '디티람보스Dithyrambos'인 셈이다. 합리주의에 뿌리를 둔 유럽 시민사회의 편협함과 고루함에 질식할 것 같았던 생生의 철학자 니체에게 산소 같은 바람을 불어준 것은 '아폴론적인 것'에 대비되는 '디오니소스적인 것'이었다. '신'이기보다 '인간적'이기를 더 바란 것이다.

쇼펜하우어Arthur Schopenhauer는 《의지와 표상으로서의 세계》에서 모든 형태의 비극이 특유의 숭고함을 느끼게 하는 것은 이 세상과 삶을 통해 진정한 만족을 느낄 수 없으며, 따라서 거기에 집착할 아무런 가치가 없음을 깨닫게 해주기 때문이라고 했다. 이것이 비극의 정신이다. 이는 자연히 체념으로 이어진다. 그렇지만 니체에게 비극은 세상에 대한 체념을 종용하는 것이 아니라, 오히려 고통 속에서도 삶을 의기양양하게triumphant 긍정할 수 있게 해주는 것이다. 니체는 비극의 신화에서 실존에 대한 강력한 긍정을 찾아낸다. 신화 없이 모든 문화는 건강하고 자연스러운 창조력을 상실한다. 오직 신화로 규정된 지평선만이 한 문화를 완성하고 통일시킨다. 신화만이 모든 상상력을 보전하고, 방향을 잃고 헤매는 아폴론적인 꿈을 구해줄 수 있으며, 신화적 토대보다 신화로부터 발전한 종교와 국가와의 연결을 보장해주는 그 이상의 더 강력한 불문율은 없다고 주장한다. 비극과 고통은 어떤 관계인가? 마르틴 하이데거Martin Heidegger는 "고통은 우리가 짐작하지 못하는 지점에서 그 치유력을 선물한다"라고 썼다. 하이데거는 고통에 대한 질문을 존재로부터 출발해 다루고자 한다. 고로 '존재는 곧 고통이다.' 이 부분에 대한 정치, 경제 및 철학적 설명은 뒤에서 좀 더 자세히 다루고자 한다.

마르크스의 1841년 박사학위 논문은 《데모크리토스와 에피쿠로스 자연철학의 차이》였다. 그는 고전에 대한 해박한 지식을 바탕으로 고대 그리스의 '정치'를 전복시킨다. 고대 그리스인은 '경제'를 의식주 해결을 위한 노동의 영역, 즉 생존을 위한 '수단'으로 간주하고 '정치'를 '그 자체로 의미 있는 일', '그 자체가 목적인 일'을 할 수 있는 영역으로 간주한다. 그는 당시 애덤 스미스나 리카도와 같이 모든 가치는 '노동'에서 나온다는 '노동 가치설'을 주장한다. 추

자본주의의 적은 자본주의

상적인 인간 노동이 유용한 물건 속에 객관화되고 실체화되었기 때문에 가치를 가진다. 그 가치는 어떻게 측정할 수 있는가? 그 물건이 포함하고 있는 '가치-창조의 요소', 즉 노동의 양을 통해서다. 이 양은 노동이 지속된 시간으로 측정되고, 구체적으로 시간, 날짜 등의 단위로 측정할 수 있다. 모든 가치는 노동에 의해서, 즉 '경제'의 영역에서 창조되는 반면 '정치'의 영역은 경제적 토대에 의해 규정되는 '상부구조superstructure'에 불과하다. 물질적 삶의 생산양식은 사회적·정치적·지적인 삶의 전반적인 과정을 규정한다. 인간의 존재를 규정하는 것은 그들의 의식이 아니라, 그들의 사회적 존재다. 특정 발전 단계에 도달하면 사회의 물질적 생산력은 기존의 생산관계 혹은 법률적 용어로 표현하면 지금까지 작동하던 소유관계의 틀과 충돌하기 마련이다. 이들 관계는 생산력의 발전 형태와 단계에서 그것을 저해하는 요소로 바뀐다. 그때부터 혁명의 시대가 시작된다. 경제적 토대의 변화는 조만간 거대한 상부구조 전체의 변화로 이어진다.[55]

엥겔스는 경제적 토대의 반영에 불과한 '상부구조'인 국가마저 공산주의가 도래하고 생산관계의 계급적 모순이 사라지면 쓰러지고 말 것이라고 했다. 마르크르주의 철학은 기본적으로 이성에 대한 신뢰에 기초한다. 하지만 문제는 어떤 '이성'인가에 있다. 18세기 프랑스 철학을 비롯해 근대 철학은 현존하는 모든 것을 유일하게 심판하는 자로서 '이성'을 주장했다. 엥겔스가 보기에 그들은 이성국가, 이성사회 수립을 요구했으며 이성과 모순되는 모든 것을 무자비하게 제거할 것을 요구했는데, "이 영원한 이성이란 사실상 바로 그 시기에 부르주아지로 발전하고 있던 중간 시민의 이상화된 오성悟性에 불과했다." 기존의 이성은 절대화된 영원한 이성으로 현실의 계급 지배를 영구히 하려는 시도라는 비판이다. 이성은 자기 발전 과정이 아니라 역사적으로 형성된 산물일 뿐인데, 특히 근대 철학에서 이성은 새로운 지배계급으로 부상하는 부르주아지의 이해를 대변한다. 그러므로 마르크스에게 근대 철학의 극복은 이론적 과제 이전에 현실의 억압적 지배질서를 변혁시켜나가는 실천적 과제였다.

서구 마르크스주의는 몇 가지 방향에서 정통 마르크스주의의 한계를 지적하고 보완하거나 수정하는 방향으로 나아갔다. 먼저 마르크스 철학의 가장 큰 특징인 변증법적 사고 형성에 큰 영향을 준 헤겔 철학을 바라보는 태도가 서로 다르다. 베른슈타인Eduard Bernstein은 마르크스 철학에서 헤겔을 제거하는 방향으로, 루카치Lukács György와 프랑크푸르트학파는 서로 다른 방식으로 헤겔을 재구성함으로써 한계를 넘어서고자 했다. 또한 프랑크푸르트학파는 근대 철학을 극복하려는 또 하나의 흐름인 정신분석학의 문제의식을 비판적으로 받아들임으로써 마르크스주의 철학의 지평을 새롭게 열었다.

정치사상은 니체에게 많은 빚을 지고 있다. 비극의 세계는 곧 정치의 세계다. 니체는 비극 세계의 회복만이 소크라테스의 형이상학이 잉태한 허무주의로 인해 서구 근대문명이 몰락하는 것을 막을 수 있다고 믿었다. 니체는 '정치'의 근간인 비극을 그 근원과 논리를 파헤치면서 복원하고자 했다. 18세기 후반 이후 산업혁명에 성공한 국가에서 한때 노예, 농노, 노비였던 다수의 인구가 과거에는 극소수 특권층만 누릴 수 있었던 '여가'를 누리기 시작한다. 그리고 이 '여가'를 이용해 '학교'에서 교육을 받는 '중산층'은 '참정권'을 요구하면서 '민주화 혁명'을 일으켜 '시민'이 된다. 자본주의 산업혁명은 수많은 사람에게 처음으로 고대 그리스가 발명한 '정치'에 참여할 수 있는 조건을 제공한다. 근대 서양은 이렇게 본격적인 '정치'의 시대에 접어들고 있었다.

근대 철학 개요

철혈鐵血 수상, 프로이센의 비스마르크Otto von Bismarck[56]는 "정치는 가능한 것, 달성할 수 있는 것의 예술이다. 다시 말해서 차선책의 예술이다"라고 정의했다. 갤브레이스John Galbraith는 여기서 한 발 더 들어간다. "정치는 가능한 것의 예술이 아니다. 정치란 처참한 것과 밥맛 떨어지는 것 중에서 선택하는 것이다." 둘 다 정치는 이상적이거나 완벽한 것을 추구해서는 안 된다는 점을 강조한다. 하지만 실제로 모든 갈등과 모순이 사라진 이상국가를 건설할 수 없는 이유는 인간이 가장 소중하다고 생각하고 절대적이라고 여기는 가치가 서로 조화될 수 없기 때문이다.

예컨대 완벽한 자유는 완벽한 평등과 양립할 수 없다. 완벽한 평등은 인간의 자유가 제한되어야만 가능하기 때문이다. '정의'는 인류의 이상이지만 '자비'와 반드시 조화를 이루지는 않는다. 창의력과 상상력과 순발력은 모두 멋지지만, 계획을 짜고 조직을 만들고 신중하게 책임을 다하는 숙고와는 완벽하게 조화될 수 없다. 지식, 진리의 추구 등 가장 숭고한 목표는 행복, 자유와 항상 양립할 수 없다. 우리는 평화와 열정 중에서, 지식과 행복한 무지Blissful ignorance 중에서 항상 선택을 하는 숙제를 풀어야 한다.

근대 철학은 서구의 역사에서 최근에 생겨난 사상적 조류의 묶음이지만 그 어느 시기보다 다양하고 풍요로우며 서로 대립되는 내용까지 함축하고 있다. 근대 철학의 이러한 특성은 근대 세계의 역동성을 반영하는 것인 동시에 다른 한편으로는 근대인의 삶이 그에 못지않게 파편화되었음을 의미하기도 한다. 근대 철학을 이해하기 위해서는 르네상스 이후 근대 세계의 전개 과정에서 두드러진 흐름, 즉 근대 철학의 시대적 배경을 먼저 알아야 한다. 이와 같은 작업은 시대 변화의 맥락과 철학사상의 연관을 탐구하는 지성사의 과제다. 그리고 시대와의 연관을 도외시하고, 철학사상 자체의 이론적 정합성과 철학자들 사이의 관계와 영향에 초점을 맞추는 시도 역시 근대 철학의 시대적 과제였다. 지성사적 과제와 철학사적 과제가 적절하게 조화를 이룰 때 근대 철학에 대한 통찰이 가능해진다.

근대는 초인간적·몰합리적 존재의 입장에서 세계와 인간을 바라보는 지적 전제주의에서 벗어날 때 비로소 시작된다. 21세기에 살고 있어도 그러한 전망을 버리지 못하면 여전히 전근대 속 세계와 인간인 것이다. 르네상스의 시작은 그렇게 새로운 지적·문화적 운동을 촉발한다. 이 운동의 학문적·예술적 성취가 신을 대상으로 삼고 있다 해도 우리는 그것이 고대 그리스의 정신을 바탕으로 한 인문주의적 기획의 산물임을 알게 된다. 초인간적 존재는 세계를

자본주의의 적은 자본주의

단 하나의 눈으로 바라보지만, 인간은 인간의 숫자만큼이나 다양한 시선으로 세계를 본다. 이를 '견見'이라 한다. 우리가 간과하기 쉬운, 다양성에 대한 이러한 존중이 근대 인문주의 운동의 진정한 성과라 할 수 있다.

르네상스 시대에서 우리는 단테Alighieri Dante를 지나쳐서는 안 된다. 그는 신학자이자 철학자이며 자신의 사상을 탁월한 시로 표현한 위대한 시인이기도 하다. 《신곡》에서 단테는 베르길리우스의 안내를 받고 시의 여신의 도움을 받기는 하지만 "이 모든 것을 내가 노래한다"고 선언한다. 근대의 자각적 정신의 발로다. 마키아벨리는 신과 전통을 뒤로 던져버리고 과감하게 권력과 이익을 향해 나가라고 촉구한다. 이들은 후대의 근대 철학자, 즉 르네 데카르트의 '주체 선언', 토머스 홉스Thomas Hobbes의 '현실 권력 정치'의 배경이다. 근대 지성사에서 고려해야만 하는 주요한 계기가 있는데 바로 30년 전쟁(1618~1648)과 프랑스 혁명(1789)이다.

같은 신을 믿으면서도 가톨릭과 프로테스탄트로 갈라진 두 세력 사이의 투쟁에서 시작된 30년 전쟁은, 초인적인 신의 지배로 유지되던 세계가 마침내 무너지고 국가의 지배가 자리 잡게 된 사건이다. 국가 지배권을 쥐려는 정치세력의 싸움이 아니라 종파 간 싸움이 종교 그 자체를 무너뜨린다. 이제 인간은 인간의 문제만을 다룰 수 있게 되었다거나, 다양한 인간의 모습 중에서 무엇을 기준으로 삼아야 할지가 또 다른 문제로 등장한다.

데카르트는 '나의 생각'이 진리의 기준이라고 한다. 스피노자, 라이프니츠Gottfried Leibniz 등과 같은 이른바 대륙의 합리론자는 이처럼 인간의 이성이 진리의 규준이자 진리의 생산자임을 보여주려 했다. 영국에서는 로크, 버클리George Berkeley, 흄 등이 이성이 아닌 감각을 통한 경험을 진리의 기준으로 내세웠으나, 인간의 경험을 주장했다는 점에서 대륙의 합리론자와 마찬가지로 이들도 인간중심주의자였다. 즉 서구 근대 철학사의 맥락에서 학설의 이론에 차이가 있다고 볼 수 있으나 지성사의 맥락에서는 르네상스 이후 계속 이어진 길 위에 서 있음을 볼 수 있어야 한다. 동일성을 보유하려는 시도는 차이를 찾아내려는 노력 못지않게 중요하다.

초인적인 신의 지배에서 벗어난 근대 인간은 다양한 시각과 통로로 세계를 보려 한다. 하지만 이런 시도는 대체로 '이성 중심주의'로 귀결된다. 인간과 세계에 빛을 가져오려는 의도를 가진 프랑스 계몽주의 운동에서 '빛'은 결국 '이성의 빛'이었다.

계몽주의는 삶의 모든 국면에 개입하려는 광범위한 사상운동으로 전개되었다. 영국의 철학자 로크와 과학자 뉴턴에게 감명을 받았던 볼테르Voltaire, 세계의 지식을 자신들의 눈으로 다시 구조화하려 했던 백과전서파에 속한 디드로Denis Diderot와 달랑베르Jean Le Rond d'Alembert 등은 계몽주의에서 반드시 거론되어야 하는 인물이다. 우리는 시대의 요구와 그에 상응하는 사상적 통일, 현실적 실현 노력의 합치를 목격할 수 있다. 프랑스 혁명 이후 세계는 더 이상 인간과 신의 싸움이 아니라 인간과 인간, 더 정확하게는 인간 집단과 인간 집단의 싸움이 벌어지는 곳으로 변화했다. 지배계급과 피지배계급의 대립과 투쟁은 근대 이후 오늘날까지 세계를 이해하고 파악하는 기본적인 분석 입장 중의 하나다. 이에 따라 우리는 프랑스 혁명 이후의 철학사상가를 지성사적 맥락에서 이야기할 때 대체로 그들의 정치적 입장을 가리키는 수식어를 사용한다. 프랑스와 영국에서 철학사상의 현실적 구현이 어느 정도 이루어졌다면 이는 이론적 정합성을 체계적으로 다듬을 기회가 결여되어 있음을 의미한다. 근대철학을 지성사적 관점에서 볼 때 우리는 영국의 철학자 흄과 경제사상가 애덤 스미스의 교류를 주목해야 한다. 하지만 철학사적으로 볼 때는 이른바 대륙의 합리론과 영국의 경험론의 종합이라는 프로이센의 칸트를 중시하게 된다.

칸트는 정치적 현실이 중세나 다름없었던 프로이센에서 선행하는 근대의 유산, 즉 인문주의적 학문 태도, 계몽주의적 이성 중심주의, 프랑스 혁명의 인간 해방 등의 한계를 비판적으로 검토하고 하나의 체계로 수렴하려 한다. 그의 중심은 '인간'이고, 이는 다시 '인간은 무엇을 알 수 있는가?', '인간은 무엇을 행해야만 하는가?', '인간은 무엇을 바꿀 수 있는가'로 나뉜다. 칸트를 비롯한 피히테J. G. Fichte, 셸링F. W. J. Schelling, 헤겔 등 독일 관념론 철학자는 철학적 체계 구축을 시도했고, 이는 철학사의 위대한 업적 중 하나로 남아 있다. 19세기 중반을 거치면서 그들의 철학적 체계는 파탄을 맞이했고, 이제 인간의 인식에 관한 탐구는 심리학과 자연과학에, 현실 문제에 대한 해결책 촉구는 사회과학에 자리를 내주게 되었다. 삶이 상승곡선을 그리는 한 인간이 행복을 느끼는 것은 본능적으로 당연한가? 철학적 가치를 다루던 칸트의 이성적 답변은 '그렇다'였다. 하지만 막스 베버Max Weber는 이를 과학적이고 실질적으로 '증명'하라고 요구한다. 따라서 카를 마르크스의 유물론은 지극히 주관적인 역사적 가치 판단이기에 구체적이고 경험적인 인과관계에 의한 보다 실질적이며 객관적인 사실을 토대로 한 과학적 접근을 강조한다. 그 결과 프로이센의 사상가 막스 베버와 그를 둘러싼 시대에서 우리는 이러한 학문 분화를 발견할 수 있다.

정치, 종교 그리고 철학

50년 전만 해도 근대 정치사상사는 종교개혁의 주인공, 루터 Martin Luther 와 칼뱅 Jean Calvin 의 개혁적 정치사상을 다루었다. 16세기 가톨릭 사상가인 토머스 모어 Thomas More 나 로버트 벨라민 Robert Bellarmine 의 사상도 근대 정치철학의 근간으로 해석되곤 했다. 하지만 최근에는 마키아벨리에 주목한다. 급격한 '시대 변화'에 따른 새로운 정치철학의 필요성 때문일까? '근대 die Neuzeit'는 '새로운 시대'를 의미한다. 새로운 시대는 곧 자연에 대한 인간의 도전이 과학의 발전으로 조금씩 승리하던 시대를 의미한다. 종교의 지배에서 인간의 지배로 바뀌는 새로운 시대를 말한다. 하지만 종교는 이러한 인간 중심의 새로운 시대를 '세속주의'가 점차 세력을 얻어가는 시기로 해석한다. 종교의 세력 약화와 신성의 상실로 우리는 오히려 어떻게 근대가 문제가 되는지를 점점 더 자세히 이해할 수 있게 된다. 이에 대한 직관적 답을 마키아벨리가 던져준다.

마키아벨리는 《로마사 논고》의 첫머리에서 자신을 새로운 인간의 상징인 크리스토퍼 콜럼버스와 암시적으로 비교했다. 그는 자신이 도덕과 정치의 세계에서 새로운 대륙을 발견하러 나섰다고 썼다. 표면상으로 고대 로마의 역사에 대해 이야기하지만, 그는 폭력이 횡행하는 르네상스 시기의 이탈리아 정치가를 위한 '군주론'을 말한다. 그 내용은 무자비하다. 분명 르네상스는 기독교 이전 고전시대의 지식이 재탄생하는 시기였으나 동시에 뭔가 새로운 것이 등장한 시기이기도 했다. 마키아벨리가 구축한 '새로운 방법이나 방식'은 기독교와 대립되는 것이다.

고대 철학과 수학은 기독교를 알지 못했다. 따라서 기독교에 대한 총체적인 도전은 사상적으로 종교학 및 과학이 담당했고, 근대에 들어서 정치에서는 마키아벨리가, 경제에서는 칼뱅과 루터의 종교개혁이 핵심이 된다. 하지만 여기에 덧붙여 아주 중요한 문제임에도 사람들이 거의 제기하지 않은 물음이 있다. 근대 정치사상에 대한 탐색은 결국 시대의 변화, 고대 농업국가에서 중세 봉건사회를 거치면서 새롭게 등장한 정치 및 경제, 사회질서에 대한 분명한 해석과 설명이었다. 농노와 같은 노예적 신분의 각성 배경, 자본가 계급의 부상과 왕권의 혼란, 종교와 정치의 갈등과 민족 대이동, 질병의 확산과 인간성에 대한 신비론과 과학의 발전 등 고대와 중세를 거치면서 경험하지 못했던 사상적 주제가 넘쳐 흘렀다. 하지만 그 누구도 이와 같은 시대 변화의 속성, 즉 '근대인의 본질은 무엇인가' 혹은 '새로운 시대 변화의 본질은 무엇인가?'에 대한 답은 쉽게 주지 못했다. 그것이 문제였다.

아리스토텔레스는 정치철학을 건축술처럼 탐구하고 정의했다. 정치가에게는 모든 인간의 생각과 행동의 동기를 살피고 각자에게 합당한 위치를 할당하는 과제가 있다는 것이다. 따라서 정치철학 역시 모든 인간의 이해관계를 적절한 질서에 따라 검토한 다음 그러한 행동이 어디에 적합한지를 생각해야 한다는, 즉 전체를 아우르는 질서를 제공해야 한다는 점을 강조한다. 아리스토텔레스가 보기에 고대 그리스의 도시국가 폴리스는 인간의 필요로 생겨났지만, 그 목표는 '훌륭한 삶'이었다. 이처럼 그리스의 정치철학에 따르면 폴리스의 삶이 인간에게는 주어진 혹은 타고난 본래의 목적이 된다. 이러한 가치는 고대 원시사회 인류의 출현부터 존재하던 생존의 본질이었다.

근대까지 이어지는 유럽의 정치사에서는 유대교나 이슬람교와는 달랐던 인간적 영역을 제외하고 정치적 영역과 종교적 영역이 정확히 일치했고, 이는 종교적 관점에서 이루어졌다. 하지만 기독교에서는 세속적 영역이 원칙적으로 독립적으로 자유롭게 조직될 수 있었다. 기독교의 자유 혹은 자율성에 대해서는 예수가 "카이사르의 것은 카이사르에게"라고 말했다는 점에서 흥미롭다. 그의 이 발언은 세속적인 일에 일정한 자율성을 부여한 것이다. 인간이 신과 같은 존재라는 점, 하지만 어떤 이유에서인지 신이 가르쳐준 방향을 따르지 않은 것 역시 인간이 가지고 있는 그 어떤 '자율성'임을 인정한 것이다. 모든 사람을 '구원'으로 이끈다는 기독교적 사명은 신성하고 본질적이다. 하지만 교회는 세속에 대한 지배를 포기하라는 요구를 받았음에도 구원이라는 사명을 위험에 빠뜨릴지도 모르는 것을 통제할 권리는 놓치지 않았다.

기독교가 제시하는 하나님의 섭리에 의하면 세속의 영역은 끝까

자본주의의 적은 자본주의

지 자유롭지 않다. 신성한 왕국과 세속적인 제국 그리고 교황과 황제 사이에 해결할 수 없는 갈등이 생겨나는 것은 기독교의 본질상 어쩔 수 없는 일이다. 20세기 철학자 크리스토퍼 도슨Christopher Dawson 등은 교회와 황제 사이의 이러한 긴장이 서구가 보이는 참다운 진보의 추진력이라고 해석한다. 하지만 근대 정치철학자들은 사태를 이런 식으로 보지 않았다. 오히려 이러한 갈등을 결정적으로 해결하려 했다. 고대 원시사회와 중세를 거치면서 그 어떤 철학자도 종교권력과 황제 권력 간 갈등 관계에 대응해 이를 해결하려 들지 않았다. 근대 정치철학자는 비로소 이 문제에 대한 인간적 해법을 제시함으로써 근대인의 면모를 갖추게 된다.

근대 정치철학은 우주와 사회에서 인간이 어떤 위치에 있는지 파악하는 것 이상을 추구한다. 근대 정치철학은 자유를 이해하고 그것을 확장하고 촉진하려 했다. 심지어 인간이 살아가는 세계의 모습을 바꾸려고 했다. 근대 정치철학은 고대와 중세의 사상체계를 뛰어넘으려 했다. 그다지 어려운 일은 아니었다. 과학의 발전은 인간과 철학자의 도전에 중요한 도구가 되어주었다. 근대 인간은 기독교 정치사상과 고대의 정치사상에 반발하면서 정치적 공동체에 대한 '시각을 낮추는' 데서 시작했다. 근대 사상가는 다양한 방식을 통해 정치에서 인간의 목적은 훌륭한 삶이 아니라 편안하고 안전한 삶일 뿐이라고 주장한다.

'훌륭한 삶'은 지배계급, 즉 왕과 귀족계급의 본질이고 이는 중세까지 신권과 함께 보장받았던 특권이었다. 하지만 보편적 인간은 더 이상 이러한 '이상적 이데아'를 추구한다고 보지 않는다. 지극히 현실적이며 세속적인 목표다. 만일 그렇지 않다면 경제학을 비롯한 모든 사회과학의 목적함수는 도저히 이루어낼 수 없는 목표를 갖게 된다. 다시 '신'에 무조건적으로 의존하는 것 말이다. 근대 철학과 사상은 다양한 방식을 통해 편안하고 안전한 삶을 추구한다는 인간의 정치적 목적은 각 주체가 스스로를 열정으로부터 해방시킴으로써 성취할 수 있다고 말한다. 다분히 역설적이다. 하지만 이러한 역설을 다시 동양적 사상과 철학으로 해석해보면, 이미 인간이 신의 본질성과 DNA를 가지고 있다는 '시적'인 설교가 아니라 인간이 곧 '신'이라는 동질성을 주장한 불교의 내용과 일치한다.

귀납법과 연역법으로 또 다른 세속적 대결과 해석이 갈라진다.[57] 서구 기독교는 자주적 독립을 말하며 신으로부터 부분적 독립만 해도 '인간의 편안하고 안락한 삶'은 '신의 삶'과 크게 다르지 않다고 거창하게 강조하지만, 동양에서는 이미 불교사상이 '인간 모두가 곧 부처다'라고 말했다. 이는 서구 근대 사상체계에서 볼 때는 단순한 개혁적 의식의 변화가 아니라 '종교혁명'에 해당한다고 할 수 있다. 그렇다면 인간이 가지고 있는 '열정'은 무엇일까? 이 열정으로부터 스스로를 해방시킴으로써 성취할 수 있다는 의미는 무엇일까? 철학과 사상이 감추고 있는 그림자가 나타내는 본질적 '열정'의 의미는 '잘 먹고 잘사는 것'이다. '해방시킨다'가 모두 종교적 가치로 회귀하라는 의미는 아닐 것이다.

앞서 언급했던 마르크스와 엥겔스 등의 사회주의 정치이론과 경제체제에 뿌리가 될 법도 한 내용이다. 스스로 '해방'시킬 수 없다면 국가와 사회 혹은 정치적 특정 이해관계 집단이 해방시킬 수밖

자본주의의 적은 자본주의

에 없지 않을까? '(도)덕'을 교육함으로써 인간의 열정을 완화할 수 있을까? 인간의 열정이 '자유의지'에 토대를 두고 있다면, 교육의 목적은 '자유의지'를 완화하거나 지배세력에 저항하는 불필요한 '부정적(?) 개혁의지'를 꺾거나 완화하는 데 적용될 뿐이다. 만일 이 가정이 참이라 한다면 '교육'마저도 인간이 만들어낸 또 다른 종교적 창조물이 되는 것이다.

인간의 자유는 새로운 것이 아니지만, 몇몇 사람만이 아니라 모든 사람이 평등하게 자기 삶의 목적으로 자유를 추구하는 것은 지극히 새로운 모습이었다. 플라톤과 아리스토텔레스는 인간이 자유를 가지고 태어난 것도 아니라고 생각했다. 자유가 무작정 좋다고 보지도 않았다. 사람은 자유로워지면 더 높고 특별한 인간적 목적을 추구하기보다 대개는 통속적인 욕망을 충족하려 할 것이 분명하다. 자유는 우리가 잘 사용할 수 있을 때만 좋은 것이다. 따라서 고대인이 보기에 정치적 인간은 자유가 아니라 '덕'을 추구하는 것이 더 합당했다. '타고난' 자연적 '자유'도 '덕'에 달려 있는 것이다. 고대 정치사상에서 덕은 가장 먼저 고려되는 것이고 사적인 관심사라기보다는 공적인 성격을 지닌다. 하지만 근대인에게는 자유가 우선이다.

자유가 우선이 되면 가치는 정치의 영역에서 벗어난다. '가치의 탈가치화'가 촉진된다. 정치적 삶과 가족생활 중에서 어느 것이 더 중요한가? 상대적 가치를 평가하는 이와 같은 질문에 직면하게 된다. 고대 인류는 정치를 훌륭한 삶이나 인간의 번영과 연결지었다. 정치적 참여는 본래 가치 있는 것으로 여겨졌고, 그 자체가 목적이었다. 이와 대조적으로 가족이나 가정은 노예가 수행하는 '살림살이'의 영역이었다 '경제economy'는 그리스어 '가족oikos'와 '법nomos'의 합성어다. 어원적으로 '가족을 관리하다'라는 의미다. '경제'라는 단어가 고대 그리스어의 '살림살이' 영역에서 출발했다는 것은 당시 상황에서는 생활에 필요한 것을 충당 혹은 조달한다는 의미였다. 하지만 근대 인류는 이와 다르다.

근대 사람들은 정치와 살림살이가 기술적으로 분리될 수 있고, 경계가 정해진 문제라 생각했다. 정치는 결코 우리 삶의 품격을 높여주는 것이 아니며, 오히려 '정말로 중요한 것'을 어수선하게 만들 뿐이라고 이해한다. 역설적으로 우리는 가정생활이 인간을 만족시키는 특권적 영역이라고 생각한다. 근대 인류가 말하고자 하는 바는, 인간은 누구나 집에서 편안하게 쉬는 것을 목적으로 한다는 점이다. 마키아벨리 이후 근대인의 자유 추구는 성경에 나오는 '자연상태'인 에덴동산을 거부하면서 시작된다. 근대 사람들은 인간이 에덴동산에서 신에게 내쫓긴 게 아니라 자신의 선택에 따라 나온 것이라고 정의한다. 계약에 따라 벗어난 것일 뿐이라는 주장이다.

이론을 전개하는 방식은 각자 다르지만 홉스, 로크, 루소의 이론에 따르면 인간이 세우는 정의는 자연과의 합치에 토대를 두지 않고 자연의 불편함을 극복하는 영리한 이성에 근거를 둔다. 자연상태에서 가지는 '자연권'이 시민사회에서도 보장된다는 이야기가 우리에게 당연하게 들릴지 모르지만 이는 혁명적 개념이었다. 흄은 근대 정통 중에서도 가장 극단적인 관점에 관심을 둘 것을 촉구했다. 그 관점이란 현재 우리의 관점이다. 칸트에서 헤겔과 마르크스

자본주의의 적은 자본주의

를 거쳐 니체에 이르는 독일 관념론에서 인간의 자유에 대한 철학적 정당화는 점차 명확해졌다. 인간의 자유가 진정한 자유이려면 자연과 전통의 속박에서 완전히 벗어나야 한다는 역설적 이해와 설득이 이루어졌다. 이들 독일 철학자는 견해가 약간 다르긴 했지만 어쨌든 '인간은 신과 마찬가지의 존재이며 또 신이 되어야만 한다'고 생각했다.

우리가 알아야 할 것은 현실적으로 '근대' 정치이론에 관한 것이지, '현재' 정치이론에 관한 것은 아니다. 근대의 시작은 16세기로 본다. 어떤 사람은 포스트모던 시대가 도래함으로써 근대가 이미 끝났다고도 한다. 존 롤스나 리처드 로티Richard Rotty, 혹은 위르겐 하버마스Jürgen Habermas와 같은 현대 정치사상가도 근대를 폭넓게 다루지는 않았다. 근대 정치이론에 대한 교육과 철학은 대체로 두 가지 교육적 접근법 때문에 가장 중요한, 어쩌면 우리가 모두 진심으로 고민해야 할 문제를 비껴갈 수 있다. 먼저 철학적 주제를 다루는 많은 저서가 시대의 '맥락'에 지나치게 초점을 맞춰 이해하려는 탓에, 오늘날 우리의 삶을 어떻게 통합할 것인지 전혀 가르쳐주지 못하는 경우가 허다하다. 중고등학교 교과과정에서 미적분학을 다루고 기하와 순열을 다루어도 이러한 지식이 우리 삶과 어떻게 융합되어 있는지 알 도리가 없는 것과 같다. 이 경우 근대 정치이론은 골동품 수집가의 관심사와 다를 바 없다. 둘째, 위대한 사상가의 견해와 사상이 오늘날의 정의와 권리 기준에 합당하지 않다고 규정하고, 그들이 여성과 소수자 문제에 좋지 못한 영향을 끼쳤다고 비판하는 것이다. 이는 단순히 오늘날 우리 모두가 가지고 있는 성과 소수자 차별에 대한 편견을 자랑한 것일 뿐이다.

경제 사상

　시대 변화와 함께 경제가 발전하면서 정치권력과 경제권력은 공생관계를 맺어왔고, 그로 인해 정치철학은 경제사상사의 변화 속에서도 찾을 수 있다. 종교, 철학 혹은 사상사 등 물질적인 것보다 정신적인 가치에 대해 이야기하고 생각하는 데 매력을 느끼는 사람은 종종 경제와 관련되거나 이해타산적인 내용은 형이하학, 즉 세속적인 것으로 치부해버린다. 하지만 말은 그렇게 해도 자신은 돈을 많이 벌고 권력을 손에 쥐고자 행동하며, 항상 자신과 자신에 밀접한 '계뮤'를 타자와 '차별화'하려 든다. 위선과 가식이 자연스러운 사람들이다.

　역사의 진화를 문명사의 발전 과정으로 보는 설명도 그와 마찬가지다. 실질적인 의미에서 우리 사회의 철학을 가장 쉬운 말로 표현하자면 '잘 먹고 잘살기'다. 누구보다? '남보다!' 이 이상의 실질적인 가치와 철학을 얘기할 수 있는가? 인간이라는 존재는 어디까지나 영육靈肉과 함께한다. 인간이 영육을 소유하는 것이 아니라 영육이 하나의 융합체로서 '사람'이라는 물체를 만들어낸다. 흔히 육체 속에 정신이 깃들어 있다고 한다. 정신은 이따금 이 육체를 먹여 살려야 한다는 의무를 안고 있다는 생각을 게을리할 때가 있다. 아니면 '사주팔자四柱八字'를 갖고 태어난 인간이 어떻게 자신의 육체

자본주의의 적은 자본주의

와 정신을 먹여 살리며 살지 미리 결정된 것일 수도 있다. '얻고 사용한다는 것'이 간단한 문제가 아니라는 것은 사회생활을 하는 사람이라면 이미 충분히 이해하고도 남는다.

경제란 '희소한 자원을 효율적으로 배분'하는 행위를 말한다. 경제정책이란 전체 사회의 빈과 부의 불공정 혹은 불공평 분배를 다시 평평한 운동장으로 만들기 위한 '결정'일 수 있다. 문제는 그러한 결정을 내리는 자는 종교를 하는 사람이든 정치를 하는 사람이든, 자신이 가지고 있는 그 무엇도 개입시키지 않고 '신의 섭리'와 '신의 정의'에 맞게 빈부를 나눌 수 없다는 점이다. 사실 우리가 직접 목도하는 현실 세계에서 우리는 '정의롭게' 빈과 부의 기울기를 바로 펼 수 있는 사람이나 법, 정치, 경제 및 사회적 체제를 만나본 적이 없다.

보통 사람이 가진 것은 육체와 정신 두 가지뿐이다. 그럼에도 육체가 마지막을 고할 때에도 사람들은 그가 가진 모든 것을 내놓지 않는다. 가족과 가까운 사람들에게 뿌리고 세상을 떠난다. 그만큼 우리 모두의 원초적 본능은 태생부터 '정의롭지' 않다. '공정'하고 '공평'하다는 말은 자기 뜻과 의지와 상관없이 '거짓'이다. 시작이 '참'인데 거짓으로 끝난다면 무엇인가 잘못된 것 아닌가? 더구나 사회적으로 더 많은 권력과 부를 갖고, 그 권력과 부를 대물림하는 사회를 인정하는 이상 경제정책은 사회구성원이 누리는 개개인의 부와 전체의 크기뿐 아니라 여러 사람과 계층의 구성원에게 분배되는 부의 몫을 결정하는 '수단'으로서는 '껍데기'이거나 허울일 뿐이다.

중세 왕권과 봉건체제의 붕괴가 민주주의 체제를 가져왔다고 하지만, 그것은 지배계급이 지배 형태를 바꿔 권력과 부의 기득권이 일시적으로 '변장술'을 부리는 것일 뿐, 사실은 '가문家門'의 지난한 역사 속에서 지금도 귀족과 농노 계급은 유지되고 있다. 다분히 교육 때문에, 민중반란이나 혁명을 재촉하지 않을 따름이다. 이따금 우리가 보는 정치혁명이나, 경제개혁은 이들 기득권 세력 간의 세력다툼 과정이나 결과일 뿐, 민중의 힘으로 봉기가 일어나더라도 그 민중은 결코 개혁과 혁명의 중심세력으로 진입할 수 없다. 일시적으로 목소리가 커지고 대중의 힘이 혹은 다수의 침묵이 마치 거대권력인 것처럼 미화될 수는 있어도 영구적으로 대중이 권력을 쟁취하고, 또 설사 그 권력을 쟁취한다 해도 그 대중이 전체 사회를 정의롭게 이끌어간다고 보장할 수 없다. 단지 대의 민주주의라는 정치제도를 통해 대중은 또 다른 기득권 세력에게 권력을 이전하고 물러난다. 그리고 다시 또 다른 부정의가 본격화될 때까지 단순하게들 살아간다.

정부의 세수와 세출을 얘기하는 재정정책, 통화정책의 일환으로 소비자 물가를 조정하는 금리정책, 조세제도 및 기후와 환경과 관련된 정책 등의 변화는 어떤 계층에는 이익을 주는 반면 다른 계층의 사람들에게는 손실을 줄 수밖에 없다고 스스로를 위로한다. 하지만 여기서 우리는 다음과 같은 중요한 몇 가지를 놓치고 있다. 첫째, 정부가 어떻게 생겨났을까? 둘째, 기업의 활동은 어떻게 가능한가? 셋째, 노동과 자본으로 대변되는 생산 투입요소 가운데 왜, 누가 자본이 노동보다 가치가 더 높은 것으로 정의하고 있는가? 가장 본질적 질문이다. 그 답은 바로 '잉여'다. 도구의 발전으로 생산이

자본주의의 적은 자본주의

증가하고, 인구가 늘어나면서 이동의 범위와 규모가 확대되기 시작하는 배경, 즉 모든 경제, 정치 및 사회적 행위와 생각의 변화에는 '잉여'가 있었다. 여기서 '행위와 생각 중 어느 것이 실질적으로 사람들의 행위를 지배하는가?' 하는 또 하나의 중요한 질문은 잠시 제쳐두기로 한다.

생산 잉여물이 생겨나는 영토의 크기가 커지면서 사람들은 잉여물을 모아 정부를 만들고 공무원에게 급여를 주고, 더 큰 기업을 만들어 주주로서 직접적인 생산활동에 종사하지 않은 채 잉여, 즉 이윤을 지분만큼 할당받는다. 이러한 행위로 인해 '노동'은 그 가치가 '자본'보다 하위에 있는 생산수단인 것처럼 관념화되기 시작했다. 이를 정치는 보수와 진보라는 이념적 가치체계로 만들어 정치권력을 선점하려 든다. 서로가 적절히 보수와 진보의 가치개념을 연합해 사회와 국가를 위한 최적의 분배정책을 입안해도 될 텐데, 굳이 서로가 '반대를 위한 반대'를 주장하며 정치는 또다시 자본가와 결탁하여 정경일치의 부정과 부패의 연결고리를 대대손손 이어가려 든다. 앞서 제기한 '어떤 계층에 이익을 주는 반면 다른 계층에는 손실을 줄 수밖에 없다'라는 명제는 우리가 아무리 경제정의와 사회 및 정치 정의를 바르게 이야기하고 교육한다 해도 결코 변치 않을 진리다. 종교마저도 실패했기 때문이다. 이를 니체식으로 달리 말하자면 '신은 죽었기 때문'이다.

20세기 애덤 스미스와 카를 마르크스의 경제이론은 사실상 아주 간단하다. 하지만 애덤 스미스를 추종하건 카를 마르크스를 추종하건 '자유와 지배'의 정도 차이는 그다지 크지 않다. 나타나는 형

태의 명확성에서 후자는 전자보다 '당'을 중심으로 하는 엘리트 혹
은 현인을 중심으로 소수 권력을 최대 다수의 행복을 위해 분배하
는 자유를 강조하지만, 그들이 보여준 역사적 진실은 그들의 이론
이나 이념과는 전혀 달랐다. '자유시장 경제체제'에서는 자유로운
경제활동을 보장한다. 자유로운 경제활동을 뒷받침하는 '생산과 소
비 등의 동기부여incentive'는 '부의 축적'과 '소비자 효용의 극대화'
에 있지 '사회적 정의'에 있지 않다.

　고대 원시사회처럼 모두가 수렵활동을 하고 노동에 참여하고,
여기서 얻어진 결과물을 공동분배하는 형식은 현대 인류에 맞지 않
는다. 문명의 발전과 함께 진화한 '분배법칙'은 각자의 노동력이 생
산에 기여한 '정도'를 정확히(?) 추정해 이를 분배에 반영하고자 한
다. 그 '정확성'이 바로 '정의'의 개념이다. 따라서 정의의 개념이 잘
못되었다. 경제정의의 개념은 자유시장 경제원리와도 맞지 않다.
더욱이 '소유', 즉 '사유재산'에 대한 변수 혹은 노이즈Error term를 더
미 변수Dummy variable로 추가하면 '정의 방정식'은 예측이 불가능하
거나 혹은 정확한 예측치에 대한 추정이 가능해진다. 다시 말하자
면 자본주의 혹은 사회주의 하는 식의 경제체제의 성격은 각 사회
의 의사결정 방식 그리고 각 사회의 구성원이 누릴 수 있는 자유의
범위를 규정하는 것일 뿐 결코 그 방식과 규범이 공정하고 공평할
수는 없다.

　잉여가 생겨나고 그것으로 정부와 기업의 활동을 전제하는 이
상, 그 달콤한 잉여라는 꿀을 누가 더 갖고 대를 이어 물려줄 수 있
는지에 대한 지대한 관심이 인간이 경제활동을 하는 가장 근본적인

자본주의의 적은 자본주의

이유이고, 정부의 정치권력이 존재하는 이유이며, 기업이 기업활동을 하는 동기다. 따라서 자비와 공존, 정의와 평등 같은 이데아적 논리는 어쩌면 우리 삶의 체제가 그렇지 못하다는 점을 더욱 강조하는 형태의 역설일 뿐이다. 자본주의는 '부'의 편중으로 인한 양극화의 심화를 스스로 입증하고 있고, 사회주의 역시 일당독재와 '인민' 대 '비인민' 간의 양극화를 보여주고 있다. 가장 순수하고 이념적인 형태에서, 자본주의 경제체제에서는 생산과 분배의 결정이 분산되어 있고 사유재산에 대한 자유가 가장 우선시되는 반면, 사회주의 경제체제에서는 생산과 분배의 결정이 집중되어 있고 개인의 재산권보다 공동체 성원 전체가 기본적인 복지, 의료, 교육 등의 서비스를 받을 자유가 우선시된다. 여기서 '가장 순수하고 이념적인 형태'라는 전제는 단순한 이분법적 설명일 뿐이다.

경제정책과 경제체제의 차이가 가져오는 상이한 결과에 대해서 인간의 정신과 육체를 다른 방식으로 제약함으로써 인간 정신이 발전하는 경로의 조건이 결정되었다. 클린턴Bill Clinton의 "바보야, 문제는 경제야It's the economy, stupid"라는 말과 2008년 서브프라임 위기 직후 "월가를 점령하라Occupy the Wallstreet" 등의 구호는 이미 사라졌다. 아무리 세기적 경제위기 혹은 대불황, 대공황이 들이닥친다 해도 대중은 당시 상황에 분노할 뿐 기본적인 체제와 정책은 정부와 의회 혹은 국회에서 결정한다. 그 결정 과정에서 기업의 로비는 이미 합법화되어 있거나, 관습적으로 용인되고 있다. 어떤 경제체제나 경제정책이 적합한가의 문제는 단순히 경제적 생산과 분배의 효율성 계산에 국한되지 않는다. 그것은 인간 존재의 특성 및 일반성에 대한 깊은 인문 및 사회과학적 이해로부터 시작되어야 한다.

자연법

존 로크의 '자연' 상태 개념은 다양한 방식으로 해석되어왔다. 이는 이해하기 매우 간단한 것처럼 보이지만, 사실 철학적 가치를 해석하기엔 그의 저술은 매우 불명확한 점이 많다. 예컨대, 로크는 "공평한 판사의 부재는 모든 사람을 자연상태에 빠뜨린다"며, "이성에 따라 함께 살면서 지구상에 공평한 상급자 없이 서로 사이를 판단할 권한이 있는 사람들은 올바르게 자연상태다"라고 《통치론Two Treatises of Government》에서 정의하고 있다. 즉 '자연상태'라 함은 분생을 판단할 권한이 있는 합법적인 정치적 권위와 심판이 존재하지 않고 그저 '사람들이 이성의 법칙에 따라 살 때 어디에나 존재하는 것'으로 정의한다. 물론 자연상태는 합법적인 정부가 존재하는 정치사회와 이성의 법칙을 따르지 않는 전쟁상태와는 구별된다. 하지만 자연상태에서도 두 명의 개인이 제삼자에게 분쟁을 해결하도록 허용할 수 있다. 왜냐하면 제삼자는 예를 들어 공공의 이익을 위한 입법 권한을 가지고 있지 않기 때문이다.

이러한 해석은 자칫 합법적 정부가 존재하는 상태에 살며 자연상태에 있는 사람을 설명하는 데에는 실패한다고 주장하는 근거가 된다. 다만 '합법적 정부'가 공공의 이익을 위한 입법 권한을 가지고 있지 않아야 한다는 점에 대해서는 충돌할 수 있다. 여기서 말하

자본주의의 적은 자본주의

는 '합법적 정부'란 타국과 거래와 이동을 전제하지 않을 때의 정부를 의미한다. 만일 다른 나라로 시민이 이동하고 물류를 거래할 때 있어서 '합법적 정부'의 역할은 자국민의 이해관계에 충실할 수 있기 때문이다. 이 점에서 로크의 '사회계약론'에서의 자연상태는 특정한 사람들 사이에 존재하는 특정한 도덕적 관계를 설명하는 관계 개념으로 제한될 수 있다. 즉 타국 혹은 이해관계가 다른 타자와의 관계를 허용할 경우 그의 자연법 논리는 무너질 수 있다. 자연상태가 단순히 분쟁을 합법적인 정부에 의한 재판 등으로 해결하는 데 동의하지 않은 사람들 사이에 존재하는 도덕적 권리와 책임의 방식을 나타내는 것이라면, 자연상태는 무정부 상태, 다만 정부가 질서 있는 무정부 상태를 유지하는 의무만 지는 상태로 제한된다. 하지만 존 로크의 자연법과 자연상태의 정의는 이러한 논리적 제약에 제재를 받지 않는다. 그는 가장 초기의 사회가 어떤지에 대한 사실적인 설명을 제시한다. 그의 주장을 좀 더 자세히 이해할 때 그가 말하는 자연법이란 마르틴 루터와 칼뱅의 종교개혁 이후 100년이 지난 시점에서 다시 흐릿해지려는 '기독교 교리로부터의 해방'을 의미한다. 존 로크의 자연상태 이론은 성경《창세기》의 설명과 완전히 반대된다. 거기엔 에덴동산도 선악과도 존재하지 않는다. 존 로크가 언급한 기독교 및 성경의 발언은 본질적으로 반기독교적인 견해를 숨기기 위한 표면일 뿐이다. 자연상태는 도덕적 설명이므로 모순 없이 다양한 사회적 설명과 호환된다.

　'도덕의 기준'은 인간이 본능적으로 가지고 있으나, 이미 고대 원시사회 이후 잊혀온 것으로, 지구상에 인류가 존재하기 시작한 시점부터 존재했으며 그에 따른 원시적 정치, 경제 및 사회적 활동 기준이 바로 '도덕'이라는 내용에 숨어 있다고 봐야 한다. 원시사회 초기 인류는 그들이 자연상태에 있다는 것만 알았을 것이며, 그들이 부유하거나 가난하거나 평화롭거나 전쟁을 하고 있는지에 대해서는 전혀 알 수 없었다. 인간이 살아가는 지구상에서의 다양한 사회적 활동 가운데 지나치게 신학적인 표현과 권리와 의무에 대한 제재가 어느 시기에 갑자기 등장하면서부터 인간의 자연상태가 무너졌다고 볼 수 있다. 신학적 사유 방식이 문명의 핵심을 구성하면서 인류 문명사의 연습(진화)에서 인간은 자연상태에 대한 본래 모습을 잃어갔다는 점을 이해해야 한다. 신학적 규제의 정도는 '인간이 신의 목적을 위해 창조된 세계에 존재'한다는 것이지만, 정부는 인간에 의해 신의 목적을 이행하기 위해 창조되었다는 '명제'와 '대우'의 수사학적 표현으로 이해될 수도 있다.

특히 그가 살았던 시대적 상황에 맞춰 해석해보자면, 로크는 어쩌면 철저하게 신학적 해석에 따른 자연법 혹은 자연상태에 대해 회의적이었을 것이다. 1618년에 시작해서 1648년에 끝난 독일의 30년 전쟁과 1636년 네덜란드 튤립 버블의 붕괴, 1685년 프랑스 루이 14세가 철회한 종교의 자유를 천명한 낭트칙령, 영국의 명예혁명과 권리장전(1688년~1689년) 등 그 시대적 상황은 1651년 출간된 토머스 홉스의 《리바이어던》을 다시 끄집어내 보게 했을 것이다. 로크의 자연상태 이론은 따라서 '신'이 규정한 '자연'의 상태가 아니라 인간이 새롭게 정의하는 '자연'을 말한다.

그것이 질서이고, 그 질서는 생존에 대한 권리와 의무였을 것으

자본주의의 적은 자본주의

로 보인다. 그는 이미 자연상태에 사람들이 존재하고 있고, 그런 사람들 가운데 적어도 일부 혹은 다수가 제안한 방식에 따라 정부가 형성되었다고 본다. 따라서 사람들이 동의하지 않을 때 그 정부는 합법적인 '판사'의 역할조차 부여받지 못한 존재라고 할 수 있다. 이 점에서 롤스[58]가 정의하고자 했던 '정의'의 일반화와는 그 시작점이 다르다. 존 로크에게 '정의'는 자연상태 그 자체이며, 롤스에게는 '자연인과 계약을 맺은 정부가 가져야 할 의무와 권한의 공정, 공평성'을 뜻하기 때문이다. 조세정책에 따라 세금을 정부에 반드시 내야 하는가? 우리는 이러한 질문조차 하지 못할 것으로 생각한다. 하지만 이러한 질문은 존 로크에게 당연했다.

사유재산에 대하여

존 로크의 재산에 대한 정의는 그의 정치사상 중에서 매우 중요한 기여 중 하나로 여겨지지만 동시에 가장 많은 비판을 받는 부분이기도 하다. 맥퍼슨C. B. Macpherson[59]은 존 로크를 자본주의적 축적의 옹호자로 본다. 그는 존 로크가 사유재산 축적의 범위와 정도에 제한을 두지 않고 있다는 점에서 그가 주장한 자연법과 사회계약론에 철저한 비판을 가한다. 맥퍼슨의 해석에 따르면 로크는 자연상태에서의 재산 축적에 세 가지 제한을 설정했다. 첫째, 부패하기 전에 사용할 수 있는 만큼만 확보할 수 있다. 둘째, '충분성'에 대한 정의로, 다른 사람에게 '충분하고 충분한 만큼' 남겨야 한다. 셋째, 자신의 노동을 통해서만 재산을 확보할 수 있다.

맥퍼슨은 논증을 진행하면서 이러한 제한이 모두 극복된다고 주장한다. 돈의 발명으로 인해 부패 제한은 의미가 없어지고, '가치 저장의 기능'이 있는 돈(자본)은 부패하지 않는 매체에 저장될 수 있기 때문이다. '충분성 제한' 역시 사유재산의 창설로 생산성이 증가해 더 이상 땅을 확보할 기회가 없어진 사람조차도 생활에 필요한 것을 더 쉽게 확보할 수 있게 되어 그 제한이 철폐된다. 맥퍼슨의 의견에 따르면 '충분하고 충분한 만큼'이라는 요구사항 자체가 노동을 통해 생필품을 확보할 기회를 보장하는 선행 원칙의 무한정의 소유를 합리화하는 파생적 정의에 불과하다.

세 번째 제한에서 로크는 노동을 재산 권리의 근원으로 만들 때, 노동을 그 권리의 원천으로 만들 때, 개인적으로 노동하고 노력한 부분에 대해서만 재산을 가질 수 있다고 시사하는 것처럼 보이지만, 로크는 분명히 자연상태에서라도 '화폐'를 내 재산으로 만들 수 있다고 인식하였다. 맥퍼슨에 따르면 로크는 노동의 양도 가능성을 분명히 인식하고 있었다고 한다. 로크의 재산 이론을 따라가면 결국 그가 주장하는 자연상태는 자본가와 임금 노동자 간의 인지 능력의 차이와 사회를 서로 다른 계급으로 나누는 가정에 도달하게 되고 더구나 그러한 상태에 더욱 의존할 뿐이기 때문이다. 종국에는 이러한 제약으로 인해 로크가 주장하는 사유재산의 정의는 사회 투표권조차 재산 소유자만이 자격을 갖는다고 볼 수 있다. 그런 빌미를 '정부'에 제공하게 된다는 점이다.

'충분하고 충분한 만큼'이라고 같은 말을 반복적으로 사용한 이유는 자연상태에서 적절한 취득을 정당화하기 위해서 모든 사람의 동의가 필요하다는 사실에 대한 유일한 해결책이기 때문으로 보인다. 다른 사람들에게 해를 끼치지 않는다면 그들은 이의를 제기할 근거가 없으며, 따라서 동의한다고 '충분히' 볼 수 있다. 반면에 그들이 손해를 입는다면 그들이 동의한다고 보는 것은 '충분히' 비합리적이다. '충분하고 충분한 만큼'이라 함은 곧 '생존을 보장하기 위한 충분하고 좋은 기회'로 이해된다. 하지만 이러한 논거의 단점을 굳이 지적하자면, 단순히 최저임금으로 다른 사람을 위해 노동할 기회만 있는 사람은 풍족한 가치 잉여를 얻는 자유를 더 이상 갖고 있지 않으며, 가난한 노동자는 제품을 만들 수 있는 물질에 대한 접근 권한의 평등을 누리지 못하게 된다는 점이다. 따라서 로크의 소유에 대한 이론은 개인이 모든 사람이 소유한 것에 대한 재산의 권리를 어떻게 얻을 수 있는지에 대한 문제를 해결할 수 없다고 볼 수 있다. 또 시민사회가 생겼을 때 자연상태에서 얻은 재산 권리의 지위에 관한 문제도 있다. 적어도 로크는 모든 동의를 필요로 하지 않고 다수의 동의로 세금 징수를 허용한다고 분명히 하고 있다.

노직Robert Nozick[60]은 로크를 자유주의자libertarian로 보고, 정부는 재산 소유자의 동의 없이 공공 이익을 위해 개인의 재산을 취할 권리가 없다고 본다. 그의 해석에 따르면 다수는 재산 권리를 보호하기 위해 정부가 성공적으로 세금을 징수하는 데 필요한 비율만큼 세금을 부과할 수 있지만, 다른 한편으로는 정부가 형성될 때 이미 땅이 부족하므로 자연상태의 초기 보유권은 더 이상 유효하지 않으며 따라서 정부의 조치에 제한을 두지 않는다고 주장한다.[61] 월드론

Jeremy Waldron[62]은 이러한 상반된 견해에 대해 그 중간적 해석을 제시한다. 즉 자연상태에서 비롯된 재산 권리가 정부를 계속 제한하는 권리 중 하나임을 인정하지만, 입법부가 이 문제에서 자연법이 무엇을 요구하는지를 상당히 큰 범위로 해석할 수 있는 권한을 갖고 있다고 본다.

정부와 입법부의 해석 문제는 이들 양 기관의 자연법과 사회적 정의 규제 문제로 현대 사회의 진화 과정에서 충돌한다. 물론 기득권에 대한 이 둘의 입장이 동일할 때 이러한 충돌은 암묵적 합의로 변질되어 고대사회의 수탈과 착취와 같은 부정과 부패의 '화수분'으로 악화된다. 로크가 정확히 예견했을지는 모르지만, 그의 이권 분립론은 불완전하고 결국 18세기 중반 이후 프랑스의 몽테스키외Charles De Montesquieu에 의해 삼권분립론으로 확장된다.

애덤 스미스

애덤 스미스의 경제철학은 플라톤 정신에 기반을 두고 있다. 착한 이성과 철학적 삶, 도덕과 정치학, 윤리학 및 인식론 측면에서 플라톤의 '동굴'은 애덤 스미스의 '시장'으로 비유될 수 있지 않을까? 그가 살던 당시 시대적 배경과 우리가 살아가는 작금의 시대 상황은 그다지 다르지 않다. 단지 차이점이라면 정치, 경제, 사회 및 문화, 기후 등 다양한 경제 내외적 변수가 논리 및 논쟁적 깊이를 더하고 있다는 점이다. 정부는 왜 필요한가? 정부의 역할은 무

자본주의의 적은 자본주의

엇인가? 생산, 이동, 동화에 대한 정부의 균형점은 무엇인가? 애덤 스미스가 영국의 산업혁명과 제국주의적 팽창기를 바라보며 정말 단순하게 '시장'의 기능만을 강조했을까? 그 시장이 그렇게 전지전 능하다고 믿었을까?

그렇다면 정부의 역할과 기능은 단순히 '시장'의 역할과 기능을 관리하고 감독하는 것에 머물러야 한다. 하지만 그가 말하는 '시민 정부 혹은 민주 정부Civil government'는 개인의 소유를 보호하는 것을 존재 이유로 든다. 부의 불평등한 분배와 노동 착취, 기업의 불공정 거래 등에 대한 본질적 욕구와 탐욕에 대해서는 어떠한 도덕적·윤 리적 접근을 보이지 않았다. '시장'은 그가 생각한 것처럼 각자 서로 다른 이해관계가 모여 국가의 부를 총합적으로 증진하는 곳일까?

그의 이론은 기술적 부족 혹은 여백으로 인해 많은 후배 경제학 자에게 다양한 논쟁거리를 제공했지만, 경제활동의 분배적 기능마 저 시장의 순기능에 맡겨버린 것은 현대 경제학에서도 해결하기 어 려운 과제가 아닐 수 없다. 그의 이론적 한계가 역설적으로 그의 정 치경제학 이론의 성공을 이끌었다고 볼 수도 있다. 만일 그가 시장 참여자의 탐욕과 분배 정의 문제를 더 깊게 파고들었다면, 그는 이 렇게 간단하고 명확한 시장경제 이론을 발견하지 못했을 것이다.

국부론

애덤 스미스는 경제철학자다. 자본주의의 바이블로 여겨지는

《국부론》[63]을 통해 최초의 정치경제학적 체계를 상세히 설명했다. 그는 《국부론》에서 '보이지 않는 손'이라는 개념을 통해 시장의 기능에 대해 자유주의자적 입장을 견지한다. 9년간의 연구 끝에 스미스는 1776년에 보통 《국부론Wealth of Nations》으로 줄여 불리는 작품인 《국부의 자연과 원인에 관한 조사An Inquiry into the Nature and Causes of the Wealth of Nations》를 출판했다. 그가 이 책을 쓸 당시에는 시대적으로나 일반 경제이론적으로 국가의 부는 금과 은의 저장량으로 측정된다고 믿었다. 제국주의와 식민지 경제가 확산되던 때였다. 하지만 스미스는 금과 은이 아니라 총생산량과 상업활동으로 국가의 부를 판단해야 한다고 보았다.

이것이 오늘날 국내총생산GDP의 개념이다. 노동계급에 대한 그의 이론은 고대 그리스 철학자 플라톤 시대로 거슬러 올라간다. 애덤 스미스는 노동력의 전문화가 생산성의 질적 향상으로 이어진다고 보았다. 따라서 자본 축적과 발명으로 인한 임금 인상을 제기했으며, 이는 맬서스, 리카도 및 카를 마르크스 등의 엄격한 생계 임금이론에 반대하였다. 노동임금에 대한 애덤 스미스의 이러한 생각은 산업혁명[64] 시작을 고려한 경제에 대한 고찰로, 자유시장경제(즉 자본주의)가 가장 생산적이며 사회에 가장 이로운 것이라고 그가 주장하는 이유이기도 하다. 그는 또한 '보이지 않는 손'에 이끌리는 개인적 이기심을 기반으로 한 경제시스템을 주장하며 이것이 모두에게 가장 큰 이익을 창출할 것이라고 강조한다. '보이지 않는 손'은 시장의 기능을 말한다. 시장의 참여자는 정부, 기업 그리고 개인으로 구성된 가계로, 이를 경제의 3주체로 본다. 각 주체의 이해관

자본주의의 적은 자본주의

계를 최대한 충족시키고자 하는 정책, 생산활동 및 이해관계가 전체적으로 국부를 늘려간다.

자유방임주의적 시장경제가 국부를 늘리는 데 최적의 조건이다. 존 로크가 말하는 자연상태, 자연법적인 상태다. 자연스럽게 정부는 '보이는 손'[65]이 된다. 경제정책으로 시장을 관리 및 감독하거나 간섭하기 때문이다.

애덤 스미스는 정의의 조건하에서 개인이 이기심을 추구할 때, 뜻밖에도 사회의 이익을 촉진할 수 있다고 믿었다. 그는 시장에서 개인 참여자의 이기심에 의한 경쟁이 가격을 낮추면서도 다양한 상품과 서비스에 대한 인센티브를 포함해 사회 전체에 이익을 가져온다고 봤다. 하지만 그는 사업가를 경계한다. 그들은 그들의 이익을 최대화하기 위해 '대중에 대한 음모나 가격 인상을 위한 다른 계략'을 생각할 수 있음을 경고한다. 그는 기업이 카르텔과 과점, 독점을 통해 '구매자로부터 짜낼 수 있는 가장 높은 가격'을 정하는 반시장적 성격에 대해 반복적으로 경고한다. 또한 기업 위주의 정치제도는 기업과 산업이 소비자 효용과 복지에 반대로 작용하도록 허용할 것이라고 보고, 기업이 정치와 입법에 영향을 끼치기 위해 음모를 꾸미는 행위를 주의할 것을 강조한다. 예컨대 애덤 스미스는 제조업과 상업에 관심을 갖는 사업가나 상인의 이익에 대해 이렇게 말한다. "특정한 무역 또는 제조업 분야에서 어느 면에서는 항상 다르며 때로는 정반대다. (…) 이 계급에서 나오는 어떤 새로운 무역 또는 제조업 규제 제안은 항상 매우 신중하게 관리되어야 하며, 가장 조심스러운 태도와 가장 의심스러운 문제제기를 통해 오랫동안 주의 깊게 조사된 후에만 채택되어야 한다." 애덤 스미스가 생각하기에 '보이지 않는 손'이 작동하는 시장에서 가장 주목해야 할 우려 사항은 기업과 상인이 정부로부터 특별한 보호나 특권을 받을 때라고 정의한다. 만일 정부가 특정 기업과 상인에 대해 특별한 정치적 호의를 보이지 않는 상황에서 비즈니스 활동이 일반적으로 시장에서 전개된다면, 이는 전체 사회에 유익하다고 보았다.

개인 소유와 정부

애덤 스미스는 개인 재산의 축적과 시민정부 사이의 관계에 대해서도 다음과 같이 설명한다. "사람들은 열정의 불의로부터 그들을 보호할 심판관이 없다 하더라도, 어느 정도의 안전을 누리며 함께 살 수 있다. 하지만 부자의 탐욕과 야망, 가난한 사람의 노동에 대한 증오, 현재의 안일과 즐거움을 좇는 열정은 타인의 재산을 침범하게 만드는 열정이며, 이러한 열정은 훨씬 더 안정적으로 작용하고 그 영향력은 훨씬 더 보편적으로 이해된다. 큰 재산이 있는 곳 어디에나 큰 불평등이 있기 마련이다. 매우 부유한 사람이 하나 있으면 적어도 500명 이상의 가난한 사람이 있어야 하며, 소수의 부유한 사람의 부는 다수의 가난한 사람의 빈곤을 전제로 한다."

부유한 사람의 부유함은 종종 가난하다고 생각하는 사람과 그들의 부를 시기하는 사람에 의한 침범을 자극하기 마련인데, 따라서 이들 가치 있는 재산의 소유주, 즉 여러 해 동안 또는 여러 연대적

자본주의의 적은 자본주의

노력으로 획득한 소중한 재산의 소유주가 하룻밤 동안이라도 안전하게 지내는 것은 민주 정부의 보호 아래에서만 가능하다. 부유한 자들은 항상 알려지지 않은 적들로 둘러싸여 있으며, 오직 민주 정부의 강력한 팔만이 그가 야기하지 않은 가난한 자들의 불만과 시기로부터 그를 보호할 수 있다. 따라서 소중하고 광범위한 재산을 획득하기 위해서는 민주 정부의 설립이 필요하다. 다투어야 할 재산이 없거나 적어도 사흘간의 노동 가치를 초과하는 이익이 존재하지 않는다면 민주 정부는 필요 없다.

"민주 정부는 어느 정도의 복종을 가정한다. 부의 획득과 함께 민주 정부의 필요성은 점차 커지고, 재산의 성장과 함께 종속적 개념과 지위를 서서히 도입하는데 자연히 이 같은 질서를 위한 제도적 도입도 점차 증가하게 된다. (…) 부를 가진 사람들의 재산을 보호하고 그들의 권한을 지원하기 위해 부가 없는 사람들을 부를 가진 사람들과 결합시킨다. 모든 종속적인 목동과 양치기는 자신의 안전이 큰 목동이나 양치기의 안전에 달려 있다고 느끼며, 자신의 작은 권위를 유지하기 위해 그들의 큰 권위에 의존함을 느끼게 된다. 그들은 일종의 작은 부자층을 형성하며, 그들의 작은 주권과 재산을 지키고 그들의 권위를 지원하기 위해, 또 자신의 작은 주권을 지키기 위한 방법을 찾는다. 시민정부는 실제로는 부자들을 가난한 사람들로부터 보호하기 위해 설립되었으며, 또는 일부 소유자를 아무런 소유가 없는 사람들로부터 보호하기 위해 설립되었다."[66]

애덤 스미스의 정부론을 간단히 말하면 시장활동으로 정당한 부를 축적한 자들에 대한 개인재산 보호는 정당하며, 정부는 이를 보호할 필요에 의해 조직된다는 것이다. 하지만 정부의 역할을 위해 부자들로부터 어떻게 자금을 조달할지, 즉 조세정책에 대한 그의 접근은 분명하지 않다. 시장에서 모든 참여자의 자유로운 위치를 인정하고, 그들이 각각 벌어들이는(혹은 취하는) 효용이나 이득을 보호하는 데 있어 적절한 심판관으로서 정부의 역할을 강조하지만, 갖지 못한 자들이 이들에게 품는 시기와 분노의 열정으로부터 정부가 이들을 보호해야 한다는 점만 놓고 보면, 그가 주장하는 '자유방임적' 시장경제는 그가 《국부론》에서 설명한 개인과 개인, 국가와 국가 간의 경제활동을 시장이 자연스럽게 구축한다고 가정한 '정의론'과 상충할 수밖에 없다는 점을 간과해서는 안 된다.

애덤 스미스가 강조한 당시 산업혁명기의 경제활동과 시장의 기능은 합리적인 이기심과 경쟁이 경제 번영을 이끌 수 있는 방법을 설명했고, 그럼으로써 개인적인 이해관계 혹은 이익의 극대화가 공적인 국가의 이익으로 전환될 수 있다는 주장 등에 대한 기초적 대응논리를 제시한다. 애덤 스미스와 영국의 여러 경제 이론가들이 제시한 주장을 고려하면 18세기 말 영국은 '중상주의mercantilism'[67]에 대한 학문적인 신뢰가 감소하기 시작하면서 자유무역과 애덤 스미스의 자유주의 경제를 채택하고, 영국 제국을 통해 세계에 자유로운 시장과 비교적 관문 없는 국내 및 국제 무역을 확산하는 데 권력을 사용했다. 애덤 스미스의 '보이지 않는 손'은 사실상 경제학 전반에 가장 중요한 실질적 명제를 제시하고 있다고 봐야 한다.

시장경쟁에서 노동, 토지 및 자본과 같은 투입 자원의 소유자는 그들 자원을 각자의 이익을 극대화하는 유리한 방식으로 활용할 것이기 때문에 결과적으로 모든 용도에 대한 수익률이 동일하게 조정될 것으로 보았다. 하지만 교육의 정도, 신뢰의 깊이, 고난의 한계 및 실업과 같은 각자의 투입요소 혹은 자산의 질적 가치 차이는 이들의 수익에 차이를 가져올 수 있다. 애덤 스미스도 이를 언급하고 있다. 하지만 문제는 그가 사실상 간단하게 다루었던 교육, 신뢰, 고난 및 실업 등과 같은 변수가 실제로 자본과 노동에 있어 어떻게 이익을 배분하는지에 대한 기술적 이해는 부족하다고 봐야 한다. 사회와 국가는 시스템으로 움직인다는 점에서 시장이 실패할 경우 정부와 국가가 적극적으로 시장에 개입해 이를 바로잡아야 한다는 '도덕적 정의'에 대한 그의 인식은 아직 매우 초기 단계에 머물렀다. 그가 '보이지 않는 손'이 이러한 역할과 기능을 진실로 다해줄 것이라 믿었다는 점에서 그의 정치경제학적 이론은 매우 선의의 순수한 이론이었음을 알 수 있다.

영국 모델

애덤 스미스는 당시 중상주의적 모토를 내걸며 세계를 지배하려 들던 제국주의에 반대했다. 우리가 애덤 스미스를 정치경제학자로서 '외교정책'과 '경제'라는 관점에서 주의 깊게 살펴보아야 할 대목이다. 제국주의와 식민지 경쟁 시대를 거쳐 영국은 근대 이후 지정학적 정치외교 전략과 산업 근대화 모델에서 한 축을 형성하고 있다. 영국식 연방제도 형태는 미국의 연방제도 모델과 다르다는 점에 대해서는 뒤에서 좀 더 자세히 언급하겠지만, 한 국가의 국민과 자원, 생산설비와 기술 등의 이동, 즉 국부 창출 방식의 다원화에 따른 국가 경제발전 모델에서 영국과 미국이 서로 다른 형태의 연방제도를 제시하고 있다는 점에 주목해야 한다. 영국을 제외한 여타 유럽 국가 가운데 과거 식민지국과 연방제도의 틀을 유지하고 있는 국가에서 주목할 만한 공통점은 무엇일까?

애덤 스미스는 식민지가 영국의 번영과 권력의 핵심이라는 전제주의적 사고에 반대한다. 중국과 인도 같은 다른 문화가 유럽보다 문화적으로 열등하다는 생각도 인정하지 않는다. 경제주체의 활발한 시장활동을 지지하면서도 급격한 사회 변화와 중상주의적 사회제도와 정책은 물론 문화조차 다른 사회에 일방적으로 강요하는 것은 지지하지 않았다. 오히려 식민지에 독립을 부여하거나 식민지 주민에게 완전한 정치적 권리를 부여하자고 제안했다. 따라서 식민지에 관한 애덤 스미스의 견해는 19세기 중반부터 영국이 지향하던 제국주의적 논쟁을 형성하는 데 중요한 도움을 주었을 것으로 보인다. 당시 애덤 스미스는 대서양 건너 영국 제국의 열세 개 식민지에서 점증하는 식민지 독립운동과 반영국 정서의 확산 위기를 어떻게 해결할지 고민했을 것이다.

그는 긴장을 완화하기 위해 두 가지 방안을 제시했다. 첫째, 식민지에 독립을 부여하면서 이들과 우호적인 관계를 유지할 수 있다면, 영국은 그들과의 자유무역 관계를 개발하고 유지할 수 있으며 더 나아가 비공식적인 군사 연합까지 구축할 수 있을 것으로 보았다. 둘째, 이론적인 연방주의 형태로 영국 식민지와 관계를 개선할 경우, 유사한 의회제도와 연방 간 자유무역을 통해 식민지와 본토 사이의 관계를 좀 더 가깝게 만들 수 있다고 보았다. 오늘날 영국 연방은 이러한 두 가지 해법을 모두 적용한 모델로 남아 있다. 호주, 뉴질랜드 및 캐나다, 남아프리카 공화국 등 53개국으로 영국 연방을 구성하고 있다.[68]

애덤 스미스 이후 주요 경제학자들의 시장에 대한 이해를 간략히 요약하면 다음과 같다. 토머스 맬서스는 식량 생산은 산술급수적으로 증가하는 반면 인구는 기하급수적으로 증가한다는 논리에 근거하여 사람들이 시장경제 경쟁에서 실패해 빈부격차가 생기는 것은 자연적이고 필연적인 결과라는 냉혹한 논리를 전개한다. 데이비드 리카도는 전통적인 지주계급의 불로소득에 비해 신흥 상공업 계층의 이익을 옹호하였으며, 정부의 간섭 없이 국가 간의 자유로운 무역이 모든 나라의 부를 증가시킨다고 주장하였다. 이는 오늘날 국제경제학의 논리적 근거를 정립하였다.

존 스튜어트 밀John Stuart Mill은 사유재산의 존속을 위해 상속제도가 폐지되어야 한다고 주장한 진보적 자유주의자다. 하이에크는 복잡한 현대 경제에서 개인의 욕구, '경제하려는 의지'를 가장 잘 충족시키는 방법은 정부의 독단적인 계획이 아니라 개인의 선호에 의해 형성된 시장가격에 따른 재화의 생산과 분배라고 주장한다. 정부의 개입은 개인의 자유를 억압하고 노예로 만든다고 보았다. 이들은 근현대사적 자유시장 경제체제의 근본 사상은 인간이 고립된 개인으로 먼저 존재하고 사유재산은 사회 공동체 전체와는 독립된 개인의 노력에 의해 형성되며, 따라서 개인의 재산 소유, 처분, 양도에 대한 자유, 즉 재산권을 보호하는 것이 사회 전체의 부를 증진시키고 개인의 자유를 보장하는 최선의 방법이라는 점을 강조한다.

카를 마르크스와 사회주의 경제

경제사상사의 발전은 크게 두 갈래로 나뉜다. 하나는 애덤 스미스 이후 자유시장경제 이론이고, 다른 하나는 카를 마르크스와 엥겔스의 사회주의 경제사상 이론이다. 경제학의 큰 흐름은 이들 두 학파에서 분파되어 나온 것으로 보면 된다. 케인스학파라 불리는 거시경제정책의 새로운 학설은 이들 두 학파의 중간 정도로 봐도 무방하다. 자유시장 경제체제가 항상 시장 균형을 가져다주지 않기 때문에 자본주의 시장경제에서 발생하는 경기 사이클상 대불황이나 대공황과 같은 상황에서 정부 주도의 경기부양책을 강조하는 학파가 케인스학파라고 볼 수 있다. 다만 케인스학파가 자본주의 시장경제의 통화 및 재정 정책 가운데 후자를 중점적으로 강조한다는 점, 사유재산을 인정한다는 점에서 사회주의 경제와는 뚜렷한 차이를 보인다.

사회주의 경제는 인간은 독립적 개인이 아니라 사회적 존재라는 가정에서 출발한다. 사회 전체의 부도 독립된 개인의 노력보다 공동체 전체가 일군 공동생산의 결과로 생각한다. 따라서 공동분배의 원칙이 적용되며 개인 소유는 인정되지 않는다. 생시몽Saint Simon은 봉건적 불로소득을 취득하는 귀족과 지주계층에 반대하면서, 시장이 아닌 산업종사자들의 합리적 계획에 근거해 빈곤 퇴치를 지향한 최초의 이상적 사회주의 사상가다. 그는 저서《생시몽 새로운 그리스도교》에서 인간의 형제애가 산업과 사회의 과학적 조직화와 함께 이루어져야 한다는 주장을 제기했다. 그는 정치권력을 가진 유산계급이 무산계급에 맞서 기득권을 지키는 유일한 방법은 지식의 진보를 후원하는 것으로 보았다. 그리스도교 형식을 통해 자신의 사상을 표현하려는 시도와 함께 "가장 가난한 계급의 상태를 가장 빠르게 개선한다는 대의를 향해 사회를 이끌어야 한다"는 주장을 폄으로써, 당시 유럽 제후국에 군국주의와 권력 유지에 몰두하는 일을 그만두고 가난한 사람들에게 관심을 갖고 진정한 그리스도교 정신으로 돌아갈 것을 제안했다.

카를 마르크스는 생시몽을 '유토피아적 사회주의자Utopian socialists'로 불렀다. 역사학자 앨런 라이언Alan Ryan은 생시몽의 그리스도교적 아이디어를 기반으로 한 유토피아적 사회주의 사회를 주장하는 사람들을 '생시몽주의자'라고 부른다. 라이언은 생시몽의 유토피아적 사회주의 개념과 마르크스의 개념을 구별한다. 생시몽은 자본주의의 사회적 문제에 대한 해결책으로 독립적인 노동자 조직과 리더십을 장려하지 않았으며, 그의 사상은 노동자 계급이 생산수단을 소유하고 통제하는 것을 사유재산법으로 제어할 수 없다는 마르크스의 정의와는 다르다. 마르크스와 달리 생시몽은 사회경제적 역학의 원동력으로서 계급 관계와 생산수단이 아니라 '경영 형태'를 주장한다. 더 나아가 그는 자본가를 '배타적인 소유주exclusive owners', 협력자, 통제자 및 의사 결정자라고 비판하지도 않았다. 오히려 그는 자본가를 '산업계급'의 중요한 구성 요소로 인정했다.

생시몽은 현대 산업사회의 문제점, 즉 '양극화'를 당시 산업혁명에서 그가 목도한 빈부격차와 자본가와 귀족계급 간의 결탁 등을 통해 예언했음이 분명하다. 카를 마르크스는 자본가 계급의 끝없는 이윤추구와 자본의 지속적이고 맹목적인 축적이 산업자본주의라는 새로운 현실을 이끌어가는 원동력이라고 주장한다. 그 가운데 자본가는 일반 노동자가 유일하게 가진 노동력을 상품화하고 착취함으로써 빈부격차를 악화시키고, 자본가의 탐욕이 공황이라는 경기순환적 모순을 빚어냄으로써 노동자·농민 계급의 투쟁이 일어난다고 선언했다. 마르크스는 자본주의하에서 개인의 자유는 허구에 불과하며, 재산권에 국한되지 않는 사람의 삶 전반의 폭넓은 자유가 오히려 더 중요하다고 보았다. 하지만 우리가 반드시 알아두어야 할 것은 카를 마르크스의 사회주의 경제에서도 지속적인 투자는 불가피하며, 이를 통한 생산물의 분배 정의 차원에서 공동생산과 공동분배를 주장한 점이 다르다는 것이다.

1847년 말, 마르크스와 엥겔스는 '공산당 연맹the Communist League'을 위한 행동 프로그램을 쓰기 시작했다. 1847년 12월부터 1848년 1월까지 마르크스와 엥겔스가 공동으로 쓴 《공산당 선언》은 1848년 2월 21일에 처음 출판되었다. 이 책은 새로운 공산주의 연맹의 이념을 제시했다. 더 이상 비밀 결사조직이 아니라 일반 대중에게 그들의 목표와 의도를 분명히 한 것이다. 이 소책자는 시작 부분에서 마르크스주의의 주요 기초를 제시하는데 "지금까지의 모든 사회의 역사는 계급투쟁의 역사다"로 시작한다.

자본주의의 적은 자본주의

선언서는 마르크스가 주장한 바와 같이 자본가the bourgeoisie(부유한 자본주의 계급)와 프롤레타리아the proletariat(산업 노동자 계급) 간의 이해관계에서 발생하는 갈등문제를 설명한다. 그 후 이 선언서는 1848년 당시 다른 사회주의와 자유주의 정당 및 단체와 달리 공산주의 연맹이 진정으로 프롤레타리아의 이익을 위해 자본주의 사회를 전복하고 사회주의로 대체하려고 한다는 점을 분명히 한다. 같은 해(1848년 2월), 유럽은 프랑스 혁명으로 알려진 일련의 시위, 반란 및 폭동을 경험하고 있었다. 프랑스에서는 혁명이 왕정을 전복시키고 프랑스 제2공화국이 수립되었다.[69] 파리에서 잠시 머물던 마르크스는 독일로 이주한 후 1849년 영국 런던으로 다시 이동하기까지 '공산당 선언문'의 열 가지 항목 가운데 네 가지 항목에 대한 생각을 정리했다.

1859년에 마르크스는《정치경제학 비평에 대한 공헌A Contribution to the Critique of Political Economy》을 출판하는데, 이 책은 정치경제학에 대한 그의 첫 번째 진지한 비평 서적이었다. 아울러 이 작품은 그의 유명한《자본론》[70] 집필을 위한 시험적 출판이었다. 마르크스의《정치경제학 비평에 대한 공헌》은 경제 사고의 공리와 범주에 대한 비판적 관점을 유지한 실험적 논문으로 평가받고 있다. 자본을 비판적인 시각에서 해석한《자본론》첫 번째 책은 1867년에 출판되었다.

마르크스는《정치경제학 비평에 대한 공헌》의 성공적인 출판과 판매실적으로 1860년대 초·중반에 그의 주요한 삶의 작업인《잉여가치 이론Theories of Surplus Value》과《자본론》을 완성하는데, 경제사상

사에서 역사에 대한 최초의 포괄적인 논문으로 간주된다.《자본론》
에서는 생산양식의 '운동의 법칙Laws of motion'을 설명함으로써 자본
축적의 역학관계를 묘사했으며, 임금노동의 성장, 작업장의 변화,
자본 축적, 경쟁, 은행 시스템, 이윤율 하락 경향, 토지 임대료 등과
같은 주제를 다루며 임금노동이 지속적으로 자본의 지배를 재생산
한다고 주장한다. 간단히 말하면 임금노동이 자본의 노예가 된다는
의미다.《잉여가치 이론》에서는 정치경제학 이론가, 특히 애덤 스
미스와 데이비드 리카도를 논의하고 비판한다. 마르크스는 자본의
주요 움직임이 노동의 착취에 있으며, 이러한 무급 노동이 잉여가
치의 궁극적인 원천이라고 주장한다.

　마르크스는 '잉여'는 지속적인 생산을 위한 동기부여적 성격을
띠는 동시에 자본가 계급이 무산계급의 임금노동을 무급노동으로
착취함으로써 구축하려는 자산의 규모로 보았다. 전자의 해석은 사
유재산과 자산의 축적이 노동 동기를 제공해 자본주의 시장경제의
생명력을 유지시킨다고 보는 반면, 마르크스는 '잉여'를 단지 자본
가 계급의 전유물로 본다는 점에서 차이가 있다. 다만 전자의 경우,
임금노동자의 노동에 대한 동기부여는 '보이는 손'으로 불리는 정
부의 분배 정의, 공정거래 및 공평과세 같은 역할과 기능이 투명하
고 안정적이며 믿을 수 있는 경제체제와 경제시스템으로 보장되어
야 한다는 점을 강조한다. 헌법은 이러한 가치를 포괄적이고 명시
적으로 적시하고 있다.

　우리는 성인군자의 반열에 오른 지도자가 출현해 국가를 통치할
것이라 기대하지 않는다. 오히려 무지한, 형편없는 인격을 가진 사

　　　　　　　　　　　　　　자본주의의 적은 자본주의

람도 민주주의 국가에서는 지도자가 될 가능성이 충분히 있다고 생각하고 인정한다. 따라서 국가 정치체제는 어떤 한 사람이, 그 사람이 비록 대통령 혹은 총리라 할지라도 망칠 수 없도록 삼권분립을 하고, 의회를 통해 정부를 감시하고, 법 앞에 모두가 평등하다는 점을 투명하고 합리적으로 관리할 것으로 기대한다. 결국 민주주의는 불완전한 인간이 인간의 불완전함을 절감하여 설득과 투표를 통해 유지된다는 점에서 차이를 갖는다.

마키아벨리의 군주론

20세기 후반 미국 중심의 글로벌 질서의 편재, 21세기 미국과 중국 그리고 인도 등을 비롯해 새롭게 부상하는 국가들의 힘겨루기에서 누가 승리할까. 자연법 체계에 맞게 이 문제에 대한 답을 구하자면 풍부한 지하자원, 노동력 그리고 기술을 가진 국가가 단연 제1후보가 된다. 원시시대에는 날씨의 변화가 기후변화인지도, 다른 곳에 어떤 작물과 어떤 사람이 사는지도 모르면서 이동하는 유목민nomad 생활을 했다면 사회와 국가로 사람들이 사는 규모, 범위 및 밀도가 확대되면서는 정착과 정복, 기술의 발전과 원재료 등의 중요성이 '패권'을 갖기에 충분조건임을 알았을 것이다.

하지만 무작정 대규모 사회와 국가의 통치와 정치적 행위를 단순히 신으로부터 권한을 위임받았다는 왕에게 의존할 수는 없었다. 무소불위無所不爲의 권력을 휘두르는, 더구나 신으로부터 권력을 인정받은 왕이 고대에는 '제사장'이었다. 신과 소통이 원활하다고 믿었던 이유는 셀 수 없이 많았을 수 있다. 힘이 가장 세거나, 무리를 이끄는 지도력이 탁월하다거나, 자연의 변화를 가장 선제적으로 예측할 수 있는 지혜를 가졌다거나, 이웃 마을이나 사회를 정복하는 리더십이 돋보인다거나, 삶이 가장 도덕적이어서 여타 공동체 사람들로부터 추앙을 받았다거나 등의 다양한 이유가 존재할 것이다. 그러한 왕은 이제 '자본'이라는 인간의 가장 단순하면서도 원초적인 '잉여적' 상품에 굴복한다.

신성로마제국의 출발과 끝은 유럽 중세사의 시작과 끝을 의미한다. 신성로마제국은 중세 초기부터 19세기 초까지 중부 유럽에 존재하면서 유럽을 지배한 정치적 실체였다. 신성로마제국의 영토는 지금의 독일, 오스트리아, 스위스, 벨기에, 네덜란드, 체코, 이탈리아, 프랑스와 폴란드 일부를 포함할 정도로 커다란 모자이크 형태의 연합국가 체제를 띠고 있었다. 476년 서로마 제국이 멸망한 이후 교황권과의 관계 재정립을 통해 12세기경에 공식적으로 '새로운 로마 황제(신성로마제국)'라는 칭호와 함께 로마제국이 부활한 것이다. 그렇게 제국과 교회와의 관계를 강조했다. 황제는 그들의 통치를 합법화하기 위해 교황과 교회의 호의를 구했고, 제국은 유럽 전체에 기독교가 퍼지는 데 중추적인 역할을 했다. 이렇게 종교와 정치의 공생관계는 제국의 종교적인 그리고 문화적인 풍경을 형성했다.

이는 마치 한반도의 고대국가였던 고구려, 백제 및 신라가 불교의 종교적 철학과 문화적 가치를 토속신앙 그리고 정치권력과 융복합하여 국가 구조를 구축한 것과 같다. 하지만 역사는 과거에만 종속되지 않는다. 인간의 문명이 진화하고 사회구조가 발전함에 따라 신성로마제국은 궁극적으로 흩어지거나 멸망하는 데 트리거가 되는 중대한 도전에 직면한다. 이러한 도전은 역사적으로 한 시대가 마감될 때 나타나는 도전의 모습과 크게 다르지 않다. 강력한 민족국가들의 부상, 영토 분쟁 그리고 새로운 영향력을 갖는 기술과 과학 중심의 신지식의 출현은 제국의 통합적 연결고리를 해체한다.

통일된 기독교 제국이라는 초기의 소박한 꿈이 시작부터 외부의 압력과 내부의 투쟁에 직면해 결국 해체될 때까지, 신성로마제국의 유산은 유럽의 집합적인 기억으로 남아 있다. 정치철학과 인문학적 사상, 사람들의 평범한 생각, 종교적인 도덕과 윤리 그리고 종교와 정치 간의 역학, 지역 간의 문화적 교류에 대해 연합국가가 서로 주고받던 영향은 아무리 강조해도 지나치지 않을 것이다. 30년 전쟁은 제국을 더욱 불안정하게 만들었고, 거대한 고통과 삶의 상실로 이끌었다. 종교전쟁인 십자군 전쟁을 거쳐, 하나의 연합국가로서의 출발까지 이어지는 지난한 역사는 마침내 18세기에 이르러 제국의 권위가 시들해지면서 마침표를 찍었고, 종교와 왕은 '자본' 앞에 무릎을 꿇었다. EU와 유로화의 출발을 보면서 우리는 유럽연합의 가능성에 의문을 품었지만, 유럽 국가들의 이러한 재결합 모습은 8~9세기 유럽 신성로마제국의 융복합화와 크게 다르지 않음을 짐작할 수 있다. 시대 변화에 적응하면서 옷 색깔과 신체의 크기와 형태는 달라지지만 인간 본래의 근본적인 생각과 모습은 크게 변화하지 않는다. 다만 종교와 왕의 절대권력이 아닌, 기술과 자본, 경제하려는 동기와 이러한 행동과 생각에 대한 합리화된 명제를 이끌어내는 철학이 융복합할 때 변화의 크기와 범위 그리고 밀도가 더욱더 깊고 넓게 확장된다는 점은 반드시 주목해야 한다.[71]

중세를 지나 근대에 이르기까지 문명과 역사의 전환을 촉발한 것은 무엇일까? 과거처럼 전쟁이 아니었다. 산업기술 발달로 생산량과 잉여상품이 폭발적으로 증가한 데 그 원인이 있었다. 가내 수공업 형태로 생산량이 제한적이던 때를 지나 당시 시대 상황으로는 마치 무한대 공급이 가능해지라라는 믿음을 가질 정도로 생산량이 증가했다. 생산량이 증가하면 먼저 자국 내 시장수요가 충족된다. 공급이 폭발하니 가격은 급격히 하락한다. 하지만 가격 하락이 유발하는 수익 하락은 고용의 증가와 생산의 증가, 소비의 증가로 이어지는 선순환 구조로 대체되어 오히려 수익 상승의 효과를 기대하게 한다. 하지만 생산과 소비, 자본과 고용 등 모든 경제활동에 '한계marginality'가 존재하듯이, 국내 수요만으로는 공급 증가를 충분히 소화할 수 없는 임계치에 다다를 것이다.

인구가 폭발적으로 늘어나고 이들이 일정한 소비세력이 되기까지, 도시가 발달하고 위생시설이 개선되면서 교육과 삶의 질이 향상된다고 해도 자본은 이를 기다려주지 않는다. 제국주의적 식민지 쟁탈전은 이미 예고된 근대 산업 발전의 충분조건이었다. 기술이 정치와 경제권력의 결합으로 이어지면, 제국주의적 영향력 확대 욕구는 더욱더 급증하기 마련이다. 심지어 교육도 정경유착의 산물이 된다. 신흥 자본가는 정치권력을 전복하거나 새로운 정치체제를 구상하기보다 기존의 정치권력을 통해 그들의 욕구를 보완하려 든다.

자본주의의 적은 자본주의

1512년 마키아벨리의 《군주론》이 집필되었다(출간은 그의 사후에 이루어진다). 그가 살던 시대적 배경, 즉 이탈리아가 도시국가로 분열되어 한창 세력 다툼을 벌일 때, 신성로마제국은 절대왕제에 의해 강력한 통일국가를 형성하고 있었고, 독일과 프랑스 등은 이탈리아를 침략할 기회만 노렸다. 마키아벨리는 이 같은 정치적 상황에서 이탈리아 시민 가운데서 새로운 주권자, 즉 '시민적 주권의 대표자' 혹은 '시민적 군주'의 출현을 희망했다. 시민적 군주는 "새로운 법률을 제정하고 새로운 질서를 확립하여야 하는 만큼, 민중을 자기편으로 해야 한다"고 봤다. 하지만 군주는 내외의 적으로부터 자신과 국가를 지켜내는 것이 급선무이기 때문에 악덕에 의지할 필요가 있다면, 악덕의 오명을 쓸 것을 두려워해서는 안 된다고 주장했다. 마키아벨리의 《군주론》은 유럽에는 이미 종교적 도덕과 윤리적 기준이 존재하지 않는다는 점을 명시화했다. 정치는 있는 그대로의 시대적 상황에 맞게 정권을 유지하기 위해 모든 수단을 강구하는 것이 옳다는 것이다. 자본가와도 손을 잡을 수 있고, 민중을 자극해 자본가를 공격하게 할 수도 있으며, 권력을 유지하기 위해서는 군주 그 스스로가 냉혹한 정치 원리를 추구해야 한다고 했다.

정치학에서 그를 어떻게 평가하든 마키아벨리의 《군주론》은 정치권력이든 경제권력이든 심지어 시민권력이든, 하나의 권력을 좇는 자가 가져야 할 냉철한 이해관계에 대해, 인간이면 갖고 있는 그대로의 솔직한 본능을 이야기하고 있다는 점에서 평가받아야 한다. 사실 인간이면 누구나 그 자신의 이해관계가 도덕적·윤리적·사회규범적인 공동의 이해관계로 순화되지 않는 한, 내면의 '자기중심적 권력'에 집중하는 것이 옳다고 봐야 한다. 사회적 동물로서 인간 관계 속에서 공동체적 이해관계를 지향하며 다양한 종교, 철학 및 사상적 규범과 제도를 강요하거나 교육하는 것은 '누군가의 이해관계가 더 중요하기 때문에' 혹은 '사회 전체의 이해관계가 더 중요하기 때문에' 순수한 본능을 자제하거나 억제하도록 자발적으로 강요하는 것과 크게 다르지 않다.

《군주론》의 주요한 지적 기여를 꼽자면 정치적 현실주의와 정치적 이상주의 사이에 기본적인 균열을 일으킨 것이다. 플라톤과 아리스토텔레스가 이야기한 이상적인 국가나 정치세계와 달리 마키아벨리는 군주가 집중해야 하는 정치 형태는 지극히 현실적인 냉혹한 판단뿐이라고 보았기 때문이다. 마키아벨리는 물질주의에 바탕을 두었고, 그렇기에 천성(본능)에 대한 목적론적 시각 및 철학이 정치보다 높다는 견해를 부정한다. 정치도 사람들 사이의 질서를 다루는 것인 만큼, 고귀하고 지극히 이상적인 내용을 읊조리는 것은 가식이며 허식이라 본 것이다. 모든 행위가 어떤 목적을 향해 행해진다는 소크라테스주의자는 모든 행위가 자연이 원하는 것처럼 목적을 향해 행해진다고 했지만, 마키아벨리는 이러한 일이 인간의 행동에 의해 발생한다고 본다.

인간도 자연의 일부분이다. 마키아벨리가 제기한 지극히 세속적이고, 인간 본질적인 질문과 직설적이고 과감한 정치적 대화와 정의는 목적이 아니라 그 자체가 본래의 순수한 이성과 감성이라고 본다. 아울러 마키아벨리는 종교를 인간이 만든 것으로 보고 사회질서를 유지하는 종교의 역할을 가치 있게 생각한다. 하지만 안전

자본주의의 적은 자본주의

을 유지하기 위해 도덕적 규칙을 무시할 수도 있다고 보기도 한다. 더욱더 중요한 점은 마키아벨리가 '종교'로서의 기독교에 대해 이를 통해 사람들을 무력하고 무능하게 만들고 결국 잔인하고 사악한 사람이 저항 없이 권력을 획득하는 것을 용납한다는 점을 우려하며 강조했다는 것이다.

마키아벨리는 근대철학과 종교사상이 구체화되기 전 프랑스 혁명기까지 정부가 실용적이며 정치적인 이유로 종교를 이용할 것으로 보았고, 그의 판단은 틀리지 않았다. 그가 말하는 정치는 오로지 '편의성expediency'을 고려하여 이루어지며 목적을 달성하기 위해 공정하든 불공정하든 무기나 독은 물론이고 모든 수단을 동원하며, 그 목적은 나라나 조국의 확대에 있다고 보았다. '종교개혁'이라 할 만큼 혁신적인 내용이다. 마키아벨리의 현실주의는 '선한 목적'이 '악한 수단'을 정당화한다. 현대 정치이론 중 가장 중요한 이론 중 일부이자 지극히 자극적 요소로 볼 수 있지만, 이러한 그의 논리는 경제학에서도 발견된다. 즉 현대 경제학에서 과연 '사적 악에서 공공의 선'이 창출될 수 있는지, 그래도 무방한지에 대한 논란은 늘 존재한다. 이런 질문에 답을 주는 고대의 선행 사례가 있지만, 마키아벨리는 '부정'이 존재한다는 것을 인정할 뿐 아니라 이를 장려하는 위험을 기꺼이 감수한다. 현실적이고 야심 찬 태도가 이러한 통찰력으로 향하는 길에서 중요하다고 보았기 때문이다. 정치의 본질에 대한 마키아벨리의 논리도 이와 같다.

정치인이나 정당은 '자기세력의 확장'을 위해 국가와 국민을 이용하기도, 할 수도 있어야 한다고 얘기한다. 16세기에서 18세기에 걸쳐 마키아벨리 이후의 세대에서 시작된 소위 '물질주의 철학'은 현실주의와 자신의 운명을 통제하기 위해 '혁신'을 사용하도록 권장하는 측면이 전쟁과 분파적 폭력에 의한 목적 달성보다 더욱 강조되었다. 가히 역설적이지만, 모든 종교적 위선과 가식을 배제한 채 순수한 인간 혹은 사회, 국가의 본질적 목적에 충실할 때만이 혁신적인 경제와 정치와 함께 이를 적극적으로 뒷받침하는 현대 과학도 발전할 수 있기 때문이다. 18세기 계몽주의 시대에 이르러 마키아벨리즘을 '인도주의'적으로 해석하는 움직임이 이를 대변한다. 과거의 구습을 과감히 떨쳐버리고 개인의 개발과 같은 내면적 발전 체제로서 마키아벨리즘이 새롭게 재조명된 것이다.[72]

요약

왜 애덤 스미스와 카를 마르크스인가? 그들의 철학적 가치 기반은 독립적이고 단절적인가, 아니면 고대 그리스-로마 철학의 연장선상에서 이해되어야 하나? 후자다. 반복하지만, 우리가 알고 있는 경제학은 서양철학과 사상을 토대로 발전한 사회과학이다. 동양의 철학이나 종교적 관점은 서양의 그것과 대비된다. 그 차이는 농경과 유목이라는 정주定住의 개념 차이에서 시작된다. 생산의 종류와 방식, 기술의 발전은 농경문화와 유목문화의 시간적 연장선상에서 보면 극명하게 갈린다. 자연과학에 대한 도전과 시련에 대한 이해와 해석이 갈린다.

자본주의의 적은 자본주의

농경문화가 정적인 문화와 철학, 사상을 바탕으로 문명사적 진화와 발전을 이루었다면, 유목문화는 다분히 동적이고 도전적이며, 마키아벨리적 사고와 같이 이상과 현실에 대한 실존적 질문과 답을 끊임없이 찾는다. 농경문화의 사회과학은 자연스럽게 매우 정적이고 안정적이다. 유목문화의 사회과학은 종교에 도전하고 자연에 대해서도 인간의 의문을 도전적으로 받아들이기보다 또 다른 문명사적 발전을 위한 탐구로 본다. 따라서 이들은 먼 바다를 동경하고 그와 함께 저 끝에는 무엇이 있을지 아주 당연하면서도 원초적인 질문에 경험론적으로 파고든다. 고대 말과 중세 초기 그리스-로마 그리고 지금의 튀르키예를 중심으로 새로운 '문명'이 태동한다. 이 새로운 문명은 생산보다 '이동'이 강조되는 시대를 열었다. 인간이 극복할 수 없는 제약 조건으로 받아들였던 우주에 대한 지속적인 의문과 탐구는 '지도'와 '항해술'이 개발되면서 이동을 통한 '거래(무역)'와 '새로운 시장 개척'이라는 목적을 추구하도록 만들었다.

　　반면, 동양의 농경사회는 그들 나름의 자급자족 원칙과 자연의 법칙에 따른 사랑과 자비의 모습을 강조하는 도덕과 윤리적 통치를 고집했다. 동양 혹은 아시아에서 유일하게 이동을 감행한 민족이 '훈족'과 '몽골의 칭기즈칸'이었다. 그들이 행한 민족 대이동의 배경에는 늘 생산의 부족과 열악한 기후환경이 있었다. 그들은 대부분 중국과 동유럽 지역으로 이동했다.[73] 이들의 이동은 기술과 질병과 동행한다. 14세기 유럽 흑사병의 유행도 이와 같은 논리에서 크게 벗어나지 않는다. 결국 유목문화에서 비롯된 '잉여'에 대한 근본적인 가치 계산과 이를 위한 기술의 개발, 전쟁을 통한 영토확장의

DNA는 중세를 지나며 유럽을 통해 르네상스, 계몽주의를 거쳐 다시 고대 그리스-로마의 정치체제, 즉 민주주의로 회귀한다.

이 시점에서의 세계는 고대와 중세를 지나면서 종교가 왕의 절대권력과 일치하던 정치체제를 무너뜨린다. '무너졌다'는 수동적 표현보다 '무너뜨린다'는 능동적 표현이 옳다. 생산과 이동 그리고 동화 과정이 수 세기 동안 지속적으로 만들어온 결과물이 퇴적된 것이다. 질병과 전쟁은 인간의 이동로Migration route와 같다. 무역거래 역시 인간의 이동을 가져온다. 이동의 속도는 기술의 발전과 밀접한 관련이 있다. 기술의 발전 뒤에는 과학과 논리의 발전이 있다. 과학과 논리가 발전하려면 철학과 사상체계에 대한 보다 현실적인 접근과 도전이 있어야 한다. 그러려면 '신'보다 '인간'이 우선시되어야 한다.

따라서 고대 이후 전통적인 신과 왕의 관계를 규정하는 고정관념으로부터 인간이면 누구나 평등하다는 의식의 개혁이 선행되어야 한다. 이 같은 의식개혁은 인간 존엄에 대한 생각, 모든 사람의 생명은 왕과 귀족계급과 마찬가지로 똑같은 하나라는 실리적이고 실용적인 관념이 널리 받아들여져야 한다. 그런 시대 변화를 선행한 국가가 그러지 못한 국가에 문화와 자유무역, 종교와 철학, 기술과 산업을 전파하는 목적은 무엇일까?

고대사회에서는 이러한 문명사적 변화를 요약 정리하기 어려웠지만, 지식과 지혜의 빅데이터가 축적되면서 인간은 드디어 자연법칙이 어떻게 사회법칙에 적용되는지를 이해하게 되었고, 그와 유사한 방식으로 사회과학을 설명하기 시작한다. 철학은 자연의 기후와 환경처럼 시시각각으로 변화할 수 있으며, 지나친 이성적 판단이 오히려 실존에 해가 된다는 논리도 등장한다. 종교도 혁파되었다. 기독교에서 죄악시하던 '부'도 인간이 당연히 누릴 수 있는 '소득' 혹은 노동과 자본에 대한 정당한 보상으로 인정된다. 신이 인정해서가 아니라, 사람 스스로가 인정하기 시작한 것이다. 종교가 무너진 틈새는 철학과 과학, 교육, 정치와 시장 질서 등 인간의 실질적인 행동과학에 대한 탐구 결과로 보완되기 시작했다.

뒤에서 좀 더 자세히 다루겠지만, 자연과학으로서 물리학의 발전은 다양한 사회과학의 태동에 단초가 되었다. 예컨대, 경제학은 고대 그리스-로마 철학의 일부분이었다. 원래 경제학은 철학이었다. 물리학의 발전이 수학의 발전과 함께 이루어지면서, 이 방법을 차용한 경제학이 철학으로부터의 '독립'을 주장한다. 그러자 주변의 사회학과 심리학도 철학에서 분리되기 시작한다. 인문학은 이처럼 자유로운 '영혼', 무한의 상상력을 합리화하기 시작한 시점을 중심으로 한층 인간의 실존 문제에 직접적으로 대응한다. 즉 사람들의 생각, 생산과 이동 그리고 동화의 자유를 가지고 있는 자연법 체계의 가장 기본적 요건으로서 절대적 신이 아니라, 지구상 수많은 사람의 생각과 행동 속에 감춰진 혹은 드러난 인간 활동의 토대 위에 보다 진솔하고 명시적인 문명적 진화를 이루어낸다.

청동기와 철기 시대에 이르러 글을 쓰기 시작하면서 인간은 모든 것을 기록 혹은 기호, 상징 등으로 남기기 시작한다. 기록은 빅데이터가 된다. 데이터를 이용하면서 또 다른 문명의 진화가 지속적으로 이어진다. 다만 이를 전파할 수 있는 소통의 수단, 즉 통신이나 신호체계의 발전이 점진적으로 이루어지던 원시시대를 지나 보다 본격적인 인쇄와 출판 기술이 발전하면서 봉건시대, 중세 및 근대를 지나며 엄청난 문명의 시너지 효과가 발현된다. 1990년대 현대 디지털 기술의 발전과 맞먹는 문명사적 진화였다. 이런 모든 기술과 문화의 발전이 인간의 이동과 생산, 동화의 속도와 정보전달 능력의 발전을 촉발한다. 이는 곧 여러 단계의 과학과 기술, 종교와 철학, 정치와 경제 제도의 변화를 거치면서 '새로운 노멀new normal'의 질서를 구축하게 된다. 결국 인간이 지니고 있는 원초적 본능, 즉 단순한 생존의 의미에서 더 나아가 의식주의 기본조건은 물론이고 물질적인 풍요로움을 '효용적utility' 측면으로 산술화한다.

이 효용을 극대화하는 행복하고 안정적인 삶을 누리고자 하는 파생적 욕구는 사람과 사람 사이는 물론이고 사회와 사회, 국가와 국가, 지역과 지역 간에 다양한 갈등과 이해충돌을 유발한다. 이 같은 자극은 종교보다 철학과 사상을 통해 정리된다. 원시시대 자연 속의 인간이 자연법 체계 안에 머물며 제약식 내에 존재할 수밖에 없던 존재였다면, 근대 과학의 발전과 함께 인간은 자연의 제약식을 허물고 자연을 조정할 수 있는 존재로 진화한다. 인간의 생존본능을 넘어 지속적인 효용의 증가와 복잡한 사회구조의 정리를 위한 정치제도의 변화 등이 가능하도록 '잉여'는 급속하게 증가했고, 이는 과학, 기술 및 이를 통한 산업화의 목적을 뒷받침하는 철학 및 사상의 발전이 있었기에 가능했다. 고대 그리스-로마 시대에 이미 형성된 자유와 민주주의에 대한 정의는 자연상태에 가장 근접한 인간사회의 도덕과 윤리, 규제와 정책의 표준이 되어 현대를 살아가

자본주의의 적은 자본주의

는 현대인에게도 영향을 미치고 있다. 흔히들 얘기하는 미국식 자본주의의 정신적 바탕은 유럽이다. 고대 그리스-로마 시대를 기점으로 유럽의 역사 속에서 얻어진 다양하고 수많은 빅빅데이터가 중세, 근대를 거쳐 현대에 이르기까지 통용되고 있다. 미래 역시 이 틀에서 크게 바뀌지 않을 것이다. 우리는 스스로도 알 수 없는 시대적 대변환기에 있다.

국가와 경제는 근대[74] 정치와 철학을 기반으로 한다. 종교적 신비에 대해 과학의 도전이 승리하면서 인간 중심의 철학적 논리 기반이 형성되었다. 무조건적 믿음에서 조건적 믿음으로 종교의 가치와 본질도 변하기 시작했다. 제국주의적 국가가 앞다투어 식민지 점령에 나설 때 종교도 동행했다. 이런 가정의 대우 가정도 참이 된다. 즉 근대 정치철학의 배경에는 근대 경제와 산업의 변화가 있다. 고대에서 중세까지 경제에서 생산의 잉여는 폭발적으로 증가되지 않았다. 근대에 이르러 산업혁명을 통해 새로운 생산기술이 새로운 동력의 발명과 융합되면서 대량생산이 가능해졌다. 국내 소비에 할애된 생산량을 훨씬 능가하는 생산이 가능해지면서 '잉여'는 '지대'라는 개념과 '부가가치' 등으로 새롭게 재해석 및 재정의된다.

애덤 스미스와 카를 마르크스로 대변되는 자본주의와 사회주의 경제체제의 분파는 바로 이 새로운 '잉여' 개념에서 시작되었다. 정치·사회적 가치 해석과 체제 이데올로기적 정의를 통해 양극단의 정치 및 경제 체제로 분화되었다. 종교의 노예를 지나자, 이제 이데올로기의 노예로 접어든 모양새다. 헤겔의 철학, 애덤 스미스와 데이비드 리카도의 고전적 정치경제학, 자유주의 경제를 비판하고 무급 노동자의 불안정한 상태를 분석한 장 샤를 시스몽디Jean Charles Sismondi의 비판, 프랑스의 사회주의 사상 특히 장자크 루소, 앞서 언급한 생시몽, 피에르 조제프 프루동[75] 그리고 샤를 푸리에의 사상,[76] 독일 철학적 물질주의, 특히 루트비히 포이어바흐Ludwig Feuerbach[77]와 브루노 바우어Bruno Bauer[78]의 사상, 18세기 말 프랑스 물질주의, 드니 디드로, 클로드 엘베시우스[79] 등이 포함된다.

이들의 철학과 사상, 논리와 명제와 함께 카를 마르크스의 유산은 도덕적 시각과 물질주의 철학 양쪽 모두에 중요한 영향을 미쳤다. 소스타인 베블런Thorstein Veblen은 자본주의하에서 물질적 생산의 효율성을 추구하는 산업적 합리성보다 이윤추구 동기에 대한 지나친 강조가 사회 전체 부의 증가를 제약하게 됨을 비판하였다. 칼 폴라니Karl Polanyi는 19세기 수요·공급 논리에 의해 지배되는 시장경제의 형성이 사회-윤리적 가치와 기준을 도외시하는 오직 이윤추구만을 강조함으로써, 참혹한 사회적 결과가 발생한다는 사실을 비판했다. 이들은 모두 '부富'가 사회 공동의 노력으로 형성된다는 전제에서 개인이 아닌, 국가에 국한되지 않는 여러 작은 결사체를 포함한 공동체에 의한 물질적 생산과 분배를 통한 부의 증진(즉 공동생산 공동분배)을 강조하였다.

그리고 이들 모두는 평등을 추구하기보다는 '재산권의 자유'를 넘어선 자유, 즉 공동체 공동의 부에 기여하는 사회구성원 모두가 인간다운 삶을 누릴 수 있는 '적극적 자유'를 추구했다. 하지만 이는 단순히 풍요와 빈곤 그리고 자유와 평등 사이에서 하나를 선택하는 문제가 아니다. 모든 경제사상은 풍요와 부의 증진, 자유와 평

자본주의의 적은 자본주의

등을 전부 추구한다. 문제는 개인의 부와 사회 및 국가의 부 가운데, 자본으로 평가한 부와 실물적 재화의 부 가운데 어느 종류의 부를 선택할 것인지다. 재산권의 자유와 인간다운 삶을 누릴 수 있는 자유 중 어떤 종류의 자유를 지향하는가? 그리고 투표와 관련한 정치적 평등과 물질적 삶에 대한 경제적 평등 가운데 무엇을 선택할 것인가? 신의 존재는 부정되기도 하고 인정되기도 하지만, 설사 인정된다 해도 중세의 신과는 다르다. 인류에 대한 수많은 도전 역사에서 신이 존재했던 적이 없었다 해도 그다지 틀린 말이 아니다. 흑사병으로 고통을 받을 때, 숱한 전쟁으로 수많은 사람이 희생될 때 신의 존재는 찾을 수 없었다. 그렇기에 계몽주의 철학자는 모든 운명을 신이 정해준 것처럼 인간의 삶을 신에 의탁하기보다 오히려 더 적극적이고 능동적인 삶의 방식을 정립하기를 추구했다. 신의 섭리가 과연 존재하는가? 근대 철학의 첫 질문이었다.

근대 인간은 거대한 변화의 태동과 미세한 움직임을 이해하고 있었지만, 그것이 과연 어떤 형태의 산업구조와 경제체제, 시장구조와 공급사슬, 교역 루트와 인간의 이동, 식민지 정책과 노예 혹은 노동력의 공급과 같은 '동화효과'를 가져올지에 대해서는 예측할 수 없었다. 하지만 다음 여덟 가지 사실은 분명하다.

1. 이어지는 〈그림 15〉에서도 보듯 1400~1800년 주요 무역 경로는 고대 원시시대의 인간 이동, 문화 교류의 육상 루트와 거의 같다.[80] 다만 해양 항로의 개척은 새로운 과학과 항해술의 발전에 따른 결과다. 육로 교역의 허브 도시와 함께 해상 교역

의 허브 도시, 혹은 이 두 가지 교역이 가능한 복합 교역도시의 발전이 뚜렷하다.

2. 국가와 국민의 흥망성쇠와 팽창은 이들 인간의 이동 경로 가운데 '허브'가 될 수 있는 곳 중심으로 도시 발전이 이루어지다가 최종적으로 인간이 거주할 수 있는 최적지(예컨대 강)에서 문화, 교육, 정치 및 경제 활동이 최종적으로 이루어지는 도시 중심의 국가로 성장하게 된다. 도시에서 정치, 경제, 사회, 문화, 교육 등 다양한 사회적 활동이 이루어지면서 동서양의 교류와 교역을 통해 '지성'의 발전과 진화가 거듭된다.

3. 이 과정에서 부의 흐름은 지정학적으로 교역과 이동이 비교적 용이해서 수요와 공급의 사슬이 비교적 안정적이며 중장기적으로 의존 가능한 도시로, 생산과 소비의 규모가 큰 대도시와 국가 등으로 흘러들었다. 이들 도시와 국가는 자신들이 축적한 부를 지키고 지속적으로 축적하기 위해 필요한 기술, 원자재, 시장, 조직, 상품 등에 대한 혁신을 지속하기 시작한다.

4. 산업혁명과 정치, 경제, 사회, 문화 등의 급속한 발전은 고대부터 이어져오던 교역과 거래의 루트를 따라 시장 및 원자재의 획득, 기술 이전, 인구의 이동을 통한 노동력 수요와 공급 등의 문제를 손쉽게 만들었다. 여기에서 발생하는 '잉여' 생산과 소득은 정치, 사회, 문화 및 기술, 산업 발전 등과 함께 거대한 새로운 변화의 태동을 가져왔다.

5. '신'보다 '인간' 중심의 철학사조가 등장하면서 계몽주의 사상은 경제체제와 정책으로서 애덤 스미스와 카를 마르크스의 사

〈그림 15〉 1400~1800년 주요 글로벌 무역 경로

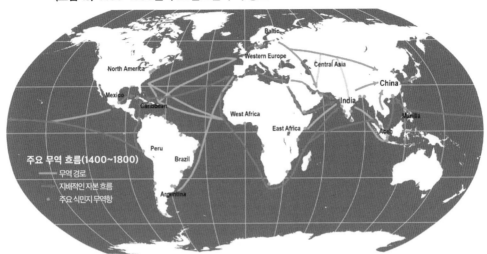

자료: The Geography of Transport Systems, https://transportgeography.org/contents/chapter7/globalization-international-trade/global-trade-routes-1400-1800/

〈그림 16〉 16~19세기까지의 세계 은 거래

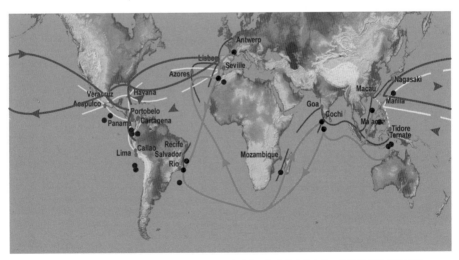

주: 검정색(경로 A)은 태평양에서의 마닐라 갈리온 상선경로와 대서양에서의 스페인 함대의 항해 경로를 나타내며, 주로 은을 운반했다. 붉은색(경로 B)은 향신료에 중점을 둔 포르투갈의 경로를 나타낸다.
자료: https://en.wikipedia.org/wiki/Global_silver_trade_from_the_16th_to_19th_centuries

상 같은 극단적 정치경제 사상의 분파를 가져왔다. 애덤 스미스의 자유시장 이론은 고대 그리스-로마 이후의 철학과 사상을 근간으로 민주주의와 맞물려 사회과학으로서 경제학의 발전을 이루었지만, 카를 마르크스를 중심으로 한 사회주의 경제 이론은 경제학의 돌연변이처럼, 18-19세기 나타난 산업혁명의 불평등과 부조화를 계급투쟁의 인류 역사로 설명하는 비주류 경제학의 한 분파가 되었다. 하지만 무신론과 계급투쟁의 '자본론'도 생산이 분배에 우선하며, 생산을 위해서는 투자가 지속 선행되어야 한다는 점은 분명히 하였다.

6. 제국주의와 식민지 시대가 시작된 배경은 기술 이전도, 신의 뜻도 아니었다. 순전히 인간의 본능, 즉 부(실물적 재화와 화폐)에 대한 끝없는 욕구 때문이었다. 산업혁명은 자본주의가 본격화되는 단초가 된다. 과학과 철학은 자본주의의 합리화와 자본가 계급과 노동자 계급 간의 격차를 합리화할 수 있는 배경이 되었다. 개인 혹은 사회와 국가의 '부의 축적'이라는 목적은 곧 각 경제주체의 경제활동 동기다. 사유재산은 경제활동에 동기부여가 된다. 더구나 '신(도덕과 윤리)'을 버리고 택한 거의 무한대의 탐욕은 더 많은 영토, 원자재(석탄과 석유), 시장 등의 확보를 위한 제국주의와 식민지배를 합리화했다. 부의 흐름은 이처럼 과학과 종교, 철학과 종교, 기술과 산업, 정치와 경제, 사회와 문화, 인간의 이동과 동화의 발전 정도에 의존한다.

7. '자본'이라는 새로운 '잉여', 즉 '부'의 개념이 등장하면서 주식회사, 투자, 금융과 실물 경제 등에 대한 분리와 파생상품의

시장 거래가 급속히 일어난다. 경제에 마침내 '주기cycle'가 생기고 심지어 '거품bubble'이라는 투기적 거래도 시장에 나타난다. '보이지 않는 손'이나 '보이는 손'이 규제 및 관리 감독을 할 수 있는 수준과 범위를 벗어나는 개인과 시장의 행위가 빈번하게 일어난다. 근대 이후 일어난 산업 형태를 우리는 '아날로그analogue' 산업이라 정의한다. 아날로그 산업에 의한 생산물은 직접 수송과 같은 물류 이동 방식을 따른다. 육지와 바다 그리고 하늘의 길에 대한 인간의 도전과 개척이 또 다른 산업 혁신을 반복하게 하는 원동력이 된다.

8. 19세기 지성사를 대변하는 다양한 철학과 사조는 당시를 살아가는 사람들이 세상을 이해할 수 있는 개념과 관념을 전한다. 하지만 '인간에 대한 과학', 즉 사회과학 발전의 상당 부분은 앞서 살펴본 것처럼 특정한 기원을 가진 유럽인의 관념에서 구해졌다는 점을 다시 한번 강조할 필요가 있다. 오늘날 미국의 정치, 경제 및 사회는 유럽, 특히 고대 그리스-로마 시대의 관념과 철학에서 기인한다. 오늘날 사회과학을 차지하는 대부분의 지성은 유럽이 원조다.

⟨그림 17⟩ 대서양 식민지 무역의 삼각구조

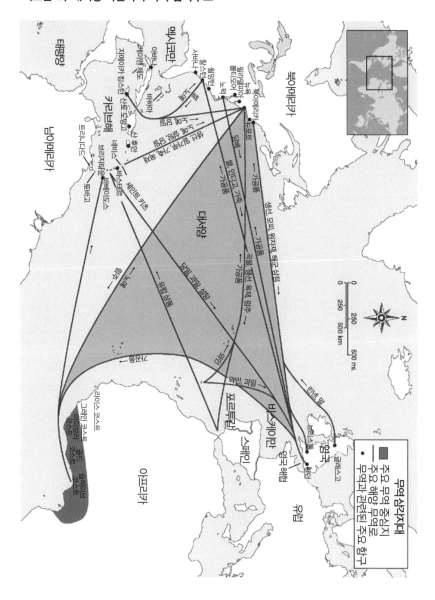

자료: http://what-when-how.com/western-colonialism/atlantic-colonial-commerce-western-colonialism/

자본주의의 적은 자본주의

〈그림 18〉 1750년 현재 아프리카 주민의 미국 이주

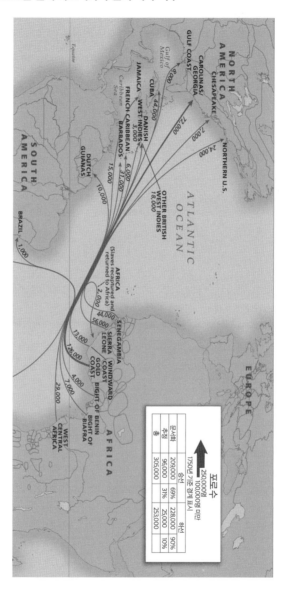

자료: https://subratachak.wordpress.com/2016/02/11/african-immigration-to-colonial-america/

제4장

과학과
종교

✢

    태어나 고작 20년 남짓 살았던 원시시대 인류가 더 행복했을까? 현대를 살아가는 우리가 더 행복한 것일까? 행복의 개념이 절대적이라면 이런 질문은 우문이다. 물질의 풍요로움과 지성의 질적 추구라는 기준만으로는 정확한 답을 찾을 수 없다. '생산, 이동, 동화'로 인한 인간의 끝없는 문명사적 변화는 네트워크의 '규모, 범위 및 밀도'의 변화와 동행한다. 다양한 고통을 통해 진실을 캐내기도 했다. 문제는 그 고통의 주체와 객체의 입장은 역사에서 흔히 승자의 기록으로 전할 따름이라는 것이다. '적자생존'의 원칙에 따르면 틀린 말은 아니다. 하지만 인간은 필요에 의해 '신'을 찾다가도 또 다른 필요에 의해 '신'을 버리기도 한다. 적절한 지성이 도입된다.

    14세기 르네상스와 17세기 이후 계몽주의 사상이 그러했다. 마키아벨리는 너무나 솔직했다. 니체도 그랬다. 문제는 인간이 더 이상 '신'을 찾지 않을 때다. 신의 자리가 자본으로 대체되기도 했다.

신이 한때는 인간이 추구하는 탐욕의 매개체가 되기도 했다. '렌즈' 와 같은 매개 개념이 되었다. 왜 그랬을까? 단순히 훈족의 침범이 게르만족을 남으로 밀어냈기 때문이었을까? 흑사병이 창궐할 때 신의 기적이 없었기 때문일까? 몽골의 칭기즈칸이 '서쪽으로 서쪽 으로' 진격했을 때 '신'이 유럽인과 같이하지 않았기 때문일까? 마 침내 과학이 '신'의 영역을 드디어 해석해나가기 시작했다. 신만이 알고 있다고 생각했는데 미지의 우주 질서와 별이 반짝이는 원칙을 인간이 해석할 수 있다고 믿기 시작한 것이다. 오만하고 교만한 생 각이지만, 그래도 보잘것없는 인간이 '신'이라는 절대적 우위의 존 재에 대한 관념을 전환하기 시작한 덕분이다. 과학은 종교보다 더 친인간적이다. 더 많은 생산과 더 좋은 기술과 더 많은 수익을 가져 다준다. '신은 죽었다'가 아니라 '신은 버려졌다.'

16세기부터 19세기까지 미국, 유럽 및 중국 간의 세계 은 거래는 콜럼버스의 교환이 기준이 되어 세계 무역거래에 현격한 영향을 미 쳤다. 대부분의 학자는 은 거래의 시작을 세계 경제의 시작으로 본 다. 은이 마침내 세계를 돌며 세계 경제를 움직였다. 은 거래는 초 기 근대에 이 세계적인 경제 변화뿐 아니라 다양한 정치적·지정학 적 질서 변화를 촉발했다. '잉여' 산물의 국제 거래는 근대까지 있 던 다양한 부가가치의 생산에 비해 규모, 종류 및 질적인 차원에서 커다란 생산의 혁신을 가져오면서, 이들을 거래하던 국가의 재정이 강화되었으며, 재정의 힘은 결국 더 많은 국제 거래와 은 채굴에 집 중하게 만들었다. 예컨대 대항해시대에 스페인은 거래 경제를 견인 하기 위해 콜럼버스 교환의 원칙을 수립하고 이를 뒷받침하기 위한

자본주의의 적은 자본주의

광산 개발에 집중함으로써, 볼리비아의 포토시Potosi[81]는 광산을 비롯한 방대한 양의 은을 발견했다. 스페인은 이 은을 얻어서 스페인 달러인 페소 데 오초Peso de ocho, Pieces of eight를 발행해 구매 수단으로 사용했다.

이 통화는 널리 퍼져서 16세기에는 세계 최초의 기축통화가 되었으며 미국도 1857년 동전법Coinage Act of 1857이 제정될 때까지 이를 인정했다. 스페인은 은 수요가 증가함에 따라 광석에서 은을 효율적으로 추출하기 위해 수은을 사용하는 새로운 융합 혁신 기술을 개발했다. 콜럼버스 거래라 불리는 세계 무역이 15세기 후반 이후 수 세기 동안 확산되면서 미주와 아프리카 및 유라시아 간에 식물, 동물, 귀금속, 상품, 문화, 인구, 기술, 질병 및 아이디어 등이 급속히 퍼져나갔다. 15세기 이전까지 지역 간 교환은 매우 제한적이었으며, 일부는 우연히 의도치 않게 발생한 것으로 추정된다. 아메리카 대륙에서 발생한 전염병이 유럽인에게 전해지기도 했지만, 거꾸로 유럽의 전염병이 15세기 이후 미주 지역 원주민에게 전파되어 카리브해 지역을 중심으로 당시 80%에서 95%까지 인구가 급감하기도 하였다.

국제 거래되는 상품의 다양화와 거래 단위 등의 표준 발달은 국제 거래질서와 법칙의 발전에까지 긍정적 영향을 미친다. 국제 거래는 정치, 경제 및 사회적 변화의 트리거가 되었다. 국가 재정의 강화는 물론, 자본가 계급의 급속한 등장, 주식회사와 같은 새로운 기업 형태의 변화는 물론 국제 거래에서 발생한 수익에 대한 평가 방법의 변화는 세법과 회계제도의 변화까지 초래했다. 항해술의 발전은 단순히 조선 기술의 발전과 진화에 국한되지 않는다. '배'는 상징적으로 상선으로서 국제 거래의 규모와 거래 범위를 나타내며, 상선이 갖는 '부'의 가치에 대한 평가를 바탕으로 국력이 평가되었다.

고대에는 국가라 하더라도 단순한 지역적 영토 분쟁에 그쳤다면, 16세기 이후 세계는 해양세력의 등장으로 영토의 개념이 대륙에서 해양으로 확장되었고, 해양은 다시 식민지 쟁탈 등으로 분쟁의 개념과 목적이 확장되었다. 국가라는 거대 단위를 기업 혹은 개인의 이해관계로 축소한다 해도 이와 같은 개념과 목적의 '밀도'는 다르지 않다. 다만 규모와 범위의 차이만 있을 따름이다. 왜냐하면 인간이면 누구나 갖는 본능적 탐욕, 즉 더 많은 자산(은, 주식, 채권, 부동산)과 권력에 대한 쟁취욕이 함대의 크기와 상선에 실린 상품, 은을 생산해내는 식민지의 수, 중세 신분제도가 무너지면서 인간 본연의 자유와 평등적 가치를 인지하게 된 개인, 출판과 언론 등을 통한 정보의 확산 등으로 인해 고대와 중세에서 다루어지던 그것들과 커다란 차이를 보이기 시작했기 때문이다.

아날로그 시대의 데이터 축적data crawling은 '경험론'을 통해 구축된다. 빅데이터의 축적은 기록이고 기호와 상징은 원시적 코딩 방법을 통해 나타난다. 집적된 데이터와 정보는 다양한 탐험가(self-learning system)를 통해 더욱 강화된다. 이러한 정보와 경험이 과거 중세까지는 왕과 귀족의 전유물이었다면, 이후 인쇄와 출판 기술의 발전으로 시장에 공유된다. 정보의 공유는 다양한 사람의 입과 지식을 통해 신세계에 대한 동경심에 머물지 않고, 스스로 미지의 세계를 개척하고자 하는 '의지' 혹은 '동기'를 제공한다. 잘살

자본주의의 적은 자본주의

아보려는 인간의 의지와 동기를 막는 정치권력은 그 어느 것도 무사히 체제를 유지할 수 없게 되었다.

경제권력이 누구와 손을 잡아야 상대적으로 자신들에게 이익이 되는지 정확히 알게 됨으로써, 왕과 귀족이라는 제한된 의미의 '시장'은 허물어진다. 초기 세계 무역은 미지의 세계로부터 생산된 물품에 대한 왕과 귀족의 수요를 충족시키기 위해 시작되었지만, 시간이 지날수록 일반 대중을 위한 상품의 거래가 더 큰 수익을 남긴다는 것을 알게 된 순간 기업가는 그들의 거래를 옹호하던 왕과 귀족 사회를 배신한다. 순탄한 자기학습 과정에서 '디폴트default' 에러가 발생하면, 기업가 혹은 자본가는 곧바로 디버깅debugging 과정에 들어간다. 디버깅 과정에서 가장 합리적이고, 투명하며, 의지할 수 있는 수단은 지성사의 발전과 함께 과학의 발전이다.

근대 과학의 태동[82]

단테가 그의 위대한 작품을 집필하는 동안에도, 그가 믿고 찬양했던 우주를 향한 인간의 경외심을 당대에는 알 수 없던 그 어떤 심오한 힘이 위협하고 있었다. 기술 혁신의 속도가 빨라지기 시작했다. 특히 근대사회는 당시의 정치적 요구로 인해 기술이 새로운 중요성을 획득했고, 토목 및 군사 기술자라는 새로운 직업이 등장했다. 이들은 실질적인 문제에 대한 실질적인 해법 찾기에 몰두했다. 천재 화가인 레오나르도 다빈치Leonardo da Vinci는 자신의 그림에 사실성을 부여하기 위해 인체 해부학을 면밀히 연구했다. 조각가로서 다빈치는 금속을 주조하는 어려운 기술을 숙달했다. 르네상스 연극 형식의 하나인 가면극 연출을 위해 프로듀서 겸 감독으로서 특수 효과를 위해 복잡한 기계를 고안해내기도 했다. 그는 성벽 위로 박격포 폭탄이 발사되는 경로를 관찰하고 발사체가 아리스토텔레스가 말한 것처럼 경사진 상승과 수직 낙하의 두 직선을 따르지 않는다고 주장했다. 그는 군 기술자이자 엔지니어였다. 레오나르도 다빈치는 자연을 진정으로 알아야 했다. 책을 통한 학습은 실제 경험을 대체할 수 없으며, 책이 현상에 권위를 부여할 수도 없다고 보았다. 아리스토텔레스와 그의 제자들이 철학적 필요성으로 주장한 많은 것들은 종종 인간의 눈으로 볼 수 있는 것과 일치하지 않았다. 고대 철학의 지배력은 너무 강해서 가볍게 깨뜨릴 수 없었지만 건전한 회의론이 나타나기 시작한 것이다.

15세기 말의 새로운 대륙 발견은 고대의 권위적 지성을 전통적으로 무조건 수용하는 태도에 실질적인 타격을 입혔다. 위대한 천문학자이자 지리학자인 프톨레마이오스Klaudios Ptolemaeos는 유럽, 아프리카 및 아시아 세 대륙만 존재할 수 있다고 주장했으며, 성 아우구스티누스를 비롯한 기독교 학자들은 이를 아무런 실증적 검증 없이 받아들였다. 그렇지 않으면 지구의 반대편에 있는 사람들은 거꾸로 걷고 있다는 말이 되기 때문이다. 하지만 프톨레마이오스, 성 아우구스티누스 및 다른 다양한 권위자들이 틀렸다. 항해를 실질적이고 신뢰할 수 있는 과학으로 바꾸어 알려진 세계를 넘어 미지의 세계로 드라마틱하게 확장할 수 있는 사람들에게는 부와 명성이 기

자본주의의 적은 자본주의

다리고 있었다. 르네상스는 대부분 고대 유산에 대한 완전한 회복에 초점을 둔, 나름 열심인 문화 부흥론자들의 풍부한 지적 활동이었다.[83] 중세 사고의 기초였던 아리스토텔레스의 철학에 플라톤의 번역, 수학적 조화를 제시한 그의 비전, 생리학과 해부학 실험을 한 갈레노스Claudios Galenos[84]의 경험론, 그리고 아마 가장 중요한 것으로 아르키메데스의 물리학적 프레임이 추가되었다. 아르키메데스는 전통적인 철학적 프레임워크 외부에서 이론적 물리학이 어떻게 수행될 수 있는지를 보여주었다. 그리고 그 결과는 혁명적이었다.

과거를 탐구하던 과정에서 르네상스 과학이 나아가려는 방향에 중요한 영향을 미친 특이한 원고 묶음이 나타났다. 이 원고는 전설적인 사제, 예언자 및 현자인 헤르메스 트리스메기스투스Hermes Trismegistus가 쓴 것이거나, 누군가 그의 활동을 직접 보고한 것으로 간주되고 있다. 헤르메스는 모세와 동시대 인물로 알려져 있지만, 그의 저술은 전통적인 창조 이야기보다 인간의 역할을 훨씬 중요하게 다루고 있다. 신은 인간을 자신의 형상으로 완벽하게 만들었으며, 이때 만들어진 인간은 합리적인 동물이자 창조자였다. 따라서 인간은 창조함으로써 신을 모방할 수 있다고 보았다. 그러려면 자연의 비밀을 배워야 했으며, 화염, 증류 및 다른 연금술 조작을 통해 자연으로부터 비밀을 강제로 얻어야만 했다.

성공하면 영생과 젊음 그리고 빈곤과 질병으로부터의 자유를 얻게 될 것이라 생각했다. 신과 인간에 대한 헤르메스의 이러한 접근은 매우 흥미로운 비전이며, 과학과 기술을 통해 인간이 자연을 자신의 의지대로 휘둘러 사용할 수 있다는 개념으로 이어진다. 이러한 접근은 인공수정, 유전자 변이, 백신의 개발과 같이 본질적으로 현대 과학의 시각일 수 있으며, 반복해 강조하지만 동양과 달리 서양 문명에서만 두드러지게 나타난다. 아마도 이러한 태도로 인해 서양은 수 세기에 걸쳐 지금까지도 상대적으로 동양을 앞지르게 된 것은 아닐까?

헤르메스의 전통은 이후 더 구체적인 영역에까지 영향을 미쳤다. 헤르메스 학자들은 플라톤 학자들의 신비주의에 영감을 받아 계몽과 빛의 원천, 태양에 대해 환상을 펼치기도 하였다. 15세기 피렌체 번역가인 마르실리오 피치노Marsilio Ficino는 플라톤과 헤르메스 저작을 모두 번역하여 태양에 관한 논문을 작성했는데, 이 논문은 천문학에 있어 가장 권위적 내용을 담고 있는 것으로 알려져 있다. 16세기 초에 이탈리아를 방문한 한 폴란드 학생이 이 논문에 감동을 받아 프톨레마이오스 천문학 체계에서 제기된 문제를 연구하기 시작했는데, 그가 바로 니콜라우스 코페르니쿠스Nicolaus Copernicus다. 그는 교회의 지원을 받아 본격적으로 프톨레마이오스 천문학 체계를 현대화하고, 교회에서 부활절 및 기타 축제의 정확한 날짜를 계산하는 중요한 작업에 사용되는 천문학 장치를 개선했다. 1543년, 코페르니쿠스는《천구의 회전에 관하여De revolutionibus orbium coelestium libri》여섯 권을 침대에 누워 집필한 후 이 책들이 출판되자마자 세상을 떠났다. 그의 천체의 회전에 관한 책은 인류 역사에서 다른 어떤 지적 사건보다도 영향이 큰 혁명의 시작이었다. 과학 혁명은 인류의 사고와 물질적 존재의 조건을 철저하게 변화시키는 데 있으며, 이러한 효과는 21세기에 들어 더욱 강력해지기 시작했다. 아날로그에서 디지털로, 디지털에서 빛의 속도로 후기문명적 과학 발전의 효과는 아직도 끝나지 않았고 진행형이다.

이 모든 것은 코페르니쿠스가 우주의 중심에 지구가 아닌 태양을 놓아보려는 대담한 시도에서 시작되었다. 실제로 코페르니쿠스는 이러한 아이디어를 정당화하기 위해 헤르메스 트리스메기스투스[85]를 인용했으며, 따라서 그의 표현은 철저히 플라톤적이었다. 신비로움의 실질적 속내에는 교회로부터의 이단화를 멀리하면서 이 작업을 통해 천문학이 새로운 의식과 지적 탐구의 영역으로 거듭날 때 학문적 가치가 있다는 점을 강조하는 것이었다. 천문학적 접근과 수학적 해석으로 자신의 이론을 입증 및 정당화하려는 시도가 그렇다.

코페르니쿠스는 혼돈에 가까운 '복잡성'을 우아한 '단순성'으로 축소하는 데 성공했다. 프톨레마이오스[86]의 천문학 체제Ptolemaic system 내에서 행성의 앞뒤 움직임을 설명하기 위해 엄청난 상상력이 필요했던 것을 단순히 지구의 고리운동을 행성의 움직임에 더하거나 빼는 방식으로 설명할 수 있게 된 것이다. 행성의 밝기 변화도 이러한 움직임의 조합으로 쉽게 설명되었다. 수성과 금성이 하늘에서 태양과 정반대로 나타나지 않는 사실은 코페르니쿠스가 그들의 궤도를 지구의 궤도보다 태양에 더 가까운 곳에 두었기 때문이다. 실제로 코페르니쿠스는 행성들을 태양으로부터의 거리 순서로 배치할 수 있었으며, 이를 통해 행성의 체계를 만들 수 있었다. 때로 미적 고려를 과학사에서 무시해서는 안 되는 것이라 한다면, 코페르니쿠스의 지동설 체계는 신이 최고의 예술가라고 믿는 사람들에게조차 너무나 매력적인 간결함, 일관성 그리고 미적 매력으로 다가왔다.

사실 코페르니쿠스가 프톨레마이오스 체제의 모든 이해하기 어려운 문제를 해결하지는 못했다. 예컨대 번거로운 주전원周轉圓, ep-cycle 궤도와 여타 기하학적 조절뿐 아니라 아리스토텔레스의 투명 구체 몇 개도 유지해야 했다.[87] 결과적으로 코페르니쿠스의 천문학은 종전의 천문학에 비해 단순화되었지만, 당시 모든 사람이 이를 받아들일 만큼 즉각적인 반응을 얻지는 못했다. 더욱이 상당한 우려를 불러일으킬 수 있는 몇 가지 주장이 있었다. 즉 인구를 포함한 지구의 모든 물체가 지표면에서 튕겨 나가지 않고 어떻게 24시간에 한 번씩 자전할 수 있는 것일까? 어떤 물리학적 설명도 이러한 질문에 답할 수 없었으며, 마침내 이러한 답변을 찾고자 하는 노력이 과학 혁명의 중심 과제가 되었다.

분명히 우주를 알아가기 위해서는 물리학과 천문학 이상의 것이 필요하다는 점도, 정확히 그것이 무엇인지는 몰라도, 느끼게 되었을 것이다. 코페르니쿠스 체계가 갖는 여러 가지 의미 중 하나는 당대 사회의 근간이었던 '고정관념'에 직격탄을 날렸다는 것이다. 지구가 태양 주위를 돈다면 고정된 별들의 표면 위치가 지구가 궤도를 따라 움직이면서 변해야 한다. 하지만 코페르니쿠스와 동시대 사람들은 이러한 이동(별의 시차라고 함)을 감지하지 못했다. 이 같은 실패를 설명할 수 있는 방법은 두 가지뿐이었다. 지구가 중심에 있어 다른 별과 시차가 존재하지 않는 경우거나, 감지하기에는 별들의 시차가 너무 적은 경우다.

코페르니쿠스는 후자를 선택했다. 그 결과 지구와 인간이 거대

자본주의의 적은 자본주의

한 공간에서 길을 잃은 우주를 받아들여야 했다. 기독교적인 신앙에서는 하나님은 어떤 것도 헛되이 행하지 않았다고 믿었다. 그렇다면 하나님은 거대한 공간에서 지구와 인류를 잃어버린 우주를 어떤 목적으로 창조했을까? 코페르니쿠스는 고대로부터 이어져 오던 아리스토텔레스식의 복잡한 우주 질서가 아니라 유클리드 기하학에서 설명하는 공간 개념처럼 그저 단순하고 일반적인 우주론으로 대체하고자 했다. 하지만 대부분의 16세기 학자에게는 받아들일 수 없는 궤변이었을 것이며, 결국 코페르니쿠스의 작지만 웅대한 아이디어는 천문학적 사고의 변두리에 숨을 죽인 채 남아 있었을 것이다. 모든 천문학자가 그의 간단하고 새로운 주장을 이해할 수 있었지만, 적극적으로 받아들이는 사람은 소수에 불과했다. 코페르니쿠스 이후 1세기 반 동안, 과학에서 두 가지 명확한 움직임이 일어났다. 첫째는 비판적이었고, 두 번째는 혁신적이고 통합적이었다.

갈릴레오

'비판'의 올바른 전통은 코페르니쿠스로부터 시작되었다. 이는 직접적으로 튀코 브라헤Tycho Brahe[88]의 천문학으로 이어졌다. 그는 이전의 어느 누구보다 별과 행성의 위치를 더 정확하게 측정했다. 튀코는 지구가 움직이지 않았다고 주장했다. 하지만 측정만으로는 코페르니쿠스와 프톨레마이오스 사이에서 결정할 수 없었다. 코페르니쿠스는 다른 모든 행성의 공전 중심을 태양으로 옮기도록 튀코를 설득했다. 그러려면 아리스토텔레스의 결정체 구체로부터 벗어나야 했다. 그러지 않으면 천체의 행성은 서로 충돌할 수밖에 없다. 튀코는 천체의 완벽성에 대한 아리스토텔레스의 교리에 의문을 제기했다.

1570년대에 혜성과 새로운 별이 나타나자, 튀코는 그들이 모두 달의 구체 위에 있다는 것을 보여주었다. 튀코 천문학에 대한 가장 심각한 비판은 망원경이 발명된 후[89] 갈릴레오에 의해 제기되었다. 그는 달에 산이 있고, 목성 주위를 도는 위성들과 태양에 얼룩이 있다고 연이어 발표했다. 더구나 은하수가 수많은 별로 구성되어 있다는 점도 발표한다. 아리스토텔레스가 고정해둔 우주 세계의 질서 체계, 즉 천문학에 대한 고정관념과 고전 논리 자체를 바로잡는 비판이었다.

갈릴레오가 그의 망원경으로 하늘을 살펴보는 동안 독일에서는 요하네스 케플러가 하늘을 탐구하고 있었다. 튀코의 정밀한 관측은 케플러가 화성(그리고 유추적으로 다른 행성들)이 원형이 아니며, 태양이 한 개의 초점을 중심으로 타원 궤도를 따라 움직인다는 것을 확실히 발견할 수 있게 해주었다. 케플러의 우주는 아리스토텔레스의 그것과는 뚜렷이 달랐다. 케플러의 천체물리학은 난해한 라틴어로 코딩되는 바람에 연구 결과가 널리 퍼지지는 못했다. 갈릴레오와 케플러 모두가 시도했지만 아리스토텔레스의 천문학을 대체하는 데는 성공하지 못했다. 예컨대 지구가 자신의 축 주위로 공전한다면, 왜 물체들이 떨어지지 않는 걸까? 위에서 떨어진 물체가 지구

자본주의의 적은 자본주의

가 동쪽으로 회전할 때 서쪽으로 떨어지지 않는 이유는 무엇일까? 그리고 빈 우주에 떠 있는 지구가 누군가가 밀지 않는 한, 원형이나 타원으로 돌아가는 것이 어떻게 가능한가? 이 질문에 대한 답을 얻기까지는 오랜 시간이 걸렸다.

갈릴레오는 지구의 회전과 공전 문제를 논리적 분석을 통해 해결하려고 노력했다. 물체가 지구에서 떨어지지 않는 이유는 실제로 빠르게 공전하지 않기 때문이다. 분당 회전수로 따지면 지구 위의 모든 물체는 매우 느리게 움직이므로 날아갈 경향이 거의 없다. 높은 탑에서 떨어지는 물체는 지구의 회전으로 탑들도 함께 회전하기 때문에 떨어진다. 지구의 자전 속도는 1,337km/h다. 1년 동안 지구가 태양을 도는 거리는 9.4억km다. 공전 속도로 계산하면 초속 약 29km다. 케플러의 법칙에 따라 태양에 가까워질수록 지구는 태양 주위를 빨리 돌고 태양에서 멀어질수록 태양 주위를 보다 느리게 회전하므로, 지구의 공전 속도는 초속 26~33km이다.

이미 움직이는 물체는 다른 움직임이 추가될 때 그 움직임을 유지하는데, 지구가 이런 엄청난 속도로 자전함에도 불구하고 인간이 그 속도를 느낄 수 없는 이유는 자전이 등속운동을 하기 때문이다. 17세기 초 말엽부터 아리스토텔레스의 천문학은 급속히 사라지기 시작했다. 하지만 그 자리를 대체할 만한 만족스러운 체계는 없었다. 새로운 철학은 모든 것을 의심하게 만든다. 새로운 천문학이 나오기까지 이를 대체할 수 없는 공백기에 데카르트의 원시적인 물질과 운동 법칙이 부분적으로 받아들여졌다. 즉 모든 자연 과정이 마치 기계 모델이 움직이는 것과 같은 비유로 설명되었다. 당연히 그의 모델은 자연이 작동하는 방식이 아니지만, 그나마 아예 아무것도 없는 것보다는 낫지 않을까?

아이작 뉴턴의 견見, 관觀, 진診

17세기는 강렬한 종교적 시기였다. 영국은 종교적 분위기가 가장 강렬하게 느껴진 곳 중 하나였고, 거기에서 젊은 아이작 뉴턴은 결국 우주의 신비로움 속에 하나님이 온전히 보존되는 새로운 통합 체계를 발견하게 된다. 뉴턴은 실험과 수학의 천재였으며, 이 두 가지 조합 덕분에 코페르니쿠스 체계와 새로운 역학을 수립할 수 있었다. 그의 방법은 매우 간단하다. '운동 현상으로부터 자연력을 조사하고, 그런 다음 이러한 힘으로 다른 현상을 증명하라'는 것이었다. 뉴턴의 천재성은 그가 조사할 대상을 선택하도록 했고, 그의 기초적인 수학 도구인 미적분학(거의 동시에 고트프리트 라이프니츠가 발명)을 통해 추론한 힘을 계산으로 나타낼 수가 있었다. 이 결과물이 바로 1687년에 나온《자연철학의 수학적 원리Philosophiae Naturalis Principia Mathematica》(일반적으로《프린키피아》라고 불리며 국내 번역 출간서의 제목도 동일하다)다. 인류 역사상 가장 난해하지만, 근현대 과학의 실질적인 출발점으로 인정되는 뉴턴의《프린키피아》는 기하학 또는 수학으로 '우주에 존재하는 두 물체 사이에는 거리의 제곱에 반비례하고 질량의 곱에 정비례하는 중력이 존재한다'는 만유인력의 법칙을 설명하고 있다. 수식은 $F=ma$(힘=물체의 질량×가속도)이다.[90] 이로 인해

자본주의의 적은 자본주의

지구는 물론 우주 천체에 적용되는 새로운 물리학이 나타났다. 뉴턴의 만유인력 분석을 통해 코페르니쿠스, 케플러, 갈릴레오의 모든 것이 정당화되었고, 데카르트는 완전히 패배했다.

"운동 상태가 변하는 정도는 물체에 가해진 힘에 비례하며, 변하는 방향은 힘이 가해진 방향과 같다"는 뉴턴의 제2법칙 역시 어렵거나 복잡한 수식 없이 말로써 라틴어로 기록되었다. 뉴턴의 운동 3법칙과 만유인력의 원리만으로도 새로운 우주를 규정하는 데 충분했지만, 뉴턴은 하나님의 도움을 받아야만 가능하다고 믿었다. 중력은 gravity 직접적인 신의 작용이었으며, 모든 질서와 활력을 위한 힘도 마찬가지로 신의 작용이었다고 정의한다. 뉴턴에게 '절대적인 공간 Absolute space'은 중요하다. 왜냐하면 공간은 '신의 감각기'이며, 신의 거처는 반드시 궁극적인 좌표 시스템이어야 하기 때문이다. 과학의 발전이 인간이 풀지 못했던 미지의 신비로운 장막을 걷어내기 시작한 시대였음에도 과학은 종교의 눈치를 보고 있었다는 점에 주목해야 한다. 마지막으로, 뉴턴의 행성 간의 '상호간섭the Mutual perturbations' 분석은 각각의 중력장에 의해 일어나는 행성의 자연적인 충돌을 예측했으며, 이를 바로잡기 위해서라도 하나님이 뜻이 작용하지 않으면 태양계가 자연적으로 붕괴할 것이라고 언급했다.

하나님의 신비로움이 아직은 완전히 가시지 않았지만, 과학적 방법의 확산은 막을 수 없었다.《프린키피아》의 발표는 코페르니쿠스가 시작한 움직임의 정점을 나타내며, 이와 같은 이유로 항상 과학적 혁명의 상징으로 여겨진다. 바야흐로 과학적 방법의 확산이 가속화되었다. 비슷한 시도도 있었다. 이들은 자연 지식을 비판하고 체계화하고 조직화하고자 했지만 시대의 인식을 바꿀 만큼 혁신적인 결과로 이어지지는 않았다. 코페르니쿠스의 위대한 작품이 나온 그해에 중요한 해부학서인 안드레아스 베살리우스Andreas Vesalius의 《사람 몸의 구조》(약칭 《파브리카De Fabrica》)가 출간되었다. 베살리우스는 나중의 뉴턴과 마찬가지로 현상, 즉 자연적 사실의 정확한 기술을 강조했다.

베살리우스의 작업은 이탈리아와 그 외 다른 곳에서 해부학 연구의 열기를 일으켰으며, 윌리엄 하비William Harvey의 혈액순환 발견으로 이어졌다. 1628년에 출판된 하비의 《동물의 심장과 혈액의 운동에 관한 해부학적 연구Exercitatio Anatomica de Motu Cordis et Sanguinis in Animalibus, An Anatomical Exercise Concerning the Motion of the Heart and Blood in Animals》는 해부학과 생리학을 과학으로 자립시킨 생리학의 '프린키피아'였다. 하비는 유기적 현상Organic phenomena을 실험적으로 연구할 수 있으며, 일부 유기적 과정은 기계적 시스템으로 축소할 수 있음을 보여주었다. 심장과 혈관 시스템은 펌프와 파이프 시스템으로 간주할 수 있었으며, 이러한 해석에는 정신적인 현상이나 다른 힘을 사용할 필요가 없었다.

화학의 경우 중세와 초기 현대의 연금술사가 산화제oxidizer와 증류 같은 중요한 새 물질과 과정을 산출해냈지만 거의 이해할 수 없는 신비한 어휘로 이론을 혼란스럽게 만들었다. 영국의 로버트 보일Robert Boyle은 명확한 설명, 실험 재현성 및 화학 과정에 대한 기계적 개념을 강조함으로써 지적 혼란을 해소하려고 노력했다. 그러나 화학은 아직 혁명을 위한 준비가 덜 된 상태였다. 많은 분야에서 현상을 이해 가능한 것으로 간단하게 표현할 수 있다는 기대감이 있었지만, 사실 숫자가 너무 많기 때문에 거의 불가능했다.

하지만 우주의 한 부분을 설명하는 복잡한 가정과 진실을 뉴턴의 $F=ma$처럼 간단한 식으로 표현하는 게 아주 불가능한 것은 아니었다. 한편으로는 현미경과 망원경 같은 새로운 기기는 인간이 계산해야 할 세계를 엄청나게 증가시켰다. 더구나 인간의 이동과 탐험 여행 등이 새로운 식물학 및 동물학적 사례를 무수히 모아 쌓으면서 고대의 분류체계를 압도했다. 인간이 선택할 수 있는 최선은 점차 새로운 사실을 정확하게 기술하고 언젠가 모든 것을 일관된 방식으로 조화롭게 합칠 수 있으리라 기대하는 것이 되었다. 빅데이터라는 개념이 없었을 뿐, 사실상 근대 이후 과학은 엄청난 양의 계산식과 정보, 사례를 경험하고 기록하기 시작했다.

정보의 급증은 오래된 기관과 관행에 무거운 압력을 가한다. 극소수의 사람만 살 수 있는 비싼 책이라는 형태로 과학 결과를 출판하는 것만으로는 충분하지 않다. 정보를 널리 빠르게 퍼트려야 했다. 또한 뉴턴과 같은 고립된 천재는 더 이상 혼자 힘으로는 감당할 수 없는 새로운 정보가 생성되는 세계를 이해할 수 없었을 것이다. 자연 철학자는 자신들의 데이터를 확신해야 했으며, 이를 위해 자신들의 발견에 대한 독립적이고 비판적인 확인이 필요했다. 자연스럽게 이러한 목적 달성을 위해 새로운 수단이 만들어졌다. 과학협회가 생겨났으며 이는 17세기 초기 이탈리아에서 시작되어 과학 혁명의 절정을 이룬 커다란 국가과학협회 두 곳으로 이어졌다. 바로 1662년에 결성된 '자연지식의 진흥을 위한 런던왕립학회Royal

Society of London for the Promotion of Natural Knowledge'와 1666년에 결성된 '파리과학아카데미Académie des Sciences'다. 이러한 협회에서 자연철학자들은 새로운 발견과 이론을 검토, 논의 및 비판할 수 있었다. 또한 논의에 견고한 기초를 제공하기 위해 협회들은 과학 논문을 게재하기 시작했다. 런던왕립학회의 학술지 〈철학회보Philosophical Transactions〉는 최초의 전문 과학 저널이었다.

프랑스 아카데미 역시 최초의 영국 학술지에 자극을 받아 〈비망록Mémoires〉을 출간했다. 새로운 발견을 개인 암호, 모호한 언어 또는 심지어 문자 수수께끼인 애너그램anagrams 으로 숨기는 과거의 관행은 점차 사라지고, 모든 사람이 이해할 수 있게 한다는 목적을 강조하게 되었다. 이러한 행동의 변화는 실험과 발견을 다른 사람이 재현할 수 있도록 하는 새로운 기록 규범이 만들어지면서 더욱 활성화되었다. 하지만 정보의 공유는 언어적 표현에서의 새로운 정밀도와 실험 또는 관측 방법을 공유하기 위한 의지를 필요로 했다. 다른 사람이 결과를 재현하지 못하면 원래의 보고서에 대한 심각한 의심이 생겼고, 이러한 의심은 건전한 비판적 사고의 또 다른 단초가 되어 자연의 비밀에 대한 대규모 공격을 위한 도구가 또다시 새롭게 만들어지곤 했다.

과학 혁명이 성취된 상태에서도 할 일은 여전히 많았다. 오히려 더 많은 난제가 앞에 펼쳐져 있음을 알게 되었다. 이러한 선순환적 통찰의 기원을 찾아 떠나는 여행의 첫발을 디딘 사람이 바로 뉴턴이었다. 거대한 세계에서는 《프린키피아》만으로도 충분했다. 뉴턴의 운동 법칙 세 가지와 만유인력의 원리는 일반적인 물체의 기계

자본주의의 적은 자본주의

적 관계를 분석하는 데 필요한 모든 것이었으며, 미적분은 필수적인 수학적 도구를 제공했다. 미시적 세계에 대해서도 뉴턴은 두 가지 방법을 제공했다. 이미 관찰을 통해 작용 법칙이 결정된 경우(예를 들어 가스의 부피와 압력 간의 관계, 보일의 법칙Boyle's law[91]) 뉴턴은 입자 간의 힘(끌림과 당김)을 가정해 해당 법칙을 유도하는 데 사용했다. 그런 다음 이 힘을 사용해 다른 현상(이 경우 공기의 속도와 같은 것)을 예측했으며 이를 관찰 결과와 비교해 측정할 수 있었다. '관찰'과 '예측'의 일치는 이론의 본질적인 진리의 증거로 간주되었다. 그리고 '진단'으로 기록된다. 하지만 '진단'의 결과는 늘 참이 아니다. 뉴턴의 방법은 미시적인 힘으로 설명할 수 있는 대형 작용의 법칙을 발견할 수 있게 했다.《프린키피아》가 아니라 뉴턴의 실험 물리학적 걸작인 1704년에 출판된《광학Opticks》(국내 번역본,《아이작 뉴턴의 광학》)[92]에서다. 여기서 그는 주제를 실험적으로 검토하고 거기 숨겨진 법칙을 발견하는 방법을 보여주었다. 즉 가설을 명쾌하게 사용하여 일관된 이론이 성립할 때까지 실험적 조사로 나아가는 길을 열 수 있음을 보여준 것이다.《광학》은 18세기와 19세기 초기에 열, 빛, 전기, 자기, 화학 원자 등을 조사하기 위한 모델과 표준이 되었다.

고전 과학과 경제학

역학

역학에서 정리하는 물리학적 방정식은 경제학에서 대부분 원용된다. 경제학 원론에 나오는 가계와 기업의 효용과 수익 극대화 함수는 라그랑지언Lagrangian 함수와 오일러 공식Euler's Identity 의 편미분 방정식을 적용한다. 따라서 뉴턴의 《프린키피아》가 《광학》에 앞서는 것처럼, 18세기에도 역학은 과학의 우선순위를 유지하면서 물리 분야에서 수학 분야로 변화 및 치환된다. 많은 물리학적 문제는 점점 더 정교한 해석 방법을 통해 해결 가능한 수학적 문제로 축소되었고, 이는 다시 경제학에 응용된다. 스위스 출신인 레온하르트 오일러는 수학과 물리학 분야에서 다양한 연구를 통해 매우 많은 논문을 등재한 연구자 중 한 명이다. 그가 개발한 변분법은 복잡한 문제를 처리하는 강력한 도구다.

프랑스에서는 장 르롱 달랑베르와 조제프 루이 라그랑주가 역학을 완전히 수학화하여 수학적 산술식만으로 처리할 수 있는 공리적 체계로 증명하는 데 성공했다. 역학에 대한 설명이 다소 어렵더라도 이 부분을 어느 정도 이해할 수 있다면, 우리가 이야기하는 경제학의 수많은 거시 및 미시 경제학 방정식의 의미를 쉽게 이해할 수 있다. 경제주체인 정부, 기업 및 가계의 경제활동은 행성과 위성 등의 관계학에서 보이는 중력의 모습과 비슷하다. 하지만 극미시적인 상관관계를 나타내자면 그 관계는 원자, 전자 및 양자의 움직임에 비유될 수 있다. '빛은 입자인 동시에 파동'이라고 한다면 거시 및 미시적 모든 경제요소의 움직임은 물리학의 역학적 관점이 제시하는 역학관계의 기본원리로 이해될 수 있다.

한편 뉴턴 역학에서는 물리적 현실과의 일치성이 중요했다. 뉴턴 역학은 18세기 초 현실과의 일치에 대해 엄격한 검증을 받았다.

데카르트학파는 중력을 일으키는 '에테리얼 보텍스the Ethereal vortex (천체 소용돌이 현상)'[93]에 의해 지구의 적도 지역에서 압축되었기 때문에 지구가 극 부분에서 약간 뾰족한 형태, 즉 미식축구공과 유사한 모양이어야 한다고 주장했다. 반면에 뉴턴주의자들은 적도에서 원심력이 가장 크므로 지구를 극지에서 납작하고 적도에서 불룩 납작한 구 형태로 계산했다.

라플란드와 페루 지역의 실증 연구에서 경도 측정을 신중하게 수행한 결과 뉴턴주의자들의 주장이 옳았음이 입증되었다. 뉴턴 역학에서 마지막 조각은 뉴턴의 영감 아래에서 작성된 피에르 시몽 라플라스의 《천체역학Celestial Mechanics》에서 맞춰졌다. 라플라스는 행성 간의 상호작용으로 인한 행성 궤도의 뒤틀림이 사실 주기적이며 태양계는 신의 개입을 필요로 하지 않는 안정적인 상태라는 사실을 입증함으로써 뉴턴의 천체역학 이론을 뛰어넘었다.

화학

물리학에서 이룩한 우주질서에 대한 혁명적인 명확성을 화학에 적용할 수는 없었지만, 뉴턴의《광학》은 화학 현상 연구를 위한 방법을 제공하기에 충분했다. 18세기 화학 분야의 주요 발전 중 하나는 화학 반응에서 공기와 기체 전반의 역할을 발견한 것이다. 이에 대해서 17세기에는 뚜렷한 성과를 내지는 못했지만, 1750년대 조지프 블랙Joseph Black의 '마그네시아 알바Magnesia alba, 마그네슘 탄산염'에 관한 실험을 통해 완전히 이해되었다. 화학적 저울을 널리 사용해 블랙은 특정한 가스에 대해서 관심을 가졌다. 예컨대 석회암(칼슘 카보네이트Calcium Carbonate)이 가열되거나 산으로 처리될 때 '이산화탄소'가 생성된다는 것을 발견했다. 이산화탄소는 공기보다 밀도가 높고 불이 날 때나 동물의 호흡을 통해 배출된다는 사실을 알아냈다. 또한 이산화탄소를 석회(칼슘 하이드록사이드Calcium Hydroxide) 용액에 통과시킬 때 칼슘 카보네이트를 침전시킨다는 것을 발견했다. 이 현상을 통해 이산화탄소가 동물 호흡 및 미생물 발효로 생성된다는 것이 증명되었다. 이 발견으로 '공기'의 특성에 관심이 집중됐다.

이후 '공기'라는 용어는 특정한 것이 아니라 일반적인 이름임이 밝혀졌다. 화학자들은 다양한 특성의 다양한 가스를 발견하고 조사하였으며, 이 가스 중 일부는 가연성이며, 다른 기체는 소화용으로 사용될 수 있다는 점을 알게 되었다. 아울러 일부는 동물을 죽였고, 다른 것은 동물이 활발하게 움직일 수 있게 자극한다는 점을 알게 되었다. 가스가 화학적 특성과 밀접한 관련이 있다는 사실에 주목하게 된 것이다. 화학 분야의 '뉴턴'은 프랑스의 화학자 앙투안 로랑 라부아지에Antoine-Laurent Lavoisier다. 라부아지에는 조밀한 저울 실험 연구를 통해 연소 반응을 설명하여, 실제로 물체가 연소할 때 염소가스와 결합하는 것을 보여주었다. 이는 연소 시 물체가 열소phlogiston, 플로지스톤[94]를 방출한다고 주장한 기존 이론과 상반되는 내용으로, 라부아지에의 화학 설명은 개념뿐 아니라 실험 방법에 대한 실질적 혁명이었다. 중력 측정 방법은 정밀한 분석을 가능하게 하였으며, 라부아지에는 이것이 새로운 화학의 핵심 관심사라고 주장했다. 물체가 그 구성물질로 분석되어야만 그것과 그 특성을 논리적이고 일관적으로 분류할 수 있기 때문이다.

자본주의의 적은 자본주의

무게를 측정할 수 없는 유체

뉴턴의 방법은 현상을 주의 깊게 관찰해서 법칙을 도출했는데, 이 법칙은 무게를 측정할 수 없는 물질이 관여한 현상에 적용될 때 매우 성공적이었다. 빛, 열, 전기 및 자기는 모두 무게를 측정할 수 없는 물질로 간주되었지만(측정할 수 없음을 의미) 뉴턴은 《광학》에서 다른 크기의 입자들이 다른 색상의 빛에서 관찰되는 굴사성refrangibility, 屈射性(빛이 통과하는 좁은 틈 사이에서 굴절)의 변화를 설명할 수 있다고 믿었다. 이러한 입자들과 어떤 종류의 힘의 연관은 회절diffraction(빛이 좁은 틈을 통과하거나 혹은 모퉁이를 돌 때 퍼져 진행하는 현상) 및 굴절refraction(빛이 하나의 매체에서 다른 매체로 통과할 때 방향이 바뀌는 현상)과 같은 현상을 설명하기 위해 필요하다.

18세기에는 열, 전기 및 자기 등에 대해서도 유사한 아이디어가 논의되었다. 이러한 현상에서 물질은 입자로 구성되었다고 여겨지며, 이러한 입자와 관련된 당김 또는 반발에 대한 연구도 활발히 이루어졌다. 1780년대에는 샤를 오귀스탱 드 쿨롱Charles-Augustin de Coulomb이 자신의 고유한 설계로 제작한 민감한 '비틀림 저울Torsion balance'을 사용해 전기 및 자기력을 측정했고, 입자의 당김과 반발력 등의 힘이 중력의 설명과 동일한 원리를 따른다는 것을 입증했다. 하지만 빛과 열은 이러한 일반적인 '힘' 법칙을 나타내지 않았기 때문에 뉴턴의 역학을 통해 완전히 설명하기 어려웠다.[95]

과학과 산업혁명

18세기 말 산업혁명은 크게 세 가지 주요한 시대 문명사적 변화가 축적되어 있었기에 시작되었다. 첫째, 종교가 사회와 국가 거버넌스에 있어 '주'의 위치에 있지 않고, '종'의 위치에 자리했다. 종교의 힘이 상대적으로 약화된 원인에는 두 번째 변화가 영향을 미쳤다. 둘째, 과학의 발견이 축적되어 자연에 대한 인간의 신비로운 경외심이 하나씩 풀어지기 시작했다. 예컨대 과거에는 '빛'이 매우 신비로운 '현상적 형상'이었다면, 빛이 파동과 입자의 역할을 반복한다는 사실을 알게 된 것은 엄청난 변화의 시작이었다. 셋째, 중세 이후 일어난 인간과 신에 대한 '입장 변화'는 사고와 사물을 바라보는 근대 철학에 새로운 관점을 제시했다.

이러한 논리학과 명분론은 서구 산업의 조직과 관리, 상품 개발, 및 수익에 대한 배분 등의 문제를 두고 나름 합리적이고 자연적인 (물리학적 공식을 응용한 경제학 등 사회과학의 발전이라는 측면에서) 방법론을 제시하게 되었다. '잉여'가 단순히 자본가의 몫인지 아니면 생산활동에 참여한 노동자의 지분이 어느 정도 되는지 등에 대한 논쟁은 결국 자본주의와 사회주의라는 두 개의 거대한 경제정의에 대한 화두로 지금까지 이어져오고 있다. 개인 간의 잉여 배분을 두고 합리적인 방법을 논의하는 것은 곧바로 국가와 기업 간의 자원 배분과 수익 배분 문제로 확대된다. 생산 혁명은 크게 다음 세 가지가 뒤따를 때 가능하다. 첫째, 시장의 확대. 둘째, 생산 수단, 즉 기술과 원재료 등의 공급사슬 확대. 셋째, 생산 기술의 발전을 뒷받침할 수 있는 기초 및 응용 과학의 발전 축적. 그리고 이들을 판도라의 상자에서 하나씩 끄집어낼 모든 여건이 갖춰질 때 생산 혁명이 일어난다. 즉 생산 혁명 당시에는 시장이 있었고, 대량생산이 가능했으며, 노동력의 공급이 뒤따랐다.

물론 이러한 충분조건이 완벽하게 갖추어진 것은 아니었다. 노동력은 식민지에서 보충되었고, 원료와 시장 공급사슬 문제는 식민지 쟁탈전과 노예 노동력 착취 문제로 이어졌다. 무엇보다 자본의 가치에 대한 명확한 논리와 철학이 존재하지 않았던 만큼, 분배 정의와 인권, 정치제도 등에 대한 문명사적 혼란은 예고된 것이나 다름없었다. 달의 신비로움을 궁금해하고 북두칠성 등을 경외하며 언젠가 가보고 싶어 하는 갈망 또는 희망은 오늘날 스마트폰이라는 문명의 이기까지 만들어낸 원인이 된다.

그리스-로마 철학에서 우주의 구성물질을 신비롭고 형이상학적인 연결론으로 해석했다면 근대 과학은 수학, 물리학, 생물학 및 화학으로 좀 더 실증적이고 구체적이며 합리적이고 명시적인 해석이 가능해지도록 했다. 이러한 빅데이터의 축적은 당연히 산업발전의 토대를 이루었던 영국을 주축으로 전개되었다. 하지만 산업혁명의 발원지인 대영제국의 직물 또는 금속 공업의 성장에 과학적 발견이 직접적인 영향을 주었다는 점을 입증하기는 그다지 쉬운 일이 아니다. 과학과 초기산업 사이에 상호 밀접한 연관성이 있었다는 입증은 매우 구체적이어야 한다. 과학과 철학의 실용적인 적용에 앞서 18세기의 실업가와 실험가는 보다 신중한 관찰과 논리의 조심스러운 일반화에 집중했다.

한 가지 직접적인 접점으로 알려진 것이 제임스 와트James Watt의 뉴커먼 압축엔진Newcomen steam engine 96의 효율성에 대한 관심이다. 새로운 압축엔진의 발견으로 앞서 설명한 기체 및 유체 공학의 발전과 역학이론이 설명 가능해졌기 때문이다. 이들 이론은 제임스 와트의 과학기기 제작 업무라는 경험론적 실험제작 과정에서 발전했으며, 증기기관에 중요한 증발기蒸發器, condenser, evaporator를 별도로 개발하여 증기기관 엔진을 효과적인 산업용 동력으로 전환할 수 있도록 만들었다. 하지만 제임스 와트의 학문적 배경을 놓고 볼 때, 그가 일반적으로 기체, 유체 및 역학적인 관계를 이해하고 과학의 직접적인 도움을 받아 동력 생산 기계인 증기기관을 발명함으로써 산업혁명이 진행되었다고 볼 수는 없다. 그럼에도 과학의 잠재적인 영향이 근본적으로 중요한 배경이 되었던 것으로 볼 수 있다. 여기서 우리는 다음과 같은 과학 발전과 산업혁명 간의 상관관계를 엿볼 수 있다.

첫째, 필요는 발명의 단초이다. 둘째, 실질적이고 실증적인 과학의 응용과 적용은 기계공학의 발전과 동행하기도, 선행 혹은 후행하기도 한다. 만일 모든 기초과학을 이해하는 자만이 기계와 동력 등을 개발할 수 있다면 이미 우리는 '산업혁명'의 매우 강한 가정을 전제로 하는 것이 된다. 인류가 불을 사용하고, 돌도끼에서 청동기와 철기 문명으로 이어진 배경은 사후적으로 경험론적인 실험과 실증으로 구체적으로 설명되지만 대부분은 자연에서 주어진 것을 보고, 만지고, 탐구함으로써 개발되고 인간의 지식과 지혜의 발전으로 개발·개선되는 경우도 허다하다. 셋째, 인간이 하나 혹은 여

자본주의의 적은 자본주의

러 개의 문명적 기술과 도구를 개발할 때 인간 스스로는 그것의 종국적 방향에 대해 이해하지 못하는 경우가 있을 수 있다. 결과론적으로 보면 인간의 목적은 '행복'과 '인간다움'으로 요약할 수 있다. 인간은 그 스스로가 '신'이 아니라는 점을 잘 알고 있다. 하지만 비록 신은 될 수 없지만, 신이 누리거나 신이 누리도록 허락한 무한의 '에덴동산'과 '극락'에서의 행복함은 마치 진시황이 불로초로 영생을 하고자 했듯 그 욕망과 희망을 결코 포기하지 않는다는 암묵적 '자기 결심'일 수도 있다.

증기기관의 발명은 단순 가내공업의 동력을 인간의 '손'에 의존한 노동력에서 인간과는 전혀 다른 '기계'로 옮겨가게 했다. 기계는 건강 문제와 피곤함, 불평이나 불만족을 표현하지 않고, 이른바 '인권'에 대한 근본적 가치개념 없이 쉴 새 없이 일함으로써 대량생산을 가능케 했다는 점에 주목해야 한다. 자본가의 이득은 기하급수적으로 폭등했을 것이며, 수백만 명이 하나씩 오랜 수작업과 분업으로 만들어낸 생산물은 대규모로 공급되었다. 시장이 필요했을 것이고, 자본가는 더 많은 부가가치를 위해 교역의 확대를 꾀했을 것이며, 필요한 만큼 노동력을 노동시장에서 공급받을 수 있는 환경이 만들어졌다. 노동자의 탐욕보다 자본가의 탐욕과 효용(그들이 생각하는 효용은 다름 아닌 자본수익이다)에 대한 만족이 사회와 국가에서 더 큰 목소리나 힘을 갖게 했을 것이다. 여기서 우리가 놓치지 말아야 할 것은 자본가들이 자본을 축적하는 수단이 노동의 고용과 생산성이 아니라 화폐, 즉 금융자산의 축적이라는 점이다.

그들이 고용을 했고, 그들이 더 많은 세금을 냈으며, 그들은 더 많은 부를 토대로 정치·경제·사회·문화적 환경을 그들에게 유리하게 가져가려 했을 것이다. 시장에서의 독점과 과점, 카르텔, 주가의 버블, 부동산 시장에서의 급속한 부의 창출 등은 현대 사회를 살아가는 우리의 정치·경제·사회 및 문화적 관점이나 의미와 큰 차이를 보이지 않았을 것이다. 물론 현대와 같이 조직적인 모습은 아니었겠지만, 자본가는 그들의 규모화된 자본의 힘을 바탕으로 소위 '연구와 개발R&D' 등에도 아낌없이 투자했을 것이다. 현대 지적재산권[97]이나 특허 등과 같은 기술적 배타성이 법과 규칙 등으로 강하게 적용되지 않던 시기에 기술의 개발은 범선을 타고 지금 잣대로 보면 빛의 속도로 유럽국 사이로 퍼져나갔을 것이다. 이런 기술적 특허가 '돈'이 된다고 생각하는 시점은 당연히 도래했을 것이고, 인간은 그러한 미시적인 항목도 자본으로 평가할 필요성과 이유에 대해 조정을 요구했을 것이다.

인간은 단순히 기체와 대기를 가열하기 위한 석탄이라는 동력 생산의 원재료에서 출발해 이보다 더 가볍고 안전하며 친기계적이고 효율적인 새로운 동력원을 갖고자 했다. 화석연료의 개발과 사용은 이러한 점에서 또한 자연스럽고 당연하게 후기 근대 산업혁명의 단초가 될 수밖에 없다. 증기에서 전기로의 동력원 변화는 또 다른 산업혁명의 지속 가능성을 허락한다. 자본가의 개념에서 전기는 증기보다 부가가치뿐 아니라 비용, 공간활용 및 노동자 사용 관점에서조차 전혀 다른 구조를 가능하게 했기 때문이다. 그리고 그것은 또 다른 인간과 사회, 국가 간의 갈등 요인이 되었고, 질병과 전쟁 그리고 기술은 늘 함께 붙어 다니는 인간 원자의 쿼크quark 같은 입자에 비견될 수 있다. 간략히 설명했지만, 이들의 운동 방향과 색은 이들이 받는 충격으로 인해 외부 혹은 내부에서 자연발생적으로 발현된다. 이들에 대해 이제 하나씩 살펴보기로 한다.

먼저 18세기에 과학은 주의 깊은 관찰과 실험으로 산업 생산을 크게 개선할 수 있다는 희망을 제공했다. 실제로 그랬다. 도공이었던 조사이아 웨지우드Josiah Wedgwood는 토양과 유약을 신중하게 연구하고 파이로미터pyrometer[98]와 같은 기기를 발명하여 그릇 생산 공정을 계량하고 제어하는 기반 위에서 성공적인 사업을 구축했다. 하지만 과학이 산업에 실질적으로 중요한 도움을 제공한 것은 19세기 후반부터다. 자본가들이 기술의 중요성과 과학 발전의 필요성을 이해한 시기다. 이때 금속학이 합금강을 개발해 산업혁명을 통해 개발한 수많은 기계의 수명(예컨대 내연기관, 볼트, 너트 등 부품과 소재 측면)을 늘려주었고, 그 결과 자본가의 수익과 매출명세서를 양의 방향으로 극대화해주었기 때문이다. 화학의 발전은 '아닐린 염료 Aniline dyes'[99]와 같은 새로운 화학 물질을 합성·창조할 수 있게 했으며, 전기와 자기가 전기 발전기와 모터에서 활용되었다.

과학과 산업이 각 영역으로부터 얼마나 더 많이 이익을 취했을지에 대한 논란도 잠재하지만, 실질적으로 이 둘은 공생과 동반자, 보완적 관계를 지속할 뿐이다. 자본가의 편익과 비용 셈에서 과학과 기술의 발전은 대체적이거나 독립적일 수 없다. 심지어 15세기부터 사람들은 자신이 투자한 기술과 상품 등에 대한 무형적 권리도 하나의 자산으로서 충분한 가치를 지닌다는 점을 알기 시작했다. 물론 그러한 지적재산권이 자본가의 전유물일 수는 없고, 그럴 필요도 없다. 가장 중요한 것은 산업이 점점 더 복잡하고 정교한 기계를 필요로 할 때 기계 공구 산업은 이를 가능하게 했고, 이 과정에서 더욱 섬세하고 정교한 과학 기기를 제작할 수 있게 되었다는 것이다.

일상의 세계에서 과학이 원자와 분자, 전기 흐름과 자기장, 미생물과 바이러스 그리고 성단과 은하의 세계로 진화함에 따라, 망원경과 천체 관측기기 등이 현상과 유일한 접촉을 제공하기 시작했다. 대형 굴절 망원경은 별자리를 관측하기 위해 정교한 시계 장치를 응용하여 발명되었는데 이는 19세기의 증기기관 및 증기선과 같은 중공업 산업의 발전과 함께 근대 사회 이후 변화의 중요한 단초가 된다. 종교적 관점에서 완전히 벗어나지 못한 '신'에 대한 의존은 인간이 경험해보지 못한 대량생산, 이동수단의 발전과 진보, 자본과 실물경제를 통한 잉여의 공유와 시장개척 등 새로운 정치, 경제 및 사회적 이슈가 대거 등장하면서 우리 관심사에서 점차 약화되는 양상을 보인다.

산업혁명은 현대 과학의 발전에 또 다른 중요한 영향을 미쳤다. 과학 지식을 산업 발전에 적용할 수 있다는 기대감은 과학에 대한 대중적 지원을 촉발하는 역할을 했다. 과학에 대한 대중적 지지와 지원은 교육을 통해 확대되었다. 과학 학교인 파리의 에콜 폴리테크니크École Polytechnique는 1794년에 프랑스에 과학 연구 결과를 서비스하기 위해 설립되었다. 19세기와 20세기에 수십 개의 기술 전공 교육기관이 설립되면서 과학 지식의 광범위한 확산을 촉진하고 과학적 발전에 더 많은 기회를 제공했다. 각국 정부는 다양한 형태로 과학을 직간접적으로 지원하기 시작했다. 예컨대 과학자를 금전적으로 지원하거나 연구기관을 설립해 위대한 과학자에게 명예와 공식적인 지위를 부여하는 식이었다.

아울러 19세기 말까지 주로 개인적 관심에서 연구 관찰이 이루어지던 천문학 분야도 인쇄와 출판 기술, 교육기관의 설립, 자본가와 일반 대중의 부 축적 등이 급속히 증가하자 대중적 관심은 물론이고 사회와 국가가 보다 적극적으로 관심을 둘 필요성이 대두되면서 전문 과학자의 역할에 주목하게 되었다. 천체물리학의 발전과 우주 신비에 대한 해석 및 설명력의 발전은 대륙이동에 이어 해양이동의 니즈를 충족시키기 위한 기술 발전에 기여했다. 천체물리학의 발전은 물리학의 발전을 토대로 신비에 싸여 있던 우주 기본질서와 인간의 삶 속에서 풀 수 없었던 다양한 궁금증을 한 꺼풀씩 풀어주는 계기가 되었다. 과학과 기술의 발전은 새로운 산업구조를 만들어냈다.

사람들은 이동하며 잉여생산물의 새로운 시장을 찾아나섰고, 대량생산에 따라 부족해진 원자재 공급사슬도 발견해야 했다. 과학의 발전은 산업의 발전으로 파급되었고, 철도, 제작기구의 발명과 발전은 다양한 자본 및 실물경제 분야로 이어져 경제적 파급효과를 가져왔으며, 자본과 실물경제의 발전은 자본과 노동에 대한 새로운 가치체계를 논리적으로 정립하기에 이른다. 자연과학의 발전이 사회과학의 발전으로, 사회과학의 발전이 다시 자연과학의 발전으로 이어지면서, 인류 문명은 초기 현대산업사회로 진화할 준비를 시작한다.

질량-에너지 보존법칙

에너지 보존법칙은 물리학의 기본원리다. 폐쇄된 시스템 내에서 상호작용하는 물체 또는 입자의 에너지는 늘 일정하게 유지된다는 원리다. 가장 먼저 인식된 에너지 형태는 운동 에너지 또는 동력 에너지였다. 일부 입자충돌은 탄력적인 충돌이라고 불리는데, 충돌 전 입자의 운동 에너지 합계가 충돌 후 입자의 운동 에너지 합계와 같은 것으로 나타났다. 최초 에너지 운동과 관련한 분석에서 중력과 원자 등의 역학관계를 고려함으로써, 에너지의 개념은 점차 다른 형태를 포함하도록 확장되었다. 예컨대 물체가 중력의 힘에 대항하여 상승하는 동안 속도가 줄어들면 상실되는 운동 에너지는 소멸하는 것이 아니라, 위치 에너지 또는 저장 에너지로 전환된다. 저장된 이 위치 에너지는 다시 지구로 돌아오면서 운동 에너지로 변환된다.

예를 들어, 진자가 위로 흔들릴 때 운동 에너지는 위치 에너지로 변환되고, 진자의 위치 에너지가 최대 위치에 도달하는 순간 흔들리는 꼭대기에서 잠시 멈추게 된다. 이때 운동 에너지는 '0'이 되고 시스템의 모든 에너지는 위치 에너지에 저장된다. 진자가 다시 아래로 내려갈 때, 위치 에너지는 다시 운동 에너지로 변환되고, 가속도와 함께 아래로 내려가면서 다시 반대의 최저 위치 에너지값에 도달하면 다시 운동 에너지는 '0'이 된다. 이처럼 항상 위치 및 운동 에너지의 합은 일정하다. 하지만 마찰은 가장 정교하게 만들어진 위치 및 운동 에너지의 활동을 설명하는 메커니즘을 느리게 만들며 그들의 에너지를 점차 분산시킨다. 여기서도 마찰이 발생시키는 열 에너지 개념이 포함될 수 있다는 것이 1840년대에 결정적으로 입증됨으로써, 실제로 보존되는 에너지의 총량은 운동, 위치 및 열 에너지의 합계로 드러났다.

이처럼 에너지는 창조되거나 파괴되지 않고 단지 형태를 변화시키며 위치 에너지에서 운동 에너지, 그리고 열 에너지로 이동한다. 이것이 바로 '에너지 보존법칙'의 가장 일반적인 개념으로 '열역학 제1법칙'이다. 에너지 개념은 전기 통로의 에너지, 전기장이나 자기장에 저장된 에너지, 그리고 연료 및 다른 화학물질의 에너지를 포함하도록 계속해서 확장되었다. 예를 들어, 자동차는 가솔린의 화학 에너지가 움직임의 운동 에너지로 전환될 때 움직인다.

낭만주의자the romantics 혹은 자연철학자들이 뉴턴주의자들이 미처 보지 못했던 것을 논리적으로 발전시킬 수 있었던 것은 한스 크리스티안 외르스테드[100]의 연구 덕분이다. 그는 자연력 간에 연결이 없다고 믿기는 어렵다고 생각했다. 그는 화학적 친화력, 전기, 열, 자기력 및 빛은 그저 끌고 밀어내는 기본적인 힘의 다른 표현이라 보았다. 1820년에 그는 전기와 자기가 관련되어 있음을 보여주었다. 전선을 통해 전기 전류가 통과하면 인근의 자기 바늘에 영향을 미친다는 것을 보인 것이다. 그가 보여준 전기와 자기의 관계성은 공간을 넘나드는 그 무엇에 대한 합리적 가설을 세우게 한다.

어떤 것이든, 그것이 빛이든 가시적이거나 비가시적인 것이든, 공간을 떠도는 먼지, 입자, 에너지 등 딱히 정의할 수 없는 '그 무엇'이 존재하기에 전기의 흐름 주변에 '힘'이 형성된다는 것이다. 경제학으로 이 개념을 옮기면 '보이지 않는 손'이 된다. 이러한 의문은 마이클 패러데이Michael Faraday 101에 의해 밝혀지고 이론적 체계화를 이루었다. 그는 전기력을 다른 힘으로 변환하는 데 자신의 과학적 생애를 바쳤다. 전기 전류와 자석이 만드는 힘의 패턴에 집중함으로써, 응용물리학 이론의 기초를 마련했다. 그는 공간 내에 존재하는 드러나지 않는 공간의 움직임을 관장하는 시스템의 에너지가 시스템 전체에 분산되어 있고 실제 또는 가상의 입자에 에너지가 집중되지 않는다고 믿었다. 힘(전기력) 변환은 힘의 보존 문제를 불러왔다. 전기 에너지가 자기 에너지, 열 또는 빛, 화학적 친화력 또는 기계적인 동력으로 변할 때 무엇이 약해질까?

패러데이는 여기서 '전기 분해 법칙the Laws of electrolysis'을 이야기한다. 즉 특정 양의 전기적 '힘'이 특정 양의 화학물질을 분해한다는 실험 관찰 결과에 주목하면서, 제임스 프레스콧 줄James Prescott Joule, 로버트 메이어Robert Mayer 및 헤르만 폰 헬름홀츠Hermann von Helmholtz 등의 연구에 영향을 주었으며, 이는 모든 과학에 중요한 기본원리인 '에너지 보존법칙'으로 이어졌다. 그리고 이는 다시 아인슈타인의 '특수상대성이론'으로 발전한다.

1905년 아인슈타인에 의해 상대성이론이 등장해 물체의 질량이 처음으로 에너지와 동등하다는 것이 인식되었다. $E=MC^2$이다. 에너지(E)는 물질(M)에 빛의 속도 제곱(C^2)을 곱한 것과 같다는 수식이다. 고속 입자 시스템의 총 에너지는 입자의 정지 질량뿐 아니라 입자의 움직임으로 인한 질량 증가까지도 포함한다. 상대성이론의 발견 이후, 에너지 보존원리는 '질량-에너지 보존' 또는 '총 에너지

자본주의의 적은 자본주의

보존' 법칙으로 불린다.[102] 에너지 보존은 일반적인 규칙 이상이라고 보아야 한다. 예컨대 시간이 균일하다는 가정하에서 에너지 보존법칙의 붕괴를 수학적으로 풀 수 있다. 즉 시간의 어느 순간이 다른 순간과 특별히 다르다면, 서로 다른 시간에 발생하는 동일한 물리 현상은 다른 양의 에너지를 필요로 하는데, 이 경우 서로 다른 시점에 발생한 같은 물리적 현상에서 보이는 에너지는 서로 다르다는 것이다.

10~13세기까지 서유럽으로 그리스 작품과 이슬람의 연구가 흡수되면서 '자연철학'이 부활했다. 이는 이후 16세기에 시작된 과학혁명에 의해 새로운 철학으로 변형되었다. 새로운 아이디어와 발견은 그리스-로마 시대, 혹은 그 이전 시대의 철학적 개념, 전통과는 크게 달랐다. 그대로 받아들이는게 아니라 '왜?'라는 질문을 통해 궁금증을 풀기 위해 노력하기 시작한 것이다. 신의 영역에 인간이 도전장을 내민 것은 신에 대한 불경이 아니라, 신의 존재 이유에 대한 보다 인간적인 해석을 찾기 위함이었다.

과학적 방법은 곧 지식 창조에 더 큰 역할을 하게 되었으며, 전문 과학기관과 과학도에 의해 전문적 특징 가운데 많은 것이 19세기에 형성되기 시작했으며 '자연철학'이 '자연과학'으로 변경되었다. 현대 과학 연구는 매우 협력적이며 보통 학술 및 연구 기관, 정부기관 및 기업에서 팀으로 수행된다. 이는 미국의 대학에서 이루어지는 연구를 비롯해 수많은 과학기관이 집행한 다양한 예산 내역을 살펴보면 알 수 있다. 연구개발비가 대학 연구 프로젝트에 투자되어 빛을 본 사례가 있다. 바로 코로나바이러스 극복을 위한 백신 개발에 결정적인 기반을 제공함으로써 2023년 노벨 생리의학상을 수상한 커털린 커리코Katalin Karikó 독일 바이온텍 전 수석부사장과 드루 와이스먼Drew Weissman 미 펜실베이니아 의대 교수다.[103] 그들 작업의 실제 결과물처럼, 최근 과학적 발명과 발견은 과학 기업에 윤리적·도덕적 가치를 우선적으로 부여해 상용 제품, 무기, 건강 관리, 공공 인프라 및 환경 보호의 발전을 추구하는 과학 정책의 등장으로 이어지고 있다.

양자역학

경제 이야기에서 물리학 중에서도 어렵기로 알려진 양자물리학과 양자역학 이야기를 꺼낸 이유는 무엇일까? 주식 차트를 분석하고, 추세론적 계량 기법을 이용하는 방식 등은 사실 자산 운용과 선택의 기본조건에서 벗어난 이야기다. 입자와 파동, 원자와 분자, 전자와 쿼크 등의 역학을 이해할 때 제대로 된 투자법을 이해할 수 있다. 원자운동을 설명하는 '브라운 운동Brownian motion'[104]은 선물先物 등 파생상품 시장에서 상품 가격의 미래 운동 방향성을 예측하는 데 가정으로 반드시 사용하게 되어 있다. 따라서 여기서 설명하는 간단한 원자와 양자, 중성자 등에 대한 내용 정도만 이해해도 로봇, 드론, 우주항공, 비메모리 반도체, 무인 자동차, 바이오 분야에 있어 어떤 산업과 분야가 미래 가치를 내재하고 있는지 알 수 있을 것으로 기대한다.

자본주의의 적은 자본주의

'원자'에 대한 생각은 고대 그리스-로마의 원자철학에서 시작되었고, 그 시발점은 레우키포스Leukippos였다. 그의 제자인 데모크리토스Democritos는 기원전 430년경에 아토모스atomus라는 물질에 대해 철학적 해석을 내놓았다. 원자는 균일하고, 단단하고, 무게가 있고, 압축되지 않고, 파괴되지 않는다고 보았다. 수많은 원자가 빈 공간을 돌아다니고, 원자의 형태와 크기의 차이가 물질의 다양한 성질을 결정한다고 생각했다. 데모크리토스의 철학에서 원자는 물질뿐 아니라 감각이나 인간의 영혼 같은 성질을 구성한다고 보았다.

시대를 넘어 중세 갈릴레오 갈릴레이는 진공에 대한 논리를 폈고, 과학자들은 아리스토텔레스의 정설과 원자론의 우열을 가리기 위해서 공기와 부분 진공의 성질을 연구하기 시작했다. 보일의 법칙은 이러한 실용과학에서 결과를 가져왔다. 18세기 말, 과학자들은 마침내 화학물질의 결합에 대해 이해하기 시작했다. 1794년에 조제프 루이 프루스트Joseph Louis Proust는 '일정 성분비 법칙Law of definite proportion'을 발표하면서, 화합물의 성분은 항상 같은 비의 무게로 결합한다고 했다.

그의 결합 이론은 돌턴John Dalton의 원자론으로 이어진다. 그리고 톰슨Joseph John Thomson의 자두 푸딩 모형Plum pudding model, 러더퍼드와 보어의 핵과 전자궤도 모형에서 양자역학적인 해석으로 이어진다. 이런 발전 과정은 과학적 방법론을 통해 우리가 자연 세계를 이해하는 방식이 어떻게 변화하는지를 보여준다. 돌턴이 제안한 초기 원자 모형은 전기와 방사선 등 새로운 현상을 탐구했고, 이로써 원자 내부 구조에 대한 호기심이 더 깊어지면서 톰슨의 자두 푸딩 모형이 등장했다. 이 모형은 전자가 원자 내부에 존재한다는 사실을 확인해준다. 이후 러더퍼드는 중심에 작고 밀집된 양성 전하인 '핵'과 그 주변을 공전하는 '전자'로 구성된 원자 구조를 발견하였다. 한편, 고전 전자기학과 달리 핵 주변에서 에너지를 지속해서 방출하지 않으면서 안정적으로 공전할 수 있는 전자가 갖는 운동 메커니즘이 필요해진 가운데, 보어는 이를 위해 양자이론을 통해 에너지 상태가 '양자화'되어야 한다고 주장했다.

하지만 복잡한 다중 전자 시스템을 설명하는 데 있어 보어 이론의 한계는 양자역학의 발전을 통해 극복된다. 양자역학은 입자성과 파동성을 동시에 고려하며, 원자와 분자의 행동을 확률적으로 예측하고, 이를 통해 다양한 원소와 분자의 특성 및 복잡한 물질 상태를 설명한다.

현대 물리학에서 자주 언급되는 양자 개념은 19세기 말에 개념화되었다. 양자역학은 무엇인가? 미국에서 1966년에 상영된 TV 드라마 〈스타트렉〉[105]에 나오는 입자 가속기를 통한 입자 이동은 양자역학의 어떤 부분을 응용한 것일까? 가능한 일일까? 〈스타트랙〉의 우주선은 이동하며 '워프 항법Warp drive, space warp'을 사용한다. '워프 항법'은 시공간을 일그러뜨려 4차원으로 두 점 사이의 거리를 단축해 광속보다도 빨리 원거리 목적지에 도착하는 방법이다.

아인슈타인의 '특수상대성이론'에 의하면 질량을 가진 물체는 빛의 속도에 도달할 수 없기 때문에 우리는 광속에 도달할 수 없다. 하지만 '워프 항법'을 이용하면 두 지점 사이의 거리를 단축할 수 있어 초광속으로 이동할 수 있다. 3차원의 인간이 그 생활의 근거

자본주의의 적은 자본주의

인 시공간을 일그러뜨릴 수 있을까? 4차원상의 두 점을 단축할 때는 과연 어느 정도의 에너지가 필요할까? 〈스타트렉〉에서 눈여겨본 장면은 '순간이동'이다. 순간이동, 즉 '원격전송teleportation'은 원통 안에 들어 있던 인간이 행성의 어느 특정 지정 지점에 도착하는 모습으로 묘사된다. 과학적으로 가능한 이야기인가? 1993년 미국 IBM의 과학자 찰스 베넷Charles H. Bennett 등은 '양자 원격전송Quantum teleportation' 이론으로 이를 실험하기 시작했다.

그리고 빛 에너지를 이루는 '광자' 혹은 일반 원자의 양자 정보를 순식간에 원격전송하는 데 성공했다. 다만, '양자 원격전송'은 원자나 분자 등을 실제 이동시키는 것이 아니라, 그 물체를 이루는 정보를 전송하는 수준에 머물렀다. 즉 양자 정보를 보내고자 하는 위치에 그대로 전달하여 재현했다는 의미다. 이제 여기에 원자 혹은 분자라는 실존적 객체를 옮기기만 하면 될까? 만일 인간을 순간이동시키고자 한다면, 그 사람이 가지고 있는 DNA를 포함한 모든 정보를 양자화한 다음 이 정보를 원하는 위치로 전송하고 복원해야 한다.

로렌스 크라우스Lawrence Krauss는 1995년 《스타트렉의 물리학》에서 '양자 원격전송', 즉 순간이동이 가능하다고 설명한다. 인간의 신체 정보를 전송하려면 DNA 설계도면과 같은 정보뿐 아니라 이를 구성하는 모든 원자 단위 정보까지 전송할 수 있어야 한다. 당연한 얘기다. 인간의 육체는 약 10^{28}개에 해당하는 원자로 구성되어 있다. 이들 원자 정보와 원자 간 역학정보를 모두 저장할 수 있어야 한다. 현재 컴퓨터로는 어렵다. 더구나 이 정도 정보량을 전송하려면 현재 전송기술 수준으로는 지구 나이 40억 년보다 더 오래 걸린다. 설사 전송시간을 단축해서 문제를 해결한다고 해도 서로 연결된 입자의 에너지 양을 계산해내야 한다. 해체와 재결합 과정에서 한 치의 오차도 없이 가속 과정에서 손실되고 얻게 되는 에너지 양까지 모두 계산해내고 재결합시에 이를 그대로 이전시켜야 한다. 따라서 원격전송은 현재 극소 입체물질의 양자 정보를 전송하는 것은 가능할지 몰라도 인간을 순간이동시킨다는 것은 불가능하다. 특히 인간의 '성격'과 같은 '인식' 혹은 '의식'의 가치는 원자화가 불가능하다.

'입자와 파동'이라는 용어는 플랑크, 슈뢰딩거, 하이젠베르크 및 보른Max Born 등의 물리학자, 특히 돌턴의 원자론부터 시작해 현대의 양자역학 모형을 거치며 발전하였다. 이들 논의의 주제는 입자와 에너지의 파동 그리고 그들 간의 관계, 즉 역학이론에서 찾고자 했던 물질이 갖는 '생명'의 원천이었다. 독일 물리학자 막스 보른에 의해 최종적인 양자역학의 개념이 정의되었다. 양자인 퀀텀quantum 과 역학mechanics을 합성어로 만들면 양자역학Quantum mechanics이 된다.

일본에서 이 개념을 '양자역학量子力學'으로 번역하면서 우리나라도 그대로 사용하고 있다. '양자量子'로 번역된 영어 'quantum'은 양을 의미하는 'quantity'에서 온 말로, 띄엄띄엄 떨어진 양으로 있는 그 무엇을 가리킨다. '역학力學'은 말 그대로 '힘'이다. 따라서 이 두 개의 개념을 하나로 합치면, 어딘가 띄엄띄엄 떨어져 실존하는 그 무엇들이 주고받는 힘의 '인력引力과 척력斥力'이 관계되는 모든 현상을 연구하는 학문이라는 뜻이다. '파동'과 '입자'는 원자 및 아원자亞原子(원자보다 작은 그 무엇으로 원자 내에서 발견됨)로 이루어진 물질의

자본주의의 적은 자본주의

속성과 같은 것이다.

예컨대 쿼크는 기본 입자의 일종이자 물질의 기본 성분이며 아원자다. 쿼크는 하드론hadron이라고 불리는 합성입자를 형성할 수 있고, 그 입자 가운데 가장 안정적인 것이 원자핵의 구성 요소인 양성자protons, 陽性子와 중성자neutrons다. 일반적으로 관측 가능한 물질은 업쿼크Up quarks, 다운쿼크Down quarks 및 전자electrons로 이루어져 있다. 우주의 기본 물질을 이루는 여섯 개의 쿼크 중 가장 가벼운 쿼크를 업쿼크, 두 번째로 가벼운 쿼크를 다운쿼크라 한다.

물질의 주성분인 쿼크의 기본 입자는 원자핵을 이루는 중성자(업쿼크 하나, 다운쿼크 둘)와 양성자(업쿼크 둘, 다운쿼크 하나)로 구성된다. 쿼크는 세 가지 색을 띠는데 '색 가둠Color confinement'이라고 알려진 현상 때문에 쿼크는 각각이 서로 떨어진 상태에서는 발견되지 않으며, 하드론 내에서만 발견된다. 양자역학에서는 분자 및 원자 그리고 전자, 양성자, 중성자와 같은 입자와 쿼크[106] 및 글루온gluon[107]과 같은 더 난해한 입자의 특성을 기술하고 설명한다. 우리가 난해한 양자물리학의 내용을 모두 이해할 수는 없지만, 적어도 입자와 파동이 벌이는 다양하고 광활한 빛의 쇼가 경제학에서 어떻게 받아들여지는지 그리고 우리는 이러한 고전 물리학과 양자역학 등의 이론을 활용해 경제활동의 다양한 참여자(우주 기본질서에서 여섯 개의 쿼크를 이야기하듯, 경제주체는 정부, 기업 및 가계로 정의한다)들이 만들어내는 운동과 위치 에너지를 설명하기 위해 수박 겉핥기식이라도 한번은 짚고 넘어갈 필요가 있다.

고전 물리학에서는 전자의 위치와 운동 에너지를 정확히 예측해

내지만, 양자역학에서 다루는 '쿼크'의 운동은 예측 불허라고 말할 수 있다. 예컨대, 서로 다른 이해관계를 갖고 서로 다른 목적으로 시장에 참여하여 펼치는 다양한 경제주체(쿼크)들의 상호관계(역학)가 시시각각으로 변화하는 환경에 따라(다양한 가정들) 어떻게 반응하는지를 '확률적'으로 추정할 수 있다면, 자원과 소득의 효율적 배분을 조금 더 정의롭게 할 수 있지 않을까? 행렬식은 예측 불가한 양자와 쿼크의 변화 방향을 예측하는, 즉 양자와 쿼크 운동의 방향성을 추적하는 식 정도로 이해해도 좋다.

쿼크 특성에는 입자 간 그리고 전자기 복사선(빛, 엑스선 및 감마선)과의 상호작용이 포함된다. 이와 같은 상호작용은 물질의 기본 성질인 '전하Electric charge' 때문이다. 물질의 기본적인 성질인 전하는 불연속적인 자연의 단위로 발생하며 생성과 소멸이 되지 않는다. 전하에는 양과 음의 전하가 있는데, 물질이 갖는 '끌림과 밀기'의 속성을 의미한다. 두 물체에서 동일한 형태의 전하를 여분으로 가지면 이 두 물체는 서로 반발하는 힘을 가지게 된다. 양극과 양극, 음극과 음극은 서로 밀어낸다는 의미다.

하나는 양성, 다른 하나는 음성으로 서로 반대되는 전하를 가지면 이들 물체는 서로 끌어당기게 된다. 전자는 음전하를, 양성자는 양전하를 띠는데 중성자의 전하는 0이다. 모든 전자와 양성자의 전하량은 각각 동일하며, 전류나 전하를 띠는 물체는 중성원자로부터 일부 음전하가 분리된 것이다. 전하는 보존되며, 고립되어 있는 모든 독립 '계system'에서 일어나는 모든 화학과 핵반응에서 전하량은 일정하다.

자본주의의 적은 자본주의

〈그림 19〉 물질을 구성하는 입자

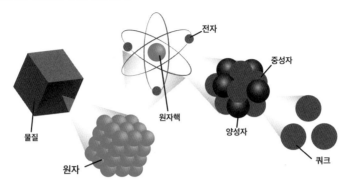

자료: 네이버 지식백과

쿼크의 성질을 간단히 설명하면 다음과 같다. 쿼크는 모두 질량을 가지고 있고, 무거운 쿼크는 가벼운 쿼크로 빠르게 붕괴한다. 각 쿼크에는 모두 그에 해당하는 반입자가 있다. 즉 반쿼크antiquark에도 쿼크처럼 여섯 종류의 맛깔flavor이 있다. 쿼크와 반쿼크가 모여 입자를 만들면, 이를 중간자meson라 한다. 쿼크는 색전하Color charge를 가지고 있다. 표준 모형의 양자색역학Quantum ChromoDynamics, QCD에 의하면 쿼크는 글루온을 통해 색전하를 주고받으며 강한 상호작용을 한다. 아원자적 쿼크와 글루온은 물질과 빛의 행동만큼 미세한 입자들의 운동을 나타낸다. LED TV에 지기는 했지만, 플라스마 TV가 바로 양자색역학을 응용해 만들어졌다.

양자역학은 현대 과학에 있어서 신학과 철학의 지성적 한계를 뛰어넘는 위세를 획득한 탐구의 영역이다. 객관성, 진리성, 이성 등 근대의 합리성을 나타내는 정신적 가치와 실용성, 유용성, 진보 등 근대의 풍요로운 물질적 가치에 대한 과학의 해석을 인정받았다.

양자역학의 핵심 개념 중 하나는 1924년 루이 드 브로이Louis de Brog-
lie가 제안한 '파동–입자 이중성'으로 물질과 빛이 입자와 파동의 성
질을 동시에 가진다는 이론이다. 전자와 같은 입자가 동시에 입자
성(입체적인 위치나 운동량)과 파동성(확산과 간섭)을 나타낸다는 것은 가
히 혁신적인 생각이었다.

　마침내, 슈뢰딩거의 파동 방정식은 전자를 확률적인 '파동 함수'
로 설명한다. 산술식을 이용하지 않고 논리적으로 설명하면, 이 함
수의 제곱은 주어진 위치에서 전자를 찾을 확률 밀도를 나타낸다.
통계 개념으로 표현하면, 함수의 제곱값이란 곧 분산값을 나타내
며, 분산은 전자가 정확히 위치하고 있어야 할 지점에서 떨어져 있
는 실체적 전자의 위치와 거리를 나타낸다는 개념이다. 전자가 정
확히 어디에 있는지 예측 가능한 이유다. 반면에 쿼크 혹은 양성자
는 정확한 위치와 운동 상태는 알 수 없고, 그 위치는 확률적으로만
예측할 수 있다. 경제학에서 차용하고 있는 개념이 대거 포함된다.
밀도함수, 베이지안 확률함수와 통계 등은 물리학의 입자와 파동에
관한 고대 물리학과 근대 물리학의 개념 발전에 토대를 두고 있다.
많은 이들이 경제학이 제대로 된 예측에 실패하는 것을 두고 그 효
용성에 상당한 의문을 갖기도 하지만, 경제학이 차용하는 예측 확
률 모형은 이처럼 원자핵 안의 양자와 중성자, 혹은 양성자와 중성
자의 '예측 불가능한 운동, 위치 및 파동에 대한 입자성'에 있다는
점에서 '확률적'이다.

　만일 경제주체들(입자)의 경제활동(파동)이 전자와 같이 위치와
운동에 일정한 방향성을 갖는다면, 이들의 최종 위치와 운동은 예

　　　　　　　　　　　　　　　　자본주의의 적은 자본주의

측이 가능하다. 하지만 그러한 상태를 지속 가능하게 하나의 조건
식으로 유지할 수 있을지에 대한 확률적 분포와 판단은 또 다른 경
험론적 실험과 실증을 통해서만 가능할 따름이다. 드 브로이의 가
설은 후에 클린턴 데이비슨Clinton Davisson과 레스터 거머Lester Germer
에 의해 증명되었다. 이들은 1927년에 '전자 회절電子回折, Electron dif-
fraction'[108]을 실험으로 입증하였다. 전자가 결정체를 통과할 때 파동
처럼 간섭현상을 보임으로써 전자가 파동의 특성을 가진다는 것을
보여주었다. 이로써 물질의 파동성, 특히 전자의 파동성이 증명되
어 드 브로이의 가설을 확증하였고 양자역학의 발전에 중요한 역할
을 하였다.

두 번째 중요한 개념은 '불확정성 원리不確定性原理, Uncertainty princi-
ple'이다. '불확정성 개념'은 한 계의 위치와 운동량(또는 에너지와 시
간)을 동시에 정확히 알 수 없다는 것이다. 예를 들어, 전자의 위치
를 매우 정확하게 측정하려면 그 운동량(속도와 방향)에 대한 정보가
모호해져야 한다. 아울러, 운동량을 매우 정확하게 측정하려면 그
위치에 대한 정보가 모호해져야 한다. 불확정성 원리는 양자역학에
서 '관찰'의 근본적 한계를 나타내며, 그것은 우리가 세계를 이해하
는 방식에 깊은 영향을 미친다. 특히 입사入射와 파장 성질 사이에
는 기본적인 경쟁 관계가 존재함을 나타낸다. 이는 곧 '파동-입자
의 이중성' 개념으로 연결된다.

양자역학 모형은 보어 모형보다 복잡하지만, 실험 결과와 거의
일치하는 비교적 정확한 예측력을 보여준다. 또한, 다양한 원소와
분자의 특성, 고체, 반도체, 초전도체 등의 복잡한 물질 상태를 설명

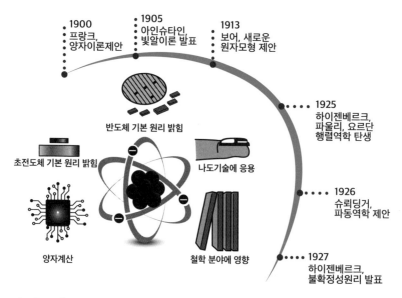

〈그림 20〉 양자역학의 역사와 양자역학이 응용된 사례들

1900
프랑크,
양자이론제안

1905
아인슈타인,
빛알이론 발표

1913
보어, 새로운
원자모형 제안

반도체 기본 원리 밝힘

초전도체 기본 원리 밝힘

나도기술에 응용

양자계산

철학 분야에 영향

1925
하이젠베르크,
파울리, 요르단
행렬역학 탄생

1926
슈뢰딩거,
파동역학 제안

1927
하이젠베르크,
불확정성원리 발표

자료: https://terms.naver.com/entry.naver?docId=3571786&cid=58941&categoryId=58960

하고 이해하는 데 필요한 기술적 논리와 이해를 제공한다. 우리가 알고 있는 반도체와 초전도체 등에 대한 일반 지식은 '아는 게' 아니라 그냥 '들어봤던' 수준에 불과하다. 기초물리학에 대한 정확한 이해와 지속적인 발명과 이론 및 응용물리학의 발전 없이는 21세기형 산업구조로의 전환, 혹은 21세기 후기 산업사회를 향한 과학과 산업의 발전을 기대할 수 없다. 우리가 흔히 '쌀'이나 곡물의 생산량과 공급사슬을 '식량 무기화'라고 표현하고, 원유와 천연가스, 희토류 등의 공급사슬 문제를 '자원의 무기화'라고 표현하지만, 이들은 아날로그 무기다. 강력한 디지털 무기는 양자역학과 같은 미래의 과학 발전에 대한 투자와 열정에 근거할 수밖에 없다. 근대 이후

자본주의의 적은 자본주의

과학의 발전이 산업혁명의 충분조건이었다면, 21세기 이후 글로벌 경쟁에서 과학의 발전은 사회, 정치, 경제 및 문화 등 모든 분야에서 '무기화'될 수밖에 없다는 점에 주목해야 한다. 이미 반도체는 '무기화'되고 있다.

요약

양자역학은 현대 물리학과 화학에서 가장 중요한 이론이다. 우리가 원자와 분자 그리고 그들이 형성하는 다양한 물질 상태를 이해하는 방식을 근본적으로 바꾸었기 때문이다. 양자역학은 단순히 물질의 상태를 이해하는 방식만을 바꾼 것은 아니다. 물질에서 원자, 원자는 다시 원자핵으로 나뉘고, 핵을 중심으로 일정한 궤도로 전자가 회전한다. 원자핵은 다시 전하를 띠는 양성자 두 개와 전하가 없는 중성자 하나의 결합으로 이루어진다. 양자역학의 핵심 개념 중 하나인 파동-입자 이중성에 따르면, 물질과 빛은 입자와 파동의 성질을 동시에 갖는다.

전자와 같은 입자가 동시에 입자성과 파동성을 나타낸다는 것은 당시로서는 가히 혁신적인 생각이었다. 이처럼 양자역학은 매우 작은 양자에 대한 것을 다루는 과학으로, 원자와 기본 입자의 규모에서 물질의 운동과 에너지와의 상호작용에 대해 설명한다. 쿼크는 기본 입자의 일종이자 물질의 기본 성분이며, 하드론이라고 불리는 합성입자를 형성한다. 물질을 구성하는 원자의 핵 주변에 전자가 돌고, 전자는 정확히 어디에 있는지 예측 가능하다. 반면에 쿼크 혹은 양성자는 정확한 위치와 운동 상태는 알 수 없고, 그 위치는 확률적으로만 예측할 수 있다. 여기까지가 양자역학의 핵심이면서 가장 기본적인 내용이다.

이 내용이 왜 중요한지는 다음 세 가지 측면에서 정리할 수 있다. 첫째, '신'에 대한 종교적 해석이 뒤틀린다. 둘째, 입자와 파동의 이중성으로 인해 보이는 것이 모두 진실이 아니라는 점을 이해할 수 있다. 셋째, 미래 과학의 발전을 위해 물리 및 화학적인 인간에 대해, 인간과 연결된 다양한 활동에 대해 더 많은 궁금증이 생성된다. 이 세 가지 내용을 다시 정리하자면, 지금까지 물질과 입자와 파동의 역할, DNA의 변화 등 자연법적인 내용을 감안할 때 '신'의 존재에 대해 어떻게 생각할지 다시 의문이 생길 수 있다. 첫째, 가장 간단하게는 '신이 이 정도로 정교한가?'라는 질문이 떠오를 수 있다. 둘째, 단순하다면 단순하다고 할 수 있지만 우주 질서의 복잡함을 다시 한번 알 수 있다. 어느 한순간에 모든 것이 창조되었다는 데에 의문이 생길 수밖에 없다. 변화는 시간을 동반한다. 물질의 변화 혹은 진화는 위치와 운동을 의미하는 입자성과 확대와 간섭을 나타내는 파동성의 지속적인 그 어떤 '변화'에 따르는 것으로 볼 수 있다. 셋째, 예측과 전망은 결코 정확할 수 없다. 쿼크는 운동과 회전의 예측이 불가능하다. 가정의 단순화는 일정 조건의 상황을 전제로 과학적 실험 결과를 설명 변수로 제시할 뿐이다.

물리량은 확률로 표현된다. 고전 물리학과 달리 양자역학적인 미시 세계에서는 뉴턴의 운동법칙으로 입자의 운동을 설명할 수 없

자본주의의 적은 자본주의

다. 고전 물리학은 현대 과학과 기술에서도 여전히 사용되지만, 달과 같은 천체의 움직임 등 오로지 인간의 경험에 익숙한 내용에 대해서만 설명이 가능하다. 하지만 19세기 말 과학자들은 거시 및 미시적 세계에서 고전 물리학으로는 설명할 수 없는 현상을 발견하는데, 이로써 상대성이론과 양자역학의 발전이라는 물리 분야의 큰 변혁을 일으켰고 기존의 과학적 사고관을 변화시켰다. 우리가 물리학에 관심을 가져야 하는 이유는 무엇일까? 예컨대 주역이나 역학易學으로 세상을 살피고자 하는 점성학은 이른바 동양의 논리적 물리학이다. 실험이나 실증 노력은 필요하지 않다.

　결과론적이지만, 인간의 운명을 확률론으로 표현하고자 한 측면은 서양의 고전 물리학과 비슷하다. 하지만 그 속을 좀 더 캐고 들어가면, 동양 운명론에도 상대성이론이나 양자역학적 내용이 내재되어 있음을 짐작할 수 있다. 인간을 소우주라 할 때 인간의 내적 갈등과 평화, 대외적 활동에서 일어나는 수많은 변화 등의 이야기는 전자의 위치와 운동, 파동의 확산과 간섭 등의 작용과 반작용의 끊임없는 상호작용 결과라고 할 수 있다. 인간의 운명은 인간의 정신과 신체를 구성하는 수많은 세포와 원자, 전자 그리고 쿼크와 하드론 등의 변형과 위치 및 에너지 운동 등의 결과를 확률적 위치와 진동의 결과로 해석할 수 있기 때문이다. 머지않은 미래에 '양자 원격전송'도 가능해질 것이다. 그렇다면 종교는 사라질 것인가? 그렇지 않다. 종교는 종교 나름의 도덕과 윤리적 가치를 좇을 것이다. 인간이 바벨탑을 높이 쌓아 신과 경쟁을 벌일 때 역설적으로 인간의 한계를 알게 된 것과 같은 이치다.

1. 무신론적 입지를 강화했다. 근대 세계에서 과학의 위상은 신학과 철학을 모두 열위의 논리학으로 강등시키기에 이르렀다. 과학은 그동안 인간이 가져온 우주의 질서와 지구와 여타 우주 행성들과의 관계 등 수많은 궁금점을 일시에 혹은 점진적으로 설명하기 시작했다. 실증과 논리적 합리성이 모두 절묘하게 맞아떨어진다는 점에서 절대적 지식의 자격을 갖춘 또 다른 사상으로 여겨지기 시작했다. 객관성, 진리성, 유용성, 진보 등 근대 산업 문명의 풍요로움을 가져온 물질적 가치가 모두 인간이 만들어낸 과학에 의해 실제 체현된 것이기에, 어느 신도 이에 간섭할 수가 없게 되었다. 심지어 왕조차도 과학의 이론에 다른 해석과 잣대를 댈 수가 없었다. 과학은 만학의 제왕이 되었다. 사회과학과 인문학이 과학을 기준으로 스스로를 과학화하려는 시도를 했으며 사회학, 심리학 등이 경제학의 뒤를 이어 성공적인 독립 과학으로서의 위상을 챙기기 시작했다.

2. 신화를 걷어냈다. 과학적 연구가 인간의 '생산'과 '잉여'를 위한 기술과 가치를 대변한다는 믿음이 종교적 신앙보다 더욱 강해졌으며, 구체적인 시간과 공간을 통해 다양한 신화적 내용을 실증적 실험을 통해 보여줌으로써 과학이 차지하는 중요성이 더욱 강화되었다. '과학이 표방하는 가치와 진리는 인간이라는 매개체를 통해 시공을 지난다'는 말은 역사라는 인문학적 기록을 동시에 저장한다는 의미가 된다. 이런 기록은 순전히 인간적인 것이지 신적인 것은 아니었다.

3. 인류 문명의 진화와 발전이라는 시공時空의 영역에서 발생하는 자기장과 전기력(경제, 사회, 정치 및 문화 등 다양한 사회 및 자연과학적 변수) 등은 인간이 자신이 사는 시대적 정치·경제·사회·문화적 자전과 공전의 축에서 벗어나기 어렵게 만든다. 시대적 편견과 왜곡, 오류에 빠질 때 인간은 '진리'라는 종교 또는 과학적 '입장'에서 멀어질 수도 있다. 더욱이 종교와 과학이 상충할 때, 인간은 종교보다 과학을 선택할 가능성이 크다. 더 높은 생산과 잉여를 통해 자본을 축적하고, 인간 본능에 오롯이 초점을 맞추기 때문이다. 물론 이 논리는 매우 심각한 논쟁을 일으키기에 충분하다. 여성에게는 노예보다도 투표권이 늦게 주어졌다. 노예는 고대사회에서는 인간이 아니었다. 따라서 실제로 진리와 사랑의 신과 종교가 존재한다면, 전쟁도 다툼도 없어야 한다. 하지만 신과 종교는 이조차도 인간 본능의 탓으로 돌린다. 원죄론이다. 만일 그렇다면, 인간은 태어나면서부터 신이 부여한 운명론적 삶을 살아가는 게 옳다. 종교의 발전은 전무해야 한다. 처음부터 종교는 모든 입증과 실증, 선험적 논리에 대해 어떠한 의심과 질문을 허락하지 않기 때문이다. 하지만 역사를 통해 보는 인간과 신(종교)의 관계는 자본과 생산, 기득권과 권력에 대한 변화와 정正의 상관관계를 갖는다. 반면에 과학은 개념과 이론, 방법론, 증거 등을 추적하면서 인간적인, 지극히 과학의 내적이면서 인간의 지적인 요인들을 추적하거나 합리적으로 재구성하는 데 초점을 둔다. 종교는 과학의 인간적인 요인을 포용하기도 하지만 때로는 배척함

으로써 진리와 참에 대한 대답을 쉽게 내놓지 않는다.

4. 과학이 표방하는 가치와 진리체계가 역사적인가? 비과학의 논리는 가치와 진리체계에서 임의적인가? 창조론과 진화론은 어느 것이 옳은가? 과학과 기술의 거리는 근대 과학의 발전이 있기까지 그다지 가깝지 않았다. 과학과 기술에 대한 교육과 전래는 서로 다른 기관을 통해 이루어져왔다. 합성어로 합쳐져 자연스러운 한 단어가 된 과학기술이라는 용어를 보면, 서양 종교와 철학에 오랫동안 잠재해온 머리와 손, 정신과 몸과 같은 위계 논리의 틀을 크게 벗어나지 못했음을 알 수 있다. 그렇기에 '실험'은 자연법 상태에 인간이 개입하거나 임의로 조작하여 벌어지는 자연의 왜곡현상이다. 하지만 근대 과학의 발전은 자연과 인공을 대립 관계가 아닌 보완 관계로 재정립한다. 이 둘의 보완적 관계는 '객관성'이라는 개념으로 요약된다. 객관적인 것은 중립적이고, 참이며, 이를 부정하는 것은 과학의 입지를 부정하는 옳지 않은 판단으로 치부되기도 한다. 우리는 과학이 거둔 놀라운 역사성을 올바르게 판단할 필요가 있다. 그 성과를 인정하는 한편, 과학이 가져오는 인간의 '과학 노예화'라는 또 다른 왜곡과 절대적 권위에 대한 무조건적 복종 등의 역효과도 염두에 둬야 한다.

근대 과학의 발전 이후 과학의 실제적 모습을 있는 그대로 보려는 노력이 필요하다. 과학이 인간과 동행하는 세속적 활동이라 해서 과학이 거둔 엄청난 성과가 부정되어서는 안 된다. 오히려 그 반

자본주의의 적은 자본주의

대일 것이다. 근대 과학 이후 인간이 거둔 놀라운 자연 및 사회과학적 성과에 담긴 역사성을 바르게 이해하려는 것은, 과학의 성과를 인정하는 것임은 물론 역사 과정에서 시공을 통해 빚어진 빛과 어둠을 모두 놓치지 않으려는 시도이기 때문이다. 인간이 신의 영역에 도전장을 내밀었다는 표현은 상당히 자극적이지만, 실상 인간의 호기심이 풀지 못했던, 결코 풀리리라 기대하지 못했던 자연의 신비로움이 하나씩 이해되면서 비로소 인간이 궁금해하고 경외심을 표했던 호기심이 신이 아닌 인간의 탐구 영역 안에 존재했음을 알아가기 시작했다. 이는 과학의 가치를 인정하면서 과학의 문화적 유산을 긍정적으로 계승하는 것이다.

고대 그리스-로마 철학 이전부터 인간이 탐구의 주제로 삼았던 자연(혹은 피지스physis)는 인간의 존재 이전부터 우주에 존재할 수밖에 없었다. 자연이 우주의 시작과 같이 존재하는 이유는 '무無'에서는 그 어떤 '유有'도 나올 수 없기 때문이다. '실재론realism'이다. 실재론은 인간의 마음으로부터 독립해 있는 '세계의 현존'을 말한다. 인간의 생각과 무관하게 세계가 존재한다. 그냥 항상 존재하는 것이다. 고대 그리스-로마 철학에서 우주는 '영원한 미래', 즉 '영원히 미리 존재하는 것'이다. 우주는 시작과 끝을 가질 수도 없다. 시작과 끝을 가질 수 없다는 의미는 '역사의 순환'을 말한다. 실재하고 실존하는 모든 것은 순환한다. 계절도 인간의 삶도 순환의 역사다. 따라서 고대 철학자는 태양 아래 진정으로 새로운 것이란 있을 수 없으며, 종교는 '계시적'이며 '기복적祈福的'인 색깔이 우세했다. 기독교 신앙이 고대 그리스-로마 철학의 체계를 뛰어넘을 수 있었던 이유는 바로 '철학'이 주지 못했던 우주에 대한 난해한 이해를 단순하게 만들었기 때문이다.

남녀평등, 노예제 폐지, 개인의 권리 및 개인 간 권리에 대한 강조, 정치와 종교의 분리와 같은 개념은 마치 역사의 순환처럼 비추어질 수 있지만, 실은 근대 과학이 인간으로 하여금 자연 세계, 신의 세계에 개입하려는 열망을 허용하는 '좁은 문'을 활짝 열어젖힌 점과 밀접하게 연관되어 있다. 인간이 당연하게 받아들였던 삶에 대한 자연의 간섭이 '순환'이라는 개념으로 인해 자연에 대한 도전이라며 기각되었던 인식과 의식을 단번에 단순화된 선형적 개념으로 돌려세웠다. '새 소식'은 곧 '변화'였으며, 종속변수였던 인간의 감성과 이성이 근본적으로 변화하기 시작했다. 세계를 근본적으로 변화시킨 것이다. 하지만 시간이라는 선형구조 속에서 새로운 변화를 얘기했던 종교는 여전히 '신' 그 자체였고, 인간 위에 군림했고, 왕과 결탁함으로써 정치적 세력화를 가져왔으며, 그들이 소중하다고 그토록 강조했던 '생명'에 대한 존귀함을 '구원'이라는 명분하에 질병과 전쟁에 내던졌다.

아리스토텔레스의 '웅대한 영혼megalopsychia'은 새로운 종교에 밀려났지만, 새로운 종교가 주장했던 서술과 계시가 옳은 것인지에 대한 의문과 논쟁은 늘 존재해왔다. 결론적으로 새로운 말씀과 시대 변화에 대한 일방적 선언은 도덕과 윤리적 관점에서도 사회와 공동체보다 개인을 중시하는 시대의 변화를 가져왔다. 칸트 철학 이후 독일의 관념론은 대륙철학의 중심으로 자리를 잡았다. '상관주의'를 거부한다. 세계는 인간의 마음과 생각에 따라 시시각각 현재의 모습을 변화시키며 미래 그대로 존재할 뿐이다. 그동안 인간에게 부여되었던, 무조건적으로 받아들여졌던 직관적 세계가 아니라, 실존에 대한 '왜?'라는 질문과 '나'라는 존재가 중요하다는 사변적 실재론이 근대 과학의 산물이다.

과학의 발전은 철학 발전에 트리거가 되었다. 과학이 가져오는 거대한 사회 변화와 의식체계의 진보 등은 철학적 논리와 지지를 필요로 한다. 근대 과학은 고전적 관념론, 합리론, 경험론, 근대 독일 관념론, 하이데거 등의 철학을 전부 소화할 것을 요구한다. 실제로 객체 지향 존재론에 대한 이해는 이들의 철학적 논리를 이해할 때 조금은 가능할 듯하다. 육체와 정신을 따로 나누어 보는 데카르트의 이원론적 설명은 칸트가 인정한 형이상학적 영역의 이분법적 분리로 이어지면서 사회과학 안에서 심리학의 발전에도 중요한 단초가 되었다. 현대에 들어 레이먼드 브라시에Raymond Brassier[109]는 인간 중심의 실재론적 이론을 강조한다. "세계의 무신론화는 '존재의 의미를 다시 세울 필요성', '인생의 목적성' 또는 '인간과 자연 간의 파괴된 화합에 대한 복원의 필요성'에 대한 요구가 아니라, 이성의 힘이 반짝이는 결과로서 필연적이며 따라서 지적 발견의 활기찬 방향을 나타내는 것이다." 매우 적절한 표현이다. 더 나아가 브라시에는 '철학'은 존재의 의미를 재확립해야 한다는 명령을 이제는 그만 내려야 한다고 주장한다.

'인생의 목적성' 혹은 '인간과 자연 간의 파괴된 화합에 대한 복원' 등의 형이상학과 형이하학의 경계선에 위치한 애매모호한 가치를 두고, 그러한 회색 가치의 필요성을 인간과 자연 모두에 더는 강요하지 말아야 한다고 권고한다. 허무주의를 실존적 고민이 아니라 사상적 기회로 본다. 브라시에의 철학에 대한 해석은 하이데거와 비트겐슈타인Ludwig Wittgenstein에게 큰 영향을 받은 것으로 보인다. 그는 현대 철학의 많은 부분에 대해 매우 비판적이다. 하지만 그의 철학은 매우 정직하다. 사유 구조가 물질적 실재 구조로부터 생산된다는 '인지과학'의 주장은 인정하더라도, 그로써 지성적 직관의 모든 호소를 무시할 우려가 있다. 아울러 인간의 사유 구조는 한낱 역사의 진화를 통한 결과물에 불과하게 될 것이라는 지적도 마다하지 않는다. 실재와 객체의 영역은 이미 칸트적 세계관을 초월한다. 호빗과 쿼크의 구분, 즉 실재적이면서 상상적이기도 한 이 모순적 사물의 현존을 인정 또는 허용할 것인가라는 물음에 우리는 어떤 답을 할 것인가? 허구적 존재자가 실재적·실존적 가치를 갖는 효과를 가져올 수 있기 때문에 이 세상은 결국 허위의 믿음에 의존한다고 하면 맞는 설명일까, 틀린 설명일까? 전자는 윤리학과 형이상학적 구조 및 현상을 심리학과 사회학으로 치환할 수 있다. 미시와 거시적 관점에서도 이 같은 치환은 가능하다. 자석처럼 서로 붙어 있으면 상호작용의 측면에서 감각적으로 느낄 수 있고 만질 수도 있다. 하지만 상대적으로 구분할 수는 없다. 만일 떨어져 있으면 실재적인 대상으로 쉽게 인지할 수 있다. '실재'는 꽉 차 있는 듯 보이는 가시적 영역과 단단한 성질로 정의한다. 하지만 '실재'는 전자적 체계에서 양자와 전자의 집합에 불과하다. 정신없는 운동성의 세계는 여백과 온갖 소규모 물질들의 조합이다. 구조적으로는 투명하다. 비어 있는 허상이다.

자본주의의 적은 자본주의

제5장

거대한
변화

현대에 이르러 연구 커뮤니티와 일반 대중 간의 관계는 더 복잡해졌다. 이는 과학, 공학, 현대 사회 및 국가 간의 관계가 변화한 결과다. 이러한 변화는 과학과 기술에 대한 정부 지원의 기반을 약화하지만, 동시에 다른 부분은 강화한다. 경제적으로 가장 중요한 새로운 현실은 국제 경쟁의 강화 현상이다. 지난 20년간 운송 및 통신 비용이 하락하고 무역 장벽이 무너지고 전 세계에서 산업이 발전함에 따라 세계 무역량이 급증했다. 새 자동차, 농산물 및 소비자 전자 제품이 외국에서 매일 도착하기도 하고, 또 선적되기도 한다. 2차 세계대전 이후 대외 거래에 있어 글로벌 경제의 발전은 미국이 기축통화 지위는 물론 무역거래에서 중요한 우위를 차지한 배경이 되기도 하였다.

　　경제의 발전은 신흥국 및 개도국의 상품 기술 발달 및 저가 노동력 투입에 따른 생산품 가격 하락을 야기했고, 미국은 자국 기업이 국내시장에서 더 이상 '메이드 인 USA'를 판매하기에 어려운 시대를 맞이하고 있었다. 동시에 다른 국가의 과학과 공학에 대한 기술 능력 등이 빠르게 강화되고 있었다. 2차 세계대전 당시 개발된 많은 과학 지식과 기술이 기술 라이선싱, 국제 기업의 성장, 공개 출판 및 기술 이전 등을 통해 다른 국가로 확산되었다. 다른 국가들은 기존 기술을 활용하고 새로운 기술을 발전시키기 위해 연구, 고급 교육, 기관 및 인프라에 대한 투자를 지속했다. 외국 기업이 다른 곳에서 개발된 기술을 흡수하고 해당 기술을 자체 개선하는 데 능숙해지며 상품 및 기술의 이동이 더욱 빨라지기 시작했다. 아울러 선진국을 비롯한 많은 국가에서 연구 및 개발을 지원하고 국내 유치산업과 시장을 보호하는 지원과 조정 같은 정부 조치를 통해 기술 이전이 강화되었다.

20세기 중반 이후 국제 정치 질서의 변화는 미국에 군사 목표와 과학과 기술을 포함한 중요한 정부 정책을 재정의할 기회를 제공했다. 구소련의 붕괴로 인해 국제 정치에서 글로벌 리더로서의 힘의 원천은 군사력에서 경제력으로 이전했다. 특히 1979년 미중 수교 이후 30년의 시간이 흐른 시점에서 글로벌 질서는 중국이라는 글로벌 정치 및 경제 질서 재정립에 중요하고 새로운 변수를 맞게 되었다. 사람, 자본 및 아이디어의 국제적 흐름은 모든 국가에 새로운 부를 안겨주었지만, 그렇지 못한 국가 경제에는 심각한 문제를 만들었다. 1975년 브레턴우즈 체제 붕괴 이후 미 금리 정책이 야기한 글로벌 경제위기는 많은 국가의 정치 및 사회 구조를 불안정하게 만들었다.

혼돈스러운 환경에서 21세기 새로운 문명사회로의 진입기에 중요한 국가체제의 열쇠는 글로벌 리더십이다. 글로벌 리더십의 한 축은 여전히 힘의 우세가 차지하겠지만, 소프트파워의 중요성 역시 더욱 강조된다. 산업과 기술, 과학과 철학의 진화를 통해 뉴노멀을 지향하는 글로벌 질서체제를 안정시키고, 자국의 산업과 기술, 과학과 철학이 글로벌 질서의 표준이 되거나 다양한 법칙을 제정할 수 있는 룰 세터Rule Setter로서의 역할을 감당할 수 있어야 한다. 중국으로서는 그들이 새로운 국제질서의 주요한 국가로서의 역할을 원한다면, 군사적 힘에 대한 의존보다는 기술, 철학 및 자본, 아이디어 등 소프트웨어의 창출, 확산 및 운용이 핵심 열쇠가 될 것이다. 단순히 위안화의 기축통화 지위 구축과 글로벌 무역의 주요 공급자로서 혹은 수요자로서의 역할에만 목적을 둬서는 안 된다.

이러한 가치는 다른 국가로부터 자연스럽게 인정받는 것이지, 국가가 인위적으로 추구해야 할 가치가 아니다. 이미 글로벌 정치 및 경제 질서에 있어 기득권 세력이라 할 수 있는 유럽과 미국 열강의 입장에서는 그들의 '힘'을 중국에 쉽게 넘길 것이라는 생각은 '중국의 헛된 꿈'일 수밖에 없다. 국가의 부가 그렇게 하루 아침에 이동한 역사는 없다. 잉여생산과 잉여자본은 늘 새로운 국가의 부와 리더십의 선순환을 찾아 나선다. 설사 산업과 과학, 기술 등의 혁신으로 중국과 인도가 시장혁신을 이루기에 충분하다 할지라도, 미국과 유럽 선진국이 수 세기 동안 이뤄온 역사 속 종교와 과학, 산업과 기술, 문화 등 인간 삶의 지혜와 운용 법칙이 21세기 후기 문명사회와 산업사회에 미칠 수밖에 없는 '축적의 힘'은 결코 만만치 않다.

변화하는 세계

'변화하는 세계'는 종교, 과학, 산업 및 기술 등의 분야에 저마다의 과제와 질문을 던진다.

첫째, 과학과 기술에 대한 국민의 태도는 어떠한가? 최근 몇 년간의 경제, 정치 및 사회적 변화는 과학과 기술에 대한 대중의 '지지'에 직접적인 영향을 미쳤다. 과거 이러한 지지는 과학과 기술이 국가의 안전을 확보하고 새로운 제품, 서비스 및 경제 성장을 생성함으로써 국가적 목표에 기여할 것이라는 기대와 가정에 크게 의존했다. 하지만 오늘날에는 이 가정이 옳은지에 대한 의심이 많이 일고 있다. 과학에서의 우세가 국제 시장점유율의 감소를 막지 못했고, 의학의 지속적인 진보는 균일하게 누구에게나 알맞은 가격의 의료체계를 제공하지 못했다. 더 큰 생태학적 지식과 분석 능력에도 불구하고 환경적 위험은 지속되고 있다. 과학과 기술은 이러한 복잡한 문제의 두 가지 측면일 뿐이지만, 이러한 문제의 지속으로 인해 과학, 기술 및 사회 간의 관계는 오히려 더욱 불확실해졌다. 산업이 수행한 연구 및 개발도 압박을 받고 있다. 기업 구조 개편과 생산성 및 경제 성장의 감소로 인해 일부 기업은 기본 연구에 대한 투자를 줄이고 단기 목표에 집중한다. 최근 몇 년 동안 한국의 연구 및 개발에 대한 민간 투자자금은 인플레이션을 감안할 때 종전 규모에 비해 결코 증가했다고 할 수 없으며, 그러는 사이 중국과 인도 등 경쟁국의 연구 및 개발 투자는 급증했다.

둘째, 과학과 기술 자체도 변화하고 있다. 지식의 확장은 이제 큰 비용이 드는 대규모 프로젝트에 의존하며, 비교적 작은 프로젝트조차도 비싼 기기 및 기타 고가의 입력을 필요로 한다. 과학 및 기술 메가 프로젝트에 들어가는 투자 규모는 이러한 프로젝트에 관심이 있는 기업가와 과학자 모두에게 긴장을 유발하고 있다. 약 200년 전, 서양 사회에서의 기술적 변화 속도가 가속화되기 시작했다. 장소와 용량의 제한이 있는 풍력과 수력 그리고 동력은 증강되고 나중에 증기엔진으로 대체되었으며, 이러한 증기엔진은 산업혁명의 공장을 구동하기 위해 사용되었다. 철도는 물건과 사람을 빠르게 이동할 수 있게 만들었고, 텔레그래프와 이후 전화는 시골을 횡단하는 통신을 가능하게 했다. 전기 조명은 어둡게 빛나는 양초, 등유, 가스 조명을 대체했다. 20세기 초까지의 시기에 이룬 '진전'의 개념은 기술 발전과 밀접하게 연결되어 있었다. 진전된 산업과 기술 발전의 관계는 이후 몇십 년간 더욱 강화되었다. 자동차와 비행기는 여행의 모습뿐 아니라 우리의 도시와 마을의 본질을 변화시켰다. 라디오 그리고 이후 텔레비전은 외부 세계를 사람들의 집으로 더 많이 가져왔다. 질병의 원인에 대한 지식은 새로운 치료와 예방 조치를 가져왔으며, 컴퓨터가 나타났고, 곧 트랜지스터가 더 작고 강력하고 더 접근 가능한 저렴한 가격의 컴퓨터 공급을 가능케 하였다.

셋째, 오늘날, 연구 및 개발이 새로운 제품으로 이어지는 시스템은 19세기와는 근본적으로 다르다. 개별 발명가의 역할에 더해 조직된 과학 연구와 기술 혁신의 힘이 추가되었다. 조직적인 연구와 개발은 점점 국제적인 성격을 띠며 새로운 지식의 생산을 크게 증가시켰다. 연구개발과 투자에 대한 목표지점이 더 넓게, 깊게, 높이 그리고 더 멀리 잡히기 시작했다. '생물'에 대한 보다 심층적인 이해는 예전에는 불가능하다고 생각되던 질병의 치료를 가능케 만들어가고 있다. 재료 과학의 기본적인 통찰력은 이전에 사용 가능했던 것보다 가벼우며 튼튼하며 내구성 있는 구조물을 개발하는 데 기여한다. 컴퓨터와 광섬유 같은 혁신적인 통신 방식은 새로운 상호작용형 작업 방식과 더 강력한 기계의 진화를 가져온다. 이러한 새로운 장치와 작업 방식은 새로운 지식의 성장과 보급을 가속화한다.

넷째, 과학적 지식과 새로운 기술의 축적은 인간의 삶을 변화시켰다. 아직 기술이 미치지 못하거나 부족한 사회와 사람이 많긴 하지만, 기술은 많은 사람에게 따뜻함, 청결함, 영양, 의료, 교통 및 엔터테인먼트의 기준을 제공해왔다. 이로 인해 과학과 기술을 가장 효과적으로 활용하여 인간의 필요를 충족시키는 방법에 대한 어려운 문제가 제기되고 있다. 물질적 진화와 진보는 점점 더 빠르게 이루어질 수 있지만, 이는 필연은 아니다. 과학과 기술 진화에 따라 생산된 재화와 서비스가 사회에 얼마나 필요하고 유용한지에 의존한다. 산업 성과, 보건 관리, 국가 안보 및 환경 보호 등 각각은 다양한 방식으로 기술과 지식의 결과를 사용한다. 차이를 이해하면 더 발전할 수 있다. 그런 다음 과학적·기술적 이해를 효과적으로 재해석해 우리 인류의 삶의 품질을 향상하는 기술, 도구 및 통찰력을 얻을 수 있다.

자본주의의 적은 자본주의

산업에서의 과학과 기술의 역할

산업은 과학과 기술의 연구 결과를 어떤 방식으로 어느 정도로 사용하는지에 따라 그 모양새와 결과가 다르다. 일부 산업, 예를 들어 반도체, 생물공학 및 일부 화학 산업은 과학에서 시작한 아이디어로 거의 완전히 창출되고 형성되었다. 이러한 산업의 핵심 기술의 가치는 개발에 따른 실제 제품의 생산이라기보다는 향후 이어질 파생적 기술 및 과학 발전에 대한 약속으로 정의할 수 있다. 예컨대 반도체 발명은 트랜지스터의 발명이 있었기에 가능했다. 다수 대중은 몰랐겠지만 트랜지스터 발명 과정에서 이미 누군가는 반도체 발명을 떠올렸을 것이다. 더욱이 반도체 분야에서는, 얼마 전 한국에서 소동이 있긴 했지만, 고온 초전도체 분야가 신사업으로 이어질 가능성이 있는 과학적 발견이 되리라는 점에 집중하고 있다.

최근 재조합 DNA 기술이 개발된 이후 생물공학의 급속한 발전도 마찬가지 과정을 통해 이루어지고 있다. 과학적 기반 산업이 계속 발전함에 따라, 대학의 연구 능력에 대한 중요성이 더욱 강조되고 있다. 이들이 생산해내는 새로운 과학적 지식이 지속적인 기술 발전에 원동력이 되고 있다. 이들의 아이디어가 기술적으로 융복합하고 발전함에 따라 성장하고 혁신하는 제품의 범위가 더욱 확대되고 있다. 초기 단계에서 이들 연구와 기술 발전이 산업에 미치는 영향은 작을 수 있지만, 기술 및 경쟁 속도가 점차 빨라지면 새로운 기술과 제품 생산의 규모와 범위 확대로 이어질 막대한 잠재력을 가지고 있다. 현재 생물공학이 이러한 단계에 와 있다.

더 성숙한 단계에 진입할 때 과학 기반 산업은 지속적으로 빠르게 성장할 수 있지만, 그 무엇보다 지속 성장에서 가장 중요한 핵심은 학계 과학자들의 연구와 개발 프로젝트의 크기와 범위, 밀도 등이다. 예를 들어, 반도체 산업은 기술 속도가 빠르게 진행되는 과정에서 점점 재료에 대한 더 상세한 지식이 요구된다. 칩에 포함된 개별 트랜지스터가 점점 더 작아지면서 새로운 양자 현상에 대한 지식도 필요하다. 이러한 과학적 요구사항은 반도체 기업의 공장과 연구소에서 일하는 반도체 과학자와 엔지니어의 작업에 충분히 반영되고 있다. 사실상 산업 과학자는 기술의 점진적인 개선을 위해 필요한 상세한 지식을 가지고 있는 경우가 많다.

성숙한 단계의 산업 가운데 항공기 산업을 예로 들어보자. 비행기 설계의 엄청난 복잡성을 처리하려면 수천 명의 과학자와 엔지니어가 필요하다. 생산도구 및 공장에 대한 투자는 종종 수억 달러 규모의 예산을 필요로 한다. 복잡한 제품의 설계에 필요한 기술적 지식과 경험, 대규모 자본을 투입할 수 있는 재원이 풍부한 대규모 기업만이 이 정도 규모로 행동할 수 있다. 가장 성숙한 산업, 예를 들어 자동차 또는 건설 산업은 기술적 진행 속도가 비교적 느리며 현재 과학에서 나온 지식의 적용 분야가 그다지 많지 않다. 그런데 산업의 태동 단계에서 심지어 과학을 기반으로 하지 않았던 산업도 많다. 그러나 이러한 산업은 기술 및 생산 노하우 측면에서 최고 수준을 필요로 한다. 고기술에 의존하고 산업 자체에 과학이 포함되어 있는 산업(예: 반도체 산업)과 현재 과학에는 크게 의존하지 않는 산업(예: 자동차 산업)을 살펴보면, 연구 역량이 산업 발전에 필요조건

자본주의의 적은 자본주의

이라는 주장은 일반적이지 않다. 일본은 주요 연구 역량이 없었지만 후자의 산업에서 큰 강점을 보여왔다. 이 분야에서의 생상선 향상과 제품 선도력은 과학 연구와는 별개로 주로 엔지니어링에 크게 의존하는 다양한 전략을 통해 달성할 수 있기 때문이다. 새로운 기술을 기업 연구소에서 개발하고, 개선된 제품의 마케팅을 촉진하기 위해 개발 주기를 개선하고, 디자인과 제조의 조화를 최대화하고 소비자 선호도의 변화에 빠르게 대응하는 것과 같은 전략이다.

과학과 기술은 산업 성과에도 영향을 미치지만 중요하고 다양한 국가적 목표 달성을 위한 노력에도 직접 관여하고 있다. 산업과 마찬가지로 국가의 목표를 달성하기 위해서는 다른 많은 요인이 필요하지만, 과학과 기술은 사회발전과 진화, 진보 등 소위 문명사적 발전에 중요한 통찰력과 기술을 제공한다. 과학 및 기술과 다양한 목표 간의 연결에 대해 간략히 설명해보자. 먼저, 보건 관리를 살펴보면 건강을 유지하고 질병을 예방하는 것은 우리 사회의 최고 목표 중 하나다. 그러지 않으면 보건과 위생의 부실함에서 발생하는 질병과 비위생의 피해가 모두 사회적 비용이 되기 때문이다. 과학과 기술은 이러한 목표를 달성하는 데 중요한 역할을 하고 있으며, 생명 과학, 보건 서비스 연구 및 공중 보건 연구를 포함한 보건 과학은 국가의 복지 촉진에서 중요한 부분을 차지한다. 다른 분야와 마찬가지로 보건 관리에서도 과학과 기술은 훨씬 더 넓은 사회 및 제도적 구조에 내재화되어 있다.

예를 들어 연구 결과는 매우 짧은 시간 내에 실험적 제품 생산으로 이어질 수 있지만, 이러한 제품의 안전성을 보장하려면 긴 개발 시간이 필요할 수 있다. 팬데믹 이후 벌어진 mRNA 백신의 유용성에 대한 논쟁이 그와 같다. 하지만 현재 보건 관리에서 가장 눈에 띄는 문제는 비용이다. 연구 및 개발에서 생성된 의료 제품은 백신과 같이 질병을 막는 역할을 하며 총 의료비용을 줄일 수 있다. 연구 및 개발에서 파생된 다른 신제품, 복잡한 영상장치 및 고가의 수술 절차 등은 단기적으로 비용을 높일 수 있지만 전반적 치료를 향상시킨다. 이렇게 볼 때 편익-비용 분석과 같은 경제적 효율성, 합리성 및 타당성 조사가 중요할지, 혹은 인간의 생명에 대한 존중이 경제적 편익비용 분석보다 중요할지 등에 대한 도덕적·윤리적 판단도 필요하다. 만일 치료 비용을 줄였는데 이러한 비용 감소가 더 많은 사람의 치료로 이어지면 총비용은 증가하기 마련이고, 이는 다시 정부의 부담이 되며, 정부의 부담은 다시 국민의 조세나 의료 보험 비용 등의 추가 상승으로 이어진다.

보건 관리 제품의 개발과 가격 책정은 여러 가지 이유로 시장경제의 일반적인 룰을 따르지 않는다. 일반 시장경제에서라면 기술 개발 비용의 차이가 사용 원가와 실제 지불 비용 수준에 반영되겠지만, 현재 건강관리 보상체계는 환자가 실제 개발 비용에 대한 부담을 전적으로 지지 않도록 하고 있다. 또한 국가는 의료기술의 다양한 측면을 직접 규제해 안전성을 보장하고 비용을 통제함으로써 시장 신호를 왜곡하는 모든 방해를 감리·감독하는 의무를 진다. 보건 관리는 출생, 질병 및 궁극적으로 죽음과 같은 기본적인 인간 상황을 다룬다. 따라서 전체 보건 관리 비용은 거대한 국가적 관심사이며, 국가의 책임이지 결코 국민 개개인의 책임이 될 수 없다. 기술 발전이 비용에 미치는 영향은 보건 관리 시스템을 둘러싼 사회 및 제도적 구조에 크게 의존할 수밖에 없다. 따라서 국가가 보건 관리 시스템을 포괄적으로 재평가할 때는 의료기술의 개발을 촉진하면서 치료 효과를 향상하고 비용을 통제하는 행정구조를 만드는 것이 중요한 도전 과제다.

둘째, 국가 안보와 과학 및 기술의 역할이 중요하다. 사실 이 부분은 이렇게 단 한 줄로 설명할 수 있다. '반도체는 무기다.' 21세기 이후 디지털화 및 무인화될 모든 무기 체계에 있어 반도체는 핵심 부품이다. '자원 무기', '식량 무기' 등과는 결이 다르다. 2차 세계대전 이후 미국을 비롯한 많은 국가가 숫자적 우위보다 기술적 우위를 통해 산업적 우위를 점하기 위해 노력해왔다. 정부와 민간 부문 모두의 과학과 기술 개발에 대한 투자가 그 노력의 일환이다.

과거에는 미군에 하드웨어와 소프트웨어를 공급하는 산업 부문이 민간산업과 주로 분리되어 있었다. 이 산업 부문에는 사실상 '국가'라는 단 하나의 고객이 있을 뿐이고, 제품 성능에 중점을 두면 되었다.

1950년대와 1960년대에는 군사산업이 민간산업에 가치 있는 기술을 많이 생산했다. 군사산업은 전쟁이 없으면, 유지비와 운영비를 조달하기 어렵기 때문에 평화시에 국방산업은 민간산업 부문으로 기술을 이전하거나 자회사를 설립해 민수용 제품 생산에 집중하게 된다. 그러나 오늘날에는 많은 경우 민간산업의 기술적 성숙도가 군사산업을 능가하고 있다. 결과적으로 군사 무기체계가 민간기술에 더 의존하게 되었다. 이 동향은 국가 안보의 개선이 전반적인 국가 경제 성과에 더 많이 의존하게 되리라는 예측을 하게 한다. 군수산업이 직면한 주요 도전 중 하나는 국방 예산이 감소하는 상황에서도 기술적 우위를 유지하는 것이다. 이 도전에 대응하기 위해 국방의 필요에 기여하는 광범위한 과학 및 기술 기반을 재평가해야 하며 이에는 정부 연구소, 산업 및 대학에서의 연구 및 개발이 모두 포함된다. 석기시대에서 청동기·철기 시대로의 문명 이동도 그러했다. 다만 고대국가와 근대 및 현대 국가의 관심사는 단순한 생산 증대와 영토확장이라는 2차원적 관점에서 자본과 기술, 문화와 가치라는 3차원 혹은 4차원적 국가 관심사로 이동한다.

셋째, 지난 20년 동안 글로벌 질서에 있어 가장 큰 도전은 환경 보호 문제다. 세계는 환경파괴를 억제해야 한다는 인식을 갖고 상당한 진전을 이루었지만, 그럼에도 어려운 문제가 남아 있다. 환경 파괴가 여전히 경제성장의 다양한 측면을 동반하고 있기 때문이다. 오염 물질의 배출과 유출이 계속되고 있으며, 폐기물 처리는 도시지역을 괴롭히고, 숲은 계속해서 파괴되고 있으며, 생물다양성이 사라지고 있다. 과학과 기술은 글로벌 온난화, 산성 강수, 대기 중 오존층 파괴 및 수도 오염과 같은 복잡하고도 결과를 알 수 없는 새로운 문제를 밝혀냈다. 인구가 기하급수적으로 증가한다는 맬서스의 이론을 따를 경우, 21세기 중반까지 인구는 110억 명 정도로 예상되며, 기본적인 필요를 충족시키기 위해 글로벌 경제는 현재보다 몇 배나 커져야 한다. 따라서 현재 에너지 산업과 식품 생산, 교통 및 제조업, 농업에서 행해지는 관행과 만들어지는 제품은 지속 가능한 경제성장을 위해, 동시에 오염과 환경파괴를 방지하기 위해 재조정되어야 한다.

이를 위해서는 한편으로 기존 기술을 더 깨끗하고 효율적으로 업그레이드해야 하고, 다른 한편에서는 에너지 기술을 포함한 새로운 기술이 필요하다. 거의 모든 과학과 기술 분야가 환경파괴 감소에 기여할 수 있다. 생물 기술, 재료 과학 및 공학, 정보기술은 원자재를 효율적으로 사용하고 오염을 방지하는 데 활용할 수 있다. 오염 감소와 방지는 산업 생태학이라는 새로운 분야의 중요한 목표이며, 이 분야는 산업 프로세스를 검토함으로써 지속 가능한 기술 성장을 위해 노력해야 한다. 최근 논의되고 있는 '환경, 사회 및 운용ESG'에 대한 관심은 사실 넘어야 할 산이 너무나 많다. 과학과 기술의 표준화가 어려운 상황에서 기득권 국가의 일방적인 주장은 국가 간에 부의 불평등한 분배와 양극화의 또 다른 수단으로 사용될 가능성이 크다는 점에서 아직은 시기적으로 이른 감이 있다. 하지만 이들 국가의 전략적 목표와 환경문제를 제도적으로 다시 세팅하고자 하는 그들의 이해관계를 항상 염두에 두고 눈여겨봐야 할 것이다.

넷째, 위에서 설명한 예시들은 과학과 기술이 현대 사회의 조건을 결정하는 강력한 인자임을 보여준다. 그러나 과학과 기술만으로는 명백히 충분치 않다는 것은 여기서 여러 차례 언급했다. 종교와 철학, 가치와 철학, 과학과 철학, 문화 예술과 과학 등 다양한 이해관계 분야의 융복합과 이격 그리고 충돌과 확대 등의 관계에 대해서도 주목할 필요가 있다. 철학과 가치에 기반한 논리와 명제의 뒷받침 없이는 21세기 이후 인간이 추구하고자 하는 산업적 가치 및 결과물과 인간이 어떠한 관계를 맺을지 개념화하기가 결코 쉽지 않다. 이제 다양한 의견이 나오고 있는 무인 자동차를 예로 보면 이해가 쉬울 것이다. 예컨대, '사고가 나면 그 책임은 어디에 있고 보상과 처리는 누구의 몫인가'를 생각해봐야 한다. 사회문제를 해결하는 데 과학과 기술이 그 자체만으로는 충분치 않더라도, 인류 문명의 진전을 위해서는 필수적이다. 예를 들어, 현재 산업은 생산성을 높이기 위해 기술에 크게 의존하고 있으며, 한 경제연구에 따르면 미국의 인당 생산성 증가 중 절반 이상은 2차 세계대전 이후의 기술적 발전에서 나왔다고 한다. 새로운 기술은 새로운 부와 혁신을 만들어내는 데 주요한 핵심 열쇠이며 곧 힘이다.

마찬가지로 새로운 기술 발전은 점점 더 과학에 의존하게 될 것이다. 이는 연구실에서 나오는 새로운 과학뿐 아니라 필요한 교육을 받은 모든 사람에게 제공되는 잘 정립된 과학교육 시스템과도 관련이 있다. 과학과 기술의 통합이 점차 증가하고 있으며, 이러한 융복합을 통해 둘 사이의 상호작용 또한 증가하고 있다. 기술적 문제가 현재 중요한 과학 분야에 많은 영감을 주고 있으며, 과학은 기술의 적용 및 개발 범위와 기능을 확대하고 있다. 과학과 기술이 인류 문명의 발전에 필수적이지만 충분하지는 않은 요소임을 고려할 때 우리는 국가적 필요를 충족하기 위해 얼마 만큼의 투자를 해야 하는지, 과학과 기술의 국가적 성과를 어떻게 가장 잘 측정할 수 있는지 등에 대한 중요한 질문에 직면하게 된다.

4차원의 사회과학

경제학의 뿌리는 철학이다. 철학은 사상적 체계이자 논리학이다. 거시경제학과 미시경제학의 차이는 간단하다. 소비자와 기업의 효용과 수익 문제는 미시경제학에서 다룬다. 정부의 재정 문제, 즉 세입과 세출의 분배 효용성을 다루는 분야도 미시경제학이다. 거시경제학은 큰 그림을 그리는 분야다. 정부의 역할은 '보이지 않는 나쁜 손'으로부터 국가 경제를 지키는 것이다. 즉 시장경제에서 경쟁, 수요공급 및 분배 등의 원칙이 왜곡되거나 일방에 치우치지 않게 관리하는 것이다. 이 두 가지 경제학의 원리가 서로 분리되어 독립적으로 존재하는 것은 아인슈타인의 '특수상대성원리'와 '일반상대성원리'가 미립자의 세계를 상대의 룰로 설명하지 못하는 것과 같다. 거시를 맞추면 미시가 틀린다. 미시를 맞추면 거시가 틀어진다. 같은 원리를 물리학의 설명력에서 그대로 따와도 경제학과 큰 차이를 보이지 않는다.

고대 원시시대부터 인간은 사고체계를 발전시켜왔다. 도구의 발달사에 머물렀던 인류 문명사의 첫 수천 년 동안 역사의 위대한 사상가들은 우주적인 것에 관심을 뒀다. 기록을 할 수 없었던 시기에는 자연스럽게 기호와 기하, 상징적 표기법을 통해 코딩이 이루어졌다. 당시 인간은 자연에 비해 매우 초라한 존재였다. 신은 매우 무섭고 냉정한 존재였을 뿐이다. 스스로 모든 것을 알아가야 하는 삶은 인간의 수많은 호기심을 풀어내는 데 그다지 도움이 되지 못했다. 그렇기에 종교는 인류 역사와 동시에 존재할 수밖에 없었다.

생산을 위한 도구의 진화는 생산물의 '잉여'를 가져왔다. '잉여'는 인류 문명의 진화에서 경제적으로 매우 중요한 의미를 갖는다. 생산의 증대는 인류의 증가를 가져왔다. 인구 증가로 사회적 규모가 커지면, 결국 영토의 크기도 달라져야 한다. 사회와 영토는 국가라는 정치사회 체제를 형성하는 틀이 되었다.

정치사회의 기본적인 운용의 틀은 자연스럽게 각 영주 혹은 개인의 생산 잉여를 바탕으로 구조화된다. 구조화의 과정에서 철학과 사상은 인간적이며 실증적인 논리를 만든다. 하지만 여전히 신에 대한 경외심과 신비로움은 극복할 수 없다. 인간과 신의 관계는 수평이 아니라 수직적 관계다. 이 수직적 관계가 지구에 발을 디디면 정치체제에 있어 왕과 백성이라는 수직적 관계로 이어진다. 이는 계약이 아니라 태초에 우주가 있었던 것처럼 자연 그 자체다. 경제의 규모, 범위 및 밀도는 더욱 강화되고, 인간의 생산과 이동 및 지역 간 동화 작용은 더욱 세밀해진다.

문자와 기록을 통한 빅데이터는 원시적인 인공지능적 판단과 사상체계를 만들어낸다. 여기서 가장 이해하기 어렵고 수직적이고 복종을 강요하던 종교는 가장 거대한 개혁에 직면한다. 인간이 곧 신이고, 신이 곧 인간이라는 대선언이다. 둘 사이에 수평적 관계가 성립된다. 사고방식은 약간 다른 듯 보이지만 인간은 신과 똑 닮은 형상으로 신의 뜻에 따라 창조되었다. 그렇기에 신은 언젠가는 인간이 신의 교리대로 살 수밖에 없으리라고 확신한다. 기독교보다 500년 앞서 일어난 불교에서는 이를 보다 구체적으로 표현했다. 모든 사부대중四部大衆이 부처다.

모든 사물이 인간을 위해 존재하는 것은 아니다. 또한 신화적인 내용은 오직 신만이 가질 수 있는 절대적인 것이 아니다. 인간이 지닌 '발명'이라는 관습적 법칙은 생산과 잉여에 대한 분명한 목적에서부터 출발한다. 고대 그리스-로마 시대 이후 기하학과 수의 발전은 우주의 신비로움을 전제로 한다. 수많은 고대 그리스-로마 철학자가 정치, 경제, 사회 및 문화적 사상체계를 이야기하지만 이 모든 것은 우주 속 인간의 실존적 가치에 대한 인식 위에서 출발한다. 철학에서 파생된 경제학의 출발점이다. 철학 속의 경제학이 단순한 논리와 언어의 유희에 머물지 않고 끊임없이 인간에 대한 가치와 판단을 묻는 이유는 무엇일까? 거시적인 질문과 미시적인 질문에 대한 답이 상충하면 실재론은 무너진다.

경제학, 사회학 및 심리학 등 사회과학은 이러한 자연과학의 구체적 실증론을 바탕으로 더욱 진보한다. 역사의 시작과 끝점을 잇는 논리는 근대 과학과 산업혁명을 통해 더욱 뚜렷해진다. 아이작 뉴턴의 미적분학은 인간의 모든 정치, 경제 및 사회적 활동을 미분과 적분을 통해 진단한다. 이로써 사회적 현상을 자연계의 물리적 해석과 현상으로 치환할 수 있게 되었다. 다만 사회과학에는 사람 혹은 국민을 대상으로 실험을 할 수 없다는 원초적 제약조건이 있다. 비용이 너무 많이 들고 시간과 공간의 제약이 크다. 경제학을 제대로 이해하기 위해 물리학적 치환법을 이용하는 이유다. 빅데이터를 통해 자기학습을 반복하고, 다양한 데이터 크롤링Data crawling을 통해 인간의 기억과 연산 능력을 뛰어넘게 되면서 과학은 종교가 주장하는 도덕과 윤리마저 관통하고 새로운 개념을 정당화한다.

마르틴 루터와 칼뱅의 종교개혁이 중세와 근대를 구분하는 거대한 변화의 단초였다면, 근대와 현대를 구분하는 거대한 변화의 시작에는 과학의 진화가 있다. 따라서 종교와 과학의 충돌은 자연스러운 것이다. 이 두 개혁에 있어 공통점은 혁신의 주체가 바로 인간이라는 점이다.

21세기 세계 신질서의 화두는 '각자도생各自圖生'이다. 시대 변화의 요구는 말과 표로 드러나지 않는다. 인류가 고대국가를 통해 추구하려 했던 그 '무엇'은 중세, 근대를 지나 현대에서도 동일하다. 국가는 한순간도 멈출 수 없는 생명력으로 미래에 대해 끊임없이 판단하고 결단하는 연속된 과정 위에 서 있다. 국가가 지속적인 생명력을 보여주려면 세계 모든 정부가 각자의 의도대로 정책을 시행해야 한다. 개인 이기주의는 사회 이기주의로, 사회 이기주의는 국가 이기주의, 국가 이기주의는 지역 이기주의로 확산된다. 이러한 진화 과정에서 국가의 크기, 힘의 크기가 결정된다.

각 국가는 자국의 존재와 이해관계, 추구하고자 하는 목표가 무엇인지를 국민과 공유할 필요가 있다. 수만 년의 시공을 뛰어넘어도 인류의 실존적 목적은 '생존'에 있다. 생존의 형태와 운용 방식은 원시시대, 중세 봉건시대, 근대와 현대를 거치면서 정치, 경제, 사회 및 문화적 진화로 나타난다. 그리고 중요한 문제가 남겨진다. '생존'을 충족시킨 후 남는 잉여는 어디에 쓸 것인가? 근대 과학의 혁명은 고대 원시시대 이후 이루어온 구석기, 청동기 및 철기 등 도구의 혁명과는 차원이 다른 혁명이었다. 물리적 해석은 자연법칙을 해석하기에 이르렀다. 물리학의 발전은 화학, 생물학, 의학 등 다양한 순수 자연과학과 인접한 과학의 놀라운 발전에 트리거가 된다. 광범위한 지성의 축적은 과학에 대한 철학적 지원으로 혁신을 더욱 거듭한다.

도구의 발전이 야기한 생산의 획기적인 증가는 이동과 동화를 통해 거래되고 분배되었다. 문명은 항상 높은 문명에서 낮은 문명으로 흘러간다. 문명의 흐름에는 영토의 확장과 잉여 혹은 자본의 축적은 물론이고 풍부한 노동의 공급이라는 보상이 따른다. 이러한 확장이 평화롭게 이루어질 때도 있지만 역사적으로 살펴보면 항상 전쟁이라는 충돌을 피할 수 없었다. 전쟁과 충돌의 단초는 무엇일까? '경제'였다. 물론 정치적으로 내치의 불확실성이 확대될 때 전쟁을 통해 문제의 해법을 찾는다는 논리도 불가능하지는 않지만, 자신의 생명을 담보로 하고 가족을 등진 채 무작정 전쟁터에 나설 이유는 없다. 국가의 전쟁 명분은 개인과 가족의 이해관계를 경제적 목적으로 소급하는 힘을 지닌다. 명분은 시간적으로 과거나 현재가 아니라 미래에 있다.

도구의 발전은 결국 생산의 증대를 통해 거래와 분배의 확대를 가져왔고, 이후 과학의 발전은 생산도구가 생산 효율성이라는 천장에 어느 정도 부딪혔을 때 이를 뚫고 치솟을 수 있는 수단을 제공했다. 이는 순환의 관점에서 처음과 끝이 같다는 의미로 해석될 수 있는 '원재료의 혁명'과 원재료를 안정적이고 지속적으로 공급할 수 있는 '공급사슬의 확보' 덕분에 가능했다. 문명의 이동이 가치사슬로 이어져 있다면, 문명의 진보는 원재료의 공급사슬에 의존한다. 따라서 불火의 문명이 나무와 같은 기본적인 발화물질에서부터 시

작해서 근대에 이르러 석탄 그리고 석유와 천연가스 등 화석연료
이어지는 과정에서 생산의 잉여는 더욱 커진다.

이와 같은 혁명과 발명의 관점을 기업으로 옮기면, 슘페터가 말
한 기업가 정신과 혁신을 설명할 수 있다. 슘페터가 정의한 기업가
정신과 혁신은 고대 그리스 수학자 아르키메데스의 유레카처럼 어
느 날 갑작스레 떠오른 생각이 아니다. 역사의 진화 속에서, 기술문
명의 진보 속에서 이미 정의된 것이 그의 입을 통해 다섯 가지 혁신
으로 정의되었다. 첫째, 신상품의 개발, 즉 상품의 혁신이다. 둘째,
새로운 시장의 발견과 개척을 의미하는 시장혁신. 셋째, 새로운 기
술의 혁신. 넷째, 새로운 기술과 생산 방식을 통해 신상품을 개발할
수 있는 원재료의 혁신. 다섯째, 생산과 판매 등 경영체제를 개혁할
수 있는 조직의 혁신이다.

근현대에 이르러 1, 2차 세계대전과 아직도 잠재하고 있는 국가
간 충돌 가능성 및 지정학적 불확실성으로 인해 화석연료의 중요
성은 더욱 강조된다. 산업기술에서 생산 및 수송 등의 주요한 동력
에너지이기 때문이다. 기업, 개인, 국가의 부를 극대화하기 위해서
는 매출과 소득을 늘리거나 비용을 절감하거나 이 두 가지를 동시
에 달성해야 한다. 철기문명과 기술 개발은 국가 및 민족 간 갈등과
충돌의 원인이 되기도 하고 성장과 발전의 단초가 되기도 했다. 하
지만 에너지 보존법칙과 질량 보존법칙에 따라 문명 이기의 발달로
국가, 기업, 혹은 개인이 기대 이상의 수혜를 입은 만큼 무유형적
비용을 지불할 생각도 해야 한다.

과학과 기술의 발전이 동행하면서 국가 간 무역거래와 자본의

흐름을 통해 이루어진 국부의 창출과 확대는 자원 배분의 효율성 문제를 제기한다. 미시적으로 보면 기업과 가계의 수익과 소득 극대화는 각자의 자본과 노동의 효율적 배분과 공급을 통해 한계소득 체증이 지속될 때 가능하다. 하지만 소득의 한계는 보통 체증이 아니라 체감한다. 소득 체감을 지연시키거나 오히려 체증시키려면 기술 혁신으로 블루오션을 개발하거나 새로운 시장을 개척하는 등의 변화가 절대적으로 필요하다. 도구의 진화, 동력 에너지원의 진화 그리고 인간 지성의 진보에 대해서는 이제 21세기 르네상스를 위해, 고전에서 말하는 '과거로의 회귀'가 아니라 '미래로의 전진'을 위해, 더는 20세기의 역사와 논쟁을 벌일 필요가 없다.

우리는 현대가 근대보다, 근대가 고대와 중세보다 확실히 더 나은 시대임을 분명히 안다. 역사적 진보의 '필연성'은 헤겔을 비롯한 근대 독일 및 영미계 철학자를 시작으로 다양한 논증을 통해 구축되었다. 인류의 지성 발전은 정확한 한계를 짓지 않는다. 모든 것이 공상적이고 상상적인 것으로 치부되더라도 언젠가는 현실 속 실존으로 떠오른다. 천재 과학자들이 주장한 우주의 차원론도 그중 하나다. 우리가 겨우 이해하는 4차원까지의 세상을 이들은 11차원까지 확대한다.

현대 물리학의 가장 큰 숙제는 일반상대성이론과 양자역학이 서로 양립하지 못한다는 것이다. 우주를 바라보는 거시세계를 다루는 일반상대성이론은 원자와 쿼크 및 중성자 등 미시세계를 다루는 양자역학과 충돌한다. 이를 해결하고자 한 것이 '초끈이론'이지만, 이 역시도 만물의 섭리를 완벽하게 서술하기에는 아직 역부족이다. 초끈이론에서 우주는 10차원 또는 11차원으로 이루어져 있다고 한다. 일반상대성이론은 지구가 일정한 궤도를 유지한 채 왜 태양 주위를 공전하는지, 속도가 빠르면 시간은 왜 천천히 흐르는지를 정확히 설명한다. 아인슈타인은 완벽체로서 정교한 규칙적 움직임을 보이는 거대한 우주 천체가 곧 '신'이라고 결론을 내린다. 신이 아니고서는 불가능한 일이라고 여겼기 때문이다.

결국 절대적인 것에 대한 인간의 도전은 한계에 봉착할 수밖에 없다. 정해진 원칙과 원리에 따라 모든 것이 한 치의 오차도 없이 위치하고 운동 및 확산하는 거시세계와 달리 양자역학의 미시세계는 아무것도 정해진 것이 없으며 미립자는 아무렇게나 존재하다가 관찰되는 순간 결정된다. 이 두 세계는 결코 하나의 일반화된 이론으로 설명될 수 없다. 현대물리학에서 양자역학 이론이 옳다는 게 입증되지만 그렇다고 일반상대성원리가 틀렸다고는 할 수 없다. 결국 거시와 미시 세계는 또 다른 공존원리에 따라 동시에 존재할 수밖에 없다. 역사와 사회, 국가 등의 사회적 구조에 대한 인간의 통찰은 자신이 선호하는 사회적 제도의 정당성이나 우수성을 증명해야 할 의무를 지지 않는다.

역사(운명)란 우리 인간의 의사와 상관없이 늘 특정한 방향을 향해 가고 있으며, 그 누구도 그것을 막을 수 없고, (신을 비롯해서) 그 누구도 되돌릴 수 없다. '가치'가 논쟁거리가 되어버린 시대를 살며, 현대 과학을 통한 실증적 논증 가능성은 다행히 인간에게 비장의 무기가 되었다. 적어도 실존을 입증할 수 있고, 실존에 대한 정당한 이유를 제시하는 이상 그 '가치'는 충분하다. 이 같은 가치 해

자본주의의 적은 자본주의

석은 매우 기계적이고, 인공적이며, 과학적이다.

4차원에서 11차원으로

19세기 말, 프랜시스 베이컨Sir Francis Bacon이 말했던 인류의 이익을 위한 자연 정복이 실현 직전에 있었다. 과학은 모든 분야에서 발전하며 무지를 줄이고 인간의 상황을 개선하기 위한 새로운 도구를 생산할 수 있게 했다. 세계를 이해하는 합리적인 시각의 중심은 점차 연구소와 대학이 되어갔다. 연구와 개발의 진보가 단지 소수점 아래까지 측정하는 식이라면, 이는 21세기 인류가 이루어낼 과학 발전이 이미 어느 정도 한계점에 도달했다는 의미도 된다. 그러나 이 햇살 가득한 자신감은 오래 이어지지 않았다. 알려진 역학원리로는 원자가 방출한 방사선을 미립자 수준까지 줄이기 어렵다는 것은 풀리지 않는 문제 중 하나였다. 더 중요한 것은 물리학이 더는 감지되지 않는 물질인 에테르the ether의 가정적인 특성에 점점 의존하게 되었다는 점이다.

1895년에서 1905년 사이 10년간, 이와 관련된 문제는 정점에 다다라 19세기가 어렵게 구축한 역학적 시스템을 파괴했다. 엑스선과 방사능의 발견이 원자 구조의 예상치 못한 새로운 복잡성을 드러냈기 때문이다. 막스 플랑크가 열복사 문제를 연구해 내놓은 '플랑크 복사식'은 에너지 개념에 불연속성을 도입했는데 이는 고전 열역학 관점에서는 설명할 수 없는 것이었다. 무엇보다도 1905년에 알베르트 아인슈타인이 특수상대성이론을 발표하면서 에테르와 그에 의존하는 물리학 전체가 파괴되었을 뿐 아니라 물리학이 관찰자와 사건 간의 관계 연구로 정의되었다. 관찰된 것, 그러니까 무슨 일이 발생했는지가 이제 관찰자의 위치 그리고 사건의 움직임과 관련된 함수로 설명되기 시작한 것이다. 달리는 기차 안에 있는 사람과 밖에서 달리는 기차를 보는 사람의 차이와 같은 비유는 아인슈타인의 물리학이 적용되는 범례가 되었다. 따라서 절대적 공간은 허구가 되었고, 고전 물리학의 근본적인 기초가 무너질 위험이 있었다.

현대 물리학의 혁명은 아직 과학사 연구자들에게 완전히 이해되거나 받아들여지지 않았다. 간단히 말하자면 과학자들은 초기 20세기 물리학의 모든 놀라운 결과와 타협할 방법을 찾았지만, 여기서 새로운 물리학은 이전의 그것과는 완전히 다른 학문으로 발전하게 되었다. 역학적 모델은 더 이상 일반 물리학 모델로서 모든 것을 설명할 수 있는 개념으로 허용되지 않았다. 예를 들어 빛과 같이 입자와 파동이 있어서 일부 과정에서 일관된 모델을 만들 수 없었기 때문이다. 이제 물리학자는 물리적 현실에 대한 확신보다 특정 가정 하에서 수행된 특정한 측정을 통해 확률적 결과만 이야기할 수 있게 되었다. 그럼에도 20세기의 과학은 놀라운 성과를 이루어냈다. 상대성이론, 양자역학, 입자물리학 등 새로운 물리학을 통해 물리학자들은 물리적 현실의 극한을 탐구할 수 있게 되었다.

과학적 도구와 수학은 현대 과학자들이 상대적으로 아주 쉽게 초미세 입자를 다루고, 창조의 첫 순간을 재구성하며, 우주의 거대한 구조와 궁극적 운명을 희미하게 엿볼 수 있도록 한다. '피할 수 없는 미래'는 어쩌면 더는 인간을 자유롭거나 책임을 지는 '원인'으로 이해하지 않을 것이다. 인간은 자신들의 통제 너머에 있는 알 수 없는 어떤 힘의 결과로 이해될 수 있다. 정신과 가치체계 측면에서 근현대가 인류의 시대가 되었다고 한다면, 이는 인류에 대한 상당한 평가절하를 의미한다. 21세기에는 물리학의 혁명이 화학과 생물학으로 확산되어 원래는 상상조차 할 수 없었던 원자와 분자 그리고 세포와 그들의 유전구조를 다룰 수 있게 되었다. 현재, 화학자들은 분자를 자유롭게 잘라 모양을 만들 수 있는 분자 맞춤 작업을 보편적으로 수행하고 있다. 유전공학 및 이로 인한 DNA 수정 기술의 개발은 DNA를 정밀하고 효율적으로 수정할 수 있도록 했고, 진화 과정에서 인간의 개입을 허용하며, 특정 작업을 위해 인간을 포함한 생물체를 맞춤 제작할 수 있는 가능성을 제시하고 있다. 이 두 번째 과학적 혁명은, 그것이 선한 것이든 악한 것이든 인류 역사에서 중요한 사건임에 틀림없다.

생물학 연구는 물리학과 화학에 비해 크게 뒤처져 있었다. 유기체 연구는 비생명체나 힘 같은 것보다 훨씬 복잡하기 때문이다. 윌리엄 하비는 생물학적 물질을 실험적으로 연구할 수 있음을 보여주었지만, 그의 업적은 200년 동안 아무도 들여다보지 않는 고독한 생물학으로 남아 있었다. 생물학을 공부하는 학생 대부분은 생물체를 최대한 분류하고 생물의 존재 시스템을 분리 및 연구하려는 노력을 기울여야 했다. 새로운 표본specimens이 풍부하게 발전하면서 식물학과 동물학은 다양한 종의 분류에 심한 압력을 가했다.

18세기, 스웨덴의 자연과학자 칼 폰 린네Carl von Linné가 마침내 합리적이면서도 조금은 인위적인 '이항 명명법Binomial nomenclature' 체계를 도입하면서 생물학 분야는 큰 발전을 이루었다. 린네 시스템이 동물학의 몇 가지 주요 구조에만 초점을 맞추는 인위성을 띠었기 때문에 비자연적이라고 할 수 있지만, 이 같은 비판은 린네 이후의 과학자들을 자극해서 더 자연스러운 시스템을 시도하도록 했다. 이를 통해 생물체의 전체 조직이 어떤 유전적 관계로 연결되어 있다는 믿음이 생겨났으며, 이 아이디어는 장 바티스트 라마르크Jean-Baptiste Lamarck의 용불용설用不用說, Use and disuse theory, 즉 자주 사용하는 기관은 발달하고 사용하지 않는 기관은 도태된다는 이론으로 처음으로 정립되었다.

파리 자연사 박물관에서 방대한 생명체를 기록하면서, 라마크르는 시간이 지나면 종種이 변한다는 제안을 했다. 이 아이디어는 일반적으로 생각하는 것처럼 혁명적이지 않았다. 왜냐하면 라마르크의 주장은 성경《창세기》를 문자 그대로 해석하는 몇몇 기독교 신자는 당황케 했지만, 자연 우주를 관찰한 천문학자들은 그런 아이디어를 어떻게 지지할지를 오랫동안 고민해왔기 때문이다. 라마르크의 체계는 화학을 통해 과학적 논리 전개 방식으로 자리를 잡아온 '원인과 결과'의 오랜 입증 체계로 인해 일반적으로 쉽게 받아들여지지 못했다. 아울러 당시 매우 강력한 화석학자이자 비교해부학자 중 한 명인 조르주 퀴비에Georges Cuvier가 진화론에 강한 의문을 제기하고 종교적 교리에 충실할 필요성을 강조하면서 라마르크의 이론은 크게 주목을 받지 못했다. 그럼에도 이 아이디어는 살아남아서 마침내 찰스 다윈의 연구를 통해 과학의 지위로 승격되었다.

다윈은 종이 변화의 아이디어를 지지하는 다양한 데이터를 축적했을뿐더러 순전히 자연적인 원인만으로 진화가 일어날 수 있는 메커니즘을 제안했다. 이 메커니즘은 자연선택 혹은 적자생존이라고 하며, 특정 성질이 선호되거나 제거되어 후손에 미세한 변화가 일어나는 방식으로 작용하여, 진화의 개념을 매우 정확하게 이해할 수 있도록 했다. 자연은 운 좋게 생산물을 섞고 정리하여 생존을 위한 경쟁에서 더 잘 적응한 유기체가 계속해서 변화하는 환경에 더 잘 적응하도록 했다는 것이다. 그리고 뒤이어 19~20세기에 걸쳐 광학현미경과 살아 있는 세포의 이미지화, 전자현미경, 식물화학, 효소 등의 단백질 구조와 기능, 염색체 수 분석까지 식물 연구를 위한 새로운 기술이 개발됨으로써 생물학자들은 종을 좀 더 정확하게 분류하기 위해 게놈학과 프로테오믹스proteomics, DNA 배열 등과 같은 분자유전자 분석 기술을 활용하고 있다.

물리학, 화학 그리고 생물학의 발전은 과연 인간이 추구하는 궁극적 목적 혹은 가치와 어떤 관계가 있을까? 이 물음에 대한 가장 세속적이며 미시적인 분석과 학문은 투자 이론이고, 거시적이며 세속적인 분석과 학문은 우주 천체론과 생명과학이라고 할 수 있다. 오늘날 현대 산업과 과학, 기술은 무엇을 지향하는지 살펴보자.

지금까지의 이야기는 다음 설명을 위해서였다. 인류는 생존을 위해 생산과 이동을 했고 이동을 통한 동화를 받아들였다고 가정했다. 사회 규모가 커지면 다양한 체제, 즉 범위가 만들어지고 정치·경제·사회 및 문화적 활동이 문명의 구성 요소가 된다. 이러한 문명의 구성 요소는 문명의 질(밀도)을 결정한다. 고전 물리학 이론을 접목하면 시간과 공간이 하나의 선형으로 해석되어 미래를 정확하게 예측할 수 있다. 하지만 아주 작은 원자의 핵 주변을 돌고 있는 전자를 알게 되고, 빛이 파동과 입자의 이중성을 갖는다는 것을 알게 되면 오직 '확률적 예측'만이 설득력을 갖는다. 100% 정확한 미래 예측은 불가능하다. '신이 존재한다'는 인지는 궁극적으로 '확률론'이다.

생산은 더 이상 의식주에 머물지 않는다. 인간의 노동과 여가가 모두 자본과 소득의 한 부분이 되듯이, 기계적이거나 논리적인 인간의 모든 생각은 미래의 새로운 '가치'로 정의될 수 있다. 인간은 더 이상 불합리한 요구에 무조건적으로 응하지 않는다. 종교는 이제 인간 위에 군림할 수 없다. 철학과 가치는 과학과 함께 인간의 미래 버킷리스트를 하나씩 채우고자 한다. 물리학과 화학, 생물학, 생리학 및 식물학 등 모든 자연과학의 적용과 운용은 산업과 기술 발전으로 이어진다. 산업과 기술은 자본으로 변화하며, 인간의 이성적 판단도 자본이 될 수 있다. 이를 기계적으로 치환한 것이 곧 AI와 로봇 등이다. 인간과 이들의 차이라면 인간에게는 인식과 의식 체계가 있다는 점이다. 과거와 현재에 대해 많은 것을 쓰고 있는 필자의 생각과 지식으로는 미래의 이야기를 담기에 역부족이다. 간단히 요약해보자.

1. 미국과 유럽은 하나의 국가적 이해관계를 갖는다. 대서양을 사이에 둔 다른 대륙이지만, 이들의 이해관계는 하나다. 세계 흐름

의 주도권을 쥐고 21세기 이후에도 지속적인 국가 발전을 이루고 정치, 외교, 경제 및 지정학적 안보의 관점에서 어떠한 대응 세력에도 공히 맞선다는 점이다. 미국의 뿌리는 유럽이고, 호모에렉투스의 이동까지 거슬러 올라가면 유럽의 시작점은 아프리카 지역이다. 인류는 생존을 위해 최적의 환경으로 이동하고 새로운 문명에 대한 적응과 동화를 거친다. 이들의 문명은 정주 문명이 아니라 유목 문명이다. 정주와 유목의 생활 습관에서 비롯된 차이는 오늘날 우리가 목도하는 바와 같다. 무속신앙이 종교였으며, 정치와 무속신앙이 동거를 시작하면서 이들은 이념을 만들어내기도 했다. 이렇게 만들어진 이데올로기는 점차 도덕과 윤리의 기준을 마련했다. 침략은 사냥이었고, 생존은 경쟁을 기반으로 했기에 '화이부동和而不同'과는 달랐다. 원시 개인이 집단을 만들었고, 집단은 다시 서로 다른 씨족으로, 씨족은 부족사회로 부족사회는 부족국가로 확대되면서 마침내 고대 국가체제를 갖춘 것으로 안다.

구분상 '씨족'이라는 표현을 쓸 뿐, 원시 네안데르탈인, 크로마뇽인, 호모에렉투스 시대에 성씨가 있었을까? 이들의 생활 문화는 동양과 달리 수렵과 채집을 기반으로 한 전통의 확대에 바탕을 두었고, 이러한 습관은 이웃에 대한 침략 전쟁과 밖으로부터의 침략에 대응하는 모든 역사적 선례를 통해 그들의 유전인자에 공고화되었을 것이다. 종교는 이러한 '전쟁'에 어떠한 화해나 평화의 전도사가 되지 못했고, 오히려 전쟁의 선봉에 서거나 명분을 주거나 정치권과 결탁해 정치경제적 권력을 누리기를 마다하지 않았다. 어느 날 독일의 관념론자가 스스로에게 물었을 것이다. '신이 자신을 닮은 형상으로 사람을 빚었다면……' 마치 에덴동산에서 아담과 이브가 처음 서로를 만났을 때 가졌던 설렘으로 '종교개혁'을 시작했을 것이다. 사실상 '신은 죽었다!'라는 선언이었다. 실로 많은 철학자가 같은 주장에 적극적으로 동의한다. 단테, 데카르트, 니체 등은 물론이고 후세의 몽테스키외, 로크, 루소, 홉스 등의 철학자도 그랬다. 우리가 목도하는 살아 있는 '신'은 자본의 힘이나 정치권력 등 기득권을 가진 자들이거나 가지려고 하는 자, 혹은 가질 수 있다고 믿는 자들의 '믿음'의 조각일 것이라고.

십자군 전쟁, 르네상스, 혁명의 흐름을 한 단어로 요약하자면 '시대 변화'다. 형용사를 붙이면 '거대한 시대 변화'다. 종교가 깨지고, 과학과 철학이 그 자리를 대신한다. 고대 문명 이후 문자가 생기고 기록이 가능해진 시기부터 무속신앙이든 토테미즘이든 인류가 궁금해했던 달과 별의 신비가 신의 뜻이 아닌 인간의 손에 의해 한 꺼풀씩 벗겨질 때, 그때 비로소 인간은 신적인 존재를 깨닫는 순간까지 접근했을 것이다. 서양의 과학과 기술의 발전은 인류가 태초부터 갖고 있던 본능적 욕구, 부와 권력, 의식주에 대한 욕심 등을 엄청난 속도로 채워줬다. 재료가 필요하면 찾아서 개발했고, 모자라면 밖에서 조달할 수 있다는 논리를 내세웠다.

안에서 생산물을 모두 팔 수 없으면, 밖으로 나가 거래할 수 있다는 것은 모든 생물이 지구에 존재할 때부터 있던 생물의 본능이다. 복잡한 거래를 단순하게 하기 위해, 자국에 필요한 자원을 해외에서 조달하기 위해, 화폐가 나오고 선단船團이 나왔으며, 이에 따라 기술과 산업이 분파되기 시작했다. 종교는 더욱 거칠어졌으며, 자

자본주의의 적은 자본주의

본과 함께하는 식민지 여행으로 더 많은 탐욕과 종교적 힘을 알게 된다. 신의 몸엔 아무도 손을 댈 수 없다는 것을 더욱더 강조한다. 하지만 그러한 절대적 신도 '돈'을 좋아한다는 사실, '정치적 권력'을 즐길 줄 안다는 사실에 종교가 좀 더 솔직해짐으로써 자신들이 세웠던 믿음의 일부를 바꾸고 나니 세상이 달라졌다. 하지만 그 결과, 신만이 절대적이라는 주장은 더 이상 할 수 없게 된다. 무엇이든 변화하고 바뀐다. 다만, 이 변화의 흐름을 제대로 알지 못할 때, 그 당사자가 왕이면 왕이, 군주제도면 군주제도가, 로마 교황이면 교황과 구교 체제가 반드시 무너졌다. 노마드의 DNA는 이렇게 아직도, 그리고 미래에도 전도되고 있고, 전도될 것이다.

2. 미국과 유럽은 실제로 자신들의 과학 및 기술 개발의 수준과 깊이가 어느 정도인지를 예술과 문화적 자료를 통해 제시한다. 문화적 공상과 상상의 능력, 그것을 장려하고 인정하는 교육체계, 재원조달과 지원체계의 역사적 전통 등은 실제로 미국과 유럽 국가가 가지고 있는 '스마트파워Smart power'다. 신에 대한 경외심이 일부 무너지고 사람이 생각과 논리의 자유를 찾았을 때, 니체는 '유레카, 신은 죽었다'를 외쳤다. 그럼으로써 신은 진정 죽은 게 아니라 또다시 부활했다. 분자, 원자, 핵과 전자, 미립자의 활약이 시작되면서 인간의 상상력은 더욱 풍부해졌다. '프랑켄슈타인'[110]은 지금으로 보면 사이보그다. 당시로서는 AI 로봇에 필적한 인간이었다.

1818년 영국 소설가 메리 셸리Mary Shelley가《프랑켄슈타인》을 쓸 당시에는 'AI'라는 단어를 그 누구도 상상할 수 없었다. 1910년에는 셸리의 소설이 '현대의 프로메테우스the Modern Prometheus 혹은 프랑켄슈타인 그 자체'였다. 19세기 말에 빛은 전기장과 자기장이 공간 속에서 펴져 나가는 전자기파라는 것이 밝혀졌다. 하지만 빛을 단순히 전자기파로 보면 냉광冷光이나 광전 효과를 설명할 수 없었다. 빛이 파동이라면 진동수와 파장을 가질 것이다. 아인슈타인은 빛이 파동이긴 하지만 그 에너지가 일정한 단위로 띄엄띄엄 떨어져 있다고 주장했다. 1905년에 아인슈타인이 발표한 '광양자 혹은 광자 이론Light quantum theory'이다. 따라서 빛은 '양자', 즉 입자다. 빛의 에너지를 '광자'의 개수로 나타내면 그동안 제대로 설명하지 못했던 빛과 관련된 많은 현상을 설명해낼 수 있지 않을까?

1900년, 독일의 막스 플랑크가 '흑체복사黑體輻射, Black body radiation'라는 현상을 설명하기 위해 광자이론과 직접 통하는 아이디어를 제안한 적이 있었다. 이는 최초의 '양자'의 개념이며, 양자역학의 출발점이 되었다. 1913년에는 덴마크의 닐스 보어가 새로운 원자 모형을 제안했다. 이는 영국의 어니스트 러더퍼드가 1911년에 제안한 모형에 바탕을 두고 있었다. 러더퍼드의 모형이 마치 태양계처럼 한가운데 원자핵이 있고 그 주위를 전자들이 궤도를 이루면서 회전하는 모형이었다면, 보어는 이 원자 모형이 제대로 작동하려면 모든 궤도가 허용되는 것이 아니라 아인슈타인의 광자이론에서처럼 띄엄띄엄 떨어진 몇 개의 궤도만 허용된다고 가정해야 한다고 주장했다.

영화의 역사는 빛의 과학이 빚어낸 역사다. 최초의 소설에 나오는 사이보그는 '피노키오'가 아닐까? 공상과학 소설의 시작점이 언제든 간에 우리는 거기서 유토피아, 달, 화성, 우주인, 우주선, AI,

로봇 등과 같은 공통적인 주제를 본다. 많은 영화가 소설을 기본 시나리오로 하여 만들어진다. 필자는 인류 최초의 공상과학 소설 중 하나로《천일야화》[111]를 들고 싶다. 여기에는 여러 개의 초과학적인 소설이 포함되어 있다. 이 중동의 민간 이야기 모음집은 10세기경 이슬람 황금시대 동안 아랍어로 편찬되었다.

공상과학 소설이 본격적인 기지개를 편 시기는 17세기 이후부터다. 당시까지만 해도 대개 공상과학 소설은 대부분 유토피아적 세계를 그렸다.《새로운 아틀란티스》는 영국의 프랜시스 베이컨의 사후인 1626년에 발표된 미완성의 이상적 소설이다. 이 소설에서 베이컨은 인간의 발견과 지식의 미래를 묘사하며 인류에 대한 그의 염원과 이상을 표현했다. 마치《홍길동전》의 섬나라 율도국처럼 이 소설에는 이상적인 섬나라 벤살렘이 나온다. 이곳 주민은 '관대함과 깨달음, 위엄과 화려함, 경건함과 공공정신'이라는 공통된 가치를 가지고 있는 것으로 그려진다. 시점을 미래에 두고 과거를 본 공상과학 소설도 있다. 1771년에 루이 세바스티앵 메르시에Louis-Sébastien Mercier가 익명으로 발표한《2440년, 한번 꾸어봄직한 꿈L'An 2440, rêve s'il en fut jamais》이라는 소설이다. 시간을 건너뛰어 1902년 조르주 멜리에스Georges Méliès가 감독한 프랑스 과학 어드벤처 영화〈달 세계 여행Le voyage dans la lune〉이 만들어졌다. 쥘 베른Jules Verne의 소설《지구에서 달까지》를 원작으로 하는 이 영화는 공상과학 영화 장르의 가장 초기의 예로 광범위하게 인정받고 있으며, 더 일반적으로는 영화사에서도 영향력 있는 영화로 여겨진다. 이 영화를 보면 1968년 프랑스 소설을 영화화한〈혹성탈출〉과 스토리가 비슷하다. 프랭크 바움Lyman Frank Baum의 1900년 소설 《오즈의 마법사》는 1939년에 영화로 만들어졌는데, 당시 미국의 정치를 희화한 내용을 담고 있다. 현대로 넘어오며 공상과학 영화는 폭발적인 증가를 보인다. 최근의 것만 나열해도 그 수가 엄청나다.

1966년 TV 드라마로 제작된 〈스타트렉〉은 2009년부터 2016년까지 시리즈물로 제작되었다. 1977년에 개봉한 〈스타워즈〉는 2019년 〈스타워즈 에피소드 9: 라이즈 오브 스카이워커〉에 이르기까지 시리즈가 이어진다. 1984년에는 제임스 캐머런 감독의 〈터미네이터〉가 제작되었다. 2019년 〈터미네이터: 다크 페이트〉가 시리즈의 마지막인 여섯 번째 작품이다. 1999년에는 〈매트릭스〉가 개봉했고 2021년 12월 22일 〈매트릭스: 리저렉션〉까지 모두 다섯 편의 시리즈물이 제작되었다. 로빈 윌리엄스 주연의 영화 〈바이센테니얼 맨〉은 2000년, 스티븐 스필버그 감독의 〈A. I.〉는 2001년 각각 제작되었다. 그 밖에 1985년부터 2015년까지 이어진 〈백 투 더 퓨처〉 시리즈, 2011년 〈인 타임〉, 2013년 톰 크루즈 주연의 〈오블리비언〉, 2014년 〈엣지 오브 투모로우〉, 2014년 〈인터스텔라〉, 2015년 〈마션〉 등을 들 수 있다. 결국 빛의 파동과 입자 이론에서 나온 발명을 소재로 하여 영화가 만들어졌고, 영화는 공상과학이라는 장르를 통해 우주와 미래, AI와 사이보그라는 시대의 문명을 다루고 있다. 산업과 기술 분야의 발전 방향도 결국 그러하다.

3. 미중 간의 기술 경쟁은 미국의 승리로 끝날 것이다. 사실상 미중간 두 나라 사이의 '보이지 않는 전쟁'은 1976년 독중 수교 직후 시작되었다고 볼 수 있다. 독중 수교 정상화는 3년 후 미중간 국교

정상화의 실질적 모의 실험이었기 때문이다. 미중간 국교 정상화는 1972년 리처드 닉슨Richard Nixon 대통령과 헨리 키신저Henry Kissinger 국무장관이 중국을 방문, 저우언라이周恩來 외무부 장관과 덩샤오핑鄧小平 주석을 만난 지 7년 만에 이루어지게 된다. 중국인민공화국이 1949년 10월 1일에 선포되었으니 시진핑 총서기의 '중국몽'은 그로부터 100년이 지난 시점인 2050년에 그 완성을 목표로 한 셈이다. 하지만 중국이 만일 혼자서 글로벌 질서의 표준자이자 룰 세터를 자처한다면, 시장의 크기와 범위 및 밀도 면에서 중국만이 우위를 점하고 있다고 생각한다면, 글로벌 뉴노멀의 리부팅rebooting 과 리포맷팅reformatting을 중국과 인도가 단독 혹은 연합하여 할 수 있다고 생각한다면, 그리고 2050년 중국몽의 완성을 진정 꿈꾼다면, 중국은 니체의 말처럼 과거를 짊어진 채 살기보다 미래를 살펴야 할 것이다.

　인간이 갖고자 하는 새로운 가치는 투쟁과 쟁취의 역사라고 할 수 있다. 중국이 미국을 넘지 못하는 이유는 무엇일까? 첫째, 설혹 백번 양보해서 과학과 기술 개발의 역사가 같다고 해도 현대에 이르기까지 물리학, 화학, 생물학, 우주 천체, 생리의학 등 기초과학의 빅데이터는 유럽과 미국이 가지고 있다. 중국은 50년 전에 세계에 문을 열었지만 아직 자연과학 분야에서 노벨상을 받은 학자가 없다. 둘째, 정치, 경제, 사회 및 문화와 환경을 다루는 사회과학의 빅데이터도 미국과 유럽이 중국을 앞선다. 특히 철학적 가치와 도덕 및 윤리에 대한 논리에 있어서는 신자본주의의 도래를 준비해야 한다. 이는 글로벌 질서하에서 리더가 가져야 할 리더십의 정신적 측면에서 중요한 항목이다. 중국은 맹자의 '도덕정치'를 이미 오래전에 스스로 파기했고, 최근 들어 '공자 학원'을 설립해 자신들의 사회주의 이론이 마치 공자의 정치이론과 같은 듯 선전하지만 그들이 말하는 인민은 스스로가 그렇지 않다는 것을 안다.

21세기 새로운 도덕과 종교를 창시할 수 있는 교육과 논리는 준비 면에서 미국과 유럽의 빅테이터가 절대적 비교우위에 있다. 자유주의 시장경제 이론은 민주주의와 새로운 도덕의 정의에 익숙하지만, 사회주의 계획경제나 혼합경제체제는 이러한 가치를 '덧없고 별 볼일 없다'고 본다. 미중 간 경쟁은 실제로 '패권' 다툼이다. 정치, 경제, 군사, 문화 및 사회적으로 모든 방면에서 거친 몸싸움이 시작되었다. 피할 수 없다. 결국 한쪽은 승하고 다른 한쪽은 패해야 한다. 물론 둘 다 승리하는 길은 있다. 협력하는 것이다. '보이는 전쟁'과 '보이지 않는 전쟁'이 모두 동원되고 있다.

한 국가의 신뢰 혹은 그로써 획득되는 국가의 품격(거시적 가치와 질서, 일반 및 특수 상대성이론)은 단순히 정치, 군사, 경제, 사회 및 문화 환경과 같은 무수한 미시적(미시적 가치, 미립자의 구조, 운동) 요소 각각을 평가해서 만들어지지 않는다. 국가 신뢰도를 형성하는 요소에 대해 여타 국가로부터 일관되고 투명한 가치로 평가받을 수 있어야 한다. 아울러 해당 국가 국민의 정신과 실천의지가 국격에 걸맞아야 한다. 결론적으로 중국에는 아직 '자유'라는 개념에 대한 정확한 정의가 존재하지 않는다. 반면에 미국과 유럽 사회는 '자유시장 경제', '자유, 평등, 박애' 등 자유의 정의에 대해 고대 그리스-로마 시대 이후부터 논쟁하고 있다. 과연 자유란 무엇인가? '힘'의 논리일까?

자본주의의 적은 자본주의

'부'의 지배력일까? 중국은 이 모두를 다 인정할 것 같다.

힘과 돈이 세계 패권의 가장 중요한 충분조건은 맞다. 하지만 그 것을 운용하는 주체는 AI 사이보그가 아니라 인간이다. 특히 주요 국의 1인 혹은 소수의 정치 지도자들이 이러한 가치의 전파와 교육에 대한 열쇠를 쥐고 있다는 점에서 보면, 사회주의 공산주의식 교육에 익숙한 중국의 지도부에게 '자유'라는 단어가 갖는 의미는 여전히 미국과 유럽을 앞지를 수 없다. 만일 중국철학이 '자유'에 대해 새로운 정의를 하고, 이에 걸맞은 산업과 자본주의 가치를 정립해 대부분의 국가와 국민으로부터 합당하다는 판단과 지지를 얻어 낸다면, 21세기 이후 세계 패권 전쟁에서 중국이 미국과 유럽을 앞지를 수 있는 가능성의 불씨 정도는 남아 있을 수 있다.

예컨대 시진핑 총서기는 공자의 《논어》〈학이學而〉 편에 나오는 "자왈 학이시습지, 불역열호. 유붕자원방래, 불역락호. 인부지이불온, 불역군자호子曰: 學而時習之, 不亦說乎. 有朋自遠方來, 不亦樂乎. 人不知而不慍, 不亦君子乎"에서 '자유'의 의미를 어디에서 어떻게 찾고 설명할 수 있을까? 인생의 세 가지 즐거움은 배움과 친구, 자아自我에 대한 만족의 정도와 깊이에 있다는 의미다. 아울러 이 모든 것은 각자의 자유의지로 이루어지는 가운데 자족自足하는 것이지, 누가 시켜서 수동적으로 행할 수 없다. 시진핑 총서기의 중국몽은 '다양한 자유의지'를 토대로 한 창의적 과학기술의 발전에 거대한 비전이 될 수 있을까? 인간의 자유의지는 현대 사회의 미국이나 유럽 선진국에서조차 100% 완벽하게 보장되거나 실천에 옮겨지고 있지 못하다. 법이나 제도, 관습과 규칙 등을 통해 다수가 소수의 자유의지를 일정한 틀에서 제어할 수도 있다. 그런가 하면 시장의 참여와 '보이지 않는 손'의 역할을 놓고 우리는 각 개인(기업)의 자유의지를 강조하지만, 다른 한편으로 어느 일방의 타자에 대한 지나친 구속과 억압을 제한한다. 중국에서는 하루에도 수만 개의 창업 벤처와 스타트업이 생멸한다. 하지만 기업활동에 대한 중국 정부의 지나친 간섭은 인간이 가지고 있는 '본능적 자유' 혹은 기업을 경영하는 데 있어 '경제의지'를 억압하고 제약할 수 있다. '공포로부터의 자유', '언론의 자유', '빈곤으로부터의 자유' 그리고 '종교의 자유'가 허락되지 않는 중국 정치경제는 과학과 기술(자연과학)이 사회과학과의 발전과 단절되어 있다는 한계를 지닌다. 인류 역사에 있어 거대한 변화의 실질적인 단초는 인간의 본능, 즉 탐욕과 야망 속에 감춰진 창의성과 창조성에 있다. 시진핑 총서기의 중국 경제정책은 '자유'라는 첫 단추를 제대로 채우지도 않고 매우 엉뚱한 단추만 채운 것은 아닐까? 1978년 시장개방 이후 이룩한 급속한 경제성장을 중국의 진정한 '동풍東風'으로 만들려면 먼저 스스로 배움에 나서야 할 것이고, 둘째 미국과 선진 유럽으로부터 과학기술을 습득함에 있어서 투명하고 정의로워야 할 것이고, 셋째 그 스스로가 새로운 과학기술 개발에 창의적이고 시장 친화적인 정치·경제·사회적 가치를 모색해 내야 할 것이다.

4. 시대 변화를 제대로 이해하고 그 방향성을 직관과 비전으로 제시할 수 있어야 한다. 하지만 어느 것 하나 쉽지 않다. 이런 개념은 국가 혹은 지역사회의 사람들이 흥망성쇠와 같은 생존을 위한 전쟁과 전투 과정에서 쟁취한 무의식적 문화와 가치 등을 말한다. 이 가

자본주의의 적은 자본주의

치는 헌법, 법, 규칙, 조례 및 관습 형태로 역사를 통해 세습된다. 이들은 매우 현실적이고 실질적일 때도 있지만, 가끔은 추상적으로 녹아 있을 가능성도 있다. 어떻게 살아왔고, 어떻게 살고 있는가?

같은 말이라도 어떤 삶을 살아왔는가에 따라 타자에겐 전혀 다른 의미로 전달될 수 있다. 동감과 교감을 나눌 수 있는 대중이 국가를 구성할 때 이러한 가치와 정신은 누구나 염원하는 이상적 목적, 유토피아의 이상향을 담고 있기도 하다. 따라서 이러한 추상적 가치와 이상향적 개념을 쉽게 풀어내 대중에 설파하고, 그 결과물에 역사적 배경과 인류 문명사적 시대 변화의 내용을 더해서 방만한 해석을 간단히 요약하고 정리해주는 '천재'들에 대한 예찬은 당연하다. 인류 역사의 배경과 시대적 상황 정리를 뒤로한 채 단면만으로 세상 모든 존재에 대한 가치를 평가하는 것은 극히 위험하다. 니체가 살았던 19세기의 세계는 그에게 인간의 삶이 왜 이렇게 저질스러운가를 물었다.

수많은 혁명과 민주적 질서 측면에서 국가 차원의 변화를 거치면서도 인간은 과학이 안겨준 신에 대한 상대적 동질감, 혹은 적어도 신의 영역에 대한 인간의 접근 등을 통해 물질과 부에 대한 관심을 더욱 고착화했다. 현대를 살아가는 이 시대의 많은 이들이 세상의 무의미함과 무가치함에 주목한다. 인간은 제멋대로의 삶을 살고 있다고 볼 수 있다. 주체적인 삶보다 남의 소문에 귀를 기울이면서 '가짜와 진짜 뉴스'에 대한 모순적인 논쟁에 빠져들고, 타자에게 갑질을 하며 살아가는 삶은 이미 가치와 의미가 사라진 상태다.

의식혁명과 개혁의 본질에는 '인간은 반드시 죽는다'는 진리가 있다. 동양의 불교철학을 통해 이 같은 정의를 설명할 수도 있지만, 어쨌든 오직 신만이 불멸이다. 하지만 신은 죽지 않기에 게으르다는 니체의 말에 귀를 기울이면 결국 인간은 신에 비해 열등하기에 더 빨리 더 많은 것을, 더 나은 삶을 성취하기 위해 노력한다. 다시 인간과 신은 부딪힌다. 신은 다시 인간의 입과 지식을 통해 인간에게 모든 것이 덧없고, 인생은 허무하고 무가치하다고 세뇌를 시작한다. 하지만 인간에게는 새로운 가치를 창조하고 만들어가는 측면이 있다. 인간도 창조를 한다.

국가는 국민과 영토로 구성된다. 국민 각자는 모두 서로 다른 이해관계의 주체다. 교육과 문화, 관습 등에 의해 몇 가지 최대공약수를 공유하고 공감대를 형성함으로써 국가와 국민이라는 형태를 이루고 있지만, 21세기 이후 국가와 국민에 대한 정의는 바뀔 수밖에 없다. 1990년 이후 디지털 세대와 2020년 그리고 2050년 이후 세대는 서로 다른 디지털 문화를 기반으로 하고 이때 국가와 국민의 역할과 정의는 새롭게 이루어질 수밖에 없기 때문이다. 논리적 증거는 많다. 이미 사이버 보안Cyber security 법안의 제정과 AI 등에 이용될 개인정보의 활용 및 공개 정도에 대한 규제와 법안이 만들어지고 있다. AI로 창조된 사이보그의 국적은 어떻게 될 것인가? 미래에 창조된 사이보그 AI가 직접 이러한 문제를 해결할 수밖에 없지 않은가?

과거 인간이 가지고 있는 생각의 차이와 공통점이 더 미세하게 정리되고 단순화되는 시대가 기다리고 있다. 한 국가에 대한 믿음은 그 나라가 제기하는 다양한 정치, 경제, 외교 및 국방, 환경, 문화 등에 대한 질적·양적 문제에 대한 가치와 윤리 등에 뿌리를 두게 될 것이다. 21세기 미국에 대한 믿음이 흔들리는 이유도 여기에 있다. 시대적 거대 변화를 제대로 이해하지 못하면 리더십의 자리는 불안해진다. 적어도 20세기 초입부터 말까지 미국은 글로벌 질서의 표준이었고 룰 세터였다. 하지만 미국의 리더십이 영속적이지 못한다면 21세기의 절반 이후부터 세계질서의 변화는 불가피하다. 욕망이란 부족함을 채운다는 단순한 의미가 아니다. 이는 가장 낮은 단계의 이해다. 욕망한다는 것은 욕망을 해방하기 위해서다. 해방은 그 어떤 것에 얽매이지 않는다는 것이다. 따라서 욕망한다는 것은 창조한다는 것이다.

창조하기 위해서 우리는 배워야 한다. 욕망한다, 의지한다는 것은 만들어내겠다는 의미다. 공부는 돈을 벌기 위해, 출세하기 위해 하는 것이 아니다. 창조하기 위해서다. 우리가 세계라고 불렀던 것은 우리 인간에 의해 우선 창조되었고, 지금도 우리는 새로운 세계를 창조하는 중이다. 이성과 이미지, 의지, 사랑이 세계 안에 생성되어야 한다. 신을 여전히 부정한다. 창작하고 창조하는 신의 존재를 부정한다. 바로 내가 창작하고 창조하는 존재다. 그러면 그 세계는 극히 인간적이 될 것이다. 인간이 창조하는 세계에는 희망이 있어야 한다. 삶을 견딜 수 있는 핵심 키워드다. 종교는 그 자신의 역할에 대해 무지하다. 종교가 추구하는 궁극의 가치는 인간이 창조하는 세계보다 더 큰 의미를 가져야 한다.

디지털 정보 기술 및 AI의 발전, 양자컴퓨터의 대중화, 우주 천체 물리학의 해석 및 바이오와 메디컬 분야의 급속한 전진 등 시대의 거대한 변화는 '신'과의 대결이 아니라 '신'과의 협력을 의미한다. 인간도 창작과 창조를 하고 신도 마찬가지다. 하지만 신이 창작하고 창조하는 것은 인간의 그것과 다르다. 따라서 시대 변화는 신과 인간 모두가 창조하고 창작한다는 의미에서 같다고 할 수 있지만, 그것이 추구하고자 하는 목표는 다르다. 시대 변화란 종교와 산업, 종교와 철학, 종교와 기술이 추구하고자 하는 목적이 무엇인가가 핵심이다. 기술과 과학의 단순한 발전이 창조와 창작이 아니라, 그것을 어떻게 인류 문명사에 옮겨 실을 것인가의 문제다. 현실적 내용으로 설명하자면, 1인당 GDP 5만 달러 이상의 부의 효과를 누릴 수 있는 국가 경제는(인플레이션을 고려할 경우 실질) 미국, 중국 그리고 EU 정도뿐이다. 고대 원시사회부터 현대까지 글로벌 질서에 따라 부의 흐름이 변화한 모습을 감안할 때, 이들보다 작은 규모의 국가와 국민의 부는 이들이 제국주의적 성향을 갖지 않는 한 더 이상 진전할 수 없다. 단순히 시장의 크기, 범위 및 밀도가 우수하다고 해서 해당 국가의 경제와 국력이 모두 희망적이리라는 전망은 옳지 않다.

한 나라의 미래, 특히 100년 이상의 먼 미래에 대한 예측은 고도로 확률적이며 다양한 변수와 불확실성에 영향을 받는다. 그러나 현재의 추세와 역사적 양식을 기반으로 몇 가지 일반적인 관찰은 해볼 수 있다. 중국은 최근 몇십 년 동안 경제 및 기술적 성장을 경험하며, 글로벌 무대에서 중요한 역할자로 급부상했다. 교육, 연구 및 혁신에 큰 투자를 하고 있으며, 기술 진보에 있어서도 선도적 역할을 계속할 수 있을 것이다. 선도적 역할을 할 수 있다는 것은 다

자본주의의 적은 자본주의

양한 산업 분야에서 경제성장과 혁신을 이루고, 기술과 산업 등에서 새로운 재화와 서비스를 창작하고 창조를 이끌 수 있으리라는 의미다. 중국의 인구, 즉 시장 규모는 또 다른 중요한 변수다. 급속도로 진행되는 인구 고령화는 도전과 기회를 동시에 제공한다.

빠르게 진행되는 인구문제가 야기하는 의료, 사회 서비스 및 노동력 관리 등의 문제는 향후 중국 경제의 리더십 제고에 중요한 고려 사항이 될 것이다. 반면, 중국의 다양한 연령대는 중국 경제에 대한 회복력과 창의력의 원천이 될 수도 있다. 환경과 지속 가능한 경제성장 문제는 글로벌 차원의 문제다. 중국의 정책과 행동은 미래에 상당한 영향을 미칠 것이다. 지정학적 동태학은 계속 진화할 것이다. 글로벌 생태계에서 중국의 역할은 그의 글로벌 위상 확보에 결정적 변수가 될 것이다. 다른 나라와 어떻게 관계하며 국제적 도전에 어떻게 대응할 것인가 등이 22세기 중국의 글로벌 위상을 결정할 것이다. 전반적으로, 22세기 중국을 구체적으로 예측하기는 어렵지만 경제, 기술, 환경, 인구 및 지정학적 요인 등 다양한 대내외적 변수와 상호작용하며 새로운 글로벌 리더십을 어떻게 창작할 것인가에 그 미래가 달려 있다.

5. 미래는 우주의 시대다. i4.0은 우주시대를 준비하는 가장 초보적인 인프라 산업 육성 단계다. 우주 산업의 성장, 공공 및 민간 부분 간의 이해관계에서 비롯된 현재의 우주정책이 맞닥뜨린 도전 과제를 완수하기 위해 우리는 서둘러 우주를 조사하고 배워야 한다. 우주에 대한 우리의 이해도와 능력에 대해 냉정한 평가도 반드시 이루어져야 한다. 거기에는 우주 발사, 원격 감지, 위성 항법 및 통

신과 같은 다중용도 기술에 관한 갈등뿐 아니라 군사 우주 정책에 대한 특별한 영향에 대해서도 설명이 포함되어야 한다. 우주 비즈니스 시대를 맞아 예컨대 '국제전기통신연합International Telecommunication Union, ITU 및 국제무역기구World Trade Organization, WTO와 같은 전통적인 국제 정보통신 및 무역거래 감독기관이 미래에 발생할 수 있는 더 크고 중요한 국가 간 이해관계의 상충까지 포괄적으로 교통정리를 할 수 있을까? 그런 능력이 없다면 배양을 서둘러야 한다. 아니면 완전히 새로운 국제기구를 만들어야 한다.

우주 공간 초기 단계에는 국가 간 자유무역협정을 체결할 수 없다. 불가능하다. 우주 비즈니스를 창업하거나 창작할 수 있는 국가의 수는 제한적일 수밖에 없다. 따라서 국제기구의 창설과 권한 확장에 대한 논의는 사후적일 수 있다. 당연히 여기에서도 표준화와 룰 세팅에 대한 헤게모니 다툼은 불가피하다. 민간 부문과 정부는 각자의 역할을 유지하면서 경제 및 안보 목표를 달성하기 위한 국제적 환경을 형성하는 데 상호 협력할 필요가 더욱 커질 것이다.

우주 경제는 로켓과 위성에 관한 것 이상이다. 우주를 기반으로 하는 다양한 비즈니스를 개발해야 하고, 지상 시장, 활동 및 사용자 등과의 포괄적 상호작용과 생태계를 고려해야 한다. 우주의 미래는 우주 경제에 얽힌 이해관계자 다수의 특성과 우주 및 지상 활동의 증가 가능성을 전제로 예측해볼 수 있다. 일단 우주 경제는 우주선과 위성을 우주로 보내는 상류 세그먼트Upper segment와 우주 데이터를 활용해 제품, 서비스 및 지상 응용프로그램을 제공하는 하류 세그먼트Lower segment 모두에서 중요한 변화가 예상된다. 2050년까지,

자본주의의 적은 자본주의

우주 경제의 상류 세그먼트는 새로운 트렌드로 인해 점진적이며 혁신적인 변화를 경험할 것으로 예상된다.

혁신적인 변화를 들자면 새로운 기술의 개발, 채택 및 적용, 우주비행 및 운영을 위한 진화 개념, 그리고 i4.0을 포함한 새로운 설계 및 제조 기술의 적용이 있을 수 있다. 이 정도까지 설명이 되면 왜 i4.0이 일어나고 있는지, i4.0이 향하는 목적지가 어디인지, 2차 세계대전 이후 미국과 유럽 기업이 참여하고 있는 수많은 우주 프로젝트의 목적이 어디에 있는지는 쉽게 눈치 채야 한다. 만일 아직도 21세기 i4.0이 지향하는 목표가 무엇인지 모르는 국가와 국민이 있다면, 그들은 22세기 이후 점차 미래 세계의 구성 지도에서 도태될

〈그림 21〉 저궤도 우주 폐기물

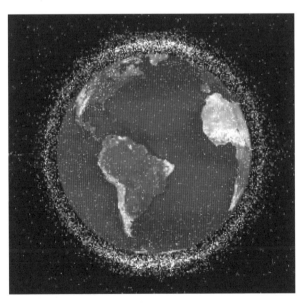

자료: NASA 우주 폐기물 프로그램

수밖에 없다고 경고할 필요가 있다. 기업만이 생멸하는 것이 아니다. 국가도 존립 이유를 상실하면 곧바로 무너져 다른 국가에 편입되거나 동화되거나, 아예 흔적도 없이 사라질 수 있다.

미래의 우주 하류 세그먼트 시장에는 다양한 우주, 하이브리드 및 지상 활동, 최종 사용자가 포함될 수 있다. 연구자들은 지금까지 약 200가지의 잠재적인 사용 사례를 식별하고 이를 열다섯 개 클러스터로 구성하고 있다. 이 같은 정보는 직접 우주 하류 및 상류 세그먼트 프로젝트에 참여해본 경험을 통해서만 요약할 수 있다. 열다섯 개 클러스터 산업이란 농업, 기후 및 환경보호, 건설 및 수리 공학, 국방 안보 및 안전, 에너지, 채취 산업, 금융 및 상업, 보건의학 및 의약품, 불법 활동에 대한 관리와 감독, 물류와 제조업, 과학 연구 및 교육, 통신, 문화 및 엔터테인먼트, 교통, 관광 등을 말한다.

열다섯 개 우주 산업 분야는 미래에 다양한 사회 기술을 활성화시키고 이 과정에서 발생하는 장애요인에 대한 분석도 2050년까지 상하위 세그먼트 시장의 발전과 성장에 영향을 미칠 것이다. 이들 상하위 세그먼트의 활성화에는 기술혁신과 더불어 로켓 발사 비용 및 상업화 비용 하락이 핵심 열쇠다. 반면 규제 및 사회·문화적 요인으로는 우주 경제의 미래 발전에 중요한 장애요인에 대한 선제적 대응을 들 수 있다. 새로운 시장과 사용 사례의 발전은 2050년까지 우주 부문이 일상 경제와 점차 불가분의 관계에 있음을 강조할 것이며, 미래의 우주기술(이를테면 GPS)은 이미 우리 일상생활에서 중요한 한 부분이다.

'미래를 대비한' 우주전략을 보다 잘 확립하기 위해 우리는 무엇

자본주의의 적은 자본주의

을 해야 할까? 첫째, 시장 및 기술 사용에 있어 우주와 일반 경제 사이에 점차 융복화가 확대 진행되고 있는 점을 고려해야 한다. 둘째, 우주에서의 경쟁과 협력의 깊은 이해를 촉진하고 '혼잡하고 경쟁이 심한' 미래 우주 영역의 방향에 대한 영향력을 극대화하기 위해 관련 국가와 기업 및 동맹국과 협력해야 한다. 셋째, 한국의 독특한 강점과 다른 정부, 군사, 상업 및 민간 부문과의 협력 가능성에 대한 '가치 제안'을 깊이 이해할 수 있도록 교육과 일상에서 기술적 접촉 빈도를 높여야 한다. 넷째, 지속적으로 혁신을 촉진하고 우주 관련 기관이 우리나라 우주 산업 부문(민간기업과 교육기관)의 기민성, 적응성, 경쟁력 및 내성을 높일 수 있는 새로운 개념이나 기술을 활용하는 능력을 강화해야 한다. 무엇보다 지금 진행 중인 i4.0의 최종 목표지가 우주 공간이라는 점을 이해하고, 2050년이 아니라 100년을 더 내다보는 미래 계획을 국가 차원에서 제시할 수 있어야 한다. 참고로 중국은 '아르테미스 프로젝트'에 참여하지 않고 있다. 참여할 생각이 없는 게 아니라 참여를 허락하지 않는 것일 수 있다.

1990년 다우지수와 금리 변화

미국 연준이 무려 1년이 넘는 기간 동안 금리를 5% 가까이 올렸다. 2008년 서브프라임 모기지 사태와 2020년 코로나19 팬데믹으로 미 정부와 연준이 풀어낸 유동성이 약 11.4조 달러 규모다. 돈이 많이 풀리면 돈의 가치는 하락한다. 돈의 가치란 금리를 뜻한다. 돈의 가치가 떨어진다는 말은 금리가 하락한다는 말이다. 금리가 떨어지고, 돈 가치가 하락하면 물가는 오른다. 금리가 낮으니 돈을 빌리기 쉽다. 돈을 빌리면 소비와 투자를 하기 때문에 수요가 늘어난다. 소비 수요가 증가하면 노동력을 더 고용하거나 기계에 더 투자해 생산량을 맞추기 전까지는 가격이 상승한다. 따라서 인플레이션이 발생한다. 경기는 좋다. 2008년과 2020년 미국과 글로벌 주요 국가의 유동성 확대는 이렇게 인플레이션의 동기가 되었다.

사실 2008년 서브프라임 사태로 풀린 유동성을 줄이기 위해(당시 미 연준과 재무부가 푼 유동성은 약 6~7조 달러 규모로 추정된다) 미 연준은 2015년 12월 금리인상을 시작했다. 서브프라임 위기가 어느 정도 안정되고 풀린 유동성으로 인플레이션 압력이 증가하기 시작했기 때문이다. 미 연준이 소비자물가 안정 목표치인 2%를 유지하기 위해 서브프라임 사태 이후 풀었던 유동성을 줄여나가겠다는 것은 금리인상을 한다는 신호다. IMF와 국제 주요 투자은행은 신흥국과 개도국에 선제적으로 부채 문제에 대한 해법을 찾으라고 권고한다. 미국이 통화를 줄이면 이른바 신흥국과 개도국은 통화긴축 발작Taper tantrum을 일으킬 수 있기 때문이다. 한국은 2014년 6월 28일 원/달러 시장 평균환율이 달러당 1013.85원에서 2016년 2월 29일 달러당 1243.43원으로 22.7% 절하되었다.

미 연준이 금리를 5.5%까지 올린 이후, 2024년에도 예측하지 못한 다양한 비시장성 위험으로 인해 소비자물가가 3%를 상회하자 금리를 올리지는 못해도 당분간 낮출 생각은 없다는 견해가 지배적이다. 미 연준이 높은 금리를 2024년 하반기까지 유지하거나 되려

한 차례 더 인상할 경우, 혹은 미 대선을 의식한 나머지 '피보팅piv-oting(미 연준 금리정책의 중심축을 금리인하로 옮긴다는 의미)'이 2025년까지 일어나지 않을 경우 등의 시나리오를 생각해둬야 한다. 위기관리의 목표는 항상 미래 불확실성에 대한 컨틴전시 플랜Contingency plan, 즉 위기대응 계획을 선제적으로 준비하고 발 빠르게 헤징 전략을 구축하고자 함에 있다. 만일 미 연준이 금리를 5.5%까지 올린 상황에서 한 차례 더 올리거나, 2024년에 금리를 내릴 생각이 없다면, 한국과 중국을 비롯한 개도국 경제는 첫째 환율 상승 가능성, 둘째 각종 부채의 연착륙 문제, 셋째 자산시장에서의 버블붕괴 가능성 등에 대한 경계를 늦춰서는 안 된다. 세계 각국의 기업, 가계 및 정부 부채 문제는 경제 불확실성을 초래하기 십상이다.

스탠더드 앤드 푸어스Standard & Poor's, S&P에 따르면 기업 채무 불이행이 빠르게 증가하고 있다고 한다. 팬데믹 기간에 정부 보조금으로 버티던 '좀비 기업'은 미 연준의 금리인상으로 상환 부담이 크게 증가하면서 재정적 압박을 심각하게 받기 시작했다. 금리인상은 금융 불안을 일으키고 더불어 차입비용 상승으로 가계 가처분소득을 떨어뜨리고 소비를 제약한다. 기업 수익성도 떨어진다. 차입비용에 영향을 미치기 때문이다. 그렇다면 과연, 미 연준이 금리를 올리는 게 맞는가? 미국 소비자, 즉 가계의 부채는 아무런 문제가 없는가? 이는 우리 기업과 가계에도 똑같이 적용되는 질문이다.

한편, 미 가계의 안정적 소비 성향이 유지되고, 동시에 견고한 고용시장 상황은 미국 경제가 연착륙할 가능성이 높다는 의미로 해석되기도 한다. 미국 경제성장의 약 3분의 2를 차지하는 소비자 지출은 인플레이션 완화와 긴장도가 높은 노동시장 상황에서 미국 경제 회복의 주요 역할을 담당하고 있는 것은 분명하다. 인플레이션 완화 조짐이 나타나는 가운데, 다른 한편에서는 경제회복 신호도 자본시장을 비롯한 여러 곳에서 관측되고 있다. 신규 주택 건설 증가는 2024년 3분기 미국 경제성장률 상승에 기여할 것으로 예상되며, 주간 신규 실업급여 청구 건수 감소 등은 노동시장의 재가열 가능성을 나타낸다. 가계와 기업이 보류했던 고용 혹은 지출 계획을 실행하면 이러한 추세는 더욱 강화될 전망이다.

긍정적인 신호와 함께 부정적 우려도 일부 존재한다. 2023년 국제 신용평가사인 피치Fitch는 미 정치 상황과 지방 은행의 부실화 가능성을 염두에 두고 미국 국가 신용등급을 2011년 이후 12년 만에 AAA에서 AA+로 강등했다. 미 연준의 금리인상 속도를 놓고 미국 경제에 대해 다소 긍정적인 평가가 나오던 시기에 갑자기 이스라엘-팔레스타인 분쟁이 발발하면서 유가의 움직임이 불안해지고 국제정세에 대한 불확실성이 다시 부각되면서 미 증시는 지난 2023년 10월 중반 이후 불안한 장세가 이어지고 있다. 향후 3년간 예상되는 미국의 재정 악화와 국가채무 부담 증가, 거버넌스의 악화 등을 반영하는 한편, 부채한도 이슈에 대한 미 하원의 '벼랑 끝 전술', 2024년 미 대선의 향방 등 미국 경제가 안정궤도에 진입하기까지는 아직도 불확실한 변수가 다수 존재한다. 어쨌든 그렇다 해도 세계 경제와 미국 경제는 긍정론자의 말처럼 2025년부터 회복을 기대해도 좋은가?

국가, 기업 및 가계 등 경제주체는 각자의 생명력을 끊임없이 이어나간다. 이들이 시장에서 벌이는 거래 방식은 하나의 문화를 이룬다. 정치란 이러한 문화적 형태의 한 분야다. 정치가 중요한 이유는 국가의 경제발전 방향과 비전을 제시하는 역할을 하기 때문이다. 정치가 안정적이고 미래 직관과 비전을 올바르게 제시할 때 국가 생명력은 지속 가능성 가운데 충분조건 하나를 만족시킨다. 코로나19 팬데믹과 러시아-우크라이나 전쟁은 국제관계를 불확실한 상황으로 밀어넣었다. 설상가상 이스라엘-팔레스타인 하마스의 분쟁으로 글로벌 경제질서는 매우 곤혹스러운 상황으로 내몰릴 수 있다. 우리는 이 같은 글로벌 경제의 위기 시나리오에 익숙해져 있다.

시나리오에 몰입하다 보면 실제 글로벌 경제에서 벌어지고 있는 현실을 간과하기 쉽다. 아주 단순한데도 복잡한 국제관계를 예로 들며 글로벌 경제질서에서 글로벌 무역거래의 가치사슬 붕괴가 어떠한 부정적 결과를 가져올지에 대해 지나치게 관심을 둔다. 신흥국과 개도국의 경제 발전과 성장에 있어 실질적으로 가장 큰 장애물은 국경을 넘어 이동하는 기술과 자본을 제약하는 것이다. 개도국과 같이 새로운 기술 발전이 필요한 경제는 귀중한 기술을 개발하기 어렵거나 지금껏 나름 구축해온 기술마저 경쟁국에 빼앗길 수 있다. 국제자본 흐름이 막히면 외국의 직접투자도 줄어들 것이며, 이러한 경기 사이클이 일정한 간격을 두고 수시로 반복된다는 것은 음모론이 아니라 마치 대기업과 하청기업 간에 벌어지는 납품 단가에 대한 일방적 인하 압력과 그 의미가 같다는 점을 놓쳐서는 안 된다.

국가나 개인, 기업은 '지속 가능한 생명력'을 한순간도 멈춰서는 안 된다. 지속적인 생명력은 지속적인 투자와 기술 개발, 산업구조의 혁신을 통해 이루어진다. 시장이 크지 않을 때는 해외시장을 혁신해야 가능하다. 해외시장에서 경쟁력을 가지려면 품질과 가격의 비교우위를 확보해야 한다. 하지만 신흥국과 개도국이 새로운 기술을 개발하고 상품을 생산하기에는 늘 역부족이다. 21세기 초입, 우리가 겪고 있는 폭풍 같은 혼란과 혼돈은 지금이 '거대한 변화'의 시기임을 말해준다. 거대한 변화에는 늘 철학, 종교, 과학 및 기술과 산업의 전환이 있었다. 종교와 철학은 새로운 거대한 변화에 걸맞은 도덕과 윤리 체계를 구축한다. 이미 세계의 리더 경제는 우주라는 새로운 영역을 향해 모든 것을 준비한 듯하다. 21세기를 마치 '우주 경제' 원년으로 세운 듯하다. 2008년 이후 저금리 시대에 미국과 유럽 경제는 부분적으로 '우주 시장 개척'을 위한 투자와 준비를 마쳤다. i4.0을 통해 우주시대를 준비하는 가장 초보적인 인프라 산업의 육성 단계를 구축한 듯 보인다. 이제껏 이 책을 제대로 읽었다면, 어디에 투자해야 미래 국가, 기업 및 개인의 부에 절대적인 도움이 될지 쉽게 알 수 있다. 1990년 개인용 컴퓨터의 개발과 공급이 30년이 지난 현재 우리의 삶을 어떻게 변화시켰는지를 생각하며 그대로 대비하면 된다. 아직도 이해가 안 된다면 이어지는 내용을 천천히 읽어가기 바란다. 21세기 이후 국가 부의 흐름을 나타내는 지도는 다음 세 가지 시나리오로 구성된다.

첫째, 만일 중국이 미국과 함께 세계 경제의 패권을 차지한다면, 기원전 200년대의 비단길이 현대에서 새로운 부의 흐름을 이룰 것이다. 수많은 신흥국 경제가 발전하고 성장할 수 있는 네트워크가 가능해지기 때문이다. 둘째, 유라시아 대륙의 연결 네트워크는 그 이상의 의미를 갖지 못한다. 우주 시장 시대에 비단길은 단지 캐시 카우Cash cow 역할을 할 뿐이다. 셋째, 미국과 유럽 선진국은 우주 공간과 시간을 이용한 산업혁명을 생각하고 있다. 양자역학의 발전은 우주에 대한 인간의 신비로움과 경외감을 하나씩 극복할 수 있는 기회를 만들어줄 것이다. 그렇다면, 어떤 산업에 투자해야 단기, 중기 및 장기적 부를 창출할 수 있을지 간단히 알 수 있다. 문제는 한국 경제가 미국과 유럽, 일본 혹은 중국에 비해 이들 산업군의 총아라고 할 수 있는 우주항공 산업에서 매우 뒤처져 있다는 사실이다.

오늘날의 항공, 자동차 및 조선 산업 등이 수만에서 수십만 개의 부품을 조립해 이룬 기술과 과학의 종합예술이라고 한다면 미래에는 우주항공 분야에 주목할 필요가 있다. 우주공학 관련 산업은 로봇, AI, 바이오 및 의료, 비메모리 반도체, 배터리, GPS 및 센서, 양자컴퓨팅 등이 모두 하나로 결합되는 산업이 될 것이기 때문이다. 따라서 1990년 글로벌 경제의 구조 변화와 다우지수의 'J 커브 효과J-curve effect(다우 존스 30 산업평균 지수를 1900년 이후 연평균으로 살펴보면 1990년 이후 급등하는 모습을 볼 수 있다. 〈그림 22〉 참조)가 어떤 연관성을 갖는지를 이해해야 한다. 인간은 2100년이 되는 해에 달에 정착촌을 운영할 것이고, 생물학적 유전인자를 자유자재로 변형시킬 것이다. 인간의 생체환경마저 우주 공간에서 생활할 수 있는 형태로 변해갈 것이다.

유전인자 변형Genetically Modified Organic, GMO 채소와 과일, 배아embryo 관련 과학기술의 전개가 미래를 준비하는 일련의 과정 속에 이미 정확히 자리하고 있음을 안다. 인간은 생존본능과 이를 위한 이동과 동화적 유전인자를 가지고 있다. 인간이 지닌 꿈과 희망의 열정은 지구를 벗어나 언젠가는 우주를 향해 나아갈 것이다. 신의 경지에 이르기까지 부단히 노력할 것이다. 이 같은 도전 과정에서 유목민적 DNA를 가진 쪽과 정주적 DNA를 가진 민족 간의 경쟁적 충돌과 협력은 불가피하다. 이때 나타나는 과학, 종교, 철학, 산업, 기술 등의 변화와 혁신은 때로는 고통을 때로는 즐거움과 경이로움을 인류에 가져다준다. 역사가 그랬다. 그리고 지금으로부터 수천 년이 지나고 나면 우리가 사용했던 스마트폰, 노트북, 컴퓨터, 드론, AI, 로봇 등은 흙더미 속에 묻혀 화성에서 온 지구 탐험가에게 마치 구석기나 청동기 및 철기시대의 고대 유물처럼 신기하게 치부될 것이다. 물론 수천 년 이후 미래의 시공은 지금 시대를 살아가는 현인류와는 무관하다.

금리 변화는 산업구조 변화의 열쇠

2008년 이후 역사적인 저금리 시대가 끝났다. 생산성과 적자 증가로 인해 '중립neutral금리'(경제가 인플레이션 혹은 디플레이션 압력이 없는 잠재성장률 수준을 회복할 수 있도록 하는 이론적 금리 수준)가 상승하면서 미 연준의 금리인하 목적이 오히려 제약을 받을 수도 있게 되었다. 인플레이션과 디플레이션을 야기하지 않고 잠재성장률을 회복시킬 수 있는 수준의 금리 정책은 사실상 불가능하다. 미 연준 이사회가 금리를 22년 만에 최고치로 올렸음에도 불구하고, 경제는 놀

자본주의의 적은 자본주의

라울 정도로 탄력적으로 유지되었다. 2023년 미 와이오밍주 잭슨홀 미팅Jackson Hole Meeting의 경제정책 심포지엄 주제가 '세계 경제의 구조적 변화Structural shifts in the global economy'로 정해졌다는 점은 사실 많은 점을 시사한다. 예컨대 2024년 이후 미국 경제성장률이 미국 경제 잠재성장률인 2% 가까이 또는 그 이상을 기록하게 되면, 향후 인플레이션이 몇 년 동안 미 연준의 목표치인 2%에 도달한다 해도 금리가 2020년 이전의 낮은 수준으로 되돌아갈 수 있을지 의문이 생긴다.

구조적 변화라면 어떤 구조의 변화를 의미하는 것일까? 자본과 노동, 토지 등의 생산요소로는 더 이상 한계적 잉여를 넘어설 수 없다는 점이 명확해졌다. 더구나 중국의 급부상은 그동안 자본주의가 추구해왔던 자본과 노동, 토지 등의 지대地代 개념의 잉여나 부가가치 개념의 잉여에 있어서 미국을 비롯한 서구 열강이 점하고 있던 비교 우위가 하나씩 무너지는 형태로 구조적 변화가 전개될 가능성이 크다는 점을 시사한다. 따라서 중세 이후 글로벌 질서를 아우르던 시장경제는 이제 다른 차원의 '잉여'와 산업의 구조적 변화를 도모하지 않을 수 없게 되었다.

문제는 세계 경제의 구조적 변화라는 것이 단순히 디지털 정보통신 기술을 앞세운 무인 자동차, 로봇, 드론, 빅데이터 기반의 AI와 같은 신기술의 발전이나 이를 토대로 한 신산업의 발전을 의미하지 않는다는 것이다. 더 크고, 더 넓고, 더 멀리 보는 구조적 변화를 의미한다. 따라서 그동안 이러한 구조적 변화를 지탱해온 '잉여'의 개념도 바뀐다. 그렇다면 기업, 가계 및 정부의 '잉여'는 어떻게 정의될까? 이에 대한 답은 이 책을 마치는 장에서 언급하도록 하겠다. 지금까지 우리가 경제학 교과서나 수학, 공학, 사회과학 교과서에서 배운 내용도 큰 변화가 불가피하다.

자연과학이 너무나 급속히 발전하다 보니, 사실상 이를 따라가는 교육체계와 교과 내용마저도 혁신이 불가피하다. 미국 국채수익률이 강한 상승세를 지속하고 이로 인한 경기둔화와 금융 불안 우려가 증폭되는 시점에, 중국 경제도 그동안 세계 경제의 인플레이션 압력을 빨아들이던 통로, 즉 '웜홀wormhole'112의 역할을 더는 지속할 수 없다는 점도 알게 되었다. 웜홀에 대한 연구는 아직 시간여행을 가능하게 할 수 있을 정도에는 미치지 못하지만, 적어도 '블랙홀Black hole'과 '화이트홀White hole'을 연결하는 통로임에는 분명한 듯하다. 미 연준의 금리정책이 '나 홀로' 정책이 아니라는 점과 같다. 미 연준의 금리정책 변화가 산업구조 변화에 어떻게 '보이지 않는 손'의 역할을 하고 있는지를 간단히 요약하고자 한다. 금리와 조세 정책은 '잉여'의 한계체감의 법칙에 따라 이제 더는 핵심 열쇠가 아니다.

새로운 잉여의 개념이 나올 수밖에 없다. 그러지 않고서는 자본주의 시장경제의 가장 큰 동기부여인 인센티브가 소멸된다. 인센티브가 소멸되면 자본주의 시장경제도 혁명을 맞이하게 될 것이다. 결코 사회주의 혁명은 아니겠지만, 새로운 개념의 '부'가 만들어질 수밖에 없다. 필자가 〈인 타임〉이라는 영화에 주목했던 이유도 여기에 있다. 간단히 그 이유를 적자면, 미래는 '시간과 공간 여행'의 시대이기 때문이다.

중국을 제외한 주요국 중앙은행의 국채수익률이 상승세다. 2023년

자본주의의 적은 자본주의

10월 미국 10년물 국채수익률은 5%를 돌파했다. 미 연준이 인플레이션 압력 등으로 추가 금리인상에 나설 수 있다는 가능성이 제기된다. 유럽 경제도 유로화 통화 방어를 위해 환율을 조정하면서 금리를 인상하지 않을 수 없다. 미국과 유럽 경제는 한 몸이다. 미 국채수익률 상승은 여타 주요국의 금리상승을 유도하여 경제활동을 위축시키는 결과를 초래한다. 이뿐 아니다. 금리상승은 주식, 원자재 등 위험 자산에 대한 불확실성을 키우면서 시장에서 대거 매도를 유발할 수 있다.

금리상승에 따른 가계와 기업의 신용 악화는 궁극적으로 경제활동 위축과 금융시장의 불확실성을 증폭시킨다. 특히 최근 미 연준의 금리인상 여부와 상관없이 10년물 국채수익률이 상승하고 있다는 사실이 문제다. 미국 소매판매는 호조를 보지만, 지속 여부는 불확실하다. 고가품 혹은 생활필수품이 아닌 내구재 제품의 판매는 여전히 부진하거나 전체 판매량이 감소했다. 이는 향후 양호한 소매 판매가 추세적으로 지속 가능하지 않을 수 있다는 점을 시사한다. 실제로 최근 미국 노동시장에서의 임금 상승률 둔화, 에너지 가격 상승, 대출 기준 강화, 저축 감소 등은 가계 소비활동을 저해할 소지가 다분하다. 인플레이션과 함께 미국 기업 일부는 금리인상에 따른 원리금 상환 부담으로, 일반 가계는 학자금 대출상환 등으로 2024년 하반기 미국 경제 소비심리는 위축될 수 있다. 미국 경제가 둔화되면 중국을 비롯한 세계 경제 둔화는 불가피하다.

미국 채권금리의 정상화는 오히려 세계 경제 전반에 문제를 초래할 가능성이 있다. 과거 시장에서는 미 연준의 2% 인플레이션 목표와 경제성장률을 적용한 실질금리 2%를 더한 4%가 10년물 국채의 중립금리로 인식되었다. 미국의 10년물 물가연동채권Treasury Inflation Protected Securities, TIPS 금리가 2%에 근접할수록 정상적인 수준에 근접하고 있음을 의미한다. 아울러 투자자들이 더 이상 제로금리를 기대하지 않는다는 의미도 된다. 이 같은 상황에서는 다음 두 가지 위험이 존재한다.

첫째, 채무불이행 증가 및 대출수요 약화 등으로 고금리에 취약한 경제주체에 어려움이 나타나기 시작하고, 향후 경제 전반이 고금리를 견딜 수 있을지에 대한 우려가 증가한다. 둘째, 정부의 보조금 정책 등 향후 2024년 대선을 준비하는 과정에서 인플레이션을 유발하는 재정팽창 정책이 지속될 경우 금리인상은 불가피하다. 바이든Joe Biden 정부의 인플레이션 감축법Inflation-Adjusted Roth, IRA, CHIPS(미국의 도매 결제 시스템) 및 미국 정부 부채 상한선 조정 등 다양한 재정팽창 정책이 추가 금리인상 요인이 된다는 점은 자칫 미국 경제와 세계 경제에 순간적인 반등이 나타나더라도 '데드 캣 바운스Dead cat bounce'처럼 반짝하다가 사라지거나, 되려 더 큰 버블을 만들 수 있다는 우려가 존재한다. 통화긴축과 재정팽창이라는 모순적 경제정책으로 과연 미국은 무엇을 노리고 있을까? 분명 미국 경제는 거시경제 정책의 '불편한 진실'을 통해 추구하는 노림수가 있다. 바로 세계 경제구조의 변화다.

1990년대 미국 경제는 구조적 변화를 단행했다. 미국 경제가 다우존스 지수로 볼 때 J 커브를 그리는 장면에서 이자율은 과연 어땠을까? 다우존스 산업평균 지수와 미 연준의 기준금리 변화를 보

〈그림 22〉 다우 존스 산업 평균 지수 변화 추세(1900년~2023년)

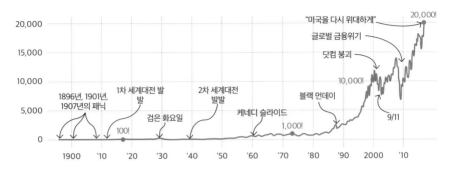

자료: 메저링워스, 팩트셋(MeasuringWorth, FactSet)

〈그림 23〉 1980년대 이후 현재까지 미 연준의 기준금리 인상 추이

미국 중앙은행은 1980년대 이후 가장 빠른 속도로 금리를 인상하고 있다

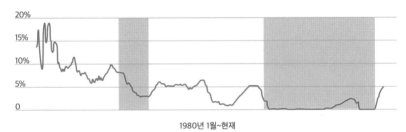

1980년 1월~현재

주: 그림자 영역은 1990년 1월 1일부터 1994년 1월 1일까지 미 연준의 기준금리를 보여준다.
자료: 미 연방준비은행 FRED, 2023년 7월 현재

여주는 〈그림 22〉와 〈그림 23〉을 참고해 살펴보기 바란다. 특히 1990년 1월 1일~1994년 1월 1일까지 기간에 주목하기를 바란다.

'세계 경제의 구조적 변화'는 '산업구조 변화'를 의미한다. 산업 혁명 이후 물리학과 화학 등 기초과학의 발전은 급속한 기술 발전으로 이어졌다. 기술 발전은 생산과 잉여, 이동과 동화에 엄청난 변

화를 가져왔다. 글로벌 경제에서 피자의 크기는 엄청나게 커졌고, 피자의 종류도 다양해졌다. 산업구조의 변화에 이어 새로운 자본주의 금융시대가 뒤따랐다. 전쟁이 나면 공습으로 적의 레이더 기지와 통신시설을 먼저 파괴하고, 상륙작전과 지상작전으로 승리를 도모하듯이 과학과 기술 발전은 미국을 비롯한 선진국의 기득권을 더욱 강화시켰다.

1980년대 초 2차 오일쇼크 이후 1985년 플라자 합의Plaza Accord 까지의 과정에서 보여준 미국 달러화의 기축통화 지위 구축, 자유변동 환율제도 채택, 금융 파생상품 시장의 거래, 미 연준의 금리정책과 유럽 선진국의 금리정책 동조화 현상 등은 신자본주의 체제를 바탕으로 산업구조의 전환을 유도했다. 원리는 간단하다. 금리가 낮으면 대출이 쉬워지고, 대출이 쉬우면 투자가 활성화되고, 새로운 설비 투자와 기술 투자가 생산성을 높이고 부가가치를 높이면서 일반적인 비용 상승에 따른 물가상승 요인을 차후에 안정시켜나가며 세계 경제는 하나의 경기 사이클을 만들어낸다.

세계 경제의 산업구조 전환과 21세기 글로벌 패권 경쟁에서 이미 선두그룹은 형성된 것으로 보는 것이 옳다. 생산성 및 부가가치 제고, 기술 발전 등의 기선제압은 1990년대 초부터 시작한 1차 디지털 혁신과 컴퓨터 네트워킹 기술로 이루어졌고, 2008년 11월부터 2022년 1월 사이의 경기부양 정책과 선제적 투자 결정이 2차 승리를 결정지었다. 이 기간에 과연 어느 국가 경제가 기술 발전과 산업구조 전환에 숨은 노력을 기울였을까?

1981년에서 1990년까지 미 연준은 2차 오일쇼크에 따른 공급 측면의 초고 인플레이션에 대처하기 위해 기준금리를 20%까지 올렸다. 1980년 유가 급등으로 소비자 물가가 14.6% 치솟자 인플레이션 억제를 위한 금리인상은 불가피했다. 미 연준의 기준금리는 1980년 1월 14% 수준에서 시작되었다. 1980년 12월 5일에 회의 통화Conference call를 마치는 순간, 해당 수준은 이전 대비 2%포인트 증가하여 최고 수준인 19~20%로 올랐다. 소비자 대출비용은 30년 고정금리 모기지의 평균 금리가 거의 20% 수준까지 오른 것이다. 약 2년 정도가 지나자 금리는 급격하게 하락하기 시작했다. 1982년 11월 2일에 목표 금리가 13~14% 수준으로 낮아지고, 1983년 7월 20일에는 11.5~12%로 더욱 낮아졌다.

1984년 11월 이후로는 이자율이 10%를 넘지 않았으며, 1980~1990년 동안 미 연준의 기준금리는 평균 9.97%를 유지했다. 이 10년 동안, 폴 볼커Paul Volcker 의장은 미 연준의 주된 정책의 결정권자로서 활약했으며, 1987년 8월 앨런 그린스펀Alan Greenspan 의장이 그 자리를 이어받았다. 미 연준의 기준금리 정책이 고금리 정책 기조를 벗어날 수 있었던 이유는 무엇일까? '레이건 노믹스Reagnomics'라고 불리던 '신자유주의 경제정책'이 핵심이었다. 이 기간에 미국은 국영기업을 민영화하고, 자유무역정책을 유지하는 가운데 미국 달러화의 강세 기조를 적극적으로 구축했다. 미국 달러화의 강세는 이후 10년간 아날로그 산업에서 디지털 산업으로 구조적 전환을 이끌어내는 데 성공했다.

초고 인플레이션 시기를 겪은 후 미국 경제는 폴 볼커과 그린스펀 의장의 지도력으로 안정된 경기회복을 보였다. 그린스펀이 연준을 이끈 18년의 재임기간 동안 미국과 세계 경제가 또 다른 도전에 직면하지 않았다는 의미는 아니다. 1990년 8월부터 8개월간의 불경기를 겪은 후, 그린스펀과 그 동료들은 미 연준 기준금리를 2000년 5월에 6.5% 목표 수준까지 올렸다. 그의 재임 기간 중 최고치였다. 재임 기간 중 최저 기준금리는 1992년 9월 3%였다. 특히 그린스펀은 저금리와 저물가 상황에서 미국 경제에 더 많은 활력을 불어넣기 위해 금리를 추가적으로 인하했다는 점에 주목할 필요가 있다. 이를 '보험적 성격의 인하Insurance cut'라고 부른다.

일반적으로 두 가지 유형의 금리인하가 있는데, 하나는 불경기 상황에서 경기부양을 위해 금리를 인하하는 것이다. 또 다른 하나는 앞서 말한 '보험적 인하'다. 이는 불경기와 싸우기 위한 금리인하와 달리, 경제가 잘 돌아가고 있고 물가상승의 위험이 없을 경우 경제성장을 더 지원하기 위해 실행된다. 1995년, 1996년, 1998년 등 모두 세 차례에 걸쳐 보험적 인하를 단행했다. 그럴 때마다 글로벌 금융시스템은 러시아의 채무 부실과 주요 헤지펀드의 붕괴, 아시아 외환위기 등 미국을 제외한 아시아 신흥국과 개도국 경제에 금융위기를 초래했다.

미국은 결코 강달러 기조를 포기하지 않는다. 이는 절대 명제다. 지난 2008년 이후 2020년까지의 저금리시대는 이 두 가지 저금리 정책의 목적을 동시에 이행하던 시기다. 그렇다면 향후 1년 이내에 미국 혹은 다른 국가 경제에 심대한 경제위기가 발생할 확률이 높아졌다는 점을 이해할 수 있다. 그 진앙지가 중국이 될 가능성이 다른 어느 국가보다도 높다. 중국의 경기 둔화가 얼마나 빠르게, 어떤

자본주의의 적은 자본주의

경로로 진행될지는 모르지만 중국 경제의 리스크는 미국과 유럽 선진국에는 21세기 글로벌 경제 및 산업구조 전환기에 그들이 우위를 차지할 수 있는 중요한 기회다.

그 기회의 순간은 다음부터 정리할 우주항공, 비메모리 반도체, 드론, 무인 자동차, AI 및 양자컴퓨팅 등의 산업 발전을 토대로 삼을 것이다. 1990년 다우존스 산업지수가 J 커브를 그리기 시작했을 때 지정학적 정치 및 경제 상황을 요약해본다. 이를 통해 당시 상황과 현재 상황이 다음 세 가지 측면에서 다르다는 점을 주목하기 바란다. 첫째, 전쟁과 질병의 차이. 둘째, 아날로그 산업과 디지털 산업의 차이. 셋째, 양극화, 초고령화 및 생산성의 변화 등이다.

먼저, 지정학적 구조 변화다. 1989년에 동독 베를린 장벽이 무너졌다. 1990년 독일이 드디어 통일국가가 되었다. 이라크의 쿠웨이트 침공으로 '사막의 태풍' 작전이 시작되었고, 1991년에 구소련이 붕괴했다. 1992년 한국은 중국과 국교를 수립했다. 둘째, 산업구조의 변화다. 개인 컴퓨터 시대가 열렸다. 반도체 수요가 급증했다. 광케이블이 구축되면서 컴퓨터 시대의 속도 경쟁이 시작되었다. 디지털 통신기술이 발전하면서 무선 전화기와 1세대 모바일 전화기가 등장했다. 디지털 통신의 운용 프로그램을 모두 소프트 산업에서 지원하기 시작했다. 구글, 마이크로소프트, 애플, 왕Wang, 휴렛팩커드HP, IBM, 넷스케이프Netscape 등 하드웨어와 소프트웨어 회사가 벤처와 스타트업 형태로 등장했다.

마이크로소프트의 기업공개IPO는 1986년 3월 13일에 이루어졌다. 원래의 거래 가격은 21달러였고, 이 가격은 빌 게이츠와 투자자가 생각했던 가격보다 높았다. 이후 마이크로소프트의 주식은 총 아홉 번의 분할이 이루어졌는데, 그중 두 번은 3 대 2 분할이었다.[113] 만약 마이크로소프트의 기업공개에서 딱 한 주를 샀다면 모든 분할 후 현재 288주를 보유하게 되었을 것이다. 2023년 10월 23일 현재 주가가 326.57달러이므로 이 주식의 총 가치는 약 9만 4,052.16달러다. 만일 1만 달러를 투자했다면 IPO 가격으로 476주를 구입했을 것이고, 분할 후에는 13만 7,088주를 소유하게 된다. 이 주식의 현재 가치는 약 4,476만 8,828.2달러다. 이는 연평균 약 50% 수익률 또는 약 42만 2,000%의 누적 수익을 나타낸다. 매년 수령하는 배당금 또한 상당하다. 마이크로소프트는 2004년에 첫 분기 배당금을 지급했는데, 현재 분기 배당금은 주당 0.51달러 정도다. 주식을 너무 일찍 현금화하지 않았다면 매 분기 6만 9,914달러 또는 연간 27만 9,660달러의 수입을 얻게 된다.

애플은 1980년 12월 12일에 주당 22달러에 처음 주식을 공개했다. 이 주식은 모두 네 번 분할되었는데, 만약 애플 주식을 1980년 공개 당시 한 주만 사놓았다면, 주식 분할 후에는 56주의 주식을 보유하게 되고, 2023년 10월 현재 주당 173달러에 거래되므로 9,688달러의 가치다. 만일 당시 100달러의 투자로 애플 주식을 IPO 가격으로 4.54주 구입했다면, 주식 분할 이후, 총 애플의 주식 보유 수는 254주가 된다. 이 주식의 가치는 4만 3,942달러다. 혹자는 생각보다 애플 주식의 수익률이 그다지 높지 않다고 생각할 수 있지만, 이는 상대적으로 적은 100달러를 투자했을 경우다. 만일 당시 1,000만 원에 해당하는 약 1만 달러를 투자했다면, 지금 약 440만 달러 정도

가치다. 배당금은 투자수익을 다소 높여주는데, 애플은 1987년에 처음으로 배당금을 지급하기 시작했다. 하지만 금융문제로 인해 1995년에 배당금 지급을 중단했고, 수백만 대의 아이팟, 아이폰 및 아이패드를 판매하고 수십억 달러의 이익을 창출한 뒤, 2012년에 배당금을 다시 지급하기 시작했다. 애플은 현재 주당 0.77달러의 분기 배당금을 지급하고 있다. 만일 254주의 주식을 가지고 있다면, 당초 100달러 투자에 대해 매년 782달러의 배당금 수익을 얻게 된다.

만약 IPO 때 구글 주식에 1만 달러를 투자했다면, 지금은 얼마나 많은 돈이 되었을까? 구글의 IPO는 2004년 8월에 이루어졌고, IPO 가격은 주당 85달러였다. 만약 그 가격에 1만 달러 전액을 투자했다고 가정하면,[114] 약 117주를 구매했을 것이고, 2023년 현재 기준으로 구글의 모회사인 알파벳Alphabet Inc.의 주가는 주당 약 2,589달러 정도로 이 가격을 사용하면, 117주는 약 30만 2,913달러다.

하드웨어 회사들의 실적 평가를 간단히 살펴보자. 먼저 HP는 1957년 11월 6일에 IPO를 개최했다. 주당 가격은 16달러였고, IPO는 두 가지 이유로 발행되었다. 첫째, 회사 창립자들의 재산 계획을 돕고, 직원들이 회사를 공유할 수 있도록 하기 위해서였다. 1만 달러를 투자했다면 지난 8년 동안 가치는 어느 정도가 되었을까? 2015년 초, 휴렛팩커드 엔터프라이즈컴퍼니HPE의 주가는 7.12615달러로 1만 달러로 1,403.3주를 구입할 수 있었다. 간단히 요약하면 2023년 현재 약 두 배인 2만 3,126.4달러의 가치를 갖는다. 여기에 지난 8년 동안 HPE에서 지급받은 누적 배당금을 계산하면, 2023년 10월 13일까지 총 1만 3,940달러를 기대할 수 있다.

20년 전에 1만 달러를 IBM 주식에 투자한 경우, 오늘 얼마를 가지고 있을지 알아보면, IBM 주식의 장기 투자자에게는 큰 실망을 안겨줄 것이다. 앞서 살펴본 HP 주식 평가에서도 마찬가지이지만, 왕 컴퓨터 회사는 도산을 했고, 하드웨어를 제작하는 회사들의 실적은 소프트웨어 기업의 성장과 실적에 미치지 못한다는 것을 알 수 있다. 디지털 싸움은 소프트웨어 경쟁이지 하드웨어 경쟁이 될 수 없다. 만일 20년 전에 1만 달러를 IBM 주식에 투자했다면, 오늘 현재 가치로 2만 9,108달러가 되어 큰 차이를 보이지 않을 것이다. 오히려 인플레이션을 감안하면 실질적으로는 손해를 입었다고 할 수도 있다.

다른 각도로 보기 위해 만일 지난 20년 동안 S&P 500에 같은 규모의 투자를 했다면, 이론적으로는 오늘 현재 6만 6,530달러 가치를 지닌다. 어쨌든 HP와 큰 차이를 보이지 않는다. 이 정도만 살펴봐도 답을 알 수 있지 않을까? 인텔Intel의 경우 20년 전에 1만 달러를 투자했다면, 현재 가치로 약 2만 4,000달러고, 연평균 총수익률은 4.4% 정도다. 궁금해할 수도 있을 것 같아서 아마존Amazon의 경우를 살펴보면, 만일 2003년 8월에 1만 달러를 투자하고 2021년 7월 초 최고점에서 판매했다면 82만 달러 이상의 수익을 냈을 것이다. 만일 이런 질문을 여러분에게 하면 어떨까? 20년 전에 1만 달러를 넷플릭스Netflix 주식에 투자하고 정점에서 팔지 않았다면, 어느 정도 수익을 보았을까? 여러분은 오늘 현재 약 265만 7,500달러의 수익을 즐길 궁리를 하고 있을 것이다.

그렇다면 여기서 질문을 하나 해보자. 이제 넷플릭스, 구글, 애플,

〈그림 24〉 넷플릭스와 애플 20년 투자에 따른 수익률

● 넷플릭스(NFLX) 총수익 성장률
● S&P 500 총수익(SPXTR) 성장률

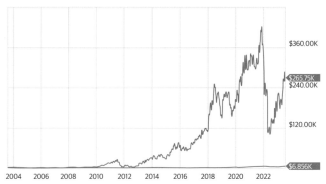

● 애플(AAPL) 총수익 성장률
● S&P 500 총수익(SPXTR) 성장률

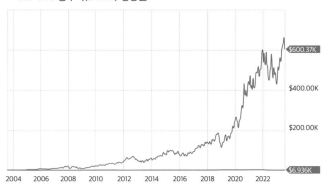

자료: YCharts

아마존, 마이크로소프트 투자는 늦지 않았을까? 여전히 유효할까?
이제부터 새로운 부의 가치가, 잉여의 개념 혁신이 우주 천체에서
새롭게 창조되고 창출된다는 점을 염두에 두고 다음 글을 읽어가기
바란다. 인류는 21세기를 전초세기로 삼았다. 어쩌면 22세기까지

200년은 미래 우주 생활을 위한 다양한 과학, 기술 및 산업의 도전 시대가 되는지 모른다. 하지만 인류가 새로운 '이동'과 새로운 '우주로의 동화'를 위해 이미 한 발자국 내디뎠음을 알아야 한다.

물론 새로운 우주 제국은 '신'을 섬길 것이다. 하지만 그 신이 새로운 우주 질서에서 인류가 얻고자 하는 부와 도덕, 정의, 자유 등의 가치를 억압하려 들면 어쩌면 인류와 함께하지 못할 수도 있다. 과학은 우주 질서의 일반이론을 찾아낼 것이고, 양자와 미립자의 무질서하고 예측불허한 운동도 제어할 방법을 찾아낼 것이다. 그 과정은 다양하고 엄청난 고통을 수반하지만, 고통에 모든 진실이 내재한다는 점에서 인류가 피해서는 안 될 고통이며 결코 피하지 않을 것으로 본다.

우주항공

여기는 우주입니다!

우주항공 분야의 미래 발전을 분석하기 위해서는 1945년 7월, 과학 연구 및 개발 사무국 국장 버니바 부시Vannevar Bush가 대통령에게 제출한 보고서, 〈과학: 끝없는 전선Science: The Endless Frontier〉[115]을 반드시 읽어봐야 한다. 1945년 미국은 우주라는 미래 세계에 대한 비전을 이렇게 제시하고 있다. 이를 바탕으로 지금부터 기술하는 상상과 공상 그리고 현실적인 대응 내용을 보면서, 이와 관련한 산업 발전과 기초과학에 관심을 기울이고 투자를 집중해야 한다. 특히

자본주의의 적은 자본주의

오늘날, 과학 연구와 기술 혁신의 힘이 더욱 중요해지면서 조직화된 연구와 개발이 점차 글로벌적인 특성을 띠고 있기 때문이다. 재정적으로 한 국가가 모든 것을 뒷받침할 수 없다는 제약식으로 인해 새로운 과학과 철학, 기술 등 자연 및 사회과학 지식의 발전은 이제 연합군적 성격을 갖게 되었다. 아르테미스 프로젝트가 그 예다.

어쩌면 미국과 유럽이 미래 산업과 우주 개척이라는 이해관계를 놓고 '일심동체'라는 판단은 틀리지 않을 것이다. 우주를 향한 인류의 생각은 단순히 기존의 동식물학, 생물학, 화학과 물리학 그리고 우주항공학 등 과학기술의 발명과 발전에만 의존할 수 없다. 다양한 분야의 팀워크가 중요하다. 예컨대, 생물학과 동식물학에 진전이 있어야 한다. 예전에 치료할 수 없다고 생각되던 질병을 치료로 이끄는 데 머물 수 없다. 우주로 나가면 새로운 바이러스와 박테리아 그리고 생각지 못했던 미지의 균을 마주할 테고 그러한 환경에 적응해야 한다. 재료과학 측면에서도 지구를 배경으로 하는 기본적인 산업 발전은 큰 의미가 없을 수 있다. 모든 것이 기존의 것과는 다를 수밖에 없기 때문이다.

우주에 기지와 시설을 설치할 때는 지구에서의 기계공학적 설계를 바꿀 수밖에 없다. 우주로 가기 위해서는, 범선에서 증기선, 다시 화석연료를 이용한 내연기관 등으로 가벼우면서도 강력하며 내구성 있는 구조물로 진화를 거듭 이루어냈듯이, 새로운 로켓 연료와 동체를 개발해야 한다. 우주 환경은 지구와 다를 것이므로, 지구에서의 역학과 공학이론이 우주에서도 일반이론이 되리라는 기대감은 위험할 수 있다. 컴퓨터와 광섬유 같은 혁신적인 의사소통 방식은 새로운 대화형 작업 방식과 더 강력한 기계 발전을 가져왔다. 이러한 변화된 작업 방식이 새로운 지식의 성장과 보급을 가속화하듯, 지구와 우주기지 간의 소통은 공동연구 등에 중요한 역할을 할 것이다.

우주시대의 안보전략도 과학과 기술 발전에 정비례한다. 지난 2023년 10월 13일 미 공군Department of the Air Force, DAF은 미국 우주군U.S. Space Force을 위한 포괄적인 전략을 발표했다. 이 전략은 우주군의 우선순위와 목표를 설명하며, 우주에서 미국의 국가 안보를 위해 할 역할을 정의하고 있다. 미국의 우주 안보전략에 대한 구체적인 내용 및 세부 정보는 알 수 없지만, 이 전략은 우주 작전의 여러 측면을 다루는 것으로 예상되며, 우주 억제, 우주 복원력 강화 그리고 우주 우위 확보 등이 포함되었을 것이다. 미래 인류가 현대 지구상에서 모든 자원과 거주 환경에 대한 한계 상황을 맞이할 때, 우주는 인류를 위한 영토로서 그 가치를 인정받을 것이다.

남극에서 다양한 생태계를 실험하는 이유도 미래 우주가 인류의 경쟁적인 도메인이 될 가능성을 염두에 두기 때문이다. 국가 미래 전략 가운데 하나로 미국의 우주군 전략은 미국의 우주 능력과 안보를 유지하고 발전시키기 위해 다양한 빅데이터를 축적하고 양자컴퓨팅으로 계산해낸 AI의 판단에 중요한 역할을 맡길 것이다. 이밖에도 다양한 우주 전략에 대한 논의는 향후 민간 기업과 학제 커리큘럼 개발 등을 통해 그 비전의 일부분을 가시화할 것으로 보인다. 민간 부문의 우주개발 프로젝트에 대해 간단히 설명해보자.

20세기 초반까지만 해도 그저 인간이 품을 수 있는 꿈 정도라고 생각했던 상업 우주시대가 도래했다. 지구와 우주를 연결하는 스페이스 셔틀 같은 상업 비즈니스를 지구-우주 사업이라고 정의하고, 우주에서 우주를 개척하는 사업을 우주-우주 비즈니스로 정의하자. 전자가 인공위성을 통한 디지털 통신정보 기능을 활용하는 비즈니스라면, 달의 전초기지 혹은 우주정거장에서 또 다른 우주를 향한 여행이나 정착 활동을 위해 도시를 건설하는 것은 후자의 비즈니스라고 정의하자.

달이나 다른 행성의 지하광물을 채취해 지구로 보내는 것은 지구-우주 비즈니스, 이를 또 다른 행성의 연료 확보 혹은 건설 및 제조업에 사용할 때는 우주-우주 비즈니스로 각각 정의할 수 있다. 뒤에서 좀 더 자세히 설명하기로 한다. 이미 민간 주도의 우주여행 프로그램은 시작되었다. 민간 부문에서 우리에게 익숙한 가장 큰 우주항공 산업 기업은 스페이스X다. 여기서 일론 머스크의 스타링크Starlink 프로젝트도 수행한다. 스타링크는 위성 인터넷 네트워크 서비스를 통해 2023년 현재 약 60여 개국에 다양한 정보를 제공하고 있다. 2023년 이후에는 글로벌 이동전화 서비스도 시작할 계획이다.

스페이스X는 2019년에 스타링크 위성을 발사하기 시작했다. 2023년 8월 현재, 지구 저궤도LEO에는 고도제작 위성이 5,000개 이상 있으며, 이들 위성은 지상의 송수신기와 통신을 수행한다. 향후 약 1만 2,000개의 위성을 배치할 계획이며, 나중에는 4만 2,000개까지 확장할 계획이다. 스페이스X의 가입자는 2023년 9월 현재 200만 명 이상이다.[116] 상업 우주 산업을 둘러싼 기대감이 매우 높다. 우주항공의 기술 리더들이 달 기지와 화성 정착을 약속하고 있다. 하지만 우주 경제는 생소한 개념이다. 2023년 이후 '우주 경제'라는 개념은 중요한 문턱을 넘어섰다. 인류 역사상 처음으로 우주로 접근한 우주선은 정부 소유가 아닌 민간이 개발하고 소유한 우주선이었다.

이것은 우주 안에서의, 그리고 우주를 위한 경제를 구축하기 위한 첫 번째 중요한 단계였다. 미래 우주 경제의 비즈니스, 정책 및 대규모 사회에 대한 영향은 과소평가하기 어렵다. 2019년 현재, 우주 관련 사업에서 올린 3,660억 달러 수익 중 95%는 지구-우주 비즈니스에서 창출되었다. 지구와 우주를 연결하는 경제란 지구에서 사용되는 하드웨어와 소프트웨어 등의 이기利器가 우주에서 생산된 상품 또는 서비스라는 의미다. 지구-우주 경제로는 통신 및 인터넷 인프라, 지구 관측 능력, 국가 안보 위성 등이 포함된다. 현재 지구-우주 경제는 매우 유망 분야로 성장하고 있다. 희소자원을 확보하기 위해 경쟁기업이 몰려들 때는 독점 또는 과도한 경쟁 등이 나타나지만, 미래 전망은 매우 낙관적이다.

발사 및 우주 하드웨어 부문의 비용 감소는 이 시장으로 새로운 참가자들을 끌어들이고, 다양한 산업에서 위성 기술과 우주 액세스 기술을 활용해 지구에서 생산되는 상품 및 서비스를 혁신하고 효율성을 높여가기 시작했다. 반면, 초기 단계의 우주-우주 경제는 미래 우주 탐험을 위해 지구에서와 같은 지상 기반 설비 또는 연료 보급소를 달과 같은 우주 탐사 전진기지에 건설하는 프로젝트를 말한다. 이후 전진기지 혹은 지구 궤도상에 구축된 우주 정거장에서 출

자본주의의 적은 자본주의

발한 다양한 탐사선의 활동을 통한 달, 화성 등 소행성의 주요 광물 혹은 미생물 등의 채집 및 채굴, 도시 건설을 추진하는 데 사용되는 인프라 서비스 및 상품 개발 등이 포함된다. 1970년대 초반으로 돌아가보면, NASA가 의뢰한 연구는 우주에서 수백, 수천, 수백만 명의 인간이 생활할 수 있는 우주 경제의 부상을 예견했지만, 이러한 비전이 실현될 전망은 공상과학 소설에 불과하다. 현재 우주에서 한 번에 거주할 수 있는 인구수는 13~23명을 초과하지 못하고 있다.[117]

하지만 오늘날 스페이스X가 NASA와의 협력을 통해 이룩한 최근의 성과와 함께 보잉Boeing, 블루오리진 및 버진 갤럭틱Virgin Galactic 등에 의해 지속 가능한 대규모 우주여행 노력이 이루어지고 있다. 우주-우주 경제의 진정한 첫 단계에 도달했다는 판단도 이와 같은 이유에서다. 우주 사업을 운영하는 기업들은 머지않은 미래에 시민을 승객, 관광객 혹은 정착민으로 우주로 데려갈 의도와 능력을 모두 갖추게 될 것이다. 앞으로 몇십 년간 다양한 우주-우주 상품 및 서비스 개발을 통해 우주-우주 경제가 만들어낼 수요를 충족시키기 위한 비즈니스가 문을 열 것이다. 우주-우주 및 지구-우주 비즈니스에는 공급이 수요를 창출하는 세이의 법칙Say's law이 적용될 것으로 보인다.

"우주시대에 오신 것을 환영합니다!" 1960년대에 시작된 정부 주도의 우주개발 및 활동 모델은 지난 20년 동안 새로운 모델을 개발해왔다. 중앙 집중형 정부 주도의 우주 프로그램은 국가 안보, 기본 과학 및 국가의 자부심처럼 공익을 목표로 하는 지구-우주 활동에 중점을 두었다. 이러한 정부 주도형 우주개발 계획 프로그램이 본격화되려면 미 의회나 각국의 국회에서 예산 집행이 이루어져야 한다. 천문학적인 비용 부담 때문에 하나 혹은 몇 개의 민간 기업은 지구-우주 혹은 우주-우주 비즈니스를 시작할 수 없기 때문이다.

예산 집행은 당연히 이러한 대형 프로젝트의 재정지출이 모든 국민에게 상당한 혜택을 제공한다는 것을 입증함으로써 정당화된다. 정부가 대표하는 국민은 거의 모두 지구에 산다. 정부와 달리, 민간 부문은 국민 전체가 아닌 개인적인 이익을 위해 사람들을 우주로 보내고 그들의 수요에 맞춰 공급하기 위해 열정적으로 프로젝트를 수행하고 있다. 이것이 스페이스X가 지구-우주 및 우주-우주 비즈니스를 주도하는 비전이다. 스페이스X는 초기 20년간 로켓 발사 산업을 완전히 뒤바꿔놓았다. 국제 우주정거장뿐 아니라 화성 정착지까지 승객을 운송할 수 있는 더 큰 우주선을 건설 중이다.

오늘날, 우주-우주 시장에서 새로운 미래 우주 시장을 건설하는 프로그램 종사자는 대부분 NASA나 기타 정부 프로그램에서 고용한 소수의 우주비행사다. 스페이스X는 일정한 콘셉트 검증 프로그램을 통해 민간 부문에서 우주 여행객을 모집할 수 있으며, 이와 같은 대규모 개인 및 민간 부문 수요를 지속적으로 창출할 수 있는 대규모 산업으로 우주 시장을 바꿔나갈 수 있다. NASA에 판매하여 나중에 더 큰 민간 시장으로 확장하려는 모델은 스페이스X가 주도하고 있지만, 이러한 접근 방식을 택하는 회사가 비단 스페이스X만은 아니다.

예를 들어 스페이스X는 우주-우주 운송에 초점을 맞추고 있지

자본주의의 적은 자본주의

만, 향후 급부상할 우주-우주 혹은 지구-우주 산업의 또 다른 중요한 구성 요소는 제조업일 것이다. 예컨대 메이드인스페이스Made In Space, Inc.는 2014년 이후 국제 우주정거장 내에서 3D 프린팅으로 렌치를 생산해 사용하고 있다. '우주에서, 우주를 위한' 제조에 선도적인 역할을 하고 있는 것이다. 오늘날에는 우주 고객이 무중력 상태에서 사용할 수 있는 고품질 광섬유 케이블과 같은 제품도 개발하고 있다. 스페이스X는 NASA 우주선에서 사용할 수 있는 3D 프린팅을 위한 대형 금속빔 개발을 위해 7,400만 달러의 계약을 체결했다. 훗날 민간 부문 우주선 혹은 우주정거장에서도 이런 제품을 필요로 할 것이며, 메이드인스페이스는 자신들이 이러한 요구사항을 충족시키기에 적합한 위치에 있기를 희망하고 있다. 스페이스X는 대규모 민간 시장을 지원하는 데서 출발하지만, 메이드인스페이스의 현재 작업은 미래의 민간 부문 제조 응용프로그램을 지원하는 길을 열 수 있을 것으로 기대된다.

또 다른 우주-우주 시장을 개척하기 위한 투자의 주요 부문 중 하나는 우주 내 도시, 실험실 및 공장과 같은 우주 인프라를 건설하고 운영하는 기술이다. 현재 이 분야의 선두자인 액시엄 스페이스Axiom Space는 지난 2022년에 스페이스X의 유인 우주선인 크루 드래곤 캡슐Crew Dragon Capsule에 최초의 완전한 상업 미션을 실어 우주로 보낼 것이라고 발표했다. 액시엄 스페이스는 미션을 수행하기 위해 국제 우주정거장 모듈에 대한 독점 계약도 체결했으며, 정거장에서의 상업 활동을 위한 모듈 개발 계획을 적극적으로 수행할 예정이다.

우주 인프라는 그 안에서 생활하고 일하는 사람의 수요를 충족시키기 위한 다양한 보조 서비스에 투자가 집중될 예정이다. 예를 들어 2020년 2월에 맥사 테크놀로지스Maxar Technologies는 저궤도 우주선에서 조립될 로봇 건설 장비 개발을 위해 NASA와 1억 4,200만 달러의 계약을 체결했다. 민간 부문 우주선이나 우주정거장에서는 분명히 유사한 건설 및 수리 도구가 필요할 것이다. 물론, 민간 부문은 산업 제품뿐 아니라 편의 시설에 대한 투자도 준비하고 있다. 예컨대 2015년 아르고텍Argotec과 라바차Lavazza는 국제 우주정거장의 무중력 환경에서 작동하는 에스프레소 기계를 제작함으로써 우주비행사에게 일상적인 여유를 제공하는 데 기여했다.

물론, 지난 반세기 동안 사람들은 우주의 진공과 중력이 없는 환경을 활용해 지구에서 만들 수 없는 것을 창작하거나 제작하기 위해 노력했다. 당연히 사업 모델은 여러 번 실패했다. 이러한 노력이 성공할 수 있을지 회의적이고 부정적인 생각이 드는 것은 당연하다. 하지만 이러한 실험과 창작의 실패는 주로 지구-우주 애플리케이션에서 발생했다. 예를 들어 2010년대의 스타트업 기업인 플래니터리 리소스Planetary Resources, Inc.와 딥 스페이스 인더스트리Deep Space Industries는 초기부터 우주 광산업의 잠재력을 인식했다. 하지만 이 두 회사 모두 우주에서 채굴된 광물, 귀금속 또는 희귀 자원을 지구 고객에게 판매하는 데 성패가 달렸으므로 수익 대비 비용 측면이 너무 비효율적이었다. 그렇기에 두 회사는 투자금이 모두 고갈되자 다른 사업으로 전환하였다.

이는 지구-우주 비즈니스 모델의 실패 사례지만, 우주에서 사람들이 사는 동안 우주의 건설 재료, 금속 및 물을 채굴하는 수요가

자본주의의 적은 자본주의

엄청나게 성장하리라는 것은 분명한 사실이다. 다시 말해, 초기 소행성 광업 회사를 단순한 실패로 보기보다는 시대를 앞서간 것으로 간주하는 것이 옳다. 미래 우주시대를 대비한 미국을 비롯한 유럽 선진국의 노력과 투자, 지속적인 과학과 기술 문명의 개발 의지를 결코 가볍게 봐서는 안 된다. 새로운 문명의 여명을 앞둔 21세기의 첫 25년이 지나가는 시점에서 이제 갓 우주항공 산업의 중요성을 인지한 한국 기업과 경제로서는 뒤처진 기술력과 과학을 만회할 기회를 얻으려면 이들 기업과 절대적인 연대와 협력을 추구할 수밖에 없다. 심지어 투자 규모는 한국 정부가 참여하기에도 만만치가 않다. 한국 반도체가 10년의 장기적 투자 끝에 오늘에 이르렀듯이, 미래 우주 산업에는 대학 및 기업과 정부가 함께 노력해 도전해야 한다. 하드웨어뿐 아니라 소프트웨어 산업까지 발전을 꾀함으로써 이를 융복합한 '스마트 산업'으로 육성해야 한다.

우주-우주 경제의 기회 포착

우주-우주 경제가 제공하는 기회는 엄청나다. 하지만 놓칠 수도 있다. 이 순간을 잡기 위해 정책 결정자는 분산된 민간 부문이 우주 경제에 도전하는 데 필요한 위험을 감수할 수 있고 혁신을 가능케 하는 규제 및 제도적 프레임워크를 제공해야 한다. 여기에는 특히 중요하다고 생각되는 세 가지 정책 분야가 있다. 첫째, 정부가 고용한 우주비행사들이 수행하지 못할 다양한 위험을 민간 부문 개인 비행사들이 감수할 수 있도록 하는 것이다. 즉 위험을 회피하려는 성향이 강한 정책 입안자들은 민간 부문 관광객과 정착민에 대해서 정부 고용 우주비행사에게 국가가 허용하는 기준보다 더 많은 위험을 자발적으로 감수할 수 있도록 허용하는 것을 고려해야 한다. 이는 보다 분산되고 시장 지향적인 우주 산업을 육성한다는 목표를 위해서다.

장기적으로 안전 수준을 보장하는 것은 공간 여행을 하거나 우주에서 정착해 살 수 있도록 더 많은 사람에게 동기를 부여하는 정책으로 보장해야 한다. 지구 낭떠러지로 항해를 시작하면서 인도를 발견하겠다는 콜럼버스의 모험이 허락되지 않았다면, 아울러 콜럼버스가 그러한 도전을 수행할 민간인이 아니었다면, 미국대륙의 발견은 좀 더 오래 걸렸을 것이고, 오늘의 미국이 탄생했을 것이라고 장담할 수 없다. 탐험 초기에 너무 소극적인 자세로 위험을 회피하면 우주 탐험이 시작되기도 전에 진행이 중단될 수 있다. 이러한 위험 분산에 관한 사례는 NASA가 계약자와 계약을 맺는 방식의 변화에서 찾아볼 수 있다.

2000년대 중반에 NASA는 일반적으로 예정된 비용에 추가 비용을 부담하는 계약, 즉 NASA가 우주 투자의 모든 경제적 위험을 부담하는 계약에서 예산을 총액으로 고정하는 계약(이 경우 NASA와 계약자 간에 위험이 분산되는 효과 기대)으로 전환하였다. 민간 기업에 더 큰 위험을 허용한 덕분에 우주 산업 관련 기업의 투자활동에 붐이 일어났다. 이를 두고 '새로운 우주New space'라고 부르기도 한다. 우주-우주 경제를 시작하려면 민간 부문 우주비행사가 자발적으로 위험을 감수하는 방식에도 새로운 변화가 필요할 수 있다.

둘째, 정부 규제와 지원을 분별하여 적용해야 한다. 대부분의 다

자본주의의 적은 자본주의

른 시장과 마찬가지로 안정적인 우주 경제 개발은 판단력 있는 정부의 규제와 지원에 의존할 것이다. 정부의 역할이 절대적으로 중요하다. NASA와 미 상무부, 국무부가 최근 내놓은 "미국의 상업 활동이 번성할 수 있도록 '지구 저궤도'에서 규제 환경을 조성하겠다"는 약속은 정부가 업계와 지속적인 협력의 길을 걷고 있다는 좋은 신호로, 우주항공 산업에 관심이 많은 국가에 좋은 선례가 된다. 물론 아직 갈 길이 멀다. 생소한 이야기로 들리겠지만, 지구-우주, 우주-우주 비즈니스를 일구기 위해 노력하는 모든 정부는 화성의 물, 달의 얼음 또는 궤도 슬롯(우주의 '주차 장소')과 같은 한정된 자원에 대한 재산 권리가 어떻게 조정될지를 명확히 할 필요가 있다.

최근 NASA가 달 토양과 암석을 구입하기로 제안한 사례, 2015년에 제정한 상업 우주발사 경쟁력법Commercial Space Launch Competitiveness Act, 그리고 지난 2021년 4월에 발의한 우주자원 통제 대행에 대한 행정명령2021 April's Executive Order on the governance of space resources 등은 미국 정부가 우주 경제 발전을 지원하기 위해 어떤 형태의 규제 프레임워크를 설정하려는지를 명시적으로 보여준다. 2017년 룩셈부르크는 우주에서 채굴된 자원에 대한 민간 권리를 보호하는 법적 프레임워크를 확립한 유럽 최초의 국가가 되었다.

일본과 아랍에미리트에서도 비슷한 조치가 취해졌다. 또한 러시아와 중국을 제외한 9개국이 달, 화성 및 소행성의 지속 가능한 국제 개발 비전을 제시하는 아르테미스 협약the Artemis Accords 에 서명했다. 이러한 조치는 미래 지구-우주 및 우주-우주 경제를 위해 중요한 첫걸음이지만, 모든 주요 우주 비즈니스 이해 당사국들 간에 희소한 우주 자원을 공정하게 이용하고 할당을 규제하는 포괄적인 조약은 아직까지 명확하게 입안되지 않은 상태다. 게다가 정부는 인간을 우주로 보내는 프로젝트를 지원하기 위해 기초과학 연구에 자금을 지원하고, 우주 스타트업과 계약함으로써 아직 성장 중인 우주-우주 경제 생태계의 재정적 격차를 계속 메워가야 한다. 마찬가지로, 과도한 규제는 우주 비즈니스 업계를 위축시킬 수 있는 반면, 독립적으로 처리하기 어려운 우주 쓰레기를 줄이기 위한 정책과 같은 부분은 정부가 일부 인센티브를 제공하는 방식으로 협력하면 모든 기업의 우주 운영 비용을 줄이는 데 도움이 될 수 있다.

셋째, 정치적 경쟁을 극복할 수 있어야 한다. 우주-우주 경제의 발전은 미국과 중국 간 경쟁과 같은 지구상의 정치적 경쟁 때문에 방해를 받아서는 결코 안 된다. 군사 안보적·우주 안보 사업적 수요가 오랫동안 항공우주 기업에 중요한 자금원 역할을 담당했었다는 점에서 이러한 갈등이 우주로 확대되는 것은 어느 정도 불가피하다. 하지만 이를 억제하지 못한다면 그러한 경쟁은 국경 없는 상업적 추구에 대한 관심과 자원을 흐트러뜨릴뿐더러 민간 투자를 방해하는 장벽과 위험을 야기할 것이다. 지구에서는 국가 간의 상태가 장기간 갈등 중일 때도 민간 부문의 경제활동과 협력은 사람들을 하나로 묶었다. 성장하는 우주-우주 경제는 국가 또는 사회 통합을 위한 힘을 발휘할 탁월한 잠재력을 제공할 것이다. 이러한 민간 부문의 통합적 노력과 협력을 방해하지 않는 것이 세계 정부의 임무라 할 수 있다. 건전한 우주 경제와 건강한 경쟁을 장려하기 위해 우주에서 법의 지배를 확립하고 시행하기 위한 협력적이고도 국

자본주의의 적은 자본주의

제적인 접근 방식이 필수적이다.

요약하자면, 우주-우주 경제에 대한 비전은 1960년대 우주 시대가 시작된 이래로 존재해왔다. 지금까지 이러한 희망은 대부분 충족되지 않았다. 하지만 그렇다고 포기할 수는 없다. 과학과 기술의 진화와 함께하는 지금은 그때와 상황이 다르다. 역사상 처음으로 민간 부문의 자본, 위험 감수, 이익 동기가 사람을 우주에 보내는 데 활용되고 있기 때문이다. 이 기회를 잡으면 21세기 후기 문명 및 산업사회는 우주에서, 우주를 위한 경제와 사회를 건설하는 진정한 변혁 프로젝트를 시작한 문명으로 평가받을 것이다. 지구-우주 및 우주-우주 비즈니스에서 창출되는 잉여가치를 현재 정확히 알 수는 없지만 투자 비용을 고려하면, 그 가치는 천문학적 숫자가 될 전망이다. 문제는 이동과 동화다.

AI 반도체

반도체 산업은 복잡한 정치적·경제적 환경 속에서 발전을 거쳐 60년 이상 동안 급속한 진화를 이루었다. 여기에는 글로벌 자본시장도 중요한 역할을 했다. 아울러 반도체 산업의 발전은 정치나 경제적 측면에서 볼 때 매우 복잡한 과정을 포함하고 있다. 글로벌 반도체 산업의 성장과 공급망에 미치는 지정학적 요인 및 주요 국가와 기업 간의 협력과 경쟁 가능성을 정밀히 분석해볼 필요가 있다. 2022년 현재 반도체 시장규모는 5,559억 달러에 이른다.

이 가운데 인텔, 텍사스 인스트루먼트Texas Instrument, TI, 엔비디아 Nvidia, 에이엠디AMD 및 퀄컴Qualcomm을 포함한 미국 기업은 글로벌 시장의 49.3%를 차지하는 2,739억 달러의 매출을 올리면서 미국 기업이 글로벌시장에서 가장 영향력 있는 기업으로 평가되고 있다. 마이크론Micron을 제외한 대부분은 논리 칩Logic chips에 중점을 두고 있으며, 이들이 글로벌시장을 선도하고 있다. 반도체 시장은 메모리와 비메모리 두 부문으로 나뉜다. 메모리칩은 전체 글로벌 반도체 시장의 35~40%를 차지하며, 논리 칩 및 제어 칩을 비롯한 비메모리 반도체 제품은 나머지 60~65%를 차지한다. 메모리 부문은 한국 기업이 주도하고 있으며, 전체 반도체 시장의 19.3%를 차지하고 있다.

최근 한국 기업들은 집적회로Integrated Circuit, IC 설계 및 웨이퍼 팹 Wafer fabs 분야에서의 시장 경쟁력 강화에 주력하고 있다. 후발업체로서 논리 IC와 팹리스Fab-less 생산 서비스에 새로운 투자를 집중하고 있다. 메모리 반도체 시장에는 일반적으로 고유한 비즈니스 주기가 있는 것으로 알려져 있는데, 구매자도 필요에 따라 가격 및 필요한 메모리 용량 수요를 조절할 수 있다. 하지만 다양한 특성을 가진 논리 및 제어 칩 시장에서는 구매자가 임의로 수요 가격과 용량에 대해 주문 요구를 할 수 없다. 한국과 함께 대만은 글로벌 반도체 부문에서 강력한 입지를 확립해왔다. 매우 탁월한 제조 능력을 보유했을 뿐 아니라 IC 설계 부문에서도 놀라운 성공을 거두고 있다. 대만은 글로벌 IC 설계 순위에서 세 번째다.

대만의 IC 설계 업체는 관련 제품을 수입에 의존하지 말고 자체 생산해야 한다는 강한 필요성에 힘입어 1990년대에 PC, 전원 관리 IC 및 드라이버 IC용 칩셋을 개발하기 시작했다. 1998년 설립된 미디어텍MediaTek은 더 강력한 비전을 제시하고 있다. 대만의 IC 설계 업체와 독립 반도체 제조 업체IDMs인 윈본드Winbond, 매크로닉스Macronix 및 나니아Nanya는 전체 글로벌 IC 설계 순위에서 97억 달러의 매출을 올리면서 글로벌 총 매출의 9.7%를 차지하고 있다. 미국의 마이크론과 일본의 키오시아Kioxia는 메모리 반도체 시장의 주요 기업이지만, 글로벌시장에서 차지하는 비중은 그다지 높지 않다. 유럽 기업으로는 ST마이크로일렉트로닉스STMicroelectronics, 엔엑스피NXP 및 인피니온Infineon 등이 글로벌시장 점유율의 8.5%를 차지한다.

유럽 제조업체는 지난 몇 년 동안 상대적으로 생산 능력 확장에 소극적인 입장을 보였는데, 향후 유럽 자체의 방식을 따를지 아니면 유럽에 공장을 건설하도록 TSMC를 초대할지에 따라 앞으로 반도체 생태계의 분산화가 더욱 급속히 진행될 전망이다. 지난 수십 년간은 아시아를 중심으로 생산 집중체제가 이어져왔지만, 미국과 유럽 등 현지 공장 투자를 통해 지역화 및 다양화된 생산환경으로 전환될 것으로 보인다.

일본 반도체 제조업체는 1980년대와 1990년대가 황금기였다. 르네사스Renesas, 키오시아, 로옴Rohm 및 IC 설계회사 소시오넥스트Socionext는 전체 매출이 367억 달러로 글로벌시장에서 6.6%의 비중을 차지하고 있다. 최근 미국이 일본 엔화의 절하 등을 통해 은근히 밀어주는 모습을 보이고 있는데, 과연 일본 반도체 산업이 회복, 재부흥할 수 있을까? 일본이 대만의 TSMC와 협력해 일본에 공장을 건설하기 시작한 것은 초기 단계이며, 일본과 한국의 관계가 한때 악화되었을 때 일본은 자국의 반도체 산업 부활을 위해 대만과 손을 잡는 것처럼 보였다. 아니면, 일본의 반도체 산업 회복을 위해 한국 반도체 산업보다 대만식 팹리스 방식을 선호하는 것으로 볼 수도 있다.

우리 모두가 주목할 만한 신흥시장은 역시 중국이다. 글로벌 전자제품의 절반 이상이 중국에서 생산되기 때문에 중국이 세계 반도체 수요의 60%를 차지하는 것은 당연하게 보인다. 반도체 굴기를 강조하는 이유도 여기에 있다. 중국의 반도체 산업은 시작이 다소 늦었지만 정부의 적극적인 보조금 지원에 힘입어 놀라운 성장세를 보이고 있다. 지난 2023년 9월 미국의 고수준 반도체 수출 규제에도 불구하고 화웨이에서 새롭게 출시한 스마트폰에 7나노 공정을 거친 반도체 칩이 장착된 것은 미국을 비롯한 모든 반도체 선진국을 놀라게 하기에 충분했다.

중국의 IC 설계회사는 많지만 대부분 시장에 미치는 영향력은 크지 않다. 의미 있는 판매량으로 칩 생산을 외주하는 중국 IC 설계회사의 수익은 250억 달러로 추정되며, IDM 섹터에서 발생하는 추가적인 90억 달러를 더하면 중국은 2021년 현재 글로벌시장에서 6.1%의 시장점유율을 차지하고 있다. 미래 반도체 시장에서 핵심 분야는 비메모리 분야다. 비메모리가 응용되는 반도체 가운데 AI용 반도체는 앞서 살펴본 우주항공은 물론, 무인 자동차, 배터리 관리, 드론 운용, ESG 운용 등 모든 분야에 걸쳐 핵심이 될 것이다. 따라서 먼저 AI 분야 반도체 산업에 대해 살펴보고 CPU, TPU 및 GPU와

자본주의의 적은 자본주의

같은 비메모리 반도체 분야를 요약하여 설명한다.

AI 하드웨어: 반도체 기업을 위한 새로운 기회

AI 반도체는 앞서 설명한 〈바이센테니얼 맨〉과 〈터미네이터〉를 참고하면 상대적으로 이해가 쉽다. 미래 AI 로봇과 사람 사이의 가장 큰 차이는 '인식'과 '의식'의 차이로 좁혀진다. 〈터미네이터〉에서 미래 인간이 AI 로봇 칩에 장착될 칩을 파괴하고자 한 이유는 로봇이 인간만이 가지고 있는 '의식'과 '인식' 체계를 자기학습으로 깨닫게 된다는 데 있다. 이 경우, AI를 갖춘 스카이넷은 인간을 지배하고 파괴할 수 있다. AI는 수십 년간 반도체 기업에 최고의 기회를 제공하고 있다.

반도체 기업은 이와 같은 시장 상황 변화에 대응해 미래 가치를 어떻게 확보할 수 있을까? 소프트웨어는 지난 수십 년간 하이테크 산업의 주인공이었으며 그 이유를 이해하기란 어렵지 않다. 이 시대는 PC와 모바일 전화로 정의된 혁신적인 디지털 정보통신 기술 변화로 정의할 수 있으며, 반도체 기술 스택 아키텍처(반도체 평면에 셀을 복층으로 쌓아 올려 집적도를 높이는 기술이다. 이와 반대로 아래로 파고들면서 집적도를 높이는 공법을 트랜치trench 공법이라 한다)와 소프트웨어 레이어는 몇 가지 중요한 발전을 가능하게 했다. 집적도를 높이는 공법의 변화 과정에서 반도체 기업은 한때 어려운 기술적 한계에 봉착했었다.

칩 디자인과 제조에서의 혁신이 차세대 장치를 만들어냈지만 기술 스택에서 나오는 가치 중 20~30% 정도밖에 얻지 못했던 것이다. 모바일에서는 이보다 더 불량률이 높아 10~20% 정도만 제대로 기능하는 칩을 얻을 수 있었다. 하지만 AI 산업의 성장은 반도체 기업에 성장 기회를 제공했고 이는 또 다른 반도체 산업의 부흥에 단초 역할을 할 수 있다. 이미 많은 AI 응용프로그램이 폭넓게 받아들여지고 있다. 최근 맥킨지 연구에 따르면, 생성형 AI^Gen AI 응용프로그램은 세계 경제에 연간 최대 4.4조 달러의 가치를 추가할 수 있다고 추정한다. 실제로 기술, 미디어 및 통신 분야에서 AI와 연결되지 않은 것은 다음 3년 안에 폐기물이 되거나 쓸모없어질 가능성이 있다. 예컨대, 우리의 가정을 관리하는 가상 어시스턴트와 범죄자를 추적하는 얼굴 인식 프로그램 등이 있다. 이러한 다양한 솔루션과 신흥 AI 응용프로그램은 하드웨어를 주요 혁신의 요소로 사용한다는 공통적 특징을 갖는다.

특히 논리 칩과 메모리 기능을 위한 새로운 혁신을 맞이할 순간에 직면하고 있다. 이러한 발전은 당연히 반도체 판매와 수익에 상당한 영향을 미칠 것으로 보인다. 아울러 미래 혁신에 가장 중요한 칩은 무엇이 될까? 이러한 질문에 답하기 위해 현재의 AI 솔루션과 그것을 가능하게 하는 기술을 검토 및 분석해야 한다. 기술 스택 전반에서 반도체 기업에 열린 기회를 보면, 미래 가치 창출에 관한 중요한 세 가지 결과를 다음과 같이 정리할 수 있다.

첫째, AI는 반도체 기업에 기술 스택에서 총 가치의 40~50%를 차지할 수 있는 기회를 제공하면서 수십 년간 가장 좋은 기회를 줄 것으로 보인다. 둘째, 저장공간 확장 기술 분야는 가장 높은 성장을 경험할 것이고 반도체 기업은 연산, 메모리 및 네트워킹에 가장 많은 가치를 부여할 것이다. 셋째, 과거 가치 창출을 제한한 실수

자본주의의 적은 자본주의

를 피하기 위해 향후 반도체 기업은 특정 업계 혹은 맞춤형 솔루션을 제공하는 기업이 새로운 가치를 창출할 수 있도록 하는 '마이크로버티컬microvertical'[118]이라고도 하는 특정 분야에 집중할 필요가 있다. 이러한 비전과 사업 계획을 적극적으로 마음에 품고 있는 반도체 기업 리더만이 AI 분야에서 승리하기 위한 새로운 로드맵을 만들 수 있을 것으로 본다.

우리는 기술 스택에서 찾을 수 있는 기회를 검토하며, 데이터 센터 및 엣지 컴퓨팅에서 하드웨어 수요에 미치는 AI의 영향을 중점적으로 살펴보고자 한다. 그런 다음 연산, 메모리, 저장 및 네트워킹 내에서의 구체적인 기회를 검토해본다. 무엇보다 훗날 AI 시장에서 생존할 수 있는 새로운 전략과 다음 단계를 계획하는 반도체 기업이 고려해야 할 사항에 대해 다음과 같이 정리해본다.

첫째, AI 기술 스택은 반도체 기업에 많은 기회를 제공할 것이다. AI는 1950년대에 등장한 이래 중요한 발전을 이루었지만 그중 일부는 최근에 일어났다. 이는 개발자들이 빅데이터 세트를 처리하고 경험을 토대로 '학습'하며 시간이 지남에 따라 빅데이터의 분석 결과를 지속적으로 개선할 수 있는 정교한 머신러닝Machine Learningm, ML 알고리즘을 개발함으로써 이루어졌다. 가장 큰 발전은 2010년대에 딥러닝Deep Learning, DL이라는 머신러닝 기술의 개발로 이루어졌다. 딥러닝으로 인해 넓은 범위의 데이터를 처리할 수 있게 되었고, 인간에 의한 데이터 처리 비중이 감소한 상태에서 오히려 더 정확한 결과를 도출할 수 있게 되었다. 인간의 개입 없이 컴퓨터 스스로 빅데이터를 이용해 자기학습을 반복하는 가운데 축적된 또 다른

〈표 5〉 9개의 레이어로 이루어진 AI 기술 스택

기술	스택	정의	메모리
서비스	솔루션 및 사용 사례	통합 솔루션은 교육 데이터, 모델, 하드웨어 및 음성 인식 시스템과 같은 다른 구성 요소를 포함	메모리 • 처리 중에 짧은 기간 동안 데이터를 저장하는 전자 데이터 저장소 • 메모리는 일반적으로 DRAM[1]으로 구성
훈련	데이터 형태	AI 시스템 분석을 위해 제공된 데이터	
플랫폼	방법	모델 입력에 대한 가중치 최적화 기술	
	아키텍처	데이터에서 특성을 추출하기 위한 구조화된 접근 방식(예: 컨볼루션 또는 순환 신경망)	저장소 • 대용량 데이터 세트의 장기 저장을 위한 전자 저장소 • 저장소는 일반적으로 NAND[2]로 구성
	알고리즘	학습 중에 신경망 내에서 특정 모델 입력에 부여된 가중치를 최적화하기 위해 점진적으로 수정하는 규칙 세트	
	프레임워크	하드웨어에서 알고리즘을 정의하고 호출하기 위한 아키텍처를 정의하는 데 사용되는 소프트웨어 패키지	논리 • 인공 신경망 작업, 즉 합성 및 행렬 곱셈을 계산하는 데 최적화된 프로세서
인터페이스	인터페이스 시스템	소프트웨어와 하드웨어 간의 통신 경로를 결정하고 지원하는 프레임워크 내의 시스템	• 논리 장치는 일반적으로 CPU, GPU, FPGA 및/또는 ASIC[3]로 구성
하드웨어	헤드 노드	가속기들 사이에 계산을 조율하고 조정하는 하드웨어 유닛	네트워킹 • 클라우드의 서버를 연결하고 엣지 디바이스를 연결하기 위해 사용되는 스위치, 라우터 및 다른 장비
	가속기	AI에 필요한 고도의 병렬 작업을 수행하도록 설계된 실리콘 칩; 동시 계산을 가능하게 함.	

주: [1] 다이나믹 랜덤 액세스 메모리(DRAM). [2] NAND(NOT AND). [3] CPU(중앙처리장치), GPU(그래픽 처리장치), FPGA(현장 프로그래밍 게이트 어레이), ASIC(특수용도집적회로).

자료: McKinsey Company, McKinsey on Semiconductors, No. 7, October 2019. McKinsey.

자본주의의 적은 자본주의

빅데이터를 반복하여 활용하는 것이다.

반도체 기업에 AI가 기회를 제공하는 이유를 이해하기 위해 〈표 5〉를 참고하기 바란다. 이 기술 스택은 AI 응용프로그램을 가능케 하는 두 가지 활동, 교육 및 추론을 가능케 하는 아홉 개의 분리된 레이어(층)으로 구성돼 있다. 개발자들이 교육 및 추론 능력을 개선하고자 할 때, 종종 하드웨어 레이어와 관련해 어려움을 겪는데, 이 레이어는 저장공간, 메모리, 논리 및 네트워킹 등을 포함하는 개념이다. 반도체 기업은 차세대 가속기 아키텍처를 제공함으로써 계산 효율성을 높이거나 대용량 데이터 세트 전송을 용이하게 할 수 있다.

예를 들어 AI를 위한 특수 메모리는 전통 메모리보다 대략 대역폭이 4.5배 넓어서 AI 응용프로그램이 필요로 하는 방대한 데이터를 저장 처리하기에 더 적합하다. 최근 SK하이닉스가 반도체 부문에서 큰 수익을 낸 고대역폭 메모리 반도체 칩인 HBM3의 제작 생산이 메모리칩 쪽에서의 '마이크로버티컬' 기술인 셈이다. 이처럼 성능이 향상되면 많은 고객이 특수 메모리가 요구하는 더 높은 가격을 지불할 의향을 더 많이 보일 것이기 때문이다. (표준 메모리의 경우 기가바이트당 약 8달러인 데 반해 특수 메모리는 기가바이트당 약 25달러다.)

둘째, AI는 데이터센터와 엣지 컴퓨팅에서 반도체 수익의 상당 부분을 주도할 것이다. AI에서 하드웨어가 차별화 요소로 작용함에 따라, 반도체 기업은 기존 칩에 대한 더 큰 수요를 찾을 것이며, AI 가속기와 같은 새로운 기술을 개발함으로써 이익을 얻을 수도 있다. 우리는 이러한 AI 기회가 수익에 어떤 영향을 미칠지를 추정하고, AI 관련 칩이 향후 수요에서 어떤 중요한 부분을 형성할 것인지를 결정하기 위한 모델을 만들 수도 있을 것이다. 2019년 맥킨지의 연구 결과에 따르면, AI 관련 반도체는 다음 몇 년 동안 연평균 약 18%의 성장과 함께, 비-AI 응용프로그램에 사용되는 반도체의 성장 속도보다 다섯 배나 급성장할 것으로 예상된다. 2025년까지 AI 관련 반도체는 모든 반도체 수요 가운데 약 20%, 약 650억 달러의 수익을 창출할 것으로 기대된다. 기회는 데이터센터와 엣지에 있다. 이 성장이 예상대로 실현되면, 반도체 기업은 이전의 혁신으로 얻은 것보다 AI 기술 스택에서 더 많은 가치를 창출할 수 있을 것으로 보인다. 이는 반도체 산업 전체 가치의 약 40~50% 정도 규모다.

셋째, AI는 메모리 반도체 기술 분야에서 가장 많은 성장을 겪겠지만, 가치창출을 위한 가장 좋은 기회는 오히려 다른 세그먼트에서 찾아볼 수 있다. 각 분야의 데이터센터와 엣지에서 하드웨어 수요가 어떻게 변화하고 있는지도 중요하다. 네트워킹을 제외한 각 범주에서 예상되는 성장을 양적으로 살펴볼 때, 반도체 기업에는 상대적으로 AI 관련 가치 창출 기회가 적을 것으로 판단된다.

연산

연산 처리 성능에는 중앙처리장치Central Processing Unit, CPU와 가속기 장치인 그래픽처리장치Graphics Processing Unit, GPU, 현장 프로그래밍이 가능한 게이트 배열Field Programmable Gate Array, FPGA 및 응용프로그램별 집적회로Application Specific Integrated Circuit, ASIC 등이 필요하다. 각 사용 사례마다 연산 요구사항이 다를 것이므로 최적의 AI 하드웨어 아키텍처가 용도에 따라 다를 수밖에 없다. 예를 들어 경로 계획 응

자본주의의 적은 자본주의

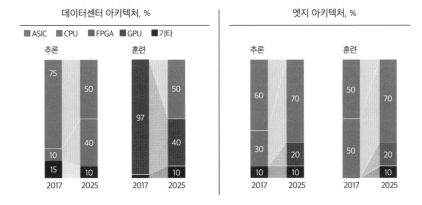

〈그림 25〉 데이터센터와 엣지 모두에서 훈련 및 추론 하드웨어에 대한 수요가 증가하는 추세

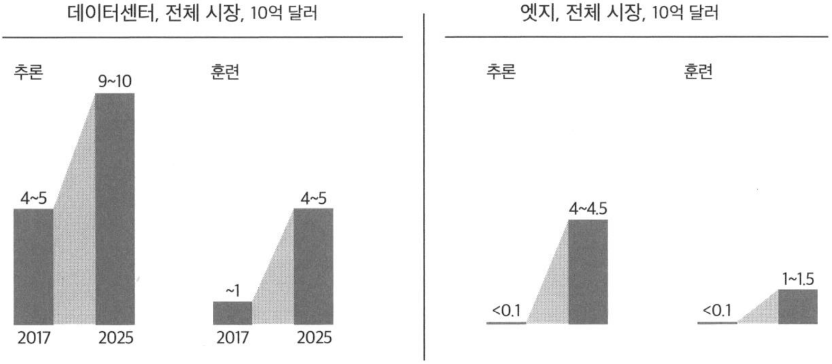

데이터센터, 전체 시장, 10억 달러 | 엣지, 전체 시장, 10억 달러

〈그림 26〉 데이터센터와 엣지에서 선호되는 아키텍처의 변화

데이터센터 아키텍처, % | 엣지 아키텍처, %

자료: McK Semiconductors Oct 2019-Full Book-V12-RGB.pdf

용프로그램Route-planning applications은 자율주행이나 금융 리스크 분류
와 같은 응용프로그램과는 다른 빠른 처리 속도, 하드웨어 인터페
이스를 비롯한 여타 성능의 소프트웨어 기능을 필요로 한다.

전반적으로 연산 하드웨어의 수요는 2025년까지 계속 증가할
것으로 예상된다. 추론inference 및 학습훈련training 사항을 고려한 딥

러닝 사례를 분석하면 데이터센터와 엣지에서 가장 많이 사용되는 아키텍처를 식별할 수 있다(〈그림 25〉, 〈그림 26〉 참조).

먼저, 데이터센터 사용과 관련하여 컴퓨팅 부문 성장은 대부분 클라우드 컴퓨팅 데이터센터에서 AI 응용프로그램에 대한 수요가 급증하면서 비롯된다. 현재 거의 모든 트레이닝 응용프로그램에 GPU가 사용되고 있다. ASIC[119]가 시장에 진입하면, GPU는 데이터 러닝 요구를 충족시키기 위해 더 맞춤화될 것으로 예상된다. ASIC와 GPU 외에도 FPGA가 미래 AI 학습훈련에서 작은 역할을 할 것으로 예상되며, 이는 시장에 빨리 진입해야 하거나 프로토타입용으로 사용되는 특수 데이터센터 응용프로그램에 적합한 가속장치다.

추론 부문에서는 현재 CPU가 시장의 약 75%를 차지하고 있다. 그러나 딥러닝 응용프로그램이 주목받을수록 ASIC로 인해 시장 점유율을 잃을 것으로 예상된다. 2025년까지는 연산시장에서 수요의 약 50%를 CPU가 차지하고 ASIC는 40%를 차지할 것으로 예상된다. 엣지 응용프로그램에서 대부분의 엣지 학습훈련 방식은 현재 노트북 및 개인용 컴퓨터에서 이루어지고 있다. 하지만 더 많은 기기가 데이터를 기록하기 시작하고 현장 학습훈련에서 역할을 하게 될 것이다. 예를 들어, 석유 및 가스 탐사 중에는 유정의 지질 특성과 관련된 데이터가 모델 훈련에 사용될 수 있다. 가속기의 경우, 학습훈련 시장은 현재 CPU와 ASIC에 거의 동일하게 분배되어 있다.

그러나 미래에는 소자 내 시스템에 내장된 ASIC가 수요의 약 70%를 차지할 것으로 예상된다. FPGA는 약 20%의 수요를 대표하며 주로 중요한 사용자 정의가 필요한 응용프로그램에 사용될 것으

자본주의의 적은 자본주의

로 예상된다. 추론과 관련해서는 대부분의 엣지 장치가 현재 CPU 또는 ASIC에 의존하고 있으며, 자율주행 자동차와 같은 몇 가지 응용프로그램에는 GPU가 필요하다. 2025년까지는 ASIC가 엣지 인퍼런스 시장의 약 70%를 차지하고 GPU가 20%를 차지할 것으로 예상됨에 따라 ASIC 시장은 더욱 커질 것으로 기대된다. 범용성이 높은 표준 IC와 달리 ASIC는 고객이나 사용자가 요구하는 특정한 기능을 갖도록 설계·제작된 IC다. 즉 미래의 연산처리 기술은 각 사용자마다 용도가 다를 수밖에 없다는 점에서 사용자가 특정 용도의 반도체를 주문하면 반도체 업체가 이에 맞춰 설계·제작해주는 응용프로그램별 반도체 집적기술이다. 주문형과 게이트 어레이형이 있다. 후자는 기본적인 게이트를 여러 개 배열해놓고 이들 사이의 배선만 이어준다.

메모리

AI 응용프로그램은 컴퓨터 심층 신경망 내에서 입력 데이터를 가능한 빠르게 수천 개의 코어로 전송해야 하므로 고메모리 대역폭 반도체칩이 필요하다. 고대역폭High Bandwidth Memory, HBM 혹은 광대역폭 메모리라 불리는 고성능 RAM 인터페이스는 최신의 고성능 컴퓨터와 그래픽 카드에서 사용되며, 고성능 그래픽스 가속기 및 네트워크 장치와 결합하기 위해 사용된다. HBM을 채용한 최초 장치는 AMD 피지Fiji GPU다. 메모리는 입력 데이터를 저장하고 모델 매개변수를 가중화하며 추론 및 훈련 중에 기타 기능을 수행해야 하므로 일반적으로 '동적 랜덤 액세스 메모리Dynamic Random-Access

Memory, DRAM'120를 필요로 한다.

예를 들어 말의 이미지를 인식하도록 훈련된 모델을 생각해보자. 인식 프로세스의 모든 중간 결과, 색상, 윤곽 및 질감 등은 모델이 알고리즘을 미세 조정할 때 메모리에 모두 보관 및 존재하고 있어야 한다. 그 용량이 크면 클수록, GPU와 가깝게 배치되어 있으면 있을수록, 연산처리 능력은 빨라진다. 이러한 수요로 인해 AI는 메모리 시장에 큰 기회를 부여할 것으로 예상되며, 2017년의 64억 달러에서 2025년에는 120억 달러로 시장 규모가 증가할 것으로 본다. 그럼에도 향후 메모리는 세 가지 가속기 범주 중에서 점차 줄어드는 비트bit 정밀도와 업계의 수용량 제약이 일부 완화되는 효율적인 알고리즘 설계 때문에 연간 성장률이 약 5~10%로 가장 낮을 것으로 예상된다.

대부분의 단기 메모리 부문 성장은 AI, 기계학습 및 딥러닝 알고리즘의 실행에 필요한 고대역폭 DRAM의 데이터센터에서의 수요 증가로 인해 발생할 전망이다. 그러나 시간이 지남에 따라 엣지에서 AI 메모리 수요도 증가할 것으로 예상된다. 무인 자동차나, 드론 및 다양한 로봇 등의 움직임과 통신을 위해서는 더 많은 DRAM이 필요할 것이기 때문이다. 현재 메모리는 일반적으로 CPU용으로 최적화되어 있지만, 개발자들은 새로운 아키텍처를 구상하고 있을 법하다. 이에 더 많은 관심을 끌고 있는 솔루션은 다음과 같다.

첫째, HBM 기술은 AI 응용프로그램이 최대 속도로 대용량 데이터 세트를 처리하면서 전력 요구를 최소화할 수 있게 한다. 이 기술을 통해 딥러닝 컴퓨팅 프로세서는 HBM 제작용 실리콘 관통 전극

Through-Silicon Via, TSV 이라는 빠른 연결을 통해 메모리의 3차원 스택에 액세스할 수 있게 한다. 구글 및 엔비디아 같은 AI 칩 선두 기업들은 HBM을 선호하는 메모리 솔루션으로 채택했지만, 가격 면에서 기가바이트당 기존 DRAM보다 세 배 비싸다. 고가의 메모리칩에도 불구하고 기업들은 성능 향상을 위해 비싼 AI 하드웨어 비용을 기꺼이 지불하고자 하는 그들 고객의 의지를 잘 읽어내고 있다.

둘째, 딥러닝에서는 모델이 복잡해질수록 처리해야 할 데이터의 크기가 커진다. 따라서 메모리 대역폭 문제가 발생할 수 있는데, 이를 해결하기 위해, GPU에서는 스크래치 패드Scratch Pad, SP를 사용해 메모리 대역폭을 줄이고 실행 속도를 높이는 방법을 이용하고 있다. SP를 사용하면, 데이터를 메인 메모리에서 복사해 CPU와 GPU 사이에 전송하는 시간이 줄어들고, CPU와 GPU가 데이터를 공유하는 데 필요한 복잡한 동기화 절차를 생략할 수 있기 때문에 연산 시간과 전력 사용량 등에서 비용을 낮출 수 있다. 즉 SP를 사용하면 메인 메모리의 부하와 전력 소모를 줄일 수 있다. 이를 소자 내 메모리On-chip memory라 하며, 일반적으로 레지스터register, 캐시 메모리 Cache memory, SP 등 다양한 형태로 구현된다. 딥러닝 컴퓨팅 프로세서에 있어서 DRAM 또는 다른 외부 메모리 소스에서 데이터를 저장하고 액세스하는 데 소자 내 메모리가 있는 경우, 같은 칩 내에서 메모리를 사용하는 것보다 데이터 처리 속도가 100배나 느려질 수 있다.

구글은 텐서 처리 유닛Tensor Processing Unit, TPU[121]이라는 AI에 특화된 ASIC를 설계할 때, 이 칩에 전체 모델을 저장할 수 있는 충분한 메모리를 포함시켰다. 그래프코어Graphcore 같은 스타트업도 소자 내 메모리 용량을 더욱 증가시켜서 AI 계산의 속도를 극대화하는 혁신적인 아키텍처를 통해 일반 GPU에 비해 약 1,000배 더 많은 메모리를 제공하고 있다. 소자 내 메모리는 여전히 대부분의 응용프로그램 개발 및 운용에 있어 비용적 측면에서 가장 큰 제약조건이기 때문에 향후 칩 디자이너는 이 도전을 극복해야 한다.

스토리지

AI 응용프로그램은 매년 어느 정도 데이터를 생성할까? 약 80엑사바이트[122]의 데이터를 생성한다. 이 데이터 용량은 2025년까지 845엑사바이트로 증가할 것으로 예상된다. 또한 개발자들은 AI 및 딥러닝 훈련에 더 많은 데이터를 사용하고 있으며, 이로 인해 스토리지 용량 수요도 엄청난 규모로 매년 증가하고 있다. 맥킨지의 추정으로 2017~2025년까지 스토리지 부문의 연간 성장률은 25~30%로 평가된다. 제조업체는 수요와 조달이 매년 급증할 것으로 보고 스토리지 가속기의 생산량을 늘릴 것이다.

서로 다른 사용 사례에 일반적으로 쓰이도록 설계된 기존 범용 스토리지 솔루션과 달리 AI 솔루션은 변화하는 요구사항에 적응해야 한다. 이는 응용프로그램이 훈련용인지 추론용인지에 따라 달라지는데 예를 들어, AI 훈련 시스템은 알고리즘을 개선하기 위해 대용량의 데이터를 저장해야 하지만, AI 추론 시스템은 미래 훈련에 유용한 입력 데이터만 저장하면 되므로 상대적으로 데이터 입력 용량이 적을 수 있다. 스토리지 분야에서 잠재적인 혼란 요인은

자본주의의 적은 자본주의

새로운 형태의 비휘발성 메모리Non-Volatile Memory, NVM[123]다. 새로운 NVM 형태는 DRAM과 NAND 플래시[124]와 같은 기존 메모리와 기존 스토리지 사이의 특성을 가지고 있으며, 이러한 특성으로 인해 새로운 응용프로그램이 가능해지고, NVM은 다른 용도의 DRAM 및 NAND를 대체할 수 있을 것으로 보인다. 현재 이러한 NVM 형태의 시장 규모는 크지 않지만, 적어도 향후 몇 년 동안 수익은 약 10~20억 달러 정도가 될 것으로 보인다. 2027년까지는 약 100억 달러 이상의 수익을 낼 것으로 기대된다.

NVM 범주에는 여러 기술이 포함되어 있으며, 모든 기술은 메모리 액세스 시간 및 비용에서 차이를 보인다. 예컨대, 자기 저항성 랜덤 액세스 메모리Magnetic Random Access Memory, MRAM[125]는 나노 자석을 활용해 데이터를 저장하는 독특한 방식을 사용하며, 이를 통해 컴퓨터 성능과 데이터 안정성을 현저히 향상시키는 기술이다. MRAM은 읽기 및 쓰기의 대기 시간이 가장 낮고, 5년 이상의 데이터 보존력 및 훌륭한 내구성을 가지고 있다. 그러나 그 용량 확장성에 제한이 있어, 자주 액세스되는 캐시용의 대안이 될 수 있다. 저항성 랜덤 액세스 메모리Resistive Random Access Memory, ReRAM[126]는 수직으로 확장할 수 있는 가능성이 있어서 확장성과 비용 측면에서 이점이 있지만 지연 시간이 더 길고 내구성이 약하다는 단점이 있다.

네트워킹

AI 응용프로그램은 훈련 중에 많은 서버를 필요로 하며 시간이 지남에 따라 컴퓨터 간 네트워킹 수가 더욱 증가할 수밖에 없다. 초기 개발자들은 AI 모델을 구축하는 데 하나의 서버만 필요했지만, 이제 좀 더 정밀하고 정확한 구조체제로 개선하려면 적어도 100대 내외의 서버가 필요하다. 그러나 실제 데이터로 딥러닝을 훈련하는 경우(다음 단계로 논리적으로 진행되는 경우) 수백 대의 서버가 필요할 수 있다. 예컨대, 자율주행 모델은 장애물 감지에서 97%의 정확도를 달성하려면 140대 이상의 서버가 필요하다고 한다.

일반적으로 서버를 연결하는 네트워크의 속도가 느린 경우, 훈련 과정에서 발생하는 병목현상 문제는 자칫 큰 사고를 유발할 수 있는 위험요인이다. 현재 네트워크 속도의 향상을 위한 전략은 거의 데이터센터 하드웨어에만 집중되어 있지만, 개발자들은 데이터를 다양한 방향으로 라우팅routing 할 수 있는 다른 옵션을 연구하고 있다. 여기에는 프로그램 가능한 스위치도 포함된다. 이 연구 성과는 다중서버 간 입력 가중치를 업데이트할 때 필요한 작업 중 가장 중요한 작업인 '재동기화resynchronize'에 거의 즉각적으로 적용할 수 있으며 훈련 속도를 두 배에서 열 배로 높일 수 있다. 가장 큰 성능 향상은 가장 많은 서버를 사용하는 대형 AI 모델에서 나올 것이 분명하기 때문이다.

네트워킹을 개선하는 또 다른 옵션으로는 서버 내에서 고속 인터커넥션interconnection 을 사용하는 기술이다. 이 기술은 성능을 세 배 향상시킬 수 있지만 현재보다 약 35% 정도의 추가 비용이 발생한다는 단점이 있다.

반도체 제조 및 설계 기업은 AI 시장에서 새로운 전략이 필요할 것으로 보인다. 가능성이 분명치 않을지라도 장기간의 투자 비용에 대한 재원 마련도, 기술 개발 및 상품과 서비스 응용을 통한 시장개척의 부담도 반도체 업체의 몫이다. 하지만 이들 반도체 기업이 반도체칩과 소프트웨어의 독자 기술만 개발하려 들면 상당한 리스크를 감내해야 한다. 미래 산업, 특히 우주항공으로 집약되는 모든 디지털 정보통신 산업은 향후 융복합화 과정을 반드시 거칠 수밖에 없기 때문이다. 따라서 이들은 정부의 재정적·제도적 지원 아래 여타 산업군과 함께 대학의 연구인력을 대거 동원하여 미래 부가가치가 높은 기초산업과 응용산업을 개발, 소비자의 수요를 창출하거나 만족시켜야 한다.

이들 혁신 기업은 미래 가치를 확보하기 위해서 특정 산업을 위한 엔드-투-엔드 솔루션('마이크로 버티컬 솔루션'이라고도 함)과 생태계(에코시스템) 개발, 컴퓨팅, 메모리 및 네트워킹 기술의 개선을 넘어선 혁신에 집중해야 한다. 소비와 투자 고객은 강력한 투자수익을 창출하는 마이크로 버티컬 솔루션을 가치 있게 여길 것이기 때문이다.

AI 하드웨어 솔루션은 기술 스택의 모든 다른 레이어, 즉 서비스 레이어의 솔루션 및 사용 사례와 호환될 때에만 유용하다. 반도체 기업은 이 목표를 달성하기 위해 두 가지 경로를 택할 수 있으며 이미 몇몇 기업은 그렇게 하고 있다. 첫째, 특정 산업을 위한 AI 하드웨어를 개발하기 위해 파트너와 협력해 엔드-투-엔드 솔루션을 만들 수 있다. 예를 들어, 미틱Mythic은 헬스케어 및 군사 산업 내의 이미지 및 음성 인식 애플리케이션에 대한 엣지 추론을 지원하기 위한 ASIC를 개발했다. 반면(둘째), 반도체 기업은 엔비디아가 GPU와 같이 광범위한 산업 솔루션을 가능하게 하는 AI 하드웨어를 개발하는 데 중점을 둘 수 있다.

　선택하는 경로는 분야에 따라 다를 수 있다. 메모리와 스토리지 기업의 경우 솔루션은 마이크로 버티컬을 가로질러 동일한 기술이 요구되는 경향이 있다. 그러나 컴퓨팅에서는 AI 알고리즘 요구사항이 상당히 다를 수 있다. 예를 들어, 자율주행차의 엣지 가속기는 클라우드를 사용하는 언어 번역 애플리케이션과는 전혀 다른 데이터를 처리해야 한다. 이러한 상황에서는 다른 레이어를 하드웨어와 호환되도록 구축하는 여타 플레이어에 의존할 수 없다.

AI 반도체 요약

　기업의 혁신은 지속적인 생존을 위한 필요조건이다. 정부는 기업 활동을 통해 생산과 고용을 증대할 수 있도록 정책과 규제, 제도를 확충하고 지원해야 한다. 교육 프로그램을 통해 필요한 인재를 육성하고, 의료보험 제도와 같은 사회보장제도를 통해 국민의 건강과 은퇴 후 노후생활에 대한 안정적 기반을 제공해야 한다. 이런 모든 활동에는 기업의 투자와 생산이 가장 기초가 된다. 따라서 혁신은 창조적 기업가가 반드시 갖춰야 할 덕목이다. 여기서부터 국가 발전의 기초가 만들어진다는 것은 여러 번 강조해도 지나치지 않다. 근로자의 노동과 자본은 국가 생명력의 가장 필수적인 필요조건이다. 특히 시대 변화 속에 펼쳐지는 생산 수단과 방법의 급격한 변화에 1초라도 뒤처진다면 국가 경제와 국민의 생활 수준과 안정, 행복지수는 급격히 하락한다.

　한국 사회에 출산율이 0.7명대라는 사회적 현상은 사람들이 미

자본주의의 적은 자본주의

래에 대한 확신과 희망을 느끼지 못한다는 의미다. 기업의 투자와 고용이 절대적으로 중요하다는 점을 재차 강조하면서, i4.0을 위한 기업의 스택을 한 층 더 끌어올려야 한다. 메모리 혹은 비메모리 반도체 등 개별 반도체 산업에 대해 지적하기보다 AI 혁신을 가능케 하는 소프트웨어 부문의 혁신을 강조해야 한다. 대개 하드웨어 기업은 계산 프로세스를 개선하는 데 집중한다. 기존에는 최적화된 컴퓨팅 가속기를 제공하거나 메모리, 스토리지 및 네트워킹 혁신을 통해 컴퓨팅과 데이터 간의 학습과 이동, 축적 경로를 간소화하는 등의 전통적인 전략이 주를 이루었다. 하지만 하드웨어 기업은 이러한 단계를 넘어서 스택을 상위로 올려 다른 형태의 혁신을 추구해야 할 때다.

흔히 얘기하는 '초격차'의 시대는 이처럼 i4.0에 해당하는 산업의 발전을 의미한다. 빛의 속도로 정보가 송수신되는 단계에서 그 정보를 취합해 순식간에 AI 프로세스로 판단할 수 있어야 한다. 초격차 시대에 잠깐의 머뭇거림은 도태나 소멸을 의미한다. 앞서 양자역학에 대한 기초 상식을 정리한 이유도 양자컴퓨팅 시대에 준비할 필요성을 강조하기 위함이다. 미국과 유럽 선진국은 이미 그 토대를 마련한 것으로 봐도 무방하다. 단순한 0과 1로 이루어진 비트 신호에서 '00', '01', '10', '11'로 중첩된 형태의 신호체계가 일반화된다면 어떠한 해킹과 바이러스 공격에도 자유로운 기술이 새로운 문명을 시작할 것으로 보인다.

마치 필자가 대학생 때 매킨토시 컴퓨터가 첫선을 보일 때처럼, 조만간 양자컴퓨터 시대의 초기 PC모델이 상용화된다면, 그래서

스마트폰을 비롯해 개인이 사용하는 모든 문명의 이기에 대한 보안 체계가 강화될 경우, 스마트폰은 더 이상 하드웨어가 필요 없어질 수도 있다. 홀로그램이 6G와 웹 3.0을 통해 상용화되면, 인간의 삶도 매우 역동적으로 변화할 수밖에 없다. 이러한 변화의 시작을 이 자리에 머물고 있는 우리로서는 제대로 이해하지 못하겠지만, 마치 아인슈타인의 특수상대성이론에서처럼 기차 안에서 보는 게 아니라 밖에서 기차를 바라본다면, 21세기 이후 인류 문명은 상상 그 이상으로 진화와 진보를 거듭할 것이 분명하다.

예컨대 스마트폰에서의 개인 인증은 이미 AI 기반 얼굴 인식 시스템으로 가능해졌다. 여기에는 특수 소프트웨어와 사용자 얼굴의 기하학적 지도Geometric map를 캡처해 수천 개의 가시적인 점을 투영하는 3D 센서가 이용된다. 이러한 점들은 카메라의 수백만 화소보다 처리하기가 훨씬 더 쉽다. 따라서 이러한 인증 시스템은 순식간에 빛의 속도로 작동함으로써 거의 모든 사람에게 어떤 피해나 불편함 없이 적용할 수 있다. 한편 하드웨어 기업은 센서나 다른 혁신적인 기술이 개발되고 운용될 때 다양한 방법으로 새로운 AI 사용 사례를 만들어낼 수 있다.

반도체, 특히 AI 관련 주요 하드 및 소프트웨어 생태계 내에서의 적극적인 참여와 투자는 반도체 산업에 유리한 고지를 점하고 있는 한국 경제에 있어 지속적인 성장을 위해 매우 중요하다. 다만, 부가가치가 높고 오리지널 기술 개발에 따른 수익구조에 유리한 비메모리 분야에서의 생산 및 설계 능력은 미력하다. 반도체 기업은 널리 사용되는 제품을 제공하여 소프트웨어 개발자의 하드웨어 선호도와 제품 신뢰도를 확보하고, 그에 대한 영향력을 행사함으로써 소프트웨어 개발자 생태계를 조성해야 한다. 소프트웨어 개발자의 생태계가 풍성해지면, 또 다른 하드웨어가 개발되고 제품이 업그레이드되면서 상호 간 협력과 융복합화의 진전이 이루어진다.

인류 문명의 발전은 더욱더 높은 지성과 지혜로운 판단을 통해 새로운 변화의 장을 열 것이다. 소프트웨어 개발자를 자사 생태계로 끌어들이기 위해 반도체 기업은 가능한 한 복잡성을 줄여야 한다. 현재 이전보다 더 많은 종류의 AI 하드웨어가 있으므로, 새로운 가속기를 비롯한 간단한 인터페이스와 소프트웨어 플랫폼 기능을 제공해야 한다. 예를 들어 엔비디아는 여러 프로그래밍 언어와 함께 작동하는 병렬 컴퓨팅 플랫폼 및 응용프로그램 프로그래밍 인터페이스인 쿠다Compute Unified Device Architecture, CUDA [127]를 개발해 소프트웨어 개발자가 일반연산 처리를 위해 쿠다 기능이 있는 GPU를 사용할 수 있게 했다. AI가 21세기 IT 산업의 핵심 키워드로 떠오르고, 개별 노드도 간단한 추론 수준은 할 수 있도록 AI 가속기가 보편화됨에 따라 자연스럽게 쿠다의 중요성이 커졌지만, 쿠다의 가장 큰 문제는 엔비디아 이외의 그래픽 카드에서는 작동하지 않는다는 것이다. 만일 다른 그래픽 카드에 병렬 연산을 시키고 싶다면 OpenCLOpen Computing Language [128]을 사용할 수 있다.

엔비디아는 소프트웨어 개발자에게 딥러닝 애플리케이션에서 사용할 수 있는 기본 요소 컬렉션에 대한 사용권을 제공한다. 이제 이 플랫폼은 수천 개의 애플리케이션에 배포되었고, 전략적으로 중요한 산업 부문에서는 엔비디아가 자체 소프트웨어 개발 키트를 제공하기도 한다. 예를 들어, 자율주행차용 소프트웨어 개발을 지원하기 위해 엔비디아는 '드라이브웍스DriveWorks'라는 소프트웨어를 제작했다. 여기에는 자동차의 카메라와 센서에서 데이터를 해석하는 데 도움이 되는 객체 감지 라이브러리를 비롯한 사용 준비 소프트웨어 도구가 모두 포함되어 있다.

특정 하드웨어 아키텍처에 대한 소프트웨어 개발자 커뮤니티의 선호도가 높아질수록 기업의 브랜드 가치가 커지고, 그로 인해 더 높은 채택률과 고객 로열티를 기대할 수 있게 된다. 최종 사용자에게 실질적인 가치를 제공하는 플랫폼만이 구글의 텐서플로TensorFlow[129]와 같은 대규모 하이테크 기업이 소비자에게 제공하는 포괄적 제품과 경쟁할 수 있다. 텐서플로는 데이터 흐름 프로그래밍을 위한 오픈소스 소프트웨어 라이브러리다. 심볼릭 수학 라이브러리이자, 인공 신경망Artificial neural network 같은 기계학습 응용프로그램 및 딥러닝에도 사용된다. 비교적 짧은 시차를 두고 엔비디아는 2006년 병렬 컴퓨팅 플랫폼인 쿠다를 출시했고, 2010년 GPU의 범용 연산인 GPGPU[130]를 선보이며 칩 생태계를 확장했다.

이는 클라우드 데이터센터, 슈퍼컴퓨터, 암호화폐 채굴, AI 딥러닝, 자율주행 등 빅데이터를 신속히 처리해야 하는 차세대 산업 전반에 꼭 필요한 기술이다. 이 기술로 인해 엔비디아는 급속한 성장을 이루었다. 혁신은 무엇보다 중요하며 생태계 내의 각 플레이어는 자신들이 개발한 제품의 스택을 통해 상위 기업으로 진출해야 한다. 그만큼 세상은 기업 제품이 갖는 차별적 특성과 경쟁력에 신뢰를 표시한다. AI 산업 생태계에서도 경제의 규모, 범위 및 밀도의 세 요소는 기업 브랜드와 신뢰도 구축에 핵심적인 충분조건이다.

한국의 배터리 산업이 글로벌 경쟁력이 높다고 알려져 있지만 반드시 그렇지 않을 수 있다. 자동차, 로봇 및 드론처럼 향후 많은 전기전자제품이 배터리를 장착하게 될 텐데, 여기서는 '배터리 관리 시스템Battery management system'이 매우 중요한 역할을 한다. 수백 개의 배터리 셀을 연결한 이 박스는 각 셀의 안전성과 전압의 생성과 저장 등을 인공지능적으로 관리하는 역할을 한다. 따라서 위에서 언급한 AI 비반도체 기술과 가속기 장치의 발전이 불가피하다. 단순한 메모리 반도체의 생산만으로는 배터리 기술의 개발과 안정성 등을 보장할 수 없다. 반도체 산업은 설계, 부품-소재, 생산, 패키징 등으로 이루어진다. 배터리 산업은 양극재, 음극재, 전해질 및 분리막 등의 기술로 이루어진 것으로 알려져 있다. 앞서 언급했듯이, 미래 산업은 모든 산업 간의 융복합화가 불가피하다는 점에 주목해야 한다.

양자컴퓨터

정의

양자컴퓨팅은 매우 복잡한 문제를 매우 빠르게 해결하기 위해 기본 물리학 원리를 사용하는 새로운 계산 방법이다. 동전을 던진다고 가정해보자. 앞면 혹은 뒷면 중 어느 것이 나올까? 물론, 동전이 어떻게 떨어지는지 결과를 볼 때는 앞면과 뒷면 중 하나가 나올 것이다. 하지만 동전이 공중에서 돌아갈 때에는 앞면도 뒷면도 아닌, 앞면과 뒷면 둘 다가 될 가능성이 있다. 바로 이 회색 영역이 양자컴퓨팅을 설명하는 단순화된 사례라고 할 수 있다. 디지털 컴퓨터는 수십 년 동안 정보처리를 쉽게 만들어왔다. 그러나 양자컴퓨터는 컴퓨팅을 완전히 새로운 수준으로 끌어올릴 것으로 예상된다. 양자컴퓨터는 컴퓨팅에 대한 완전히 새로운 접근 방식을 나타내며, 오늘날의 컴퓨터를 대체하지는 않겠지만 양자물리학의 원리를 사용해 오늘날의 컴퓨터로는 해결하기 어려운 매우 복잡한 통계 문제를 해결할 수 있을 것으로 기대된다.

양자컴퓨팅은 미래 기술의 변화 가운데 커다란 트렌드라고 충분히 평가할 수 있다. 미래 산업으로서 폭발적 성장 가능성과 역동성이 매우 크다고 하겠다. 예컨대 양자컴퓨팅만으로도 2035년까지 약 1.3조 달러의 가치를 창출할 수 있을 것으로 예상된다. 양자컴퓨터는 클래식 디지털 컴퓨터와는 다르다. 디지털 컴퓨터는 0 또는 1을 나타내는 비트라는 정보 단위를 사용해 정보를 저장한다. 반면에 양자컴퓨팅은 양자비트인 큐비트qubit를 사용한다. 큐비트는 0과 1의 어떤 조합도 동시에 낼 수 있으며 이를 포함한 정보를 저장할 수 있다. 이를 '중첩重疊, superposition'이라고 정의한다. 둘 이상의 파동이 만났을 때 새로 생기는 파동은 각각의 파동을 산술적으로 더한 값으로 나타내고, 이를 중첩이라고 하며 이렇게 중첩된 파동은 각각의 특성을 잃지 않고 다시 분리될 수 있다. 이를 좀 더 풀어서 설명하면, 일반적으로 파동함수는 시간과 공간에 대한 함수로 정의된다는 점을 앞서 양자역학에서 간단히 설명한 바 있다. 이때, 특정한 시간 값을 정하면 파동이 존재하는 공간에 각각의 파동 값이 정의되고 이를 파동의 면으로 나타낼 수 있다. 이러한 파동이 같은 시간에 같은 공간에 존재하게 되면 각각의 파동이 중첩의 원리에 따라 합성된 새로운 파동이 정의된다. 새로운 파동은 같은 시간과 같은 공간에서 나타나는 각각의 파동 값을 산술적으로 더해서 구할 수 있다. 마주 보며 진행하는 두 개의 파동은 마루와 마루가 접근하다가 교차하고 다시 멀어지는 과정을 반복한다. 한 개의 마루로만 이루어진 서로 다른 두 개의 파동을 충돌시키면 교차하는 지점에서 중첩이 일어나고 이후 다시 원래의 파동 진행 방향으로 멀어진다. 이를 통해 중첩의 원리하에서는 중첩되는 파동 간에 상호작용이 없음을 알 수 있다.

일반적인 디지털 컴퓨터는 복잡한 문제를 해결할 때 변수가 변경되면 그때마다 새로운 계산을 수행해야 하는 반면, 양자컴퓨터는 작업 공간이 더 커서 다양한 경로로 대규모 계산을 동시에 탐색할 수 있다. 파동의 중첩식을 참고하면 된다.

이는 양자컴퓨터가 일반 컴퓨터보다 훨씬 더 복잡한 계산식을 몇 배나 빠르게 풀 수 있다는 의미다. 2019년에 구글이 양자컴퓨터로 복잡한 문제를 해결한 중요한 성과를 거둔 것도 양자컴퓨팅의 중요한 발전이었다. 구글은 양자컴퓨터로 1분 20초 만에 문제를 해결했는데, 이 문제는 당시 디지털 컴퓨터로는 1만 년이 걸렸을 문제였다. 구글의 결과 발표는 컴퓨팅 역사에서 매우 중요한 이정표를 만들었지만, 이는 우리가 당장 현실에서 사용할 수 있는 실용적인 측면보다는 이론적인 전환으로 봐야 했다. 이 문제는 실제 세계에서는 전혀 사용되지 않았기 때문이다. 그러나 우리는 양자컴퓨터가 일상생활에 실질적인 영향을 미칠 시기가 빠르게 다가오고 있다는 것을 안다.

그렇다면 양자컴퓨터는 어떻게 문제를 해결할까? 오늘날의 클래식 컴퓨터의 문제 해결은 비교적 간단하다. 제한된 입력 데이터의 집합과 특정 추정식의 알고리즘을 사용하고, 이를 토대로 나타난 결과를 출력하면 된다. 현재 우리가 사용하는 디지털 컴퓨터에 데이터를 인코딩하는 비트들은 서로에 대한 정보를 공유하지 않는다. 독립적이라는 가정이 늘 따라다닌다. 양자컴퓨터는 다르다. 먼저 데이터가 큐비트로 입력될 때 큐비트는 다른 큐비트와 상호작용하여 여러 다른 계산을 동시에 수행할 수 있게 해준다. 회색지대에서는 앞면과 뒷면의 정확한 구분이 존재하지 않듯이, 이 둘의 독립된 정보도 상호 연관되어 움직이기 마련이다.

손바닥이든 땅 위에서든 떨어지는 순간 동전의 앞면과 뒷면은 결정된다. 이것이 양자컴퓨터가 클래식 컴퓨터보다 훨씬 빠르게 작동할 수 있는 이유다. 그러나 이것이 이야기의 끝이 아니다. 양자컴퓨터는 클래식 컴퓨터처럼 명확한 답을 제공하지 않는다. 대신 여러 가능한 답변 범위를 제공한다. 조건부 확률을 통해 가장 확률이 높은 답변이 나타날 가능성에 대한 자기학습 결과를 답에 포함시키기도 한다. 범위가 제한된 계산의 경우 클래식 컴퓨터가 여전히 우선 선택될 수 있지만, 매우 복잡한 문제라면 양자컴퓨터의 가능한 답변으로 범위를 좁힘으로써 시간을 절약할 수 있으며, 디지털 컴퓨터보다 훨씬 빠른 답을 내려준다.

상용화 시점

언제쯤 양자컴퓨터가 우리 주변에 등장할까? 양자컴퓨터는 일 반적으로 우리가 사용하는 데스크톱 컴퓨터와는 다르다. 삼성전자 대리점이나, 하이마트 같은 전자 도매상에 가서 구매할 수 있을 가 능성은 낮다. 대신에 처음 필자가 컴퓨터 프로그램을 포트란Fortran (1954년 IBM에서 시작된 컴퓨터 프로그램 언어)으로 실행할 때처럼, 중앙 처리시스템을 갖춘 몇몇 주요 업체에 의해 조작될 것으로 보인다. 따라서 운용 비용은 매우 고가일 것이다. 그렇기에 AI나 여타 디지 털 정보통신 기술의 경우에는 문명사적 발전과 문명의 이기화 과정 을 통해서 많은 사람이 기술들의 혜택을 보는 것과 달리 양자컴퓨 터의 경우에는 매우 특정한 기업이나 정부 같은 대규모 혹은 큰 비 용을 치를 수 있는 기관 등이 이를 활용할 것이다. 여기서 발생하는 상대적 편익의 크기는 현재 우리가 인용하는 '신금융 자본주의'보 다 더 큰 부가가치를 창출하고 양극화 문제를 야기할 수도 있다. 단 100분의 1초의 차이로도 주식거래 등 자산시장 거래에서는 '차익 거래Arbitrage trading'로 엄청난 수익을 챙길 수 있다는 점에 유의할 필 요가 있다.

이들은 자신들이 올린 금융소득에 대한 과세문제에서도 자유로 울 것이다. 왜냐하면 수백분의 1초 사이에 조세 규제의 빈틈을 발 견하고 빠져나갈 만큼의 기술 정보력을 갖추고 있기 때문이다. 어 쨌든, 당분간 양자컴퓨팅 분야의 주요 플레이어들과 소수의 스타트 업은 앞으로 몇 년 동안 자사의 컴퓨터가 처리할 수 있는 큐비트 수 를 꾸준히 늘려나갈 것이다. 양자컴퓨팅 부문의 발전과 진전은 느리게 이루어질 것이다. 2023년 맥킨지 보고서에 따르면 2030년까지 약 5,000대의 양자컴퓨터만 운영될 것으로 예상된다. 가장 복잡한 문제를 처리하기 위해 필요한 하드웨어와 소프트웨어는 2035년 이후에야 존재할 수 있을 것으로 보인다. 그러나 일부 기업은 그 이전에 양자컴퓨팅에서 가치를 창출하기 시작할 것이 분명하다. 앞서 지적한 대로, 그럼으로써 창출되는 편익의 크기가 비용의 크기보다 작게는 몇 배 크게는 몇백 배 높을 수 있기 때문이다.

1만 년이 걸려야 풀릴 문제가 단 1분 20초 만에 풀린다면, 주가 선물과 옵션 가격의 변화, 채권 금리의 예측과 구매 대응 등에서의 능력은 클래식 컴퓨터를 보유한 기업과 경쟁이 되지 않을 것이다. 처음에 기업은 양자 서비스를 클라우드를 통해 받게 될 것이며, 현재 사용 중인 업체를 통해 제공받게 될 것이다. 뒤에서 좀 더 살펴보겠지만 이미 몇몇 주요 컴퓨팅 업체가 양자 클라우드 제공Quantum cloud offerings 계획을 발표했다.

양자컴퓨팅 보급이 노트북이나 데스크톱처럼 일반화되지 않을 것이라고 했는데, 범용 개발을 방해하는 몇 가지 장애요인은 무엇인가? 양자컴퓨팅의 진보를 방해하는 주요 장애요인 중 하나는 큐비트가 불안정하다는 사실이다. 오늘날 컴퓨터의 비트는 0 또는 1 중 하나의 상태에 있지만 큐비트는 둘의 가능한 모든 조합일 수 있다. 큐비트가 상태를 변경하면 입력이 손실되거나 변경되어 결과의 정확성이 깨질 수 있다. 또 다른 장애요인은 중요한 혁신을 이루어내기 위해 양자컴퓨터가 작동하면서 잠재적으로 수백만 개의 큐비트와 연결되어야 한다는 것이다. 현재 존재하는 몇몇 양자컴퓨터

자본주의의 적은 자본주의

는 그 수치에 미치지 못한다. 클래식 디지털 컴퓨터와 양자컴퓨터가 병렬로 연결되어 함께 작동할 수는 없을까? 물론 가능하다. 하지만 처음에는 작동 속도가 느리다. 당분간 양자컴퓨팅은 '다변수 문제Multivariable problems'를 해결하기 위해 클래식 컴퓨팅과 함께 사용될 수밖에 없을 것이다. 예를 들어 양자컴퓨터는 금융이나 물류 문제의 가능한 해결책 범위를 좁히는 데 도움을 주어 기업이 최상의 해결책에 좀 더 빨리 도달할 수 있게 해줄 수 있다. 양자컴퓨팅이 엄청난 혁신을 이루어낼 때까지는 이러한 혼합형Hybrid computing 문제해결 방식이 불가피할 것이다. 현재 이루어지고 있는 양자컴퓨터의 잠재적인 비즈니스 활용 사례를 간단히 들어보면 다음과 같다.

첫째, 양자 시뮬레이션을 통해 양자컴퓨터는 복잡한 분자를 모델링해서 화학 및 의약품 회사의 개발 시간 단축에 도움을 줄 수 있다. 새로운 약물을 개발하는 과학자들은 분자 구조를 조사해 다른 분자와의 상호작용 방식을 이해해야 하는데, 양자컴퓨터는 복잡한 분자를 정확하게 모델링할 수 있는 능력을 제공해 새로운 약물 및 치료법의 빠른 개발을 도울 수 있다. 둘째, 최적화 및 탐색 기능을 통해 산업과 기업의 최적화 수요를 충족시킬 수 있다. 로봇을 공장 바닥에 배치해야 할지, 배송 트럭의 가장 짧은 경로는 어떻게 되는지 등 효율성 및 가치 창출에 필요한 거의 무한한 질문에 최적의 답을 제공할 수 있다. 양자컴퓨터는 여러 변수를 동시에 처리할 수 있으므로 가능한 답변 범위를 빠르게 좁힌다. 필요하다면 이러한 최적의 답을 찾기 위한 범위와 밀도의 집약 과정을 거친 후에는 클래식 컴퓨터를 사용해 정확한 답변을 찾을 수 있다.

셋째, 앞서 살펴본 양자 AI 분야에 탁월한 잠재력을 가지고 있다. 양자컴퓨터는 더 나은 알고리즘을 통해 의약품 및 자동차와 같은 다양한 산업에서 머신러닝을 혁신적으로 변화시킬 수 있다. 특히 양자컴퓨터는 복잡한 신경망을 사용하여 비디오 및 이미지 데이터를 처리하고 자율주행 차량의 AI를 가르치는 데 사용될 수 있으며, 다양한 변수를 동시에 처리할 수 있어 이러한 AI 시스템의 빠른 훈련을 가능하게 할 것이다. 넷째, 소인수 분해의 해법을 통해 무수한 암호화 기능이 가능하고 이는 해킹 및 개인, 기업 및 국가 정보의 유출을 막을 수 있게 해준다. 오늘날 기업은 암호화의 기반으로 크고 복잡한 소수를 사용하고 있으며, 이러한 소수는 현재의 클래식 컴퓨터에서 처리하기에 너무 방대해서 시간이 오래 걸린다. 양자컴퓨팅은 이러한 복잡한 소수를 쉽게 해결하기 위해 알고리즘을 사용할 수 있다. 양자 알고리즘 중 하나인 '쇼어Shor' 알고리즘은 이론적으로는 이미 이를 수행할 수 있지만, 실질적으로는 해를 빠르게 구할 수 있을 만큼 충분히 강력한 컴퓨터는 아직 많지 않다. 양자컴퓨터가 충분히 발전한 후에는 온라인 서비스를 보호하기 위한 새로운 양자 암호 기술이 급속히 발전할 것으로 보인다. 조만간 양자컴퓨터가 소인수 분해를 수행하기에 충분히 강력해질 것으로 기대할 수 있다. 과학자들은 이미 양자 암호학을 연구하여 이러한 가능성에 대비하고 있으며, 맥킨지는 양자컴퓨터가 최소한 2020년대 후반까지 소인수 분해에 충분히 강력해질 것으로 전망하고 있다.

자본주의의 적은 자본주의

산업과 기술 파급효과

양자컴퓨팅을 통해 가장 많은 수혜를 누릴 것으로 예상되는 산업 분야는 다음과 같다. 물론 전 산업이 수혜를 누릴 수 있겠지만, 그중에서도 앞에서 논의한 내용과 사례를 기반으로 하면 총 파급효과는 약 1.3조 달러의 가치 창출에 이를 것으로 본다. 첫째, 제약산업이다. 양자컴퓨팅은 앞서 설명한 것처럼 생물제약 산업에서 분자구조의 연구 및 개발을 혁신적으로 향상시킬 수 있다. 양자기술을 활용하면 약물의 연구 및 개발이 시행착오에 덜 의존하게 되어 전 과정이 더 효율적으로 이루어질 것으로 본다.

둘째, 다소 예상치 못할 수 있는 산업 분야인데, 바로 화학산업이다. 양자컴퓨팅은 촉매 설계 개선에 사용될 수 있고, 이로써 기존 생산 공정에 들어가는 비용이 절감되고 효용이 극대화될 수 있다. 혁신적인 촉매는 보다 지속 가능한 원료로 석유화학제품을 대체하거나, 이산화탄소를 포집해 산업용 화합물로 탄소 섬유를 개발하거나 재활용하는 방식으로 화학 공정을 개선할 수 있다. 폭스바겐이나 벤츠 같은 독일의 주요 내연기관 자동차 기업이 완전한 전기자동차 산업으로의 공정 설비 전환을 늦추는 이유도 여기에 있다. 만일 화석연료에서 나오는 이산화탄소를 감축하거나 포집할 수 있는 촉매가 다양한 화학 분자 구조식의 연구개발로 만들어지면, 내연기관 자동차는 전기 혹은 수소 자동차보다 그 내구력이 강해질 수 있다.

셋째, 따라서 자동차 산업이 수혜 산업이 된다. 자동차 산업은 연구 및 개발, 제품 디자인, 공급망 관리, 생산·이동성·교통 관리 측면에서 양자컴퓨팅에서 혜택을 받을 수 있다. 예를 들어, 양자컴퓨팅은 용접, 접착 및 도장을 포함한 복잡한 다중 로봇 프로세스를 최적화해 제조 비용을 줄이는 데 활용될 수 있다.

넷째, 금융산업이 수혜를 보는 것은 너무나 당연하다. 금융 분야의 양자컴퓨팅 사용 사례는 시간이 갈수록 더욱더 늘어날 것이다. 양자컴퓨팅은 금융공학의 발전과 함께 금융 분야에서 예대 약정 및 위험 관리에 오랫동안 기여할 것이다. 예컨대, 담보를 중심으로 한 최적화 대출 포트폴리오를 구성하는 데 있어 소수분해식과 양자의 운동법칙에 대한 연구가 활용될 수 있고, 이는 투자를 비롯하여 보험, 대출 및 연금관리 기관의 리스크 관리를 최적화해준다. 여기서 많은 글로벌 금융기관의 경쟁은 더욱 치열해질 수밖에 없다. 누가 과연 최적의 포트폴리오를 운용할 것인지는 결국 빅데이터를 축적한 데이터센터의 활용과 양자컴퓨팅 알고리즘의 개발 능력에 의해 좌우될 것이다.

이러한 네 가지 산업 분야는 양자컴퓨팅의 발전으로 인해 가장 큰 수혜를 입을 것으로 기대된다. 따라서 각 분야의 리더는 미래 수년 내에 예상되는 양자공학과 양자컴퓨팅 발전에 대비해 다양한 인프라 장비, 데이터, 인력 및 신사업 창업 준비까지 선제적으로 대응할 수 있어야 한다.

한편, 양자컴퓨팅 외에도 양자기술 분야에서 다른 기술 분야의 발전도 기대할 수 있다. 기술이 발전하면 이에 대한 기초과학적 양자물리학의 설명력도 발전한다. 양자컴퓨팅의 광범위한 상업 응용에 몇 년이나 걸릴지 정확하게 예측하기는 어려우나 그리 머지않은 미래에 인류의 다양한 의문점과 호기심 및 욕구를 충족해줄 것이다. 특히 양자통신QComms 및 양자감지Quantum Sensing, QS와 같은 다른 양자기술은 훨씬 일찍 이용될 것으로 보인다. 앞서 우주항공 분야에서 살펴본 바대로, 미래 정보통신 산업이 독점 혹은 과점 형태로 소수 기업에 장악될 가능성이 크다는 점에서 양자통신은 민감한 정보의 보안을 크게 강화하는 강력한 암호화 프로토콜을 가능하게 할 것이다.

우주항공 산업이 소수 기업에 의해 운용될 수밖에 없는 자연적 배경, 즉 거대 자본의 투자가 불가피하다는 점에서 우려되는 바가 적지 않다. 그렇다고 특정 국가의 정부가 모든 인류에 우주 공공재로서 일정한 사용료를 받고 서비스를 제공해야 할지에 대해서는 훗날 많은 논의가 필요하다. 아무리 강력한 암호화 프로토콜이 가능하다 하더라도 국가, 기업 및 개인 정보가 이를 운영하는 국가의 기업 혹은 정부에 의해 축적되면 주요 정보의 누출은 분명히 발생할 것이다. 그럼에도 우선 양자통신은 다음과 같은 기능을 실현할 수 있을 것이다.

첫째, 정보가 지구-지구, 지구-우주 혹은 우주-우주 등 서로 다른 위치로 전송될 때 완벽한 보안이 유지될 수 있다. 양자 암호화 프로토콜은 고전적 프로토콜보다 보안이 우수하며, 양자컴퓨터가 더 많은 컴퓨팅 파워를 갖거나 더 효율적인 알고리즘을 사용할 수 있는 반면에 대부분의 고전적 프로토콜은 암호가 쉽게 해독될 가능성이 있다. 둘째, 병렬 양자 처리Parallel quantum processing(여러 프로세서가 연결되어 동시에 동일한 문제의 다른 계산을 실행) 및 블라인드 양자컴퓨팅 Blind quantum computing(양자 통신을 통해 원격 대규모 양자컴퓨터에 액세스 제공)

등 두 가지 중요한 양자 처리 유형을 통해 높은 양자컴퓨팅 파워를 갖게 된다.

양자 입자의 얽힘에 의해 양자컴퓨팅에서는 이 두 가지 처리유형이 가능해진다. 양자 입자의 '얽힘entanglements'[131]이란 두 개 이상의 양자가 물리적으로 떨어져 있어도 서로 놀라운 상호 의존성을 갖는 것을 의미하는데, 한 입자의 특성이 다른 입자에 의해 수행되는 동작으로 조작될 수 있다는 뜻이다. 양자 감지는 온도, 자기장 및 회전과 같은 물리적 특성을 포함하여 이전에 측정할 수 없던 물리적 특성을 좀 더 정확하게 측정할 수 있도록 한다. 양자가 최적화되고 크기가 줄어들어도 양자 센서는 현재의 센서로 측정할 수 없는 데이터를 측정할 수 있게 함으로써 디지털 컴퓨팅 방식보다 최적화된 결과를 도출할 수 있고, 이에 따라 계산 능력이 극대화될 것으로 기대된다.

양자통신 및 양자감지 시장은 현재 양자컴퓨팅 시장보다 작지만, 지금까지 주요 헤드라인과 자금을 대다수 유치한 양자컴퓨팅과는 달리, 향후 이 두분야는 매력적인 투자 기술로서 많은 관심과 주목을 받으며 엄청난 자금을 유치할 것으로 예상된다. 리스크는 상당하지만 그만큼 잠재적인 수익도 높다. 2030년까지 양자컴퓨팅 시장에서 양자감지와 양자통신은 약 130억 달러의 수익을 창출할 수 있을 것으로 예상된다.

양자컴퓨팅 유망 기업

양자컴퓨팅 시장의 주요 기업 가운데 미국 기업인 구글, IBM, 마이크로소프트 및 아마존 중 IBM만이 100년 넘게 이어진 기술 혁신의 전통을 갖고 있다. 하드웨어 및 소프트웨어 개발 측면에서 IBM이 선도하고 있다고 볼 수는 있지만, IBM을 추격하는 다른 세 기업의 역량은 IBM에 비해 크게 떨어지지 않으며, 이들 기업이 서로 경쟁과 협력을 하며 긍정적인 영향을 미칠 것으로 예상된다. 중장기적으로 양자컴퓨팅 및 해당 기업이 여러 분야에 미칠 엄청난 영향을 충분히 인식하는 가운데, 다른 큰 플레이어들도 이들 선두 기업의 기술력에 뒤처지지 않기 위해 자체 양자컴퓨팅 연구개발 프로그램을 구축하고 있다.

현재 우리는 양자컴퓨팅 발전 단계 가운데 여러 가지 다양한 실험을 통해 다소 소란스러운 초기 말 단계의 양자 시대를 통과하고 있다. 이 지점을 지나고 나면 양자컴퓨팅은 자체 결함을 해결할 학습능력과 용량 확대를 통해 이런 문제점을 극복하는 한편, 과감하게 받아 마신 성배를 통해 양자컴퓨터가 다양한 수혜를 얻게 되는 시점에 도달함으로써 지금과는 전혀 다른 시대를 맞이하게 될 것이다.

주요 양자컴퓨터 기업에 대해 간단히 요약해보자. 먼저 IBM은 1911년에 뉴욕 엔디콧에서 찰스 랜릿 플린트Charles Ranlett Flint가 설립한 CTR Computing-Tabulating-Recording Company에서 시작된 세계적인 기술 기업 중 하나다. IBM의 목표는 최대한 빨리 양자 비즈니스를 선점하는 것이다. 회사 경영진은 특정한 시간을 정해놓고 양자컴퓨팅의 완성 날짜에 집중하기보다, 오히려 양자컴퓨팅을 가능하게 하는 전체 로드맵을 우선 고려하라고 주문하고 있다. 양자 기술의 경쟁 능력을 선점하기 위해서는 프로세서의 성능을 향상시키고 오류를 수정하고, 양자컴퓨터를 프로그래밍하는 방법에 대해 더 깊이 이해해야 한다. IBM 퀀텀 컴포저IBM Quantum Composer 와 IBM 퀀텀 랩 IBM Quantum Lab은 IBM 퀀텀IBM Quantum에서 제공하는 클라우드 기반 양자컴퓨팅 서비스에 대한 공개 및 프리미엄 액세스를 제공하는 온라인 플랫폼이다.

둘째, 구글 퀀텀 AIGoogle Quantum AI는 양자컴퓨팅의 풀스택Full stack 기능을 갖춘 선도적인 플레이어 중 하나다. 구글 퀀텀 AI는 양자컴퓨팅을 고급 수준으로 업그레이드하고 연구자가 단순한 고전적 디지털 컴퓨팅 능력을 뛰어넘어 양자컴퓨터를 작동할 수 있는 프로그램을 개발하고 있다. 구글이 수행하는 양자 관련 활동의 핵심축은 2013년에 구글, NASA 및 대학우주연구협회가 공동으로 설립한 QuAILQuantum Artificial Intelligence Lab이다. 구글의 소프트웨어 및 하드웨어는 현실적인 문제를 해결하는 데 도움이 되는 혁신적인 양자 알고리즘을 만드는 데 특별히 맞춤 설계되어 있다.

셋째, 마이크로소프트는 애저Azure를 통해 세계 최초의 풀스택, 오픈 클라우드 양자컴퓨팅 생태계를 제공한다. 마이크로소프트는 1975년에 설립되어 역사는 짧지만, 양자 연구는 양자컴퓨팅에 관심을 가진 두 개의 팀에서 시작되었다. 하나는 크리스타 스보르Krysta Svore가 이끄는 워싱턴주 레드몬드에 본사를 둔 QuArC 팀으로, 양자 회로구성을 연구했다. 다른 하나는 마이클 프리드먼Michael Freedman이 이끄는 캘리포니아 산타바바라에 위치한 스테이션 QStation Q로, 이 팀은 토폴로지topology 양자컴퓨팅을 연구했다. 2017년 9월, 마이크로소프트 이그나이트 키노트Microsoft Ignite Keynote에서 마이크

자본주의의 적은 자본주의

로소프트는 새로운 양자컴퓨팅 프로그래밍 언어인 Q를 조만간 발표한다고 공표했고, 이는 회사의 양자 개발 키트Quantum development kit의 일부로 12월에 최종적으로 출시되었다.

넷째, 아마존 브라켓Amazon Braket은 양자컴퓨팅 연구와 소프트웨어 개발 가속화를 위한 완전 관리형 양자컴퓨팅 서비스 체계다. 이 서비스는 다양한 유형의 양자컴퓨터에 대한 액세스를 제공하며 이를 통해 사용자는 클라우드를 통해 양자컴퓨터를 활용할 수 있다. 아마존 브라켓은 양자컴퓨팅과 관련된 과학 연구 및 응용프로그램 개발을 단순화하고 가속화하는 데 도움을 준다. 이 서비스를 통해 사용자는 양자컴퓨팅 분야에서 작업을 빠르게 진행하고 혁신을 이룰 수 있게 된다. 아마존 브라켓은 디웨이브D-Wave, 아이온큐IonQ, 리게티 컴퓨팅Rigetti Computing 및 자나두Xanadu 등의 여러 종류의 양자컴퓨터를 활용한다.

다섯째, 중국의 알리바바 그룹Alibaba Group은 중국 과학아카데미와 협력하여 상하이에 알리바바 양자컴퓨팅 연구소Alibaba Quantum Computing Laboratory를 설립했다. 그들의 양자 연구는 오픈소스 프로젝트의 아이디어를 포함하며 ACQDPAlibaba Cloud Quantum Development Platform 등 다양한 프로젝트를 주도하고 있다.

여섯째, 아토스 양자Atos Quantum은 프랑스 다국적 기업 아토스 내부에서 양자 기술을 전문적으로 다루는 그룹이다. 아토스 퀀텀은 아토스 퀀텀 러닝머신Atos Quantum Learning Machine이라는 양자컴퓨팅 제품을 출시했으며 이 기기는 특정 구성에 따라 30~40개의 큐비트를 사용해 양자 시스템을 시뮬레이션할 수 있는 클래식 컴퓨터다.

일곱째, 중국 최대 포털 기업인 바이두Baidu는 애플리케이션, AI 및 머신러닝 같은 여러 수직 분야에 양자 기술을 활용하기 위해 양자컴퓨팅 소프트웨어 및 정보기술 개발 적용에 전념하는 양자컴퓨팅 연구소Quantum Computing Institute를 설립했다. 바이두는 '량시Liang Xi' 라고 불리는 양자 하드웨어-소프트웨어 통합 솔루션을 설계했다고 발표했다. 이 시스템은 '첸시Qian Shi'를 비롯해 중국 과학원에서 개발한 10큐비트 초전도 양자장치와 포획이온 양자장치를 포함한 다양한 제삼자 양자컴퓨터에 연결할 수 있다. 량시 시스템은 양자컴퓨팅을 위한 하드웨어와 소프트웨어의 통합을 지원하며, 사용자는 이를 다양한 양자컴퓨터에서 양자 알고리즘을 개발하고 실행하는

〈표 6〉 양자컴퓨팅의 주요 하드웨어 및 소프트웨어 기업

양자컴퓨팅 하드웨어 기업	양자컴퓨팅 소프트웨어 기업
• IBM Quantum: IBM은 기술 혁신의 오랜 역사를 갖고 있으며 양자컴퓨팅 분야의 선두주자 중 하나다. IBM Quantum Experience를 통해 양자컴퓨터 액세스를 제공하며 양자 하드웨어 개발에 중요한 진전을 이루고 있다.	• QC Ware: QC Ware는 다양한 업계에서 복잡한 문제를 해결하기 위한 양자 소프트웨어와 알고리즘을 개발 중이다.
• Google Quantum AI: 구글은 Quantum AI 연구소와 양자 우월성을 달성한 발표로 유명하다. 양자컴퓨팅의 하드 및 소프트웨어 구성 모두에 노력하고 있다.	• Zapata Computing: 자파타는 양자 알고리즘에 중점을 두고 있다. '오르케스타(Orquestra)'라고 불리는 플랫폼을 제공하여 사용자가 양자 알고리즘 및 응용프로그램에 액세스, 개발 및 실행할 수 있도록 한다.
• Microsoft Quantum: 마이크로소프트는 애저를 통해 완전한 스택의 오픈 클라우드 양자컴퓨팅 생태계를 제공한다. 양자 하드웨어와 소프트웨어의 여러 측면에 대한 연구 팀을 보유하고 있다.	• Riverlane: 리버레인은 양자컴퓨터를 위한 양자 소프트웨어 개발사다. 델타플로우(Deltaflow) 플랫폼은 양자 워크플로우를 최적화하여 더 쉽게 양자 응용프로그램을 개발하고 실행할 수 있도록 설계되었다.
• Intel Quantum Computing: 인텔은 반도체 제조에 대한 전문지식을 활용하여 양자 하드웨어를 개발하고 있으며, 여기에는 초전도 큐비트와 스핀 큐비트가 포함된다.	• Strangeworks: 스트레인지웍스는 소프트웨어 플랫폼, 커뮤니티 및 시장을 포함한 양자컴퓨팅 생태계를 제공한다. 양자 개발과 협력을 단순화하는 데 중점을 두고 있다.

자본주의의 적은 자본주의

- Rigetti Computing: 리게티는 초전도 큐비트 기반 양자 프로세서의 개발에 중점을 두고 있다. 자사의 양자컴퓨터에 대한 클라우드 액세스를 제공한다.

- Honeywell Quantum Solutions: 하니웰은 양자컴퓨팅 분야에 참여하며, 특히 갇힌(trapped) 이온양자[1] 컴퓨팅 하드웨어에 중점을 두고 강력하고 확장 가능한 양자컴퓨터 개발을 목표로 하고 있다.

- IonQ: IonQ는 갇힌 이온양자 컴퓨팅 공간에서 다른 주요 참가자다. 클라우드 서비스를 통해 자사의 양자컴퓨터에 액세스할 수 있다.

- D-Wave Systems: 디웨이브는 양자 어닐링(annealing)[2] 기술에 특화되어 있으며 최적화 문제에 대한 양자 하드웨어를 제공한다. 양자컴퓨팅에 고유한 접근 방식을 가지고 있다.

- Xanadu: 자나두는 광자 양자컴퓨팅 하드웨어에 중점을 두고 있다. 그들은 게이트 기반 광자 양자 프로세서와 양자 클라우드 서비스에 액세스를 제공한다.

- Alibaba Quantum Computing Laboratory: 알리바바의 양자 연구소는 양자 하드웨어와 소프트웨어 통합 및 오픈소스 프로젝트에 참여하고 있다.

- Cambridge Quantum Computing(CQC): CQC는 양자 소프트웨어와 양자 알고리즘을 개발한다. 양자 개발 플랫폼을 보유하고 있으며 다양한 양자 하드웨어에서 양자회로를 효율적으로 실행할 수 있도록 돕는다.

- 1QBit: 1큐비트(QBit)는 양자 및 양자 영감을 받은 컴퓨팅을 위한 소프트웨어에 특화되어 있다. 최적화, 머신러닝 및 기타 응용프로그램 개발을 위한 협력을 살피면서 산업 리더와 협력하여 응용프로그램을 개발한다.

- Classiq: 클래식은 양자 알고리즘 개발과 최적화를 위한 양자 소프트웨어 플랫폼을 제공한다. 이 플랫폼은 다양한 응용프로그램을 위한 양자 알고리즘을 만드는 데 도움을 준다.

- Q-CTRL: Q-CTRL은 양자 하드웨어의 성능과 신뢰성 향상에 도움을 주는 양자 제어 솔루션에 중점을 두고 있다. 이는 양자 알고리즘을 더 정밀하게 실행하는 데 도움이 된다.

- Xanadu: 자나두는 포토닉(광학) 양자컴퓨터 용 양자 소프트웨어로 유명하다. 페니레인(PennyLane)이라 불리는 플랫폼을 제공하여 사용자가 양자 머신러닝 알고리즘을 개발하고 테스트할 수 있도록 돕는다.

- Quantum Machines: 퀀텀머신스는 양자컴퓨터 용 소프트웨어와 제어 시스템을 제공한다. 이 플랫폼은 사용자가 복잡한 양자 알고리즘을 고정밀로 제어하고 실행할 수 있도록 돕는다.

주: [1] 이온 또는 전하를 띤 원자 입자는 전자기장을 이용해 자유 공간에 가둘 수 있다. 각 이온의 안정적인 전자 상태에 큐비트들이 저장되며, 양자 정보는 함께 사용되는 트랩 내에서 이온들의 집단화된 양자화 운동을 통해 전달될 수 있다. [2] 양자컴퓨팅 모델에는 '게이트 모델'과 '양자 어닐링'이 있다. 두 가지 접근 방식 모두 큐비트, 즉 양자의 중첩 특성을 가진 비트에 의존하므로 전통적인 비트의 온/오프 이진 상태가 아닌 1과 0의 조합을 나타낼 수 있다. 이 같은 상태의 중첩 그리고 얽힘이라는 양자의 역학적 현상은 양자컴퓨터가 막대한 수의 상태 조합을 한 번에 조작할 수 있게 해준다. 큐비트를 구성하는 기술에는 초전도, 이온 트랩, 포토닉스 등이 포함된다. 먼저 게이트 모델에서는 전통적인 컴퓨터의 논리 게이트 대신 양자 게이트가 사용된다. 양자 게이트는 기계 수준에서 적절히 프로그램되면 큐비트를 조작해서 계산 결과를 산출한다. 어닐링 모델은 이와 달리 훨씬 더 높은 수준에서 프로그램되어 실제 세계의 최적화 문제를 해결하기 위한 용도로 큐비트를 조작할 수 있다. 양자컴퓨팅에 대한 모든 접근 방식에는 상당한 엔지니어링과 QPU(양자 처리 장치)의 세심한 환경 제어가 필요하다. 다행히 게이트 모델과 어닐링 양자컴퓨터 모두 클라우드를 통해 기능을 제공한다. 두 가지 양자컴퓨팅 시스템 중 기업에 실질적인 가치를 제공하는 측면에서는 양자 어닐링이 훨씬 더 앞서 있다.
자료: <The Quantum Insider>, 2022 September 5.

데 활용할 수 있다. 이로써 양자 기술을 여러 분야에서 응용할 수 있다. 이 시스템은 사용자에게 양자컴퓨팅의 혜택을 더욱 쉽게 이용할 수 있는 '플러그 앤 플레이Plug and Play, PnP'[132] 솔루션을 제공한다.

여덟째, 인텔은 IBM과 마찬가지로 반도체 분야에서 역사를 쌓았고, 고든 무어Gordon Moore와 통합회로의 공동 발명자인 로버트 노이스Robert Noyce가 1968년에 캘리포니아의 마운틴 뷰에 설립했다. 인텔 연구소Intel Labs는 고용적High volume 트랜지스터 제조에 대한 전문 지식을 활용하여 더 높은 온도에서 작동하는 '핫' 실리콘 스핀 큐비트를 개발하고 있다. 또한 '호스 리지 II Horse Ridge II' 냉동 양자 제어 칩은 더 강화된 통합을 제공한다. 그리고 크라이오프로버cryoprober는 대량 테스트를 가능하게 하여 상용화의 가속화에 도움이 된다. 인텔은 초전도 큐비트와 스핀spin(양자역학에서 입자의 운동과 무관한 고유 운동량) 큐비트 양쪽에 대한 연구를 모두 진행하고 있지만, 초전도 큐비트에 대한 연구는 주로 큐텍Qutech(델프트대학교)과 같은 학술적 제휴를 통해 이루어지고 있으며, 스핀 큐비트는 큐텍과 인텔 내부에서 주요 연구 대상이다.

구글, IBM 및 인텔에서 큐비트 유형은 양자컴퓨팅의 중요한 기술적 차이점이다. 큐비트는 전통적인 트랜지스터와 매우 유사하다. 인텔이 사용하는 전통적인 트랜지스터는 구글 및 IBM에서 사용하는 초전도 큐비트보다 약 100만 배 더 작다. 따라서 인텔의 스핀 큐비트 기술은 향후 경쟁사보다 훨씬 더 확장될 수 있을 것으로 기대된다. 미래 양자컴퓨팅의 표준과 룰 세팅은 위 기업들의 경쟁 속에서 나온다고 해도 전혀 이상하지 않다.

자본주의의 적은 자본주의

인재육성

기업은 양자컴퓨팅에 필요한 인재를 어떻게 확보할까? 이런 질문은 마치 도덕 교과서에서 무엇이 양심적인 행동이고 무엇이 비양심적인 행동인지 찾으라는 질문과 다르지 않다. 하지만 양자컴퓨팅 분야의 인재 찾기는 우선 양자컴퓨팅 산업이 가져올 경제적 파급효과에 의해 좌우된다는 사실만은 분명하다. 미래 산업으로서 그 효용 가치가 높다면 모든 사람이 서둘러 양자컴퓨팅 분야의 교육과 연구에 매진할 것이다. 문제는 그런 인프라가 존재하는가다. 즉 교육기관에 양자컴퓨팅을 교육하고 실습할 수 있는 거대 자본을 투자할 의사가 있는가? 이 질문에 대한 답은 역시 양자컴퓨팅이 비즈니스와 산업에 적용되어 충분한 수익을 창출하는지의 문제와 연결되어 있다. 양자컴퓨팅의 비즈니스 요구와 필요한 양자 전문가의 숫자 사이에는 현재 큰 간격이 있다. 기술과 인재, 기술과 산업 간의 이러한 큰 간격은 최대 1.3조 달러의 잠재적 가치 창출을 위협할 수 있다.

맥킨지 보고서에 따르면 양자컴퓨팅 분야에서 필요로 하는 인력의 33% 정도만 겨우 채워지고 있다고 한다. 2025년까지 양자컴퓨팅 관련 직업의 50% 미만이 채워질 것으로 예측되며, 양자컴퓨팅 직업을 채우기 위한 인재풀 또는 양자 직업 생성 속도에 대한 중요한 변화가 요구되는 시점이다. 기업이 어떻게 양자컴퓨팅, 양자역학, 양자물리학 등과 관련된 인재를 확보하고 가치를 창출할 것인지에 대해서는 기업이 AI 분야 인재를 확보하는 과정에서 얻은 다음 다섯 가지 교훈을 응용할 수 있을 것으로 본다.

첫째, 요구되는 인재의 조건을 명확하게 정의해야 한다. 초기 AI

시대에는 일부 기업이 필요한 기술을 명확하게 이해하지 못한 채 데이터 과학자를 고용했다. 양자 분야에서도 같은 실수를 피하려면 먼저 양자컴퓨팅 팀이 작업할 응용 분야를 확인하고 새로운 인재가 다양한 배경에서 나올 수 있도록 보장해야 한다.

둘째, 프로그래머와 소프트웨어 기술자들에게 투자해야 한다. AI가 해결하기에 가장 적합한 도전과제를 식별하고 우선순위를 정하는 능력이 매우 중요하다는 점에 주목할 필요가 있다. 양자 분야에서도 엔지니어링, 응용프로그램 및 과학적 배경을 갖춘 프로그램 및 알고리즘에 대한 해석과 결과에 대한 분석 능력은 빠르게 확장되는 양자역학과 물리학의 생태계에서 기회와 시장 참가자들의 이해관계를 극대화하는 데 도움을 줄 필요가 있다.

셋째, 다양한 인재 공급 파이프라인을 만들 필요가 있다. 초기 AI 모델을 구축하면서는 사용된 정보에 존재했던 편견에 대한 문제를 해결하는 데 많은 시간과 에너지가 소요되었다. 따라서 모델 구축과 테스트에는 다양한 시각과 경험을 갖춘 사람들이 참여하도록 해야 한다. 데이터 입력과 알고리즘 설계 단계에서부터 편견 문제가 개입되면 엄청난 왜곡과 분석 오류의 결과가 초래된다. 양자 기술에서 어떤 위험이 나타날지는 아직 알 수 없지만, 다양한 양자 관련 업무를 이해할 수 있는 인재를 구축하고 권한을 위임하지 않으면, 유사한 오류가 발생할 것으로 예상된다. 이는 너무나 상식적인 내용이겠지만, 대학 수준과 의무교육에서도 노력이 필요하다.

넷째, 모두를 위한 기술 소양을 구축할 필요가 있다. 조직에 속한 모든 수준의 직원이 새로운 기술의 잠재성을 이해하려면 기본적

자본주의의 적은 자본주의

으로 그 기술이 어떻게 작동하며 무엇을 할 수 있는지 알아야 한다. 양자 분야에서는 비즈니스 리더뿐 아니라 공급망, 마케팅, IT 인프라, 재무 등 다양한 부서에서 양자에 관한 기본적인 논리를 이해해야 하고 운용의 숙련도가 중요하다.

마지막으로 인재 개발 전략을 구축해야 한다. 기업은 대체로 기술적 진흥 및 발전 기간에 인재 확보에 집중하지만, 이는 인재 육성책의 퍼즐 가운데 일부일 뿐이다. 전문가를 유지하기 위해 회사는 인재 개발에 대한 명확한 경로를 제공해야 한다. 예를 들어 제약회사는 직원에게 생명을 구할 수 있는 제약 개발에 집중할 것을 요구하는 동시에, 개발팀 모두에게 개개인의 자유로운 생각과 창의성 및 토론을 보장함으로써 정책의 일관성과 그로 인한 인재육성 정책에 대한 신뢰성을 구축해야 한다.

바이오산업

이제는 실제 동물 없이 고기를 생산하고, 개인의 유전정보를 편집하여 이전에는 치료가 불가능한 질병을 치료하며, 효모 공장에서 산업용 화학물질을 생산할 수 있는 세계를 상상할 수 있게 됐다. 이러한 모든 가능성을 실현할 수 있는 기본 기술은 이미 존재한다. 신속하고 비용이 점점 더 저렴해지는 DNA 염기서열 분석은 생물학에 대한 우리의 지식과 이해를 더욱 향상시키고 크리스퍼Clustered Regularly Interspaced Short Palindromic Repeats, CRISPR [133]와 같은 기술은 알츠하이며, 당뇨병, 암 및 기타 희귀질병을 치료하거나 작물이 기후변화에 민감하지 않도록 바꾸는 등 생물학을 재프로그래밍하는 데 사용된다. 이는 우리가 '바이오 혁명'이라고 부르는 것 가운데 일부분이다. 다양한 바이오 혁명은 이미 사회에 많은 혜택을 주고 있다.

생물학과 컴퓨터, 데이터 분석 및 AI 기술의 빠르고 더 정교한 발전이 코로나19 팬데믹에 대한 과학적 대응을 견인했다. 바이오 혁신 기술은 과학자들이 팬데믹 이전에는 몇 달이 걸렸을 바이러스 유전체의 염기서열을 몇 주 내에 밝혀내도록 했으며, 백신의 임상시험을 신속하게 도입하고 효과적인 치료법을 찾고 바이러스의 전파 양상을 철저히 조사하는 데 기여했다. 생명과학 분야의 기술 혁신은 이러한 응용프로그램에서 10~20년 내에 전체 세계 질병 부담의 약 1~3%를 경감시킬 수 있다고 추정된다. 이러한 추정치는 대략 폐암, 유방암 및 전립선암의 세계 질병 부담을 제거하는 것과 동등한 수치라고 할 수 있다. 만일 장기적으로 전체 주요 질병을 치료할 수 있는 잠재력을 발휘한다면, 현재 상상할 수 있는 과학을 사용해 전체 세계 질병 부담의 45%를 해결할 수 있을 것으로 보인다. 이러한 추정치를 경제적 비용으로 환산하면 그 규모는 엄청난 액수가 될 것이며, 절감한 비용은 인류의 또 다른 복지를 위해 사용할 수 있을 것으로 보인다.

현재 세계 경제의 물리적 자원 중 약 60%는 건설용 목재 또는 식품 생산용 가축과 같은 생물학적 자원 또는 시멘트 또는 플라스틱과 같은 비생물학적 자원이다. 그러나 원칙적으로 시간의 흐름에 따라 비생물학적 자원은 생물학적 자원으로 대체될 수 있다. 예를

자본주의의 적은 자본주의

들어 이미 유전자 조작된 효모를 사용해 석유화학 물질인 나일론을 대체할 수 있으며, 박테리아로 특정 종류의 시멘트를 만들어내고 있다. 생물학적 자원인 가죽 또한 버섯 뿌리를 사용해 대체할 수 있다. 바이오 혁명은 디지털 혁명과 마찬가지로 인류 문명에 거대한 변화의 기회를 창조할 수 있으며, 모든 업계에서 가치를 창출하거나 가치사슬을 혼란스럽게 만들기도 하면서 새로운 비즈니스 기회를 만들어낼 잠재력을 가지고 있다.

기업은 이러한 잠재력을 분명히 인식하고 있으며, 2020년까지 생물학 기술에 대한 새로운 투자는 이미 200억 달러 이상으로 급증했다. 더구나 많은 바이오 응용 혁신 프로그램이 상용화되고 있다. 2022년 현재 거의 모든 것이 과학적으로 가능한 바이오산업 사례로 약 400개 이상 생산라인과 공정별 프로세스 시스템을 가지고 있는 것으로 추정하고 있으며, 향후 10~20년 동안 약 2조 달러에서 4조 달러의 직접적인 경제적 효과를 창출할 것으로 예상된다. 이 중 절반 이상은 건강 분야가 아니라 농업이나 섬유 제조와 같은 여타 산업 분야에서 이루어질 것으로 보인다.

생물학과 컴퓨팅의 융합은 이미 새로운 능력을 창출하고 있다. 컴퓨팅은 생물학에서의 발견과 처리량을 가속화한다. 저렴한 염기서열 분석으로 인한 생물학 데이터의 폭발적 축적은 생명과학 기업 및 연구기관에서 점점 더 로봇 자동화와 센서를 사용하는 방식으로 첨단화하고 있다. 생명과학 기업인 자이머젠Zymergen은 생물학적 검진에서 처리량을 최대 열 배까지 높일 수 있는 기술을 개발했다. 고급 분석, 더 강력한 계산 기술 및 AI도 연구 및 개발 과정 중에 더 예리한 생물학적 통찰력을 생성하는 데 사용되고 있다. 새로운 생물학 기반 제조 기술은 이미 비용을 절감하고 성능을 높이며 일상의 환경과 자연환경에 미치는 영향을 줄이고 있다. 예를 들어, 유기농 화장품 및 개인 관리의 글로벌 시장 가치는 2020년 현재 344억 달러에서 2031년에는 568억 달러 규모로 약 65% 증가할 것으로 기대되고 있다. 섬유 분야에서 미국 스타트업인 텐덤 리피트Tandem Repeat는 오징어 유전자로 암호화된 단백질을 사용하여 자가 복구, 생분해성 및 재활용 가능한 직물을 생산하고 있다.

이처럼 바이오 혁명은 생물학 기반 식품 사업을 완전히 변화시킬 수 있으며, 대체 식물성 단백질과 연구실에서 생산된 고기가 인기를 얻고 그 과정에서 온실가스 배출량을 절감할 수 있다. 한 연구에 따르면, 모든 생산 과정에서 사용되는 에너지가 무탄소 자원에서 얻은 에너지일 때 모조 고기는 기존 고기와 비교해 온실가스 배출량을 80% 이상 절감할 수 있다고 본다. 양식 고기와 해산물은 조직배양 기술을 사용해 만들어지며, 생산업체들은 여전히 세포를 경제적으로 재배하는 방법을 찾는 기술적 연구 과제에 도전하고 있다. 핀리스푸드Finless Foods, 모사미트Mosa Meat, 멤피스미트Memphis Meats 및 미터블Meatable과 같은 새로운 업체들은 합성 분자와 다기능성 줄기세포를 사용하는 등 다양한 접근법을 실험하고 있다. 이런 추세라면 양식 고기와 해산물은 10년 이내에 기존의 동물 생산 시스템에 가격 경쟁력을 갖출 수 있을 것으로 보인다.

농업 분야에서는 미생물균의 역할에 대한 더 깊은 이해가 농작물의 운영 효율성과 생산량을 향상하는 기회를 가져다줄 것으로 기

자본주의의 적은 자본주의

대된다. 트레이스 게노믹스Trace Genomics와 같은 기업은 토양의 박테리아와 곰팡이 프로파일링을 통해 맞춤형 종자와 비료를 선택하고 토양 질병을 조기 예측하는 데 도움이 되는 정보를 생산하고 있다. 소비자 시장에서는 장내 미생물군과 피부 간의 관계에 대한 지속적인 연구가 피부 관리를 맞춤화하는 데 사용되고 있다. 싱가포르 기반의 유전체 기업 이매진 랩Imagene Lab은 피부 DNA 테스트 결과를 기반으로 조기 콜라겐 붕괴와 같은 특성을 평가한 맞춤형 혈청serum을 제공하고 있다.

위에서 설명한 사례들은 바이오 혁신의 적용 범위를 이해하는 데 도움을 주지만, 다음과 같은 몇 가지 주목해야 할 내용도 포함하고 있다. 첫째, 위험이다. 생물학은 우리의 유전체와 미생물군에 맞춤형 치료를 제공해 삶을 보전할 테지만, 다른 한편으로는 생물무기를 만들거나 인류나 생태계의 건강에 지속적인 피해를 주는 유전자 조작 바이러스 제조에 생물학이 사용될 경우 인류의 삶에 가장 큰 위협이 될 수 있다. 크리스퍼 유전자편집 기술과 장비는 의학을 혁신하고 있으며 농업혁명에 큰 영향을 미치고 있지만 크리스퍼 키트가 이제 100달러에 구매 가능한 수준이 되었고, 이른바 바이오 해커들이 집에서 사용하고 있다는 것을 생각할 때 매우 우려스럽지 않을 수 없다.

디지털 혁명과 마찬가지로 바이오 혁명도 위험과 함께 오지만 그 종류가 다르다. 자신들의 쇼핑 습관에 대한 데이터가 수집되고 개인정보가 어떻게 사용될지 한 번쯤 의구심을 가진 적이 있다면, 의료 치료나 혈통 추적을 위해 신체에서 수집한 유전자 데이터가 어떤 용도로 누구에 의해 사용될지에 대한 불안에 대해서도 생각해 봐야 한다. 사건·사고에서 개인 정보가 임의로 조작되고, 범죄 행위에 대한 추적을 불가능하게 하거나, 오류 또는 오판을 유도하도록 악용될 경우, 인류 사회의 질서는 지극한 혼돈에 빠질 수 있다.

또 다른 위험은 생물학적 생물체가 본질적으로 자체 유지 및 자체 복제된다는 점이다. 유전자 조작된 미생물, 식물 및 동물은 장기적으로 번식하고 자체를 유지할 수 있으며 전체 생태계에 영향을 미칠 수 있다. 이는 마치 '판도라의 상자'가 열리는 효과와 같다. 아니면 이미 열려버려서 이제 그 뚜껑을 닫기에 늦었을지도 모른다. 따라서 그다음에 어떻게 흘러갈지에 대한 관리, 감독 및 제어 방법이 거의 없을 수 있다는 점을 생각하면 매우 섬뜩하지 않을 수 없다. 이러한 위험을 관리하지 않으면 바이오 혁명의 완전한 잠재력이 실현되지 않을 수 있다. 미래 바이오산업의 전체 성장 잠재력의 약 70%는 유전자 변이와 같은 사회적 인식과 기존 규제 체제하에서의 혁신 방식에 달려 있을 수 있다고 본다. 만일 인류가 바이오 물질의 위험을 제대로 관리하고 완화할 수 있다면 바이오 혁명은 우리 세계를 재구성할 수도 있을 것이다.

과학자들은 첨단 기업과 협력하여 의학, 농업 및 기타 분야에서 기후변화에 이르기까지 전역적인 과제에 대응하기 위해 자연의 힘을 활용하는 데 집중할 것이다. 하지만 동시에 적어도 생명학 혹은 생명에 대한 연구와 논의는 글로벌 수준의 도덕과 윤리체계뿐 아니라 기구의 관리, 감독 및 제어 방법에 대해서도 종합적인 대책 마련이 불가피하다. 인간은 핵무기가 인류를 파괴할 가장 두려운 무기

자본주의의 적은 자본주의

라고 알고 있지만 사실상 생물, 생리학적 복제, 유전변이, 생물공학
등의 기술이 반인류적으로 사용될 때 가장 위험하다.

생물공학

글로벌 생물공학 시장 규모가 2022년에 약 1.37조 달러로 추정
되는 가운데, 2023년부터 2030년까지 연평균 약 13.96%의 성장률
을 보일 것으로 기대된다. 현재 생물공학 시장은 규제 체제의 현대
화, 승인 절차 및 보상 정책 개선 그리고 임상연구의 표준화를 목표
로 하는 계획을 통해 강력한 정부 지원하에 촉진되고 있다. 개인 맞
춤 의료에 대한 수요가 확대되고 특수 의약품 제제 수가 증가함에
따라 생물공학 응용 분야에 대한 새로운 기회가 열리고 혁신적인
생물공학 기업의 유입이 촉진되며 시장 수익이 더욱 증가할 것으로
기대된다. 이미 알려진 바대로 팬데믹은 약물 개발 및 백신 제조를
위한 기회와 발전을 촉진하여 생물공학 시장에 긍정적인 영향을 미
쳤다.

예를 들어, 2021년 현재 글로벌 기준으로 110억 회 이상의 코로
나19 백신이 생산되어 1년 이내에 전 세계 인구의 약 절반이 접종
했다. 또한 mRNA 백신의 성공과 빨라진 승인 절차로 인해 모더나,
화이자-바이오엔텍Pfizer/BioNTech 및 존슨앤존슨Johnson & Johnson 백신
에서 2021년에 약 310억 달러의 연합 매출이 발생한 것으로 분석
되고 있다. 또한 미생물 번식, 분자 육종, 조직 배양, 전통적인 작물
육종 및 유전자 수정 작물 개발과 같은 농업 분야 응용을 위한 생물
공학 도구의 수요 증가로 시장 성장이 촉진되고 있다. 유전자 조작

작물과 제초제 내성 및 해충 내성 씨앗이 점점 인기를 얻고 있으며, 이로 인한 생산 증대와 품질 개량은 농산물 시장 성장에 기여하고 있다는 평가를 받는다. 남아시아와 아프리카 지역에서 신기한 벼 변종과 병해 및 해충이 없는 바나나 변종을 생산하기 위해 조직배양 기술을 도입하는 등 생산을 위한 조직배양 기술의 채택이 증가하면서 농업 기술 및 생산 방법의 응용이 촉진되고 있다.

조직공학 및 재생기술에 대한 강력한 임상시험 파이프라인과 자금 조달 기회가 생물공학 시장 성장을 촉진하고 있다. 미국 재생의학연합Alliance for Regenerative Medicine, ARM 의 보고서에 따르면, 세포 및 유전자 요법을 개발하는 기업은 2021년에 전 세계적으로 231억 달러 이상의 투자를 유치하여 2020년의 199억 달러 총 투자액 대비 약 16% 증가했다. 2021년에 주요 유전자 요법 업체의 임상 성공, 예를 들어 인텔리아 제약Intellia Therapeutics 과 리제네론Regeneron 이 개발한 트랜스티레틴 아밀로이드증Transthyretin amyloidosis[134] 치료를 위한 생체 내In vivo 크리스퍼[135] 치료의 유망한 결과 등이 기업 및 시장 성장에 큰 영향을 미치고 있다.

특히 암, 당뇨병, 연령 관련 황반변성 및 거의 모든 형태의 관절염과 같은 만성질환의 치료를 위한 임상 솔루션에 대한 수요 증가로 시장이 촉진될 것으로 예상된다. 주요 기업은 당뇨병과 파킨슨병 및 알츠하이머병과 같은 신경질환, 다양한 종류의 암 및 심혈관질환을 치료하기 위한 파이프라인 제품을 연구·개발하고 있다. 예를 들어 클리니컬트라이얼스(clinicaltrials.gov)에 따르면, 2021년 1월 현재 알츠하이머병 치료를 위한 임상시험용 약제가 126개, 제3상

임상시험 중에 있는 약제가 스물여덟 개 있었다.

생명과학 및 헬스케어 분야에서 발효 기술의 폭넓은 사용은 시장 성장에 긍정적인 영향을 가져다준다. 간단한 생물 반응기와 소용돌이 생물 반응기Vortex bioreactors와 같은 전통적인 생물 반응기bioreactors를 개선함으로써 발효 기술이 개선되었고 채택이 증가했다. 또한 소용돌이 생물 반응기는 폐수 처리를 위한 운영 가능성을 향상시키고 있다. 이러한 개선과 발효 기술의 향상은 가까운 미래에 시장 성장이 폭발적으로 이루어질 것으로 보인다. HIV, B형 간염 및 코로나바이러스SARS-CoV-2 등과 같은 만성 바이러스 감염에 대한 잠재적인 치료 옵션으로서 강력 항레트로바이러스 요법Combination Anti-retroviral Therapy, CART 및 T세포항원수용체T Cell Receptor, TCR의 세포 치료가 연구 및 개발 중에 있다. 듀크 및 싱가포르 국립의대Duke-NUS, National University of Singapore의 과학자들은 코로나19 감염에 따른 백신 개발 과정에서 감염에서 회복한 환자로부터 얻은 특이 T세포와 T세포항원수용체 간에 유사한 기능이 나타났음을 입증함으로써, 치료제 개발에 상당한 소득을 얻었다. 이러한 연구 및 조사는 이 분야에서 추가 치료제 및 백신 개발 가능성을 높여줌으로써, 향후 또 다른 팬데믹이 발생할 경우 T세포를 이용한 신속한 항원 치료제 및 백신 개발 시장의 성장을 촉진할 것으로 본다.

이 밖에도 다음과 같은 새로운 바이오 분야에서도 혁신이 일어나고 있다. 먼저, 줄기세포 시장의 선전도 눈여겨봐야 한다. 지난 몇 년 동안 줄곧 바이오 시장에서 관심이 커져가고 있는 분야는 역시 줄기세포 기술이다. 인간의 기본적인 욕구, 즉 생명과 건강 등에 대한 욕망은 죽은 세포를 재생시키기 위한 줄기세포 기술의 접목과 응용, 인공심장, 콩팥, 혈관 등 인공장기에 대한 수요 증가, 개인 맞춤형 의약품 개발에 대한 집중을 유발해 관련 시장이 매년 성장하고 있다. 2023년에는 전 세계 줄기세포 시장 규모가 148억 달러로 평가되었으며, 2024~2030년까지 연평균 성장률CAGR이 11.43%로 예상된다. 정밀의학의 발전, 세포 치료 생산 시설 수 및 임상 시험 수 증가가 시장의 주요 성장 요인으로 주목받고 있다. 아울러 최근의 줄기세포 치료 및 조직 공학의 발전은 여러 질병의 치료에 대한 주목을 끌고 있으며, 게다가 줄기세포은행에 대한 수요 증가와 줄기세포 생산, 저장 및 특성화에 관한 연구 활동 증가도 시장의 수익 성장을 견인할 것으로 예상된다.

DNA 지문 응용 분야는 법의학과 동물 모집단의 가족관계 조사, 교배 정도 측정을 위해 사용되고 있다.

둘째, 유전자 수정 및 복제 기술Cloning technologies은 동물 번식 및 복잡한 생물학적 물질 제조에 점점 더 많이 사용되고 있다. DNA 염기서열 분석은 2022년 현재 전체 바이오 혁신과 관련하여 16.51%의 시장점유율을 보였다. 이는 서열분석 비용의 하락과 고급 DNA 서열분석 기술의 보급 증가로 가능해졌다. 무엇보다 정부의 자금지원이 시장 확대에 큰 도움이 됐다. 미국의 경우에는 2021년 알츠하이머병의 유전 기반 연구를 위해 피츠버그대학교 공중보건학교와 워싱턴대학교 의학스쿨에 1,070만 달러의 국립보건원National Institute of Health, NIH 보조금이 지급된 바 있다.

셋째, 나노 생물학nanobiotechnology은 2023~2030년까지 연평균 약

14.87%의 성장률을 보일 것으로 예상되는 가운데, 나노 의학 승인 증가와 고급기술의 등장은 치료-진단 복합 나노입자nanoparticles의 응용 분야에까지 관심을 확대함으로써 여러 질환에 대한 신속한 진단과 맞춤형 치료 옵션을 가능하게 할 것으로 기대된다. 나노입자의 낮은 독성, 작은 크기 및 화학적 유연성과 같은 특성은 일반적인 일반 약물 투여 방법이 가지고 있는 제한을 극복하는 데 유용한 것으로 입증되었다. 또한 조직공학 및 재생의학은 정부 및 사설 기관의 투자, 높은 헬스케어 지출, 이 분야의 다양한 기존 및 신흥 업체의 존재로 인해 중요한 시장점유율을 보유하고 있다. 생물공학의 기술적 발전과 성장은 매우 낙관적이다.

응용프로그램

건강 응용프로그램 분야는 2022년 현재 50.69%로 바이오 시장에서 가장 큰 점유율을 차지했다. 팬데믹과 함께 노령인구의 증가로 질병 부담이 커지고, 농업 생명공학 및 생물학 서비스의 기술 발전과 함께 실질적인 성과가 나타나면서 생명공학의 가용성과 생산성이 증가해 생물 산업 분야에서의 포괄적인 생산과 생산성을 촉진할 것으로 기대된다. 특히 AI, 머신러닝 및 빅데이터 분야에서의 급속한 발전은 식품 및 음료 업계와 같은 산업에서 생물정보학bioinformatics과 같은 응용프로그램의 확산을 가속화하고 있다. 다양한 응용프로그램 개발이 가능한 주변 산업 및 과학기술의 발전은 파생 신약 플랫폼, 분자 개발 및 상용화를 위한 협력과 파트너십을 통한 공동 노력으로 미래 시장의 성장이 급속하게 촉진될 것으로 예상된다. 지난 2021년 1월에 스위스 제약사인 노바티스Novartis는 간 기능 회복을 위한 표적치료제개발에 siRNA소간섭, small interfering RNA 136기술을 응용할 방법을 탐구하려고 매사추세츠주 케임브리지에 소재한 앨나일램 파마슈티컬스Alnylam Pharmaceuticals 와 협력했다.

마찬가지로, 2021년 9월에 영국에 본사를 둔 아스트라제네카AstraZeneca와 영국 바이오 스타트업인 백스에퀴티VaxEquity는 자가증식 RNA 치료 플랫폼을 개발하고 치료 프로그램을 탐색하고 상용화하기 위해 협력하기로 했다. 더욱이, 바이오 의약품의 복제약인 바이오시밀러biosimilar의 수요가 증가하면서 정밀의학의 응용 분야는 더욱 빠르게 확대되고 성장할 것으로 예상된다.

코로나19는 전 세계 모든 사람의 많은 일상을 바꿔놓았고, 여러 산업 생태계에서 변화를 촉발했다. 재택근무가 일상화되었고, 각국 정부가 내놓은 경기부양책에 친환경 정책이 적극적으로 도입되면서 친환경 에너지 및 전기차 시장이 급성장했다. 누구나 '바이오'라는 단어에 익숙해지는 계기가 된 것이다. 코로나19로 인한 변화는 제약산업에도 찾아왔는데 대표적인 것이 mRNA 의약품의 급성장이다. mRNA는 DNA에 담긴 유전 정보를 번역해 단백질을 생산하기 위한 중간 단계 물질로 핵 내에 있는 염색체 DNA를 전사해 세포질에 있는 단백질 공장인 리보좀에 정보를 전달해주는 역할을 한다. 우리 몸의 수많은 기능은 대부분 효소, 호르몬, 항체 등과 같은 단백질이 담당한다. 치료용으로 사용되는 의약품은 특정 단백질의 기능을 저해하거나 향상시킴으로써 작용한다.

현재 가장 많이 사용되는 의약품 유형은 저분자 화합물이며

2000년대 이후 치료용 항체, 재조합 단백질, 항원 등 단백질 의약품의 사용이 크게 증가하고 있다. 단백질 의약품은 살아 있는 세포에서 생산해야 하기 때문에 통상 바이오로직스^{바이오 의약품, biologics}에 포함되며 바이오로직스 의약품에서 가장 큰 비중을 차지한다. mRNA 의약품은 생물학 공정을 통해 생산, 정제, 분리해낸 단백질 대신 단백질 의약품의 유전정보를 담은 mRNA를 의약품으로 사용하는 방식이다. mRNA는 단백질 의약품에 비해 비용 관리 측면에서 큰 장점을 지니고 있다.

첫째, mRNA는 생합성이 아닌 화학합성을 통해 쉽게 생산할 수 있고, 환자의 세포가 mRNA를 흡수하여 치료에 필요한 단백질을 직접 만들어내기 때문에, 단백질 의약품 생산에 필요한 고비용의 복잡한 생산 공정을 생략할 수 있어서 생산 비용이 크게 절감된다. 둘째, 단백질 대비 용이한 mRNA 생산은 다수 후보 물질을 테스트할 수 있게 해 개발 시간도 크게 단축된다. 셋째, 화학합성이기 때문에 품질관리도 용이하다. 넷째, 단백질 의약품 방식으로는 어려운 막 단백질, 세포 내부 단백질에도 적용할 수 있어서 응용 가능성이 광범위하다.

이렇게 많은 장점에도 불구하고 코로나19 이전에는 mRNA가 실제 의학품 개발로 이어지지 못했다. 그러나 이제는 전 세계 누구나 아는 이름이 된 모더나와 바이오엔텍이 이룬 코로나19 백신의 대성공으로 인해 이론이 실상이 됐고, 모더나와 바이오엔텍은 대형 기업으로 성장했다. 신데렐라가 된 것이다. 화이자-바이오엔텍, 모더나의 코로나19 백신은 mRNA 플랫폼 특유의 빠른 개발 속도로 시장 선진입이 가능했다. 당초 예상과 달리 개발 속도는 물론 효능과 부작용 등에서의 우려를 불식하고, 운송/보관의 어려움 등 부분적인 절차를 제외하면 거의 모든 부분에서 경쟁 플랫폼 대비 우월성을 보이며 명실상부 최고의 코로나19 백신으로 떠올랐다. 제조사 입장에서는 상대적으로 저렴한 생산비용 및 빠른 생산 속도, 품질관리 등의 편리함을 고려하면 운송 및 보관 등의 불편함은 충분히 극복할 수 있는 수준이었다.

코로나19 mRNA 백신 개발의 성공은 대형 제약회사로 하여금 mRNA 플랫폼 산업 진출에 발 빠르게 대응하도록 했다. 주요 mRNA 플랫폼 기업은 코로나19 이전부터 이미 대형 제약사들과 파트너십을 맺고 백신 및 치료제를 개발 중이었다. 모더나가 머크앤컴퍼니Merck Co., 아스트라제네카, 버텍스 제약Vertex Phamaceuticals 과, 바이오엔텍이 사노피Sanofi, 로슈Roche 와 공동으로 프로그램을 진행하고 있었지만 규모 면에서는 그리 크지 않아서 주로 소규모의 거래나 지분 투자에 그치고 있었다. 대형 제약사와 mRNA 플랫폼 기업 간의 협업 규모는 코로나19 백신의 성공 이후 큰 폭으로 확대되었다. 가장 적극적으로 움직이고 있는 기업은 사노피다. 사노피는 트랜슬레이트 바이오Translate Bio 와 타이달 테라퓨틱스Tidal Therapeutics 두 기업을 각각 32억 달러와 4억 7,000만 달러에 인수합병했다.

이 밖에도 아스트라제네카는 백스에쿼티와 스물여섯 개 프로그램의 옵션 계약을 맺었다. 노바티스와 바이엘Bayer 은 큐어백CureVac 과 코로나19 mRNA 백신의 생산 계약을 맺으며 생산 역량 확보에 나서기도 했다. 그리고 바이오엔텍과 일찌감치 손잡고 코로나

19 백신을 성공시킨 화이자는 코로나19 백신을 넘어서 인플루엔자 백신 개발로 협업을 확대했다.[137] 대형 제약사뿐 아니라 코로나19 mRNA 백신의 주인공인 모더나와 바이오엔텍은 풍부해진 현금으로 파이프라인 및 인프라에 투자하고 있고, 미국과 유럽만이 아니라 아시아 국가들에서도 mRNA 플랫폼 기업이 탄생하면서 주식시장에도 상장하고 있다. 이제 mRNA 의약품은 명실상부 주류 의약품의 한 유형으로 자리 잡았다. 이번 팬데믹으로 가장 수혜를 본 것이 mRNA 기술이라고 한다면, 훗날 지구온난화와 기상이변으로 인해 발생할 수많은 질병, 중국을 비롯한 인도네시아, 인도 등이 개발되면서 나타날 풍토병의 확산 가능성에 따라 더 많은 바이오 계통의 응용 기술이 준비되고 성장할 잠재력이 충분하다고 봐야 한다. 반면에 기존 및 스타트업 기업의 코로나19 백신 생산이 급격하게 감소하면서 매출 연착륙에 실패하는 경우, 또는 새로운 투자에 실패하여 매출 다각화를 이루지 못하는 경우 등 부정적 시나리오에 대한 대응 전략도 단기적으로는 필요한 단계에 접근한 것도 사실이다.

바이오산업의 지역별 발전 전략

북미 지역은 2022년에 바이오산업에서 41.63%의 가장 큰 점유율을 차지했다. 지역 시장은 주요 바이오 업체의 존재, 광범위한 연구 및 개발 활동 그리고 높은 의료 기반 시설의 존재 여부와 자금 지원 등 여러 요인을 배경으로 성장한다. 북미 지역은 유전체학genomics, 단백체학proteomics 및 세포생물학Cell biology 기반 플랫폼 등의 보급률이 높아서 생명과학 도구를 빠르게 채택하기에 유리한 입지적 조건을 모두 충족하고 있다. 또한 만성 질병의 유행 증가 및 치명적 질환의 치료를 위한 개인 맞춤형 응용프로그램의 채택 증가 등은 해당 지역의 시장 성장에 긍정적인 영향을 미치는 요인들이다.

이를 바탕으로 아시아 태평양 지역의 시장 성장성을 추론해보면, 2023~2030년까지 18.17%로 가장 빠른 성장률로 확장될 것으로 기대된다. 해당 지역 시장의 성장은 투자 확대, 의료 인프라 개선, 정부의 적극적인 지원 계획, 그리고 주요 시장 참가업체의 확장 전략과 관련 있다. 2022년 2월 모더나는 말레이시아, 싱가포르, 홍콩 및 대만에 새로운 자회사를 개설하면서 향후 아시아 역내의 상업 네트워크를 확장할 계획을 발표했다.

생명과학 제품은 코로나19 팬데믹이 제기한 도전에 대한 대응에 있어 사실상 선봉장이었다. 이 산업에서 활동하는 기업들의 견고한 파이프라인은 2022년의 역동적인 시장경쟁을 지속하는 데 도움이 되었다. 이러한 업체가 수행한 지리적 확장, 전략적 파트너십 및 협력 그리고 합병과 인수는 시장 성장을 촉진하고 있다. 2023년 1월에 애니마 바이오텍Anima Biotech은 다양한 종양학 및 면역학 대상의 신규 mRNA 생물학 변조modulator 약품 개발을 가속화하기 위해 글로벌 제약기업 애브비AbbVie와 협력했다. 최근의 개발 사항을 간략히 요약하면 다음과 같다. 2023년 1월, 게로Gero와 화이자가 각자의 고급 기술 플랫폼과 도메인 지식을 활용한 전략적 연구 협력에 참여했다. 이 협력은 선도적인 생명과학 기업의 머신러닝 능력과 주요 생물 의약품 회사의 자원을 결합하여 만성 질환 및 연령 관련 질환에 대처하는 데 중요한 발전을 제공하는 것을 목표로 한다.

자본주의의 적은 자본주의

이러한 시장의 상황 변화에 더해 정치적 상황 변화도 바이오산업의 주요 변수로 부상한 바 있다. 2022년 8월, 바이든 정부가 의료 소비자의 비용 부담을 낮추기 위해 처방의약품 가격 규제 도입, 메디케어 가입자 부담금 상한 설정 등의 조치를 담은 인플레이션 감축법Inflation Reduction Act, IRA을 발표함으로써, 미 정부는 이를 근거로 2022년 4분기 물가상승률을 상회하는 가격 인상을 단행한 휴미라(Humira, Abbvie, Adalimumab, αTNF-α mAb/자가면역) 등 메디케어 파트B[138]의 스물일곱 개 의약품에 대해 의무 리베이트를 메디케어에 신탁기금으로 지급하도록 요구했다.

이 밖에도 BMSBristo Myers Squibb제약, 머크, 미국제약협회 등은 IRA 프로그램이 신약 개발에 부정적인 영향을 미치고 있다고 주장하며 위헌 소송을 제기하는 등 미 정부와 글로벌 제약사 간의 갈등이 심해지고 있는 상황이다. 정부로부터의 이러한 제재와 규제 환경 속에서도 글로벌 제약사들의 이합집산이 확대되면서 새로운 생존 경쟁과 함께 신약 개발을 위한 다양한 도전이 전개되고 있다. 2023년 상반기 제약·바이오 업계는 IRA로 인한 매출 및 전략 변화 외에도 기대 인플레이션율의 상승이나 금리인상 기조 등으로 인하여 소극적인 인수합병 움직임을 보이고 있다. 그러한 가운데 최근 5년 이내에 승인을 받아 수익이 보장된 자산 혹은 후기 임상 단계에 접어든 자산, 이미 유효성이 검증된 기술 플랫폼을 보유한 기업과의 인수합병이 선호되는 등 2022년 인수합병과 비슷한 양상을 보이는 것으로 확인된다. 예컨대, 2023년 5월에는 길리어드 사이언스Gilead Sciences, Inc.는 신테라XinThera를 인수했다.

〈표 7〉글로벌 주요 바이오 제약사

미국	길리어드 사이언스, 브리스톨-마이어스 스큅(Bristol-Myers Squibb), 바이오젠(Biogen), 애보트 래보라토리(Abbott Laboratories), 화이자, 암젠(Amgen Inc.), 존슨앤드존슨
유럽	아스트라제네카(스웨덴과 영국 기업의 합병 기업), 사노피(프랑스), 노보디스크 A/S(Novo Nordisk A/S, 덴마크), 머크 KGaA(독일), 노바티스 AG(스위스), 로슈(스위스), 론자(Lonza, 스위스)

길리어드는 2017년 예스카타를 보유한 카이트 파마Kite Pharma 인수를 시작으로 2020년에는 티조나 테라퓨틱스Tizona Therapeutics의 TTX-080(αHLA-G mAb/고형암), 2022년에는 자운스Jounce Therapeutics의 GS-1811(αCCR8 mAb/고형암) 및 아르셀엑스Arcellx의 CART-ddB-CMA(BCMA CAR-T/다발성골수 종)를 확보하는 등 지난 몇 년간 연구 개발을 통해 항암 파이프라인을 보강하고 포트폴리오를 다각화하려는 움직임을 보였다. 이러한 전략적 움직임은 암과 염증 분야의 확인된 대상에 중점을 둔 보완 파이프라인 자산을 통합함으로써 길리어드의 임상 개발 목표를 강화할 것으로 기대된다. 암 치료를 위해 손상된 DNA를 복원하는 것 이외에 여러 가지 세포 기능이 있는 효소인 파프1PARP1 [139]을 대상으로 하는 작은 분자 억제제 및 염증 질환을 위해 MK2 억제제를 대상으로 한 포트폴리오에 진입하면서 길리어드는 생명과학 산업에서의 리더 위치를 더욱 확고히 선보일 것이다.[140] 전 세계 생명과학 시장의 주요 플레이어 중 일부는 〈표 7〉과 같다.

바이오 의료공학

바이오 의료공학은 진단과 분석에서 치료와 회복에 이르기까지 헬스케어 전반에 걸친 분야다. 미래 AI, 양자컴퓨팅 및 로봇, 원격 진료 등을 통해 바이오 의료공학은 퀀텀 점프를 준비하는 분야다. 현재 바이오 의료공학은 심박계나 인공 고관절과 같은 이식 의료기기의 수요가 증가하고, 줄기세포 공학 및 생체기관의 3D 프린팅과 같은 미래 지향적 기술까지 확산함으로써 대중의 인식 속에 들어와 있다. 바이오 의료공학은 인간 건강에 영향을 미치는 다른 공학 분야와 다르다. 먼저 바이오 의료공학자는 공학 설계 과정에서 현대 생물학 원칙에 대한 지식에 박식해야 하고 이를 응용 및 적용할 수 있어야 한다. 바이오 의료공학은 기계공학, 전기공학, 화학공학, 재료과학, 화학, 수학 및 컴퓨터 공학 등을 모두 인간 생물학과 융복합시켜 인류 건강을 개선하는 데 목적을 두고 있다.

여기에는 인공장기와 같은 기능성 의료장비 개발 및 세포 내 단백질 식별에서의 획기적인 발전 등이 포함된다. 의료기술 분야의 리더들은 불확실한 경제와 변화하는 산업 트렌드 속에서 가치 창출의 다음 기회를 잡기 위해 또 다른 차원의 전략을 고민하고 있다. 공학 자체가 미래 혁신적인 분야이며, 아이디어의 기원이 자동차에서 항공우주, 고층 빌딩에서 음향 탐지에 이르기까지 모든 것에서 끌어왔다는 점에서 바이오 의료공학의 목표는 모든 수준에서 인간 건강과 의료를 개선하는 기술과 과학의 발전 및 성장에 중점을 둔다.

바이오 의료공학 내에는 활동 및 수동적 의료기기, 정형외과, 임플란트, 의료 이미징, 의료 신호 처리, 조직 및 줄기세포 공학, 임상

공학을 비롯한 여러 하위 분야가 있다. 경제적으로 말하면, 의료 진단은 매년 시장 가치가 세 배 이상 증가하고 있다. 의료 영상 및 의료 진단 분야에서의 혁명적인 발전은 의학이 실제로 실천되는 방식을 바꾸고 있다. 전 세계의 바이오 의료공학 연구소에서 나온 새로운 의료기기는 질병과 외상 처리 방법을 완전히 바꾸어 의사들이 인간의 삶의 질을 개선하고 수명을 연장할 수 있게 변화하고 있다. 최종적으로 바이오 의료공학의 미래는 우리가 발견하는 문제와 장애뿐 아니라 화학, 재료과학, 생물학과 같은 분야에서의 진보와 성취 등과 밀접한 관련이 있다. 대부분의 여타 분야와 마찬가지로, 다학제적 접근은 혁신이 여러 방향에서 동시다발적으로 발생할 수 있다는 의미다.

바이오 의료공학자는 다양한 환경과 분야에서 혁신적인 기술을 개발하고, 디자인하며, 새로운 기술을 개발하는 산업에 골고루 분포하게 된다. 의학적으로 가능한 것의 경계를 넓히는 연구를 진행하며 새로운 진단 도구와 의료 장비를 시험, 구현 및 개발한다. 의료기기의 안전 기준을 설정하기 위해 정부에서 일할 기회도 있을 뿐더러, 첨단 스타트업이나 벤처 사업가로서도 비즈니스를 경영할 수 있다. 조직 및 줄기세포 공학은 인공적으로 인간 기관을 재생하도록 노력하여 장기이식을 지원하고 전 세계 수백만 명이 더 나은 삶을 살 수 있도록 한다. 의료기기 전문가들은 페이스메이커, 관상동맥 스텐트, 정형외과 임플란트, 보조기기, 치과 제품과 같은 생체 제조 및 이식이 가능한 외래 기기를 개발하며, 임상 엔지니어들은 의료장비가 임상 환경에서 안전하고 신뢰할 수 있게 사용되도록 한

자본주의의 적은 자본주의

다. 바이오 의료공학은 이처럼 활동 영역과 범위가 매우 포괄적인 분야다.

바이오 공학과 함께 인간의 질병을 실제로 다루는 의료기술 산업은 전 세계에서 수백만 명의 생명을 구하고 수천만 명의 삶의 질을 향상시킨 역사가 있다. 의료기술 기업은 환자 중심의 혁신에 있어 역사가 길고, 2022년에만 연구개발에 420억 달러 이상 투자가 이루어진 분야다. 하지만 최근에 의료기술 기업은 전례 없는 혼란에 직면하고 있으며 고위험 인플레이션, 자본시장 제약, 불확실한 공급 및 증가하는 지정학적 긴장 등 불확실성이 높은 경제 환경에 직면하고 있는 것도 사실이다. 의료기술 산업에서는 최근 들어 가치 창출이 점차 축소되는 추세다. 이 같은 환경에서 의료기술 분야는 바이오 공학과 함께 혁신과 성장의 다음 단계를 위한 전략적 산업 개편에 나서고 있다. 의료기술 분야가 훗날 지속 가능한 발전을 위해 관심을 두고 있는 특정 분야는 다음과 같이 요약할 수 있다.

첫째, 의료기술의 부가가치 창출에 대한 필요성이 강조되고 있다. 의료기술 성과는 2012~2019년 사이에 S&P 500의 거의 두 배였지만, 투자자 사이에 투자수익률에 대한 불만이 높아지면서 최근 들어 잠시 주춤하는 상황이다.

둘째, 지속 가능한 성장을 위해 연구개발비 투자를 확대할 계획이다. 연구개발에 대한 투자와 기술 개발은 의료기술 비즈니스 성장을 위한 기초적인 충분조건이다. 현재 의료기술에 대한 투자는 다른 산업에 비해 기술 혁신 분야에 집중되고 있다. 의료기술 분야의 리더 기업들은 연구개발 포트폴리오를 개발하고 관리하는 데 능숙하며 이것이 성장과 사업 성과에 밀접한 상관관계가 있음을 이해하고 있다. 따라서 연구개발을 위한 로드맵을 구축한다는 것은 연구개발 포트폴리오상에서 제품 관리, 디자인 사고 및 시스템 엔지니어링 분야에 대한 선도적 역량을 가지고 있다는 의미다. 이를 위해 혁신의 단초를 제공할 수 있는, 대부분의 외부 산업과 협력 내지 융복합화에 높은 관심을 보이고 있다.

셋째, 소프트웨어 혁신을 이해하고 적용함으로써 의료기술의 새로운 혁신을 위한 해법을 찾아내고자 한다. 소프트웨어는 많은 의료기술 기업의 성장을 촉진할 수 있는 중요한 원동력이지만 제품 개발 방법을 크게 변경하고 운영 모델이 소프트웨어 회사처럼 기능하도록 해야 한다는 선결 요건이 있다. 이 변화를 위해 다음 세 가지 단계를 고려, 활용할 수 있다. 첫째, 참여, 지능 및 인프라 레이어를 포함한 견고한 기술 스택을 구축해야 한다. 둘째, 제품 관리 방법과 함께 소프트웨어를 적용할 때 따라야 하는 기술적 이해도를 높임으로써 소프트웨어 개발이 가져다주는 최상의 활용법과 기술을 도입할 수 있다. 셋째, 소프트웨어 개발과 활용에서 파급되는 지적재산권과 인재를 전략적으로 확보할 수 있다.

넷째, 하드웨어와 소프트웨어를 디지털 헬스 생태계로 통합할 필요가 있다. 디지털 헬스 생태계는 헬스케어 가치사슬의 참여자들이 최근 몇 년 동안 지속적으로 발전을 도모해온 분야다. 디지털 헬스에서 생태계는 건강 및 보건 관련 데이터에 대한 접근 기술의 발전(예: 향상된 전자 건강기록 데이터 상호 운용성 및 클라우드 컴퓨팅, AI 및 머신러닝의 발전)을 통해 업그레이드되었으며, 고객 참여 선호도의 변화

자본주의의 적은 자본주의

및 헬스케어 기술에 대한 투자 재원 확충 등으로 이어지고 있다. 이러한 의료 데이터가 축적될 경우, 의료 관련 기업뿐 아니라 바이오 공학 등 자신의 장치와 데이터 자산을 활용해 치료 결과를 개선할 수 있는 모든 미래 산업기술과 AI CPU 등을 통해 종합적 판단과 소통이 가능해질 전망이다.

다섯째, 차세대 의료기술의 상업 모델 구축에 다양하고 창의적인 아이디어를 구할 수 있다. 의료기술 기업은 우선 탄탄한 하드 및 소프트웨어 인프라 기반 역량을 구축하고, 이를 통해 기술의 급속한 변화에 대한 면역력을 강화함으로써, 가장 전략적인 고객과 그 고객을 위한 최고의 맞춤 서비스 기회 등을 창출할 수 있다. 온라인과 오프라인이 고객 중심으로 통합되면 일관되고 통합된 서비스를 제공하는 진정한 옴니채널Omni channel 고객 데이터를 창출하고 확보할 수 있다. 이를 통해 개인의 적극적인 참여를 유도할 수 있다. 4차 산업혁명 시대에 의료기술과 디지털 정보통신기술의 혁신을 융합함으로써 온라인과 오프라인의 경계 없이 소비자에게 맞춤형 서비스를 제공할 수 있는 기회를 창출한다.

여섯째, 다음 10년 동안 기업의 규모는 더 커지고 의료기술 장치와 장비의 사용 방법과 용처가 더 복잡해짐에 따라 이를 효율적으로 운영하려면 의료기술 기업에는 각 기관별 혹은 개인별 맞춤 진료와 치료를 위한 차별화된 전략이 필요해진다. 의료기술 기업은 공급망의 안정성과 의존성을 강화하고 디지털화 및 i4.0 산업의 가치를 최대로 얻기 위해 특정 이니셔티브를 추진할 수 있다. 디자인 가치 방식으로 혁신을 추진하고 비용을 균형 있게 분배함으로써,

전략적 유연성을 높이며, 시장 접근성을 확대하기 위해 제조 및 유통 네트워크를 재설계할 필요성이 있다. 중요한 것은 의료기술 기업이 비즈니스 프로세스와 밀접한 성능이 내재된 품질 역량에 투자할 수 있다는 점이다.

일곱째, 코로나19 이후 인수합병에 대한 전략 및 전술의 업데이트가 필요하다. 인수합병은 의료기술 산업의 가치 창출을 개선하는 데 도움이 될 수 있지만, 포트폴리오 재구성을 위한 최적의 전략적 선택 과정은 복잡해진다. 기업은 현재의 경제 환경에서 새로운 거래 방식을 창출하기 위한 새로운 분석과 판단 기준을 마련해야 한다. 예를 들어, 글로벌 의료기술 기업의 가치 평가는 단순한 매출 증가가 아니라 이익 성장률로 촉진된다. 고성장 기업이 더 저렴하게 다양한 장비와 데이터를 이용할 수 있기 때문에 의료기술 기업은 대규모 거래의 가치를 재검토하고, 인수합병을 더욱 전략적 선택의 주요 수단으로 삼을 가능성이 크다. 하지만 가장 기본적인 원리는 초기 의료기술 발전 단계에서 혁신을 성공적으로 가시화하기 위해 투자에 대한 관심과 실천을 더욱 적극적으로 이행하고, 의료기술 기업이 추진할 사업 포트폴리오를 차분하게 검토 및 분석할 수 있어야 한다.

마지막으로, 의료기술의 창작과 창의적 발명을 위해, 동시에 실제적 운용과 활용을 위해, 중국과의 경쟁 및 중국 내에서의 경쟁 등에 주목해야 한다. 중국은 다국적 의료기술 기업에 있어 중요한 시장이다. 14억의 인구가 사는 최대 단일국가 시장이다. 다양한 임상 결과에 대한 빅데이터 구축의 규모와 범위 및 밀도도 미국과 유럽 선진국의 그것과 맞먹을 정도다. 중국과 그리고 중국 내에서의 의료기술 분야 성장 경로는 어쩌면 더 복잡하고, 더 다양하며, 더욱 어려울 수 있다. 제도적 측면에서 병원 진료 체계상 보상의 변화와 중국 기업의 대내외 경쟁력 제고, 정책 변화 등에 대한 대내외 압력이 증가하고 있다는 점도 쉽게 간과할 수 없다. 그럼에도 중국 내 다국적 의료기술 기업의 중국 본사 총괄 관리자들은 중국 시장에 존재하는 변화와 기회에 과연 강한 자신감을 가지고 있을까? 중국 기반의 다국적 기업은 새로운 가치사슬 창출 능력에 주목해야 한다. 중국에서 새로운 가치창출에 대한 논의를 진행함에 있어 전통적인 전략적 선택을 넘어 비즈니스 및 수익 확장의 가능성을 제시할 수 있어야 한다.

바이오산업 요약

스티브 잡스Steve Jobs는 한때 21세기의 가장 큰 혁신은 생물학과 기술이 교차하는 지점에 있을 것이라고 말한 바 있다. 우연찮게 2024년을 맞이하면서 생명공학은 빌 게이츠, 폴 앨런Paul Allen을 비롯한 잡스와 같은 20세기 기술 비전을 가진 많은 이들의 관심사가 되었다. 기술의 모든 분야와 마찬가지로, 전염병은 바이오 기술의 발전과 채택을 가속화하고, 이를 통해 질병, 식량 부족 및 환경파괴와 같은 글로벌 주요 과제에 대한 새로운 솔루션 창출을 요구한다.

생명공학은 언제든 부정적인 이유로 주목받을 수 있지만, 유전공학, 유전체 서열분석 및 DNA 수정은 다양한 분야에서 엄청난 잠재력을 보여주었으며, 2024년에는 전 세계 생명공학 시장의 가치가 1,000억 달러를 넘을 것으로 예상된다. 전통적으로, 약물과 의약품은 '하나 크기가 모두에 맞는One size fits all' 기준으로 만들어지며 시험은 어떤 약물이 사회에 가장 유익할지를 확립하는 데 사용된다. 다른 한편으로 생명공학과 유전체학은 개인의 DNA 구성에 따라 의약품의 조성을 환자 맞춤형으로 특화할 수 있도록 발전하고 있다. 이는 2003년에 처음으로 인간 유전체를 서열화하는 데 약 30억 달러가 들었던 것에 비해, 최근에는 약 600달러 정도의 비용으로 서비스가 가능해지면서 점차 일반화되는 길을 열었다. DNA에 대한 이해가 높아지면서 질병에 맞서 싸우기 위해 건강 상태와 몸의 능력을 확인하고 질병이 발생할 가능성이 있는 인구 집단을 예측하고 더 나은 진단을 내리고 개별 유전적 요인에 따라 표적 치료법을 만드는 것이 더 간단해지고 있다. 이 흥미로운 분야에서 훗날 첨단 기술과 혁신을 주도할 몇 가지 주요 부문의 동향을 요약해둔다.

맞춤 의학

맞춤 의학 또는 정밀 의학으로도 알려진 개인 맞춤 의학은 의료 및 보건 분야에 대한 혁신적인 접근법으로 개인의 고유한 유전적, 환경 및 생활 양식적 요소를 고려해 의료 결정, 실천, 개입 및 치료 서비스를 환자 맞춤형으로 제공한다.

개인 맞춤 의학의 목표는 각 환자에게 가장 효과적이고 맞춤화된 보건 솔루션을 제공하는 것이다. 맞춤 의학의 주요 구성 요소와 원칙은 다음과 같다. 첫째, 유전체학은 환자의 DNA를 포함한 유전 정보를 활용하여 질병 감수성 및 치료 반응에 영향을 미칠 수 있는 유전적 변이, 돌연변이 또는 마커를 식별한다. 둘째, 표적치료는 환자 질병의 특정 유전적 또는 분자의 특성을 대상으로 하는 약물 및 치료법을 개발한다. 셋째, 생물 표지자 접근법을 통해 질병 위험, 진행 또는 치료 반응의 지표로 작용할 수 있는 특정 분자, 유전학적 또는 생화학적 마커를 식별하고 활용할 수 있도록 환자 개인별 빅데이터를 저장하고 관리한다. 넷째, 맞춤형 치료 계획은 환자의 고유한 유전 메이크업, 의학적 역사 및 생활방식을 기반으로 일반적인 접근법 대신 개별 맞춤형 치료 계획을 작성한다. 다섯째, 질병 예방 관점에서 맞춤 의학은 환자의 위험요인에 기반한 조기 질병검출 및 예방조치에 중점을 둔다. 여섯째, 데이터 통합으로 유전, 임상 및 환경 데이터와 같은 다양한 유형의 데이터를 분석하고 통합하여 의료 결정을 지원하며, 일곱째, 환자 중심 치료를 통해 환자의 선호, 가치 및 치료 결정에 대한 목표에 중점을 두고 환자를 치료 과정에 적극 참여시킨다.

현재 맞춤형 의학은 개인의 유전적 구성이 암세포가 신체에서 성장하고 확산되는 방식에 어떻게 영향을 미치는지와 같은 요인을 이해하고 치료하는 데 사용될 수 있으며, 이는 어떤 치료를 제공해야 하는지에 대해 더 나은 결정을 내릴 수 있음을 의미한다. 아울러 예방의학 차원에서도 활용할 수 있다. 특정 질병에 걸리기 쉬운 특정 유전적 구성을 가진 환자에게 선제적 치료를 제공할 수 있기 때문이다. 맞춤형 의학은 향후 대부분의 바이오산업과 의료 부문에서 중점 사업이 될 것이 분명하다. 맞춤형 진단, 치료 및 대응 방식은 향후 많은 질병에 대한 보다 효과적이고 효율적인 치료법으로 이어질 것이다. 맞춤 의학은 환자의 결과를 개선하고 부작용을 줄이며 보건의 효율성을 높이기 때문에 잠재력이 매우 높다. 특히 유전적 돌연변이를 기반으로 한 표적치료가 암 치료를 혁신적으로 바꾸고 있다. 유전체학, 데이터 분석 및 의료기술의 진보가 맞춤 의학의 성장을 견인하고 있으며, 이는 현대 보건의 중요한 부분이 되고 있다.

농업 생명공학

농업에서 생명공학은 더 나은, 더 많은 수확량을 만들어내고 해충과 질병에 더 강한 저항성을 갖는 작물을 개발하는 데 사용된다. 이는 수백만 명이 기아의 위험에 처해 있는 글로벌 식량 위기에서 매우 가치 있는 잠재력을 가지고 있다. 이는 또한 영양분이 더 풍부하고 건강에 해를 끼칠 수 있는 독성 함량이 낮은 식품을 재배할 수 있음을 의미한다. 생명공학은 친환경 농법을 더욱 확대할 것이다. 탄력 있는 작물 재배와 공급은 물론 더 효율적이고 표적화된 살충제가 더 적은 양으로 사용될 것이기 때문에 독성 오염물질 유출로 인한 지구와 작물 및 환경 파괴 요인이 크게 줄어들 것이다.

또한 산업활동으로 인해 토지에서 발생하는 오염을 제거하는 데 사용할 수 있는 작물을 생산하여 해당 토지를 재녹화할 수도 있다. 이 과정을 식물 복원phytoremediation이라고 한다. 새로운 유형의 작물도 만들어질 수 있다. 영국 스타트업 트로픽 바이오사이언스Tropic Biosciences가 개발한 무카페인 커피 원두가 있는데, 이는 비싸고 오염되고 폐기물을 생성하는 디카페인 공정을 필요로 하지 않는다. 하지만 향후 식품 안전기준을 유지하면서 충분한 식량을 제공하는 것

자본주의의 적은 자본주의

의 중요성과 유전자 변형 작물 자체가 자연환경에 초래할 수 있는 생태학적 손상 가능성에 대한 불확실성에 직면하게 될 것이므로, 생명공학의 발전에 따른 윤리에 대한 강력한 추가 논의가 있어야 할 것으로 보인다.

약물 검사 및 의약품 승인 절차의 가속화

코로나19 백신의 긴급 개발과 승인을 거친 뒤, 새로운 약물의 검사와 승인 과정을 가속화하기 위한 엄청난 노력이 기울여졌다. 이 과정에서 많은 부분이 생명과학 분야에서 발생한 연구와 데이터에 의존하고 있다. 기존에는 새로운 의약품의 승인 및 인증 과정이 최대 10년이 걸렸다. 생명공학 데이터를 사용해 이 과정을 가속화하고, 비용이 많이 들고 시간이 오래 걸리는 인간 실험에 의존하지 않고 의약품과 인체 간의 상호작용을 시뮬레이션할 수 있게 되었다. 그만큼 과학의 진화와 기술의 발전, 과학에 대한 인류의 신뢰가 깊어졌다는 뜻이다.

미국 식품의약국FDA의 실시간 종양학 검토 프로그램으로 바이오테크 데이터를 확인하고 신약 치료의 임상시험 결과를 정확하게 예측할 수 있게 되어 약물 검사 및 검토 과정도 크게 빨라지고 있다. 또 다른 예로, 제약 개발업체 바이오젠의 알츠하이머병 치료제인 아두카누맙Aducanumab은 생명공학 분야의 발전에 힘입어 급속히 개선되었다. 향후 이 분야에 대한 더 많은 연구를 볼 수 있을 것으로 예상되며, 이를 통해 보다 효과적인 약물과 치료법이 더 빨리 개발될 수 있을 것으로 본다.

환경 바이오테크놀로지

앞서 농업 분야의 생명공학 발전은 더 효율적인 작물 생산으로 이어지고, 이로 인해 에너지 사용을 절약하고 독성 농약에 의한 생태학적 피해를 줄이는 방법을 찾을 수 있다는 점을 간단히 설명했다. 그러나 환경친화적이며 환경 영향을 줄이기 위한 생명공학 활용 옵션은 다양하다. 여기에는 플라스틱을 분해하기 위해 특수하게 설계된 생물체를 만드는 것이 포함되며, 이를 통해 플라스틱을 효율적으로 재활용할 수 있다.

예컨대, 2023년 프랑스 회사인 카비오스Carbios는 유전자 변형 효소를 사용해 플라스틱 병에 흔히 사용되는 폴리에틸렌 테레프탈레이트PET 플라스틱을 분해하는 전용 공장을 처음 열었다. 그 밖에 바이오 기술에서 파생상품으로 개발된 효소는 독성 폐기물을 완전히 생분해 가능한, 즉 산업용 세제로 사용하기에 충분한 새로운 유형의 세제를 만드는 데 사용되고 있다. 또 다른 중요한 분야 중 하나는 생물 연료 분야로, 향후 지속적인 혁신을 기대할 수 있는 분야다. 환경 관련 바이오 기술의 확장으로 농업 및 산업 폐기물, 심지어 조류에서 깨끗한 에너지를 생산하는 새로운 공정이 나타나고 있다는 점에 주목할 만하다.

인공 고기

인류의 식생활 패턴 변화와 함께 육류 소비가 인류와 지구에 미치는 부정적 영향을 줄이기 위한 연구가 진행 중이다. 이로 인해 실험실에서 양식된 육류 생산이 더 중요한 대안으로 점점 더 널리 그리고 자주 언급되고 있다. 실험실에서 양식된 고기는 근육 및 지방 세포를 인공적으로 조절 가능함을 의미하며, 이로 인해 가축 산업에서 사용되는 에너지, 토지 및 물 사용량을 크게 줄일 수 있다. 기후변화의 주요 원인으로 인식되는 가축의 방귀와 오염물에서 발생하는 메탄 배출도 줄일 수 있다. 고기 양식에 대한 바이오테크 과정은 인간이나 동물의 손상된 세포재생 기술에서 출발했다. 배달 기업 '저스트 잇Just Eat'을 포함한 몇몇 회사가 이제 자체 인공 고기를 시장에 출시하기 위한 계획을 세우고 있으며, 2024년은 보편화의 원년이 될 전망이다.

우리가 생각하는 세상의 변화는 사실 상상이 불가능하지 않다. 왜냐하면 아직 우리 인류가 주체이고 그 누구도 우리를 통제하거나 생각의 자유를 억압하지 못하기 때문이다. 신이라는 존재를 다시금 소환해 인정한다고 해도, 신 역시 우리에게 무엇을 요구하지는 못할 것이다. 다만, 거대한 변화의 물줄기가 신의 예언대로, 인류에 준 가르침대로 도덕과 윤리, 양심과 상식, 이마저도 안 된다면 법과 규칙을 따르지 않을 경우를 제외하고 우리 인류는 무한한 창의력과 상상력 그리고 공상을 바탕으로 새로운 세상을 맞이할 자격이 있다. 아울러 우리 인간의 본래 모습이, 본래 지어진 바가 신의 의도대로 그와 닮은꼴이라 할 때, 정신의 발전과 사상의 진화는 어떤 방향으로 설정되어 있는지, 혹은 어떤 방향으로 인류가 끌고 갈 것인지는 지성과 지혜의 발전이 동행할 때 가장 안정적이고, 효율적이고, 합리적이며, 정의로울 것이라 본다.

실험실 인공 고기의 생산은 향후 AI 로봇의 피부조직으로 이어질 것이고, 인간이 무리한 실험에 도전하기 전에 종래에는 침팬지나 실험실의 쥐를 이용했다면 이제는 AI 로봇이 그 자리를 대신할 가능성이 크다. 사람의 특이 DNA를 AI에 심을 수 있다면, 의식이 영원하지는 않더라도, 한 사람의 목소리 등을 흉내 내도록 프로그램된 알고리즘에 따라 일상의 반복 정도는 사이보그가 충분히 해낼 수 있을 것이다. 그렇게 미래가 결정된다면, 인구의 크기와 증가 속도보다 더 중요한 것은 결국 '신'이 예언한 대로 인간의 도덕과 윤리뿐이다.

웹 3.0과 미래

i4.0 산업의 발전은 로봇, 드론, 무인 자동차 등 새로운 기술의 혁신을 낳았을 뿐 아니라, 이제 거의 모든 분야에서 NFT를 제조하고 암호화폐를 발행하는 단계에 이르렀다. 가상 및 증강 현실 분야에 있어서도 i4.0 산업의 성장과 발전 과정에서 어떠한 형태로든 여타 산업과의 협력과 경쟁이 동시에 일어날 수밖에 없다. 그만큼 융복합화는 i4.0의 특징 중 하나다. 여기에 가장 필요한 미래 인터넷이 웹 3.0이다. 웹 3.0은 인터넷의 미래로 주목받고 있다. 이 새로운 블록체인 기반 웹의 비전에는 암호화폐, NFT, DAO, 분산 금융 등이 포함된다.

웹의 읽기, 쓰기, 소유 버전이 제공되면서 사용자는 자신이 속한 웹 커뮤니티에 대해 재정적 지분을 갖고 더 많은 제어권을 갖게 되었다. 웹 3.0은 PC와 스마트폰이 그랬던 것처럼 온라인 경험을 확실히 극적으로 변화시킬 것이다. 물론 위험도 뒤따른다. 일부 회사는 웹 3.0 프로젝트에 따른 환경 영향과 금융 투기(및 사기 가능성)에 대한 우려와 반대 목소리에 대해 해법을 찾는 데 집중하고 있다. 블록체인은 개인정보 보호, 중앙집중화 및 재정적 배제 문제에 대한 솔루션으로 제공되지만, 동시에 이 같은 문제 가운데 많은 부분의 새로운 버전을 만들어내기도 한다. 스타트업이나 벤처기업이 웹 3.0사업에 진입하려면 그들 스스로가 가지고 있는 장점과 위험요인을 모두 고려해야 한다.

2008년이었다. 서브프라임 모기지 문제가 한창 확산될 조짐을 보일 때 비트코인이라는 용어를 처음 들었다. 아마도 그것은 모든 것을 변화시킬 새로운 기술에 대한 희미한 소문이었을 것이다. 이 비트코인이 사실상 화폐냐 아니냐의 문제에 매달려 있는 듯 보이지만, 사실상 비트코인은 어느 한 천재가 만들어낸, 혹은 '미래 소년 코난'이 가지고 있는 비밀의 디지털 유전 인자다. 어쩌면 초기 투자자는 갑자기 작은 부자가 되자 심장이 두근거렸을지도 모른다. 실제로 이 '돈'을 어디에 사용할 수 있는지 명확하지 않더라도, 어쩌면 모든 글로벌 혹은 지역 기업이 향후 암호화폐 기술이 확산될 때에 대비해 기업 업무 전반에 이를 적용하고 기업 내 혹은 기업 간 송수신체계를 암호화 전략으로 개발해야 하는지, 이 프로그램 자체에서 암호화폐가 생성되는지에 대해 궁금해했을지도 모른다. 사실 그 누구도 이 점에 대해 별로 신경 쓰지 않았다는 사실은 이제 와 되돌아보면, 인류가 스스로 어떠한 거대한 변화 속으로 진입하고 있는지를 99.9%는 모르고 있었다 해도 틀린 말은 아니다.

비트코인Bitcoin이 주목을 받은 직후 큰 상승과 하락이 있었다. 매년 또는 두 해마다 그 가치가 폭락했었다. 그럴 때마다 비트코인은 죽었다고 속삭이는 비관론자가 나타났지만, 그것은 어쩌면, 항상 해커와 사기꾼의 속임수였다. 비트코인에 대한 가치 평가는 기술자유주의자와 은행을 싫어하는 사람이 밀어붙인, 그동안 한 번도 경험해보지 못한 이상한 화폐에 대한 궁금증 이상도 이하도 아니다. 이는 마치 외계인이 지구에 나타났을 때 만지고 꼬집고 대화하려는 시도와 같다. 물론 현재도 이와 같은 질문이 이어지고 있지만, 결론부터 간단히 말하면 비트코인은 화폐가 아니다. 하지만 화폐보다 더 가치 있는 기술화폐임에는 분명하다.

비트코인의 생명력과 가치는 양자컴퓨팅이 오늘날의 PC처럼 보편화되는 시점에 급락할 수 있다. 어쩌면 진짜 기술회사들과 더불어 비트코인이야말로 미래가 있다고 주장할 수 있지만 그 삶은 양자컴퓨팅 시대 이전까지일 수 있다. 지금은 비트코인과 같은 암호화폐에 대해 어디에서나 누구든지 일상적 투자 자산으로서의 가치에 대해 얘기하는 걸로 보인다. 암호화폐가 천천히 주류 자산시장으로 스며들고 있다는 것을 보여주는 주목해야 할 사건도 있다. 지난 2024년 1월 10일 미국 증권거래위원회SEC가 비트코인 현물 상장지수펀드ETF의 출시를 승인한 것이다. 이어서 이더리움 ETF도 언급되고 있다. 어떻게 비트코인이 자산시장에서 이렇게 관심을 끌게 되었을까? 사실 많은 디지털 전문가들도 암호화폐가 서서히 주류 금융 시스템에 진입하리라고 예상하지 않았고 큰 관심을 보이지

자본주의의 적은 자본주의

도 않았다.

그런데 갑자기 래리 데이비드Larry David[141]가 미국 풋볼의 최고 우승팀을 고르는 슈퍼볼 경기 중에 그것을 홍보하고, 패리스 힐튼, 톰 브래디, 제이미 폭스 같은 스타들이 광고에서 그것을 팔고 있으며, 공포스러운 월가를 모티브로 한 암호화폐를 축하하는 로봇 불Bull이 마이애미에서 공개되었다.

어쩌면, 암호화폐는 더는 희귀한 피카츄 카드나 스포츠 카드를 모으는 수집광들의 취미활동이 아니다. 처음에는 궁금증이었지만 그다음에는 투기적인 이해관계로 얽히면서 마침내 대규모 사업으로 성장했다. 물론 네덜란드 튤립 버블의 붕괴와 같이 일순간에 모든 것이 거품처럼 꺼져버릴 수도 있다. 다만 필자는 그마저도 쉽지 않을 것이라고 판단한다. 왜? 미래에는 디지털 정보통신 기술과 양자컴퓨팅 기술로 버무려진 초격차의 세상이 펼쳐지기 때문이다. 따라서 암호화폐는 법정화폐로서의 역할과 기능을 인정받기까지는 다소 요원하다 해도, 투자 자산으로서의 매력은 버블이 붕괴되기 전까지는 유효할 수 있다. 블랙록BlakRock, 골드만 삭스Goldman Sachs와 같은 금융자본가들이 먼저 암호화폐에 대한 투자 자산적 가치를 폭등시킨 후 몰려든 수많은 개인 투자자와 중소규모 기관투자자들의 자산을 합법적으로 빼앗을 수 있기 때문이다.

여기에 어느 악당이 의도적으로, 혹은 누군가 실수로 바이러스를 심는다면 인류는 공멸에 가까운 참극을 겪을 가능성이 매우 크다. 따라서 우리가 생각하는 '개인 정보보호'라는 극히 원시적인 정보체계에 대한 관리와 감독 시스템은 암호화폐 혹은 비트코인 혹은

'양자코인(필자가 붙인 이름)'의 순서로 개발되고 진화할 수 있다. 따라서 현재 우리가 저장하려고 하는 비트코인은 고대 원시시대 호모에렉투스가 쓰던 돌도끼 정도로, 미래 지구 박물관에 백남준의 비디오아트처럼 전시되고 교육될 고가의 골동품이 될 수 있다. 최근 들어 가장 흥미로운 사실은 암호화폐 투자가 인터넷의 틈새시장 구석에 국한되었던 2020년 선거 때와는 대조적으로 5,200만 명의 미국인이 현재 디지털 자산을 보유하고 있다는 점이다. 미 대선과 관련하여 MZ세대로 불리는 이 새로운 투표 블록은 자칫 젊은 세대의 표심을 왜곡하는 가운데, 공화당보다 민주당 후보에게 더 많이 투표할 것이라고 본다. 하지만 2024년 3월 코인베이스Coinbase와 모닝컨설트Morning Consult의 설문조사에 따르면 응답자 중 암호화폐 보유자의 60%가 Z세대 또는 밀레니얼 세대이며, 22%는 민주당원, 18%는 공화당원이라고 각각 분석되었다. 2021년까지 암호화폐를 놓고 '사기scam'라 했던 도널드 트럼프가 암호화폐 보유자 수가 늘어나고 이들이 곧 유권자가 된다는 점에 주목한 것을 감안하면 비트코인 거래시장을 가볍게 볼 일은 아닌 듯하다.

그러나 암호화폐는 단지 창끝에 불과하다. 그것의 기반이 되는 블록체인은 '분산원장Distributed Ledger, DL'[142]이라고 불린다. 이는 단일 서버가 아닌 컴퓨터 네트워크에 의해 호스팅되는 데이터베이스로, 사용자의 모든 정보를 불변하고 투명하게 저장하는 방식의 서비스를 제공한다. 블록체인은 이제 새로운 목적에 적용되고 있다. 고유한 디지털 객체(혹은 증서, deed)인 '대체 불가능한 토큰Non-Fungible Token, NFT'의 소유 기록을 만들기 위해 사용된다. NFT(NFTs)는

자본주의의 적은 자본주의

2022년에 거래가 급증하여 순전히 공기에서 410억 달러 시장을 창조해냈었다. 예를 들어 NFT 아티스트인 비플Beeple[143]은 그의 작품의 NFT가 영국 크리스티즈Christie's 경매에서 6,900만 달러에 팔렸을 때, 그야말로 세계의 주목을 끄는 센세이션을 일으켰다. 분산 자율 조직Decentralized Autonomous Organizations, DAO과 같은 더 난해한 파생 상품도 머리 없는 기업처럼 작동한다.

　이들은 자금의 수입과 지출을 모두 회원들의 투표로 결정하고, 인코딩된 규칙에 의해 모든 작업이 실행된다. 최근에는 DAO 중 하나가 미국 헌법의 희귀 사본을 구매하기 위해 4,700만 달러를 모금하기도 했다. 디파이Decentralized Finance, DeFi,[144] 즉 탈중앙화 투자 지지자들은 은행이 없는 미래를 제시하며 은행 없는 글로벌 금융 시스템을 만들겠다고 의회에 로비 활동을 하고 있다.

　이러한 노력의 총합을 웹 3.0이라고 부른다. 웹이 작동하는 방식을 다시 배치하기 위한 프로젝트를 간단하게 표현한 이름이다. 블록체인을 사용하여 정보의 저장, 공유 및 소유 방식을 변경하는 것이다. 이론적으로 블록체인 기반 웹은 정보를 통제하는 사람, 수익을 창출하는 사람, 심지어 네트워크와 기업이 어떻게 작동하는지까지 독과점을 깨뜨릴 수 있다. 지지자들은 웹 3.0이 새로운 경제, 새로운 제품 및 온라인 서비스 클래스를 창출하며, 웹에 민주주의를 돌려주고, 다음 인터넷 시대를 정의할 것이라 주장한다. 마블the Marvel의 악당 타노스Thanos처럼 이제 웹 3.0은 불가피하다. 그런 세상으로 급속히 빨려 들어가고 있다. 더욱더 당황스러운 것은 이미 웹 4.0과 5.0에 대한 기술적 적용과 운용에 대한 연구도 상당한 결과를

〈그림 27〉 웹 3.0이 특별한 이유는 무엇인가?

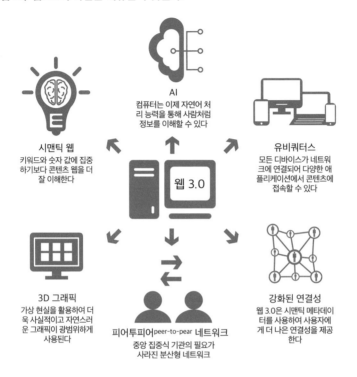

AI
컴퓨터는 이제 자연어 처리 능력을 통해 사람처럼 정보를 이해할 수 있다

시맨틱 웹
키워드와 숫자 값에 집중하기보다 콘텐츠 웹을 더 잘 이해한다

유비쿼터스
모든 디바이스가 네트워크에 연결되어 다양한 애플리케이션에서 콘텐츠에 접속할 수 있다

웹 3.0

3D 그래픽
가상 현실을 활용하여 더욱 사실적이고 자연스러운 그래픽이 광범위하게 사용된다

피어투피어peer-to-pear 네트워크
중앙 집중식 기관의 필요가 사라진 분산형 네트워크

강화된 연결성
웹 3.0은 시맨틱 메타데이터를 사용하여 사용자에게 더 나은 연결성을 제공한다

자료: 101blockchains.com

창출하기 시작했다는 점이다.

웹 3.0 프로젝트로 에너지, 자금 그리고 재능이 밀려들고 있음은 부인할 수 없다. 동시에 웹을 재창조하는 것은 또 다른 큰 과제다. 모든 장밋빛 전망에도 불구하고 블록체인은 시장에서 상대적 우월성을 차지하기까지 상당한 기술, 환경, 윤리, 규제적 장벽에 직면하고 있다. 일부 경계심을 가진 사람은 웹 3.0이 투기, 도난 및 개인정보 문제로 쉽게 도달할 수 없으며, 중앙집중화의 매력과 새로운 중

자본주의의 적은 자본주의

개인의 증가가 이미 분산 웹을 위한 이상적인 제안을 약화시키고 있다고 경고한다.

사실 모든 개인정보가 블록째 넘어가거나 오염될 수 있다는 점은 2007년 개봉된 브루스 윌리스 주연의 디지털 테러 영화 〈다이 하드 4.0〉에 이미 부분적으로 그려져 있다. 한편, 기업과 리더들은 이러한 문제점을 올바르게 파악하고 분석할 가능성과 웹 3.0이 파 놓은(디지털 시대의 복잡한 관계식은 각 기기에 예상치 못한 버그가 발생할 경우, 혹은 버그를 누군가가 심을 경우, 이를 파악하고 수정 및 정상화하기까지 상당한 노력이 필요하다는 점에서) 함정을 이해하려고 노력하고 있는데, 이것 또한 그러한 서비스를 올바르고 빠르게 처리할 수 있는 사이버 보안 조직에 엄청난 이익을 제공할 수 있다. 이는 빠르게 변화하는 시대 풍경의 일부일 뿐이다. 많은 기업이 웹 3.0의 가능성을 시험하고 있으며 일부는 큰 성공을 거뒀지만 몇몇 유명한 기업은 그와 같은 관심을 좋아하지 않는다는 것을 발견하곤 한다.

물론 대부분은 웹 3.0이 정말 무엇인지조차 잘 모른다. 지난 2022년 3월 〈하버드 비즈니스 리뷰Harvard Business Review〉 독자를 대상으로 한 링크드인LinkedIn 의 임시 투표에서 약 70%가 그 용어가 무엇인지 모른다고 답했다. 웹 3.0은 혼란스럽고, 많은 논란을 일으킬 수 있고, 반면 흥미롭지만 지나치게 이상향을 지향하고, 사기로 가득하면서 비참하기까지 한 양극화를 심화시키고, 진정한 민주화를 이야기하지만 실제로 어쩌면 분산된 세계로의 초대를 강요하는 것일 수도 있다. 이제부터 하나씩 차근차근 웹 3.0에 대해 간단히 살펴보자. 굳이 각 절에서 필자가 얘기해온 철학과 도덕, 가치와 사상, 과학과 기술, 양자와 미립자, 그리고 빛에 대한 해석을 되풀이하지는 않겠다. 다만, 독자들은 이러한 지식을 토대로 앞으로 정리할 웹 3.0의 기능은 물론 장단점에 대해 고민하고 이해하기 위해 노력해주기를 바란다.

웹 3.0 개발 역사

먼저, 모든 것은 인터넷에서부터 시작되었다. 앞에서 설명했던 1990년대 다우 산업지수 평균의 변화 그래프에서 설명했던 J 커브의 시작점도 인터넷과 PC의 대중화였다. 인터넷을 통해 자신의 컴퓨터와 그 앞에 (연결돼) 있는 사람들이 서로 대화할 수 있게 하는 전선과 서버는 물리적 인프라다. 미국 정부의 아르파넷Advanced Research Projects Agency Network, ARPANET은 1969년에 첫 번째 메시지를 보냈지만 우리가 오늘날 알고 있는 웹은 하이퍼텍스트 마크업 언어Hyper-Text Markup Language, HTML와 웹 주소Uniform Resource Locator, URL로 사용자가 워드화된 문서 페이지를 탐색할 수 있게 된 기능으로 1991년에 시장에 소개되었다.

이를 읽기 전용 웹 또는 웹 10.이라고 생각하자. 사실 당시 매킨토시 컴퓨터의 주된 용도는 워드 기능이었다. 2000년대 초반에 일부가 변하기 시작했다. 인터넷은 연결된 개인, 기업과 개인, 정부와 기업 간을 통해 더욱더 다양한 상호작용을 유발했다. 둘째, 사용자 생성 콘텐츠 또는 읽기, 쓰기 웹의 시대였다. 따라서 소셜 미디어는 웹 2.0의 주요 특징이었으며 페이스북Facebook, 트위터Twitter, 텀블러Tumblr 등이 온라인 경험을 정의하기 시작했다. 유튜브, 위키백과

　　　　　　　　　　　　　　　　　자본주의의 적은 자본주의

Wikipedia, 구글과 함께 콘텐츠에 댓글을 남길 수 있는 능력은 비디오 시청, 학습, 검색 및 의사표현 능력을 확대했다. 이들의 주가가 얼마만큼 급등했는지는 앞서 자세히 설명했다. 이 책을 접한 많은 독자는 필자가 이 책을 통해 무엇을 설명하고자 하는지를 이즈음이면 이해할 수 있어야 한다.

만약 웹 3.0이 실현된다면, 이는 웹의 이전 두 세대에 이어 다음 3세대의 웹이 된다. 첫 번째 세대는 웹 1.0라고 불리며, 이는 1989년에 팀 버너스 리Tim Berners-Lee라는 영국의 컴퓨터 과학자에 의해 발명되었다. 버너스 리는 1963년에 미국의 정보기술 개척자인 테드 넬슨Ted Nelson이 제안한 디지털 텍스트를 연결하는 하이퍼텍스트 개념을 적용했다. 그는 최초의 브라우저를 프로그래밍하면서, 브라우저에 콘텐츠를 어떻게 표시할지를 알려주는 HTML과 웹 서버가 파일을 브라우저로 전송하는 방식을 명시한 하이퍼텍스트 전송 프로토콜HTTP을 작성했다. 또한 웹 페이지 간 데이터를 연결할 '시멘틱 웹(의미 있는 웹)'[145] 소프트웨어를 설계하기 시작했지만 하드웨어의 제약 때문에 구현되지는 않았다. 웹은 1993년 모자이크Mosaic라는 최초의 인기 있는 브라우저의 출시를 통해 대중에게 알려졌으며, 나중에 넷스케이프 네비게이터Netscape Navigator로 이름이 바뀌었다. 뒤이어 마이크로소프트 인터넷 익스플로러Microsoft Internet Explorer와 애플 사파리Apple Safari와 같은 유저 편의성이 있는 그래픽 브라우저가 나왔고, 야후 서치Yahoo! Search, 라이코스Lycos 및 알타비스타AltaVista와 같은 익숙한 이름의 최초의 검색 엔진이 나타났다. 하지만 2004년 상장한 구글은 이들 많은 업체를 망하게 했다.

2000년경 전문가들이 보다 상호작용이 원활한 웹 개념을 홍보하기 시작하면서 이를 웹 2.0이라고 부르기 시작했다. 그들은 기존의 기본적인 연결성 웹을 웹 1.0이라고 더 명시적으로 표현하기 시작했고, 버너스 리는 시멘틱 웹 개념을 더 확립하기 위해 〈사이언티픽 아메리칸Scientific American〉에 공동 저술한 원고를 통해 웹 2.0 개념을 도입했다. 단순히 정적인 웹 1.0과 달리 상호작용적 웹의 꿈은 몇 년 후에 페이스북과 같은 소셜 네트워크의 급격한 인기와 함께 현실이 되었다. 월드 와이드 웹 컨소시엄World Wide Web Consortium, 즉 웹의 표준기구는 시멘틱 웹 표준을 발표했다. 동시에 암호화폐와 블록체인과 같은 웹 3.0의 핵심 기술 두 가지가 탄생했다.

웹 2.0 시대는 중앙집중화의 시대다. 네트워크 효과와 규모, 범위 및 밀도의 경제가 명백한 승자를 이끌었으며, 그러한 기업(그중 많은 기업이 위에서 일부 설명되었다)은 사용자 데이터를 수집하고, 수집한 데이터를 통해 개인별 취미와 소득 및 개인정보 등을 이용해 특정 고객을 대상으로 타깃 광고를 판매하고 자신과 주주들을 위해 엄청난 부를 창출했다. 처음에는 '무료 서비스'를 제공했지만 사용자는 이 협정이 가까운 미래에 어떤 의미를 함축하고 있는지 당시에는 전혀 이해하지 못했을 것이다. 인간은 한번 편한 방식의 기술과 기호식품 등을 접하면 마치 '톱니효과Rachet effect'처럼 그보다 낮은 수준의 서비스에는 전혀 만족을 못 한다. 심지어 웹 2.0은 일반인이 유튜브 등에서 인플루언서로서 상당한 규모의 수익을 창출하는 등의 새로운 돈벌이 방법을 만들어내는 데에도 성공했다.

동시에 현재 웹 2.0 서비스 시스템에서는 비난받을 만한 부분이 여전히 많이 잠재해 있다. 필요에 따라 순차적으로 개선될 가능성도 있지만, 집중화되고 접근 독점력을 가진 거대기업은 종종 그것을 책임 있게 운용하지 않고 동시에 못함으로써 소비자의 각성을 통한 새로운 플랫폼이 우후죽순 나타나고 있다. 인간의 본성을 엿볼 수 있는 대목이기도 하다. 분명한 것은 정치에서도 경제에서도 말없는 다수의 침묵이 늘 옳다는 점이다. 이제 자신들 스스로가, 개인이 경험하는 일상의 모든 내용이 하나의 독창적이면서 독보적인 제품이 될 수 있음을 깨닫는 소비자는 점점 더 개인 데이터의 통제를 정부 등에 내주기를 불편해하고 있다. 그보다, 자신이 스스로 콘텐츠를 개발하면서 1인 크리에이터로 등장하는 데 주저하지 않는다. 타깃 광고 경제는 실제로 광고주를 돕지 못하는 불안정한 거품일 수 있다. 웹이 성장하고, 중앙집중화되고, 기업화되면서, 많은 사람은 더 나은 미래가 있는지 궁금해하기 시작한다.

이러한 궁금증과 웹 2.0의 불완전성 등이 바로 웹 3.0 개발과 운용으로 이어지는 것이다. 새로운 웹 버전을 지지하는 사람들은 웹 2.0의 문제를 풀기 위해 역설적으로 웹 2.0에 역행하는 것을 근본적인 업데이트 방향으로 제시하고 있다. 예컨대, 개인정보 보호가 걱정되는가? 암호화된 지갑이 각자의 온라인 신원을 보호할 것이다. 정부나 허락받지 않는 제3자에 의한 개인정보 검열이 걱정되는가? 분산된 데이터베이스는 모든 것을 불변하고 투명하게 저장하며, 모든 개인이 내리는 결정과 그 내용을 중재자가 삭제하려고 급습하는 것도 막아낼 수 있다. 중앙집중화가 걱정되는가? 우리가 시간을 보내는 네트워크에서 어떤 결정을 내릴 필요가 있을 때는 실제 투표권을 받는다. 더욱이 그 이상으로, 참여자가 가치 있는 지분을 갖게 됨으로써, 독과점적 정보통신 관리기업의 AI가 제작하는 알고리즘의 제품이 아니라 참여자가 실질적인 소유자라는 점에 주목해야 한다. 바로 이것이 웹 2.0과 차별화되는, 읽기/쓰기에 소유 웹이 더해지는 비전이기도 하다.

웹 3.0이란?

웹 3.0은 월드 와이드 웹의 다음 진화 단계다. 인터넷에서 문서, 응용프로그램 및 멀티미디어에 액세스하는 사용자 인터페이스를 제공한다. 웹 3.0은 아직 개발 중이기 때문에 보편적으로 정의가 내려진 체계는 아니다. 올바른 철자조차 명확하지 않으며, 포레스터Forrester, 가트너Gartner 및 IDCInternet Data Center와 같은 분석 기관은 '웹 3'과 '웹 3.0'이라는 용어를 번갈아 사용하고 있다. 웹 2.0과 차이점은 웹 3.0은 탈중앙화된 애플리케이션에 중점을 두고, 블록체인 기반 기술을 광범위하게 활용할 가능성이 높다는 점이다. 또한 머신러닝 및 AI를 사용하여 더 지능적이고 적응적인 웹을 구현할 것으로 예상된다.

웹 3.0의 씨앗은 1991년 스콧 스토네타W. Scott Stornetta와 스튜어트 하버Stuart Haber가 처음으로 블록체인, 즉 디지털 문서에 타임스탬프를 찍는 프로젝트를 시작하면서 뿌려졌다. 이 아이디어는 앞서 설명한 암호화폐 비트코인의 발행, 즉 2008년 신분을 숨긴 발명가 사토시 나카모토Satoshi Nakamoto가 금융위기 이후에 출시한 비트코인의 효시다. 이후 비트코인은 많은 화제를 뿌리며 금융 및 자본 시장에

잠정적으로 뿌리를 내리기 시작했다. 비트코인 기반의 블록체인 기술은 앞서 간단히 설명한 것처럼 다음과 같이 작동한다.

암호화폐의 소유권은 공유 공개원장DL에 기록되며, 한 사용자가 이 정보를 이체하려면 '채굴자miners'가 복잡한 수학 문제를 푸는 것을 처리하고, 다음으로 새로운 '블록' 데이터를 체인에 추가하면서, 그 공로로 상금, 즉 코인을 얻는다. 비트코인 체인은 통화에만 사용되지만 더 최신의 블록체인은 다른 옵션을 제공한다. 2015년에 출시된 이더리움은 암호화폐인 동시에 블록체인 프로젝트를 구축하는 데 사용할 수 있는 플랫폼이다. 이더리움의 개발자 중 한 사람인 개빈 우드Gavin Wood는 이더리움을 '전 세계를 위한 한 대의 컴퓨터'라고 정의한다. 컴퓨팅 파워가 전 세계에 분산되어 있으며, 따라서 어느 곳에서도, 어느 누구도 이를 제어할 수 없고, 제어되지 않는다고 했다. 비트코인이 세상에 나오고, 이를 구축할 수 있는 이더리움이 소개된 지 10년 이상이 지난 지금 블록체인을 기반으로 하는 웹을 지지하는 사람들은 새로운 웹 3.0 시대가 시작됐다고 선언하고 있다.

아주 간단히 말하자면, 웹 3.0은 새로운 방식으로 블록체인을 사용하여 암호화폐를 확장하는 것이다. 블록체인은 지갑에 들어 있는 토큰의 수, 자체 실행 계약의 조건 또는 탈중앙화 앱Decentralized Application, DApp[146] 코드를 저장할 수 있다. 모든 블록체인이 동일한 방식으로 작동하는 것은 아니지만, 코인은 거래를 처리하기 위해 채굴자에게 인센티브로 사용된다. 비트코인과 같은 '작업 증명Proof of work' 체인에서는 거래 처리를 위한 복잡한 수학 문제를 해결하는 데 에너지가 많이 소비되도록 의도적으로 디자인되어 있다. 중국 내 내몽고 지역, 한국에서는 강원도 같은 전력 소모가 비교적 적은 지방에 왜 채굴자들이 몰려드는지 이해할 수 있다. 가끔은 이러한 전력 사용으로 인해 화재가 발생하기도 한다.

더 최근에는 일반적인 '지분 증명Proof of stake' 체인에서 거래 처리가 되는, 즉 단지 체인 지분 소유가 확인된 자들이 거래가 합법적이라고 동의만 하면 되는, 훨씬 더 효율적인 프로세스를 개발하기도 하였다. 두 경우 모두 거래 데이터는 공개되지만 사용자의 지갑은 암호로 생성된 주소로만 식별된다. 블록체인은 '작성 전용Write only'으로 작동하기 때문에 데이터를 추가할 수는 있지만 삭제할 수는 없다.

웹 3.0 및 암호화폐는 '허가가 필요하지 않은permissionless' 블록체인에서 실행되며, 중앙집중화된 제어나 다른 사용자에 대한 신뢰를 필요로 하지 않는다. 이것은 사람들 대부분이 '블록체인'을 말할 때 이야기하는 내용이다. 웹 3.0은 빌더builder와 사용자가 소유하는 인터넷, 토큰을 활용한 오케스트라인 셈이다. 웹 3.0은 현재 웹 2.0의 부분적인 중앙화, 토큰의 소유자와 이를 축적하는 기업과의 기본적인 역학관계에 변화를 가져온다. 토큰과 공유 소유권이 한 회사에 축적되고 결국 회사가 자체 사용자 및 파트너와 싸우게 되는 중앙집중식 네트워크의 핵심 문제를 웹 3.0은 해결할 수 있다.

2014년 개빈 우드는 이더리움이 이끌어갈 새로운 시대에 대한 자신의 견해를 스케치한 중요한 글을 블로그에 올린 적이 있다. 우드는 웹 3.0은 "이미 웹을 사용하는 용도를 재상상한 것이지만, 당

자본주의의 적은 자본주의

사자 간 상호작용에 대해 기본적으로 다른 모델을 가지고 있다"고 했다. "우리가 공개를 가정하는 정보는 게시를 하고, 우리가 합의로 가정하는 정보는 합의장부Consensus ledger에 배치한다. 마찬가지로, 우리가 비공개로 가정하는 정보는 비밀로 유지하고 공개하지 않는다." 이와 같은 맥락에서 "모든 통신은 암호화되며 신원은 숨겨진다"는 점을 강조하고 있다. 즉 "우리는 정부나 조직을 합리적으로 신뢰할 수 없기 때문에 우리의 이전 모든 가정(공개, 합의, 비공개 등의 가정)을 수학적으로 시행하는 시스템을 통해 공학적으로 설계하고자 한다."

그의 아이디어는 그 이후로 진화했으며 새로운 사용 사례가 등장하기 시작했다. 웹 3.0 스트리밍 서비스(음원 서비스 플랫폼)인 사운드xyzSound.xyz는 아티스트에게 더 나은 혜택을 제공한다. 블록체인 기반 게임인 엑시인피니티Axie Infinity는 사용자가 플레이하면서 돈을 벌 수 있게 한다. 가치가 달러, 유로 또는 기타 외부 기준에 고정되어 있는 소위 '스테이블 코인stablecoins'은 글로벌 금융 시스템의 업그레이드 시스템을 따르도록 설계되어 있어 불확실한 경제 상황에서 환차와 금리 격차 등에 의해 초래되는 상당한 불편성이 따르는 반면에, 암호화폐는 특히 불안정한 환경에 있는 사용자를 위한 국경 간 결제 솔루션으로 주목받고 있다. 많은 사람이 블록체인이 새로운 유형의 컴퓨터라는 의미를 제대로 이해하지 못하는 듯하다. 마치 PC와 스마트폰이 우리가 기술을 어떻게 사용할 것인가와 같은 기술 응용 방식을 변화시킨 것처럼, 블록체인 역시 이러한 역할을 충분히 할 수 있다는 점에서 또 다른 유형의 컴퓨터라는 의미는 충분히 받아들여질 수 있다. 비록 아직까지는 오랜 성숙 단계에 머물고 있지만, 웹 3.0의 황금시대에 차츰 접근하고 있음은 분명하다.

모든 기업가가 어쩌면 이러한 새로운 컴퓨터의 문을 통해 새롭게 드나들어야 한다는 설명이 앞서 하버드대학교 설문조사에서 보았듯이 얼마나 설득력을 가질지는 미지수다. 하지만 이미 21세기 초입 단계를 지나 새로운 후기 문명 및 산업 시대를 향해 초격차의 스피드로 달려가는 시점에서, 2020년 팬데믹을 거친 후 새로운 경제발전과 성장, 산업구조로의 전환을 향한 거대한 변화를 읽어내야 하는 입장에서는 초긴장하지 않을 수 없다. 모두가 논리적으로 이야기해서는 웹 3.0과 이더리움, 비트코인, AI 및 양자이론이 어떤 상관관계를 갖는지 쉽게 받아들이지 않을 것을 알기에 좀 더 구체적인 사례를 들어본다.

앞서 비플이 NFT를 판매해서 얻은 눈부신 가격표는 많은 이들의 관심을 받기에 충분하지만, 이 이야기는 어쩌면 무한대로 일어날 수 있는 사례의 일부일 뿐이다. 그렇다면 이러한 설명에서 제대로 목표점을 제시하기 위한 최고의 지성적 판단 혹은 논리의 입증은 무엇일까? 웹 2.0이 단지 소규모 커뮤니티 중심의 블록체인 규모의 가치를 강조하거나 활용하는 것이라면, 웹 3.0은 '규모'라는 양적 지표보다, 사실 웹 2.0이 지향하는 가치나 시스템을 손쉽게 능가하는 '참여'라는 유무형적으로 중첩된 가치를 말한다는 점이다. 다른 말로 하면, '참여'가 저조하면 웹 3.0의 시대는 발전과 성장을 할 수 없다는 의미이며, 심지어 양자컴퓨팅 시대도 보편적 가치를 강조하기에는 더 많은 시간이 걸릴 수 있다는 의미도 된다. 대중의

자본주의의 적은 자본주의

참여는 비용을 낮추고 모두의 편익을 높일 수 있는 토대를 마련해주지만, 그렇지 못하면 극소수에 의해 일종의 특권적이며 유희적 가치로 편향될 수 있다. 대중과 소수 기득권의 투쟁이 늘 대중의 승리로 끝나지는 않았다는 점이 가장 두려운 사실이다.

우리는 웹 3.0의 미래를 크게 낙관할 수도 기대를 가질 수도 없다. 경험하지 못하기 때문이다. 웹 3.0을 낙관하거나 미래에 또 다른 컴퓨터로 가치를 매김하는 극소수의 개발자는 우리가 보지 못하는 혹은 접하지 못하는 어떤 특수한 정보를 가지고 있거나, 아니면 미래에 대한 직관과 비전이 월등히 뛰어난 사람들이다. 안데르센 호로위츠Andreessen Horowitz, a16z는 2013년부터 이 분야에 투자하기 시작했으며 지난 2021년에는 웹 3.0 기업에 22억 달러를 투자했다.

하지만 아마도 가장 중요한 것은 웹 3.0 프로젝트가 이미 새로운 한 시대 정신의 일부가 되었으며, 관심이 불가피하게 높아지고 있다는 사실이다. 한국 경제 상황은 어떤가?[147] 투자 혹한기가 이어지고 있지만, 매우 고무적인 사실도 있다. 지난 2023년 10월 18일 자 〈한국경제〉 신문에 기사화된 국내 벤처캐피털VC 업계의 해외투자와 관련한 내용이다. 한국벤처캐피탈협회에 따르면 2023년 상반기 국내 VC가 해외에 집행한 투자액은 4,562억 원으로, 총투자액의 20.7%를 차지했다. 40개 그룹사 해외사무소를 활용해 생성형 AI 스타트업 코히어Cohere와 AI 광고 솔루션 기업 몰로코MOLOCO, 중고 명품시계 거래 플랫폼 크로노24Chrono24 등에 투자했다. 그 가운데 블록체인 및 웹 3.0 분야에 투자하는 해시드벤처스HASHED는 2020년 1,200억 원 규모 1호 펀드, 2021년 2,400억 원 규모 2호 펀드에 이어 2024년 3호 펀드 결성을 앞두고 있다. 해시드는 안데르센 호로위츠와 공동으로 지식재산권 인프라 개발사 스토리프로토콜Story Protocol에 5,400만 달러(약 712억 원) 규모의 투자를 한 바 있다.

웹 3.0과 기업의 미래

웹 3.0의 부상은 모든 산업을 변형시킬 것이다. 기업홍보PR도 예외는 아니다. 블록체인과 같은 기술의 등장으로 웹 3.0은 기업홍보 전문가가 그동안 불가능하다고 생각했던 방식으로 대중과 연결될 새로운 가능성을 만들었다. 블록체인 기술은 기업홍보 실무자가 개인 데이터를 보다 효과적으로 보호하면서 사용자 개인정보에 대한 더 큰 통제권을 부여하여 안전하고 투명한 의사소통 채널을 만든다. 기업 브랜드와 소비자 대중 간에 신뢰를 더욱 강화함으로써 의미 있는 관계를 형성할 수 있다. 특히, NFT와 같은 웹 3.0 기술은 가치와 희소성을 갖는 디지털 자산을 만들어 대중의 참여를 유도하고 참여를 보상하는 독특한 방식과 기회를 만든다. NFT는 독특한 디지털 경험을 만들고 대중의 참여와 충성을 보상하는 데 사용될 수 있다. 기존의 기업은 메타버스metaverse를 통해 디지털 자산을 개발하거나 기업용 NFT를 만드는 등의 작업을 시작했다.

기술 아키텍처 측면에서 웹 3.0은 웹 2.0과 다음 몇 가지 중요한 차이점을 갖는다. 웹 3.0 사용자는 방문하는 모든 사이트에 별도의 로그인을 할 필요가 없다. 암호화폐 지갑에 보관된 중앙 신원 정보를 사용하여 로그인과 함께 정보를 가져올 것이기 때문이다. 사용자는 참여 사이트가 결정하고자 하는 안건에 투표하거나 기능을 잠

자본주의의 적은 자본주의

그는 데 사용할 수 있는 토큰을 얻거나 구입함으로써 방문하는 사이트에 대한 더 많은 통제권을 갖는다. 사실 웹 3.0이 지금까지 우리에게 제시한 방향으로 모든 서비스가 이루어질지는 아직 불분명하다. 웹 3.0 규모가 어떨지에 대한 예측은 그저 추측에 불과하지만 일부 프로젝트가 꽤 커진 것도 사실이다. BAYC^{Bored Ape Yacht Club}, NBA 톱숏^{NBA Top Shot} 및 암호 게임 업체인 대퍼랩스^{Dapper Labs}는 성공적인 NFT 커뮤니티를 구축했다.

암호화폐 구매, 판매 및 저장을 위한 코인베이스^{Coinbase}, 암호화폐 수집품과 NFT의 최대 디지털 시장인 오픈시^{OpoenSea}와 같은 거래소는 기술적으로 NFT나 암호화폐의 거래가 익숙하지 않는 잠재적 투자자를 위해 웹 3.0 진입로를 만들었다. 마이크로소프트, 오버스톡^{Overstock}, 페이팔^{PayPal}과 같은 기업은 몇 년 동안 암호화폐를 수용해왔지만, 최근 인기 급상승한 NFT 브랜드는 웹 3.0으로 제작 및 거래가 가능한지를 실험하는 주요 방법이다. 실질적으로 NFT는 서약, 정품 인증서 및 회원증으로 구성되는 가운데, 디지털 아트의 소유권,[148] 권리 또는 그룹에 대한 접근을 나타낼 수 있다. NFT는 일반 사용자가 어떤 가치가 있는지를 알 수 있는 커뮤니티가 있어야 작동할 수 있으므로, 암호화폐 거래 규모보다 작을 수 있다. 예를 들어 야구 카드는 특정 수집가에게만 가치가 있고, 그 집단이 그 가치를 강하게 믿고 있다는 점은 NFT와 비슷한 거래와 신용평가 방식을 취한다.

특히 암호화폐와 NFT의 가장 큰 차이점이 전자는 '채굴^{mining}'을 해야 되고 그 수가 한정되어 있지만, 후자는 일반적인 NFT 제조 기술을 가지면 누구나 '제조minting'를 통해 제작할 수 있다. 즉 전자는 거래 규모와 범위, 밀도의 제한적 요인으로 가치가 평가될 수 있다면 후자는 '참여'와 '관심' 등 '보이지 않는 가치 평가' 방식에 의해 거래가 성사된다. 따라서 후자는 희귀성에 대한 가치가 전자보다 특별한 동호인 혹은 집단에 의해 주관적으로 평가될 수 있다는 점에서 다분히 투기적 거래 요소가 강하다는 점은 부인하기 어렵다. 시작은 완전경쟁 체제이지만, 시장에서의 가격 결정 과정은 매우 주관적이고 투기적이라는 의미다.

전통 기업이 웹 3.0으로 성공한 사례 중 가장 많은 방식은 커뮤니티를 만들거나 기존 커뮤니티에 통합하는 것이다. 한국의 TV 프로그램인 〈최강야구〉를 예로 들어보자. 톱숏은 레거시 브랜드의 최초 NFT 프로젝트 중 하나였으며 팬들에게 '순간'이라고 불리는 비디오 클립을 구매하고 거래할 수 있는 기회를 제공할 수 있을 것이다. 즉 트레이딩 카드처럼 작동하는 원리를 이용한 것이다. 이 프로젝트는 이미 프로야구 카드를 수집해오던 많은 야구 팬에게 호응을 얻을 수 있고, 은퇴한 전직 프로 야구 선수와 소수 재능 있는 아마추어 야구 선수가 은퇴한 카리스마 넘치는 야구의 명장을 감독으로 초빙해 최강야구 외인구단 야구팀이라는 새로운 형태의 커뮤니티 공간을 만들 수도 있다. 이때 TV 시청률 상승과 함께 〈최강야구〉라는 프로그램이 인기를 끌면서 다양한 순간 동작과 에피소드가 인기를 끌 가능성이 매우 크다.

만일 휠라Fila, 나이키Nike, 아디다스Adidas 및 언더아머Under Armour와 같은 유명 스포츠 브랜드가 광고 등에 관심을 보일 경우, 〈최강

〈그림 28〉 게으른 원숭이 요트 클럽BAYC

자료: 〈롤링스톤(Rolling Stone)〉, How Four NFT Novices Created a Billion-Dollar Ecosystem of Cartoon Apes, 2021.11.1

야구〉의 수집 커뮤니티에 디지털 계층을 추가할 수 있다. 이미 이들 중 세 회사는 가상세계에서 사용할 수 있는 NFT뿐 아니라 소유자에게 실제 제품이나 독점 스트리트웨어 드롭에 대한 권리를 부여하는 NFT를 제공하고 있다. 아디다스는 하루 만에 2,300만 달러 가치의 NFT를 판매하고 즉시 오픈시에 중고시장을 만들었다. 마찬가지로 〈타임Time〉 지는 게재물의 역사를 활용하도록 하는 온라인 커뮤니티를 구축하기 위해 NFT 프로젝트를 시작했다.

BAYC는 NFT 프로젝트가 본류로 진입한 이래 가장 큰 성공을 거둔 사례다. 강남역 부근의 한 빌딩에서도 볼 수 있는 광고물이 있다. 브랜드 이미지의 장점과 독점성을 결합하면서 현실세계의 이벤트를 온라인 공간에 펼쳐 보일 수 있게 함으로써 브랜드 가치를 미래 지향형으로 강화한 것이다. 원숭이 NFT는 소유자를 독점적인 클럽으로 만들어주면서 이미지와 실소유의 의미를 문자적으로 강화해 해당 NFT 소유자를 그렇지 못한 일반인과 차별화한다.

여기서 우리가 알 수 있는 교훈 중 하나는 진입로On ramps가 중요하다는 사실이다. 그러나 커뮤니티가 헌신적일수록 진입로는 그다지 중요하지 않을 수 있다. 톱숏은 사용자가 신용카드를 연결하기만 하면 되도록 하여 카드를 매번 입력할 필요가 없도록 했으며, 이와 같은 용이한 거래 참여법을 제시함으로써 NFT에 관심이 있는 새로운 사용자를 확보하는 데 도움이 되었다. 이처럼 암호 지갑을 얻기는 어렵지 않지만 문제는 그다음 단계다. BAYC의 인기가 높아지자 사람들이 지갑을 만들고 오픈시에 관심을 갖게 되었기 때문이다.

일부 기업은 NFT 프로젝트와 암호 기능을 도입하는 데 실질적으로 더 어려움을 겪었다. 예를 들어, 음성, 비디오 및 텍스트 통신 서비스인 디스코드Discord는 앱을 암호 지갑에 연결하는 기능과 관련하여 참여자들의 강한 반발에 부딪히기도 했다. 속옷 브랜드 미디언스MeUndies 및 세계 자연보호 기금World Wildlife Fund, WWF 영국 지점은 엄청난 탄소 발자국Carbon footprint 149 때문에 고객으로부터 강력한 반대의 항의를 받은 후 NFT 프로젝트를 중단해야 했다. 심지어 성공 사례도 복잡한 문제와 얽힐 수 있다. 오픈시에 위조품과 모방품이 가득하다는 이유로 소비자들은 불법 비인가 NFT를 모두 폐기할 것을 나이키에 강력히 요구하고 있다.

블록체인이 불변이라는 점을 고려하면 이는 새로운 법적 문제를 제기하고 있으며, 기업이 이 문제를 어떻게 처리할지는 아직까지 명확하지 않다. 더욱이 NFT 시장이 완전히 정체되고 있다는 최근 증거도 있다. 이 분야에 진입을 고려하는 기업은 웹 3.0이 극단적으로 분열되어 있으며, 아직은 미래에 대한 확실한 수익을 보장하지 않는다는 점을 기억해야 한다. 분명한 것은 웹 3.0이 아직은 그 가능성과 불확실성의 중간에서 명확한 해법이나 대안을 제시하지 못한다는 점이다. 투자자와 소비자를 설득하기 어렵다면, 그 시장은 도태된다.

웹 3.0에 대한 반대 의견

기술 발전의 초기 단계는 흥미롭고 화제성 강한 발견과 발명이 가장 많은 시기다. 가능성이 무한하며 그것이 무엇을 할 수 있는지, 혹은 낙관주의자가 무엇을 할지 등에 초점이 맞춰진다. 우리는 트위터와 메타Meta에 의해 펼쳐진 무한한 소통의 세계와 그로 인해 확장된 새로운 논의 민주주의를 경험하고 있다. 웹 3.0의 불가피함과 수익성이 사람들의 주목을 끌려면 지금까지의 실험과 경험에서 무엇이 잘못되고 있고, 잘못될 수 있는지를 생각하고 인식하는 것이 중요하다. 그리고 새로운 도전을 다시 과감하게 실행해야 한다.

현재 웹 3.0은 앞서 필자가 지적한 바와 같이 실질적 운용의 효율성, 안전성, 의존성, 정의 및 합리적 가치로 만들어지는 미래 기술산업으로 인정을 받기보다 극소수의 재벌이나 억만장자의 투기로 가득 차 있다는 점을 부정해서는 안 된다. NFT는 존재(제조)의 희귀성(예컨대 우표 인쇄 과정에서 어느 한 글자가 빠졌다든지, 조폐 과정에서 금액이 제대로 표시되지 않은 불량 화폐가 나왔다든지, 행성이 떨어져 지구에 부딪히는 세상에서 보기 드문 장면이 촬영되었다든지, 우주인과 처음으로 악수하는 장면을 촬영했다든지), 혹은 아이디어의 창조성이나 독창성 등으로 가치를 평가받아야 한다. 큰손이 거래한다는 이유만으로 가치가 거품을 품어서는 일반 참여자들의 반발을 결코 피할 수 없다. 앞서 필자는 웹 3.0의 기본 가치의 기준을 '참여'로 정의한 바 있다.

웹 3.0과 NFT 비판자는 민주화, 소유 기회의 자유, 대규모 부의 창출 가능성에도 불구하고 이미 부유한 사람을 더 부유하게 만들 것이라고 치부해버린다. 그들만의 리그일 바에야 관심을 가질 필요가 없다는 뜻이다. 이 주장은 이해하기 참 쉽다. 2022년 현재 상위 0.01%의 비트코인 보유자가 공급량의 27%를 소유하고 있다. 자신에게 자산을 판매하는 식의 가장매매Washing trade나 시장 조작은 암호화폐와 NFT 시장에서 모두 보고되고 있다. 가치를 인위적으로 높이고 소유자가 가짜 거래를 통해 코인을 벌 수 있도록 한다. 정부도 손을 놓고 있다. 부자들 사이의 머니게임(계 놀이)이다.

길거리에 떨어진 쓰레기조차 암호화폐와 NFT의 대상이 될 수 있다고 함은 창의력과 창조성에 대한 자유와 그 자유를 미래 과학과 기술 발전에 필요한 논리의 확대를 보장하기 위해서지, 이를 악용해서 불법과 편법으로 탈세를 하고 축재하라는 의미는 아니다. 모든 것의 금융화는 인간의 본능적인 탐욕으로 볼 때 결코 인간 스스로 도덕적일 수 없다는 점에서 긍정적이지 않다. 웹 3.0에 기대를 거는 이유는 다양하고 안전하고 믿을 수 있는 플랫폼을 만들어서 웹 2.0에서 경험한 여러 해킹, 사기 및 붕괴가 더는 가능하지 않게 방어하고 보완하자는 그 목적 때문이다. 아니면 우주여행도 매우 불편할 수밖에 없고, 무인 자동차는 믿을 수 없으며, 바이오 혁신과 음식물의 섭취는 곧 만병의 근원이 될 수밖에 없기 때문이다. 결국 이러한 문제가 어떻게 다루어질지 그리고 웹 3.0이 실제로 확산될지 여부는 아직 불확실하다. 웹 2.0에서 웹 3.0으로의 불가피한 전환은 어쩌면 신념이라는 무형적 요구에 따를 수도 있다.

만일 그렇다면 혁신에 상당한 비용이 들 수 있다. 2008년 금융위기의 결과로 나타난 '그림자 금융'에 대한 혁신으로서 기존 신자본주의 금융사업의 약점을 극복하겠다는 혁신이 또 다른 약점을 드러낸다는 점에서 '불편한 진실'임에는 틀림이 없다. 닷컴 버블의 붕괴가 디지털 세계에 대한 일시적인 불신과 자산 분배의 왜곡을 야기했듯이, 만약 웹 3.0이 버블이라면 이 버블이 붕괴하면 많은 사람과 기업은 물론이고 미래 과학과 산업 기술마저 당분간은 어려운 처지에 놓일 수 있다.

웹 3.0 요약

웹 2.0과 3.0의 차이점은 다음과 같다. 첫째, 웹 2.0의 많은 웹사이트와 거의 모든 응용프로그램은 데이터를 제공하고 응용프로그램에서 기능을 활성화하기 위해 일종의 중앙집중형 데이터베이스를 사용한다. 웹 3.0에서는 임의의 중앙권한이 없는 분산형 블록체인을 사용한다. 정보를 생성하고 승인하는 데 있어 탈중앙화된 더 민주적인 방식은 사용자에게 웹과 개인 데이터 사용에 대한 더 많은 통제권을 제공한다. AI가 민주화를 요구하지 않아도 인간이 미리 민주주의를 웹의 결정체제에 심어주는 것이다. 둘째, 웹 3.0에서 AI 및 머신러닝이 사용자에게 관련 콘텐츠를 제공하는 데 더 중요한 역할을 할 것이다. 웹 2.0은 본질적으로 사용자가 사이트 콘텐츠에 기여하고 때로는 협력하도록 한다. 웹 3.0은 이러한 작업을 '의미 있는 망Semantic web'과 AI에 맡길 것이다.

웹 3.0은 더 '지능적'이고 반응적일 것이며, 데이터는 의미 있는 웹 구조에서 더 논리적으로 구성될 것이고, AI는 이 모든 데이터에서 나오는 정보를 취합하고 정리하면서 문제를 이해하는 데 보다 능숙하게 대응할 것이다. 오늘날의 블록체인 및 웹 3.0 커뮤니티에서 나타난 신생 거버넌스 메커니즘인 분산 자치조직은 중앙권한에서 통제를 빼앗고 자체 통제되는 디지털 커뮤니티로 이전함으로써 웹 관리를 혁신할 것이다. 셋째, 웹 3.0은 현재의 금융 서비스 회사를 통하지 않고 탈중앙형 블록체인에서 금융 거래를 함으로써 정부 통화 대신 암호화폐를 기본 거래 수단으로 사용한다. 웹 1.0과 웹 2.0은 주로 IPv4Internet Protocol version 4150 주소 공간을 사용해 구축되었다. 몇십 년에 걸쳐 웹이 대대적으로 성장함에 따라 웹 3.0에서는 훨씬 더 많은 인터넷 주소가 필요하며, 이를 제공하는 것이 바로 IPv6이다.

웹 3.0은 어디로 향하고 있을까? 우려는 있지만, 여전히 우리는 긍정적이다. 창작과 창조가 본디 그러하기 때문이다. 이미 탈중앙화된 웹이 현실에 존재하기 시작했고, 현재 개발자들이 웹 3.0 프로젝트에 필요한 소프트웨어와 하드웨어를 개발하면서 웹 3.0 개발 및 운용 작업은 더 쉬워질 수 있다. 우선, 비트코인과 이더리움이 운영되는 비효율적인 설계인 작업 증명은 현재의 트렌드에서 한 단계 더 발전하고 있다. 더 이상 채굴 작업을 사용하지 않는다. 대신,

사용자의 지분 소유-Share staking를 통해 승인 거래가 이루어진다.

이더리움은 지분 소유 증명으로 업데이트되면서 전력 사용량을 99.95% 절감하고 플랫폼을 더 빠르고 효율적으로 만들 것으로 기대된다. 최신 블록체인은 지분 소유 증명과 '스탬프'에 의존하는 '시간 증명'을 사용하여 초당 6만 5,000건의 거래를 처리할 수 있게 된다. 현재 이더리움의 초당 약 열다섯 건, 비트코인의 일곱 건과 비교할 때 엄청난 거래 건수의 변화를 가져온다. 그럼에도 약 2회의 구글 검색과 비슷한 에너지를 사용할 뿐이다. 그리고 이 에너지 사용량에 대해 탄소 오프셋을 구매하면서 친환경적 거래를 활성화할 수 있다.

일부 기업은 블록체인의 혼합 접근 방식을 채택하기도 한다. 즉 블록체인에 특정 정보를 삭제하지만, 다른 정보는 그대로 두는 새로운 체인 아키텍처들이 소개되고 있다. 예컨대, 소셜 네트워크가 팔로어 정보를 블록체인에 기록하되 게시물은 블록체인에서 삭제할 수 있는 옵션을 제공하는 식이다. 이와 같은 혼합 모델은 기업이 개인정보보호규정General Data Protection Regulation, GDPR 및 기타 규제에 대응하는 데 도움을 줄 수 있다.

삭제 권리를 준수하기 위해 개인 데이터는 '블록체인 밖' 데이터 저장소에 두고 그 증거(암호화 해시)만 블록체인에 노출할 수 있다면 GDPR에 따라 개인 데이터를 삭제할 수 있고 블록체인에는 아무런 영향을 미치지 않을 수 있기 때문이다. 중국 정부는 암호화폐 채굴과 거래 자체를 일절 금지하고 있으며(법적으로 그렇다는 의미이지, 실제로는 장려하거나 어느 곳에서 적극적으로 채굴하고 있을지도 모른다), 이외에도 알제리, 방글라데시, 이집트, 이라크, 모로코, 오만, 카타르 및 튀니지도 마찬가지로 금지하고 있다. 반면 유럽은 환경 규제를 고려하고 있으며, 작업 증명 블록체인을 제한하거나 금지할 수 있도록 법제화했다. 미국에서는 바이든 행정부가 암호화폐 규제를 조사하도록 지시하는 행정 명령을 발령했다.

웹 3.0은 아직 구체적으로 갖춰야 할 기술 및 법제 분야가 많아서 여전히 높은 위험과 높은 보상이 기대된다. 특정 회사와 부문은 이전 웹 시대에 제외되어 손실을 입은 회사들과 다르게 시도해보려는 동기를 가지고 있으며, 〈타임〉과 같은 미디어 회사가 웹 2.0 비즈니스 모델을 훼손한 후에 웹 3.0의 기회에 관심을 갖는 것은 결코 우연이 아니다. 웹 3.0이 인터넷을 점령하고, 금융 시스템을 뒤바꾸며, 부를 재분배하고, 웹을 다시 민주화할 것이라는 주장 등에는 미소를 지을 만한 가치가 있다. 우리는 이전에 겪었던 경험을 통해 어떤 형태로든 웹과 함께 살게 될 것이고 그 버전의 진화와 미래 과학 및 기술의 발전이 인류의 꿈, 즉 우주여행에 어떤 시스템적 자극제를 제공할지는 영원히 스스로 묻고 스스로 답할 수밖에 없는 숙제다.

이 과정에서 사람들은 가치를 생명처럼 불어넣기도 하고 일순간에 빼버리면서 경쟁의 대상으로 삼기도 한다. 분명한 것은 디지털 경제의 미래와 다음 인터넷 시대의 온라인 생활은 기업이 먼저 소비자의 본능적 요구를 제대로 읽어 어떤 상품과 서비스를 제공할지 결정할 수 있어야 한다는 것이다. 이는 역사적 사실이다. 수만 년의 인류 문명사에서 미래는 여전히 경쟁의 대상이었고, 아무것도 필연적이지 않다는 것은 어쨌든 진실에 가깝기 때문이다.

자본주의의 적은 자본주의

제6장

총정리 및
요약

경제학의 출발은 고대 그리스-로마 철학이다. 논리의 전개 방식이 경제학의 뿌리다. 논리 전개를 근간으로 하다 보니, 노예제도를 놓고 정치적 판단(로마 귀족정치와 민주주의 정치)과 함께 경제적 유불리를 계산할 때 노동생산성, 자본과 노동의 투입에 따른 한계생산성 등의 논쟁은 없었다. 첫째, 그만큼 경제가 정밀하고 세밀한 시대가 아니었다. 둘째, 로마 민주정치과 귀족정치는 정경분리가 아니라 정경일치政經一致였다. '생산 잉여'를 '세금'이라 부르는 왕에게 절대복종했고 정치가 경제를 지배하던 시대였다. 제정일치의 시대가 있었지만, 당시 종교와 정치권력이 공유하려 했던 잉여, 즉 자본의 크기는 미미했다. 국가와 왕은 생산 잉여 없이도 세금으로 지탱되었지만, 이런 방식에 대해 국민이 이의를 제기하지도 않았다. 당시의 국민은 즉각적이고 독립적이지 않았다. 아울러 1863년 1월 1일 미국의 노예 해방에 관해 에이브러햄 링컨 대통령이 발표한 선언문 같은 역사와 조치도 없었다. '인권'을 강조한 이 선언문은 미국 남북전쟁의 단초가 되었다. 간단히 언급했지만, 1,000년의 시간이 흘러서 드디어 노예제도를 둘러싸고 인권 문제가 대두된 것은 시대변화의 한 단면인 셈이다. 그럼에도 불구하고 우리는 당시 정치제도를 '로마 민주정'이라고 배우고 표현해왔다. '민주정'이란 고대 그리스의 폴리스라고 불리는 도시의 형성 과정에서 나타난 사회 변화를 나타낼 따름이다. 하지만 폴리스라는 도시도 오늘날 서울, 뉴욕, 도쿄와 같은 도시의 개념과는 다르다.[151]

고대 인류의 출발과 문명의 태동에 이은 석기시대, 청동기시대와 철기시대를 지나면서 인간의 가장 큰 관심사는 무엇이었을까? 부의 불평등, 경제 정의, 시장에서 정보의 투명화, 지주 자본주의의 병폐에 대한 민중봉기였을까? 아마 '생존'이었을 것이다. 작은 도시가 만들어지고, 공동체가 생기면서 생존에 필요한 다양한 수단과 방법, 제도와 규칙이 만들어졌을 것이다. '경제 이야기'를 시작할 때 주의해야 할 몇 가지가 있다.

첫째, 이해와 해석의 오류다. 인천공항에서 뉴욕으로 비행기를 타고 여행을 하면 시차가 발생한다. 역사에도 시차가 있다. 시대 변화 속에서 우리가 읽어내야 할 사회과학(정치, 경제, 사회, 심리, 문화 및 안보, 외교, 기후환경 등)적 변수를 오늘날 21세기 문명사회의 잣대로 해석한다는 것은 그 자체가 오류다. 기하학과 수학은 있었지만, 이들 학문의 정교성과 세밀함은 오늘날의 그것과 상당한 차이가 있다.

소위 임상실험의 대상, 즉 사회와 국가의 규모와 범위 및 밀도가 현격한 차이를 보이는 오늘날 사회 변화를 당시의 수학과 과학으로

자본주의의 적은 자본주의

설명하기란 불가능하다. 따라서 경제학은 단지 철학과 사상적 논단의 주제로만 만족해야 했을 것이다. 그 가운데 가장 간단한 단계가 도덕과 윤리 문제다. 경제사상사 혹은 경제학설사 분야에서는 고대에서부터 현대에 이르기까지 인류가 경험한 시대 변화, 즉 경제학의 제반 사상에 대한 역사를 다룬다. 고대 경제학은 정치의 일부였기에 당시 경제학은 정치경제학의 구석기시대적 논리 전개 정도로만 보는 게 옳다. 예컨대, 고대 그리스의 철학자인 아리스토텔레스를 소개할 때 철학자, 수학자, 경제학자 등 다양한 전문적 이력을 가진 사람으로 보지만 사실 그렇지 않다. 그가 얘기한 경제학은 현대 경제학과 차이가 엄청나다.

엄밀히 얘기하면, 아리스토텔레스는 고대 그리스 철학자일 뿐, 경제학자는 아니다. 경제학과 직접적으로 관련되어 있지도 않다. 그의 저서 《니코마코스 윤리학》에서 경제적인 주제와 인간 행동에 대한 규범적 원리를 일부 언급하고 있을 뿐이다. 당시 그리스는 정치가 경제에 우선하는 시대였지, 경제가 정치와 사회 전반을 대변하는 시대는 아니었다. 아리스토텔레스는 그의 아들의 이름을 딴 이 책에서 인간 행동의 윤리학적 측면을 강조하고 있을 따름이다. 인간이 누려야 할 풍부한 삶, 행복, 복되고 덕스러운 생활에 대한 생각을 정리하고 있으며, 그의 생각을 근현대 경제사상가들이 인용 혹은 활용하며 직간접적으로 경제활동과 연결함으로써 마치 아리스토텔레스가 경제학적 관점을 가진 것으로 확대 과장한다. 경제학의 본격적인 발전은 현대에 이르러서 이루어졌으며, 경제에 대한 아리스토텔레스의 직접적인 기여는 극히 제한적이며 도덕과 윤리적 사상에 영향을 주었을 뿐이다. 더욱이 그의 도덕과 윤리적 해석 마저 오늘날 신금융 자본주의 시대의 경제학적 도덕과 윤리 이론에는 적합하지 않을 수 있다. 근대의 경제학은 중농주의, 중상주의 등의 시대 변화를 거치면서, 특히 애덤 스미스에서 출발해 현대에 이르는 시대 변화가 반영된 경제이론 및 사상을 주요 탐구 대상으로 한다.

둘째, 경제 생태계란 살아 있는 생물이다. 과거를 부정할 수는 없다 하더라도, 과거의 모든 것을 고전적 가치 그대로 적용하고 받아들이는 것은 무리다. 시대가 변화하면 정신도 변화하고 사람들의 행동과 관습, 체제와 규칙 등도 변화한다. 경제 규모, 범위와 밀도가 확대되면서 '미래'에 대한 '기대'도 변화한다는 것이 중요하다. '미래'는 불확실성을 내포하고 있기에, '기대치'에 근접하기 위해 다양한 시대적 요구가 등장한다. 과연 누가 미래 지향적 비전을 제시하고 선도해나갈 것인가의 문제가 일어난다. 이를 '패권'이라고 부른다. 최근 미중 간 갈등은 바로 이 패권에 대한 도전과 방어 기제의 충돌이다. 예컨대, 2차 세계대전 이후 금본위 고정환율제도에서 1975년 이후 미국 달러화를 기축통화로 하는 글로벌 경제패권의 변화와 같은 것이다. 과학과 기술의 발전은 문명의 이기를 끊임없이 개선 발전시키면서 각 기술과 산업에 대한 표준화와 룰 세팅의 패권을 거머쥐고자 한다. 그 주체는 개인, 기업 및 정부 혹은 국가 모두가 포함된다. 절대왕정 시대에 개인은 경제주체가 될 수 없었다.

기업은 존재치 않았다. 모든 것은 왕의 소유였을 뿐이다. 하지만 이러한 사회질서 혹은 국가질서 속의 패권 구조도 시대 변화에 따

자본주의의 적은 자본주의

라 개인 혹은 가계, 기업 및 정부 등으로 나뉘게 되었다. 고대 석기 시대 인류의 문명이 점을 찍는 위치와 순서에 대한 논쟁에 치중했다면, 중세는 이 점들을 잇는 과정에 대한 차별화와 경쟁구도를 보일 뿐이다. 현대에 들어서 이어진 선들이 선형일 수도 비선형일 수도 있다는 점에서 경제는 조금 더 다변화, 다양화 혹은 다차화되었다. 경제만 그러한 것이 아니다. 정치, 사회, 문화 및 인간 행동과 심리 등 사회적 환경의 변화는 규모, 범위 및 밀도의 '정도'를 시시각각으로 변화시키고 있다.

하지만 경제와 정치구조가 아무리 미세하고 섬세하게 변한다 해도, 인간 생활의 핵심 기준과 규칙은 변화하지 않는다. 아리스토텔레스를 경제학자로 부르는 이유도 여기에 있을 수 있다. 첫째, 도덕과 윤리의 기준은 크게 바뀌지 않는다. 앞서 도덕과 윤리 기준도 바뀐다 했지만, '부의 분배,' '공정, 공평 및 정의'에 대한 기본 개념 등은 크게 바뀌지 않는다. 종교가 절대왕권을 보장하면서 제정일치의 시대를 보냈지만 영원하지 않았다. 귀족이 왕과 함께 봉건주의 시대를 풍미했었지만, 결국 자본 앞에서는 정치권력도 변하지 않을 수 없었다. 처칠Winston Churchill이 민주주의 정치제도가 차선책이라고 말했듯이, 현대 시장 자본주의 경제체제도 절대적인 경제제도는 아니다. 어쩌면 카를 마르크스의 공동생산 공동분배가 가장 도덕적이고 윤리적일 수 있다.

다만, 그러면 '경제하려는 의지', 즉 노동에 대한 동기부여가 없어진다는 점이 문제다. 즉 절대적이며 지극한 '선' 혹은 '정의'는 존재하지 않는다. 적어도 인간 세상에서는 그렇다. 따라서 도덕과 윤리의 기준은 인간의 본능과 탐욕 추구보다 더 차원이 높은 '신'의 경지에서 일어날 수 있는 기준과 규칙일 것이다. 경제주체는 이득을 극대화하기 위해 각자 최선을 다하지만, 결국 분배 정의 측면에서 왜곡과 부의 축적이 일어날 수밖에 없다. 인간이 아무리 공명정대한 룰을 만든다고 해도, 모두가 이 룰을 찬성하고 지키기란 불가능하다. 각자도생의 길을 각자 서로 열심히 가다가 서로에 대한 중요성을 인식할 때면 서로가 조금씩 양보 또는 타협해가면서 문제(부의 분배, 경제정의, 공평조세 등 사회경제적 문제점 등)에 대한 해법을 찾을 수밖에 없다. 그것이 삶이고 변화이며, 시대정신이 아닐까?

셋째, 빅데이터를 근거로 소통하면 어떨까? '~카더라'라는 일반적으로 확인되지 않은, 본인이 확인(학습하고 직접 접하지 않은)하지 않은 내용을 마치 진실인 듯 얘기하는 습관을 되도록 지양하면 어떨까? 요즘 팩트체크Fact check 라는 말을 자주 사용하는데, '사실fact'이라는 단어의 뉘앙스는 일어난 '사건event'에 대한 확인일 뿐, 그 사건에 대한 구체적인 배경과 사실에 근거한 '진실과 허위'에 대한 입증과 논쟁은 별도로 보아야 한다. 즉 '사실'은 '진실truth'일 수도 있고 '거짓false'일 수도 있다는 점에 주의해야 한다. 결국 각자가 경험한 사실, 각자가 확인하고 다양한 참고자료를 통해 학습하고 습득한 진실을 토대로 서로의 이야기를 확인하고 소통하는 방식이 어떨까 싶다.

빅데이터는 정량적quantitative 일 수도 있고 정성적qualitative 일 수도 있다. 이 두 가지 방식으로 모두 확인되고, 진실과 거짓이 밝혀지거나 확인된다면 더할 나위가 없지 않을까? 모든 논리와 논쟁의 주제와 증거는 100퍼센트 확실할 수 없기에 결국 '확률적 분포Probability distribution'에 주목하면 어떨까? 거시적으로 이러한 자세는 국격, 국력 그리고 국익과 밀접한 상관관계를 갖는다. 미시적으로는 정치, 사회, 경제 및 문화 등 대부분의 인간 생활 범위 안에서 접하는 다양한 주제에 대해 객관적이고 합리적이며, 투명하고 일관된 의사소통을 가능케 한다. 미국에서 출발한 스포츠 경기가 많은데, 그중 하나가 야구다. 야구는 통계를 바탕으로 한 확률 게임이다. 타자는 타율, 투수는 방어율, 팀은 승률 등으로 평가된다. 좋든 싫든, 미국식 혹은 서구식 자본주의 시장경제체제와 민주주의 정치체제하에서의 근본 지표는 '확률'을 바탕으로 한 분석과 논리일 뿐 결코 '절대적' 가치를 추구하지도 정의하지도 않는다.

이러한 논쟁의 태도에서 '전략적 유연성Strategic flexibility'이라는 용어가 파생된다. 사고의 유연성, 논리 전개의 타당성 등을 근간으로 한 논쟁과 논리 다툼은 토론을 가능케 하고, 토론 과정에서 나타나는 다양한 창의적·창조적 사고체계가 과학과 기술 발전으로 연계되며, 다시 이는 정치 및 사회 제도의 유연성으로 이어질 개연성을 갖는다. 그렇다 하더라도, 미국과 서구식 자본주의 시장경제체제와 민주주의 정치체제가 지극한 '선'의 제도라는 의미가 결코 아니다. 이미 앞서 간단히 설명한 바 있다. 그 어떤 정치경제적·사회적 제도도 절대적일 수 없다.

넷째, 경제 이야기는 단순하지만 이어져 있으며, 종합적이어야 하고 재미있어야 한다. 예컨대, 각각의 분절된 마디를 이어야 할 때 경제학은 상당한 가치체계의 혼란을 가져올 수 있지만, 경제 이야기를 할 때는 '분절'보다 모든 것이 서로 이어져 있거나 맞닿아 있

음을 실감할 수 있어야 한다. 이야기는 재미가 있어야 한다. '재미'
란 픽션fiction과 '논픽션nonfiction'의 장르를 가리지 않는다. 이야기는
사실적이어야 하고, 자신의 경험을 얘기하면 가장 설득력을 가질
수 있다. 하지만 자신의 경험을 모두의 경험으로 일반화하려는 억
지를 부려서는 안 된다. '스타카토Staccato'라는 음악용어가 있다. 영
어로는 '분리detach'라는 의미다. 경제 이야기는 끊기면 안 된다. 이
어져가야 한다. 경제학에서 이를 특화하여 부르는 단어가 있다. 바
로 '이유와 결과Causation and outcome'라고 한다. '콩 심은 데 콩 나고,
팥 심은 데 팥 난다'는 의미다. 계량적 모델로 '그레인저 인과관계
검정Granger causality test'이라는 모델도 있다.

　금리와 환율, 소비자 물가의 변화 등은 서로 분절된 경제 변수가
아니다. 모두 이어져 있다. 경제적으로만이 아니라, 정치적으로도
지정학적 변수와도 연계되어 있다. 따라서 경제 이야기는 단순하지
만 종합적이어야 한다. 재미가 있어야 한다. 하지만 재미없는 이야
기도 있다는 게 문제다. 또한 변하지 않는 인간의 선천적이며 근본
적인 본능, 감성 그리고 후천적으로 다양한 교육과 경험을 통해 축
적된 '자아'에 대한 이해관계의 역학관계를 모두 완벽하게 설명하
고 분석하기란 불가능하고 어려운 일이다. 이러한 구체적인 내용을
다루는 분야가 경제학, 사회학 및 심리학 등 사회과학의 전문 분야
로 각각 구축되고 있음을 앞서 설명한 바 있다. 다른 말로 하자면,
경제학을 이야기로 풀려면 적어도 사회학, 심리학 그리고 자연과학
의 인용 분야 등에 대한 정량 및 정성적 이해가 전제되어야 한다는
의미다. 경제 이야기를 풀어내기 위한 충분조건인 셈이다.

자본주의의 적은 자본주의

특히 경제 이야기 속에 대부분의 줄거리는 역사적 사실을 배경으로 두고 있으며 갖가지 철학과 가치, 사상체계를 기본 프레임으로 한다. 거기에 각 시대적 정치, 경제, 사회 및 문화적 질서와 규칙, 사람들의 시대적 이해관계 등이 첨부되는 시나리오이거나 시놉시스다. 이를 읽거나 듣는 사람이 공감하거나 설득된다는 의미는 대부분 객관적 사실과 백업 데이터를 통해 일반화될 수 있다는 의미가 아닐까? 그렇다면 결국 경제학과 이를 풀어내 경제 이야기로 설명한다는 것은 각각의 악기 연주를 조화롭게 풀어내고 해석하는 오케스트라 지휘자처럼 사회 및 자연과학의 일반적 이야기를 다루는 '능력'이 있다는 의미이지 않을까? 사물을 정면에서만 바라보고 묘사해서는 그것이 고체인지 액체인지 아니면 기체인지, 사각형인지 구인지 알 수가 없다. 적어도 3D 관찰과 진단이 있어야 할 것이다. 더 나아가 그 결과를 토대로 그다음 연속적인 결과와 일관된 미래 변화에 대한 합리적 기대치는 무엇인지도 짚어낼 수 있어야 한다. '짚어낸다'는 의미는 정확한 미래 기대치를 맞추거나 예언한다는 의미가 아니다. 확률적으로 가장 나타날 가능성이 큰 경우의 수를 추정하고 이야기한다는 의미다.

마지막으로, 경제 이야기는 호모 사피엔스의 이야기다. 호모 사피엔스는 현대 인간의 진화적 선조다. 호모는 라틴어에서 온 단어로 '인간'을 말한다. 과학적인 분류학에서 호모는 동물계의 인류속을 나타내는 학명상의 속명이다. 인류속에 속하는 다양한 종이 있었고, 그중 호모 사피엔스가 현존하는 유일한 종으로 생존해온 것이다. 하지만 호모 사피엔스는 이러한 다른 종들과 달리 생존을 이어나가며 다양한 문명과 기술을 발전시켰고 현대의 다양한 인간 문화를 형성하고 있다. 현대에도 고대와 같이 그 존재의 의미와 가치를 문화, 산업, 기술, 과학, 정치, 경제 등 다양한 경로를 통해 업그레이드하는 중이다.

호모 사피엔스는 약 20만 년 전 아프리카에서 나왔으며, 시간이 흐름에 따라 여러 대륙으로 이동하면서 세계를 정복하고 다양한 문화와 문명을 형성했다. 이는 인간 역사상의 중요한 진화적 이벤트 중 하나이며, 현대 인간은 호모 사피엔스의 직계 후손으로 간주된다. 약 30만 년 전에 나타나서 현재까지 이어져온 인간의 진화 과정에서 주요한 역할을 한 종이다. 예컨대, 호모에렉투스, 호모 네안데르탈렌시스 등 고대 이후 여러 호모종이 있었다. 호모 사피엔스의 특징은 증가된 뇌 용량과 뛰어난 지능, 사회적 협력, 언어능력, 도구 사용, 농업 혁명 등 다양한 측면에서 나타나며, 결국 이러한 특성이 결합되어 현대 사회를 넘어 미래 사회까지 생각하고 고민하는 종이다. 결국 다양한 인간 종이 수십만 년 전에 지구상에 나타났다 해도 전쟁과 질병 같은 천재지변 그리고 문화적 동화와 도태 등의 자연법칙을 통해 우등종이나 환경 적응에 성공한 종들만 최종적으로 진화했다는 의미가 된다.

수십만 년 전의 호모와 현대 호모 간의 지적 수준을 비교하면 당연히 현대 호모 사피엔스가 월등히 높다. 비교 불가일 것이다. 보통 사람들의 평범한 이야기이지만, 적어도 현생 인류의 진화는 진행형이고, 진화의 속도와 깊이는 더 빠르고 깊게 이루어질 것이기에 우리가 궁금해할 수밖에 없는 것에 대한 지식도 상당한 수준에 이를 것이다. 이 책에서 다룬 핵심 키워드인 '미래, 과학, 기술 및 산업' 등에 관한 이야기가 그렇다. 고대보다 중세, 중세보다 근대, 근대보다 현대의 과학, 기술 및 산업과 의식 수준이 월등히 높을 것이라는 점에 동의한다면, 우리에게는 좀 더 깊이 있는 대화가 필요하다. 예컨대 투자를 어떻게, 언제, 어디에, 왜 해야 하는지 등에 대한 질문이 있는 독자라면, 단순히 다른 이들로부터 듣는 정보를 취합해서는 성공적인 투자를 할 확률이 높지 않을 듯하다.

산업과 기술의 전문성에 대해 조금은 깊이 있게 이해할 수 있어야 한다. 과학의 진화를 이해할 수 있어야 한다. 호모 사피엔스의 절대적 경쟁자는 '신'과 '인간'이었다. 과학의 눈으로 볼 때 신에 도전한다는 것이 매우 호전적으로 들릴 수 있지만, 자신보다 절대적으로 강한 자의 능력을 좇다 보면 더 많은 이해와 발전이 이루어지기도 한다. 극복하지 못하는 영역에 대해서는 신의 영역임을 받아들이기도 한다. 문제는 기계문명의 '끝판왕'이 어디에서 나올 것인가이다. 기계문명은 어디에서 멈출까? 인간이 양자컴퓨팅으로 만들어낼 궁극의 AI에 신의 영역에 대한 무한 경외심을 입력한다 해도, 〈터미네이터〉의 스카이넷이 이를 무시할 수 있지 않을까? 기계 AI가 인간을 지배하려는 순간이 온다면 말이다.

문명의 태동

인류가 생산도구를 개발해 다양한 물품과 잉여가 발생하면서 인구 확장이 빠르게 이루어졌다. 인류의 총인구수를 정확히 추정하는 것이 사실상 쉬운 일은 아니다. 하지만 대략적인 추산은 가능하다. 지질학자들에 따르면 과거 기원전 7만 년 즈음에 인도네시아의 수마트라섬에 위치한 토바Toba 화산이 폭발하여 대략 650마일에 이르는 암석이 증발했다고 한다. 이것은 우리 인류가 아는 최대의 화산 폭발로, 모든 것을 지워버릴 정도의 규모였다고 한다. 토바 화산의 폭발로 대략 6센티미터의 재가 떨어졌고, 이 재로 이루어진 층을 육지에서 볼 수 있었다고 한다. 남아시아, 인도양, 아라비아 해 및 남중국해 전역에 걸쳐 이 층이 덮였을 것이다. 화산 폭발 지수에 따르면 토바 폭발은 '8'로 평가되어 '메가(거대)'에 해당한다. 이는 인도네시아의 탐보라Mount Tambora 화산이 일으킨 것보다 두 배나 큰 규모로, 역사에 정확하게 기록된 사실에 따르면 탐보라 화산 폭발로 인해 1816년 '여름 없는 해'가 발생했다고 하니 이보다 두 배나 큰 규모의 확산 폭발이 인류에 미쳤을 영향이 어느 정도였을지 가늠해볼 수 있다.

샘 킨Sam Kean은 토바 화산에 대해 이렇게 추정한다. "태양을 6년 동안 가렸으며, 계절성 강우를 방해하고, 시냇물을 막아버리며, 거대한 재가 식물이 자리 잡은 지역에 엄청난 양의 단위(입방마일의 두께)로 뜨거운 재를 흩뿌렸을 것이다. 그 여파로 딸기, 과일, 나무, 아프리카의 야생동물이 부족해졌고, 인도네시아 탐보라산의 인도양 건너 동쪽 아프리카에서 살던 초기 인간들은 아마 굶어 죽었거나 최소한 인구가 급락했다고 상상하기는 어렵지 않다." 비록 논쟁의 여지가 있는 증거를 기반으로 한 추측이지만, 토바 화산의 대폭발 이후 이미 쌀쌀한 지구가 더 차가워졌을 것으로 본다. 지구는 7만 년 전에 빙하 시대를 경험하고 있었으며 대기 중에 떠다니는 모든 먼지가 따뜻한 햇빛을 우주로 튕겨냈을 것이다.

그는 "사실 몇 군데에서 평균온도가 섭씨 20도 이상 떨어진 증거가 있다"라고 말한다. 따라서 최초의 인류가 나타났던 아프리카의 큰 초원은 크게 줄어들었을 것이며, 작은 인간 집단은 수백 년 혹은 수천 년 동안 작고 굶주린 상태로 유지될 수밖에 없었을 것이다. 이러한 변화는 자연스럽게 인류의 이동의 단초가 되었을 것이다. 인류의 탄생과 뜻하지 않았던 천재지변에 따른 기후의 변화와 식량 생산의 급격한 감소 등은 인류에게 있어 질병이나 전쟁보다도 더 큰 어쩌면 최초의 대규모 재앙이었을 것이다. 인류는 어쩌면 전멸의 위기에 직면했었을 것이다. 하지만 지금 우리는 다시 돌아왔다. 물론 인류의 부활은 쉽게, 혹은 즉시 일어나지 않았을 것이다. 인류 역사에서 처음으로 10억 명에 도달하는 데 거의 20만 년이 걸렸다고 한다. 1960년까지 30억 명, 그 이후로는 13년마다 거의 10억 명씩 늘어나 2011년 10월까지 데이비드 쿼먼David Quammen에 따르면 70억을 넘었고 2023년 현재에는 80억 표지판도 훌쩍 지나쳤다고 본다.

저서 《인수공통 모든 전염병의 열쇠》에서 쿼먼은 "인류는 포유동물의 역사에서 독특하고, 더 나아가 척추동물의 역사에서도 독특하다. 화석 기록에 따르면 대형 생물종 중 다른 어떤 종도 현재 지구에서 인간의 풍부함과 같은 것을 얻은 적이 없다. 하지만 다가오는 인구의 수는 우리 인류를 취약하게 만드는 몇 가지 위험에 그대로 노출되어 있는 부분도 있다. 예컨대 한때 숲과 산 깊숙이 고립되어 있던 바이러스에 취약하며, 이제는 인간과 인간끼리 충돌하며 부딪히고 있다. 기후변화에 취약하며, 희귀 자원을 둘러싸고 싸우는 군사적 충돌에 취약하다. 토바의 초대규모의 화산 폭발이 가져다준 교훈은 우리의 세계 지배에는 필연적인 것이 없다는 것이다. (아무리 지구상에 존재하는 모든 포유류와 동식물의 최고 영장이라고 하지만) 조금만 운이 나쁘면 우리도 멸종될 수 있다."

이 책은 숲, 늪 등 바이러스가 숨어 있던 곳으로 침투하려는 사람들에 관한 내용을 담고 있다. 이러한 바이러스는 이제 말, 돼지, 박쥐와 교차하려 하며 불가피하게 우리 인간에게 위협을 가하려고 한다. 바이러스 또는 세균으로서는 80억 명의 잠재적인 숙주가 환상적인 기회처럼 보이지 않겠는가?

문명의 시작점을 '잉여'로 본다. 문명이 시작하고 존재해야 하는 이유는 '코딩'으로 설명한다. 이후 문자가 발명되고, 고대사적 인류 문명의 본격적인 출발이 이루어졌을 것으로 추정한다. 고대 문명의 태동이지만, 현대 문명의 언어로 설명하고자 한 이유는 '인간의 삶의 궤적은 본질적으로 같다'는 대전제 때문이다. 모양과 겉모습만 바뀔 뿐 인간이 생존하려면 의식주 문화부터 시작해야 한다는 점은 수십만 년 전이나 지금이나 다르지 않다. 동굴과 천막, 아파트와 단독주택의 차이만 있을 뿐이다. 지금도 인간은 쇠고기를 육회로 먹고, 생선도 회로 먹는다. 인류 문명의 태동 시기에 자연은 인류에게는 해석할 수 없는 경외의 대상이었을 것이다. 종교라는 문명적 단어가 쓰이기 전에 자연은 신이었고, 이를 해석할 수 있는 사람은 무속인이나 제사장이었을 것이다.

자본주의의 적은 자본주의

수백만 년 전

사헬란트로푸스 차덴시스

아르디피테쿠스 라미두스

오스트랄로피테쿠스 아파렌시스

호모 하빌리스

호모 네안데르탈렌시스

호미닌

고릴라, 호미닌(인간), 침팬지, 보노보가 공유하는 마지막 공통 조상

고릴라, 호미닌(인간), 침팬지, 보노보가 공유하는 마지막 공통 조상

오스트랄로피테쿠스 아프리카누스

호모 에렉투스

호모 하이델베르겐시스

호모 사피엔스

침팬지 및 보노보

침팬지속

침팬치

보노보

고릴라

고릴라속

서부 고릴라

동부 고릴라

자료: Britannica

　　따라서 모여 사는 사회의 규모가 커질 때 정치는 제사장과 함께
하는 의례와 의식이라는 구조를 가졌을 것이다. 생각하는 것이 관
습이 되고, 의문을 풀려는 인간의 본능적 학습능력이 시작되면서
철학과 종교의 가치에 대한 새로운 접근이 생겨났을 것이다. 당연
히 당시 철학과 종교는 철저하게 정치권력의 지속 가능성에 대한
이해관계에 집중했을 것이다. 인류가 수렵과 채집 생활에서 본격적
인 정주와 이동을 통한 생산활동에 종사하고, 이동과 동화 과정에

서 시장을 중심으로 지역 간 거래와 같은 무역이 본격화하기 전까지 인류는 정치적인 동물이었을 법하다. 큰 무리를 이끌고 생존을 위한 본능적 생태계를 만들어가는 과정에서 리더십은 상당히 중요했을 것이기 때문이다.

생산도구가 개발되고 청동기, 철기 시대를 거치면서 인류의 활동 범위, 생산활동의 다양성, 정치질서, 사회집단의 규모, 범위 및 밀도 등은 자연스럽게 변화했을 것이다. 사회집단의 최우선적인 이해관계는 생산과 같은 경제활동과 잉여생산물, 사유재산 등에 대한 안전과 사회 안정이었을 것이다. 전쟁으로부터 자신의 부족과 사회를 지켜내는 사람이 리더십을 갖고 자연의 신비로운 힘에 대한 신화와 전설을 만들어냈을 것이고, 정치권력은 그 달콤함을 대를 이어 누릴 수 있는 방법을 모색하는 합리화 과정과 절차를 밟았을 것이다. 그것이 정치, 경제, 사회, 문화 및 관습, 규칙, 조례, 명령, 법, 헌법으로 진화한 것 아닐까? 인류가 진화하는 과정에서 정치와 경제, 사회와 문화 등의 거시적 체제의 안전과 안정은 공정과 공평, 정의와 불의, 우등과 열등 등에 대한 수많은 상대적 정의를 기반으로 하는 이성적(사고에 기반하는) 경험과 판단을 논리적으로 정리하기 시작했을 것이다. 하나의 점에서 선으로 이어지는 인류 문명의 지속 가능성의 여정은 다양한 문화와 전통을 수없이 생산해낸다. 그 가운데 대중적 이해와 지지를 받은 것은 생존, 진화, 발전하지만 그렇지 못한 것은 소멸되었을 것이다.

인류가 살아가는 방식은 마치 지역별 혹은 인종별로 다른 것처럼 보인다. 하지만 생존에 대한 애착 같은 본능 구조, 그로 인해 파생되는 의식주뿐 아니라, 제도, 규칙, 관습의 본질은 결코 다르지 않다. 물론 교육이 근대 이후 큰 역할을 했지만, 문자와 교육이 없었던 시기에도 아시아와 유럽, 북미와 남미에서의 신에 대한 경외심과 왕에 대한 절대복종 등은 큰 차이가 없다. 서로 비슷하거나 동질적인 본성적 내용이 없다면 현생 인류의 생존 과정에서 지역별, 제도별로 절대적인 존재는 없었을 것이다. 즉 미국도, 중국도, 한국도, 칠레도, 소말리아도, 방글라데시도 각각 독립 국가로서 생존하기보다 세계는 하나의 절대 국가에 의해 경영되고 있었을 것이다. 점이 선이 되었고, 선은 처음에 육로로 연결되었다.

중세 이후 새로운 동력이 개발되면서 항로를 따라 새로운 선들이 나타나기 시작했고, 이제 인류는 항공수단까지 개발함으로써 3차원의 세계까지 움직이고 있다. 선 혹은 네트워크는 단순한 형태를 띠기도 하지만, 어떤 때는 비선형으로 나타나기도 한다. 시대 변화와 과학, 산업 및 기술의 변화가 선의 모양을 다양하게 변화시켰지만, 인류가 만든 선을 따라 움직이는 본질적·본능적 요소는 크게 '생산, 이동 그리고 동화', 이 세 가지이다. 이 세 가지는 '규모, 범위 및 밀도의 변화'를 추동하며 이는 지극히 자연스러운 현상이다. 여기서 이러한 현상이 초래하는 다양한 '변화의 힘'의 기본 요소는 '잉여'에 있다. 사유재산으로 어느 정도까지 인정할 것인가? 정부가 제대로 역할을 하지 못할 때 국민은 조세의무를 거부할 자유는 없는가? 자유와 의무 가운데 무엇이 우선인가? 헌법과 법의 제정을 국민의 대표기관이 담당하거나 사회 리더의 몫으로 분류한다면, 그들의 이해관계가 법과 헌법에 숨어들어 반영되지는 않을까? 만약 그렇다면 다수의 대중과 국민은 먼 훗날 그들의 음모를 발견하고, 이미 기울어진 운동장을 바로세우기 위해 어떤 수단과 방법을 동원할 수 있을까?

간단한 예를 들어보자. 실크로드는 인류가 동서문물의 교류를 시작한 이후 가장 활발하게 움직이던 루트다. 크고 작은 배가 아시아의 섬들에서 난파되고 우연찮게 유럽인이 아시아인에게 동화되기도 한 사실이 있지만, 실크로드의 번영은 인류가 고대와 중세 사이에 생산, 이동 및 동화의 '길'로서 최초로 글로벌적인 거래 및 무역 루트를 개척한 사례다. 사람만 이동하는 것이 아니다. 이동하는 사람의 주머니와 말의 등 위에 얹힌 돈(상품)이 움직인다. 누군가 '부의 흐름'을 묻는다면 이 방식을 잘 들여다보면 된다. 고대 인류가 움직이던 '길'이나, 생산품과 돈이 이동하는 '길'은 같다. 오늘날에도 큰 차이가 없다. 단지 공간과 '길'의 종류가 다양화되고 여러 가지 방식이 채택된 것 외에는 별다르지 않다.

과학, 기술 및 산업이 발전했으므로 물물교환에서 자본거래도 생겼을 것이고, 화폐라는 가치, 교환 및 거래 단위도 생겼을 터이고, 돈이 돈을 번다는 것을 알게 되었을 테고, 몸속 깊이 품어 나르던 화폐가 전산망을 통해 국제 간에 용이하게 거래되었을 것이고, 이 같은 상거래 행위를 지탱하기 위해 신뢰와 신용의 중요성이 부각되었을 테니, 신뢰와 신용 같은 개념은 정치, 경제, 문화 등 인류의 행동과 심리 과정에서 정제되고 정리되는 과정을 거친 후, 법과 제도 속에 반영되었을 것이다. 이러한 법과 제도도 시대와 문명의 발전과 정도, 문화와 전통의 차이에 따라 겉은 다를지언정 속 내용은 결코 다르지 않을 것이다. 결국 인류가 더욱 번영하기 위해서라는 허울과 명분을 통하든, 아니면 인류의 본능적 성품으로 인정하든, 현대인이 반드시 지녀야 할 도덕과 윤리적 가치로 합의하고 이를 교육할 수밖에 없었을 것이다. 다음 페이지 〈그림 30〉을 참고하면 어떨까?

미국 스미소니언 박물관의 자료에 따르면, 약 55만~75만 년 전 호모 사피엔스 계통의 인류가 시작되었고, 30만 년 전 최고령 호모 사피엔스의 화석이 모로코의 제벨 이르후드Jebel Irhoud에서 발견되었다. 그때까지 어떤 과학자도 호모 사피엔스가 모로코에서 처음으로 살았다고 제안하지 않았다. 왜냐하면 현생 인류와 가장 가까운 종에 대한 초기 증거가 남아프리카와 동아프리카에서 발견되었기 때문이다. 하지만 제벨 이르후드에서 찾은 30만 년 전의 두개골, 아래턱 등과 같은 화석 조각들 역시 가장 오래된 호모 사피엔스 화석으로 분석된 것으로 볼 때, 10만 년에서 21만 년 전 화석은 호모 사피엔스가 아프리카 외부에서도 생활했다는 것을 보여준다.

이러한 이동 경로를 따라가면, 비단길 북로와 남로의 길을 추정할 수 있다. 당연히 당시 기후와 현재의 기후는 차이가 있을 것이고, 동식물의 분포와 수렵 및 채집 생활의 규모, 단위, 통제와 이해관계의 차이가 현격할 수 있다는 점은 이해가 된다. 하지만 다음과 같은 질문도 생긴다. 아프리카에서 호모 사피엔스가 출발하여 유럽과 아시아로 퍼져 나갈 때, 이들이 가졌던 문화와 관습의 기본 습성은 긴 세월과 아시아, 유럽 및 미주 등으로 구분되는 대륙의 공간적 차이로 인해 오늘날 각기 다른 모습을 하고 있을 뿐, 시작 당시에는

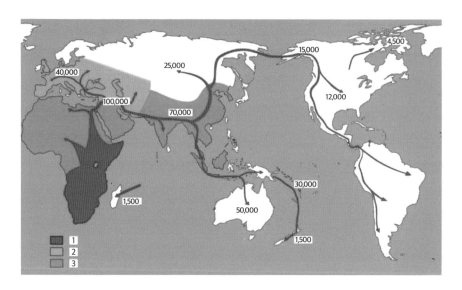

〈그림 30〉 기후변화가 야기한 아프리카에서의 이주 루트(5~6만 년 전)와 유전자 유사성

자료: 스미소니언 박물관 매거진

결코 그 차이가 크지 않았을 것이다.

　이렇게 인류가 움직일 때는 유목민의 본능이 정착민의 본능에 우선할 수밖에 없다는 점, 지금도 이민을 갈 때 자신의 재산 대부분을 정리해서 떠나듯 그때도 이동할 때에는 상당한 재물과 당시의 형태와 개념으로서의 자본을 같이 움직였을 것이다. 따라서 부의 흐름은 인류의 이동 경로와 다르지 않다. 정착 후 아니면 유목 생활을 지속하는 가운데, 부의 흐름은 교역과 거래를 통해 증식되었을 것이다. 생산, 운송 및 저장 도구와 기술의 발달로 인류가 움직일 수 있는 거리가 절대적으로 늘어나면서 시간과 공간은 압축되었을 것이다. 물리학에서는 빠른 운동으로 인해 시간과 공간의 압축이 일어나면 전자력이 생긴다고 한다. 즉 압축되는 순간 시공간 속에 다양한 변수(음극과 양극, +와 − 등)가 변화한다. 이렇게 촉발된 변화가 제도가 되고 규칙, 법, 질서, 관습 등으로 진화하고 정치, 경제, 사회 및 문화 등에 새로운 바람이 일어난다.

문명의 시작과 발전, 이들의 지속 가능성은 전쟁과 질병 등을 통해 직간접적으로, 자연적이거나 강제적인 영향으로 인해 또다시 변화한다. 어떤 것은 돌연변이를 하기도 하지만, '적자생존'의 원칙에 따라 인간과 사회가 인정하고 받아들일 때는 생존하고 그렇지 않으면 도태했을 것이다. 어찌 되었건 인류의 이동 경로와 자본의 현대 흐름의 방향과 정도 등은 크게 다르지 않다. 현대 사회에서 매우 부유한 사람들은 가장 이동성이 뛰어나다. 당연한 얘기다. 30만 년 전과는 다른 가치 기준일 수 있지만 이 정도 특화된 주제를 놓고서도 사람의 이동 경로와 부의 이동 경로는 결코 다르지 않다는 점을 시사하고자 한다. 다음 〈그림 31〉을 보면 순자산이 100만 달러 이상인 부자들High Net Worth Individuals, HNWI은 다양한 이유로 이주를 결정한다.

조세법이 더 유리한 관할 구역이나 덜 오염되고 범죄가 적은 지역에 끌릴 수 있다. 때로는 단순히 삶의 환경을 바꾸고 싶어서일 수도 있다. 어떤 경우이든 30만 년 전 아프리카 인류가 이동을 결정한 동기와 본질적 차이는 없다. 〈그림 31〉에서 보듯, 2019년 현재 글로벌 부는 자본시장이 발달했고, 사회적 안정과 안전이 보장되며, 개인의 신용거래 정보와 시장 불확실성(즉 위험)이 적은 곳, 미래 산업이 연구개발되는 가운데 신기술과 산업의 기대 성장률이 안정적

<그림 31> 글로벌 부자들의 이민 경로

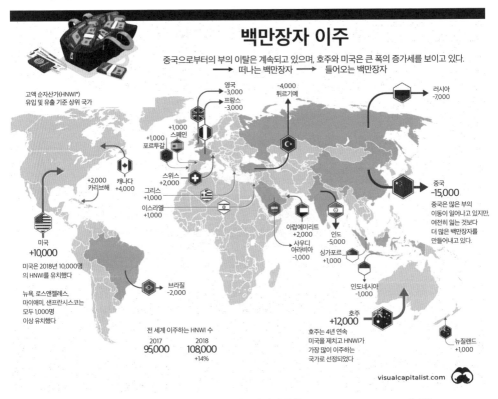

백만장자 이주

중국으로부터의 부의 이탈은 계속되고 있으며, 호주와 미국은 큰 폭의 증가세를 보이고 있다.

→ 떠나는 백만장자   → 들어오는 백만장자

고액 순자산가(HNWI*)
유입 및 유출 기준 상위 국가

영국
-3,000

프랑스
-3,000

튀르키예
-4,000

러시아
-7,000

+1,000
포르투갈

+1,000
스페인

캐나다
+2,000 +4,000
카리브해

스위스
+2,000

그리스
+1,000

이스라엘
+1,000

아랍에미리트
+2,000

사우디
아라비아
-1,000

인도
-5,000

싱가포르
+1,000

중국
-15,000

중국은 많은 부의
이동이 일어나고 있지만,
여전히 잃는 것보다
더 많은 백만장자를
만들어내고 있다.

미국
+10,000

미국은 2018년 10,000명
의 HNWI를 유치했다

뉴욕, 로스앤젤레스,
마이애미, 샌프란시스코는
모두 1,000명
이상 유치했다

브라질
-2,000

전 세계 이주하는 HNWI 수
2017   2018
95,000   108,000
         +14%

인도네시아
-1,000

호주
+12,000

호주는 4년 연속
미국을 제치고 HNWI가
가장 많이 이주하는
국가로 선정되었다

뉴질랜드
+1,000

visualcapitalist.com

주: 해당 그래픽은 연례적 보고서인 〈글로벌 부자들의 이민 동향(Global Wealth Migration Review)〉에서 얻은 데이터를 사용하여 세계 백만장자들의 이동을 지도에 나타낸다. 어떤 나라가 세계 부자들을 끌어들이고 있는지, 또 어떤 나라가 부의 이주를 경험하고 있는지를 보여준다.
자료: Nick Routley, Mapping the Global Migration of Millionaires, The Visual Capitalist, April 16, 2019

인 국가 경제로 흘러간다. 지난 20년 동안은 중국이 부의 창출 머신이었다. 하지만 2018년에는 1만 5,000명 이상의 중국 부자들이 다른 나라로 이주하기를 선택했다. 이는 특혜를 국가보다 중요하게 여긴 이민, 이주였다는 점에 주목할 필요가 있다. 이러한 흐름과 본

자본주의의 적은 자본주의

질적 배경 등에 대해서는 1장에서 좀 더 상세하게 정리했다. 자본 구성에는 이제 시공간적 여유와 밀도뿐 아니라 유무형적 자산의 가치도 모두 포함된다. 인류 최초의 이동은 단지 사람의 이동이었을 수도 있지만, 이는 기후와 또 다른 자연사회적 변수에 의한 불가피한 선택이었을 것이다.

정치와 철학

인류가 급속히 팽창하면서 가장 먼저 필요로 했던 제도는 무엇이었을까? 현재의 잣대로 과거를 추측하기는 어렵지만 종교의 원시적 형태인 제사와 정치였을 수도 있다. 정치란 무엇일까? 사전에서는 "국가 또는 다른 지역의 통치와 관련된 활동, 특히 권력을 가지거나 획득하려는 개인이나 당사자 간의 토론 또는 갈등을 의미한다"라고 해석한다. 정치적 기원은 학자들 사이에서 복잡하고 논란이 있는 주제임에 틀림없다. 정치체제와 통치는 인간 역사를 통틀어 발전해왔으며, 정치의 개념은 고대 문명에서부터 유래한다. 다음은 정치의 기원에 관한 몇 가지 주요한 지점이다.

첫째, 정치적 사고의 기원은 메소포타미아, 이집트, 인도, 중국 및 그리스와 같은 고대 문명으로 거슬러 올라갈 수 있다. 이들 사회는 초기 형태의 통치와 정치 조직을 발전시켰을 것으로 짐작할 수 있다. 씨족에서 부족사회와 국가로 이어지는 과정에 정치 발전의 동인은 경제 규모와 범위 및 밀도와 밀접한 관련이 있었을 것이다.

인구가 늘어나고 이들을 안정적으로 유지하면서 문화적 가치를 함양하기 위해서 사회의 리더 혹은 리더 그룹이 나타났을 것이고, 그들이 사회와 국가를 통치하는 데 필요한 이념과 가치, 철학과 사상이 진화 발전하면서 정치적 사고와 함께 정치의 필요성이 생겨나고, 신분과 계급이 자연스럽게 만들어졌을 가능성이 크다.

둘째, 그리스-로마 철학에서 플라톤과 아리스토텔레스 같은 고대 그리스 철학자는 정치적 사고에 중요한 기여를 했다. 플라톤의 《국가》와 아리스토텔레스의 《정치학》은 통치, 정의, 정치 공동체에서 시민의 역할에 관한 아이디어를 탐구한 기본 철학적 문헌이다. 이어 등장한 로마 공화국은 균형과 안정을 갖춘 시스템으로 정치적 사고를 형성하는 데 중요한 역할을 했다. '레스 퍼블리카Res publica' 혹은 '공공정책Public affairs'이라는 개념은 후기 정치 사고 발전에 큰 영향을 미쳤다. 공공정책학은 정부, 비영리 기관, 기업 및 여타 조직과 관련된 정치, 사회문제에 관한 정책을 다루는 분야이다. 오늘날에는 경제학, 정치학, 사회학, 행정학 등의 사회과학과 밀접한 관계를 맺고 있다.

셋째, 중세의 정치적 사고는 종교와 군주제에 영향을 받았다. 중세는 기원후 5세기부터 15세기까지 약 1,000년의 유럽 역사를 말한다. 서로마 제국이 476년 망하고 이어 게르만족의 대이동이 있었던 시점부터 르네상스 시기까지의 유럽 역사다. 하지만 동양사에 '중세'의 개념을 적용하기는 어렵다. 중국의 황하와 양자강도 인류 문명의 발상지 가운데 하나이지만, 중국사에서 5~15세기는 하상주를 지나 진나라와 한나라를 거쳐 삼국지로 유명한 삼국시대에 이은 5호 16국 시대부터 수나라, 당나라 그리고 송과 명에 이르던 시기다. 따라서 정치 문화의 형태는 유럽과 매우 달랐고, 오늘날 우리에게 익숙한 정치체제의 대부분은 유럽의 역사 속에서 형성되었다. 그렇게 유럽사에서 중세는 정치철학이 절대왕권에서 다수의 민중으로 이전되는 새로운 정치 문명 혹은 체제가 본격적으로 태동하던 시기였다.

근세는 1500년부터 1800년까지로 정의한다. 유럽사에서 왕의 정치적 권력이 종교의 힘을 빌려 그 어떤 세력이나 계급의 도전을 받지 않고 절대권력으로서의 지위를 구축하려 할 때 14~16세기에 르네상스와 계몽시대가 열렸다. 유럽의 르네상스와 계몽시대는 고전적인 정치에 대한 관심 부족을 보완한 시기이다. 본격적인 민주주의 정치철학이 형성되던 시기였으나, 왕 역시 중세 이후 약화되는 자신의 절대권력을 쉽게 포기할 생각은 없었다. 존 로크, 장 자크 루소, 몽테스키외 등의 사상가들이 등장하면서, 현대 정치철학의 발전에 기여한다. 정치적 이념과 관습의 기저를 이루는 것은 이제 왕과 귀족이 아니라 다수의 국민이었다.

넷째, 현대 국가는 근세에 들어서면서부터인, 17세기와 18세기에 형성되었다. 현대 국가가 등장하면서 정치적 조직에 중대한 전환점이 있었다. 정치에 끊임없는 간섭과 영향력을 행사하려던 종교가 형식적 명맥만 남고 실질적으로는 그 영향력을 상실하게 된 것이다. 로마 가톨릭 교회와 개신교(프로테스탄트 교회)를 지지하는 국가 사이에 벌어진 또 하나의 종교전쟁인 30년 전쟁의 종식 이후, 1648년의 베스트팔렌 조약이 체결되었으며, 이는 현대 국가 제도의 발전에서 중요한 순간으로 평가된다. 종교적 측면에서의 갈등과 함께 정치적으로는 전제군주정과 봉건제도가 대립했다. 절대권력이 부패한다는 것은 정치에만 적용되는 것이 아니다. 권력을 가진 집단 모두에게 적용되는 원칙이다. 당초 11세기 이후 십자군 전쟁의 실패는 로마 교황청의 프랑스 아비뇽으로의 이동(아비뇽 유수)과 로마 교회 대분열의 단초가 되었다. 정치가 종교적 철학, 즉 도덕과 윤리적 기준을 토대로 성장한 유럽에서 종교의 부패는 정치적 부패를 의미한다. 가톨릭 교회의 교황권이 약해지면서, 14세기 말부터 영국의 위클리프John Wycliffe와 보헤미아의 후스John Huss, 네덜란드 출신의 에라스무스Desiderius Erasmus를 비롯한 북유럽의 인문주의자이자 휴머니스트들을 중심으로 가톨릭 교회와 성직자를 비판하면서 종교개혁을 요구하기 시작했다.

종교개혁이 본격적으로 시작된 것은 독일의 마르틴 루터가 1517년 〈95개 조 반박문〉을 발표하면서부터다. 당시 교황 레오 10세Leo X는 성 베드로 성당의 건축 비용을 마련하기 위해 면죄부를 판매했는데, 이때 독일 마인츠 지역의 대주교 자리를 낙찰받은 알브레히트 Albrecht von Brandenburg-Ansbach가 자신이 세금으로 내야 할 첫해 수입을 우선 빌려서 낸 후, 그 차입금을 갚기 위해 면죄부를 가져다가 마구잡이로 판 것이 발단이 되었다. 루터는 면죄부 판매의 부당성을 비판하는 반박문을 독일어로 인쇄해 뿌렸고 신앙의 근거는 교회가 아니라 성서라고 주장하며 《신약성서》를 독일어로 번역해 보급하기 시작했다. 뒤이어 칼뱅의 종교 개혁이 있었다. 에라스무스와 루터의 영향을 받은 칼뱅은 본국인 프랑스에서 추방되어 스위스로 자리를 옮긴 뒤, 직업을 존중하고 이윤 추구를 인정하면서 제네바시와 추종자들에게 지지를 받아 장로제를 중심으로 하는 종교개혁에 성공하였다.

칼뱅파는 주로 대서양 연안의 상공업이 발달한 지역에 널리 퍼졌다. 칼뱅파는 영국에서는 청교도, 스코틀랜드에서는 장로파, 프랑스에서는 위그노, 네덜란드에서는 고이센이라는 이름으로 각각 발전하였다. 하지만 공인받은 루터파와 달리 칼뱅파는 신교로서 공인받지 못하면서, 프랑스에서 '위그노 전쟁'이라는 종교전쟁까지 일어났다. 이렇게 중세 정치철학의 발전은 종교와의 연대 혹은 연결고리가 약해지면서 본격화되었다. 결국 종교개혁은 당시 봉건주의적 시장경제체제의 붕괴를 토대로, 고대 이후 존속하던 종교와 정치의 제정일치체제를 정치적으로 새로운 '정경일치 체제' 모델이 대체하는 계기가 된다.

끝으로, 18세기와 19세기의 산업혁명은 정치적 구조와 이념에 영향을 미치는 사회적·경제적 거대 변화에 문명사적 단초를 제공했다. 노동권과 사회정의와 같은 문제가 정치 담론에서 중요한 위치를 차지했으며, 비스마르크 같은 정치인들은 자본주의 시장경쟁 체제에서 보수가 해야 할 일, 즉 공공정책의 중요성을 다시금 강조하는 계기를 마련한다. 20세기와 21세기에는 현대적 정치 사고와 가치체계가 전 세계적인 사건, 기술의 발전, 사회적 역학의 변화에 대응하면서 계속 진화·발전해오고 있다. 요약하자면, 정치의 기원은 인간 사회의 초기 조직으로 역행하면서, 역사적·철학적·문화적 영향의 지속적인 상호작용으로 형성되었다는 점에 주목할 필요가 있다.

인류 문명사 속에 계속 존재해오고 있는 정치제도는 그것을 지탱하는 철학과 가치, 사상과 이념 등의 종속변수일 뿐이다. 따라서 거대한 문명의 변화를 제대로 읽어내지 못하면, 정치, 종교, 경제뿐 아니라 그 어떤 권력과 유착된 제도, 도덕, 윤리, 종교적 이념과 가치라고 할지라도 생명력을 유지할 수 없다. '신은 위대하다.' 하지만 그가 그를 닮은 인간을 창조한 만큼, '인간도 위대하다'는 점을 부정할 수 없다. 하지만 둘 사이의 차이점은 존재한다. 그 차이점은 무엇일까? 모든 정치체제 발전에 있어 인류는 궁극적으로 자신에게 유리하고 이로운 방향으로의 전환을 도모한다고 하지만, 결과는 그와 반대이거나 일부 소수 기득권자만 수혜적 제약성을 가질 때가 많다. 왜 그럴까? 현대 국가와 사회에서도 모든 주권은 국민으로부터 나온다는 점을 명확히 하고 있지만, 양극화와 빈부의 격차가 지속되고, '사회 및 정치적 정의'를 찾으려는 노력은 결코 사라지지 않는다. 왜 그럴까? 인간에게 도덕과 윤리가 없어서도 아니고, 인간이 종교를 갖지 않아서도 아니다.

철학과 경제에 관한 문헌은 일반적으로 두 가지 영역으로 나뉜다. 먼저 경제 방법론은 경제와 인식론에서 과학과 철학을 연결하고, 도덕철학 및 윤리에 관한 문헌은 경제와 윤리를 연결한다. 철학적 및 경제적 아이디어의 본질적 상호의존성은 고전경제학의 중요한 특징이다. 예컨대, 애덤 스미스는 《도덕감정론》뿐 아니라 《국부론》의 저자였다. 존 스튜어트 밀John Stuart Mill 역시 《논리 체계A System of Logic》와 《정치경제학 원리》의 저자로 널리 알려진 철학자인 동시

자본주의의 적은 자본주의

에 경제학자였다. 카를 마르크스의 《자본론》도 크게 다르지 않다. 경제, 철학 및 여러 분야의 지적 자원을 활용했다. 이처럼 고전적 정치 경제는 철학에서 깊은 영향을 받았다. 서로 다른 철학이 다르게 작용했을 수는 있지만 어쨌든 영향을 받았으며, 아이디어는 언제든지 처음 의도한 방향과 반대 방향으로도, 즉 정치 경제에서 철학적 탐구 영역 쪽으로도 자유롭게 흘러갔다.

이러한 변화는 20세기 초반에 크게 일어났다. '정치 경제'의 포기와 '과학적 경제'의 의도적 발전은 두 학문 간의 중요한 변화와 일치했다. 철학은 경제 이론화에서 완전히 사라지지 않았지만, 체계적으로 더욱 덜 명백한 역할을 하게 되었다. 여기에는 몇 가지 이유가 분명히 있다. 그 가운데 두 가지 중요한 이유는 첫째, 경제학의 전반적인 발전과 전문화, 둘째, 긍정주의에서 영감을 받은 합법적인 '과학적' 연구와 조사 같은 보다 계량적인 모델과 이론의 일반적인 수용이다. 존 스튜어트 밀의 이론은 대개 교양 교육을 받은 대중을 대상으로 했다. 정치철학이 경제와 함께 대중에게 다가가기 시작하면서 20세기 전반까지 대부분은 이론적 분석 모델에 주목했었다. 하지만 점차 과학, 수학 및 컴퓨터 등이 발전하면서 선험적이고 계량적인 모델 연구가 정치적 가정의 변화와 함께 이루어지게 된다.

특히 긍정주의positivism가 팽배하던 약 1930년대 초부터 1950년대까지는 종전까지 이어져오던 '철학적' 배경에서의 경제적 논리전개와 (윤리학, 존재론, 형이상학, 미학 등을 포함하는) 의미 있는 대화가 거의 배제되기 시작했다. 과학은 신앙과 달리 절대적 믿음을 강요하지 않고, 합리적이고 일반적인 정의의 범주에 속하는 자연과학만을 지칭하는 것으로 제한되었다. 경제학은 분명히 과학적 접근 방법에 대한 충분한 이해력과 지적 호기심을 추구하려는 노력을 보였으며, 그러한 포부를 이루려면 옛 철학적 접근 방식을 버려야 했다.

20세기 초반 경제이론의 많은 중요한 발전은 정확히 이러한 과학적 용어의 확대와 접목을 통해 이루어졌다. 과거 지극히 신학적이면서 실용주의적인 부담을 체계적으로 폐기하는 가운데, 더 합리적이고 적절한 과학 개념으로 대체하려는 시도로서 경제학이 새롭게 해석되기 시작한 것이다. 예를 들면, 도덕철학은 여전히 경제이론에 있어 중요한 '사회적 정의'와 같은 토론 주제로 등장하면서, 거의 항상 도덕과 윤리적 가치판단에 빗대어 비난하고 비평하는 역할에만 국한된 모습을 보이고 있다. 이러한 환경은 철학과 경제학 간에 새로운 연결을 형성하기에는 분명히 적절치 않았으며, 20세기 동안에는 대부분 그러한 논리상의 연결에 많은 시도가 이루어지지 않았다.

종교

과학과 종교를 연결한다면 어떻게 비유할 수 있을까? 예수가 위대한 시인이었다면, 부처는 위대한 물리학자였다. 부처는 스스로 인간임을 부정하지 않았고, 예수는 자신이 하나님이 인간의 원죄를 용서하기 위해 인간의 모습으로 보낸 독생자 아들이라 했다. 예수의 과학과 부처의 과학은 인문과 자연과학이라는 결이 다른 물줄기를 타고 흘렀다. 하지만 이 둘이 만나는 접점은 같다. 우주는 거대한 고양이가 들어 있는 슈뢰딩거의 박스다. 생과 멸이 동시에 존재한다. 경험하지 않고서는 알 수가 없다. 하지만 '경험'이란 것은 견見, 관觀 및 진診의 과정을 빗대어 하나의 단어로 정리한 것이다. 인류 문명의 지난한 역사 속에 처음 인류가 가졌던 정신과 마음의 세계는 '순수純粹'함이었을 것이다. 많지도 않았던 인류 수, 생존이 가장 시급한 당면 과제였던 상황, 자연과의 끊임없는 경쟁, 사유 및 개인에 대한 생각이나 존재감보다 무리와 집단이 공동체 생활을 이어가야만 하던 시기를 지난다. 45억 년 전 지구가 빅뱅의 한 빛으로 탄생하고, 수천만 년 전에 인류가 지구상에 나타났다. 자연의 따스함과 공포스러움은 무속, 전설 혹은 토테미즘이라는 원시적 신앙과 종교의 모습으로 묘사되었을 것이다.

고대국가 시대 왕의 권력은 이러한 절대적이면서도 차원이 다른 또 다른 권력과 자연스럽게 동행했다. 고대 그리스-로마 신화는 예수의 기독교와 만나 제정일치의 시대를 이끌었다. 동서양을 구분하지 않았다. 국가 권력의 시작이 단단하지 않았음을 의미한다. '신'으로부터 인정받은 권력이 필요했을 것이다. 다수의 일반 국민 혹은 사회구성원으로부터 왕권의 신성을 강조하는 것이 정치권력을 유지하는 가장 원초적이며 근본적인 방법이 된다. '신'의 이름으로 전쟁을 했고, '신'의 이름으로 국가 정의와 왕권을 계승했을 것이다. 자연히 이러한 제정일치의 세계는 정치권력과 종교권력의 부패와 부정을 가져온다. 제정일치의 부정과 부패라는 것은 사유재산과 개인에 대한 인식, 의식이 구체화되고 강화될수록 취약해졌을 것이다. '부富'는 또 다른 권력 형태를 갖는다. 초기의 부는 물질이었다. 창고에 누가 더 많은 곡물을 쌓아두고 있는가, 즉 생존에 필요한 가장 초기적 상품인 곡물에 대한 지배적 생산과 저장의 크기가 부를 평가하는 단위였다. 가진 자는 넓은 토지와 많은 노동력을 동원할 수 있었다. 이들은 원시사회부터 씨족 및 부족장과 함께 권력을 부분적으로 향유했던 '귀족'이라는 사람들이었다. 귀족 계급은 어디에서 출발했을까? 귀족nobility은 귀족제가 있는 많은 국가에서 사회계급으로서 발견된다. 그들의 지위는 일반적으로 왕족 아래에 위치한다. 귀족은 독점적인 기능과 특혜성 기득권을 많이 가진 중앙 혹은 지역 영주였다. 귀족과 관련된 특성은 국가와 시대에 따라 차이가 있지만, 종종 일반인에 비해 혹은 다수 대중에 비해 공식적으로 인정받아온 특수층으로 멤버십과 같은 것이었다. 일반적으로 유전적이며, 귀족적인 권리와 책임이 포함된다. 귀족의 지위는 군주나 정부에 의해 부여되었으며 충분한 권력, 부, 소유 등의 측면에서 일반인과 차별된다. 물론 군주의 호의로 평민도 귀족계층으로 신분 상승을 이룰 수 있었다. 하지만 고대 '전쟁'의 시기가 '인문적 사회'에 선행했음을 감안하면, 철학과 사상, 시와 문학보다 무력으로 국가 건립에 기여한 계층이 귀족 계급으로 올라갔을 것으로 짐작된다.

5세기 이후 중세 초입기부터 귀족의 법적 지위는 군주국에서부터 출발한다. 귀족은 베네치아 공화국Republic of Venice(697~1797), 제노아 공화국Republic of Genoa(1005~1815) 구 스위스 연방Old Swiss Confederacy 1300~1798), 네덜란드 공화국Dutch Republic(1581~1795)과 같은 군주제

자본주의의 적은 자본주의

가 아닌 또 다른 정치적 정체성에서도 존재했다. 귀족 계급은 문화와 문명의 진화에 중요한 역할을 담당한 계층으로, 13세기 중세에 절정기를 거쳐 현대에 이르기까지 그 형태만 바뀌었을 뿐, 실질적인 신분 계급의 존재는 부정할 수 없다. 유럽에서 고대 로마 귀족인 로마 공화국의 노블레스nobiles는 콘솔십consulship 152을 달성한 사람들 혹은 가문을 일컫는다. 상속된 귀족 가문에 속한 자들은 귀족으로 간주되었고, 평민 중 일부도 다양한 동기에 의해 귀족으로 신분 상승이 가능했다. 일반적으로 로마제국에서 귀족은 당시 공화국 귀족의 후손이었고, 현대 귀족가문의 조상을 로마 시대로부터 기술적으로 분류해볼 수 있지만 유럽에서는 동양의 족보처럼 로마시대부터 현재까지의 세대별 계보 추적이 가능한 역사적 문서가 존재하지 않는다.

제정일치의 정치권력이 종교라는 또 다른 권력과 함께 존립하던 시기는 중세까지 이어진다. 만일 왕권과 종교의 이해관계만 일치했다면, 이렇게 오래 지속되지는 못했을 수도 있다. 정치와 정책을 펼칠 수 있는 권력이 왕과 귀족 그리고 제사장(종교)에게 지속될 수 있었던 이유는 앞서 설명한 대로 '부'와 '개인'이라는 두 개의 절대적인 동시에 상대적인 가치 개념이 극히 소수에게만 집중된 시기였기 때문이다. 이것이 어떻게 무너졌을까? 종교의 재해석은 13세기 중세 절정기에 이루어진다. '휴머니즘의 시대'가 도래한 것이다. 인문주의자들은 고전적인 학문과 문화를 부활시키는 작업을 하면서 1,000년에 걸친 암흑과 무지의 시대가 고대 그리스-로마 사회와 자신들을 갈라놓았다고 생각했다.

이러한 계몽주의적 생각은 인문주의자들의 자각에서부터 출발한다. 이들의 자각은 많은 대중을 일깨우는 데 큰 역할을 했다. 어떤 의미에서 인문주의자는 종교에서 다루어지는 절대적 신에 대한 도전자였고, 인간 우선주의를 주창하던 사람들이었을 것이다. 따라서 중세는 중요한 사회적·정치적·경제적·문화적 발전의 시기였으며 인문주의자들이 활약한 르네상스 시대 사회 변혁으로 이어지는 토대를 마련한 시기였다. 요약하자면, 고대 이후 중세까지 사회적 통일성의 토대를 제공해줄 수 있었던 유일한 세력은 교회였다. 중세는 교회 권위의 약화에서 시작된다. 하지만 교회를 타파하고 인간적인 정신적 가치체계 위에 정치, 경제 및 사회구조를 세우려는 시도는 혼란스럽고도 모순된 사회의 모습을 자연스럽게 받아들일 수밖에 없었다. 로마제국의 해체 이후 하나의 거대한 로마 가톨릭 왕국이 유럽을 이루었지만, 로마 가톨릭 왕국은 성직자단과 세속통치 권력자라는 두 개의 뚜렷이 구별되는 직능집단으로 이루어져 있었다. 사회체계상 상호의 이해관계를 볼 때 이들 두 집단은 서로 보완적 관계자로서 각기 인간의 정신적 요구와 세속적 요구를 충족하는 역할을 했다. 이 중 첫 번째 영역에서 교황이 지상권至上權을 행사했다면, 두 번째 권력은 황제가 행사했다. 물론 이 두 권력은 시대 변화와 함께 끊임없이 분쟁과 불일치에 직면하거나 공공연한 전쟁을 벌이기도 했지만 말이다.

12세기에 이르러 문화적·경제적 부흥이 일어나면서 르네상스는 이들 두 권력 간의 틈새를 돌이킬 수 없는 정치·경제 및 사회적 체제로 새롭게 변화시켜버렸다. 경제력의 중심이 지중해 동부지역에

〈그림 32〉 중세 유럽 지중해에서 기독교의 확산

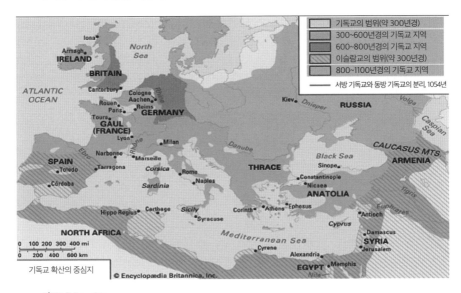

자료: Britannica

서 서유럽으로 서서히 옮겨가기 시작하면서, 도시가 번창하고 여행과 교통은 더 신속하고 안전하고 손쉽게 되었으며 상인계급이 발전하기 시작했다. 농업의 발전도 이러한 발전에 한 가지 밑바탕이 되었다. 12세기에는 곡물 가운데 콩의 경작이 이루어지면서 사상 최초로 모든 사회계층이 균형 있는 식사를 할 수 있게 되었다. 이에 따라 인구가 급속히 늘어났으며 이것은 결국 낡은 봉건적 사회구조를 파괴하는 요인이 되었다. 13세기에는 비로소 중세문명의 절정기를 맞이한다. 경제적 부흥과 사회생활의 정착, 인구의 급증 등으로 사회적 이해관계가 복잡하게 얽히기 시작하면서 서로 다른 많은 종류의 사회적 단위가 생겨났다.

길드guild와 같은 제조업 조합, 각종 사회단체와 의회 및 수도회 등이 결성되어 각자는 상호 이해관계를 극대화할 수 있는 자율성을 확보하기 위해 노력했다. '법法'의 중요성이 부각되었고, 법적 대표 개념이 발달하여 자신을 선출해준 공동체와 결부된 문제에 관해 전적인 결정권을 갖는 사람으로 이루어진 정치적 회의체도 이때 급격히 증가했다. 이 모든 거대한 시대 변화의 핵심요소는 '부'와 개인, 사유에 대한 철학과 사상, 가치와 개념의 진화에 있었다. 개인의 사유재산을 지켜줄 법이 필요했고, 합당하고 합리적인 법률 체계를 토대로 하는 새로운 정치체제의 발전이 불가피해졌으며, 인간의 부에 대한 끊임없는 본능적 추구는 종교도 제어할 수 없었다. 이러한 시대 변화의 거대한 물줄기가 마침내 봇물 터지듯 터진 배경은 '철학'에 있었다. 토마스 아퀴나스는 아리스토텔레스와 고대 서양 철학자들에 대한 저작을 통해 서양 지성사 진화에 중요한 업적을 쌓았다. 봉건적 사회구조의 붕괴와 이탈리아 도시국가의 발전 및 스페인·프랑스·잉글랜드 등지의 국민국가 등장, 세속교육의 발달과 같은 문화적 발전은 새로운 정신을 지닌 새 시대의 탄생을 가져왔다. 이른바 르네상스의 시작이었다.

1517년 마르틴 루터는 〈95개 조 반박문〉을 통해 종교개혁의 씨앗을 뿌렸다. 루터의 종교개혁은 1882년 독일 철학자 프리드리히 니체의 《차라투스트라는 이렇게 말했다》에서 언급된 '신은 죽었다'로 최종 결론에 이른다. 하지만 안타깝게도 지금까지 모든 인류의 문명 발전에 대한 요약은 서양을 주목하고 있다. 다만, 또 다른 거대한 시대 변화가 가능하다면, 신에 대해 비교적 비절대적인 가치

자본주의의 적은 자본주의

체계에 집중했던 '동풍의 시대'가 도래한다면, 세상의 질서는 또 다른 모습으로 불가피하게 변화할 것이라는 막연한 생각이다.

슈뢰딩거의 고양이

인간이 종교라는 슈뢰딩거의 박스 안에 있던 '신'이라 생각되던 '고양이'를 경험하는 순간, 신은 죽었다. 인간은 결코 어리석지 않았다. 이를 입증하려 했던 것이다. 신보다 인간이 우선이라는 것, 신이 하는 것이면 인간도 할 수 있다고 도전하는 것이다. '도전'이라는 단어는 중세까지는 감히 생각조차 할 수 없던 '신성한' 영역에 있었다. 하지만 인간은 아무도 접근할 수 없었을 종교라는 슈뢰딩거의 박스 안을 만져버린다. 르네상스 수학자이자 천문학자였던 니콜라우스 코페르니쿠스는 과학혁명을 위한 토대를 마련했다. 지구 중심의 세계 및 우주관에서 태양 중심 태양계 모델을 개발한 것이다. 경험하지 않고선 불가능한 도전이었다. 코페르니쿠스의《천구의 회전에 관하여》는 1543년 그가 사망하기 직전에 출판되었다.

여기서 그는 지구가 아닌 태양이 태양계의 중심이며, 지구를 포함한 행성이 모두 태양 주위를 공전한다고 제안했다. 그가 주장한 태양계 모델은 행성들의 운동을 관측한 결과를 더 정확하게 설명한다. 호숫가 중심에 작은 돌을 하나 던졌을 뿐인데 그 파장은 바다까지 이르러 파도를 일으켰다. 마침내 '신'만이 갈 수 있고, 볼 수 있고, 알 수 있었을 천체의 비밀이 한 꺼풀씩 벗겨지는 순간이 왔다.

〈그림 33〉 슈뢰딩거의 고양이 상자

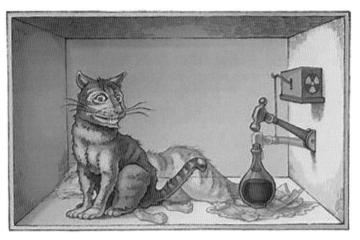

자료: http://49society.com/images/york/schroedinger.html

코페르니쿠스의 지동설은 하늘에서 지구의 위치를 바꾸어버렸다. 기존에 태양이 지구를 돈다는 '천동설'에 엄청난 변화를 가한 '가설'이었다. 천동설에서 하늘의 중심에 있었던 지구를 지동설에서는 태양 주위를 도는 다른 행성들과 동일한 수준의 행성으로 취급해버렸기 때문이다. 천체를 보는 관점 하나를 바꾸었을 뿐인데, 세상은 거대한 시대 변화를 경험하게 된다.

코페르니쿠스의 지동설이 튀코 브라헤로 이어지면서 이제 별과 행성의 위치를 더욱더 정확하게 측정하게 되었다. 단지 측정만으로는 코페르니쿠스와 프톨레마이오스Ptolemy 사이에서 결정을 내릴 수 없었기에 튀코는 우선 지구는 자전과 공전 등의 움직임을 보이지 않는다고 주장했다. 코페르니쿠스는 다른 모든 행성의 공전 중심을 태양으로 옮겨볼 것을 설득했지만 간단한 문제는 아니었나 보

자본주의의 적은 자본주의

다. 마침내 망원경 발명으로 갈릴레오에 의해 지동설이 옳다는 것이 입증된다. 그는 그가 관찰한 달에 산이 있고, 목성 주위를 도는 위성, 그리고 태양에 반점이 있다는 점 등을 연이어 발표했고, 요하네스 케플러는 갈릴레오의 관측을 좀 더 구체적으로 발전시켜 행성 운동 법칙과 태양 중심 체계에 대한 추가적인 증거를 제공하는 데 기여했다. 코페르니쿠스의 지동설은 과학적 사고에서 상당한 전환점을 의미한다. 수천 년간 이어져오던 전통적 가치체계와 신념에 도전하고 과학혁명의 무대를 마련한다. 현대 천문학의 발전과 태양계의 구조에 대한 보다 정확한 이해의 시작은 지속 가능한 과학의 발전과 파장의 단초가 된다.

17세기는 강렬한 종교적 감정의 시기였다. 그도 그럴 것이 종교는 인구 증가와 산업 발전으로 인해 사회체제의 총체적 변화라는 위기감을 느꼈기에 가능하면 과학과 종교의 중간 지점에서 합리적 접점을 찾으려 했을 것이다. 종교도 과학에 비판적일 수 없었으며, 과학 역시 종교에 대해 완전 부정이 가능하던 시기가 아니었다. 유럽에서도 영국이 그와 같은 종교와 과학의 교차적 변화기에 가장 크게 감정적 혼란을 경험한 곳 중 하나였다. 아이작 뉴턴은 결국 인간이 맹목적으로 추종하던 '신'의 진리가 인간적으로 어떻게 해석될 수 있는지를 알아내기 시작하지만, 종교에 대해 거친 도전은 자제했다. 오히려 종교와 과학이 상호보완 및 보존되는 새로운 타협의 길을 발견한다. 실험과 수학적 방법을 통해, 뉴턴은 코페르니쿠스 체계와 새로운 역학관계를 간단히 정립한다. 그는 운동이라는 관찰된 현상으로부터 운동을 야기한 자연의 힘을 조사하고, 그런 다음 이러한 힘을 통해 다른 현상을 유추하기 위해 또 다른 운동법칙을 실험했다. 뉴턴의 미적분(고트프리트 라이프니츠에 의해 동시에 발명됨)학은 그가 추론한 운동의 힘을 계산하여 입증할 수 있게 한 이론적인 동시에 경험론적인 획기적인 수단이 된다. 그 결과가 1687년에 발표된 《프린키피아》였다.

뉴턴은 여기서 지구와 천체에 모두 적용되는 새로운 물리학적 기본 이론을 만들어냄으로써 코페르니쿠스, 케플러, 갈릴레오가 명확히 내릴 수 없었던 우주 천체와 운동의 원리 등을 정당화한다. 데카르트의 자연법칙과 관성의 법칙은 뉴턴의 운동법칙으로 재해석되었다. 운동의 변화는 가해진 힘에 비례하며, 그 힘이 가해진 직선 방향으로 나간다는 '$F=ma$' 공식이다. 한편 만류인력과 운동법칙에 의해 지배받는 세계로 인해 이러한 상호관계는 '운동역학'이라는 새로운 과학혁명의 단초가 된다. 뉴턴의 운동법칙 세 가지와 만유인력의 원리만으로도 새로운 우주를 규정하는 데 충분했지만, 뉴턴은 종교와 타협한다.

그는 우주 질서에 대한 완벽한 이해는 오직 하나님의 도움을 통해서만 가능하다고 믿었다. 중력은 신성한 역학적 운동이며, 모든 힘은 질서와 활력을 위한 것이라고 암시했다. 뉴턴에게 있어서 절대적인 공간은 '하나님의 감각기관sensorium'이었고, 신성한 거처는 필연적으로 궁극적인 공간 속 좌표여야 했다. 이를 본질적 공간이라 불렀다. 뉴턴은 행성들의 상호간섭을 분석해서 각 행성에는 저마다의 중력장이 작용한다는 점을 예측했으며, 이러한 질서가 무너질 때 태양계는 자연적인 붕괴를 피할 수 없다고 했다. 이러한 질서

자본주의의 적은 자본주의

파괴 혹은 붕괴가 일어날 때는 하나님이 다시 정상으로 되돌리기 위해 행동할 것으로 믿었다.

데카르트와 뉴턴에 의해 집적된 고전 물리학은 18세기 산업혁명의 단초가 된다. 영국에서 시작된 산업혁명의 인문학적 배경에는 '생각'함에 있었다. 데카르트의 '나는 생각한다. 고로 나는 존재한다'의 철학적 가치체계와 뉴턴이 명시적으로 표현하는 데는 실패했지만 그가 고전역학에서 말하고자 한 '우주는 떨림과 울림이 꽉 찬 공간'이라는 점이다. 우주의 소리를 들어보려는 것도 이러한 '우주 안에 존재할 것으로 보이는 울림과 떨림 혹은 속삭임, 혹은 운동의 본질'에 대해 알고자 함이다. 아인슈타인이 말하듯 우주에서 사라지는 것은 없다. 다만 변화한다. 이는 과학의 깊이를 철학적이며 사상적으로 단단하게 만들어준다. 자연과학과 인문 사회과학의 융복합화가 존재할 때 인류 문명의 변화는 지속적으로 안전하고 안정적으로 일어난다. 우리 눈에는 우주의 엄청난 공간이 텅 비어 있는 듯 보이지만, 모든 것이 완전히 차 있지 않은 곳은 없다. 그 반대도 정正이다. 즉 우리 눈에 보이는 꽉 차 있는 물체의 정량적 크기와 부피도 사실상 텅 빈 실체 그대로다.

어느 것이 본질적 물음인가? 둘 다 본질적이다. 그것을 신의 속성이라 표현한다. 부처는 "하나 속에 여럿이 있고, 여럿 속의 하나이며, 하나가 곧 전체이며, 전체가 곧 하나이다一中一切多中一, 一卽一切多卽一"라는 말로 우주역학을 설명한다. 의상義湘은 "무량원겁즉일념無量遠劫卽一念, 일념즉시무량겁一念卽是無量劫', 끝없는 무량겁도 한 생각이요, 한 생각도 끝없는 겁이라"라고 했다. 인간 언어의 논리적 유희로 들릴지 모르나, 언어와 문자 혹은 기호와 상징이라는 방편으로 우주의 떨림과 울림이라는 본질적인 의문에 대해 하나씩 알아가는 과정은 가히 극한적이라 할 수 있다. 인간은 신이 그토록 주의를 당부했던 '슈뢰딩거의 상자' 안에 손을 넣어 만질지 말지 고민했고, 그리고 관찰 이후(만졌다면)에 벌어질 모든 것에 대한 책임은 전적으로 인간에게 있다. 신과 인간의 극한적 대화는 산업혁명과 현대 물리학의 지속적인 발전으로 이어진다.

과학과 산업혁명

과학의 발전과 산업혁명은 밀접하게 연결되어 있다. 18세기 말 산업혁명은 크게 세 가지 주요한 시대 문명사적 변화가 축적되어 있었기에 일어났다. 첫째, 종교가 사회와 국가 거버넌스에 있어 '주'의 위치에 있지 않고, '종'의 위치에 자리하고 있었다. 종교의 힘이 상대적으로 약화된 원인에는 둘째, 과학의 발견이 축적되어 자연에 대한 인간의 신비로운 경외심이 하나씩 풀어지기 시작했기 때문이다. 예컨대 과거에는 '빛'이 매우 신비로운 '현상적 형상'이었다면, 빛이 파동과 입자의 역할을 반복한다는 사실을 알게 된 것은 엄청난 변화의 시작이었다. 셋째, 중세 이후 발전한 인간과 신에 대한 '입장 변화'는 근대 철학에 사고와 사물을 바라보는 새로운 관점을 제시했다. 이러한 논리학과 명분론은 서구 산업의 조직과 관리, 상품 개발 및 수익창출에 대한 배분 등의 문제를 두고 나름 합리적

자본주의의 적은 자본주의

이고 자연적인(물리학적 공식을 응용한 경제학 등 사회과학의 발전이라는 측면에서) 방법론을 제시하게 되었다. '잉여'가 단순히 자본가의 몫인지 아니면 생산활동에 참여한 노동자들의 지분이 어느 정도 되는지 등에 대한 논쟁은 결국 자본주의와 사회주의라는 두 개의 거대한 경제 정의에 대한 화두로 지금까지 이어져오고 있다. 개인 간의 잉여 배분을 두고 벌이는 합리적인 논의는 곧바로 국가와 기업 간의 자원 배분과 수익 배분 문제로 확대된다.

생산혁명은 크게 다음 세 가지가 뒤따를 때 가능하다. 첫째, 시장의 확대, 둘째, 생산 수단, 즉 기술과 원재료 등의 공급사슬 확대, 셋째, 생산 기술의 발전을 뒷받침할 수 있는 기초 및 응용과학의 발전이다. 이 세 가지가 축적되고 마침내 이들을 판도라 상자에서 하나씩 끄집어낼 모든 여건이 갖춰졌을 때 생산혁명이 일어난다. 즉 시장이 있었고, 대량생산이 가능했으며, 노동력의 공급이 뒤따랐다. 물론 이러한 충분조건이 완벽하게 갖추어진 것은 아니었다. 노동력 공급은 식민지 노동력으로 보충했고, 원료와 시장의 공급사슬 문제는 식민지 쟁탈전과 노예 노동력 착취 문제로 이어지며, 무엇보다 상품보다 자본의 가치에 대한 명확한 논리와 철학이 존재하지 않았던 만큼, 분배 정의와 인권, 정치제도 등에 대한 문명사적 혼란은 예고된 것이나 다름없었다.

달에 대한 신비로움과 북두칠성 등에 대한 경외심을 품고 언젠가 가보고 싶어 하는 갈망 또는 희망은 오늘날 스마트폰이라는 문명의 이기까지 확대된 원인이었다. 근대 과학은 그리스-로마 철학에서 다루던 우주의 구성물질에 대한 신비롭고 형이상학적이었던 연결론적 해석을 좀 더 실증적이고 구체적이며 합리적이고 명시적인 해석이 가능하게 만들었다. 여기에는 수학, 물리학, 생물학 및 화학의 발전이 포함된다. 이러한 빅데이터들의 축적은 당연히 산업 발전의 토대를 이루었던 영국을 주축으로 전개되었다. 하지만 산업혁명의 발원지인 대영제국의 직물 또는 금속 공업의 성장에 과학적 발견이 직접적인 영향을 미쳤다는 점을 입증하기란 그다지 쉬운 일이 아니다. 과학과 초기산업 사이에 상호 밀접한 연관성은 매우 구체적으로 입증되어야 한다. 과학과 철학의 실용적인 적용에 앞서 18세기에 실업가와 실험가는 모두 관찰과 논리의 신중한 일반화에 집중했다.

한 가지 직접적인 접점으로 알려진 것이 제임스 와트의 뉴커먼 증기기관의 효율성에 대한 관심이다. 새로운 증기기관의 발견은 앞서 설명한 기체 및 유체 공학의 발전과 역학이론 덕분에 가능했다. 이들 이론은 제임스 와트의 과학기기 제작 업무라는 경험론적 실험 제작 과정에서 발전했으며, 증기기관에 중요한 증발기蒸發器, Condenser, evaporator를 별도로 개발해 증기기관 엔진을 효과적인 산업용 동력으로 전환할 수 있게 만들었다. 하지만 제임스 와트의 학문적 배경을 놓고 볼 때, 그가 일반적으로 기체, 유체 및 역학적인 관계를 이해하고 과학의 직접적인 도움으로 동력 생산기계인 증기기관을 발견했다고 볼 수는 없다. 그럼에도 불구하고 과학의 잠재적인 영향이 근본적으로는 중요한 배경이 되었던 것으로 볼 수 있다. 여기서 우리는 다음과 같은 과학 발전과 산업혁명 간의 상관관계를 엿볼 수 있다.

<図림 34> 산업혁명의 변화

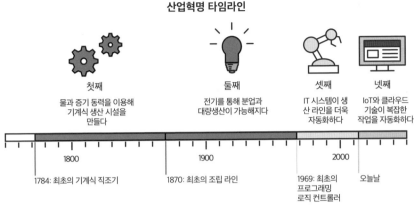

첫째, 필요는 발명의 단초가 된다. 둘째, 실질적이고 실증적인 과학의 응용과 적용은 기계공학의 발전과 동행하기도, 선행 혹은 후행하기도 한다. 만일 모든 기초과학을 이해하는 자만이 기계와 동력 등을 개발할 수 있다면 이미 우리는 산업혁명에 대한 매우 강한 가정을 전제로 하는 것이 된다. 인류가 불을 사용하고, 돌도끼에서 청동기와 철기 문명으로 이어진 배경에는 경험론적인 실험과 실증이 있었다고 구체적으로 설명할 수 있지만, 대부분은 자연에서 주어진 것을 보고 만지고 탐구함으로써 그리고 인간의 지식이나 지혜의 발전으로 개발되고 개선되는 경우도 허다하다. 셋째, 인간이 하나 혹은 여러 개의 문명적 기술과 도구를 개발할 때 인간 스스로는 그것의 종국적 방향에 대해 이해하지 못하는 경우가 있을 수 있으나, 결과론적으로 보자면 인간의 목적은 '행복'과 '인간다움'으로 요약할 수 있다. 인간은 그 스스로가 신이 아니라는 점을 잘 알고

있다. 하지만 비록 신은 될 수 없을지언정 신이 누리도록 허락한 무한의 '에덴동산'과 '극락'에서의 행복함은 마치 진시황이 불로초로 영생하고자 했듯이, 그러한 욕망과 희망을 결코 포기하지 않는다는 암묵적 '자기 결심'일 수도 있다.

대개의 사건에는 원인과 결과가 있다. 그리고 변화 또는 개혁은 결과가 또 다른 결과의 원인이 된다는 점에서 지속 가능하다. 증기 기관의 발명은 단순 가내공업의 동력이 인간의 '손'에서 건강문제와 피곤함, 불평이나 만족의 표현 등 소위 '인권'에 대한 근본적 가치 개념이 없는 '기계'로 옮겨지면서 대량생산을 가능케 했다. 자본 가의 이득은 기하급수적으로 폭등했을 것이며, 수백만 명이 하나씩 오랜 수작업과 분업으로 생산하던 생산물의 공급은 급증했다. 시장이 필요했을 것이고, 자본가는 더 많은 부가가치를 위해 교역의 확대를 생각했을 것이며, 필요한 만큼 노동력을 노동시장에서 공급받을 수 있는 환경이 만들어졌다. 노동자들의 탐욕보다 자본가들의 탐욕과 효용에 대한 (그들이 생각하는 효용은 다름 아닌 자본수익이다) 만족이 더욱 사회와 국가적으로 큰 목소리나 힘을 갖게 되었을 것이다.

그들이 고용을 했고, 그들이 더 많은 세금을 내고 있으며, 그들이 더 많은 부를 토대로 정치, 경제, 사회, 문화적 환경을 그들에게 유리하게 가져가려 했을 것이다. 시장에서의 독점과 과점, 카르텔, 주가의 버블, 부동산 시장에서의 급속한 부의 창출 등은 현대 사회를 살아가는 우리의 정치, 경제, 사회 및 문화적 관점과 의미 등과도 큰 차이를 보이지 않았을 것이다. 자본가는 그들이 갖는 대규모화된 '자본'의 힘을 바탕으로 소위 R&D 등에도 아낌없는 투자를 했

자본주의의 적은 자본주의

을 것이다. 물론 현대와 같이 조직적이지는 않았다 해도 말이다. 현대의 지적재산권이나 특허와 같은 기술적 배타성이 법과 규칙으로 강하게 적용되지 않았던 시기에 기술의 개발은 범선을 타고 지금 잣대로 보면 빛의 속도로 유럽국가들 사이로 퍼져 나갔을 것이다.

이런 기술적 특허가 '돈'이 된다고 생각하는 시점이 도래했을 것이고, 인간은 그러한 미시적인 항목도 자본으로 평가할 필요성과 이유를 요구했을 것이다. 인간은 기체와 대기를 가열하기 위한 석탄이라는 동력 생산의 원재료에서 벗어나 그보다 가볍고 안전하며 친기계적 효율성을 지닌 새로운 동력원을 갖고자 했다. 화석연료의 개발과 사용은 이러한 점에서 또한 자연스럽고 당연하게 후기 근대 산업혁명의 단초가 될 수밖에 없다. 증기에서 전기로의 동력원 변화는 또 다른 산업혁명의 지속 가능성을 허락한다. 자본가의 개념에서 전기는 증기보다 부가가치뿐 아니라, 비용, 공간 활용 및 노동자 사용 관점에서조차도 전혀 다른 구조를 허락했기 때문이다. 그리고 그것은 또 다른 인간과 사회, 국가 간의 갈등 요인이 되었고, 질병과 전쟁 그리고 기술은 늘 함께 붙어 다니는 인간 원자의 쿼크와 같은 입자로 비견될 수 있다. 간략히 설명했지만, 이들의 운동 방향과 색의 발현은 외부 혹은 내부에서 자연발생적으로 일어나는 충격으로 일어난다. 사회, 지역 및 지구 변화의 가장 작으면서도 큰 변화의 단초가 바로 과학의 발전이고, 이는 신의 영역에 대한 인간의 (선의적) 무한 도전에서 비롯된다. 45억 년의 역사 속에 인류는 지구 위에서 지구만의 산업 발전을 생각해왔다.

사람의 이동이나 물류의 이동, 부의 이동 등은 모두 지구를 떠나지 않았다. 육로에서 항로 그리고 항공을 통한 물류와 사람의 이동 속도와 양의 변화는 있었지만, 결코 지구를 떠난 우주와의 거래와 이동은 생각할 수 없었다. 지구를 떠나 우주를 향한 이야기는 단순히 '꿈'이었고 '지구 밖 신비로운 세상'에 대한 이야기는 여전히 풀지 못할 수많은 수수께끼로 가득한 공간과 시간의 이야기였을 뿐이다. 하지만 21세기 이후 인류는 꿈이자 신비로운 세상으로만 알던 우주를 향해 새로운 지평을 열 준비를 하고 있다. 여기에 필요한 소재, 부품, 장비 그리고 바이오와 관련된 과학 연구가 많이 이루어진 것을 안다. 빛의 속도만큼이나 빠른 계산이 필요하기에 양자컴퓨팅이 필요하고, 수억 바이트의 메모리 기능을 이용해 단숨에 연산을 가능하게 하기 위해 데이터 클라우딩 기술, AI, 로봇과 디지털통신, 우주항공 및 바이오 기술 등에 대한 축적이 빠르게 이루어지고 있다.

과학의 급속한 발전은 산업 성장을 통한 부가가치 창출과 수익 가능성에 대한 기업의 도전에서 비롯된다. 이를 기업가의 창조적 혁신정신이라고 할 수 있다. 슘페터의 '창조적 혁신'은 생산공정, 원재료, 시장, 기술 및 조직의 혁신을 말한다. 이제 바야흐로 인류는 지구 안에 갇힌 산업과 정치, 경제, 군사 및 사회적 역할과 기능에서 우주와 지구 간의 새로운 비즈니스를 향해 내닫고 있다. 이러한 가정과 추론이 머지않은 미래 세대에게는 현실로 다가올 것이라는 점을 믿어 의심치 않는다.

자본주의의 적은 자본주의

뉴노멀, 패러다임의 변화

인류의 발생을 두고 아직도 종교적 창조인지, 생물학적 진화론인지를 두고 미국의 경우 주별로 각기 다른 논리를 펼친다. 교과서의 내용도 이에 따라 서로 다른 형국이다. 종교적 창조로 인류가 지구상에 나타났든 생물학적 진화론에서처럼 수상생물에서 육지생물로 진화가 이루어졌든 간에 모든 동물은 생존이라는 절대적 가치에서 존재 이유를 찾는다. 생존을 위해 인류는 생산을 했고, 이동을 했으며, 이동을 통해 새로운 문화, 문명, 사회 혹은 집단과의 동화 작용을 거치며 수천만 년 동안 진화를 이루어왔다. 문명은 문자의 활용에서부터 본격적으로 시작된 것으로 정의된다. 빅이터의 구축과 분석, 경험과 이론을 통한 사회와 국가의 발전 과정에서 터득한 지식과 지혜의 전달이 곧 문명을 의미하기 때문이다.

정치와 경제 중 그 시작은 경제적 활동이 우선이다. 생산에서 과잉 혹은 잉여 부분이 축적되면서 리더 그룹에 대한 위탁 통치와 이에 합당한 혹은 불편부당한 세금을 지급할 수 있게 되었기 때문이다. 왕과 귀족 등 정치적 상위계층은 인문적 가치보다 전쟁과 싸움 등 무력적인 우위와 권력을 도맡았을 것이다. 척박한 자연환경에서의 생존은 혼자서 외롭게 싸우기보다 집단과 사회를 이루어야 훨씬 용이하다. 이러한 역할 분담은 경제활동에서는 분업화로 연결된다. 생산에서 잉여가 나타나면서 생존이 좀 더 수월해지면 인구가 급증한다. 인구가 늘어나면 영토확장은 불가피하다.

평화적인 방법과 전쟁을 통한 침략과 정벌에 의한 방법 등 모든 가용한 방법이 다 사용되었을 것이다. 본능이기 때문이다. 규모의 경제 혹은 규모의 사회가 이루어지면 단순한 생존적 집단의 개념은 부와 생명, 안위와 안정을 위한 공동체적 이해관계 단체로 변모한다. 이러한 이해관계로 인해 씨족에서 부족으로 규모와 범위의 사회가 형성되고, 일정한 규모와 범위의 사회는 다시 국가라는 또 다른 차원의 사회제도를 갖춘 정치 시스템을 구축하게 한다.

잉여 생산에는 도구의 발달이 충분조건이다. 석기에서 청동기, 청동기에서 철기로 이어지는 가운데 문자가 발명되고, 이를 통해 정치와 경제, 사회와 문화적 가치체계가 질서정연하게 정리될 때 이를 문명이라고 부른다. 문명은 한편으로는 잔인한 정벌과 침략전쟁을 통해 서로 다른 공동체적 이해관계를 갖는 집단과 사회의 '세勢'를 강화한다. 정치는 정치권력, 경제는 경제권력, 이해관계자들은 각기 다른 이해 권력을 형성한다. 하나의 지역, 혹은 지정학적 영역이 포화상태에 이르면 이들은 정벌과 침략을 통해, 아니면 식민지화를 통해 다른 지역을 통합하려 든다. 개인의 사유재산을 증식하고자 하는 욕망이나, 각기 서로 다른 사회 혹은 국가 구성원의 이해관계를 하나로 결집하는 과정에서 보이는 인간, 정치와 경제, 사회와 문화의 진화와 발전은 늘 자연의 섭리와 같이 '위에서 아래로 흐른다.'

상위 문명은 하위 문명을 지배한다. 상위 문명은 지배한 영토와 지정학적 위상을 이용하여 새로운 부를 축적하고, 새로운 정치적 권력을 강화한 다음 어느 정도 포화시기에 이르면 새로운 부를 창출하거나 형성하기 위해 또 다른 지정학적 권력 쟁탈에 나선다. 이

자본주의의 적은 자본주의

러한 변화가 전쟁사 혹은 역사를 통해 기술된다. 따라서 역사와 전쟁사는 대개 승자의 이야기가 된다. 전쟁을 주장하는 왕과 귀족은 명분을 갖추는 데 종교를 앞세웠다. 원시사회의 무속신앙은 정치권력 간의 다툼에 명분을 제공하거나 승리의 기대감을 높이면서 정치세력과 공존 형태를 취한다.

원시사회가 씨족, 부족사회 및 국가형태로 진화하면서 종교는 단순한 전쟁의 합리화를 넘어 인간의 삶과 행복, 평화와 미래에 대한 희망을 약속한다. 인간이 그동안 경외하던 신에 대한 신성한 가치는 현실 속에서 찾을 수 있는 실질적인 가치, 예컨대 왕의 명령으로 전쟁에 나가 싸워야 하는 군복무의 의무, 국가와 가족의 미래를 위해 희생해야 할 가치와 의무 등으로 변화하고 전환되었다. 무속에서 하나의 종교라는 체계적인 틀을 가진 '믿음'의 신앙은 발전했고, 왕과 귀족의 전유물이 아니라 모든 사회구성원 혹은 국민도 믿고 따를 수 있는 가치로 범위와 밀도가 확장되었다.

고대 국가가 형성되면서 국가는 왕권을 중시하고, 그다음 신분계층인 귀족이 국가를 통치하는 체제로 고착되었다. 하지만 인류의 수가 급증하고, 산업이 다양화·다각화되고, 지역 간 무역거래가 활성화되면서 '고대 국가'의 개념이 흔들린다. 국가 개념이 흔들리는 배경에는 무엇보다 경제적 규모, 범위 및 밀도의 변화가 있었다. 중세 이후 상업의 발달, 지역 간 무역거래의 활성화, 새로운 상인과 자본가 계급의 부상은 종전까지 절대적인 이해관계를 형성하던 정치와 종교의 위상을 허물어뜨렸다. '제정일치' 국가체제가 공화정이나 민주주의 같은 정치철학, 체계 및 가치를 지향하게 된다. 전쟁에 참전하라는 왕의 명령으로는 일반 시민에게 무조건 따르라고 설득하기 어려워졌다.

왕의 생명도 하나, 일반 국민의 생명도 하나라는 것을 자각하는 순간, 시장경제와 자본주의의 발달은 더 이상 왕을 의지할 필요가 없어졌을뿐더러 종교적 신앙도 그들이 추구하는 '부의 축적'을 죄악시할 따름이지 결코 지원하고 옹호하지 않았기 때문이다. 수많은 사회와 국가에서 귀족과 시민에 의한 혁명이 나타난다. 1215년 마그나카르타Magna Carta, 大憲章는 영국 귀족이 존 왕John Lackland의 잘못된 정치에 분노하여, 왕의 권한을 제한하고 국민의 자유와 권리를 보장하기 위해 왕에게 강요하여 받은 법률 문서다. 이 대헌장은 17세기 국왕의 전제專制로부터 국민의 권리와 자유를 지키기 위한 전거로 받아들여졌고, 권리청원權利請願, 권리장전權利章典과 더불어 영국 입헌제의 기초가 된다. 대헌장은 절대왕정 시대에는 영국 국왕과 귀족 간의 신사협정으로 인식되어 국가의 전체 구성원 모두에게 효력을 발휘하지 못했기 때문에 마치 사문화된 것처럼 보였지만 중세 이후 정치 및 경제 권력의 분배와 주권의 이동에 지대한 영향을 끼쳤다. 미국 독립전쟁의 정신적 출발점도 대헌장으로 볼 수 있다.[153] 1791년 12월 15일 미국 의회가 일괄 가결한 헌법수정안 제1~10조, 권리장전, 즉 연방 및 주 정부는 개인의 권리에 우선하여 권리를 주장할 수 없다는 조항이 그러하다.

인문과 사회과학 그리고 정치경제적 변화와 함께 또 다른 거대한 변화의 한 축은 과학의 발전이었다. 과학의 발전으로 '신은 죽었다'라는 표현도 나름 새로운 의미를 갖는다. 태초부터 인간이 가장

자본주의의 적은 자본주의

두려워했던 자연의 변화는 신에 의해 일어나는 조화였다. 누구도 절대자의 존재에 대해 부정이나 도전을 생각할 수 없었다. 종교의 힘은 국가 권력과 달랐다. 국가와 제국은 건국 이후 1,000년 이상을 버티지 못했지만, 영원을 얘기하는 종교는 수천 년이 지나도 그 위상이 변하지 않았다. 하지만 중세 르네상스의 절정기를 지나면서 신학과 철학의 밀접한 관계성은 토마스 아퀴나스가 중심이 되어 신학적 문제를 철학적 문제로 가져오면서 시작되었다.

근대에 들어 데카르트, 스피노자, 라이프니츠 등을 중심으로 철학은 인식론의 연장선상에서 논의되었다. 인간 본성에 대한 연구가 철학 연구의 주를 이루게 된 계기에는 과학의 발전이 있었다. 따라서 철학과 과학의 관계는 어쩌면 애증의 관계였을 듯하다. 물론 철학과 과학의 관계성을 정의하는 데는 다양한 이론이 존재할 수 있다. 하지만 단편적으로 가장 일반적인 상호 보완성은 과학적, 대중적 또는 철학적인 영역 중 어느 하나에 독점적으로 속하지 않으며, 이를 올바르게 이해하고 다루기 위해서는 각 영역이 서로 협력해야 한다.

과학의 오랜 진화 과정에서 진리, 지식 그리고 신념과 관련된 민감하고 중요한 문제가 많이 제기되었다. 합리성, 객관성 그리고 보편성에 대한 눈에 띄지 않고 상식적인 아이디어가 비판을 받기도 하였다. 하지만 과학이 세계의 지식을 지속적으로 발견하고 발전시키는 데 놀라운 성공을 보여줬음에도 불구하고 우리의 현실에 대한 개념 자체가 개념적으로 잘못된 것이라는 역설 또한 자주 등장하면서 갈등을 겪은 것도 사실이다. 인간의 비판적인 인식론이 그 자신

의 지식이 관통할 수 없는 불안한 한계를 불가피하게 드러내고 있
다는 점에서 과학은 아직 우리 인간에게 완벽한 보완적 기능과 역
할을 다하지 못하고 있다. 더구나 인간의 역할이 인간의 지적 수준
과 감정 등 독립적인 객체의 세계를 관찰하고 해석하는 관전자로서
의 역할로 제한되기 시작했을 때 문제가 발생하기 시작했다.

사실, 우리의 상식과 직관은 인간의 마음이 명료하고 정당한 참
된 사실의 지식을 통해 이해할 수 있다는 객관적 현실을 기대하는
데, 여기에는 상당한 오류가 있어 보인다. 왜냐하면, 이 책에서 간
단히 살펴보았듯 기본 물리학은 우리의 상식을 무시하는 데서 비롯
되었기 때문이다. 놀랄 만큼 원인을 찾을 수 없어 보이는 '이상 현
상'이 현실의 새로운 영역을 예상치 못하게 발견하는 일로 이어지
기도 했다. 예컨대, 양자현상에 의해 드러난 현실의 이산離散적인
성격과 공간과 시간의 가변성(특수상대성이론과 일반상대성이론) 등이
그러하다.

곡선 공간, 유한하지만 무한한 4차원 시공간 연속체, 동일한 초
소 입자가 소유하는 상호 배타적인 속성, 사물이 사실상 사물이 아
닌 프로세스이거나 관계인 패턴, 관찰하지 않은 상태에서 결정적인
모양을 갖는 현상, 알려진 인과관계 없이 서로 거리를 두고 있는 입
자, 완전한 진공상태에서 에너지의 기본적인 변동 등 새로운 물리
학에서 유도된 개념은 비전문가는 이해하기도 어려울뿐더러 인간
의 직관에 난공분락의 장벽을 제시하기도 한다.

우리가 얘기하는 인류 문명의 진화 과정을 단순화하면 패러다임
의 변화라고 할 수 있다. 여기서 말하는 '패러다임'은 문명 진화 과

자본주의의 적은 자본주의

정의 각 단계로 다시 미시화할 수 있다. 예컨대 여러 가지 정치, 경제, 사회 및 문화적 제도와 시스템, 가치와 철학, 윤리와 도덕, 과학과 종교 등으로 좁게 나누어 설명할 수 있다. 모든 미시적 패러다임의 정의와 개념을 상위의 개념으로 다시 연결할 때 우리는 중간적 패러다임의 정의와 개념을 다시 정립한다. 앞서 설명한 철학과 과학의 상호 연관성을 다음과 같이 설명할 수 있다. 과학이 어떻게 발전하는지에 대한 쿤Thomas Kuhn의 관점에 주목한 것이다.[154] 그는 우주의 수학적인 법칙과 기계적 작동에 관한 매뉴얼이나 방정식, 기술적 용어 및 절차의 모음 등을 '패러다임' 즉 '관점'이라 보지 않는다.

그가 말하는 '패러다임'은 세계를 바라보는 방식, 기계의 작동, 연구의 전통, 과학적으로 간주되는 어떤 문제가 왜 과학적인 해석을 필요로 하는지 등에 대한 가치와 신념의 공유를 포함한다. 오늘날 이 개념을 더욱 넓게 정치, 경제, 사회 및 인간 생활 속으로 확장하면 특정한 패러다임을 지원하는 제도적 조건, 정부의 제약 및 시장 참여와 간섭 등이 모두 포함된다. 따라서 과학이 가져온 실질적인 중요한 패러다임의 변화는 하나의 사물을 두고 서로 다른 관점의 차이를 존중하고 이해하려는 포괄적 접근 방식에 있다. 사회주의는 자본주의의 파생물이다. 엄밀히 말하면 사회주의 정치경제적 패러다임의 목적은 자본주의의 그것과 크게 다르지 않다. 단지 그 과정에서 정의되는 제도, 정부와 기업의 역할, 시장의 기능과 가계의 책임과 의무 등에 대한 가정이 다를 뿐이다. 다만 그들이 세계를 해석하고 이해하기 위해 정립한 가정은 다르며, 그들이 사회에 부여하는 기본적인 가치와 이념적 속성 역시 다를 수 있다. 서로 다른 패러다임에서 작업하는 과학자는 좋은 이론이나 좋은 설명이 무엇인지에 대해 각기 다르게 생각할 수 있고, 문제를 이해하는 것이 무엇을 의미하는지에 대해서도 서로 다른 잣대 혹은 기준을 제시할수 있다.

다소 어려울지 모르지만, 어떤 주어진 (과학적 혹은 현실적) 패러다임에는 실재론적·인식론적 및 도덕적 전제가 포함되어 있다는 점에 주목해야 한다. 만일 패러다임이 이러한 명시적이거나 적어도암묵적인 전제 집합 없이 출발하거나 혹은 지원을 받거나 경쟁자를극복하며 통합시키거나 최종적으로 자기 패러다임의 절대적 우위를 입증할 수 없다면, 진리를 추구하는 과학의 본질적이고 필수적인 부분이 결여되어 있다는 점을 받아들여야 한다. 따라서 철학적전제와 기제는 과학 이론에 기여하게 된다. 덧붙여 철학의 분석적기능은 과학에 피드백으로 돌아갈 뿐 아니라, 철학 자체에 대한 시작점이 될 수도 있다.

과학이 세계에 어떤 존재감을 보여주고 있는지를 확인하는 것이자연에 대한 철학적 사고의 출발점이 될 수 있다. 따라서 철학적 해석과 가치체계가 자연과 과학에 대해 과학이 찾아내는 객체 및 관계의 종류와 호환되도록 하는 것이 중요하다. 이처럼 철학과 과학의 관계성을 비교적 길게 나열한 배경은 첫째, 사회과학의 패러다임에 반드시 포함되어야 할 전제로 '철학적 가치체계와 도덕 및 윤리 개념'을 강조하기 위함이다. 어떠한 사회의 발전에 '철학과 사상', '가치체계와 개념'에 대한 군건한 패러다임의 구축이 전제되지 않을 때, 그들이 이루어온 모든 정치, 경제, 사회 및 문화적·진화

자본주의의 적은 자본주의

적 물질구조는 단박에 허물어질 수 있다. 둘째, 과학이라 할 때 우리는 그 범위를 단순히 자연과학으로 한정할 수 있지만, 사회와 인문과학의 영역에 대한 정의도 독립적으로 존재함에 주목해야 한다. 다만, 다양한 과학의 패러다임 정의와 체제가 상이함에 따라 이들을 하나의 얼개로 묶어낼 수 있거나, 가치체계의 사슬로 연결할 수 있을 때에만 '참' 혹은 '진리'라는 정의를 받아들인다. 하지만 이 역시도 '관찰'과 '경험'을 통해 이루어지는 순간의 판단이라는 한계를 벗어날 수 없다는 점에서 참 혹은 진정한 진리이리라는 생각이 오류일 수 있다는 유연성을 필요로 한다. 각자가 신봉하는 과학적 툴과 결과를 상호 독립적인 항등분포Identically and independently distributed 라고 이해할 수 있지만, 즉 이리 보나 저리 보나 같은 하나의 물체이고 정의라고 할 수 있으나, 특성이라는 사실은 시작부터 받아들여야 한다. 이러한 지식의 겸손은 '진리'를 찾는 데 있어 어느 학문이든 그 목표와 목적이 결코 다르지 않다. 사실은 각자의 독립성이 보장되는 범위 안에서 보이는 미세한 확률적 특성은 결코 '진리'를 찾는 데 있어 다르지 않다.

물리학에서 언급되는 '평균으로의 회귀Mean reverting process'는 경험론적인 질서체계로 해석될 수 있지만 이는 종교, 철학, 사상 및 도덕과 윤리적 패러다임의 한계를 넘나드는 '진리'라는 점에 주목한다. 따라서 경제학에서 바라보는 사회과학적 해석은 물리학의 경험론적 패러다임과 필연적으로 일치하는 경우가 많을 수밖에 없다. 하지만 그 물리학적 패러다임의 근간은 철학과 사상적 패러다임을 벗어나지 않는다. 우주의 질서는 신의 질서이기도 하지만, 인류의 질서이기도 하기 때문이다. 따라서 지구에서 바라보는 우주와 우주, 어느 은하계에서 바라보는 우주 속의 질서체계는 서로 다를 수 없다. 고대 원시시대의 '부의 흐름'과 미래 우주시대의 '부의 흐름'은 시공적 차이를 보일지 몰라도 그 변화의 본질은 같다.

어쩌면 양자보다 더 작은 물질적 실체가 감성과 이성이라는 영적인 가치로 단위화될 수 있다는 점도 막연한 추정이거나 엉뚱한 상상력이라 할 수 없을 것이다. 20세기 순수한 사회주의의 실질적 패배는 순수한 사회주의의 열등성에서 출발한 것이었고, 따라서 자본주의 역시 지속 가능한 사회적 정의에 대한 공감대를 잃어버릴 경우 자본주의 그 스스로 무너질 수밖에 없을 것이다.

나가면서

이 책을 통해 필자가 찾고자 한 답은 세 가지였다.

첫째, 절대성과 상대성. 인간에게 있어 자아의 가치를 드러내게 하는 것은 절대성일까 상대성일까? 종교도 철학도 늘 인류의 절대성과 상대성을 놓고 둘 중에 하나만을 강조한다. 인간 본성은 본래 감성의 지배를 거부하기보다 감성의 쾌락을 적극적으로 향유하고자 함에도 말이다. 본성은 과연 이성일까 감성일까? 종교와 철학의 접근을 정리할 수밖에 없었던 가장 큰 이유였다.

둘째, 왜 우리는 정부를 필요로 하는 것일까? 그들은 우리의 자유의지를 규제하고 제한하고 국가와 사회 전체의 효용 증대를 위한 정치적 결정이라는 명분 아래 우리를 억압하려 들지 않는가? 오스트리아-영국의 경제학자이자 철학자인 프리드리히 하이에크의 책 《노예의 길》에서 하이에크는 '중앙 계획을 통한 정부의 경제 의사 결정 통제가 필연적으로 초래하는 독재의 위험성'을 경고한다. 개인주의와 고전적 자유주의의 포기가 필연적으로 자유의 상실, 억압적 사회 창조, 독재자의 폭정 그리고 개인의 노예화로 이어진다고 주장하는 그는 당시 영국의 마르크스주의자 사이에서 널리 퍼져 있던 나치즘을 포함한 파시즘이 사회주의에 대한 자본주의적 반작용이라는 견해를 내세웠다. 우리 사회에 만연한 보수주의, 자유지상주의 경제, 정치 논쟁은 하이에크와 프랑스 자유주의 사상가 토크빌Alexis de Tocqueville에 의해 제기된 경제사상적 질문이다. 인류 역사에서 정치체제는 늘 인류 이성의 남용과 쇠퇴 과정에서 중요한 단면을 이루곤 했다. 그리고 다양한 인류 역사의 단면 중 하나가 경제와 부의 문제였다.

셋째, 과학과 기술의 발전과 철학과 사상은 인류 문명 발전에 어떠한 영향을 미쳤을까? 지속적인 자본 투자는 과학과 기술 발전의 수레바퀴를 타고 문명의 진화를 거듭 이루어냈다. 하지만 자본이 '힘'을 갖기 시작하면서 나타난 사회적 양극화와 도시 빈곤, 계급 간 갈등과 세대 간 충돌이 다양한 민중봉기와 혁명을 불러왔고, 그 속에서 민주주의 정치체제가 오늘에 이르기까지 자유시장 자본주의와 동행하고 있다. 경제의 생산 투입요소 가운데 노동과 자본을 보자면, 노동은 결코 자본의 유연성을 이길 수 없다. 1945년 2차 세계대전 이후 미국 달러화의 기축통화 지정과 1975년 이후 브레튼우즈체제의 붕괴와 미 달러화 중심의 자유변동환율제도가 신금융 자본주의의 시작점이 될 것이라고는 예측하지 못했을 수도 있지만, 미국의 글로벌 경제 리더십이 신금융 자본주의를 토대로 한 자유무역과 과학과 기술을 기반으로 하여 더욱 공고해진 점을 주목할 필

자본주의의 적은 자본주의

요가 있다. 과학기술 부문에서 중국의 도전은 어느 정도 가능하겠지만, 미국 중심의 신금융 자본주의에 대한 비교열위는 제조업만으로는 글로벌 경제에서 패권을 잡을 수 없음을 분명하게 드러낸다.

2024년 들어 AI가 큰 화두다. 국가 우선주의의 확산도 글로벌 안보 질서와 국제협력에 커다란 위협 요인이 되고 있다. 이러한 와중에 과학과 기술의 발전은 또 다른 자유시장 경쟁체제의 패러다임 전환을 도모하고 있을지도 모른다. 이미 우리 주변에 와 있는 대규모 언어 생성형 AI 모델Large Language Model, LLM은 MSCI(모건스탠리캐피털인터내셔널) 글로벌 주가지수 목표치를 종전의 800에서 830으로 상향 조정하게 만들었다. 세계 경제 회복과 대선 이후 미국 경제정책의 향방이 주목받고 있는 가운데 미국 달러화 강세 추세는 당분간 더욱 강화될 전망이다. 미국이 원유 수입국에서 수출국으로 전환하고, 산업육성 정책에 따라 여타 국가가 대미 투자를 확대하고 관세를 인상하는 것이 이 전망을 뒷받침한다. 미 달러화의 강세는 미국의 대외무역수지 개선에 별반 도움을 주지 못한다. 하지만 미국 증시의 호황 장세는 상대적으로 큰 AI 산업의 발전 가능성에 초점을 둔 방향으로 흐르고 있고 이는 장기적인 관점에서 미국 경제를 부양할 것으로 보인다. 첫째, 생산비용 부담 감소 등에 따라 기업 이익의 순환적 증가, 둘째, 제조업 비중 감소 등으로 재고 비용 부담이 없는 기업의 증가, 셋째, AI 활용에 따른 수익성 개선 전망 등에 대한 기대감이 확산되고 있기 때문이다.

미래를 바르게 보는 눈과 부의 흐름 예측은 개인의 상대적 혹은 절대적 가치의 총합에 기인한다. 지금까지 자본주의가 사회주의보다 우월한 지위를 점한 것은 인간 본연의 탐욕과 욕망이 충분히 사회적으로 받아들여지는 수준을 유지해왔기 때문은 아닐까? 국가주의와 파시즘을 거쳐 다중 제국주의의 멸망으로 이제 미국과 중국 혹은 미국, 중국, 유럽의 G2 혹은 G3 체제가 공고해질 것으로 본다. 이들 국가들 혹은 연합이 총합으로 갖는 인간의 본능적 욕구와 탐욕은 그렇지 못한 국가 경제의 국민보다 상대적으로 강하기 때문이다. 행복하면 정의로운 것이다. 하지만 그 정의正義로운 행복을 정의定義하기란 쉽지가 않다. 오롯이 인류 문명의 진화 과정에서 전쟁, 질병 그리고 과학기술의 발전 과정을 통섭하고, 인류 본연의 행복을 위한 본능적 욕구와 탐욕이 어떻게 생존, 이동 및 동화 과정을 통해 하나씩 구축되는지를 구체적으로 들여다볼 필요가 있다. 이러한 지식과 지혜도 결국은 AI에 의해 일괄적으로 표출되거나 강제될 수 있다. 21세기 이후 인류 미래는 어쩌면 미래 알고리즘의 종속변수가 되지 않으려는 인간과 기계의 '제3의 전쟁'이 시작되는 그 초입기에 서 있는 건지도 모른다.

주

1. 이때 세상 모든 물질은 그 자체로 영혼의 작용 또는 그와 비슷한 원리로 살아간다는 체계의 운동철학이 등장했다. 데카르트는 세계에는 공간을 그냥 점유하는 물체와 인간의 생각과 같은 무형의 정신이 존재한다고 보았다. 근대 과학은 자연 물체가 자연법칙에 따라 스스로 움직인다는 관점에서 일정한 자연법칙에 따라 기계적으로 움직인다는 시각으로 전환되면서부터 발전하기 시작했다. 데카르트의 기계론적 세계관을 수학적으로 완성한 이가 바로 뉴턴이다. 1687년에 출간된 《프린키피아》에는 데카르트의 기계론적 세계관을 완성한 수학적 증명이 기술되어 있다.

2. 페르마의 '빛은 시간이 최소한으로 걸리는 경로를 지난다'라는 내용을 입증한다.

3. 제임스 클러크 맥스웰은 1785년 쿨롱이 실험을 통해 밝혀낸 '전기력은 두 전하량의 곱에 비례하고, 거리의 제곱에 반비례한다'는 사실을 수식으로 정리했다.

4. 19세기 말 독일에서는 많은 물리학자가 전등의 필라멘트에서 방출되는 스펙트럼의 가시영역과 비가시영역에 대해 더 많은 정보를 얻기 위한 실험을 하며 복사현상에 대해 연구했다. 막스 플랑크는 1900년에 이 실험 결과를 만족시키는 새로운 이론을 제시했다. 아인슈타인이 광양자가설을 제시했던 것과 달리 막스 플랑크는 처음부터 빛은 입자로 되어 있다고 생각했다. 이때 플랑크는 흑체복사 에너지가 특정한 상수(플랑크 상수)의 정수배가 되어야 한다는 이론을 제시했는데, 이는 훗날 불연속적인 에너지를 전제로 하는 양자역학의 시발점이 되었다.

5. 닐스 보어는 1913년 어니스트 러더퍼드(Ernest Rutherford)의 새로운 원자 모형과 플랑크·아인슈타인의 광양자가설, 그리고 발머계열(Balmer series) 선스펙트럼 등을 이용

해 새로운 원자 모형을 제안했다. 초기의 원자 모형은 입자를 정확히 나타낸다고 보기 어려웠기 때문에 과학자들에게 받아들여지지 않았다. 아르놀트 조머펠트(Arnold Sommerfeld)가 수소 스펙트럼과 타원 궤도 양자 조건 등을 도입한 이후에 수정된 보어의 원자론이 받아들여졌다. 조머펠트가 보어의 원자론을 수정한 후에도 수소 이외의 원자에 대해서는 실험으로 증명할 방법이 없어서 잘 설명되지 못했다.

6. 1925년 베르너 하이젠베르크는 사고실험을 통해 속도와 운동량이 동시에 정확하게 측정될 수 없음을 뜻하는 불확정성 원리를 주장했다. 이는 많은 물리학자에게 반감을 샀으나 닐스 보어를 비롯한 '코펜하겐 학파'로 불리는 이들이 이 원리를 적용해 전자의 확률로 설명되는 현대 원자 모형을 설명해냈다. 이 원리는 서로 바꿀 수 없는 두 개의 관측 가능한 물리량에도 적용되어 오늘날 양자역학의 주요한 사실 중 하나가 되었다.

7. 두 변수 사이의 푸리에 변환(Fourier transform)에 대한 여러 성질은 수학으로 이미 알려져 있었는데, 양자역학을 통해 위치-운동량, 시간-에너지 등의 물리량의 짝이 서로 푸리에 변환 관계에 있다는 사실이 밝혀졌다. 따라서 푸리에 변환이 갖는다고 알려진 수학적 성질을 양자역학에 적용하면 하이젠베르크의 불확정성 원리를 유도할 수 있다. 이밖에도 두 개의 관측 가능량이 비가환 연산자라는 사실과 양자역학의 확률적 해석을 통한 간단한 사실에서도 유도 가능하다.

8. 한국 위키피디아의 요약을 인용하였다.

9. 함재봉 교수의 논리와 설명을 간략히 인용, 정리 및 확장해본다.

10. 니콜로 마키아벨리,《군주론》, 현대지성, 2021. 7

11. 2023년 3월 현재, 퓨리서치센터(The Pew Research Center, PRC)는 주기적으로 미국 내 세대 그룹을 정의한다. PRC는 연령 범위를 크게 침묵 세대(Silent Generation), 베이비부머(Baby Boomers), X세대(Generation X), 밀레니얼 세대(Millennials)로 구분하고, 2019년에 Z세대(Gen Z)를 추가했다. 그 이후로 다시 알파 세대(Gen Alpha)를 추가하는 의견을 제시했다. 각 세대에 대한 최근 연령 정의는 다음과 같다. 침묵 세대는 1928~1945년생, 베이비부머는 1946~1964년생, X세대는 1965~1980년생, 밀레니얼 세대는 1981~1996년생, Z세대는 1997~2012년생, 알파 세대는 초기 2010~2025년생으로 각각 정의한다. Michele Debczak, These Revised Guidelines Redefine Birth Years and Classifications for Millennials, Gen Z, and Gen Alpha, 2023. 3 업데이트.

12. 예컨대 한국과 미국의 인구구조를 살펴보면 주석 11번에서 정의한 연령별 세대 구분은 약 10년 정도의 갭을 보인다. 즉 미국에서 침묵 세대로 정의된 1928~1945년생은 한국에서는 이보다 10년 정도 늦은 1938~1955년생으로 구분할 수 있다. 베이비부머는 미국에서는 2차 세계대전 이후인 1946년부터 1964년생까지로 정의되지만, 우리나라에서는 크게 1세대 1953~1963년생, 2세대 1964~1974년생으로 각각 나뉜다.

13. 미국의 15~19세 연령대, 즉 10대 출산율은 2021년부터 2022년까지 2% 감소하였으며 (1,000의 여성당 출생 13.9에서 13.6으로), 이는 2020년부터 2021년까지 7% 감소한 뒤의 감소

자본주의의 적은 자본주의

다. 20~24세 연령대 미국 여성의 출산율은 2021년의 61.5에서 2022년의 57.5로 7% 감소하였으며, 2020년부터 2021년까지는 3% 감소했다. 25~29세 연령대 여성의 출산율은 2022년에 2021년의 93.0에서 약 1% 상승하여 93.5로 올랐으며, 2020년부터 2021년까지 2% 상승했다. 2022년에 30~34세 연령대 여성의 출산율은 97.5에서 별다른 변화가 없었으며, 35~39세 연령대 여성의 출산율은 2021년의 53.7에서 3% 상승하여 55.3으로 올랐다. 이 연령 그룹 여성의 출산율은 2020년부터 2021년까지 각각 3%와 5% 상승한 바 있다. 40~44세 연령대 여성들의 출산율은 2022년에 12.0에서 12.6으로 5% 상승하였으며, 이는 2020년부터 2021년까지 2% 상승한 이후의 상승이다.

14. 2020년 10월 16일 백악관 대통령의 행정명령으로 발표된 '미국 물 관리 및 기반시설 확충에 관한 현대화 계획(Modernizing America's Water Resource Management and Water Infrastructure)'의 1조에 명시된 목적은 다음과 같다. "Section1 목적. 풍부하고 안전하며 신뢰성 있는 물 공급은 모든 미국인의 삶의 질에 중요하며, 우리 경제를 움직이고 시민 및 세계인에게 음식을 제공하고 에너지를 생산하며 공중보건을 보호하며 다양하고 풍부한 야생동식물 및 식물종을 지원하며 여가 기회를 제공한다. 미국은 풍부한 천연자원이라는 축복을 받았지만, 이러한 자원은 효과적으로 관리되어야 하며, 현재와 미래 세대의 필요를 충족시키기 위해 우리의 물 인프라는 현대화되어야 한다. 물과 관련된 문제에 참여하는 행정부 및 기관은 물 저장 및 공급, 수질 개선 및 복원 활동, 물 인프라, 강과 내륙 수로에서의 교통 및 물 예측을 포함하여 공동 또는 중복적인 책임이 있는 경우 협력해야 한다. 이 명령은 기관이 미국의 수자원 관리를 더 효율적이고 효과적으로 개선하고 물 인프라를 현대화하며 깨끗하고 안전하며 신뢰성 있는 물 공급의 가능성을 우선시할 수 있도록 보장할 것이다."

15. 미국의 리서치 기업 IDC(International Data Corporation)는 2018년 현재 인류가 지금까지 생산해낸 모든 데이터의 총합이 33제타바이트를 넘겼으며, 2025년까지 175제타바이트를 기록할 것이라고 전망했다. 제타바이트는 10^{21}을 의미하는 SI(International System of Units, 국제단위계)인 제타와 컴퓨터 데이터의 표시단위인 바이트가 합쳐진 자료량의 단위다. 제타바이트 다음 단위는 요타바이트다. 참고로 $1ZB=10^{21}=1,000,000,000,000,000,000,000$바이트이고, $1ZiB$(제비바이트)$=2^{70}$바이트$=1,180,591,620,717,411,303,424$바이트.

16. 맥킨지, "Top 10 tech trends that will shape the coming decade," 2021. 10. 21, McKinsey Report.

17. 에버렛은 미국의 물리학자로, 양자물리학의 다중세계 해석의 제안자로 알려져 있다. 코펜하겐 해석과 달리 다중세계 해석은 슈뢰딩거 방정식이 절대 무너지지 않으며 양자 중첩의 모든 가능성이 객관적으로 실재한다고 가정한다. 51세로 에버렛이 사망하기 전까지 다중세계 이론은 크게 무시되었지만 다중세계 해석은 1970년대 양자 결맞음의 발견으로 더 많은 신뢰를 얻었고 최근 수십 년 동안 주목을 받고 있다.

18. 아르테미스 프로젝트의 내용은 https://www.space.com/artemis-program.html를 인용 및 참고하였다.

19. NASA(미국 국립항공우주국)는 민간 항공우주 프로그램, 항공 및 우주 연구를 담당하는 미국 연방정부의 독립 기관이다. 1914년 미국은 항공 기술에서 유럽에 크게 뒤처져 있음을 인식하고, 항공 분야에서 미국의 리더십을 회복하기로 결정했다. 미 의회는 1914년에 미국 육군 신호부대의 항공 부문을 창설하고, 1915년에 NACA를 설립하여 항공 연구와 개발을 촉진하기로 결정했다. 그 후 40년 동안 NACA는 미 공군, 미 육군의 전신, 미국 해군 및 민간 항공 분야의 지원을 목적으로 항공 연구를 수행했다. 2차 세계대전 이후 아이젠하워(Dwight David Eisenhower) 정부는 미국의 군사 및 민간 우주 비행 프로그램을 분리하기로 결정했으며, 이러한 프로그램은 미국 국방부의 고급 연구 프로젝트 기관(ARPA) 아래에 통합되었고, NASA는 1958년 7월 29일에 국립항공우주법(National Aeronautics and Space Act)의 서명과 함께 설립되었다. NASA는 미국의 우주개발 노력을 확실하게 민간 중심으로 지향하려는 목표로 설립되었으며, 이후 대부분의 미국 우주 탐사를 주도하고 있다.

20. 스티븐 스완슨은 NASA 우주개발 프로그램에 세 번(STS-117와 STS-119 스페이스 셔틀 비행 및 소유즈 비행 TMA-12M)이나 참여했는데, 이 세 번의 미션에서 195일 이상 우주에 머물러 우주에서의 최장 체류시간을 기록했다.

21. 2020년 12월, NASA는 아르테미스 우주비행사 팀에 대해 발표하며 여성 아홉 명(Kayla Barron, Christina H. Koch, Nicole A. Mann, Anne McClain, Jessica Meir, Jasmin Moghbeli, Kate Rubins, Jessica Watkins, Stephanie Wilson)과 남성 아홉 명(Joseph Acaba, Raja Chari, Matthew Dominick, Victor Glover, Warren Hoburg, Jonny Kim, Kjell Lindgren, Frank Rubio, Scott Tingle)을 포함시켰다. 2022년 8월, 최고 우주비행사인 리드 와이즈먼(Reid Wiseman)은 모든 현직 NASA 우주비행사가 아르테미스 미션에 참여할 자격이 있다고 발표했으며, 승무원 선발은 차후에 추가 결정될 예정이다.

22. 이와 같은 구석기시대 동굴 벽화는 전 세계에 다양하게 분포되어 있다.

23. 고대 동굴에서 발견한 고대 표식을 연구하고 분류한 고생물학자인 동시에 바위 예술 연구자이자 TED 선임 펠로우인 제네비에브 폰 페칭거의 연구 결과는 그래픽 커뮤니케이션과 메시지를 보존하고 전달하는 능력이 우리 생각보다 훨씬 오래되었을 수 있다는 것을 보여준다.

24. 첫째, '인류의 요람'으로 불리는 탄자니아의 올두바이 협곡(Olduvai Gorge)은 하빌리스(Habilis)와 호모 하빌리스(Homo habilis), 보이세이(Boisei) 등 초기 호미니드의 증거를 보여준다. 약 200만 년에 걸친 타임라인이 포함되어 있다. 둘째, 탄자니아의 라에톨리(Laetoli)는 화산재에 보존된 호미니드 발자국으로 유명한 곳으로, 약 360만 년 전의 발자국은 초기 호미니드, 특히 오스트랄로피테쿠스 아파렌시스(Australopithecus afarensis)의 걸음걸이 패턴을 보여준다. 셋째, 에디오피아의 아파르 삼각지역(Afar triangle)의 하다르(Hadar)와 디키카(Dikika) 같은 곳에서는 오스트랄로피테쿠스 아파렌시스를 비롯한 여러 중요한 호미니드 화석이 발굴되었다. '루시(Lucy)'라는 이름으로 유명한 오스트랄로피테쿠스 아파렌시스 표본이 이곳에서 발견되었다. 넷째, 또 다른 인류의 요람

자본주의의 적은 자본주의

인 남아프리카공화국의 스테르크폰테인(Sterkfontein)에는 초기 호미니드 화석이 많이 분포되어 있다. 여기에서 '미시즈 플레스(Mrs. Ples)' 같은 유명한 오스트랄로피테쿠스 아프리카누스 표본이 발견되었다. 다섯째, 케냐의 쿠비 포라(Koobi Fora)와 투르카나 호(Lake Turkana) 등 동부 아프리카 리프트 밸리의 다양한 장소에서는 하빌리스와 에렉투스(Erectus)를 비롯한 초기 호미니드 화석이 많이 나왔다. 여섯째, 스페인의 고고학적 장소 아타푸에르카(Atapuerca)는 약 120만 년 전으로 거슬러 올라가는 유럽 초기 인간 활동의 증거를 제공한다. 이 지역에서는 '시마 데 로스 우에소스(Sima de los Huesos)' 또는 '뼈의 구덩이'로 불리는 동굴이 발견되었다. 일곱 째, 러시아의 시베리아 지역 데니소바(Denisova) 동굴은 네안데르탈과 현대 인간과 유전적으로 구별되는 고대 인간의 발견으로 유명하다. 이 지역에서 발견된 인류의 흔적은 고대 인구의 유전적 다양성에 대한 통찰을 제공했다고 평가받는다. 여덟째, 조지아의 드마니시(Dmanisi) 지역은 약 180만 년 전으로 거슬러 올라간 아프리카 이외의 곳에 에렉투스가 존재했다는 초기 증거를 제공한다. 아홉째, 남아프리카의 인류의 요람(Cradle of Humankind)에 위치한 말라파 동굴(Malapa cave)은 약 200만 년 전에 살았던 오스트랄로피테쿠스 세디바(Australopithecus sediba)의 화석화된 흔적을 간직하고 있다. 그리고 마지막으로 인도네시아 플로레스(Flores) 섬의 리앙 부아(Liang Bua) 동굴에서는 일반적으로 그 작은 크기 때문에 '호빗'이라고 불리는 호모 플로레시엔시스(Homo floresiensis)의 화석화된 유물이 발견되었다. 참고로, '호미니드'와 '호미닌' 두 용어에 대한 가장 일반적으로 사용되는 최근 정의는 다음과 같다. 호미니드(Hominid)는 멸종된 종까지 포함해, 모든 대형 유인원 그룹(즉, 현대 인간, 침팬지, 고릴라 및 오랑우탄과 그들의 모든 직계 조상을 포함)을 의미한다. 한편 호미닌(Hominin)은 현대 인간, 멸종된 인간종 및 그들의 모든 직계 조상을 포함하는 그룹[호모(Homo), 오스트랄로피테쿠스(Australopithecus), 파란트로푸스(Paranthropus), 아르디피테쿠(Ardipithecus) 속의 구성원을 포함]을 가리킨다. 과거에는 '호미니드'라는 용어가 현재의 '호미닌'과 동일한 의미로 사용되다가, '호미니드'가 '호미닌'보다 좀 더 넓은 의미를 가지게 되었고, 지금은 모든 대형 유인원과 그 조상을 지칭하는 용어로 정의되고 있다. 이 책에서는 학술적 분류가 아닌 일반 문명사적 흐름을 설명하기에 명확한 구분 없이 두 용어를 혼용해 사용하고 있음을 밝혀둔다.

25. 대륙이 한때 연결되었다가 나중에 분리되었다고 처음으로 제안한 사람은 아브라함 오르텔리우스(Abraham Ortelius, 1596년)라고 볼 수 있다. 하지만 보다 과학적인 입증 자료와 함께 지구물리학자인 알프레트 베게너(Alfred Wegener)가 1915년에 발표한 대륙이동설(continental drift theory)이 최초의 관련 이론으로 평가된다. 현재 지구의 6대륙은 당초 하나의 거대한 대륙, 판게아(Pangaea)였는데 하나씩 떨어져 나와 이동해 오늘날의 모습이 되었다는 이론이다. 대륙이동설을 뒷받침하는 여러 증거가 하나씩 나오면서, 현재는 판게아설을 받아들인다. 대서양을 둘러싼 대륙의 지리학적 특성은 판게아 대륙의 존재를 시사하는 첫 번째 증거다. 북아메리카와 남아메리카의 해안선이 유럽과 아프리카와 거의 일치하는 것도 마찬가지다. 판게아에 대한 추가적인 증거는 동쪽의 남아메리카 해안과 서쪽의 아프리카 해안 사이에서 지질학적 트렌드가 일치하는 등 인접 대륙의 지질학

적 특징에서 찾을 수 있다. 화학적 증거를 통해서는 현재 멀리 떨어진 대륙에서 비슷한 종 또는 동일한 종이 존재했음을 알 수 있다. 예를 들어, 수궁류[獸弓類, therapsid, 포유동물의 원종(原種)으로 페름기와 트리아스기(1억 9,000만~2억 8,000만 년 전)의 주요 파충류]인 리스트로사우루스(Lystrosaurus, 고생대 페름기 후세부터 중생대 트라이아스 전세까지 분포했던 단궁류 동물. 초식동물로 페름기 대멸종에도 살아남아 파충류 포식자가 등장하기 전 세계 각지에서 번성)의 화석은 남아프리카, 인도 및 남극에서 발견되었다.

26. 존 로런스 에인절(1915~1986)은 영국-미국의 생물인류학자다. 그의 저작들은 고고학적 인구학에 가장 큰 영향을 미쳤다.

27. Gautney, Joanna R.; Holliday, Trenton W. (June 2015), "New estimations of habitable land area and human population size at the Last Glacial Maximum". *Journal of Archaeological Science* 58: 103~112, Retrieved 16 October 2022.

28. Williams, Alan N. (22 June 2013), "A new population curve for prehistoric Australia", *Proceedings of the Royal Society* B. 280 (1761): 1~9.

29. Williams, Alan N.; Ulm, Sean; Cook, Andrew R.; Langley, Michelle C.; Collard, Mark (December 2013), "Human refugia in Australia during the Last Glacial Maximum and Terminal Pleistocene: a geospatial analysis of the 25‒12 ka Australian archaeological record", *Journal of Archaeological Science* 40 (12): 4612~4625, 2013.6.15, Retrieved 16 October 2022.

30. Gautney, Joanna R.; Holliday, Trenton W. (June 2015), "New estimations of habitable land area and human population size at the Last Glacial Maximum", *Journal of Archaeological Science* 58: 103~112, Retrieved 16 October 2022.

31. 레반트는 서아시아의 동부 지중해 지역에 대한 역사적·지리적 용어로, 큰 지역을 포함한다. 고대는 이집트, 튀르키예, 이란, 이라크 지역을 포함했으며, 최근에는 레바논 일대를 지칭한다.

32. 세미트어는 아프로아시아어 언어 가족의 한 지파다. 이 언어 가족에는 아랍어, 암하라어, 히브리어를 비롯한 다양한 고대 및 현대 언어가 포함되어 있다. 이 언어들은 서아시아의 많은 지역, 오늘날 소말리아 지역인 아프리카의 돌출된 반도 지역 그리고 나중에는 북아프리카, 말타, 서아프리카, 차드 지역에서, 또한 북아메리카, 유럽, 오스트레일라시아의 다양한 이민자 및 해외 거주자 공동체에서도 사용되었다. 이 용어는 처음에 18세기 말 괴팅겐(Göttingen) 학파 구성원에 의해 사용되었으며, 성경의《창세기》에 나오는 노아의 세 아들 중 하나인 셈(Shem)에서 착안해 해당 용어를 만들었다.

33. Proto-Sinaitic(Proto-Canaanite 또는 초기 알파벳으로도 불림)은 중동의 시나이반도인 세라비트 엘 카딤(Serabit el-Khadim)에서 발견된 약 40개의 문자 및 파편으로 이루어진 작은 문헌 집합이다. 이 문헌들은 중동의 중세청동기시대에 속하며, 알파벳 글쓰기의 가장 초기 흔적으로 간주되며, 고대 남아라비아어 스크립트와 페니키아어 알파벳의 공통 조상

자본주의의 적은 자본주의

이자, 그리스 알파벳을 비롯한 여러 현대 알파벳의 조상이기도 하다. 일반이론에 따르면, 세미트어를 사용한 가나아인 또는 힉소스(Hyksos)는 이집트 상형문자를 재활용해 다른 스크립트를 만들었다고 한다. 가장 초기의 원시 시나이 문헌은 대부분 기원전 19세기 중반(이른 날짜)에서 기원전 16세기 중반(늦은 날짜) 사이에 기록되었다.

34. Coulmas, Florian (1996), *The Blackwell Encyclopedia of Writing System*, Oxford: Blackwell Publishers Ltd, ISBN 0-631-21481-X.

35. Daniels, Peter T; Bright, William (1996), *The World's Writing Systems*, Oxford University Press.

36. 크리스티안 위르겐센 톰센(1788~1865)은 초기 고고학적 기술과 방법을 개발한 덴마크의 고고학자다.

37. 그리스 어둠 시대란 기원전 약 1100년경 미케나이 궁전 문명(Mycenaean palatial civilization)의 종료에서 기원전 750년경 고대시대의 시작까지 이어진 그리스 역사를 말한다.

38. 기원전 1213년에서 기원전 1203년에 통치한 고대 이집트의 파라오 메르넵타(Merneptah)에 대한 글귀로, 이스라엘 스텔레 또는 메르넵타의 승리 스텔레로도 알려져 있다. 1896년에 영국 이집트 학자 플린더스 피트리(Flinders Petrie)가 테베스에서 발견했으며 현재는 카이로의 이집트 박물관이 소장하고 있다.

39. Kristiansen, K. & Larsson, T. 2005, *The Rise of Bronze Age Society: travels, transmissions and transformations*, Cambridge: Cambridge University Press.

40. S Gibson, D.B. 2011, "Chiefdom confederacies and state origins", *Social Evolution & History* 10(1), 215~33 herratt 1993; Kristiansen & Larsson 2005; Suchowska 2009. 아울러 유럽연합의 사상적·철학적 기초는 피에르 조제프 프루동에 의해 이루어졌다. 좀 더 자세한 내용은 주석 75번 내용을 참고하기 바란다.

41. Cline, E.H., *Sailing the Wine-Dark Sea: international trade and the Late Bronze Age Aegean*, Oxford: British Archaeological Report S591, 2009; Burns, B.E., *Mycenaean Greece, Mediterranean Commerce, and the Formation of Identity*, Cambridge University Press Steel, 2010; Louise Steel, *Materiality and Consumption in the Bronze Age Mediterranean*, London: Routledge, 2013.

42. Astour, M.C., "Ugarit and the great powers", In G.D. Young (ed.), *Ugarit in Retrospect: fifty years of Ugarit and Ugaritic*, 3~29. Winona Lake IN: Eisenbrauns, 1981.

43. 상인선과 교역의 규모에 대한 연구에서 캐슨(Casson, 1995)은 우가리트에 450~500톤의 화물을 운반하는 선박과 여러 척으로 구성된 함대에 대해 언급했다. 물론 현대사회에서 말하는 '함대'와 당시의 '함대'는 상당한 격차가 있음을 이해해야 한다. 후기 청동기시대의 교류에서는 공식적인 왕실에 필요한 물품을 거래한 것으로 보이는 울루부룬

(Uluburun) 선박이 난파한 사례도 보인다.

44. Cline, E.H., 1991, "A possible Hittite embargo against Mycenaeans", *Historia Einzelschrift* 40, 1~9; Moran, W.L., 1992, *The Amarna Letters*, Baltimore MD:Johns Hopkins University Press, 1992.

45. Harding, A.F., 1984, *Mycenaeans and Europe*, London: Academic Press.; Bouzek, J. 1985, "The Aegean, Anatolia and Europe: cultural interrelations in the second millennium BC". Gothenburg: *Studies in Mediterranean Archaeology* 29.; Kristiansen, K. & Larsson, T., 2005, *The Rise of Bronze Age Society: travels, transmissions and transformations*, Cambridge: Cambridge University Press.; Vandkilde, H., "Breakthrough of the Nordic Bronze Age: transcultural warriorhood and a Carpathian crossroad in the sixteenth century BC", *European Journal of Archaeology* 17(4), 602~33, 2013.

46. 메소포타미아 남부에 정착한 수메르인은 도시 가운데 지구라트라는 신전을 세우고, 그림 문자를 개량한 쐐기 문자로 창세 신화, 홍수 전설 등을 기록했다. 60진법과 태음력이 사용되고 점성술, 수학 등이 발달했다. 이집트 문명은 범람할 때마다 나일강이 비옥한 흙을 날라다 준 덕분에 농업과 관개 시설이 발달했다. 이집트의 왕(파라오)은 태양신의 아들이며 살아 있는 최고 신이었다. 이집트인들은 사후 세계와 영혼 불멸을 믿었으며, 비석이나 무덤에 새긴 신성 문자와 파피루스에 쓴 민중 문자가 있었다. 태양력을 사용했다. 인더스 문명의 대표적 유적인 모헨조다로와 하라파는 도시 계획에 의해 벽돌로 건설됐고, 도로와 배수 시설, 벽돌 주택, 대형 목욕탕, 창고, 시장 등의 유적이 발견되었다. 이들은 밀과 보리 등 곡물을 재배하고 동물을 기르고, 메소포타미아와 무역을 했다. 황하 문명은 황하를 다스린 영웅 우(禹)가 기원전 2070년 중국 최초의 국가인 하나라를 건국했으며, 직전인 기원전 2500년경 청동기를 사용했다.

47. 정치철학에 대한 본 장의 설명은 2020년 어느 겨울 함재봉 연세대학교 정치외교학과 교수 등과의 대화와 그의 정치학에 대한 소고(小考) 내용을 참고 및 인용하여 기술하였다. 특히 정치철학사에 대한 함재봉 교수의 요약과 설명은 정치와 경제의 역할에 대한 동시성과 선형성에 대한 비교적 간단하고 절제된 해석이 돋보인다.

48. 플라톤, 《국가》, 제1권 51쪽, 제2권 69쪽, 제8권 396쪽, 제8권 418쪽.

49. 플라톤은 피타고라스의 기하학에 영향을 받았으며, 아카데미아(Akademia)를 통해 아리스토텔레스 등 역사에 남을 철학자와 수학자를 배출했다. 3단 논법을 편 아리스토텔레스, 최초로 도형의 면적과 체적을 구하려고 했던 에우독소스(Eudoxos), 기하학을 집대성한 이집트의 유클리드(Euclid) 등이 아카데미아 출신이다. 아카데미아 정문에는 "기하학을 모르는 자는 들어오지 말라"는 경고문을 내걸었다.

50. 실레노스 혹은 세일레노스(Σειληνός)는 그리스 신화에 등장하는 포도주의 신 디오니소스(Dionysos)의 추종자로 반인반수의 모습을 하고 있다. 그리스 신화에서 실레노스는 술

자본주의의 적은 자본주의

에 취한 뚱뚱한 노인으로 자주 묘사된다. 실레노스는 지혜가 많은 요정으로 그를 붙잡기만 해도 그가 가진 지혜를 빼낼 수 있다고 한다.

51. 호메로스(고대 그리스어: Ὅμηρος, 그리스어: Ὅμηρος 오미로스, 기원전 8세기경)는 고대 그리스 시기에 활동했던 전설적인 시인이다. 호머(Homer)로도 알려져 있다. 현존하는 고대 그리스어로 쓰인 가장 오래된 서사시 〈일리아스〉와 〈오디세이아〉 및 그 밖의 여러 시의 저자로 유명하다.

52. 《사도행전》17장 18절, 18장 4절.

53. 근대 정치철학에 이들 학파의 해석이 어떻게 전달되고 있는지 궁금하다면 이 책 219페이지 이후의 근대 철학으로 바로 넘어가도 무방하다.

54. 석가모니가 깨달음을 이루고 부처가 되어 최초로 한 설법을 '초전법륜(初轉法輪)'이라고 하는데, 이 초전법륜의 기초를 이루고 있는 것이 바로 '중도사상'이다. 이러한 중도는 이론적인 측면뿐 아니라 깨달음을 위한 수행의 바탕이 되는 실천적인 내용을 담고 있다. 원시불교의 근본 가르침인 사성제(四聖諦, 태어났지만 먹고 먹히면서 살아가다가 늙고 병들어 죽어야만 하는 모든 생명체의 고통(苦)을 관찰하신 후, 그런 고통의 원인(集)을 발견하셨으며, 그런 고통에서 벗어난 경지(滅)를 체득하셨고, 고통에서 벗어나는 방법(道)을 가르치셨다)와 팔정도(八正道)는 중도에 입각한 수행방법이며, 12연기로 대표되는 연기설도 중도를 기반으로 한다. 6월 보름, 달이 동쪽 하늘에 밝게 떠오르는 저녁 무렵에 부처님은 다섯 수행자에게 다음과 같이 말했다. "비구들이여, 출가자가 가까이하지 않아야 할 두 가지 극단이 있다. 무엇이 둘인가? 감각적 쾌락의 탐닉에 몰두하는 것과 자기학대에 몰두하는 것이다. 이 두 가지 극단에 의지하지 않고 여래는 중도를 완전하게 깨달았나니 안목과 지혜를 만들고 고요, 최상의 지혜와 바른 깨달음, 열반으로 인도한다. 그러면 비구들이여, 중도란 무엇인가? 그것은 바로 성스러운 여덟 가지 길(팔정도)이다. 바른 견해, 바른 사유, 바른 말, 바른 행위, 바른 생계, 바른 노력, 바른 사띠(팔리어로 바른 마음챙김, 알아차림을 뜻함), 바른 집중이 그것이다." 약 2,500년 전 부처의 첫 가르침이다.

55. 마르크스주의 철학은 크게 마르크스, 엥겔스, 레닌(Vladimir Il'ich Lenin)이 중심인 정통 마르크스주의와 러시아 사회주의 혁명 이후 서구 사회를 중심으로 정통 마르크스주의를 비판적으로 극복하려는 서구 마르크스주의로 구분할 수 있다. 후자의 경우 베른슈타인, 루카치 등을 비롯해 호르크하이머(Max Horkheimer), 아도르노(Theodor Wiesengrund Adorno), 에리히 프롬(Erich Fromm), 마르쿠제(Herbert Marcuse) 등 일명 프랑크푸르트학파 사상가들이 대표적이다.

56. 총리가 된 후 행한 첫 번째 연설에서 비스마르크는 "독일은 프로이센의 자유주의가 아닌 프로이센의 힘을 중요시하고 있습니다. (…) 시대의 중요한 문제들은 (…) 연설이나 다수결이 아니라, 철(鐵)과 피(血)로써만 결정될 것입니다"라고 주장했다. 사람들은 이 연설에서 '철과 피'라는 도발적인 표현에만 주목했다.

57. 고대 헬레니즘의 에피쿠로스학파는 귀납법을 스토아학파는 연역법을 활용했다.

58. 정의의 원칙은 제1원칙과 제2원칙으로 정의된다. 제1원칙은 '평등한 자유의 원칙'이고 제2원칙은 '차등의 원칙'이다. '차등의 원칙'은 다시 '공정한 기회 균등의 원칙'과 '최소 최대 원칙'으로 나뉜다. 제1원칙은 보통 헌법상의 기본권에 해당하는 자유에 관한 법 칙이며, 제2원칙 중 '공정한 기회 균등의 원칙'은 사회적 지위를 획득함에 있어 누구에게나 공정한 기회를 제공해야 함을 말한다. Rawls, John, 1971, *A Theory of Justice*, Harvard University Press

59. Macpherson, C.B., 1962, *The Political Theory of Possessive Individualism: Hobbes to Locke*, Oxford: Clarendon Press.

60. Nozick, Robert, 1974, *Anarchy,State,and Utopia*, New York: Basic Books.

61. Tully, James, 1980, *A Discourse on Property: John Locke and His Adversaries*, Cambridge: Cambridge University Press. doi:10.1017/CBO9780511558641

62. Waldron, Jeremy, 1988, *The Right to Private Property*, Oxford: Clarendon Press. doi:10.1093/acprof:oso/9780198239376.001.0001

63. 애덤 스미스의 가장 영향력 있는 작품인《국부론》의 핵심 내용에 대해서는 고전적 경제학자(Classical economist)와 신고전적 경제학자(Neo-classical economist) 간에 약간의 의견 불일치가 존재한다. 신고전학파 경제학자는 스미스의《국부론》제4권 2장에 언급된 '보이지 않는 손'을 강조하지만, 고전학파 경제학자들은 스미스가 '국가 부의 증가'를 증진하기 위해 이미《국부론》의 첫 문장, 부의 증가와 변영을 노동 분업을 통해 언급하는 가운데 주장했다고 본다. 애덤 스미스는 '분별의 미덕(the Virtue of prudence)'을 언급하면서, 경제의 사적 영역에서 사람들 간의 관계에 대해 좀 더 많은 의미를 부여했다. 이러한 '관계'는 그의 세 번째 저서《도덕감정론》에서 '정의의 미덕(the Virtue of justice)'으로 설명된다. '정의'에 대한 철학적·경제학적 고찰은 대부분의 경제철학에서 다루는 암묵적 화두다.

64. 산업혁명(産業革命, Industrial revolution)은 1780년에서 1840년간 영국에서 시작된 사회경제적 변화와 기술의 혁신 그리고 이에 영향을 받아 인류 문명이 총체적으로 변화한 시기를 말한다. 제임스 와트의 방적기 발명으로 기술혁명은 18세기 중반에서 19세기 중반 사이에 유럽으로 확산되었다. 전통적인 수공업에 의존한 작업장이 기계설비를 갖춘 대량생산형 공장으로 전환되었으며, 본격적인 자본주의 경제체제가 확립되었다. 이러한 산업혁명은 19세기에 유럽을 넘어 북미와 아시아까지 확산되었으며, 전세계 경제질서는 새로운 노멀의 시작을 체험하면서 국가와 국민, 기업과 가계 및 정부의 역할에 대해 새로운 정책과 체제 이론을 개발하게 되었다. 예컨대, 프리드리히 엥겔스는 1780-1840년대에 진행된 제조업, 공업의 기계화와 공장화를 처음으로 '산업혁명'이라고 지칭했으며, 역사학자 아널드 토인비(Arnold Joseph Toynbee)가《18세기 영국의 산업혁명에 대한 강의(Lectures on the Industrial Revolution of the Eighteenth Century in England)》에서 이 표현을 사용하면서 대중화되었다. 근대와 현대 세계 및 사회의 변화는 바로 이 산업혁명을

계기로 시작되었다는 점에 동의한다. 산업혁명은 양적인 변화와 함께 상품의 질적인 변화, 원재료 시장의 다변화, 판매 시장의 다변화, 기술 공정의 혁신, 생산 및 관리 조직의 변화 등을 가져오면서 마침내 슘페터가 제기한 '창조적 파괴'와 혁신을 향한 엄청난 변화를 주도하게 된다. 원시시대 이후 도구의 발전이 생산의 잉여를 기초로 이동과 동화를 통한 규모, 범위 및 밀도의 경제적 정의 변화에 초점을 둘 때, 세계는 구조적으로 새로운 질서를 마주칠 수밖에 없다. 따라서 이러한 산업혁명에 따른 '잉여'와 '소유'에 대한 동기부여는 15세기와 21세기를 비교하면 그 결과를 뚜렷하게 인지할 수 있다.

65. 애덤 스미스는 '보이지 않는 손'이라는 용어를 《천문학의 역사(History of astronomy)》에서도 사용했는데, 이는 '주피터(Jupiter)의 보이지 않는 손'을 지칭하며, 그의 《도덕감정론》과 《국부론》에서도 각각 한 번씩 언급된다.

66. Adam Smith, *The Wealth of Nations*, Book 5, Chapter 1, Part 2

67. 중상주의는 한 국가의 국부를 늘리기 위해 개인과 기업의 자유를 제한하면서 시장경제에 대한 정부의 규제와 간섭을 늘리는 정책을 정당화한다. 중상주의 사상과 정치철학적 배경으로 근검과 절약이 강조되었으며 자유방임주의를 통해 이들의 주장에 대한 비판이 제기되었다. 즉 금과 은 같은 귀금속의 양은 자동적으로 조절되며, 한 국가가 다른 국가의 희생 위에 성장할 수 있다는 주장을 부정하고, 교역은 현실적으로 교역 쌍방에 호혜적이라고 주장했다.

68. 19세기 영국에서 애덤 스미스의 제자였던 리처드 코브던(Richard Cobden)은 첫 번째 제안을 지지했다. 코브던은 1846년에 곡물 관세법을 폐지하는 '반곡물법 동맹(Anti-Corn Law League)'을 주도하면서 영국을 자유무역정책으로 전환하고 수십 년 동안 제국을 '저렴한 비용'으로 유지하는 정책을 채택했다. 이처럼 식민지에 대한 영국 정부의 개입을 최소화하는 접근 방식은 이후 코브더니즘(Cobdenism) 또는 맨체스터 학파(Manchester school)로 알려진다. 하지만 20세기로 들어서면서 조지프 실드 니컬슨(Joseph Shield Nicholson) 등을 중심으로 애덤 스미스의 두 번째 모델, 연방제국을 주장하는 목소리가 점점 커졌다. 이처럼 대영제국에 대한 애덤 스미스의 발전 모델은 향후 제국주의적 정치외교 논쟁에서 중요한 논리적 배경을 제공한다.

69. 마르크스는 이 같은 민중봉기를 지지했으며, 그는 삼촌 리오넬 필립스(Lionel Philips)가 보관하고 있던 그의 부친으로부터 상속받은 약 5,000 또는 6,000 프랑스 프랑 가운데 일부를 혁명을 계획하고 있는 벨기에 노동자를 무장시키는 데 사용했다고 주장한다. 이러한 주장에는 진위 논란이 있지만, 벨기에 법무부는 마르크스를 이 혐의로 체포했으며, 마르크스는 새로운 공화국 정부가 들어선 프랑스가 안전하다고 믿고 프랑스로 도피한다. Wheen, Francis, 2001, *Karl Marx*, London: Fourth Estate.

70. 모두 3권이다. 《자본론》 제2권과 제3권은 마르크스 사후, 엥겔스에 의해 출판되었다. 《자본론》 1권은 영어 제목 《자본: 정치경제의 비평(Capital: Critique of Political Economy)》으로 출간되었고, 제2권은 《자본 제2권: 자본의 순환과정(Capital II: The Process of Circulation

of Capital)》이라는 제목으로 1893년 7월에 출판되었다. 3권은《자본 제3권: 자본주의 생산 과정 전반(Capital III: The Process of Capitalist Production as a Whole)》이라는 제목으로 역시 엥겔스가 1894년 10월에 출판하였다.

71. 신성로마제국은 나폴레옹 보나파르트의 등장으로 결정적인 멸망의 타격을 입었다. 1806년, 황제 프란치스코 2세(Francesco II)가 퇴위하면서 나폴레옹은 신성로마제국의 영토 대부분을 차지한다. 이로써 1,000년 이상 지속되던 유럽의 중세 역사가 마침표를 찍는다. 신성로마제국의 멸망은 유럽 정치 지도의 재구성과 현대 민족국가의 부상을 위한 길을 닦았다.

72. 계몽주의가 정치사상에 미친 영향은 크게 두 가지다. 먼저 정치사상도 신의 의지가 아니라 물리적·생물학적 여러 법칙을 따르며 이성에 의한 탐사와 조작의 대상이 될 수 있다는 실증주의적 입장이다. 몽테스키외는 풍토·기후라는 요인이 법칙이라는 형태로 사회를 규정하고 있으며 그것들과 조화를 이룬 법을 제정해 국가를 규율해야 한다고 주장한다. 엘베시우스(Claude Adrien Helvétius)나 디드로는 인간 사회의 방향도 쾌락과 고통이나 감정이라는 신체의 생물학적 기능에 귀착한다고 주장하며, 특히 엘베시우스는 쾌락과 고통의 원리를 정치에 적극적으로 적용하는 공리주의적 정치사상을 전개했다. 또 다른 하나는 이성을 존중하고 이성의 보호 유지자로서 인간 개개인의 자유와 평등을 정치의 원리로 하고자 하는 이상주의적 입장이다. 몽테스키외는 실정법을 중시하는 한편, 나아가 그것을 지배하는 이성에 기초한 자연법의 존재를 인정했다. 엘베시우스나 디드로가 생물학적·유물론적 인간상을 주장한 것도 그것에 의해 종교적 도그마를 타파하여 자유롭고 평등한 개인으로 이루어진 사회를 실현하려고 했기 때문이다. 그리고 이러한 이상주의를 실천하는 과정에 신체를 제시한 것이 볼테르였다면 루소는 자유와 평등이 지배하는 정치체제의 이론적 상을 사회계약설로서 그려냈다. 계몽주의(Enlightenment, 啓蒙主義, Lumières), 네이버 지식백과.

73. 4세기 말 훈족의 대이동과 게르만족의 남하, 서로마 및 동로마제국의 대응과 유럽 문명사에 대한 도미노적 파급효과 등에 대한 내용은 익히 잘 알려진 사실이다. 800년 이후 칭기즈칸이 행한 '서쪽으로의' 이동이 단순한 영토확장의 목적이었을까, 아니면 4세기경 이미 훈족의 역사 속에 존재했던 민족 이동의 결과에 대한 지식이 빅데이터로 존재하고 있었기 때문일까? 언어사적인 측면에서나 인류 문명사적 측면에서 몽골이 고대와 중세 유럽과 아시아에 미친 영향에 대해 동양적 관점에서 자세한 정리가 필요하다.

74. 근대(近代, late modern period)는 서양 역사의 시대구분 중 한 부분이다. 근대 직전의 시대를 근세(early modern period)라 부른다. 근대의 시작은 일반적으로 산업혁명 이후인 18세기와 19세기부터다. 정치체제의 변화 면에서는 중세까지 이어지던 왕정이 근대에 들어 끝나고 개인 의식, 자본주의 및 시민사회의 성립이 새롭게 등장한다. 즉 근대사회에 들어 비로소 인간 개인을 존중하며, 정치적으로는 민주주의와 사회주의, 경제적으로는 자본주의와 공산주의적 이데올로기화가 각각 드러난다.

75. 유럽연합의 사상적·철학적 기초는 피에르 조제프 프루동이 주창한 연방주의에 있다.

자본주의의 적은 자본주의

그는 "20세기는 연방의 시대를 열 것이다. 혹은 인간은 다시 1000년의 연옥을 시작할 것이다"라며 연방주의에 대한 그의 확신을 강조한다. 1863년 발간된 〈연방의 원리 및 혁명당의 재구성 필요성에 관하여(Du Principe fédératif et de la nécessité de reconstituer le Parti de la Révolution)〉에서 그는 '국제적 규모의 관세동맹과 공동작업장'의 설립을 주장하고, 국가의 간섭을 받지 않는 '연방제(혹은 연방주의)'를 제안했다. 만일 연방의 원리가 유럽에서 힘의 공정한 배분을 결정한다면, 평화를 위한 주된 보장수단으로 기능할 것이라고 보았다. 그가 주장하는 연방주의는 중앙통제적 혹은 중앙집권적이 아닌 사회 조직원리로서의 '연방'이다. "20세기는 연방의 시대를 열 것이다"고 한 그의 말대로 오늘날 유럽 대륙에서는 유럽연합 체제가 발족하였다.

76. 베버, 케인스, 슘페터 등과 함께 푸리에는 20세기 가장 중요한 경제학자다. 애덤 스미스의 자기조정 시장경제라는 경제체제는 애초부터 현실에서 절대 이뤄질 수 없는 유토피아적 개념으로 보았다. 시장경제의 논리로 인해 인간과 자연 그리고 화폐는 그것들의 본질적 목적과 다르게 또 다른 형태의 상품으로 규정될 경우(자본) 사회가 파괴될 것으로 보았다. 자기조정 시장경제는 물론 중앙의 강력한 통제에 의한 사회주의에서의 계획경제도 반대했다.

77. 헤겔 철학의 신봉자인 포이어바흐는 무신론자다. 저서 《기독교의 본질(Das Wesen des Christentums)》에서 포이어바흐는 이렇게 말했다. "종교는 무한에 대한 의식(意識)이다. 그러므로 종교는 의식의 무한에 대한 의식에 지나지 않는다. 또한 무한에 대한 의식에 대해서는, 의식하는 주체는 자신의 객관에 따라 자기 본성의 무한성을 지니고 있다." 그의 오랜 학문적 작업은 신학에 인간성을 부여하는 것이었다. 인간이 이성적인 한 자기 스스로를 자기 사고의 대상으로 할 수 있다고 본다.

78. 바우어 역시, 포이어바흐와 같이 무신론적인 사상, 국가와 종교의 분리, 유럽 세계의 붕괴를 주장했다. 카를 마르크스도 바우어로부터 헤겔 철학을 배웠다.

79. 이들이 프랑스에 계몽주의 사상을 전파한 백과전서파 학자들이다. 과학과 사상의 진흥을 부르짖은 프랑스 계몽주의 사상가들 가운데 백과사전 출판의 기고자들을 지칭한다. 프랑스 혁명이 일어나기 전 수십 년 동안 프랑스의 정치·사회·문화·학문 등 모든 분야에 커다란 영향을 미쳤다. 1745년 수학자 장 달랑베르, 1746년에는 번역가이자 철학자인 드니 디드로가 기고에 참여했다. 계몽사상은 프랑스 혁명의 계기가 되었으며 민중에게 지배계급의 착취와 억압은 하늘이 정한 것이 아니라 혁명을 통해 파괴해야 한다는 강한 사회개혁 의지를 갖게 했다.

80. 본문 154쪽 〈그림 9〉 참조.

81. 1545년 포토시의 은 광산 발견 이후 2세기 동안 아메리카 대륙 내 스페인 은 광산은 약 4만 톤의 은을 생산했다. 18세기 말까지 포토시에서 총 15만 톤 이상의 은이 생산되어 세계 무역의 교환화폐로 사용되었다. 1500~1800년까지 볼리비아와 멕시코는 세계 은 생산량의 약 80%를 생산하였으며 이 중 약 30%가 최종적으로 중국에 유입된 것으로

보인다. 16세기 후반과 17세기 초기에는 일본도 중국 및 외국 무역으로 대규모 수출을 함으로써 은의 국제 거래가 더욱더 확산되었다.

82. 근대 과학의 태동을 코페르니쿠스의 지동설로 보는 이유는 무엇일까? 첫째, 21세기 우주항공산업의 발전은 22세기 이후 인류의 비전이다. 둘째, 따라서 21세기에 발전할 산업 가운데 기술적 총아 산업은 우중항공산업이라는 점을 강조하고자 한다. 셋째, 인류 문명의 거대한 변화는 작은 생각의 변화에서부터 시작되었다. 즉 '지구를 가운데 놓기 보다 태양을 가운데 놓으면 어떻게 될까?' 하는 단순한 생각이다. 서양 지성사와 과학 발전의 토대는 거대한 문명사적 혁명을 일으킬 담론에서 출발한 것이 아니라, 단순하고 간단하며 누구나 상식적으로 생각할 수 있지만 놓치고 있던 그 무엇에 대해 '왜?'라고 묻는 데서부터 출발한다. 이 절을 읽으면서 과학의 기본은 혁명적 기술 개발과 신의 존재에 대한 도전 같은 해결적 마인드보다 순수한 인간으로서 당연히 가져야 할 질문이라는 점에 대해 생각해봤으면 한다. 주식투자나 미래 산업 투자에서 AI, 빅데이터, 정보, 무인, 로봇, 바이오 등등의 4차 산업은 우주항공산업을 중심으로 하는 플랫폼 산업이라는 점에 주목하기를 바란다. 다소 지겹고 어려울 수 있으나 문맥에 숨겨진 지혜와 지성 그리고 실존적인 감성에 대한 이해를 높이기를 바란다.

83. 중세의 시작은 5세기 로마 제국의 몰락 이후로 본다. 그때부터 르네상스 전까지의 시기를 야만시대, 인간성이 말살된 시대로 본다. 르네상스 운동은 고대 부흥을 통해 야만시대를 극복하는 것을 목적으로 한다.

84. 갈레노스는 고대 그리스-로마의 의학자, 외과의사 및 철학자다. 고대 의학 연구자 중에서도 매우 뛰어난 한 명으로 여겨지며, 해부학, 생리학, 병리학, 약리학 및 신경학뿐 아니라 철학 및 논리와 같은 다양한 과학 분야의 발전에 영향을 미쳤다.

85. 헤르메스 트리스메기스투스(그리스어: Ἑρμῆς ὁ Τρισμέγιστος, '세 번째로 위대한 헤르메스', 라틴어: Mercurius ter Maximus)는 그리스 신 헤르메스(Hermes)와 이집트 신 토트(Thoth)를 조합한 헬레니즘 시대 전설적인 인물이다. 《헤르메티카》라는 문헌은 헤르메티시즘으로 알려진 다양한 철학 시스템의 기초를 마련했다. 고대에서 이들의 지혜는 물질과 영적 세계의 지식을 결합하여, 신성한 것과 물질 간의 상호 관계에 관심을 가진 이들에게 매우 흥미로운 대상을 만들어냈다.

86. 2세기의 천문학자 프톨레마이오스의 천동설은 그의 저서 《수학의 체계(Mathematike syntaxis)》에서 발표한 천체에 관한 학설이다. 지구가 태양계의 중심이라는 가정 아래, 해와 달과 다른 행성들의 운동에 대해 설명한다. 네이버 지식백과, Ptolemaic System(《가톨릭에 관한 모든 것》, 2007, 백민관).

87. 아리스토텔레스는 지구가 완벽한 우주의 중심이고, 별들은 끝없이 원운동을 한다고 믿었다. 프톨레마이오스는 천동설로 아리스토텔레스의 생각을 수학적으로 확장하고자 했다. 지구를 투명 구체라 정의한 이유는 행성과 별이 지구 둘레를 돌고 있다고 추정했기 때문이다.

자본주의의 적은 자본주의

88. 덴마크의 천문학자이자 점성술사 및 연금술사로 알려져 있으며, 망원경이 발명되기 전의 마지막 주요 천문학자였다. 1572년 튀코는 어떤 별이나 행성보다 더 밝은 완전히 새로운 별을 발견했다. 당초 예상과는 다른 위치에 존재하는 별의 존재에 놀랐으며, 이후 15년 동안(1576-1591) 더 정확한 측정 기기를 개발하는 데 전념했다. 프레데릭 2세(Epée de Frédéric II)는 튀코에게 덴마크와 스웨덴 남쪽 사이 해협의 벤 섬(영어 Ven, 덴마크어 Hven)에 우라니보르(Uraniborg)를 건설할 재정적 지원을 해주었다. 우라니보르는 '우라니아(Urania)의 성'이라는 뜻으로, 우라니아는 그리스 신화에 나오는 천문을 관장하는 여신이다.

89. 17세기 초 네덜란드의 안경 직공인 한스 리퍼세이(Hans Lippershey)는 자신의 렌즈 만드는 솜씨를 보기 위해 볼록렌즈와 오목렌즈를 각각 한 개씩 들고 근처의 교회 탑을 쳐다보다가 깜짝 놀랐다. 두 개의 렌즈를 조금 떼어서 겹쳐 보았더니 탑이 놀랄 만큼 크게 보였던 것이다. 그는 즉시 이것을 이용하여 1608년 수정렌즈로 된 망원경을 만들어냈다. 한편 1609년 이탈리아의 물리학자 갈릴레오 갈릴레이도 망원경에 대한 소식을 듣고 네덜란드에서 발명된 망원경을 개량한 천체 망원경 개발에 성공했다. 갈릴레이는 처음에는 물체의 세 배, 다음에는 30배 이상의 크기로 확대해 볼 수 있게 만들어 천체를 관측했다. 이 망원경으로 갈릴레이는 달 표면의 산맥, 태양의 흑점, 금성이 차고 이지러지는 것 등을 발견했다. 네이버 지식백과, 망원경-볼록렌즈와 오목렌즈를 떨어뜨리면?(《발명상식사전》, 2012, 왕연중).

90. 스티븐 스트로가츠,《미적분의 힘》, 해나무, 2022, pp. 412~418.

91. 1662년 아일랜드의 R. 보일이 실험을 통해 발견했고, 또 1676년 E. 마리오트(Edme Mariotte)도 독자적으로 발견하였기 때문에, 유럽에서는 보일-마리오트의 법칙이라고 한다. 용기 속에 넣어둔 기체 분자는 모든 방향으로 활발한 운동을 하기 때문에 용기 벽에 충돌하는데 이처럼 충돌에 의해 용기 벽의 단위 넓이에 작용하는 힘을 그 기체의 압력이라고 한다. 외부에서 힘을 가해 기체의 부피를 감소시키면, 기체의 밀도가 증가하여 충돌 횟수도 증가하므로 기체의 압력은 증가한다. 반대로 부피가 늘어나면 압력은 감소한다. 일정한 온도에서 일정량의 기체의 부피는 압력에 반비례한다. 자동차 내연기관의 압축 폭발 사이클이나 일반 보일러의 증기압 발생 원리에 응용된다. 증기기관의 발명은 이러한 기초과학의 빅데이터를 통해 물리학과 화학적 내용이 융합되어 일어난 것이다. 네이버 지식백과, 보일 법칙.

92. 뉴턴이 1704년에 출간한《광학》은 프리즘과 렌즈에 의한 빛의 굴절, 유리 시트의 근접 간극에서의 빛의 간섭, 스펙트럼 빛 또는 형광 분말이 보이는 색상 혼합의 행동 등을 통해 빛의 기본적인 성질을 분석한다.《광학》은 물리학 분야에서 뉴턴의 두 번째 주요 저작이며, 케플러의《천문학(Astronomiae Pars Optica)》과 하위헌스의《빛에 관한 논문(Traité de la Lumière)》과 함께 과학 혁명에서 광학에 관한 세 가지 핵심 논문 중 하나로 간주된다. 뉴턴의 이름은《광학》의 초판 제목 페이지에 표시되지 않았다.

93. 에테리얼 에너지는 흐르는 움직임에 가장 적은 저항을 제공하기 때문에 소용돌이 모션

으로 움직인다. 따라서 물질화된 에테리얼 에너지인 물질은 저항이 적은 동일한 움직임을 찾으며, 물과 공기는 이러한 고유한 소용돌이 움직임을 보인다.

94. 플로지스톤이란 가연성 물질이 타기 쉬운 성질을 갖도록 하는 물질로, 17~18세기 유럽에서 연소(combustion) 현상을 비롯한 다양한 화학적 변화를 이해하는 데 있어 핵심이 되는 물질이다. 현재 연소 현상은 산소와 물질의 산화반응으로 널리 알려져 있지만, 중세 때에는 연소 현상을 비롯한 화학적 변화에 대한 체계적이고 통일화된 이론이 없었다. 플로지스톤 이론은 연소 현상을 설명하고 여러 화학적 사실을 이해할 수 있는 최초의 포괄적 이론이었다. 비록 현상에 대한 잘못된 이해로 폐지되었지만, 라부아지에가 연소에 대한 연구를 통해 이를 반론하는 과정에서 근대 화학이 태동하는 계기가 마련되어 과학사 또는 화학사 관점에서 중요성이 큰 이론이라 하겠다.

95. 파동과 입자의 이중성은 양자역학에서 양자가 실험적 상황에 따라 입자 또는 파동의 속성을 나타내는 개념이다. 19세기와 초기 20세기에 빛이 파동으로 작용하는 것으로 발견되었다가 나중에 입자적 특성도 가지고 있음이 발견되었다. 이러한 모순을 설명하기 위해 파동과 입자의 이중성 개념이 등장했다. 빛은 어떤 측면에서는 입자처럼 행동하고 또 파동처럼 행동한다. 물질(전자나 원자같이 입자로 이루어진 우주의 '어떤 것들') 또한 파동처럼 행동한다. 네온사인과 같은 몇몇 광원은 특정한 주파수의 빛만 방출한다. 양자역학은 이러한 빛이 전자기복사이면서 독립적인 단위인 광자임을 보여주고, 그 빛의 에너지, 색깔, 스펙트럼의 세기를 예측한다. 하나의 광자는 전자기장에서 관측 가능한 가장 작은 양인 양자이다. 왜냐하면 부분적인 광자는 관측된 적이 없기 때문이다. 더 나아가서, 큰 규모의 고전역학에서는 연속적으로 보였던 각 운동량 같은 물리량들이 작고 확대된 규모의 양자역학에서는 양자화된 것으로 밝혀졌다.

96. 대기(大氣) 엔진은 1712년에 토머스 뉴커먼(Thomas Newcomen)에 의해 발명되었다. 이 엔진은 증기를 실린더로 끌어들여 응축시켜서 부분 진공을 만들어 대기압이 피스톤을 실린더 안으로 밀어 넣도록 작동했다. 이는 증기를 활용하여 기계 작업을 수행한 최초의 실용적 장치다. 당시 초기에 뉴커먼 엔진은 주로 영국과 유럽 광산 지역에서 물을 퍼내는 데 사용되었다. 제임스 와트는 뉴커먼 엔진을 '증발기' 발명으로 개선하여 연료 효율성을 대략 두 배로 높였다. 그 결과 스팀 엔진과 관련하여 뉴커먼보다 와트가 더 많이 알려지게 되었다.

97. 지적재산권(Intellectual Property Rights, IPR)은 인간의 지성으로 만들어진 무형의 재산이다. 지적재산권에는 다양한 유형이 있으며, 국가마다 해석의 차이가 존재하기도 한다. 더구나 국가별로 인정하는 재산권의 범위도 다를 수 있다. 가장 잘 알려진 유형은 특허, 저작권, 상표 및 기밀정보 등이다. 현대의 지적재산권 '개념'은 17세기와 18세기에 영국에서 발전했지만 '지적재산권'이라는 용어는 19세기에 처음 등장했다. 대부분 국가의 법적 제도에서 지적재산권이 인용된 것은 20세기 후반이다.

98. 보통의 일반적인 수은온도계로 잴 수 없는 고온을 재는 온도계로 열전도계, 광온도계, 색온도계, 백금 저항 온도계 등이 있다.

99. 벤젠의 수소 하나가 아미노기로 치환된 화합물로 나이트로벤젠을 금속과 염산으로 환원시켜 만든다. 독특한 냄새가 나는 무색의 액체로, 독성이 있으며, 물에는 조금 녹고, 약한 염기성을 띤다. 빛이나 공기를 쐬면 붉은 갈색으로 변하며 합성물감, 의약·화학 약품 따위의 원료로 쓰인다.

100. 철학자 칸트를 좋아했던 외르스테드의 가장 중요한 업적은 전류의 자기작용에 대한 발견이다. 이를 두고 '외르스테드의 발견' 혹은 '외르스테드의 법칙'이라고 부른다. 자기 현상이 자석이나 자극과 관계하는 것으로 생각했지만, 자석 없이도 자기 효과가 발생할 수 있다는 점을 외르스테드가 발견했다. 그의 발견은 전기와 자기의 대칭성에 관한 논의로 이어졌고, 이는 이후에 통일된 에너지의 개념이 등장하는 데도 큰 기여를 했다.

101. 마이클 패러데이(1791~1867)는 영국의 화학자이자 물리학자다. 벤젠을 발견하는 등 실험화학 분야에서 뛰어난 연구를 하였고, 전자기학 분야에서 여러 가지 전기의 동일성을 간파, 보편성을 가진 통일 개념으로서의 전기를 설명하였다.

102. 이후에 에너지-질량 보존법칙 원리가 무너진 것으로 생각할 때, '베타 붕괴(Beta decay)'라고 불리는 방사선 활동 가정에 적용되면, 즉 원자핵으로부터의 자발적 전자 방출이 시작되면, 물리학자들은 에너지 보존원리에 배치되는 것이 아니라 여기서 줄어든 에너지는 새로운 서브 원 입자인 중성미자(neutrino)로 옮겨가는 것으로 확인했다. 중성미자는 눈에 보이지 않으나 우주를 채우고 있는 빛 다음으로 개수가 많은 입자다. 모두 열두 개의 입자 중 중성미자는 세 종류(전자, 뮤온 중성미자, 타우 중성미자)이다. 우주가 탄생할 때 생겨난 중성미자는 우주 어디에나 퍼져 있다. 태양의 핵융합이나 원자 핵분열에서 생성되어 우주를 빛의 속도로 떠도는 중이다. 우리는 물질의 99%가 빈 공간이라는 사실에 주목한다. 원자핵 안에는 양성자와 중성자가 결합되어 있는데, 사실 이 두 가지 외에 중성미자가 돌아다닌다. 만일 중성미자에 과도한 스트레스가 가해지거나 사고 또는 유전적 변이가 발생하면 인체가 불구가 되거나 파킨슨병, 암 등의 난치병에 노출된다.

103. 대학 내 연구 프로젝트 예산이 모두 소진되어 커리코 연구원이 헝가리로 떠나야 하는 시점에 와이스먼 펜실베이니아 교수가 mRNA 공동연구를 제안하여 함께 연구·개발한 결과가 우리가 팬데믹 기간에 맞은 코로나 백신이다. 2005년 논문에서 mRNA를 발표했을 때에는 크게 주목받지 못했지만, 코로나19 팬데믹 기간 중 mRNA 백신을 빠르게 개발할 수 있게 해 인류의 건강에 크게 기여했다.

104. 1827년에 영국 식물학자 로버트 브라운(Robert Brown)은 물에 떠다니는 꽃가루 내부의 먼지 입자가 어떤 명백한 이유 없이 끊임없이 움직이는 현상을 관찰했다. 1905년에 아인슈타인은 이 브라운 운동이 물 분자가 끊임없이 입자를 밀치는 결과로 인해 발생한다고 이론을 제시하고 이를 설명하기 위한 수학적 모델을 개발했다. 이 모델은 1908년에 프랑스 물리학자 장 페랭(Jean Perrin)에 의해 실험적으로 검증되었는데, 그는 아인슈타인의 방정식을 사용하여 몰(mole)당 원자 수와 원자의 크기를 계산해냈다. 경제학에서는 미래 선물 상품 가격들의 이동이 브라우니언 모션을 따른다고 가정한다.

105. 1966년 원작자인 진 로덴베리(Eugene Wesley Gene Roddenberry)가 TV 시리즈물로 처음 제작했다. 2014년 영화로 나온 〈인터스텔라〉는 〈스타트렉〉에서 벌어지는 다양한 에피소드 중 하나로 볼 수 있다. 〈스타트렉〉은 이미 양자컴퓨팅 시대를 뛰어넘는다.

106. 쿼크는 더 작은 입자로 쪼개지지 않고 그 자체로 가장 근본적인 입자이며 내부 구조가 없는 점 입자다. 원자핵을 구성하는 양성자와 중성자는 쿼크 세 개가 모여서 만들어진 합성 입자다. 일반적으로 중입자(baryon)는 쿼크 세 개로 이루어져 있다.

107. 글루온은 접착자(接着子)로 불리며 강한 상호작용을 매개하는 기본 입자다. 쿼크 상호작용의 기본적인 표현이며 원자핵에서 양성자와 중성자를 묶는 데 간접적으로 관여한다. 총 여덟 가지의 색이 있다.

108. 전자 회절은 원자들과의 탄성 상호작용으로 인해 전자 빔의 방향이 바뀌는 현상을 의미한다. 원자들과 가까울 때 이러한 변화는 프레넬 회절(Fresnel diffraction)로 설명되며, 멀리 떨어진 경우에는 프라운호퍼 회절(Fraunhofer diffraction)로 부른다. 전자 회절은 탄성 산란(Elastic scattering)으로 인해 발생하며, 이 과정에서 전자의 에너지는 원자와 상호작용 중에는 변화하지 않는다. 음전하를 가지는 전자들은 양전하를 가진 원자 핵과 원자 주변의 부정 전하를 가진 전자들과 상호작용할 때 쿨롬[Coulomb, 프랑스 물리학자 쿨롱의 이름을 땄다. 전하(charge, electric charge)의 단위로 국제단위계의 유도단위다. 기호로 C이며, 1C은 1암페어의 전류가 흐르는 단면을 1초 동안 지나간 순전하(Net charge)의 양이다. 1C=1A×1S]의 전기적 인력(Coulomb electric force)이 작용한다.

109. 레이먼드 브라시에는 영국의 철학자다. 레바논의 베이루트 아메리칸 대학교 철학 학부 교수로 철학적 실재주의 분야를 전공으로 하고 있다.

110. 《프랑켄슈타인(Frankenstein; or, The Modern Prometheus)》은 영국 작가 메리 셸리가 1818년에 쓴 소설로, 빅터 프랑켄슈타인(Victor Frankenstein)이라는 젊은 과학자가 비전통적인 과학 실험을 통해 지성 있는 존재를 창조하는 이야기를 다룬다. 셸리는 18세 때부터 이이야기를 쓰기 시작했으며, 초판은 스무 살이 되던 해인 1818년 1월 1일에 익명으로 런던에서 출판되었다. 그녀의 이름은 1821년 파리에서 출판된 두 번째 판에서 처음으로 기재되었다. 《프랑켄슈타인》은 과학과 기술의 윤리적 및 도덕적 측면을 탐구하며, 과학 실험의 결과와 책임, 이상과 현실, 인간의 본성과 외부 요인에 대해 고찰한 고전적인 작품 중 하나로 여겨진다.

111. 일반적으로 《아라비안나이트》로 알려져 있다. 다양한 모험 이야기를 담고 있으며, 그중 일부는 초과학 소설의 조상으로 간주된다.

112. 웜홀은 우주 공간에서 블랙홀과 화이트홀을 연결하는 통로를 의미하는 가상의 개념으로, 우주의 시간과 공간의 벽에 난 구멍으로 비유된다. 웜홀에 관한 이론은 아인슈타인의 상대성이론에 근거한다.

113. 주식 분할이 어떻게 작동하는지 간단히 설명하면, 일반적인 2 대 1 분할에서 주주는 소유한 주식 한 주당 두 주를 받게 된다는 의미다. 그런 다음 주식 가격이 비례적으로 조

정되어 분할 이전과 동일한 투자 가치가 유지된다.

114. 주식 분할에 대해서는 2014년에 회사가 주식 총량을 두 배로 늘렸을 뿐 아니라 투표 권한이 없는 새로운 클래스인 C클래스 주식을 발행했다. 일반 공개 주주는 보유한 A클래스 주식(각 주당 1표)마다 C클래스 주식(각 주당 1표) 하나를 받았으며, B클래스 주식(각 주당 10표)을 보유한 내부 인원들도 각 B클래스 주식당 하나의 C클래스 주식을 받았다. 이 특이한 조치는 회사의 창립자들이 주식을 분할하면서도 다수 투표 권한을 유지할 수 있도록 이루어졌다. C클래스 주식은 회사의 초기 티커(Ticker) 심볼인 GOOG로 거래되기 시작했고, A클래스 주식은 분할 이후 GOOGL로 거래되었다. 주식 분할 시점에 회사는 사업 구조를 개편하고 법인명을 알파벳으로 변경하여 구글을 가장 큰 운영 부문으로 만들었다. 주식 분할로 인해 구글의 IPO 가격으로 구입한 주식 한 주의 현재 가치를 계산하려면 A클래스(1,293.67달러)와 C클래스(1,295.34달러) 주식의 현재 가격을 더해야 한다. 이렇게 하면 2023년 10월 23일 현재 2,589.01달러이다. 비교해보자면, 구글의 IPO 이후 S&P 500을 추적하는 펀드에 85달러를 투자했다면, 현재 S&P 500은 구글의 IPO 이후 291%의 수익률을 기록했기 때문에 332달러 가치로 성장했을 것이다.

115. A Report to the President by Vannevar Bush, Director of the Office of Scientific Research and Development, July 1945.

116. 스페이스X의 스타링크 사업에서 가장 우려하는 분야는 천문학이다. 인공위성은 혼잡한 궤도 환경에서 천문학의 관측을 방해하거나 관측 장비 등에 장애를 일으킬 수 있다. 해법으로 달이나 다른 위성에 지구상에 설치된 천문학 기구를 구축하는 방법을 고려해볼 수 있다.

117. 사람이 우주 공간으로 진출하려면, 지구에서부터 우주정거장까지 사람이나 기자재를 우주왕복선으로 옮긴 뒤 그곳에서 다시 정비해 본격적인 우주 항해를 하게 되므로, 우주정거장은 우주 진출의 전초기지다. 지금까지 개발된 우주정거장은 주로 사람이 우주 공간에 적응할 수 있는 장소의 역할을 했으며 최초의 우주정거장은 러시아의 살류트(Salyut)로서 1971년 4월에 발사되어 궤도를 돌고 있는 소유스(Soyuz) 10호와 결합해 무게 26톤, 길이 23미터의 우주정거장을 이루었다. 이곳에는 총 스물두 명의 승무원이 탑승, 1,600회의 각종 실험과 관찰을 통해 인간이 장기적으로 우주 공간에 적응할 수 있음을 보여주었다. 네이버 지식백과, 우주정거장(space station, 宇宙停車場)(두산백과 두피디아, 두산 백과).

118. 소프트웨어 및 하드웨어 시장에서 경쟁이 강화되면서 마이크로버티컬 반도체 시장에 대한 관심이 증가하고 있다. 이 반도체에는 AI 기능이 장착되어 인간만이 가지고 있는 판단의 연결고리와 알고리즘을 처리할 수 있는 기능이 포함되어 있다.

119. ASIC라는 용어는 DATA QUEST사(LSI 시장조사 회사)가 1984년경부터 사용하기 시작했다.

120. 디램(Dynamic Random-Access Memory, DRAM)은 임의접근 기억장치(Random-access memory)

의 한 종류로 정보를 구성하는 개개의 비트를 각기 분리된 축전기(capacitor)에 저장하는 기억장치다. 각각의 축전기가 담고 있는 전자의 수에 따라 비트의 1과 0을 나타내지만 결국 축전기는 전자를 누전하므로 기억된 정보를 잃게 된다. 이를 방지하기 위해 기억 장치의 내용을 일정 시간마다 재생시켜야 하는 것을 '동적(dynamic)'이라고 표현한다. 정보를 유지하려면 지속적인 전기 공급이 필요하기 때문에 DRAM은 휘발성 기억 장치(Volatile memory)에 속한다. 위키피디아, 동적 램.

121. 구글 클라우드 TPU는 대규모 AI 모델의 학습과 추론에 최적화된 소비자 맞춤형 AI 가속기다. 챗봇, 코드 생성, 미디어 콘텐츠 생성, 합성 음성, 비전 서비스, 추천 엔진, 맞춤 설정 모델 등 다양한 사용 사례에 적합하다. GPU는 원래 컴퓨터 그래픽을 조작할 수 있도록 설계된 특수 프로세서로, 병렬 구조 덕분에 AI 워크로드(Work load)에서 흔히 발견되는 대규모 데이터 블록을 처리하는 알고리즘에 적합하다. 반면에 TPU는 구글이 신경망에 맞게 설계한 애플리케이션 특정 통합 회로(ASIC)로서, TPU에는 행렬 곱셈 단위(Matrix Multiplier Unit, MXU) 및 독점 상호 연결 토폴로지(topology)와 같은 특수 기능이 있어 AI 학습 및 추론 속도를 높이는 데 더 적합하다.

122. 엑사바이트는 바이트로 구성되며, 바이트 자체는 디지털 저장 단위다. 1바이트는 8비트로 구성되며, 이진수의 약자인 비트는 단일 데이터 단위로 1 또는 0이다. 국제단위계(SI)는 엑사를 1,000의 6제곱 또는 10^{18}으로 나타낸다. 즉 1엑사바이트(EB)=1,018바이트=$1,000^6$바이트=1,000,000,000,000,000,000바이트=1,000페타바이트=100만 테라바이트=10억 기가바이트다.

123. 비휘발성 메모리는 전원이 공급되지 않아도 저장된 정보를 계속 유지하는 컴퓨터 메모리다. 비휘발성 메모리의 종류에는 롬, 플래시 메모리(Flash memory), 마그네틱 컴퓨터 기억 장치(예를 들면 하드디스크, 디스켓 드라이브, 마그네틱테이프), 광디스크 드라이브 등이 있으며, 초창기 컴퓨터 저장장치였던 천공카드, 페이퍼테이프 같은 것도 있다. 비휘발성 메모리는 보통 제2차 저장장치(Secondary storage), 즉 장기간의 영구적 저장공간으로서 이용된다. 현재 가장 널리 쓰이고 있는 제1차 저장 장치는 '휘발성' 메모리인 램이다. 여러 기업이 휘발성 메모리인 램에 비해 속도나 용량 면에서 뒤떨어지지 않는 신소재의 비휘발성 메모리를 개발하려고 노력하고 있다. IBM은 현재 MRAM(마그네틱 RAM)을 개발 중이고, 삼성전자, 인텔, ST마이크로일렉트로닉스 등은 PRAM(Phase-change memory)을 개발 중이다. 이러한 기술이 개발된다면 에너지를 절약할 수 있을 뿐 아니라, 느린 시동 및 셧다운 순서를 건너뛸 수 있기 때문에 컴퓨터가 즉시 시동되어 동작할 수 있게 된다.

124. 플래시 메모리는 전기적으로 데이터를 지우고 다시 기록할 수 있는(Electrically erased and reprogrammed) 비휘발성 컴퓨터 기억장치를 말한다. NAND 플래시는 비휘발성 메모리, DRAM은 휘발성 메모리로 분리될 수 있다. 비휘발성 메모리는 (주석 123번에서 언급했듯이) 전원 공급이 되지 않더라도 저장된 데이터가 남아 있는 메모리를 의미하며 흔히 HDD(하드디스크), SSD(Solid State Disk)가 있다. 알다시피 SSD가 HDD에 비해 속도가 빠른데 그 이유는 SSD에 NAND 플래시가 들어가기 때문이다.

125. MRAM은 기존 메모리 기술과 근본적으로 다르다. 즉 대부분의 메모리는 전기적인 신호를 사용하여 데이터를 저장하고 읽어오는 데 비해 MRAM은 나노 자석의 극성을 활용해 데이터를 저장하는 원리를 사용한다. 따라서 전력 소모가 매우 낮다. DRAM이나 NAND 플래시와 같은 기존 메모리가 데이터를 보유하기 위해 지속적인 전기 공급을 필요로 하는 반면 MRAM은 나노 자석의 상태를 변화시키는 데에만 전력이 필요하기 때문에 저전력 소모가 가능하다. 또한, 이러한 나노 자석은 자체적으로 안정적으로 데이터를 보관하므로 데이터 손실의 위험이 상대적으로 적다.

126. ReRAM은 기존에 나와 있는 메모리들의 장점(DRAM의 고집적성과 낮은 소비 전력, SRAM의 고속 스위칭 동작, 플래시의 비휘발성)을 살려 비휘발성 메모리가 필요한 분야에서 NAND를 대체할 메모리 중 하나로 개발되고 있다.

127. 쿠다 플랫폼은 GPU의 가상 명령어 세트를 사용할 수 있도록 만들어주는 소프트웨어 레이어다. 엔비디아가 만든 쿠다 코어가 장착된 GPU에서만 작동한다. 쿠다와 비슷한 GPGPU 기술로 OpenCL과 DirectCompute가 있다. 쿠다 코드는 대략 GPU 안에서만 돌아가는 함수(커널)를 호스트(CPU)에서 호출하는 형태로 되어 있다. 쿠다는 GPU의 메모리 모델을 추상화하여 좀 더 편하게 GPU를 이용할 수 있도록 했다. 하지만 여전히 쿠다로 최대한의 속도 증가를 얻으려면, GPU의 메모리 구조에 대해 잘 알아야 한다.

128. OpenCL은 개방형 범용 병렬 컴퓨팅 프레임워크다. CPU, GPU, DSP 등의 프로세서로 이루어진 이종 플랫폼에서 실행되는 프로그램을 작성할 수 있게 해준다. OpenCL은 작업 기반(Task-based) 및 데이터 기반(Data-based) 병렬 컴퓨팅을 제공한다. OpenGL(Open GraphicsLibrary)과 OpenAL(Open AudioLibrary)은 각각 3차원 컴퓨터 그래픽스 및 컴퓨터 오디오에 대한 산업계의 개방형 표준이다.

129. 구글 사에서 개발한 머신러닝 엔진이다. 2015년 11월 공개했으며 딥러닝과 머신러닝 기술이 담긴 공개 소프트웨어(Open Source Software, OSS)다. 2011년부터 구글 브레인 팀은 첫 머신러닝 시스템으로 디스트빌리프(DistBelief, Distribution of Belief의 합성어)를 만들었다. 구글에 있는 50개가 넘는 팀과 모회사 알파벳에서 검색, 음성검색, 광고, 구글 포토, 구글 맵스, 스트리트 뷰, 번역, 유튜브(Youtube) 등과 같은 실제 서비스에 디스트빌리프의 딥러닝 인공 신경망을 적용했다. 그 뒤를 이어 2세대 머신러닝 시스템으로 텐서플로가 개발되었다. 이 역시 오픈소스 소프트웨어인 만큼 학생, 개발자 등 원하는 사람들은 누구나 사용할 수 있다.

130. GPGPU는 그래픽 처리를 위한 보조장치였던 GPU를 보완하여 CPU를 대신해 모든 데이터 연산 및 처리를 하는 GPU상의 범용 계산 장치다. 현재 제한적으로나마 컴퓨터 아키텍처를 변형하여 데이터에 스트림 프로세싱을 이용, 고정도 연산을 그래픽 파이프라인에 연결하는 방식으로 CPU의 역할을 대신한다.

131. 양자 얽힘은 양자역학에서 두 부분계(Partial system) 사이(즉 회색지대)에 존재할 수 있는 일련의 비고전적인 상관관계를 갖는다. 예를 들어, 두 입자를 일정한 양자 상태에 두어 두

입자의 스핀이 항상 반대가 되도록 한다고 해보자. 양자역학에서 두 입자의 상태는 측정하기 전까지 알 수 없다. 하지만 측정하면 그 순간 한 계의 상태가 결정되고 이는 즉시 그 계와 얽혀 있는 다른 계의 상태까지 결정하게 된다. 이는 마치 정보가 순식간에 한 계에서 다른 계로 이동한 것처럼 보인다. 이러한 양자 얽힘 이론이 등장한 이후 양자 암호, 양자컴퓨터, 양자 전송 실험 등이 꾸준히 진행되었고 이를 통해 양자 얽힘 이론의 예측을 실증할 수 있었다. 이러한 실험적 결과가 점점 쌓여가는 한편 이론적인 논의도 꾸준히 진행되었는데, 그중 하나가 이 양자 얽힘 현상이 국소성의 원리를 위배한다는 논의였다. 국소성의 원리란, 계의 상태에 관한 정보가 항상 그 계의 주위를 통해서만 매개될 수 있다는 원리로, 만약 '양자 얽힘' 현상에 의해 정보가 전달된다면 주위를 통하지 않고도 정보를 전달할 수 있어 국소성의 원리와 모순을 일으킨다. 결국 양자 얽힘 과정에서 실제로 정보가 어떻게 전달되는지에 대한 논의가 계속되었고, 이후 이 모순을 없앨 수 있는 양자역학의 새로운 해석 방법이 대두되었다. 양자역학적인 측정이란 단순히 기존에 있는 상태를 건드리지 않고 기록하는 과정이 아니라, 계의 상태를 바꾼다고 해석한다. 위키백과, 양자 얽힘 참조.

132. 하드웨어가 추가로 장착될 때 해당 하드웨어가 어떤 종류인지 스스로 인식할 수 있는 장치, 즉 주변기기의 코드를 꽂자마자(plug) 곧바로 이용(play)할 수 있다. 지금까지는 컴퓨터에 주변기기를 설치하려면 기기의 종류에 따라 복잡한 설치 과정을 거쳐야 했는데, 플러그 앤드 플레이는 설치 방법을 잘 몰라도 쉽게 설치하고 이용할 수 있다. 네이버 지식백과, 《한경경제용어사전》인용 및 참조.

133. 크리스퍼는 박테리아와 고세균(古細菌, 원시세균, archaea)과 같은 원핵생물(Prokaryotic organisms)의 유전체에서 발견되는 DNA 서열을 의미한다. 이러한 서열은 이전에 원핵생물에 감염된 박테리오파지(bacteriophage)의 DNA 조각에서 유래되었다. 이 서열들은 이후 감염 중에 비슷한 박테리오파지로부터 유래한 DNA를 감지하고 파괴하는 데 사용된다. 이러한 DNA 염기서열들은 원핵생물의 항바이러스(즉 항박테리오파지) 방어 시스템에서 중요한 역할을 하며 면역 획득의 형태를 제공한다. 크리스퍼는 조사된 박테리아 유전체의 약 50%와 조사된 고세균의 거의 90%에서 발견된다.

134. 아밀로이드증은 수개월 혹은 수년간 어떤 조직과 기관에 침범했느냐에 따라 다양한 증세를 나타낸다. 뇌에 침범한 경우 치매, 기억상실 및 어지러움증, 호흡기계는 발목관절 부종 및 기관지 호흡곤란, 신장엔 신부전증 및 단백뇨, 신경계에는 신경통, 감각이상, 무감각, 따끔거림, 허약감, 심장에는 심부전증과 부정맥, 심장비대, 혈액에는 혈구감소와 출혈, 피부에는 피부발진과 혀 커짐, 근육에는 근육 쇠약과 관절통, 소화계는 만성 설사, 변비, 과도한 가스와 구토, 장내 출혈 및 당뇨 등의 증세가 나타난다. 한편 트랜스티레틴은 간세포에서 합성되는 유전변이 단백질이다.

135. 유전자편집 치료는 크게 두 가지로 구분된다. 첫째로 체내에 유전자 가위를 넣어 유전자편집 과정이 체내에서 이루어지는 인비보(In vivo) 방식, 두 번째는 체외에서 세포치료제로 사용할 면역세포를 유전자 가위로 편집하고 치료제만 넣은 엑스비보(Ex vivo) 방식

자본주의의 적은 자본주의

이다.

136. siRNA는 특정 단백질의 생산을 억제함으로써 유전자 발현을 방해한다.

137. 2023년 노벨 생리의학상은 헝가리 출신 생화학자인 커털린 커리코(Katalin Kariko) 바이오엔텍 수석 부사장과 드루 와이스먼 펜실베이니아대학교 교수가 수상했다. 2008년부터 펜실베이니아대학에서 대학 교수와 연구원으로 인연을 맺은 이 둘은 mRNA 백신 개발 연구를 통해 코로나19 백신 개발이라는 혁신을 이끌었고 그 공로로 노벨상을 수상했다. 커리코 연구원과 와이스먼 교수의 특이한 인연도 한몫을 했다. 연구직 포스트닥터를 마치고 연구 자금이 끊겨 헝가리로 귀국을 준비하던 커리코에게 자신에게 연구 프로젝트 기금이 약간 남아 있으니 같이 mRNA를 연구하자는 제의를 한 사람이 바로 와이스먼 교수였다. 그가 커리코와 공동연구하여 개발한 mRNA 백신이 모더나 제품이고, 커리코 부사장이 개발한 백신이 독일 바이오에텍이 생산하고 화이자가 구매하여 판매한 백신이다.

138. 미국의 다양한 의료보험 중 메디케어는 파트A, 파트B, 파트C, 파트D로 나뉘는데, 파트B는 병원 보험이 적용되지 않는 의사 진료와 기타 의료 서비스 및 의료용품에 대한 비용을 지원한다.

139. 다중 ADP 당중합효소(poly (ADP-ribose) polymerase-1)의 약자이다. DNA의 손상은 정상 세포의 작용으로도 발생되며 자외선, 암에서 사용하는 항암제나 방사선치료가 원인이 될 수 있다. 파프1 억제제는 여러 가지 암 치료에 이용되고 있다.

140. 2022년 8월, 길리어스 사이언스는 미로바이오(MiroBio)를 성공적으로 인수하며 미로바이오의 독점 생명과학 발견 플랫폼과 면역억제 수용체 작동제에 대한 포괄적인 포트폴리오에 액세스했다. 체크포인트 수용체 신호 및 독점 생명과학 방법의 향상은 길리어스의 약물 개발 및 치료 분야 지식과 완벽하게 조화되며 면역 관련 질환 치료를 위해 생명과학 기술 개발의 전략적 계획을 보였다.

141. 미국 코메디언이자 극작가 겸 배우다. 미국 유명 TV 시트콤 드라마 〈사인필드(Seinfield)〉를 연출하기도 했다.

142. 분산원장이란 데이터와 거래 정보를 여러 개체 또는 노드 간에 분산되고 중앙화되지 않은 형태로 저장하고 관리하는 기록을 의미하고, 그러한 기술을 '분산원장 기술(DLT)'이라 부른다. DLT는 중앙화된 중앙 데이터베이스 대신 분산된 네트워크에 정보를 저장하여 데이터의 안전성, 신뢰성 및 투명성을 확보하려는 목적으로 개발되었다. 바로 블록체인이 분산원장이다. 블록체인은 연속된 블록으로 구성되어 있으며, 각 블록에는 여러 거래 또는 데이터가 포함되어 있다. 여기에 모든 블록의 해시값(hash value)이 저장되어 있고 블록에 연결된 모든 컴퓨터에 기록되어 있기에, 한번 쓰인 정보는 수정하기 어렵다. 이러한 성질을 이용하면 데이터의 무결성과 보안을 보장할 수 있다.

143. NFT 아티스트 비플로 알려진 마이크 윈켈만(Mike Winkelmann)은 NFT 판매로 유명한 디지털 아티스트, 그래픽 디자이너 및 애니메이터다. 미국의 퍼듀대학교를 졸업했다.

144. 디파이는 블록체인 기술을 기반으로 한 탈중앙화 금융 시스템을 말한다. 디파이는 블록체인 기술, 특히 이더리움 같은 스마트 계약 기능을 가진 블록체인 위에서 작동하는 다양한 금융 애플리케이션을 포괄적으로 지칭한다. 비트코인과 암호화폐 체계는 전통적인 중앙정부 혹은 은행 중심의 금융 시스템을 불신 또는 지양하면서 이들 중간자를 제거하고 사용자들이 직접 거래할 수 있는 시스템을 구축해서 금융 서비스를 더욱 효율적이고 접근 가능하게 만드는 것을 목표한다.

145. 현재의 인터넷과 같은 분산환경에서 리소스(웹문서, 각종 파일, 서비스 등)에 대한 정보와 자원 사이의 관계-의미 정보(semanteme)를 기계(컴퓨터)가 처리할 수 있는 온톨로지(ontology, 개념과 개념 간의 관계 집합이므로 특정 영역에서 사용자와 시스템 간의 이해를 공유하기 위한 메타정보를 제공하며 시맨틱 웹이나 클라우드 컴퓨팅 등 다양한 분야에서 널리 활용되고 있다) 형태로 표현하고, 이를 자동화된 기계(컴퓨터)가 처리하도록 하는 프레임워크이자 기술이다. '실제'라는 의미의 그리스어 'onto'와 학문 또는 강연 등의 의미의 'logia'의 합성어에서 유래되었다. 즉 온톨로지는 사물의 존재 의미를 논의하는 철학적인 연구를 의미한다. 온톨로지는 사람들이 세상에 대해 보고 듣고 느끼고 생각하는 것에 대해 서로 토론을 통하여 합의를 이룬 바를 개념적이고 컴퓨터에서 다룰 수 있는 형태로 표현한 모델로, 개념의 타입이나 사용상의 제약 조건을 명시적으로 정의한 기술이다. 네이버 지식백과, Semantic Web(이강원, 손호웅, 《지형 공간정보체계 용어사전》, 구미서관, 2016, 일부 인용).

146. 분산 앱은 분산원장 시스템에서 수행되는 탈중앙화된 응용프로그램이다. 사용자와 제공자 간에 상호작용을 직접적으로 할 수 있게 하는 서비스로서 금융, 보험, 소셜 네트워크, 게임, 도박, 협업 등 다양한 분야에 활용할 수 있다. 분산원장에서 분산 앱은 일반적으로 분산원장에 기록된 특정 스마트 계약과 이를 실행하기 위한 사용자 프로그램으로 구성된다. 일반적으로 분산 앱은 웹 애플리케이션과 같은 사용자 인터페이스를 통해 블록체인상에 존재하는 스마트 계약을 실행시켜 업무를 수행한다. 스마트 계약은 상태 변수를 가지며, 계약의 실행을 통해 그 값을 변경한다. 이 스마트 계약 프로그램 코드 및 상태 변수가 블록체인상에 저장되어야 하기 때문에 일반적으로 코드 크기와 데이터 크기가 제한된다. 분산 앱은 분산원장 지갑과 같은 별도의 프로그램으로 구성할 수 있다. HTML로 구성될 경우 이를 디앱(DApp) 브라우저라고 부르기도 한다. 네이버 지식백과, 분산 응용(Decentralized Application, 分散應用)(《IT 용어사전》, 한국정보통신기술협회, 인용).

147. 〈한국경제〉, "'그들만의 리그'에 깃발 꽂는다…글로벌 존재감 키우는 韓 VC", 2023.10.18

148. 보통, 소유권은 블록체인에 기록되고 어딘가에 이미지에 대한 링크가 걸려 있다.

149. 개인 또는 기업, 국가 등의 단체가 활동이나 상품을 생산하고 소비하는 전체 과정에서 발생되는 온실가스, 특히 이산화탄소의 총량을 의미하며 미디언스와 WWF는 NFT 제조과정에서 사용되는 전력 사용량에 따른 이산화탄소 배출 문제를 제기받은 것이다.

150. 인터넷 프로토콜의 4번째 버전이다. 전 세계적으로 사용된 첫 번째 인터넷 프로토콜로,

IETF(인터넷 표준화 기구) RFC 791(1981년 9월)에 문서화되어 있다. IPv6를 제외하고, 현재 인터넷에서 사용되는 유일한 프로토콜이다. 한편 인터넷 프로토콜(Internet Protocol, IP)은 인터넷상의 한 컴퓨터에서 다른 컴퓨터로 데이터를 보내는 데 사용되는 프로토콜을 말한다. 인터넷상의 각 컴퓨터, 즉 호스트들은 다른 컴퓨터와 구별될 수 있도록 적어도 한 개 이상의 고유한 주소를 갖는다. 네이버 지식백과(《시사상식사전》, 지식엔진연구소 참조 및 인용).

151. 폴리스는 중국의 북경처럼 외부 민족으로부터의 침입을 막기 위해 성벽을 세운 도시국가이며, 오늘날 이스라엘의 키부츠(Kibbutz)처럼 농업을 중심으로 한 집단 촌락 공동체다. (사람이 살아가는 모습은 대동소이하다. 문화와 언어의 차이는 비록 있다손 쳐도 이는 환경의 차이일 뿐 본능적이고 본질적인 삶의 내용은 고대부터 현대에 이르기까지 거의 같다.) 점차 생산 잉여와 사유재산의 규모가 커지면서 아고라에서 귀족층이 막강한 정치적 힘을 갖게 된다. 대개 기원전 8세기 이후 식민지와 경제교류가 활발해지면서 '무역'을 통한 경제적 사회 변화가 일어났고, 도시 규모가 커지면서 귀족의 이해관계와 목소리가 커지는 과정을 밟는다. 이들이 축적한 막대한 부를 지키고자 다수가 참여하던 민의 중심 정치에서 불법으로 권력을 찬탈한 참주정치와 공화정 등으로 변화한다.

152. 콘솔은 로마공화국(c. 기원전 509~기원전 27)의 선출직 최고위 정치가였다. 로마인은 콘솔십을 '쿠르수스 호노룸(Cursus honorum)'이라는 공직 직전의 신분으로 여겼다. 검열관(censor) 다음이었다. 매년 백부장 의회(Centuriate assembly)는 두 명의 콘솔을 선출하여 1년 동안 공동직을 수행토록 했으며, 두 명의 콘솔은 로마에 있을 때 각각 한 달씩 공화정을 이끌었다. 물론 다른 한 명은 또 다른 한 명의 정치 및 정책적 판단에 반대 의견을 제시할 수 있었다. 하지만 기원전 27년에 제국이 설립된 이후, 콘솔은 로마의 공화주의 유산을 상징적으로 대표하는 자리로 전락하여 권력과 권한이 거의 없어졌으며 황제가 최고 권한을 갖게 된다. 예컨대 황제는 종종 성직 임명권과 교리 문제에 관여할 권리를 요구하면서 교회 활동을 규제하려 했고, 교회는 도시와 군대를 소유할 뿐 아니라 국정까지 간섭하려고 했다.

153. 마그나 카르타를 통해 왕은 이론적으로 법에 종속되었고, 자유민의 재산(생명, 자산, 자유)을 독단적으로 침해하는 것이 금지되었다. 헌장 전문은 원칙적으로 '모든 자유민에게' 수여되었으며 귀족과 기사, 자작농 그리고 소작농을 위시한 다양한 계층이 포함되었다. 무엇보다도 농노를 포함한 모든 영국인이 헌장의 집행을 지원할 것을 맹세하도록 규정함으로써, 영국은(당시 잉글랜드) 국왕에게 속한 영토와 신민으로 구성된 왕국이 아니라 국가의 모든 인민이 함께 공동선을 추구하는 '왕국 공동체'라는 개념이 공식화되었다. '왕국 공동체' 이론은 귀족과 기사, 시민계급을 넘어 하층민에게도 널리 호응을 얻었다. "잉글랜드의 왕권은 곧 잉글랜드의 왕국 공동체(Community of the realm)이고 왕국 공동체가 곧 왕권이다"라고 함으로써 왕국의 주권과 국왕의 인격을 명확히 구별하였다.

154. 토머스 쿤은 과학의 진전을 과학 이론의 선형적인 과정으로서가 아니라 '패러다임'의 혁명과 변화로서 명시하였다. Kuhn, T. S. *The structure of scientific revolutions* (pp. 1962~1970). Chicago: The University of Chicago Press, 1962.

자본주의의 적은 자본주의:

인류 탄생에서 미래 우주시대까지,
거대한 역사로 읽는 인간 욕망과 부의 흐름

초판 1쇄 발행 | 2024년 7월 12일
초판 2쇄 발행 | 2024년 8월 30일

지은이 곽수종
펴낸이 최기억, 성기홍

기획·편집·마케팅·제작 출판사 월요일의꿈
디자인 디스커버

펴낸곳 (주)연합인포맥스
출판등록 2008년 4월 15일 제2008-000036호
주소 (03143) 서울특별시 종로구 율곡로2길 25, 연합뉴스빌딩 10층(수송동)
전화 02-398-5269 팩스 02-398-4995
이메일 sabm2000@yna.co.kr
홈페이지 https://news.einfomax.co.kr

ISBN 979-11-976461-8-8 (03300)